# 임상을 위한 아동발달

**제 2 판**

이정숙, 김현주, 안순영, 유민화, 최희아 옮김

圖書出版 하나醫學社

# Child Development, A Practitioner's Guide

Second Edition

by Douglas Davies


This Korean edition was published by arrangement with
The Guilford Press, Inc.

# 역자 서문

35년이란 세월을 아동과 함께 해온 역자에게 아동들과의 만남은 언제나 커다란 기쁨이었으나 그 기쁨만큼이나 큰 어려움이기도 했다. 이는 정형화할 수 없는 아동 개개인의 특징과 그들을 둘러싸고 있는 환경의 다양성 때문일 것이다. 이처럼 아동을 바르게 이해하는 일이 쉽지 않은 만큼 아동이 가지고 있는 어려움과 문제에 도움을 주는 일 역시 쉽지 않은 일이기에, 치료현장에서 아동에게 어떻게 도움을 줄 수 있을지 늘 고민하게 된다. 상담현장에서 아동을 만나는 치료사들 역시 오늘은 아동이 어떤 모습으로 다가올지, 아동에게 올바른 도움을 주고 있는 것인지 두려움과 걱정이 앞서는 경우도 더러 있다. 이에 치료현장에서 아동을 이해하는 데에 도움이 되리라 믿는 이 책을 번역하게 되었다.

이 책은 아동을 보다 잘 이해하고 아동과 더 의미 있는 의사소통을 하기 위해 우리가 먼저 알아야 할 중요한 것들이 담겨 있다. I부에서는 발달적 맥락에서의 애착, 뇌발달, 위험요인과 보호요인을 설명하고 있다. 특히 애착을 단순히 부모자녀관계에서 본 것이 아니라 아동의 발달과정과 가족, 문화, 사회의 입장에서 살펴본 것 그리고 아동의 뇌발달 과정과 그 과정에서의 보호요인과 위험요인을 살펴본 것은 아동 발달에 관한 새로운 움직임이라 할 수 있을 것이다. 또한 아동발달 상에서 보호요인과 위험요인을 평가, 분석, 조망한 것은 아동에게 보다 객관적이면서도 실리적인 도움을 줄 수 있을 것이다. II 부에서는 아동 발달 과정에서 각 단계별 발달 특성을 살펴보고 있다. 영아기, 걸음마기, 유아기, 학령기 아동의 발달 특성을 영역별, 단계별로 상세히 설명하고 있다. 또한 각 단계에서 일어날 수 있는 어려움들과 그 어려움들을 해결할 수 있는 각각의 해결책이 사례로 자세히 기술되어 있다. 이 책은 아동의 특성에 대한 다양한 사례를 보여줌으로써 치료사가 아동의 문제에 개입하고 중재하는 데에 큰 도움을 주고 있다.

그간 수많은 아동발달 서적을 통해 아동을 탐구해왔지만 막상 치료현장에서 아동을 이해하는 일이 어려웠던 경험이 있다. 이 책은 이러한 점에서 가뭄의 단비와 같은 좋은 지침서가 될 것이라 생각한다. 물론 교재가 전부는 아닐 테지만, 아동과 만나는 치료자는 끊임없이 아동을 이해하려고 노력해야 하고 부단히 연구해야 할 것이다. 더불어 아동을 깊이 사랑하고 이해하려는 마음가짐을 항상 지녀야만 좋은 치료사가 될 수 있을 것이다.

이 책의 출판을 위해 많은 도움을 주신 오무근 사장님께 감사드린다. 더불어 유정선과 권선주에게 감사함을 전한다.

2009년 7월
한 여름의 연구실에서
이 정 숙

# 편집자의 말

아동과 작업하거나 치료사를 교육시키는 사람들은 누구나 임상을 위한 아동발달의 두 번째 에디션이 발간됨에 감사할 것이다. 이 책은 출생에서부터 사춘기를 통한 아동의 성장과 발달을 다루고 있으며 정상발달과 신생아기, 걸음마기, 학령전기, 학령기 아동에 대해 자세한 사례를 소개하고 있다. 저자는 아동의 성장과 발달이라는 복잡한 이론적인 개념들을 알기 쉽게 풀어내고 있다. 또한 소개된 사례들은 아동의 타고난 능력이 자신을 둘러싼 양육환경과 어떻게 상호작용하는지 매우 상세하게 묘사하고 있다. 발달이론에 근거하여 저자는 개별화된 중재계획, 교류적이고 생태적인 관점에서 설명하고 있다.

이 개정판은 아동의 계속적이고 미래 관계의 기초가 되는 애착이론에 근거하여 저술되었다. 제시된 예시들은 타인이 아동에게 어떻게 반응하는지에 대한 아동의 기대에 영향을 주는 상호작용 중 도움이 되는 것과 비 기능적인 것 둘 다를 설명한다. 이 상호작용들은 아동과 양육자 둘 다에게 적용된다. 뇌 발달에 대해 새로 추가된 장은 아동의 뇌가 어떻게 발달되어 가는지를 상세하게 보여준다. 이것은 특히 만성적인 트라우마와 정서적 방임에 노출된 아동들과 작업할 때 도움이 될 것이다. 이번 판에서 새로 추가된 다른 내용들은 발달에 영향을 미치는 보호요인과 위험요인에 관련된 것들과 아동의 우정, 또래관계가 주는 영향, 아동기의 공감의 발달에 대한 이해를 더하는 것으로 내용을 보강했다.

아동과 가족에 관한 사회복지 실용 서적 시리즈로써 이 책은 교수, 학생, 임상가들에게 많은 도움이 될 것이며, 인간발달에 기초한 심리학 및 아동, 가족을 다루는 사회복지 분야에 초점을 맞추었기 때문에 실용적으로 쓰여질 수 있을 것이다. 부록에서는 각 연령기에 나타나는 특성에 대해 요약하고, 아동의 발달에 도움이 되거나 위협이 되는 요인들에 대해서도 설명한다.

이렇듯 아동과 가족에게 도움이 되는 가치 있는 책을 소개하는 것은 큰 기쁨이다. 이 책이 성장하는 아동과 그를 둘러싼 양육 환경사이에 일어나는 리드미컬한 상호교류에 도움이 될 것이라 믿는다.

NANCY BOYD WEBB
Fordham University
New York, New York

# 서 문

이 책은 아동발달과 아동발달이 아동에게 어떻게 적용되는지를 설명하는 책이다. 책을 집필하면서 종종 느끼게 되는 것이 아동의 행동과 과연 "정상"이 무엇인지에 대한 호기심과 난처함이다. 발달이론은 아동이 어느 정도의 발달을 하고 있어야 하며 그렇지 못한지를 평가하는데 큰 틀을 제공한다. 아동의 행동이 정상인지, 약간 부적합한지, 혹은 심각한 문제를 나타내는지는 그 행동을 보이는 연령에 달려있는 것이다. 예를 들어 4세 아동이 잠자리에서 유령이나 괴물이 있다고 생각하며 두려워하는 것은 정상이고 흔히 있는 일이지만, 10세 아동이 같은 생각을 한다면 트라우마로 인한 불안이나 현실감각의 문제에 대해 생각해봐야 하는 것이다. 따라서 아동발달에 대한 틀을 제공하는 것은 아동과 함께 작업하는 임상가들에게 있어서는 매우 중요하기 때문에 이 책을 쓴 것이라고 말하고 있다.

아동이 자신의 연령에서 전형적으로 나타내는 능력과 발달과업을 아는 것은 임상현장에서 매우 중요하다. 아동이 현재 주력하고 있는 발달과업이 무엇인지를 아는 것은 아동의 세계로 들어가는데 큰 도움이 된다. 아동이 보이는 증상이 발달상 어느 시점에 위치해 있느냐를 아는 것은 아동의 능력을 촉진하고 보완할 수 있는 치료를 계획하는데 도움을 준다. 아동이 행동, 놀이, 언어를 통해 자신을 나타내는 발달적인 수준을 아는 것은 우리가 아동과 의사소통하며 적절한 도구로 치료계획을 세우는데 도움이 된다. 마지막으로 발달의 다음단계를 파악하는 것은 치료효과를 높이고, 증상은 감소시키며, 변화를 측정하는 데 도움을 준다.

발달에 대한 지식은 또한 아동의 히스토리를 볼 수 있는 관점을 제공한다. 아동의 발달과 현재의 문제에 대한 영향을 준 초기의 경험을 이해하는 것은 아동의 강점과 한계를 알고 트라우마로 인한 스트레스를 다루는데 도움을 줄 수 있다. 예를 들어 우리는 우울한 증상을 가진 6세 소년의 어머니를 인터뷰하여 아동이 3세 때 아버지가 가족을 버렸다는 사실을 알아냈다. 이 시기의 아동은 자아 중심적인 사고를 하기 때문에 사건에 대한 원인과 결과를 자기중심적으로 해석할 수 있다는 기억을 해냈고, 아동의 우울이 아버지가 떠난 이유를 자신이 무언가 잘못했기 때문이라고 생각하지 않았을까에 초점을 맞추었다. 발달에 대한 지식은 자동적으로 답을 주지는 않지만, 임상가들이 아동의 과거와 현재의 문제 사이에서 관계를 찾을 수 있는 적절한 질문을 할 수 있게 도움을 준다.

## 책의 소개

파트 1에서는 아동발달이 아동의 환경과 개인적인 성장사이에서의 상호작용의 결과물이라는 것을 소개한다. 발달의 상호교류적인 모델에 대한 간단한 논의와 함께 시작하려고 한다. 이후에 애착과 부모관계, 뇌-환경의 상호작용, 위험과 보호요인에 관련한 발달 전반적인 내용을 다룰 것이다. 이 내용들은 현장에서 다룬 예시를 다루며 설명할 것이다.

파트 2는 출생부터 11세까지의 아동 발달과정에 대해 다룰 것이며 5, 7, 8, 11장은 유아기, 걸음마기, 학령전기, 학령기에 과업과 과정에 대해 설명하겠다. 더불어 아동이 활동하는 장소-집, 보육시설, 학교, 놀이터, 이웃-등에서 관찰할 수 있는 것들에 대해 다룰 것이다.

6, 8, 10, 12장은 각 장에서 설명한 이론적인 내용들을 실질적인 사례와 함께 설명하여 아동 내담자들과 그 부모들에게 어떻게 반응하면 도움이 될지에 대해 설명한다. 예를 들어 우리는 4세 아동과 걱정거리에 대해서 많은 이야기를 하려고 하지는 않을 것이다. 하지만 아동의 상상놀이는 아동이 무엇을 걱정하고 있는지에 대해 많은 것을 보여줄 것이다. 발달에 대한 개념을 확립할 수 있는 가장 좋은 방법은 각각의 발달단계 아동을 관찰하는 것이므로, 각 장 마지막에 있는 관찰기록을 보도록 권한다.

이 책을 통한 나의 의도는 아동, 부모들과 함께 작업하는데 있어 발달적인 개념을 확립하고자 하는 것이다.

DOUGLAS DAVIES

# 차 례

# 제 I 부

# 발달적 맥락

# I부 도입 : 발달적인 관점

발달이 아동과 환경간의 교류 결과라는 단편적인 사고는 복잡하고 역동적인 현실에 압도된다. 아동의 발달에 영향을 주는 다양한 상황과 관계의 교류를 이해하기 위한 몇가지 관점을 소개하고자 한다. I부는 1~4장까지로 발달에 영향을 미치는 교류 요인인 애착, 뇌 발달, 위험요인과 보호요인을 살펴보고자 한다.

## 성숙의 관점

발달은 아동이 개인적으로 그리고 환경 내에서 기능하기 위한 능력을 확장하기 위해 완수해야 할 과업과, 도전의 연속선상에서 나아가는 성숙의 과정에 따라 나타나는 아동의 타고난 특성에 기초한다. 성숙이라는 시각에서 보면, 발달이란 불가피한 과정이다. 시간이 흐름에 따라 경험을 조직화하는 높은 수준의 유능감과 새로운 능력은 뇌와 신체구조의 성장에 기초한다(Kagan, 1984). 예를 들어 1~2세 아동은 뇌성장의 결과로 급속한 언어 확장을 하게 된다(Huttenlocher, Haight, Bryk, Seltzer & Lyons, 1991). 6개월된 영아는 언어를 담당하는 인지체계가 아직 완전히 발달하지 않았기 때문에 단어나 문장으로 말할 수 없다. 이와 유사하게 심지어 2세가 되어서도 언어가 확장되기는 하나, 말장난을 이해할 만큼의 인지적 능력이 발달되지 않았기 때문에 은유나 농담을 이해하지 못한다. 아동은 성숙해 가면서 2~8세에는 이해하고 행동할 수 있는 다양한 능력을 갖게 된다. 성숙의 요인은 아동을 아동답게 해준다고 볼 수 있다. 그럼에도 불구하고 아동들간에는 개별 아동에 따라 중요한 차이점이 나타나기도 한다. 어떤 아동은 다른 아동들보다 자신의 사회적, 인지적 능력을 잘 사용한다. 이러한 차이점은 아동과 환경간의 다양한 교류에서 형성된 발달상의 유능감에 기인한다.

## 상호교류 발달모델

아동의 즉각적이고 광범위한 환경과의 상호작용은 발달에 영향을 준다. 교류모델이란 "아동의 발달이 아동과 가족 및 사회적 맥락에서 제공되어지는 경험 간에 끊임없이 일어나는 상호작용의 산물이다(Sameroff & Fiese, 2000, p.10)." 라는 것이다. 예를 들어 최근 연구는 생의 초기 1년간 뇌발달에 영향을 미치는 교류과정 지도를 만들어 신체적 접촉, 사회적 상호작용, 감각자극이 뇌의 기능을 증진시키고, 뇌발달을 촉진한다는 사실을 입증하였다(Nelson, 1999). 따라서 심지어 생물학적 과정도 교류과정으로 볼 수 있다. 발달과정에서 양육의 질, 삶의 기회와 스트레스 요인, 사회적 환경, 사회제도, 문화, 역사적 사건은 개별 아동에게 영향을 주는 요인들이다(Bronfenbrenner, 1979). 아동이 어릴수록, 환경과의 교류는 부모와의 관계, 개인적인 특성, 사회적 상황과 역사에 의해 영향받고 양육의 질에 의해 중재된다. 초기 몇 년간 부모는 아동의 발달적 가능성을 형성해줄 문화적 가치를 전해주는 역할을 해야 한다.

교류모델은 또한 아동 스스로 자신의 경험을 조직화하는 것이다. 경험을 수동적으로 담고 있다기보다는 그것을 쏟아낸다. "아동은 적극적으로 자신의 환경을 만들어가면서 점차적으로 발달을 해나간다(Sroufe, 1990, p.339)." 아동과 양육자간의 상호작용은 "양방향(bidirectional)" 적이다. 영아 및 유아는 어른의 행동에 의해 영향 받으면서 그들의 행동 또한 어른이 그들에게 어떻게 반응할지에 영향을 준다. 아동의 발달에 적응적으로 반응하는 부모의 능력은 인접한 환경과 거리가 있는 사회적 요인들에 의해 영향을 받는다.

## 발달의 경로와 개입

아동이 환경과의 교류는 발달과정에 있어 다른 경로를 만들어낸다. 발달과정 중 상처나 위기의 출현과 같은 외부적 요인에 의해 아동은 경로에서 이탈하거나 다른 경로로 이동하기도 한다. 아동은 적응적인 방향으로 가거나 부적응적인 방향으로 가게 된다(Bowlby, 1973). 심각한 약물남용의 문제를 가진 부모를 둔 2세 아동은 방치되었을 것이고, 그 결과 자립과 관계에서의 신뢰를 배워야 할 시기에 부적응적인 경로로 이동하게 된다. 이와 대조적으로 인지 향상은 학습동기를 증가시키는 발달 시기인 7세 아동이 재정이 빈약하고 시설이 취약한 학교에서 지원이 풍부한 학교로 옮겨가면 더욱 적응적인 경로로 이동하게 될 것이다.

발달은 현재 발달과업과 관련된 외부적 요인의 타이밍에 의해 과업이나 기회가 증가되는 것에 영향을 받는다. 가장 최근에 성취했거나 쉽게 얻어진 발달 능력은 스트레스에 의해 와해되기 쉽다. 이미 오래전에 획득되어진 능력은 비록 심각한 스트레스 상황이더라도 영향을 덜 받는다.

18개월 된 걸음마기의 사라는 어머니가 유산으로 입원하는 바람에 예기치않게 어머니와 떨어지게 되었다. 사라는 언어습득, 신체기능의 조절, 분리와 독립의 실천 등과 같은 걸음마의 발달과업에 있어 어려움을 보였으며 말하기를 멈췄다. 어머니가 입원하기 전 사라는 대소변훈련에 흥미를 보였지만 분리 이후 사라는 아기변기 사용을 거부했다. 사라는 정상적인 발달이슈인 분리에 관한 불안을 극복하려고 했었다. 실제 분리와 직면해서는 아기를 잃은 부모의 슬픔으로 인해 '슬픔'이라는 정서적인 분위기에 압도되었다. 분리의 주제와 관련된 상징놀이를 반복하고, 밤에 돌아다니거나 울고, 관계를 통제하거나 주도하기 위해 어머니에게 요구하거나 거절하기를 번갈아 하거나 자립을 시도하는 등 분리를 조절하는 방법에 몰두했다. 단기간의 개입을 통해 아동과 부모는 발달을 방해하는 증상을 개선시키도록 도움을 받았다.

발달의 방향이 어느 쪽이든 변화는 이미 정해진 경로에 의해 다소 제한을 받지만 단계마다 변할 수 있다. 발달과정상에서 변화는 덜 유연하다(Hamilton, 2000). 오랜 기간 적응적인 경로를 거쳐 온 아동은 쉽게 부적응적인 경로로 이동하지 않는다. 이와 유사하게 부적응적인 경로를 거쳐 온 아동은 적응적인 경로로 이동하기가 더욱 어렵다(Sroufe, Carlson, Levy & Egeland, 1999). 초기 5년은 가장 발달이 빠른 시기이다. 초기 5년간 적절한 발달을 할 수 있는 기회는 이후에 약해질지 강해질지를 결정하는 단계이기 때문에 굉장히 중요하다(Shonkoff & Phillips, 2000, p.5). 초기발달의 영향은 긍정적이든 부정적이든 이후의 발달가능성에 영향을 준다(Masten & Coatsworth, 1998). 이 모델은 잠재적인 정신병리의 경로로 가기 전에 긍정적인 방향으로 발달을 이동시키는 수단으로 초기개입에 대해 강한 주장을 하고 있다.

특히 아동을 생각할 때 많은 '진단'과 '증후군'을 확정된 것이 아니라 변화 가능한 것으로 인식하는 것은 중요하다(Bowlby, 1988). 아동전문 임상가들은 내담아동의 문제를 명확히 알고 있어야 하며 발달을 촉진해야 한다. 이것은 켐벨(Campbell, 1990)의 주장과도 일치하는데, "영아기에 심각하게 손상되더라도 생물학적으로 자동복원 경향성에 기초하므로 현재 보여지는 것으로 가정한다. 즉 아동은 선천적으로 정상발달을 향한다는 것을 명심해야 한다(p.10)."

개입계획은 아동의 발달능력과 자동복원 경향성의 모든 장점을 고려해야 한다. 이와 동시에 아동의 어려움에 부모가 적응적으로 반응하도록 환경의 위험요인을 줄이고, 적응적 발달의 기회는 늘리도록 하는 방법을 평가와 개입의 교류적 접근으로 찾아야 한다. 웨브(Webb, 2003)와 보울비(Bowlby)는 부적응적이거나 일탈된 경로로 가는 아동에게 긍정적인 영향이 강화된다면 적응적 경로로 돌아갈 수 있음을 지적했다; "일련의 발달과정은 고정된 것이 아니며, 아동을 방해하는 변화는 경로를 이동시킨다."

1장 임상을 위한 아동발달

# 발달 맥락에서의 애착

이 장에서는 초기의 부모자녀 관계가 발달과정 안에서 어떻게 중재되고 영향을 주는지에 대해 설명할 것이다. 부모의 양육이 발달에만 영향을 주는 것은 아니지만 중요한 부분이다. 애착이론은 부모자녀관계에 있어 가장 유용한 조망을 제시해준다. 보울비(bowlby)는 애착이론을 형성하였고 이후 연구자들 특히 아인스워스(Ainsworth)는 그의 이론을 타당화하고 재정비하였다. 보울비(Bowlby)는 애착을 생물학적 토대를 가진 기본적인 욕구로 설명하고 있다. 유아의 애착행동은 안전감을 유지하기 위하여 좋아하는 대상과 밀접해지고자 하는 목표를 가지고 있다. 떨어지기 싫어하고 가까워지려 하는 애착의 형태는 유아가 낮잠에서 깨어나자마자 칭얼거리고 우는 것으로 자신을 안아주어야 한다는 신호를 보내는 것에서 볼 수 있다.

보울비(Bowlby)는 애착은 인간을 포함한 미성숙한 어린 종들에 대한 보호방안임을 지적했다. 아기들은 생존을 위해 어른들의 보살핌이 필요하고 어른들과 밀착하기 위한 강한 눈맞춤, 옹알이, 목소리 내기 그리고 미소와 같은 다양한 행동을 만들어 낸다. 정상적인 신경체계를 가진 아기는 어머니나 다른 양육자에게 애착의 초점을 발전시킨다. 애착과정의 시작은 생후 몇 주내에 관찰되고 4~6개월 사이에 명확하게 입증된다. 애착행동은 다양한 문화에 걸쳐 표현되지만 애착은 인간의 공통된 현상이다(Bowlby, 1969; LeVine & Miller, 1990).

## 애착발달의 방법

영아는 특정한 사람과 애착을 형성한다. 만약 어떤 신생아가 자신을 안아 주는 사람에게 편안함을 느꼈을지라도 그 신생아는 본래의 양육자와의 차이를 재빨리 인식하게 된다. 생의 초기 몇 주에 신생아는 어머니의 특성을 배우게 된다(보살펴주는 사람이 어머니라 간주하였을 때). 영아는 지속된 상호작용에 의해 어머니를 인식하는 것을 배운다-얼굴은 어떻게 생겼는지, 어떻게 미소 짓는지, 엄마와의 접촉은 어떤 느낌을 주는지, 목소리는 어떤지 등등. 이 과정을 통하여 영아의 애착은 구체화되고 차별화 된다. 대부분의 문화에서 영아의 애착은 형제 자매보다는 아버지를, 아버지보다는 어머니에게 더 강하게 형성되는 것이 보통이다.

## 애착의 기능

애착은 네 가지 기능들을 갖는다; 안정감의 제공; 정서와 각성상태의 조절; 감정표현과 의사소통; 탐구에 대한 기본욕구 충족.

### 안정감의 제공

애착의 절대적인 목적은 영아에게 안정감을 주는 것이다. 영아가 스트레스를 받으면 부모와 영아 모두 안정감을 회복하는 행동을 취하게 된다(Bowlby, 1969). 예를 들어 영아는 화가 나면 고통스럽게 울고, 어머니에게로 접근하는 것으로 화나는 마음을 표현한다. 어머니는 아기에게 가서 아기를 안고 따뜻한 목소리로 달랜다. 아기는 계속 칭얼거리다가 어머니의 몸에 달라붙어 울음을 그치게 된다. 그리고 곧 좀더 천천히 규칙적으로 숨을 쉬기 시작한다. 이것을 보면 자극이 감소되고 안정감이 회복됨을 알 수 있다. 보울비(Bowlby)의 정의에 의하면 영아의 스트레스 신호는 기능적으로 애착을 추구하는 행동으로, 어머니 쪽의 애착체계를 활성화시켜 어머니가 아기를 달래주게 한다.

### 정서와 각성상태의 조절

애착의 두 번째 기능은 영아의 정서상태를 조절하는 것이다. "각성상태(Arousal)"는 몸이 긴장되고 호흡과 심장박동이 증가되는 심리적 반응을 수반하는 주관적인 감정의 "경계경보(on alert)"이다. 만약 각성상태가 완화되지 않고 증대된다면, 영아는 스트레스를 받게 되고 피하고 싶어한다. 이러한 현상이 일어나면 영아는 근심의 신호를 보내고 보살펴 주는 대상에게로 접근하려고 한다. 안정성 있는 애착 안에서 영아는 근심을 조절하기 위해 어머니를 이끌 수 있다. 어머니의 능력은 영아의 정서를 정확하게 읽고 영아의 각성상태를 조절하기 위해 돕는다(Stern, 1985). 영아와 부모는 시간이 지남에 따라 영아의 불안정한 상태를 경감시키는 상호조절 교류형태를 발달시킨다. 성공적인 각성상태의 상호조절의 반복을 통해 영아는 자기 스스로의 노력으로 각성상태를 조절하는 능력을 발달시키기 시작한다. 진정되는 경험을 통해서 영아는 자기진정의 전략을 내면화 해간다. 적절한 자기조절은 아동이 부정적인 정서나 스트레스를 통제할 수 있다는 유능감을 가질 수 있게 도와준다(Cassidy, 1994).

이와 대조적으로 "반응이 없거나 학대적인 부모는 만성적인 과잉각성상태를 조장한다(van der Kolk & Fisher, 1994, p.150)." 애착관계 안에서 각성상태를 조절해보지 못했던 아동은 나이가 들수록 강한 충동과 정서에 지배되는 경향이 있다. 그들은 더욱 많은 행동의 문제를 가지고 있는데 그 이유는 스트레스 자극에 대한 반응을 효과적으로 내면화하는 방법을 발달시켜 오지 못했기 때문이다(Solomon, George & de Jong, 1995). 불안정한 애착의 또 다른 형태는 부모가 아동의 걱정스런 표현에 대해 부정적으로 반응하는 것이다. 아동은 애착을 유지하기 위해 강한 감정을 억제하는데 특히 부정적인 감정일 경우에는 더욱 그러하다. 시간이 지남에 따라 강한 정서의 표현을 피하고 최소화하고, 과도하게 조절하는 형태를 내면화하게 된다(Magai, 1999).

## 감정표현과 의사소통

생후 첫 6개월 동안 애착관계를 발달시키는 것은 긍정적 느낌을 경험하고, 공유하며 의사소통하고, 놀이를 배우기 위한 표현수단이 된다.

> 5개월의 영아는 기저귀로 자신의 얼굴을 가리는 것으로 까꿍놀이(아버지가 전에 가르쳐 주었던)를 시작한다. 아버지는 "오, 놀고싶구나" 하고 반응하고 기저귀를 내리며 까꿍하며 미소 짓고 아기의 눈을 들여다본다. 아기는 미소 짓고 팔을 젓고 발차기를 시작한다. 아버지는 다정하게 "너는 까꿍놀이를 좋아하는구나"하고 이야기한다. 아기는 소리를 내면서 놀이를 계속하기 위해 기저귀를 얼굴로 다시 끌어 올린다.

이 예는 어떻게 애착이 생겨나고 지속되는지 가르쳐준다. 애착은 부모의 반응과 교류를 통해 발달하며-영아는 욕구를 표현하고, 먹고, 함께 놀고, 편안해 한다-이러한 교류는 그들이 애착관계의 중요한 본질을 드러낼 때 잘 이루어진다: 상호간의 강화, 영아와 부모가 동시에 행동하는 것, 높은 수준의 상호개입, 서로에 대한 감정조율, 부모의 주의와 공감(Stern, 1985).

그러나 최적의 안정된 애착 연구라도 항상 동시성이 존재하는 것은 아니다. 부모들은 항상 긍정적으로 반응하거나 동조하지 않고 자신에게 필요한 것을 하기도 한다. 영아와 부모간의 교류는 동시성, 조율, 상호 반응의 정도에 따라 순간 순간의 다양함을 보인다(Nadel, Carchon, Kervalla, Marecelli & Reserbat-Planty, 1999). 보통 영아와 부모사이에 적절치 못한 상호작용은 일반적인 것이고, 그것은 영아의 감정조절 능력을 일시적으로 방해한다. 안정적인 애착시도는 부모 아동간의 부적절한 상호작용이 이루어질 때 그것을 회복하는 대처기술이다. 그러므로 영아의 균형감은 물론 애착관계에서의 균형도 회복할 수 있는 것이다(Tronick and Gianino, 1986b). 예를 들어 우울한 부모일 때 영아는 접촉에서 멀어지는 느낌을 갖게 되는데 이것은 하나의 부적절한 상호작용이다. 잘못된 배치의 전제가 된다. 아기는 어머니의 관심을 끌기 위해 흐느끼거나, 미소짓는 대신 발로 찬다. 어머니의 반응에 따라 부적절한 상호작용은 끝나고 안정감이 다시 확립된다. 시에겔(Siegel)은 "인생은 이해할 수 없는 불가피한 것들로 가득차 있고, 놓친 관계는 다시 관계를 만들면 된다는 것을 아동에게 가르치도록 돕는 것이 중요하다"고 얘기한다(Siegel, 2001, p.79).

## 탐색을 위한 기초

1세 이후의 발달은 애착관계 탐색을 위한 기초가 된다. 애착이론에서는 영아의 애착에 관한 동기가 선천적으로 내재되어 세상을 탐색하고 배우며, 새로운 기술을 발달시키는 동기가 되는 것으로 간주한다. 보울비(Bowlby)는 애착과 탐색적 행동은 협력체제임을 지적하였다. 영아의 모험심은 애착 안에서의 자신감에 의해 좌우된다. 만약 걸음마기에 애착관계에 안정감이 형성되었다면 영아는 환경에 대한 탐색을 자유롭게 하며 놀이를 하는 동안 안정감을 느끼면서 애착적인 행동을 보이지 않는다. 영아가 애착에 대한 근심을 갖지 않으면 탐색적 행동이 지배적이 된다. 애착 관계에서 안정감을 습득한 영아는 자신이 원하면 부모가 와줄 것을 알기 때문에 자신의 환경을 자유롭게 탐색할 것이다(Grossman, Grossman & Zimmerman, 1999). 따라서 안정적인 애착이 형성되지 않았다면, 탐색활동은 억제될 것이다(Bowlby, 1969). 영아의 자신감은 환경에 대해 호기심을 갖고 개방적으로 상호작용하도록 한다; "안정된 영아는 새로운 자극에 대한 탐색을 더욱 집중하며, 탐색하는 동안 주의를 유지하다는 것을 보여준다(Grossman et al, 1999, p.781)." 안정된 애착을 형성한 18개월 영아는 블록을 쌓고 넘어뜨리길 반복하며 논다.

그렇게 하면서 운동 및 인지기술을 경험하며 유능감을 발달시킨다. 안정감을 토대로 탐색하는 것은 발달과업에 초점을 맞출 수 있는 기회를 주며 유능감을 갖게 해준다(Meins, 1997). 반면 양육자의 반응과 보호에 대해 불안해지면 탐색활동은 억제된다. 왜냐하면 영아는 정서적으로 애착대상에게 초점 맞춰져 있기 때문이다.

## 애착의 형태

1960년 초에 아인스워스(Ainsworth)는 보울비(Bowlby)의 애착이론을 적용하여 애착의 역동성을 더욱 자세히 이해하고 세 가지의 다른 애착형태를 파악하기 위한 연구를 시작하였다. 첫째, 아인스워스(Ainsworth)는 우간다(Uganda) 지역의 간다(ganda) 어머니와 영아의 상호작용 패턴의 집중적인 관찰을 통하여 인류학적인 장르 안에서 연구하였다. 그녀는 분리시 영아의 반응뿐만 아니라 모성의 반응성과 감수성이 간다의 어머니와 영아의 애착 행동의 질의 가장 중요한 지표라는 것을 발견하였다(Ainsworth, 1967). 연구에서 미국 어머니와 영아의 관찰연구를 확고히 해줬고, 애착이론이 문화를 뛰어넘는 것임을 지지해주었다. 그러나 아인스워스(Ainsworth)는 간다와 미국의 영아는 스트레스를 조절하는 능력에 있어 문화적인 차이가 있음을 밝혀내었다. 미국영아는 가정 안에서 일시적인 어머니와의 분리 또는 낯선 사람의 출현에 대해 간다의 영아보다 덜 스트레스를 받는다는 것이 관찰되었다. 간다의 영아는 어머니가 방안에서 나갔을 때 미국의 영아보다 더 많은 애착행동(울거나 저항하거나 따라가려는 시도)을 보였다. 이는 간다의 아기들은 거의 항상 어머니와 함께 있기 때문에 미국의 영아보다 초기에 분리되는 경험이 훨씬 덜하기 때문이다.

아인스워스(Ainsworth)는 미국영아에게 애착행동을 유도하기 위해 더 강도 높은 스트레스의 상황을 연출하는 "낯선 상황" 절차라는 실험적 방법을 고안하였다. 이 방법은 영아의 애착전략과 안정된 애착의 정도를 관찰하기 위해 경미하기는 하나 애착관계의 스트레스를 증가시켰다. 낯선 상황에서 어머니와 영아는(12~18개월) 한 번도 보지 못했던 방으로 들어왔다. 잠깐 놀이를 하고 어머니는 앉아서 아이를 관찰한다. 그리고 낯선 사람이 방으로 들어온다. 낯선 사람과 어머니는 잠깐 이야기를 하고 밖으로 나갔다가 금방 다시 방으로 들어온다. 그리고 낯선 사람은 방을 나간다. 어머니는 다시 아이를 혼자 두고 방을 나갔다가 금방 다시 방으로 들어온다. 아인스워스(Ainsworth)는 어머니가 돌아 왔을 때 아이의 반응은 애착의 질에 있어 가장 민감한 지표가 된다고 하였다. 안정된 애착

상태의 영아는 어머니가 다시 돌아 왔을 때 특성적인 반응을 하고 불안정한 애착상태의 영아들은 구별되는 반응을 한다. 초기의 아인스워스(Ainsworth) 연구에서는 9개월에서 12개월의 영아들과 어머니들을 "낯선 상황"의 실험 전 72시간 동안 가정에서 관찰하였다. 가정 관찰의 이 독립적인 평가는 "낯선 상황"의 실험으로부터 얻게 되는 평가와 분명하게 상호관계를 가졌다. 따라서 미국 중류층을 표본으로 한 애착 평가에 대한 연구도구로서의 "낯선 상황"의 유효성은 독립적인 관찰을 통하여 확립되었다.

## 애착의 분류

아인스워스(Ainsworth)의 관찰적, 실험적 연구는 안정애착의 특징을 명시하였고, 두 번째 유형인 불안정 애착 또는 불안애착을 묘사하였다. 불안정 애착의 세 번째 유형은 메인(Main)과 그의 동료들에 의해 다음과 같이 설명되었다(Main & Solomon, 1990).

A집단 : 불안정-회피(Avoidant)
B집단 : 안정
C집단 : 불안정-양가적인/ 저항하는(Ambivalent/Resistant)
D집단 : 불안정-무질서한/ 혼란된(Disorganized/Disoriented)

영아는 낯선 상황 절차의 분리와 재결합시 각각의 애착범주마다 구별되는 다른 반응들을 보여주었다. 이 연구는 실험상황에 대한 반응 뿐만 아니라 애착전략에 관한 역사적 결과다.

### 안정 애착

안정된 애착(B)으로 분류된 영아들은 비록 분리시 스트레스를 받기는 했으나, 애착관계에서 신뢰를 보여주었다. 어머니가 돌아왔을 때 영아들은 긍정적으로 반기고, 안심하면서 행복해 보였으며 어머니에게 가까이 가려고 하였다. 부모에게 안기지 못해 불안해하더라도, 부모의 관심과 위로로 신속히 안정되었다. 이러한 안정된 애착의 영아들은 애착추구 행동 대 탐구의 형태를 보여준다; "영아들은 어머니와 떨어져 있을 때 적극적으로 탐구하였고, 애착행동은 적게 관찰되었다. 그들 대부분이 분리 상황에 당황스러워 하며 탐구는 감소하였다. 그들 모두 어머니가 돌아와 재결합할 때 강한 반응을 보였으며 주로 어머니와의 신체접촉을 시도하였다(Ainsworth, 1982, p.16). 아인스워스(Ainsworth)의 '어머니와 영아의 가정연구'는 어머니로부터 안정된 영아들은 반응적이고, 감정적이고, 애정적임을 밝혀냈다. 안정된 영아들은 단기적인 분리의 스트레스를 감당해 낼 수 있다. 왜냐하면 그들은 부모의 반응으로부터 자신감을 가졌기 때문이다. 안정된 영아들은 자신의 긍정적, 부정적인 면을 포함한 모든 감정들을 부정적인 감정에 대항하며 방어없이 자유롭게 상호교환 할 수 있다. 그들은 힘든 감정을 조절하도록 돕고, 어떠한 감정도 받아줄 수 있는 부모의 능력을 믿는다(Main & Hesse, 1990).

안정된 애착은 이후의 발달에 긍정적인 영향을 준다. 안정된 애착을 맺어온 아동들은 자신의 환경을 탐구하고 배우는 것에 더욱 적극적이다. 이러한 증거는 아동이 어머니를 탐구의 기저로 사용하는 영아초기에 나타나 그 이후에 지속적으로 발달한다. 안정적인 애착관계는 미래의 인간관계에서도 유사하게 나타나는 경향이 있다. 미네소타 대학의 스로프(Sroufe)와 그의 동료들은 안정된 애착과 불안정한 애착형태의 일반적인 차이를 영아기부터 유아기 그리고 초등학교까지의 종단연구를 통해 확고히 하였다. 안정된 애착을 맺었다고 판단되는 12개월에서 18개월 안정된 영아는 42개월 때 더욱 영리하고 유연성 있어 보였다. 스트레스 상황에도 선생님의 지지를 효과적으로 이끌어내고, 긍정적인 방식으로 선생님에게 주의를 받으며, 적은 문제 행동을 보였다. 그들은 덜 부정적인 감정을 보였으며 연령에 적절한 충동조절 능력을 보였다. 그들은 다른 아동들과 잘 어울렸고 공감능력도 보여줬다. 아동기 이후의 연구에서도 안정애착의 내력과 사회적 유능감간에 비슷한 관련성을 보여주었다(Weinfield, Sroufe & Egeland, 2000).

아동기 전체에 걸쳐 안정된 애착을 맺어온 아동은 최상의 발달을 보여준다. 영아기의 안정성은 발달에 있어 좋은 출발이기는 하나, 이후의 발달이 와해될 것에 대한 "예방책"으로서 고려되어서는 안 된다. 예를 들어 영아기 안정애착을 맺은 취학전 아동은 부정적인 발달의 영향으로-배우자의 죽음이나 이혼과 같은 양육자의 심각한 스트레스-불안정 애착으로 이동할 수 있다(Thompson, 2000). 그러나 안정애착을 맺어 왔던 아동이 불안정 애착으로 이동하는 경우 스트레스가 감소되면 쉽게 안정애착으로 되돌아올 수 있다(Weinfield et al, 2000). 일반적으로 안정된 애착은 아동기 전체에 걸쳐 적응적 발달을 촉진하는 중요한 보호요인 중 하나이다. 안정된 애착을 맺은 영아가 보여주는 신뢰는 다른 두 가지 범주의 영아가 보여주는 애착행동과는 대조적이다.

## 회피 애착

불안정-회피(A)로 분류되는 영아들은 낯선 상황 절차에서 전반적으로 최소한의 애착 행동을 보였다. 독립적으로 놀았고 어머니가 떠났을 때 걱정하지 않았으며 어머니가 다시 돌아왔을 때도 그들은 어머니를 무시하였고 무표정과 제한된 감정을 보였으며 놀이감에 집중하였다. 심지어는 어머니가 아이의 관심을 끌어내려고 노력하였으나, 적극적으로 접촉을 피하려고 했다. 그들은 애착은 중요하지 않은 듯 독립적인 인상을 주었다. 영아기의 정상적인 애착의 중요성을 볼 때, 애착이론가들은 방어전략으로서 회피 행동을 설명한다. 가정연구는 왜 회피적 방어가 필요한지를 보여준다. A집단의 아기들은 어머니에게 자주 무시되고 적극적으로 거절당했다. "나에게 심술나서 우는구나"와 같이 아기의 행동에 대해 부정적인 말투로 이야기한다. 어머니들은 모두 화가 난 것처럼 보여졌다. 그들은 영아의 걱정을 참아주지 못하고, 스트레스를 표현하는 것에 대해 거부하거나 벌을 주었다. 이러한 상호작용 속에서 회피적인 영아들은 스트레스에 대항하는 어른스런 방어를 발달시킨다. 걱정은 의식에서 제거되어지고, 방어기제의 한 형태로 고립이 나타난다. 회피적인 영아들은 스트레스 상황에서도 당황하지 않으며 오히려 음울하고 무표정하거나 말이 없다. 낯선 상황 절차동안에 영아들의 심장박동수를 측정했던 연구에서 회피 아동이 억압이라는 방어기제를 쓰고 있음이 나타났다. 안정된 영아나 회피적인 영아 모두 분리시 생기는 스트레스에 대한 생리적인 반응의 측정은 유사하였다. 그러나 안정적인 영아들이 그들의 스트레스를 표현하는 것에 비해 회피적인 영아들은 외관상으로 볼 때 관심 없는 듯 보여진다(Spangler & Grossman, 1993). 그러나 회피적인 형태를 비애착과 같은 것으로 생각해서는 안 된다. 오히려 회피라는 방어전략은 영아 자신을 명백한 거부로부터 보호하면서 부모 곁에 머무르는 방법이다: "영아는 아무 것도 보여주지 않고, 아무런 행동도 하지 않음으로써 어머니와의 근접성을 극대화하고, 안정감을 유지한다(Stern, 1995a, p.427)." 회피하는 영아는 거부당할 것에 대한 반응으로, 그들의 애착행동은 보울비(Bowlby)의 용어에 따르면, "비활성화(deactivated)"된다. 그들은 정서와 각성상태를 조절하도록 돕는데 있어 어머니를 찾지 않는 경향이 있다. 회피애착 영아들은 관심의 초점을 부모(그리고 자신의 내면적인 상태)로부터 돌려 외부세계로 향한다. 그들은 필요에 따른 탐구와 애착의 유연성 있는 균형을 추구하는 대신, 경직되고 독립된 방법으로 행동하고 탐구한다(Main, Kaplan & Cassidy, 1985).

종단연구에서 회피적인 영아는 유아기에 다른 아동들과 부정적인 상호작용을 하며 이유 없는 공격성과 높은 수준의 적대감을 보였다. 그들은 보편적으로 다른 관계에서 독립적이며 회피의 방어기제를 사용하였다. 도움을 요구하거나 스트레스를 표현하는 대신 에 골을 내거나 위축되었다. 회피적인 유아는 정서적으로 냉담하고 종종 부정적인 방법으로 행동했기 때문에 선생님의 처벌에 대해 주관적이고 부정적인 관점으로 보는 경향이 있었다. 따라서 애착에 관한 그들의 불신은 더욱 확고해지고 강화되었다(Sroufe, 1989).

### [ 사 례 ]

회피애착과 관련된 상호작용의 예는 다음과 같다. 16세의 10대 어머니와 그녀의 8개월된 딸의 자유놀이 세션이 비디오로 기록되었다. 에리카(Erica)는 busy box를 가지고 놀았다. 어머니는 벽에 기대어 방해하지 않을 거라고 말했다. 에리카가 공을 들자 그녀의 어머니가 강제로 공을 빼앗았다. 에리카가 공을 가지려고 애쓰고 있을 때 어머니는 색깔이 있는 공을 가리켜 "빨간색이라고 말해 볼 수 있니?"라고 하였다. 에리카가 어머니의 무릎으로 기어갔을 때 그녀는 "저리 가"하고 말했다. 치료사가 "아마 아이가 당신에게 가까이 가려하는 것 같아요."라고 알려주었다. 그녀의 어머니는 "아니요, 그 애는 돌아가지 않고, 여기를 건너가려는 거예요"라고 말했다. 세션내내 에리카는 어머니를 쳐다보지 않고 무표정이었다. 에리카가 장난감 전화를 두드리자 어머니는 "하지 마! 더 잘할 수 있을 텐데"라고 했다. 지도원이 물었다. "당신은 그 애가 더 잘할 거라 생각하나요?" 어머니는 "네"라고 대답했다. 치료사가 다시 물었다. "에리카가 잘하는 것들은 뭐가 있나요?", "많은 것들이요. 울지 않는 거라든지, 물건을 두드리지 않는 거 등이요."라고 대답했다. 다시 치료사는 "8개월의 영아는 소리를 내기 위해 물건을 두드리는 거지요"라고 이야기했다. 어머니는 "아니요, 이 애는 그렇지 않아요. 물건을 부셔요."라고 말했다. 그리고 그녀의 딸에게서 멀어져 방의 구석으로 갔다. 에리카는 어머니에게 관심을 보이지 않고 계속 장난감 전화를 가지고 놀았다. 몇 번 어머니가 에리카를 불렀다. 그 아이는 어머니를 무표정하게 바라보다 다시 놀이에 집중했다. 어머니는 "나쁜 아기네"라고 이야기 하고서 에리카에게 다가가 어떻게 busy box의 버튼을 누르는지 보여주며 함께하려고 시도했다. 아이는 어머니를 따라하는 대신 손을 입에 넣고 있었다. 어머니는 거칠게 아이의 입에서 손을 뺐다. 에리카는 울기 시작하며 "뭐가 문제야?"라고 이야기하는 어머니에게서 돌아섰다. 치료사는 "아기를 보듬어 주지 않나요?"라고 물었다. 에리카의 어머니는 "별로요 아마 아이가 잠들 때"라고 대답했다. "그럼 안아주는 건요?"라고 물었다. 어머니는 "아니요, 우유를 주고 불을 꺼버려요."라고 대답했다. 치료사는 "아기를 안아주면 기분이 좋잖아요."라고 말했다. 어머니는 거만하게 웃으며 치료사와 등진채 에리카를 거울 앞으로 안고 가 "못생긴 아기를 보고 싶니?"라고 이야기 했다. 그리고 에리카를 미끄럼대 위에 올려놓고 내려가라고 말하고 겁에 질린 아이를 보고 웃었다. 그리고 에리카가 내려오는 것을 도왔다. 치료사는 에리카가 "무서워하는 것 같아요."라고 말했다. 어머니는 "아뇨, 그 애는 겁내지 않아요."라고 했다.

어머니는 에리카에 대해 부정적으로 말하고, 아이의 의도를 부정적인 것이라 탓하고, 아이의 스트레스는 무시하면서 양육의 욕구를 기각했다. 짧은 시간 함께하면서 둘은 서로에게 보다는 놀이감과 교류하였다. 어머니와 아동 모두 서로 교류가 없는 것에 더욱 편안함을 느끼는 것으로 보였다. 간단한 교류 가운데에도 서로 교류하는 것 보다는 둘다 장난감에 연결 되었다. 어머니는 그녀와 딸 사이에 신체적, 정서적인 거리감을 두었고 에리카도 어머니를 무시하거나 놀이감에만 관심을 갖는 등 이에 상응하는 반응을 보였다. 그들의 상호적인 회피를 관찰한 치료사는 불안하고 슬펐으며, 친밀감을 강화하는 개입에 초점을 맞췄다. 이러한 반응 안에서 애착의 형태가 확고해 보인다는 치료사의 설명은 어머니에 의해 거부당했다.

## 양가적인/저항하는 애착

낯선상황 절차에서 애착에 대한 강한 욕구는 있으나, 그것을 확신하지 못하는 행동을 보이는 영아는 불안정-양가적인/저항하는(C) 애착을 맺은 것으로 분류하였다. 결론적으로 그들은 분리에 강하게 반응하였다. 아인스워스(Ainsworth)는 그들의 양가적인 감정에 대해 설명했다: "이러한 아동들은 분리되기 전에도 불안함을 보이고, 분리시에는 극도의 혼란을 일으킨다. 재결합시에 어머니와 신체적으로 가까워지길 원하면서도 어머니와의 접촉이나 상호작용에 대해 저항한다. 이는 집단 B의 영아들이 거의 보이지 않는 종류의 저항이다(Ainsworth, 1982, p.16). 스트레스를 받고 화가 난 집단 C의 영아들은 어머니와의 접촉에 의해 안정되지 않는다. 가정관찰 연구에서 양가적인 영아의 어머니들은, 애착을 추구하는 영아의 행동에 대해 일관되지 않은 반응을 한다: "집단 C의 영아들은 안아달라고 할 때 어머니가 일관되게 안아주지 않았기 때문에 친밀한 신체적 접촉을 원하는 것과 화나는 것 간의 갈등을 보인다. 집단 C영아들의 어머니들은 그들의 신호에 민감하지 못하기 때문에 영아들은 그들의 반응에 대한 확신이 부족하다(Ainsworth, 1982, p.18)." 영아의 고양된 감정과 양가적인 행동은 부모가 어떻게 반응할지 모르는 불확실성에 대한 불안의 반영이다.

C유형은 후에 영아의 자발적인 행동 능력에 장애를 가져올 수 있다. 영아는 부모반응의 불확실성 때문에 다른 관심은 배제하고, 부모의 행동과 감정에만 초점을 두는 경향이 있다. 걸음마기에 이러한 아동은 탐구하는 대신에 애착에만 몰두한다. 그들의 분리에 대한 걱정은 유아기와 아동기에 지속적으로 나타나며, 오랜 기간 안정된 애착의 역사 속에서 정상적인 분리불안을 극복하게 된다. C범주와 관련된 종단연구를 보면 유아기에는 행

동의 억제와 자기주장의 결여가 보였고, 아동기에는 또래와의 취약한 상호작용기술과 사회적인 위축이 나타났다(Renken, Egeland, Marvinney, Mangelsdorf & Sroufe, 1989).

[ 사 례 ]

양가적인 애착이 발달의 잠재적인 방해요인이라는 것이 보호시설의 4세 아동의 사례에 잘 나타나 있다. 나는 교사에게 들은 정보를 가지고 앤드류(Andrew)를 관찰하였다. 그의 어머니가 앤드류를 데려다 주면서 선생님과 이야기 할 때 그는 위축되었고 긴장한 듯 경직된 표정으로 경계하였다. 어머니가 작별인사를 할 때 어머니의 다리를 붙잡고 화난 듯 울기 시작했다. 어머니는 그의 손을 풀어 교사에게 주었고, 교사는 아이를 안아서 편하게 해주려 했다. 아이는 어머니가 나가자 크게 울며 선생님을 밀고 바닥에서 구르면서 감정폭발을 하였다. 2분 뒤 구석으로 가서 침울한 표정으로 앉아 담요의 가장자리를 빨기 시작했다. 10분 정도 지난 후 그는 좋아하는 교사를 찾아서 오전내내 그림자처럼 옆에 붙어 있었다. 또한 그의 행동에서 주목할 만한 점은 또래와의 활동이나 놀이가 전혀 없었다는 것이다. 학령전의 놀이와 사회적 상호작용은 발달을 촉진시킨다. 이렇듯 불안정한 아동은 애착을 유지하는 것에만 사로잡혀, 정상적인 4세 수준의 활동을 하지 못했다.

## 무질서한/혼란된 애착

매인(Main)과 그녀의 동료들은 불안정한 세 번째의 애착형태를 불안정-무질서한/혼란된(D) 애착으로 표시했다. 다른 불안정한 애착과 비교하여 D유형은 발생 비율이 훨씬 적다. 이러한 영아들은 분리 후 다시 재결합 했을 때 모순된 행동을 보인다. 예를 들어 어머니를 보고 반갑게 웃으며 손을 들어 안아달라고 하는 반면, 돌아서 버리거나 가만히 있거나 멍한 표정을 하고 있다. 또는 머리를 저으며 부모에게 걸어오거나 두려운 표정으로 부모에게 미소를 짓는 등의 모순된 행동을 동시에 보인다. 영아의 행동은 혼란스러워 보이며, 애착을 재형성하려는 노력은 내부적인 갈등에 의해 방해받는다. 영아는 또한 부모를 두려워하며 부모에게 접근하는 대신 낯선사람에게 가거나 자기자극 행동을 할 것이다. D유형 영아들은 스트레스 상황 하에서 안정을 얻기 위한 전략을 조직화하지 못한다. 그들은 부모로부터 도움을 얻고자 하는 욕구의 신호도 보이지 않는다. 감정을 조절하는 내재적 또는 상호적인 전략의 결여로 그들은 쉽게 각성되는 경향이 있다. 다시 말해 이러한 상황이 지속되면 내부적인 감각에 장애를 가져와 자기조절 능력에 부정적인 영향을 미치게 된다(Barnett, Ganiban & Cicchetti, 1999).

D유형 영아들의 갈등의 원천은 그들을 겁먹게 만드는 부모의 행동이다. 스트레스 상

황을 감소시키기 위해 애착행동을 하려는 영아의 시도는, 안정감의 경험이 아닌 공포의 대상이 되는 부모로 인해 실패한다: "무질서한 애착의 핵심은 해결책 없는 공포이다(Van IJzendoorn, Schuengel & Bakermans-Kranenberg, 1999, p.226)." D유형의 애착을 발달시키는 두 가지 형태는 다음과 같다; 부모에게 직접적으로 학대받았거나, 부모가 해결되지 않은 상처가 있는 경우, D유형에서 모순된 행동은 부모의 애착행동을 그대로 따라한 것이다. 무질서한/혼란된 영아를 가진 부모의 높은 비율이 어린시절 부모의 폭력행동을 목격했거나, 학대받았거나, 일찍 부모를 잃은 등의 해결되지 않은 상처를 갖고 있다(Main & Hesse, 1990; Lyons-Ruth, 1996). 그들은 상처에 기반한 공포를 현재에 투사하는 불안하고 두려운 사람들이다. 영아들은 종종 부모들의 강도 높은 두려움의 표현으로 겁에 질리곤 한다.

다른 연구들에서 신체적인 학대를 받은 영아가 낯선상황에서 무질서한/혼란된 영아로 분류되는 비율이 높음을 보고한다(Barnett et al., 1999). 비구조적이고 비정형적인 영아로 분류된다. D유형의 행동에서 강도 높은 접근과 회피의 갈등은 신체적인 학대나 성적인 학대, 친밀함에 대한 거절, 부모의 모순된 반응내력, 부모반응의 불확실성, 부모의 공포와 관련되어 있다(van IJzendoorn et al., 1999). D유형으로 분류되는 것과 관련된 다른 부모요인으로는 양극성 우울질환, 알코올중독이나 마약중독이 있으며 이러한 부모는 극단적이거나 모순된 행동을 하는 경향이 있다(DeMulder & Radke-Yarrow, 1991). 또한 무질서한 애착은 위험요인을 가진 가족성원과의 다양한 상호작용을 방해한다. D애착유형을 보이는 가족은 가난, 부모의 정신질환, 부모의 약물남용, 부모의 아동기 학대 등으로 특징지어진다. 중산층 가정에서 D애착유형을 보인 영아는 15%였고, 저소득가정에서는 25~34%가 D유형에 속하는 것으로 나타났다. 가정에서 학대받은 영아의 경우 D유형에 속하는 비율이 48~77%로 높았다(van IJzendoorn et al., 1999). 가족이 여러 가지 위험요인에 압도되었을 때 가족은 더 쉽게 해체되며 아동학대는 더욱 증가된다.

무질서한 애착이 이후 발달에 어떠한 영향을 미치는지에 관한 연구는 다른 애착유형에 관한 연구로부터 시작되었다. D애착유형은 유아기나 아동기에 또래에 대한 공격성과 부모에 대한 통제행동의 비율이 높을 것으로 본다(Lyons-Ruth & Jacobvitz, 1999). D유형에 속했던 아동들은 아동기에 낮은 학업수행과 빈약한 자신감을 보이기도 한다(Moss, Rousseau, Parent, St. Laurent & Saintong, 1998). D애착유형의 영아는 방어행동의 하나로 분열상태를 보이기도 한다. "정신이 혼미하거나(blanking out)" 혹은 "어디로 튈지 모르는(going somewhere else)" 분열상태가 D유형의 영아들에게서는 경직되거나 멍한 행동으로 나타난다.

### 다면적 애착

모든 문화에서 기본적인 애착의 표상이 어머니임에도 불구하고 영아들은 다른 양육자와 애착을 형성하기도 한다. 가정에서 영아에게 가장 중요한 두 번째 애착의 대상자는 아버지이다. 서구문화에서, 아버지와 영아의 애착은 놀이 속에서 나타나는 경향이 있으며 이는 영아의 탐구를 촉진한다(Grossman et al., 1999). 비록 어머니에 대한 선호가 지배적이긴 하나, 집단적으로 양육하는 문화에서 영아는 다면적 애착을 발달시킨다(van IJzendoorn & Sagi, 1999; Jackson, 1993). 예를 들어 잠비아 문화권에서 어머니는 다른 어머니들과 함께 영아를 보호하고 양육한다(Morelli & Tronick, 1991).

영아가 안정된 애착을 형성했건, 불안정 애착을 형성했건 간에 다면적 애착이 갖고 있는 의문점이 있다. 보울비(Bowlby)는 아동이 의미 있는 양육자와 분리되었을 때 그와의 질적인 차이에 기초하여 다양한 애착유형을 발달시킬 것이라고 주장하였다. 영아들은 양육자마다 각각 다른 애착 유형을 형성한다는 것이다. 어머니와 불안정애착을 형성한 아동의 사례에서 다른 중요한 양육자-아버지, 조부모, 대리양육자-와는 안정된 애착을 형성하였다는 것은 보상의 보호적인 기능일 수 있다.

## 애착, 계층 그리고 문화

애착이 어떻든 간에 초기 회의론자들은 아인스워스(Ainsworth)에 의해 정의된 중산층 현상에 대해 의문을 가졌다. 부모의 민감성과 애착의 안정성간의 관련성에 대해 중산층과 저소득계층의 표본연구를 일관되게 지지해왔으나, 그 표본은 인종적으로 혼합된 표본들이다(Ward & Carlson, 1995). 앞에서도 기술했듯이, D애착유형은 심각한 사회심리적 위험요인과 관련이 있으며 학대가정은 다양한 위험요인에 의해 더욱 지배적인 영향을 받는다(Barnett et al., 1999).

비교문화연구에서는 애착유형의 비율이 다른 것을, 안정된 애착을 형성한 영아의 비율이 크게 다르지 않다는 점보다는 낯선상황에서 문화에 기초한 제한으로 설명할 수 있다. 예를 들어 초기 일본영아의 연구에서 분리시의 강렬한 반응을 보이다가 어머니가 돌아오면 진정이 되는 불안정-양가적인/저항하는 애착유형이 매우 높은 비율을 차지했다. 낯선상황에서 미국영아들은 중간정도의 스트레스를 보였다. 미국영아들은 보통 부모와의 분리경험이 많고, 미국문화는 독립과 자립을 지지한다. 다카하시(Takahashi, 1990)는 일본문화가 이와 다르다는 것을 다음과 같이 강조한다:

> 일본인들은 어머니가 아이의 뒤에서 함께 움직이고, 목욕하고, 자는 등 양육자가 항상 영아 곁에 있는 양육방법을 오랜 기간 지지해왔다. 따라서 일본문화는 '혼자 남겨지는 것'을 미국문화와는 현저히 대조되게 다룬다. 따라서 일본문화에서 "낯선상황"에 낯설게 반응하고, 중간수준을 넘어서는 스트레스를 수반하는 것은 당연한 일이다. 어떤 영아는 비록 어머니와 안정된 애착을 형성하고 있을지라도, C유형으로 정의되기도 한다. 객관적으로 동일한 절차라고 해서 다른 문화의 적용을 보장해줄 수는 없다(pp.27~29).

일본영아 연구에서 일반적인 생각은 다음과 같다: 양육에 있어 서로 다른 가치와 실천은 문화를 넘어서 애착행동의 표현에 영향을 준다는 것이다. 상호의존적이며 집단협력적인 문화적 가치를 가진 곳에서, 영아를 잘 입히고, 먹이고, 같이 재워주며 보살피는 것을 반영한다(Morelli & Tronick, 1991;Small, 1998). 일본과 같은 문화는 A애착유형의 비율이 아주 낮다(True, Pisani & Oumar, 2001; van IJzendoorn & Sagi, 1999). 이와는 대조적으로 독립적이고 자립적인 가치를 중요시하는 서구문화에서는 초기 모유수유에서 분유로 바꾸고, 양육자와의 신체적인 접촉을 덜 하도록 '울게 놔두기'나 '혼자놀기' 그리고 혼자 자도록 하는 것의 양육형태를 취한다. 이러한 문화는 A애착유형의 비율이 더욱 높은 경향이 있다(Isabella & Belsky, 1991; van IJzendoorn & Sagi, 1999).

다양한 문화연구에서 안정애착의 비율이 65~70% 정도로 나타난다; 불안정한 애착유형의 비율은 문화마다 각기 다르며 문화적 실천에 의해 영향을 많이 받는다. 그러나 사기(Sagi)의 이스라엘 키부츠 영아의 애착에 관한 연구는 문화적 적응의 한계를 보여줬다. 키부츠의 철학은 자신의 삶을 가족보다는 또래집단과 동일시하는 것으로 아동들이 집단으로 협동하고 지지하는 것을 조장한다. 결과적으로 키부츠사회에서 아동들은 초기 영아기부터 부모와 떨어져 집단에서 잠을 잔다. 밤에도 영아는 부모 곁에 가지 않는다. 이러한 영아에 관한 연구는 C애착유형의 비율(37%)이 비정상적으로 높을 뿐만 아니라 안정된 애착의 비율(56%)도 비정상적으로 낮다는 것을 보여준다.

## 애착의 보편성

비교 문화연구가 애착행동을 취하는 형태의 다양성에 관해 얘기했으나, 애착의 보편성에 의문을 제기한 것은 아니다(Posada et al., 2002). 보편성을 갖게 하는 요인은 무엇인가? 아기는 주된 양육자와 애착을 형성하고자 한다. 주된 양육자의 일관성, 민감성, 우연한 반응들은 아기의 심리적 발달에 필수적인 것이다. 문화를 넘어서 안정에 기반을 둔 행동은–스트레스를 줄이고 탐구를 지지하도록 양육자를 활용하는 아동의 능력–안정된 애착의 지표로 정의된다(Waters & Cummings, 2000). 양육자의 아기에 대한 거부, 비관주의, 반응의 결여, 둔감함, 비일관된 태도가 애착관계에 영향을 미칠 때 아기의 심리적인 발달은 심각하게 위협받는다.

## 애착과 발달

스로프(Sroufe)는 "영아와 양육자간의 조직화는 자아의 조직화에 선행한다. 자아의 조직화는 이후의 사회적 행동을 포함하여 경험과 적응에 있어 중요하다. 건강하건 장애가 있건 성격은 생생한 관계력의 산물이다."라고 지적하였다(Sroufe, 1989, p.71). 많은 종단연구들은 이러한 생각을 검증하였다. 전체적으로 그러한 연구들은 영아기 애착의 질과 이후 발달이 관련이 있음을 발견하였다(Matas, Arend & Sroufe, 1987; Lyons-Ruth, 1996). 영아기의 안정된 애착은 걸음마의 사회적 유능감, 문제해결능력 그리고 아동기 이후의 성공적인 적응과 관련된 성격적 특징을 예견한다. 이와 유사하게 불안정한 애착은 문제행동, 아동기의 사회적 어려움 등과 관련이 있다. *비록 영아의 기질과 환경적인 위험요인 등과 같은 다른 요인이 있을지라도 연구결과에서 보여주듯 애착의 질은 발달의 중요한 매개임이 분명하다.*

### 애착의 작동모델(working model)의 내재화

애착의 유형이 이후의 아동발달에 어떻게 작용하는가? 보울비(Bowlby, 1973)는 아동이 애착관계 안에서 보호받고 반응하는 방법에 기초하여 애착의 작동모델을 점차 발달시킨다고 하였다. 생애 초기 몇 년간 다른 사람들에게 무엇을 기대하고, 어떻게 관계 맺을지를 예상함으로써 작동모델은 안정되어 간다. 동시에 관계 속에서 자기모델(models of the self) 또한 발달된다. 저학년 아동은 자신이 효과적으로 관계하는 방법, 자신을 가치

있게 하는 방법, 만족할만한 보호를 받는 방법에 관한 가정들을 내재화한다. 애착을 형성한 영아는 시간이 흐름에 따라 적절히 반응하도록 작동모델을 주도적으로 발달시킨다. 즉 말로 표현하자면, "나는 사람들이 나에게 관심을 가지고 반응할 것이라 생각한다. 나의 행동은 나의 욕구를 상호작용하는데 효과적이며 애착을 유지할 것이다." 아동이 성장함에 따라 애착을 형성하는 부모의 상호작용 방법 또한 작동모델의 형태를 만들고 강화한다. 공감을 표현하고 아동의 스트레스에 관해 얘기하고 자율성을 격려하는 부모는 아동이 안정된 작동모델을 형성하도록 돕는다(Bretherton & Munholland, 1999).

작동모델의 중요한 요소는 관계 안에서 자신을 보는 시각이다. 안정된 애착의 역사 속에서 아동은 자신에 대한 긍정적인 감정을 발달시키는 반면, 불안정한 애착을 형성한 아동은 자아존중감을 유지하기 어려운 경우가 훨씬 많다(Bowlby, 1973). 작동모델은 또한 스트레스에 대처하는 능력과 감정조절 능력을 포함한다. 양육자의 일관된 반응과 보살핌을 통해 효과적으로 감정을 조절하는 영아는 감정조절과 발산에 있어 효과적인 내적, 사회적 전략을 발달시키며 훨씬 스트레스에 잘 대처한다. 반면, 강력한 감정과 높은 수준의 각성상태를 경험한 영아는 공격성과 감정폭발을 유발하는 과잉행동이나 감정적 공황과 같은 부적응적인 대처전략을 발달시키고 통제불능으로서의 자신을 내재화하기 쉽다.

## 경험의 조직가로서의 작동모델

한번 형성된 작동모델은 의식되지 않는 경향이 있다. 작동모델은 관계에 대한 아동의 지각을 조직화한다. 작동모델은 아동이 관계에서 생겨난 일들에 관해 어떻게 평가하고 어떻게 행동할지에 관해 안내한다(Bowlby, 1980). 아동의 기본 애착관계를 발달시킨 작동모델은 비교적 안정적이며 다른 관계에 적용한다. 안정된 애착을 형성한 3세 아동은 보살핌을 제공하는 사람이 관심을 갖고 지지적으로 반응할 것이라 기대한다. 불안정한 애착을 형성한 아동은 다른 성인의 정서적인 반응과 의도를 믿지 않는다. 어쨌든 아동은 무의식적으로 조직화를 시도하고 새로운 관계로 내재화된 작동모델에 맞게 조정할 것이다.

동시에 아동과 관련된 부모의 행동이 비교적 확고하게 남아있는 가정은, 아동의 작동모델이 부모와의 교류를 통해 끊임없이 강화된다는 것이다. 비록 작동모델이 양육형태의 변화와 새로운 관계경험에 따라 변할지라도 3~4세 이후에는 더욱 확고해진다. 신체적인 학대로 인해 부모를 떠나 보육시설에 입소한 많은 아동들이 혼날만한 행동을 하는 것이 그 분명한 예이다. 이러한 방식으로 아동이 작동모델을 투사할 때, 다른 사람의 반응은 종종 작동모델을 강화시키고 더욱 확고하게 한다. 예를 들어 만약 보육시설의 양육자가 학대한 것은 아니지만 아동의 행동에 대해 부정적인 반응을 보였다면, 새로운 양육자에 대한 아동의 감정적인 경험이 학대의 느낌과 같기에 아동의 작동모델은 더욱 확고해지는 것이다(Sroufe et al., 1999).

그러나 많은 학대받은 아동이 예전관계만을 지속하는 것은 아니고 점차적으로 새로운 양육자의 공감적이고 반응적인 행동에 의해 영향을 받는다. 비록 작동모델이 강력하긴 하나, 적절한 보살핌을 통해 변할 수 있다. 작동모델은 이혼이나 부모의 질병 또는 둘째의 출생과 같은 정상적인 사건과 같은 가족의 변화에 의해 부정적인 방향으로 전환되기도 한다(Teti, Sakin, Kucera, Corns & Das Eisen, 1996). 나의 이웃집에 새로운 아기가 태어났다. 그들에게는 18개월된 아들이 있었는데, 자주 울기 시작했다. 나는 그 집의 아버지가 아이를 안고 뒤뜰을 거니는데, 아이가 슬픈 듯 우는 것을 보았다. 그의 아버지는 내게 "어머니는 애기 때문에 바쁘고, 아들은 어머니를 찾아요. 나는 애를 달랠 수가 없네요."라고 말했다. 그것은 "나는 그들이 사랑하는 단 한 사람이예요."라는 감정이 포함된 원래의 작동모델이 어머니의 관심이 아기에게 가 있으므로 아동이 힘들어 하는 것을 알아 차렸다. 이렇듯 민감한 부모는 영아의 상실감에 대해 공감해줌으로써 영아의 안정감을 회복하도록 돕고, 영아의 작동모델이 부정적으로 변하는 것을 방지할 수 있다.

이러한 예들은 애착 분류에 관한 생각을 수정할 것과 작동모델이 오랜 시간에 걸쳐 안정화되는 것을 보여준다. 보울비(Bowlby)가 애착이론을 발달적 맥락의 개념에서 볼 때 삶의 경험은 애착의 작동모델을 바꿀 수 있음을 명확히 했다(Bowlby, 1980). 그는 긍정적이든 부정적이든 의미 있는 새로운 관계, 새로운 기회, 새로운 위험들은 개인의 작동모델을 변화시킨다고 주장했다. 애착에 관한 이러한 생각은 중산층 아동의 종단연구에 의해 오랜 기간 지지되었다. 상대적으로 보호받는 환경에서 성장한 아동들은 애착형태를 유지하는 비율이 높게 나타났다(Waters et al., 2000). 아동들은 영아기 때 평가받고 19~20세 때 재평가 받았다. 두 번째 평가에서 안정된 애착은 의미 있게 지속되었다. 그러나 중산층 아동의 28%가 애착유형이 변화되었는데 주로 안정애착에서 불안정 애착으로 변화되었다. 불안정애착으로 변한 거의 모든 아동은 가족 성원에 의한 신체적, 성적 학대, 부모의 정신과적 질환, 삶을 위협할만한 질병, 부모의 이혼이나 죽음과 같은 부정적인 삶의 사건을 겪었다(Waters et al., 2000).

이와 반대로 저소득계층의 아동 연구에서는 애착형태가 덜 지속적인 것으로 나타났다(Weinfield et al., 2000). 초기에 안정된 애착을 형성한 아동들이 가난과 관련한 많은 위험요인들 때문에 불안정 애착으로 변한다. 이러한 결과는 "혼란된 환경과 가난 속에서 성장하는 아동들의 삶에 있어 위험의 본질이 강조된다"는 것과 초기 안정된 애착과 같은 "탄력성에도 불구하고 삶의 경험에서 아동을 떼어내는 것이 어렵다"는 것을 분명히 보여준다(Weinfield et al., 2000, p.701).

## 애착의 부모모델

애착을 부모입장에서 다룬 연구는 부모의 반응능력에 영향을 미치는 세 가지 주요요인을 다음과 같이 정의하였다; (1) 양육자 자신의 경험에 기초한 내적 작동모델(Main et al., 1985); (2) 정신질환이나 약물남용과 같은 부모의 위험요인들; (3) 양육자가 다른 성인이나 외부에서 지지를 받는 경우. 여기서는 첫 번째 이슈에 초점을 두고 부모의 위험요인에 대해서도 토론을 할 것이며 3~4장에서 부모의 지지를 다룰것이다.

보울비(Bowlby)는 애착의 작동모델이 삶을 통해 지속되는 경향이 있으며, 부모자녀관계에 의해 촉진되므로 애착 형태가 세대를 거쳐 유전된다고 주장했다(Bowlby, 1988). 이러한 이론은 어머니의 원가족에서의 관계가 양육실천에 영향을 미친다는 많은 연구들을 통해 확고해졌다(Lyons-Ruth, Zeanah & Benoit, 2003).

매인(Main)과 그의 동료들은 작동모델이 성인기까지 지속되는지와 부모자녀관계에 영향을 미치는지에 관해 연구하였다. 매인(Main)은 1~6세의 중산층 아동의 애착형태에 관한 연구에서 일관성의 비율이 높게 나타남을 발견했다. 1세 때 안정되게 혹은 불안정하게 애착을 맺은 것으로 평가된 아동은 6세 때에도 거의 같은 유형으로 분류되었다. 이러한 아동의 부모에게 AAI(Adult Attachment Interview)를 가지고 인터뷰하여, 부모와의 과거 및 현재의 관계에 대해서 그리고 애착과 관련한 기억에 관해 토론함으로써 애착의 작동모델에 관한 정보를 뽑아낼 수 있었다. AAI의 결과는 아동의 애착 분류와 유사하였다. 이러한 성인과 아동의 애착분류의 조합은 연구에서 반복적으로 되풀이되었다(Hesse, 1999; Riggs & Jacobvitz, 2002). 임신한 여성에게 AAI를 사용한 연구에서 부모의 성인애착 분류를 통해 애기가 태어나기 전에 영아의 애착 분류를 70% 예언할 수 있었다(Benoit & Parker, 1994; Ward & Carson, 1995). 이러한 연구들은 애착을 형성하는데 있어 부모의 실행모형의 힘이 어느 정도인지를 보여준다.

## 안정된 성인의 특성

AAI 평가를 통해 안정된 작동모델을 가진 것으로 평가된 부모는 다섯 가지 기본특성을 지니고 있다. 그들은 (1) 애착관계를 가치 있게 여기며; (2) 애착관계가 그들의 성격에 중요한 영향을 미친다고 믿으며; (3) 그들의 관계를 설명하는데 있어 객관적이고; (4) 그들 자신의 경험에 영향을 받았을 것이라고 여겨지는 애착에 관해 토론하는 것이 용이하고 언제든 회상할 준비가 되었음을 보여주며; (5) 이상적이라기 보단 현실적인 것으로 애착경험을 받아들인다(Main et al., 1985).

안정된 성인의 대다수가 부모와의 관계나 초기 경험이 만족스러웠으나, 일부는 외상이나 상실과 같은 어려움도 있었다. 안정된 성인을 구별하기 위해선 실제 경험이 아니라 그들이 초기경험을 어떻게 잘 기억하고 이해하고 통합하고 있는지를 봐야 한다. 불안정한 성인과 안정된 성인을 구별하는 것은 이야기의 질이다. 애착관계에 대한 자신의 평가가 긍정적인 감정과 부정적인 감정을 모두 포함될 수 있도록 융통성 있고, 일관되며, 조직화되는 경향이 있다. 이것에 부합하는 아인스워스(Ainsworth)의 연구 결과를 살펴보면 안정된 애착을 형성한 영아는 모든 정서적 감정의 표현에 있어 개방적이라는 것이다. 애착경험에 관해 얘기하는 것이 그들을 과도하게 불안하게 하거나 방어기제를 사용하게 하는 원인이 되어서는 안 된다. 이러한 결과는 외상에 관한 결과와도 일치한다. 외상을 경험한 사람들이 무엇이 일어난 것인지 이해하고 회상할 수 있으면 외상후 스트레스 장애나 외상과 관련한 문제를 가진 사람들보다 덜 고통받는다.

## 불안정한 성인의 특성

불안정한 애착을 반영하는 작동모델을 가진 성인은 일반적으로 애착관계에 대해 덜 긍정적으로 느끼고, 애착경험이 성격에 영향을 미쳤다는 것을 부인하는 경향이 있으며 그들이 하는 설명은 객관적으로 보이지 않는다. 이러한 일반적인 고려사항 이외에도, 아인스워스(Ainsworth) 애착분류에 부합하는 경향이 있는 불안정한 성인에는 다음과 같은 세 가지 주요 형태가 있다.

### *거부적인(Dismissive) 성인*

이러한 형태의 부모는 "관심이나 가치를 두지 않음으로써 애착관계에 거부적이다(Main et al., 1985, p.91)." 그들은 생생한 애착경험의 기억도 없고 그들의 부모와 거리감을 갖고 있거나 단절된 관계를 맺고 있는 경향이 있다. 애착의 중요성을 부인하는 부모들은 애착을 추구하기 보다는 자신에게 더 의지하고 부모로부터 벗어나려는 경향을 갖는 회피적인 영아를 갖기 쉽다.

*종속적인(Preoccupied) 성인*

두 번째 불안정한 형태는 "그들 자신의 부모에게 의존하고 그들을 즐겁게 하려고 적극적으로 애쓰는 부모이다(Main et al., 1985, p.91)." 그들은 자신의 부모를 이상적이라 생각하고 애착관계의 어려움은 그들 자신에게 책임이 있다고 생각하는 경향이 있다. 그들은 현재 관계에 대해 불안해하고, 다른 사람들이 그들을 어떻게 인식하는지에 관해 걱정하는 경향이 있다. 이러한 부모의 영아들은 대부분 자신의 양육에 대해 불안해하는 양가적인 유형으로 분류된다.

*혼란된(Unresolved) 성인*

이러한 부모는 해결되지 않은 아동기 외상을 가지고 있거나 또는 신체적, 성적 학대를 경험한 경우다. 아동기에 부모의 죽음을 경험한 대다수가 혼란된 애도의 증상을 지속적으로 보여준다. 그들은 상실에 관한 두려움을 가지며 그들 스스로 학대 받을만 하다고 생각하거나, 부모 죽음의 원인이 자신에게 있다는 불합리한 견해를 가지고 있다(Main & Hesse, 1990). 그들의 애착에 대한 이야기는 무질서하고 일관성이 결여되어 있다. 만약 그들이 아동기 외상경험에 관해 설명하기 시작하면(부모의 죽음이나 신체적, 성적 학대와 같은) 무슨 말을 하려고 했는지 종종 잊어버리고, 침묵하거나 어떠한 인식 없이 주제를 갑자기 바꾼다(Main & Morgan, 1996). 이러한 부모의 영아는 대다수가 종종 무질서한/혼란된 애착유형으로 분류된다(Mani & Hesse, 1990).

## 불안정한 부모의 방어과정

불안정한 부모의 세 가지 타입 모두 특성이 있는데, 안정된 부모의 특성과도 구별된다: 그들의 이야기는 따라가기 힘들고, 자기 모순적이며, 명백히 비합리적이며, 주제가 바뀌는데 명확한 구분이 없다는 것이다. 대부분이 모순이라는 인식이 없으며, 특히 일반적인 것과 특별한 것에 대한 인식도 없어 보인다. 예를 들어 자신의 어머니에 대해 훌륭하고 사려 깊다고 얘기하고는 심각한 구타와 어머니의 처벌을 피하기 위해 거짓말을 했다는 것을 얘기하는 부모들은 두 진술간의 모순을 알지 못한다. 또한 이들은 관계의 현실적인 것들을 통합적으로 받아들이지 못한다(Hesse, 1999).

아동과 불안정한 애착을 형성한 부모들 대부분은 아동기의 기억이 거의 없다고 주장하고 특히 애착관계에 있어서는 회상할 것이 없다고 한다. 보울비(Bowlby)는 이러한 기억의 문제를 "정보의 방어적 배제(defensive exclusion of information)"라고 명명하였다(Bowlby, 1980). 방어적 배제는 고통스러운 기억을 피하고 싶은 소망 때문에 생긴 것이고 이는 자신의 고통스럽고 부정적인 애착경험에 기원한다. 혐오스런 애착은 초기 정서분리를 유발하며, 애착의 기억을 점점 잊게 한다(Bowlby, 1980).

요약하면, 아동과 안정된 애착을 맺은 부모는 강한 방어없이 긍정적이든 부정적인 요소이든 자신의 아동기에 대해 일관된 설명을 한다. 아동과 불안정한 애착을 형성한 부모는 애착의 중요성을 간과하거나 애착의 문제에 몰두한다. 매인(Main)은 불안정한 작동모델에서 방어기제의 영향과 현재 애착행동을 강조한다: "부모 자신의 경험과 감정이 통합되지 않고, 다양한 형태의 제한에 관심이 집중되어 애착과 관련한 정보는 놓친다. 이러한 제한은 일관되지 않은 이야기와 둔감한 행동으로 나타난다(Main et al., 1985, p.100)." 이러한 방어에 기초한 작동모델은, 아동의 정확한 애착신호를 지각하는 부모의 능력을 방해한다.

## 애착이론과 가족체계이론

가족체계이론과 애착에서 중요하게 공통되는 부분이 있다. 두 이론 모두 관계에서의 교류를 강조한다. 두 이론 모두 인과론과 관계형태의 세대이전을 받아들인다. 미누친(Minuchin)의 가족체계에서의 상호작용 유형-적응적인, 분리된, 모호한, 혼돈된-은 성인애착 분류의 자율적인, 거부적인, 종속적인, 혼란된 유형뿐만 아니라 안정적인, 회피적인, 양가적인, 무질서한/혼란된 애착유형과도 상당히 유사하다(Minuchin, 1974; Byng-Hall, 1999).

임상에서 가족 내 상호작용을 이해하기 위한 세대적 접근은 갈등이나 스트레스에 대처하는 형태와 반복되는 갈등이나 관계형태를 발견하는 것이다. 작동모델 개념은 세대간에 반복해서 발생하는 이유를 설명해준다. 예를 들어 가족치료사는 암암리에 우울한 부모를 보호하게 되는 아동을 "보호자 역할을 하는 아동(parental child)"의 형태로 정의내린다. 보울비(Bowlby)는 이러한 개념을 다른 용어를 사용하여, 애착의 작동모델 관점에서 설명하였다. 부모자녀관계에서 아동이 부모를 보살피도록 요구받음으로써 부모가 바뀔 때, 아동은 사랑을 받는 유일한 길이 보호해주는 것이라고 배운다. 보울비(Bowlby)는 이러한 애착의 작동모델을 "강박적인 양육(compulsive caregiving)"이라고 하였다(Bowlby, 1978). 이렇게 자란 사람이 부모가 되면, 아동을 보호하긴 하지만 부모자녀관계에 있어서 역할전이를 경험하게 된다.

빙-홀(Byng-Hall, 1999)은 "가까이 하기엔 너무 먼(too close too far)" 부부관계를 통해서 가족체계와 통합된 애착의 유용성을 설명하였다. 배우자 중 한명이 양가적/종속적인 애착반응을 보이고, 또 다른 배우자는 회피적/거부적인 애착반응을 보이면 관련된 체계는 갈등적이고 부적응적으로 나타난다. 빙-홀(Byng-Hall)은 "안정된 애착을 유지하기 위한 그들의 전략은 정반대이다."라고 했다(Byng-Hall, 1999, p.634). 회피적인 배우자는 정서적으로 위축되어 있고, 양가적인 배우자는 의존적이거나 요구하는 행동을 보인다. 가까워지고 멀어지는 주기는 아동의 애착의 안정성에 영향을 미치며 부부관계의 지속적인 갈등을 만든다.

부부간의 애착의 역동성은 아동의 발달에 있어 하나의 환경이다. 안정된 가족체계속의 아동은 안정되고 자율적인 애착 형태를 보인다(Cobb, 1996; Byng-Hall, 1995). 반면에 회피적이고 양가적인 부모의 아동은 부모의 갈등적인 역동 속에 쉽게 삼각관계를 이룬다. 부모들 간의 긴장은 안정감을 줄이고, 양가적인 부모가 되게 한다.

## 애착관점에서 본 저학년 아동에 대한 평가

애착이론은 부모의 애착작동모델과 영아/아동 애착패턴 사이에 일치점을 알수 있었다. 가족체계 이론과 같이 애착연구는 부모와 아동행동이 상호보완적인 경향이 있는 것으로 나타났다. 안정적인 애착의 내력으로부터 유래된 부모 작동모델은 그들의 아동에게 민감하게 영향을 끼친다. 아동은 차례로 안정애착과 적극적 작동모델로 발달시키는 경향이 있다. 반면에 애착의 중요성을 무시하는 부모는 격려와 애정 어린 보살핌에 대한 아동의 요구를 무시하는 경향을 보인다.

이러한 연구가 우리의 임상적 이해에 공헌했다 하더라도 연구수단과 임상적 판단 사이엔 판별할 중요성이 있다. 아인스워스(Ainsworth)의 '낯선상황'과 매인(Main)의 '성인애착면접'은 개인에게 적합한 연구 환경일 때 확실하게 애착 패턴을 드러낸다. 그러나 직접적인 방법으로 실험을 하진 않는다. 연구진행은 실험계획안에 충실할 것을 요구한다. 그러나 사회적 작동실험은 내담자의 제출양식과 필요에 따른 전략적 평가를 수용하는 융통성을 요구한다. 상호작용 관찰에 의존한 평가는 가족내력과 심리사회적, 생태학적인 환경에 대한 조사 뿐만 아니라 보통 두 번 또는 그 이상의 면접을 거친다. 그럼에도 불구하고 애착패턴의 학문은 개별적인 애착형태를 추측하는 행동과 상호작용에 대한 관찰에 의해 기인된다. 예를 들면, 연구자가 가정을 방문하여 기록한다. 어머니가 아이의 기저귀를 바꾸는 동안 아이를 거칠게 다루는지 그리고 아이를 돌보는 사이 좌절하는지를 본다. 동시에 어머니가 접근했을 때 아이가 어머니를 바라보지 않는지, 아이가 머리를 돌려 외면하는지를 본다. 이러한 관찰은 추후의 관찰에서 회피적 애착으로 추측되는 것을 입증시킬 수 있다. 다음은 애착에 관련된 사례다.

## 사례 : 켈리(Kelly)와 그녀의 어머니

### 배경정보

대도시의 전문대학에 다니는 켈리의 어머니는 켈리를 돌봐주는 영아 아동센터 직원의 권유로 21개월 된 딸의 평가를 의뢰하였다. 켈리의 어머니는 아일랜드계 미국인으로 20살된 편모이다. 그들은 도시 캠퍼스 근처 작은 아파트에서 살고 있다. 그녀의 수입은 요보호아동가족보조(AFDC)와 학자금 대출이다. 그녀는 유능한 학생으로 4년제 대학으로 편입할 계획을 갖고 있고 간호학위도 취득하였다. 켈리의 아버지와는 임신 중에 결별하였다. 그는 두 번 켈리를 만났으나, 재정상의 보조나 아이의 양육에 관여하지 않았다.

영아발달과 애착에 관한 지식이 풍부한 센터의 관리자는 켈리의 입장에서 살펴보았다. 켈리는 센터에 온지 거의 1년이 다 되었는데 양육자에 대해 애착을 표현한 적이 없다. 켈리는 눈맞춤도 안 되고, 상호작용을 하지도 않으며, 잘 쳐다보지도 않는다. 켈리는 다른 아동들과도 많은 상호작용을 하지 않는다. 켈리는 충동적이고 잘 넘어져도, 잘 울지 않고 자해를 한다. 관리자는 켈리의 어머니가 부모임에도 자기에게 몰두하고 있고, 영아에게 적절한 자극을 제공하지 못한 것으로 생각하였다.

### 부모 면접

켈리의 어머니는 딸의 발달에 관해 걱정된다고 말했다. 어머니는 최근에 아동발달과정 수업을 듣고 있고, 그녀의 관심은 발달용어라고 했다: 켈리의 짧은 집중력이 인지발달의 지연을 의미하는가? 켈리가 말하지 못하는 것은 언어지연의 신호인가? 어머니는 애착문제에 동의했다. 어머니는 켈리가 안아주기를 바라는 아이가 아니며 센터에서 켈리를 데려가거나 데리고 올 때 껴안거나 키스하지 않는다고 말했다. 켈리는 미숙아로 태어났고 태어난 후 2주 동안 병원에서 입원치료 받았다고 설명하였다. 켈리의 어머니는 "켈리가 병원에 있을 때, 학교에 다니느라 많은 시간을 함께 하지 못했는데 그래서 아마 유대감이 없는 거 같아요."라고 말했다. 어머니는 또한 켈리가 자신을 좋아하는 것이 오히려 이상한 일이라고 말했다. 자신의 어머니도 자신을 결코 안아준 적이 없으며, 불행하고 위축된 아동기를 보냈다고 했다. 어머니는 켈리가 자신처럼 불행한 아동기를 반복하길 원하지 않지만, 이미 그렇게 된거 같아 걱정이 된다고 말했다. 어머니는 도움 받기를 원했고 켈리와 어머니 자신의 아동기에 대해 보고하는데 합의했다.

## 상호작용의 역사

켈리의 어머니는 임신과 출산에 대해 자세하게 보고하였는데, 사무적인 태도는 그녀가 얘기하는 심리적 어려움의 상황과는 적절하지 않은 듯 보였다. 켈리의 어머니는 대학 1학년 때 켈리의 아버지와 만나게 되었고 임신사실을 알기 바로 전에 그와 헤어졌다. 그리고 켈리의 아버지는 학교를 그만두었다. 임신사실을 알렸을 때 그는 다시 만나고 싶어하지 않았다. 그녀의 어머니는 임신사실에 화를 내며 유산을 강요하였다. 그러나 그녀는 켈리의 아버지가 돌아오길 원했기 때문에 유산을 미루었다. 임신이 진행됨에 따라 그녀의 어머니는 입양을 시키자고 주장하였다. 그녀가 아기를 양육하려는 의사를 표현했을 때 그녀의 어머니는 모든 부모자식 관계를 끊겠다고 하더니, 한 번은 자살하겠다고 협박하였다. 그녀는 침착한 어조로 간략하게 말하였다: "네, 힘든 시기였죠. 그러나 켈리가 태어날 때까지 만이었어요. 나는 켈리를 원했어요."

임신기간 동안의 배신과 상실에 의한 스트레스는 켈리의 조산으로 인해 더욱 가중되었다. 그녀는 학기를 마무리하고 싶어 겨울학기에 등록하였다. 켈리가 5주 일찍 태어났을 때, 그녀는 양육하고자 하는 준비가 전혀 되어 있지 않았다고 느꼈다. 그녀는 아기에 관한 생각보다는 자신의 학교 수업에 전념하고 있었다.

## 조산아와 아픈 영아 그리고 준비되지 않은 부모

켈리가 태어났을 때 체중은 2.3kg였지만, 폐는 완전히 발달되지 못했다. 켈리는 심각한 호흡곤란으로 진단받고, 신생아집중치료실(NICU)에 있었다. 태어난 직후에 켈리의 폐는 극도로 쇠약했고 위독한 상태였다. 켈리는 인공호흡기를 착용하였다. 5일 후 폐의 건강상태는 인공호흡기를 제거할 만큼 호전되었다. 태어난 후 퇴원할 때까지 안정되게 좋아졌다.

비록 그녀가 고통스런 일을 침착하게 얘기하는 모순된 면을 보였지만, 켈리가 입원시에 고통스럽고 혼란스러웠던 것으로 기억하였다. 켈리의 조산에 비하면, 임신은 일도 아니었다. 그녀는 분만하는 동안 혼자였다. 자신의 부모를 불렀을 때 그녀의 어머니는 아기의 양육을 포기하고 입양을 시키지 않으면 자살하겠다고 위협하였다. 반면에 그녀의 아버지는 아기의 건강상태를 걱정하고 돌봐주었다. 켈리의 폐가 극도로 쇠약해졌을 때 그녀는 아기가 살지 못할 것 같았다. 그녀는 어머니에게 "아기가 죽는 것이 최선일거야." 라고 말했다. 그녀는 켈리의 상태가 위독했던 며칠동안의 두려움을 회상하였다. 그녀가 퇴원한 뒤 켈리는 신생아치료실에 남겨져 외롭고 혼란스러웠을 것이다.

켈리를 거의 매일 찾아 갔었으나, "나와 함께 할 어느 누구도 없다."고 켈리의 엄마는 생각했다고 하였다. 약 2주가 지났을 때 간호사의 격려로 켈리를 간호하기 시작했다. 그녀의 어머니는 여러 번 전화하여 아기를 포기하도록 강요하였다. 그녀가 거절했을 때 어머니는 자신의 삶을 파멸하는 것이라며 부모 자식관계를 끊겠다고 말했다. 켈리의 아버지에게 전화했을 때 그는 애매한 태도를 취하며 병원방문을 내켜하지 않았다. 그녀는 아기가 태어나면 그가 돌아올거라는 환상을 갖고 있었기 때문에 굉장히 고통스러운 것으로 기억하였다.

그녀는 켈리가 한 살이 되기까지 아기를 보살피면서 학교 수업을 듣느라 점점 심한 스트레스를 받았다. 초기에 켈리는 조용하고 요구가 없는 아기라 그녀의 삶을 그리 크게 방해하지 않았다. 그러나 아기가 더욱 활동적이 되면서 아기의 존재가 그녀를 점점 더 방해한다고 느꼈다. 그녀는 집에서 함께 있을 때 많은 시간 공부를 하였고, 켈리는 혼자 놀도록 했다. 켈리의 요구가 늘면서 그녀는 종종 좌절했다. 켈리 혼자 놀도록 기대하는 형태는 평가를 받기까지 지속되었다.

## 부모배경

그녀는 어머니와는 관계가 어려웠고, 아버지는 지지적이었으나 다소 거리감을 두고 성장했다고 보고했다. 그녀 부모의 결혼생활은 그녀가 기억하는 한 오랫동안 갈등적이었다. 그녀의 어머니는 종종 남편을 통제하는 수단으로 이혼과 자살로 위협하였다. 그녀는 어머니가 자살하거나 가족을 떠나겠다고 자주 위협해서 매우 두려웠었다고 기억하였다. 보울비(Bowlby, 1973)는 부모의 유기나 자살의 위협이 아동에게는 초기 애착대상을 상실할 불안 때문에 부모의 감정에 초점을 맞춘다고 하였다.

그녀는 켈리에 대한 관심과 자신의 아동기 기억을 겹쳐 생각하고 있었다. 그녀 자신도 조산아였고 아픈 아기였다. 그녀는 어머니가 그녀에게 껴안는 걸 좋아하지 않는 아기였다고 말했는데, 그녀가 아기일 때 안기거나 키스하기를 원한 적이 없기 때문에 이것을 진실이라고 믿었다. 그녀는 학교에서 위축되었고 많은 친구들을 사귀지 못했다. 그녀는 "나는 항상 징징거리고 울었기 때문에 누구도 좋아하지 않았어요."라고 말했다.

## 애착의 관찰

나는 세 장소(치료실, 켈리의 아파트, 아동보호센터)에서 켈리를 관찰하였다. 치료실을 처음 방문했을 때 켈리의 어머니는 기분이 좋았고, 켈리와 함께 신나게 얘기하고 놀았다. 켈리는 어머니의 반응에 대해 행복해했다. 그들이 인형의 집을 갖고 함께 놀면서 어머니가 침대에 어머니와 아기를 함께 놓자 켈리는 행복하게 웃었다. 어머니가 아기를 작은 요람 안에 내려놓자 켈리의 얼굴이 어두워졌다. 어머니는 아기를 내려 놓으며 낮잠 잘 시간이라고 하였다. 켈리는 고통스러워 했다. 켈리는 어머니에게서 떨어져 징징거리며 변덕을 부렸다. 켈리는 어머니에게서 떨어져 움직였고, 의자 뒤에서 기어 다녔다. 잠시 후 켈리는 까꿍놀이를 시작하였고, 어머니도 함께 했다. 그리고 나서 어머니가 켈리가 졸리운지 물어보며 안아주려 했는데 켈리는 성질을 부렸다.

그들의 상호작용을 반복해서 관찰한 후에 나는 이 첫 번째 관찰에서 그들의 애착에 있어 중요한 몇 가지 주제가 포함되어 있음을 알게 되었다. 그들은 각각 즐기고 있었다. 켈리는 어머니와 함께 놀았을 때 기뻐하였다. 그러나 어머니가 아기를 작은 요람에 내려놓으며 잘 시간이라고 말하자 켈리는 함께 하는 놀이를 그만두고 까다롭게 굴었다. 켈리는 다시 어머니와 까꿍놀이를 하며 함께 하려 했지만 어머니가 잘 것을 권하자 화내며 까다롭게 굴었다. 그들의 상호작용 형태는 켈리가 어머니의 관심을 원하고, 어머니는 제한된 반응을 보이는 것이다. 켈리는 까다롭게 굴었지만, 어머니와 함께 하려고 시도하였다. 켈리는 애착의 결여와 거부를 예상하므로 애착과 분노 두 가지 모두에 집중하였다. 그들의 상호작용은 아인스워스(Ainsworth)의 C유형인 불안정-양가적인/저항하는 애착형태에 가까워 보인다.

이러한 애착 주제는 가정방문 기간동안 훨씬 더 명확하게 나타났다. 켈리의 어머니는 우울해보였다. 그녀는 평가를 하는 과정에서 남편의 상실감에 대한 슬픈 감정을 자극했고 이틀 동안 기분이 가라 앉았었다고 말했다. 켈리는 어두워 보였고 나는 아이의 감정이 어머니를 따라가는 것을 발견하였다. 내가 켈리에게 관심을 보이자 켈리는 기뻐하였다.

그러나 그녀의 어머니는 나와 얘기하길 원해 켈리는 거실과 차단된 침실에서 놀도록 하고 우린 거실 의자에 앉았다. 나는 방문이유는 켈리를 보기 위한 것이며, 아이를 관찰하고 싶다고 말했다. 어머니는 아이에게 놀이감을 가지고 놀라고 말했다. 어머니가 자신이 고통 받는 것에 대해 설명하는데 열중하자, 켈리는 흥분하면서 공격적이 되었다. 켈리는 어머니를 향해 놀이감을 던지거나 벽에 던졌다. 켈리의 행동은 화가 난 것 같았지만, 표정은 화가 났다기 보다 무표정했다. 어머니는 아이의 행동에 난처해했다. 어머니는 목이 마른지 묻고 쥬스를 갖다 주었으나 마시지 않았다. 아이는 계속해서 던졌고, 어머니는 이제 지쳤을 거라 생각했다. 어머니는 아이를 침실로 데려가 침대에 눕혔다. 나는 어머니가 아이의 감정을 읽지 못하며 관심받길 원한다는 걸 인식하지 못하는 것을 발견하였다. 어머니가 아동에 대한 행동은 우리의 대화를 켈리가 방해하는 것을 통제하기 위한 것이였다. 정서적으로 켈리의 어머니는 그녀 자신의 기억에 붙잡혀 자신에게서 거리를 두는 듯 보였다. 2회기가 지나면서 나는 켈리가 어머니의 감정에 어떻게 맞추고 반응하는지에 주목하였다: 어머니가 심각할 때 켈리는 어두워진다; 어머니가 우울할 때 켈리는 공격적인 행동을 한다; 어머니가 신났을 때 켈리는 어머니의 긍정적인 정서를 따라가면서 어머니와 함께 하기를 시도한다.

아동보호센터에서 나는 어머니가 켈리에게 작별인사 하는 것을 관찰하였다. 어머니는 아이를 꼭 안고 아이도 어머니를 안았으나, 무표정한 얼굴로 어머니가 떠나는 것을 보았다. 아이는 정서적으로 위축되어 있었다. 그러나 나는 이것이 센터 직원이 말한 "반응없는" 태도라고 생각하지는 않았다. 어머니에게 더 많이 맞추고 더 많이 관심 받고자 하면서 어머니에 대해 양가적인 행동을 취하는 것이 이미 관찰되었듯이, 나는 그녀의 위축은 분리의 고통에 대한 방어적인 반응이라고 믿었다. 나는 45분 넘게 켈리가 어른들이 오고 가는 것에 민감한 관심을 보이는 것에 주목하였다. 켈리는 방에 들어오는 어른에게 인사하였고 떠날 때 작별인사를 했다. 내가 켈리를 관찰한 날, 켈리는 센터에 있는 영아일 뿐이었다. 켈리는 혼자 놀았다. 보육자가 있을지라도 적극적으로 아이와 함께 놀지 않았다. 사실 그들은 영아를 돌보는 일에 매달렸고, 켈리 스스로 결정하도록 내버려두는 경향이 있었다. 아이의 어머니처럼 직원도 켈리가 독립적이고 자율적이길 기대하는 것 같았다. 켈리가 먼저 선생님에게 다가가는 경우는 거의 없었다. 켈리는 자신에게 반응을 보이지 않을 거라는 보육자의 기대를 일반화하는 듯 보였다.

## 애착의 입장에서 본 임상적인 가정들

켈리가 태어나기 이전에 어머니는 임신을 중요한 상실의 원인으로 경험하였다. 남자친구와 그녀의 친어머니 모두 임신 때문에 그녀를 거부하였다. 그녀는 임신기간동안 보통 겪게 되는 흥분이나 걱정을 함께 공유할 누군가의 관심이나 지지를 받지 못했다. 임신에 대한 그녀의 양가적인 태도는 이해할만하다. 한편으로 그녀는 아기가 좋을 거란 상상도 하고, 어머니로서 보살피려는 생각도 하면서 아기가 생긴다는 현실적인 면을 인정하였다. 다른 한편으론 남자친구가 돌아와 함께 가정을 꾸릴 거라는 생각을 했기에 임신에 대해 긍정적인 태도를 취할 수 있었다. 그가 그녀의 제안을 거절하고 피하면서 상상이 이루어질 수 없자, 그녀는 임신에 대해 점차적으로 부정적으로 느꼈다. 임신은 그녀를 슬픔에 빠지게 했다. 그녀의 삶에 임신이 영향을 미치지 않도록 학교를 계속 다니면서 슬픔을 피하려 했다. 그녀는 학기말 한 달 전이 예정일이었음에도 불구하고 모든 과목을 등록했다.

켈리의 조산은 그녀의 양가적인 태도를 더욱 부추겼다. 그녀는 아기의 죽음의 가능성에 직면했다. 켈리의 소생이 확실해졌을 때, 의료진에 의해 보살펴지던 아기는 이제 그녀의 몫이 되었다. 아픈 영아와 조산아에 관한 연구를 보면, 부모로서의 유능감에 손상을 입었기 때문에 부모들은 아기에게 친밀감을 느끼기 어렵고, 마치 방관자처럼 보인다(Minde, 2000). 그녀는 켈리가 2주가 될 때까지 거의 안아주거나 보살필 기회가 없었다. 이것은 아프거나 조산된 영아를 가진 부모에게 드문 일이 아니었으나, 그녀는 이미 임신기간동안 슬픔에 압도되어 켈리에게 거리감을 갖고 있었다.

켈리가 퇴원한 후에 그녀는 종종 아기를 데리고 학교에 다녔다. 그녀의 바램처럼 아기는 조용하고, 요구도 별로 없어 어느 곳에나 데려갈 수 있었고 그녀의 삶을 전혀 방해하지 않았다. 그녀의 초기양육은 켈리보다는 자신의 욕구에 맞추어졌고 다소 기계적이었다. 아기의 욕구에 맞추지 못하는 이유는 단지 아기 출생전의 생활을 지속하려는 시도가 아니라, 그녀의 우울이었다. 만성우울은 상실과 거부, 그리고 켈리를 키우는 것에 대한 그녀 어머니의 비난이 내재화되면서 더욱 심각해졌다. 그녀의 우울은 켈리에 대해 모순된 반응을 하게 했다.

## 부모의 우울증과 애착

애착에 관한 연구에서, 어머니의 우울증은 불안정한 애착과 관련이 있으며 특히, 아인스워스(Ainsworth)의 C 유형, 불안정-양가적인/저항적인 애착과 관련이 있다(Teti,

Gelfand, Messinger & Isabella, 1995). 만약 한 부모가 영아기나 아동기의 오랜 기간동안 우울했다면, 아동은 우울한 증상과 일치하는 작동모델을 발달시키기 쉽다. 즉, 아동의 애착 작동모델은 애착대상이 무관심하고 보살펴 주지 않으면, 자아의 작동모델은 '나는 사랑받을만한 가치가 없고 사랑스럽지 않다' 이다(Bowlby, 1988). 우울한 어머니를 둔 3~6개월의 영아는 우울해 보이고 긍정적인 감정표현이 적으며, 보통영아보다 낮은 수준의 활동을 한다. 그들은 어머니의 감정을 따라간다(Field, 1992). 켈리의 "조용함"은 어머니의 우울증에 강하게 영향을 받게 된 것이다. 걸음마기에 우울한 성향이 내재화됨으로써 감정의 범위가 제한되었다. 우울한 어머니의 영아는 더 슬퍼 보이고, 말이 별로 없으며, 탐구적인 행동을 덜하는 것으로 보인다(Radke-Yarrow, McCann, De Mulder, Belmont, Martinez & Richardson, 1995).

우울한 어머니의 영아들은 감정조절에 어려움을 겪는다. 어머니가 우울에 압도되어 있어 종종 영아가 힘들다는 신호를 보내도 반응하지 못한다. 그러한 결과로 영아는 감정을 조절하는데 있어 도움을 받지 못하며 상호작용에서 철회하는 경향이 있다(Tronick & Gianino, 1986a). 켈리의 철회양상은 방어기제로 다른 관계에서도 일반적으로 사용되어지는 것으로 보인다. 그러나 켈리가 감정을 조절하는 경향성 또한 명확하다. 켈리는 매우 화를 내는데, 특히 어머니에게는 더욱 심했다. 켈리의 어머니는 아기가 걸음마기가 되면서 활동수준이 증가됨으로써 방해된다는 느낌이 들었다. 이제 조용하라고 요구하는 대신 혼자 놀도록 "독립적인" 것을 요구했다. 어머니의 시도는 그들의 상호작용을 제한하였고, 어머니의 지속적인 우울에 켈리는 공격적으로 반응하기 시작했다. 켈리는 어머니의 반응이 실망스러우면 화를 냈다.

## 작동모델의 투사

애착의 질은 또한 켈리의 어머니가 자신의 작동모델을 켈리에게 투사하는 것에 영향을 받는다. 그녀가 켈리를 행복한 아이로 보길 원할지라도, 그녀는 조용하고 위축된 아이로서의 자기지각에 강하게 영향 받고 있다. 켈리에 대한 그녀의 시각은 이후에 켈리에 대한 그녀의 생각에 부정적인 자기이미지가 합쳐지면서 더욱 복잡해졌다. 켈리를 그녀의 어머니와 남자친구의 거부에 연결지어 보았다. 그녀의 어머니는 최근에 "네가 켈리를 포기하지 않았기에 나는 너와 함께 할 수 없어. 만약 켈리만 없었다면 나는 아직도 널 사랑했을 거야."라는 메시지를 보냈다. 또한 그녀는 만일 임신하지 않았다면 남자친구가 자신에게 되돌아올지도 모른다는 환상을 가지고 있었다. 따라서 켈리에 대한 그녀의 시각은 다른 사람이 그녀를 거부하게 한 "원인"이 된 무가치한 아이라는 그녀자신의 모형과 관련이 있다.

부모로서의 작동모델 또한 명확하다. 이러한 모형에 기초해서 볼 때, 켈리가 그녀에게 정서적인 요구를 하지 않도록 아이가 어머니에게 분리되고 자율성을 갖도록 하는 것이 "올바른"것으로 보여진다. 그녀의 초기 작동모델이 투사되었다는 증거는 애착과 관련된 켈리의 고통을 보기 힘들어 한다는 것이다. 그녀는 관계에서의 어려움을 배고픔이나 졸림과 같은 것으로 돌려버리는 경향이 있다. 그녀는 외로움과 빈곤을 피하고자 열심히 일하였는데, 이는 아동기 애착관계에서의 박탈감에 기인하며, 최근의 상실감과 현재 지지해줄 사람의 부재 때문이다. 켈리의 빈곤은 그녀 자신에 대한 그러한 감정들을 회피하고 부정하고자 하는 방어적인 시도를 위협한다. 켈리가 고통스런 신호를 보내는 것에 적절히 반응하는 대신에 그녀는 딸에게 그녀 자신이 배웠던 것처럼 감정을 차단하도록 했다.

## 연구와 실제

켈리와 어머니의 사례는 임상에서 연구지식의 사용과 제한이라는 두 가지 측면을 보여준다. 변수들을 조사에서 제외할 것인지, 포함할 것인지를 자세히 살펴봄으로써, 사람들의 삶을 연구하는 접근방법이 단순화되고 명확해진다. 부모와 영아의 상호작용의 임상연구결과 유용한 애착연구를 발견하였다(Stern, 1995a; Lieberman & Zeanah, 1999). 영아와 성인의 애착형태에 관한 지식은 내담자의 과거력을 이해하고 실제 행동을 평가하는 틀을 제공한다. 그럼에도 불구하고 개인이나 가족을 평가할 때, 연구결과가 보여주는 것보다는 그들의 삶이 더욱 복잡함을 발견한다. 예를 들어 켈리와 어머니에게 적합한 애착분류는, 어머니는 종속적이고 혼란된 성인애착 유형을 보이는 반면, 켈리는 회피적이면서 양가적인 애착유형을 모두 보인다고 얘기할 것이다.

무엇보다 부모자녀간의 애착의 특정한 역동을 이해하는 것이 더욱 중요하다. 이러한 역동을 이해하는 것은, 켈리의 어머니를 위한 개별 치료와 부모자녀 회기를 병행하는 치료계획을 세우는데 도움이 된다. 켈리의 어머니는 그녀의 작동모델이 자신에게 그리고 켈리에게 어떠한 영향을 미치는지 사회사업가와의 지지적인 관계 속에서 탐색했다. 부모자녀 회기는 부모자녀관계를 강화하기 위한 놀이 활동을 강조하였다.

비록 치료를 조직화하는데 있어 애착개념을 이해하는 것이 중요하지만 치료계획을 세우고 사례를 평가하는데는 애착 외에 고려해야 할 다른 요인들이 있다. 켈리의 어머니는 애착에 초점을 맞추어 보면, 명확하지 않으나 많은 강점을 가지고 있다. 그녀는 총명하고 교육을 받았으며, 켈리에게 애정이 있고 또 그녀 자신을 위해서나 부모로서의 자신이 도움받기를 원하고 있었다. 여러 가지 다른 요인들이 애착의 질에 영향을 미친다고 볼 수 있다. 켈리의 어머니는 가난했고, 고립되었으며, 그녀의 양육에 대해 지지할 성인이 없었다. 그녀는 아직도 상실로 인한 슬픔과 싸우고 있다. 켈리의 애착의 문제를 환경적인 위험요인 안에서 그리고 이러한 부모의 상황을 폭넓게 보는 것은, 성공적인 개입을 위해 필수적이다.

# 뇌발달

미국인 어머니와 코스타리카인 아버지를 둔 영아는 영어와 스페인어를 사용한다. 지속적으로 두 언어에 노출됨으로써 말하는 것을 배운다. 영어를 쓰는 부모를 둔 아동의 경우 학교에 가서 스페인어를 배우기 전까진 영어만을 쓰도록 배운다. 후자의 경우 대학을 마쳐야 능숙하게 제2외국어를 할 수 있다. 그러나 제 2외국어를 배우려면 상당한 노력과 연습이 필요하며 완벽한 억양을 구사하기 쉽지 않다. 그러나 2개 국어를 쓰는 아동은 초기부터 지속적으로 언어에 노출되어 노력하지 않고도 그 언어를 유창하게 구사한다. 2개 국어를 배우는 아동이 어떻게 받아들이고 형성되어 가는지를 보여주는 것이 뇌의 초기모습이다. 두 아동의 뇌는 선천적으로 다양한 언어를 배우도록 되어있지만, 잠재력의 사용여부는 경험이 결정한다. 최근 뇌발달에 관한 연구에서 "경험의존(experience-dependent)"과 "사용의존(use-dependent)" 모두를 강조한다. 유전자는 뇌의 잠재력에 의해 형성되지만, 개인이 세계와의 교류를 통한 경험이 뇌를 조직화한다. 경험이 제공하는 것을 뇌는 받아들인다.

뇌세포나 뉴런의 발달은 특별한 기능을 수행하는 집단 안에서 조직화되고, 이러한 특별한 기능은 뇌회로의 합성을 통해 연결된다. 유전자는 이러한 과정의 틀과 예정표를 제공한다. 경험은 아동의 뇌가 환경에 반응하는 것을 배우는 특별한 방법을 만든다. 신경과학에서 본성과 성장과정이라는 이분법적 사고는 "성장과정이 인간본성에 선별적으로 어떻게 영향을 미치는가?"라는 질문 속에 통합되어진다(Levine, 2002, p.1).

연구들은 세포질, 신경화학물질, 생체구조간의 상호연결을 분명히 밝혀내었으며, 아동발달도 그러한 시각에서 관찰하였다. 예를 들어 전두엽 피질은 논리적인 문제해결과 관련된 뇌의 부분이며, 고도의 인지능력은 전두엽 피질이 7~8세가 되어야 발달되기 시작해 아동의 사고능력이 생겨난다. 뇌 뉴런이 작용을 통해서 행동으로 어떻게 작용하는지 인과관계를 확장하였으나 아직 복잡한 뇌의 기능은 확인되지 않았다. 그러나 1990년대 연구는 아동의 발달이 뇌의 성장 및 조직화와 어떠한 관련이 있는지 일반적인 과정을 이해하는데 있어 비약적인 발전을 가져왔다. 이 장에서는 뇌에 대한 개괄적인 검토를 통해 정신보건 임상가들에게 아동발달에 관한 지식과 뇌발달에 관한 이해가 통합되어야 함을 제안할 것이다.

이 장은 뇌발달의 기본과정을 설명하고, 뇌를 형성하는데 경험의 역할을 강조하고, 뇌 조직화에 영향을 미치는 위험한 또는 보호적인 과정에 대해 아동발달 전반에 걸쳐 살펴볼 것이다. 더욱 상세한 뇌의 분석은 넬슨(Nelson)을 참고한다(2000b).

## 뇌발달의 결과

뇌발달은 처음부터 일어나며 뇌의 "근본적인" 영역-뇌간과 중뇌의 구조-은 임신기간동안 그리고 생후 초기 몇 달간 발달한다. 뇌의 이 부분은 호흡, 심장박동, 혈압, 수면주기, 식욕과 같은 신체 기능을 조절한다. 경험의 정서적 처리 및 감정조절과 관련이 있는 대뇌변연계와 인지 및 실행기능과 관련이 있는 피질부분은 초기 3년간 발달한다. 대뇌신피질과 전두엽전부의 돌출부는 청소년기까지 지속적으로 발달한다. 해부학적으로나 기능적으로 뇌는 계급 조직이다. 피질부분의 추상적 사고에 의해 더욱 유연성 있게 난해한 과업을 수행하는 대뇌변연계나 피질부분보다 뇌간과 중뇌의 기능은 덜 복잡하다. 뇌가 발달하면서 피질부분은 뇌의 더욱 근본적인 부분에 영향을 미치게 된다. 페리(Perry)는 "영아기와 아동기의 충분한 운동, 감각, 정서, 인지, 사회적 경험이 뇌를 발달시켜 공격충동을 전환하고, 충동성을 억제하며 좌절을 인내하는 능력을 가져와 성숙하게 한다"고 한다(Perry, 1997, p.129).

## 초기 뇌발달 : 시냅스생성(SYNAPTOGENESIS)과 수초화(MYELINATION)

뇌가 아동기에서 청소년기까지 지속적으로 발달할지라도 시냅스의 성장과 조직이 "활발하게(exuberance)"이루어지는 시기는 임신 7개월부터 2세까지이다. 출생시 뇌의 무게는 실제 성인의 25%이나 2세 때는 성인 무게의 75%에 달한다. 2년간 뇌발달에서 단지 무게만이 증가한 것이 아니라 더욱 중요한 것은 중추신경계의 조직체계 기능이 더욱 복잡하고 정교해졌다는 것이다. 뇌는 신경원(neuron)과 신경교(glia)라는 두 가지 세포로 이루어졌다. 신경원은 메시지를 주고받으며 정보를 저장한다. 신경교는 신경원을 지지하는 조직으로 세포를 키운다. 분화된 신경교는 수초(myelin)세포라 불리며 뇌회로에서 떨어져있다.

운동능력, 감각능력, 정서반응, 인지기술을 포함한 인간기능의 전체적인 발달은 이 기간동안 지배적인 신경원의 연합에 기초하거나 빠른 시냅스생성에 기초한다. 시냅스 생성은 나뭇가지 모양의 축색돌기에서 보냄으로써 연결되는 신경원의 집단이나 신경원이 일으키는 "접합"과정이다. 축색돌기가 목표 신경원에 도착했을 때 다른 신경원의 집단에도 그러한 충격을 전달해서 하나의 시냅스가 형성된다. 신경원은 세로토닌, 아드레날린, 노아드레린과 같이 신경 전달물질이라 불리는 화학 전달자를 만들어낸다. 신경 전달물질은 시냅스 형성을 촉진한다. 신경 전달물질이 방출되면서 다른 신경원의 단백질 수용기와 결합되어 신경원을 받아들이는 화학적 신호를 보내게 된다. 신경 전달물질은 뇌의 영역과 신경원을 활성화시켜 뇌의 "활동"을 통해 사고, 정서, 내적인 조절, 외적인 행동 등을 하게 한다. 나뭇가지모양의 수상돌기는 신경원이 다양한 시냅스들과 교류하여 인간행동의 모든 측면을 조절하고 중재하는 통제체계를 만든다.

이러한 연합이 형성되면 축색돌기 주변에 지방질인 수초세포가 형성된다. 다른 것들이 들어오는 것을 차단하면 신경계의 충격은 더욱 빨라져 "정적인(static)"상태는 감소한다. 뇌 신경계 과정의 효율성과 속도는 청소년 중기까지 점차적으로 증가된다. 수초세포가 만들어지는 과정은 새로운 기능을 발달시킨다.

## 시냅스의 과잉생성과 가지치기(PRUNING)

뇌는 초기 성장기간동안 신경원들 간의 연결이나 시냅스가 생성되도록 유전적으로 프로그램되어 있다. 이러한 신경원들 간의 연결 중 가지치기는 출생 후 2세까지 뇌의 크기가 빠르게 성장하는 것으로 설명되어진다. 시냅스의 생성은 사용에 의해서 영향 받는다. 신경 전달물질에 의해 종종 자극받은 신경원은 일정하게 사용된다. 자극받지 못한 신경원은 아동기에서 청소년기에 이르면서 점차적으로 가지치기를 한다(Huttenlocher & Dabholkar, 1997).

뇌회로가 분화되고 조직은 정비된다. 동물연구에서 뇌기능의 발달에 있어 "위험한 시기"가 있다고 하였다. 만약 시냅스의 연결을 자극하는 일이 없다면, 가지치기는 잠재적인 기능을 잃게 한다. 백내장을 갖고 태어난 영아의 예를 들어보자. 만약 2세까지 백내장을 수술하지 않는다면 그 아동은 시각피질의 시냅스를 사용하지 않아 가지치기를 못했기 때문에 시력이 발달하지 않는다. 심지어 나중에 백내장을 제거하더라도 장님이 될 수 있다. 기억이나 교육과 같은 다른 기능은 민감한 시기에 영향을 덜 받고 생애를 통해 지속적으로 발달한다(Nelson, 2000a).

시냅스 생성과 수초화는 특정기능을 발달시키는 뇌영역이 다르기 때문에 다른 비율로 발생한다. 반사작용과 듣기와 보기를 포함하는 감각능력은 출생시 잘 발달되었고, 생애 초기 6개월동안 빠른 성장을 한다. 시각과 청각피질에서의 시냅스의 생성은 3개월 때 절정이고, 이후 가지치기를 시작한다. 언어를 통해 의사소통하고 이해하는 능력을 통제하는 회로는 거의 생후 1년까지 과도한 생성을 지속한다. 3개월에는 모든 소리 가운데 인간의 언어를 구별할 수 있게 되고, 1세가 되면 영아가 반복적으로 듣게 되는 언어로 한정시켜 발전시키며, 친숙하진 않으나 자신의 욕구에 부합하는 언어를 받아들인다. 그러나 음성인식에 관한 영역은 아동 중기까지 지속된다. 고도의 인지기능을 조절하는 신피질의 시냅스는 아동중기까지 과잉생성과 가지치기를 지속하며 청소년 후기까지도 최종 조직화를 달성하지 못한다(Huttenlocher & Dabholkar, 1997).

## 가소성과 경험

어떤 종의 뇌는 출생시 성장하는 반면 인간의 뇌는 몇 년에 걸쳐 성장한다. 이것은 뇌발달이 미묘하고도 심오한 방법으로 개인이 환경과 교류하는 질에 의해 영향을 받는다는 의미이다(Nelson, 2000a). 굉장히 빠르게 성장하는 초기 몇 년 동안 뇌는 이후 기간보다 훨씬 더 많은 적응력을 보여준다. 뇌손상이 있는 아동은 초기 5년간 뇌가 손상된 회로를 진로변경하기 때문에 종종 모든 기능을 회복한다. 예를 들어 언어능력과 관련된 좌반구쪽이 손상된 아동의 경우 뇌가 우반구쪽에 의존하여 보충하므로 정상적인 언어발달을 할 수 있다(Bates et al., 2001). 이러한 적응력 때문에 초기의 위험요인과 기회요인이 뇌에 궁극적으로 어떻게 기능을 하는지에 영향을 미친다(Nowakowski & Hayes, 1999).

3~4세가 되면 뇌는 환경적인 영향에 더욱 반응적이 된다(Perry, 2002a). 반응적인 보살핌, 적절한 자극 그리고 교육의 경험과 같은 긍정적인 영향은 최적의 뇌발달을 돕는다. 그러나 뇌는 방임, 학대, 외상, 영양실조와 같은 부정적인 요인에 의해 상처받기 쉽다.

## 유대와 애착 그리고 뇌발달

영아의 뇌발달은 "환경에 의해 형성되도록 설계되어져 있다(Thomas et al., 1997, p.209)." 영아는 태어날 때 독립적이지 않고 오랜 기간 보호와 보살핌을 필요로 하기 때문에, 영아에 대한 양육자의 반응이 뇌발달을 가져온다. 어머니는 생물학적으로 영아의 "환경"이 될 준비를 갖추고 있다. 이미 갖추어진 호르몬의 상보적인 작용으로 인해 어머니와 영아는 서로 영향을 준다. 출생시 생기는 호르몬은 어머니의 초기 접촉이나 정서적 제안에 반응하도록 하는 영아의 민감성을 촉진한다. 호르몬의 방출과 함께 어머니는 영아와 친밀감과 행복감을 느낀다. 영아가 젖을 먹으면서 가슴을 자극하여 옥시토신이란 분비물이 나오게 되는데, 이 호르몬은 보살핌과 사회적 상호작용과 관련이 있다(Eisler & Levine, 2002).

영아의 감각은 영아가 접촉하는 환경을 받아들임에 따라 초기 몇 달간 빠르게 성장한다. 출생시 어머니에 대한 인식은 냄새와 접촉으로 시작되며, 피부접촉, 상호응시, 정서적 교감 등의 상호작용을 통해 애착을 발전시킨다. 어머니가 영아를 만져주고, 먹여주고, 달래줌으로써 영아는 "특정 신경계를 활성화시키는 영역에서 특정 감각기관을 만들어 사회정서적 의사소통과 유대를 담당하도록 뇌를 발달시킨다(Perry, 2002a, p.95)."

부모와 자녀간의 피부접촉에 관한 연구에 따르면, 피부접촉은 잘 자고, 오랜시간 편안해하며, 수면주기가 조직적이고, 더욱 조절이 잘 되게 함으로써 전체적으로 평온한 영아기를 보낸다(Hofer, 1995). 이러한 결과들은 인큐베이터에 있기 때문에 자궁 내 환경의 상실뿐만 아니라 접촉으로부터 고립되어 있는 조산아를 위한 모델로서 사용되었다. "캥거루 보살핌"–매일 최소한 1시간씩 어머니의 가슴에 안겨 피부접촉을 하도록 하는–을 받은 조산아들은 정기적으로 피부접촉을 받지 못한 다른 조산아들과 비교했을 때 3개월에서 6개월이 지나면서 더 많은 시간 잘 자게 되고, 더 나은 자기조절 능력을 보여주었다(Feldman, Weller, Sirota & Eidelman, 2002). 이러한 결과들은 영아에 대한 정기적인 마사지가 긍정적인 효과를 가져온다는 연구들에서 지속적으로 보여준다(Field, 2000).

얼굴을 마주보는 것은 상호작용의 강력한 매개체로서 초기 뇌발달에 있어 필수적인 자극이다. 인간을 포함한 영장류는 안면근육이 보다 정교하게 배열되어 있다. 이러한 복잡한 근육조직이 정서적 표현을 전달하는 광범위한 안면운동을 가능하게 한다. 다른 사람의 얼굴 표정을 바라보는 것은 그 사람의 정서적 상태를 이해하게 하고, 얼굴표정의 변화를 통해 그 사람의 감정이 어떻게 변하는지 알 수 있다. "뇌 속에 뉴런이 무리지어 있는 영장류는 얼굴에서 특히 얼굴표정에 반응하도록 분화되었다. 눈맞춤과 얼굴표정을 지각함으로써 의미를 형성하고 정서를 갖게 된다(Siegel, 1999, p.150)." 영아는 3~5주가 되면 얼굴을 마주보는 것에 반응하기 시작한다. 영아에 관한 연구는 양육자의 얼굴, 특히 눈에 초점을 맞추었다. 얼굴과 눈에 집중하는 것은 애착을 형성하는 토대의 하나가 된다(Simpson, 1999).

애착관계는 가장 빠른 뇌성장이 이루어지는 생후 초기 1년간 가장 중요한 환경이므로, 뇌 체계의 발달에 강한 영향을 미친다. 안정된 애착의 경험은 최적의 뇌발달을 촉진한다. 또한 안정된 애착은 자기조절 능력의 발달을 가져오는 상호조절의 원천이 된다. 시에겔(Siegel)은 이러한 교류과정을 다음과 같이 요약했다: "일관성 있는 대인관계는 '자기조절'의 기초가 되는 신경계의 통합을 가져온다(Siegel, 2001, p.86)."

## 부모가 뇌발달에 기여하는가?

뇌발달의 복잡한 교류에 관한 지식이 증가되면서 다음과 같은 질문이 생겨났다: 부모가 아동의 뇌발달 초기에 집중적인 자극을 제공해야만 하는가? 그것에 관한 답은 자극이 무엇인가에 달려 있다. 예를 들어 유물론적인 사고를 지닌 미국에서는 영아는 대조적인 검은색과 흰색의 줄무늬 패턴에 더욱 관심을 보인다는 연구결과에 따라 그러한 패턴으로 만든 장난감과 헝겊책의 상품을 만들어냈다. 뇌발달을 도와준다는 광고는 부모들이 이러한 상품을 사도록 했다. 영아가 오랜 기간 그것을 응시함으로써 그러한 대조적인 패턴을 좋아한다는 사실을 입증했다. 그러나 근본적으로 장난감이 제공한 자극은 잘못된 것이다. 영아에게 실제로 필요한 것은 부모의 반응적인, 적극적인, 재미있는 그리고 양육에 초점 맞춰져 있는 자극이다. 특별한 자극의 사용과 실천을 통해 뇌기능이 더욱 활성화됨에도 불구하고, 아직까지는 그러한 특별한 자극이 더욱 똑똑한 아동을 만든다는 증거는 별로 없다(Nelson, 2000a).

그러나 언어발달은 어떤 특정한 자극에 의해 향상되어진다. 부모와 직접적인 상호작용을 하는 영아와 걸음마기의 유아는 2세가 되면 부모와의 언어적인 상호작용이 없었던 다른 아동보다 더욱 많은 단어를 배우는 경향이 있다. 언어적 자극은 "훈련"이며 더욱 많은 언어적 능력으로 이끌어주는 언어와 관련된 뇌회로를 발달시킨다(Huttenlocher et al., 1991). 그러나 자극이 모두 같은 것은 아니다: 아동이 텔레비전을 보거나 혹은 다른 사람들이 서로 얘기하는 것을 듣게 되는 것은 언어발달에 별로 도움이 되질 않는다. 부모가 아동과 함께 얼굴과 얼굴을 마주보면서 기쁨을 느낄 수 있을 때 더욱 언어적인 능력을 갖게 된다(Tamis-LeMonda, Bornstein & Baumwell, 2001). 특히 아동전기에 최적의 뇌 발달을 위한 최선의 환경은 양육자와의 긍정적인 관계이다.

## 뇌발달에 영향을 미치는 위험요인과 보호요인

뇌발달은 임신기간동안 어머니의 전체적인 건강에 의해 보호받는다. 출생 후 뇌성장은 안전하고 자극을 주는 관계에서 이루어진다. 그러나 이와는 반대로 뇌발달을 저해하는 많은 생물학적, 환경적 요인들이 있다. 이러한 요인들로는 유전 장애, 약물중독에의 노출, 영양결핍, 조산, 스트레스, 박탈, 외상 등이 있다.

### 유전장애

가장 일반적인 유전장애로는 염색체가 더 많거나 적은 경우 그리고 염색체 배열에 문제가 있는 염색체 이상이다. 가장 일반적인 염색체 장애는 다운증후군이다. 다운증훈군은 정신지체이고, 근육의 긴장정도가 약하며, 특이한 얼굴 및 손의 특징이 있고 심하면 심장 및 위장의 결함을 보인다(Shonkoff & Marshall, 2000). 보기 드문 염색체 장애로 프라질-X, 프라더-윌리, 엔젤맨, 터너증후군, 클라인펠터증후군이 있다. 처음 세 가지는 신체적인 기형의 범주에 속하는 것으로 심각한 정신지체이다. 터너 및 클라인펠터 증후군 아동들은 보통수준의 IQ를 보이나, 학습장애를 보인다(Shonkoff & Marshall, 2000).

### 임신시 음주

출생 전, 술에 노출된 가장 일반적인 예가 발달적 신경독(neurotoxin)이다: “임신시의 음주는 출생시 결함의 원인이 된다(Maluccio & Ainsworth, 2003, p.512).” 임신후기(gestation)의 과도한 음주는 태아 알콜증후군(fetal alcohol syndrome)을 일으키거나 심지어 완전한 증후군으로 나타나지는 않더라도 심각한 영향을 미친다. 태아 알콜증후군의 발병률은 1,000명 중 2명이며, 신경발달에 영향을 미치는 경우는 1,000명 중에 20명이 넘는 것으로 나타났다(Shonkoff & Phillips, 2000). 태아 알콜증후군은 머리와 얼굴이 기형이고, 발달이 지연되며, 주의력 및 과잉행동의 문제를 보이며, 50%는 정신지체이다. 신체적 기형이 없는 아동 일지라도 뇌기능장애를 보인다. 임신기간동안의 과도한 음주는 하나의 위험요인으로, 뇌발달에 가장 심각한 영향을 미치는 시기는 신경세포가 가장 많이 만들어지는 임신 7개월에서 9개월 사이이다(Shonkoff & Phillips, 2000).

## 영양과 뇌발달

뇌발달은 적절한 영양과 관련이 있는데 가장 중요한 시기는 임신 후반기부터 2세까지이다. 영양실조는 뉴런과 글리아 세포를 덜 만들어내게 하고, 수초화를 느리게 하며, 전체적으로 뇌성장에 영향을 미쳐 낮은 IQ를 갖게 하거나 다른 인지적 결함을 초래한다(Shonkoff & Marshall, 2000). 그러나 이러한 영향은 만약 적절한 영양이 초기에 제공되어진다면 회복될 수 있다(Nelson, 2000b). 철분 부족은 인지발달과 운동발달에 부정적인 영향을 미친다. 철분은 신경전달물질의 생성과 수초화를 포함하는 뇌발달의 여러 측면에 필수적이다(Rao & Georgieff, 2000). 영아기에 철분부족을 보였던 아동에 대한 장기연구에서 보면 운동기능과 인지평가에서 낮은 점수를 지속적으로 보여준다(Lozoff, Jimenez, Hagen, Mollen & Wolf, 2000).

모유수유는 초기 2년 동안 수초화를 촉진하는데 필요한 지방을 포함하여 뇌성장에 좋은 영양을 제공한다. 소아과 의사는 또한 임산부와 영아를 위한 철분 보조제를 권한다.

미국에서 영양부족은 가난한 환경에서 성장한 것과 관련이 있다. 연방정부는 여성, 영아, 아동을 위한 특별 영양보충 프로그램(Special Supplemental Nutrition Program) (WIC)을 통해 이러한 문제를 해결하려고 하였다. 여성, 영아, 아동을 위한 특별 영양보충 프로그램에 출산 전에 참여한 어머니들은 조산과 저체중아 출산의 위험을 줄이고 아동 전기에 더 높은 인지기능을 보이는데 도움을 주었다(Tanner & Finn-Stevenson, 2002).

## 조산

임신기간은 보통 38~40주이다. 24주에 태어난 아기의 40%가 살아남는다. 주가 더 늘어날수록 생존률은 증가한다(25주는 69%, 26~27주는 80%). 28주 이후로 태어난 아기가 생존할 확률은 95%이다. 뇌발달의 위험요인은 조산과 저체중이다. 24~28주에 태어난 아기는 심각한 두개골 내부의 출혈 발생률이 높은데, 이는 정신지체나 대뇌마비와 같이 운동능력 및 인지능력에 손상을 가져온다. 출혈이 덜 심각하더라도 이후 행동, 집중, 기억 문제에 영향을 미칠 수 있다(Shonkoff & Phillips, 2000). 두 번째로 조산이 뇌발달에 미치는 영향은 뇌가 빠르게 발달하는 시기에 태아의 이상적인 환경을 잃는다는 것이다(Huppi et al., 1996). 조산으로 인해 생긴 질병이 영양의 흡수를 방해함으로서 빠른 뇌성장의 시기에 일시적인 영양실조를 겪게 된다.

## 스트레스, 외상과 뇌발달

양육자에 의해 스트레스가 조정되지 못한 채 만성적으로 노출되어 있거나 또는 취약한 보살핌을 받게 되면 아동의 뇌발달에 중대한 영향을 미치게 된다. 이러한 영향에 관해 인간에 관한 연구에서 아직 자세하게 밝혀내지 못했으며, 단편적인 증거들이 남아있을 뿐이다. 그러나 동물연구에서 얻어진 결과와 초기 심각한 양육박탈이나 학대, 외상을 경험한 아동에 관한 연구들은 초기에 스트레스 요인에 노출되면 신경화학물질을 변화시켜 이후의 스트레스 요인에 대한 부적응적인 반응을 하게 하고 정상발달을 방해할 것이라고 제안하였다. 이러한 반응은 행동관찰과 뇌/내분비선의 "스트레스 반응체제(stress response systems)"내의 신경전달물질과 호르몬의 변화에 관한 탐구가 시작되었다.

### 스트레스 반응체제

생물학적인 스트레스 반응체제의 기능은 외부의 스트레스 요인에 적응하도록 내부적인 스트레스를 조절하는 신경전달물질과 호르몬을 분비하는 것이다. 뇌체제와 내분비 체제가 협력하여 영향을 미치는데 그것이 곧 HPA(hypothalmic-pituitary-adrenal) 체제이다. "환경적인 도전"이 있을때 HPA 체제는 혈류속의 코티졸(cortisol)의 양을 증가시켜 카테콜로민(catecholomine)이라는 신경호르몬을 분비하고 방출한다. 카테콜로민(catecholomine) 방출은 위험과 직면하여 신체적 힘을 증가시켜 주고 "싸우거나 각성되는"(fight-or-flight)상태가 되게 한다. 코티졸의 방출은 이러한 반응들이 지속되도록 해준다. "코티졸 수준이 빠르게 올라가면 스트레스 요인에 의해 부과된 변형의 요구를 충족하기 위해 비축된 힘을 가동시키는데 필요한 말초적인 이화작용(catabolic)을 시작하게 한다(Lupien, King, Meaney & McEwen, 2001, p.657)." 인간과 동물연구 모두 코티졸은 "스트레스 상황에서의 반응을 생리적인 상태로 전환시켜 주는 최상의 표지 중 하나"라고 하였다.

위협을 느낄 때, 스트레스 반응체제는 위협을 다루는 뇌활동에 초점을 맞추면서 동시에 다른 기능을 억제한다. 학습과 기억의 주된 기능을 하는 뇌영역인 해마는 스트레스 호르몬의 농도가 짙어지면 쇠퇴하게 되어 기억이 손상된다.

### HPA 체제를 바꾸는 장기적인 스트레스

모성이 박탈된 만성적인 스트레스 상황에 노출된 새끼쥐와 원숭이는 스트레스 반응체제에서 활동하는 신경호르몬인 코티졸과 부신피질호르몬(corticotropin releasing hormone, CRH)의 농도가 짙었다(Kaufman & Charney, 2001). 행동적으로는 불안하고 항상 각성된 상태를 보였다. 모성을 박탈당한 동물연구에서 제시하는 생화학적이고 행동적인 증거는 스트레스에 대한 반응을 조절하는 뇌 회로가 "갈등을 차단하고 잠궈 버리기 때문에 잦은 스트레스나 장기적인 스트레스는 발달에 부정적인 영향을 미친다(Shonkoff & Phillips, 2000, p.213)는 것이다." 동물연구에서 이러한 부정적인 영향은 좋은 양육환경이 제공되었을때 반대로 나타났다. 심지어 친모가 아닌 위탁모일 때 조차도 달라졌다(Kaufman & Charney, 2001). 그러나 쥐를 대상으로 한 동물연구에서는 HPA 체제의 정상발달을 위한 민감한 시기가 박탈되면 회복하지 못하는 것으로 나타났다(Gunnar, Morison, Chisholm & Schuder, 2001).

인간에게도 HPA 체제의 발달을 위한 민감한 시기가 있다고 가정하였다. 최근 인간연구에서 이러한 가능성의 증거로, 초기의 만성적 스트레스와 이후 발달에서 코티졸의 농도가 지속적으로 높은 것 간에 관계가 있음이 설명되고 있다. 예를 들어 아동이 2세 때 우울했던 어머니는 그 아동이 7~8세가 되었을 때 코티졸이 높아졌다. 이러한 아동은 또한 우울이나 불안장애와 같이 내재화된 문제를 많이 보였다. 연구자들은 높은 코티졸 농도와 아동기의 내재화된 문제는 초기에 스트레스 반응체제에서 생겨난 호르몬의 반영이라고 주장한다(Ashman, Dawson, Panagiotides, Yamada & Wilkinson, 2002). 이러한 생물학적인 연구는 아동발달에서의 우울 및 불안장애가 영아기의 모성 우울과 관련 있다는 초기의 연구와 일치한다(Field, 1998). 두 연구 모두 우울에 기인한 모성의 박탈은 생리적, 심리적인 조절곤란을 가져오는 만성적인 스트레스 요인임을 가정하였다.

초기 2년간 극도로 결핍된 환경에서 보낸 루마니아 고아원에서 뒤늦게 입양된 아이들은, 캐나다 가정에서 자란 아이들로 보다 일찍 입양된 고아원 아이들과 비교해 볼 때 코티졸의 농도가 훨씬 높았다. 비록 그들이 입양된 가정에서 6년이 넘도록 지냈지만, 고아원에서 오랜 기간 보낸 아동들은 비정상적인 코티졸 수준을 보인다(Gunnar et al., 2001). 지속적인 이상은 심각한 박탈의 장기적인 스트레스가 HPA축의 변형을 야기하는 것이다. 아동이 장기적인 박탈을 당하게 되면 HPA 체제가 영구적으로 조절을 하기 어렵다는 가설을 확고히 하기 위해선 더 많은 연구가 필요하다. 그러나 시설에서 자란 다른 아동이나 늦게 입양된 루마니아 아이들에게서 보이는 공격성, 충동성, 과잉행동, 부주의 등의 조절문제는 행동관찰의 결과와 일치한다(Kreppner, O'Connor, Rutter & the English and Romanian Adoptees Study Team, 2001).

# 초기 외상과 뇌발달

최근 연구에 따르면 초기 외상은 뇌발달과 신체 스트레스 반응체제에 부정적인 영향을 미친다고 한다(DeBellis et al., 1999a, 1999b). 만성적 외상은 스트레스 반응체제가 미래의 스트레스에 대해 더욱 민감하게 반응하도록 한다(Perry, 1994). 앞에서도 지적한 바와 같이, 초기의 만성 스트레스가 HPA 체제로 전환된다는 것이다. 만성학대나 외상의 역사가 있는 아동은 외상이 없었던 아동보다 더욱 많은 스트레스 호르몬이 나오게 된다. 외상에 더 오랜 기간 노출되면, 스트레스 호르몬과 신경전달물질의 이상분비가 이루어진다(DeBellis et al., 1999a). 이러한 생화학적 변화는 외상이 있는 아동의 스트레스 반응체제가  많은 시간 작동되어 심지어 스트레스가 없을 때 조차도 또한 스트레스가 경미한데도 더욱 활성화된다. 신경체제가 마치 현재 심각한 스트레스가 있는 것처럼 부적절하게 반응한다. 이러한 생화학적 과잉행동은 행동상으로 외상후 스트레스 장애(PTSD)의 증상으로 전환된다: 과잉흥분, 과잉경계, 과잉불안, 불면증. 아동이 이러한 증상에 대한 반작용으로 나타나는 것이 종종 주의력결핍 과잉행동장애(ADHD)이다(Perry, 1997).

스트레스 반응체제가 특히 각성상태 및 정서조절에 부정적인 영향을 줄 때 부적응으로 나타났다. 환경적 단서를 평가하고 조절된 방식으로 반응하는 개인의 능력은, 스트레스 반응에 대해 자동적으로 과잉반응하는 것에 의해 손상되었다(Schore, 2001). 폭력을 목격했거나 학대를 받은 아동은 에너지를 다른 사람의 위협하는 행동을 선별하는데 사용한다. 그러한 아동은 폭력의 잠재적인 신호로 비언어적인 단서에 집중한다. 높은 수준의 각성은 호기심, 집중, 학습동기와 같은 다른 뇌의 활동을 방해한다. 만성적 외상에 노출된 아동이 지능검사에서 낮은 수준의 언어적 능력과 보통수준의 수행능력으로 의미 있는 편차를 보였다. 만성적인 위협은 뇌가 비언어적 기술을 과도하게 강조하고, 언어적 기술은 감소시키게 하는 원인이 된다(Perry, 2002b).

페리(Perry, 1997, 2002b)는 초기 방임과 외상은 중뇌부분의 기능을 과도하게 발달시키고, 피질구조와 대뇌변연계는 충분하게 발달하지 못하는 원인이 된다고 주장하였다. 대체로 보다 초기에 발달하는 뇌 부분은 스트레스에 반응하는게 더욱 원시적이다. 만약에 아동기 이후에 스트레스가 많이 생겼다면 그 아동은 고도의 뇌기능을 활용할 수 있기 때문에 적절하게 대처할 준비가 되어 있을 것이다. 그러나 만성적인 스트레스나 외상이 영아기에 생긴다면, 피질부분이나 대뇌변연계가 조절 및 인지과정과 연합하여 발달하기 전이기 때문에 결국 부적응적이고 미래의 발달을 위협할 것이다.

## 초기의 만성적 외상과 기억

고학년 아동이나 성인에게 외상과 관련지어 과잉각성시키는(hyperarousal) 치료에 있어 치료사는 외상적 사건을 충분히 묘사할 수 있는 내담자의 기억력에 의존한다. 명시적 기억(explicit memory)은 내담자가 현재 일어난 일이 아니라 과거와 관련된 것이 현재의 각성반응을 일으킨다는 것을 이해하도록 한다. 기억은 1세 때 상징적인 활동으로 나타나기 시작해서 유아기까지 계속해서 발달한다. 뇌회로와 피질체제가 명시적 기억을 포함하고 있기 때문에 아직 발달하고 있는 3세 이전의 사건에 대해 확실하게 기억하는 것은 드문 일이다(Nelson & Carver, 1998).

암묵적 기억(implicit memory)은 무의식 수준에서 지각된 것을 등록하고 저장한다. 그 사건이 반복되었을 때 행동으로 반응하는 것을 통해 영아가 사건을 개념화하기 전에 암묵적 기억을 하고 있음을 보여준다(Rovee-Collier & Hayne, 2000).

어머니에게 종종 학대받으며 방임되었던 아동은 생후 6개월 때 분리되었다가 14개월에 다시 어머니를 만나자 굉장히 고통스러워 했다. 위탁모에게 달려들어 꼭 붙어 있었다. 시간이 조금 흐른 뒤 아이는 울음을 멈췄으나 위축되어 위탁모의 소매를 잡고 멍한 표정으로 바닥을 쳐다보고 있었다. 이 아동은 점차 안정을 찾아 갔으며, 낯선 사람에 대해 고통스런 반응도 보이지 않았다. 그 아동의 어머니는 아이가 두려워 울만한 행동을 하지 않았다. 아동의 반응은 "기폭제(priming)"라 불리는 명시적 기억의 한 예가 된다. "한순간 자극에 노출된 이후, 다른 때 그 자극이라고 '알아차리게(recognizing)' 하는 것은 무엇인가" 외상이론의 관점에서 보면, 비록 의식적인 수준에서는 학대받았던 기억이 없을지라도, 아동에게 학대와 고통이 연합되어, 어머니에게 과잉각성된 습관적인 방식으로 반응하도록 인식하였을 것이다. 명시적 기억은 피질에 저장되지만, 아동의 반응은 뇌의 원시적인 부분에 의해 중재되어진다.

## 초기 외상과 분열

위의 예에서 아동의 반응은 과잉각성과 애착을 추구하는 행동을 통해 보살핌에 대한 기대를 표현하고 있다. 아동의 반응에서 두 번째 측면은 감정의 철회인데, 그것 또한 중요하다. 외상이 있는 아동은 싸우거나 과격한 행동을 하지 않으며, 과잉각성 상태에서 양육자로부터 보호받지 못하면 감정적으로 가라앉거나 분열된다. 비록 위탁모가 아동을 편안하게 해주었을지라도 아동은 어머니에 대한 암묵적 기억과 관련하여 반응하기 때문에 분열만이 탈출구이다.

만성적인 방임은 특히 분열된 반응을 가져온다. 영아는 고통스러울 때 운다. 만약 울어도 반응이 없으면, 정서적으로 가라앉으면서 뇌는 분열에 의해 각성되도록 배운다(Perry, 2002b). 동물연구에서 방임된 경우 수동적이고, 냉담하며, 둔감하고 패배적인 특성을 보인다(Spitz, 1945; Chisholm, Carter, Ames & Morison, 1995). 동물연구에서 패배적인 반응은 과잉각성된 상태와 다른 신경화학반응의 총체이다. HPA의 과잉활성화보다 뇌는 외부세계를 덜 의식하고 고통을 잊게 하는 오피오이드와 도파민의 분비에 의존한다. 신경화학물질에 관한 인간연구는 이제 막 시작단계이지만, 방임된 동물과 영아의 반응에 있어 유사한 점이 있다.

뇌기능 수준에서 볼 때 초기외상이나 정서적 방임은, 명시적 기억은 물론 공감능력과 충동조절능력의 발달을 방해한다. 외상이 얼마나 오래 지속되느냐에 따라 인지 및 사회적 발달에 영향을 받는다. 오랜 기간 학대와 방임이 지속되는 경우, 전반적 발달장애를 초래한다(Perry, 1997; Nelson & Carver, 1998).

### [ 사례 : 외상아동에게 보이는 증상 ]

무어(Moore)는 위탁가정에 있는 다른 아동과 여동생에 대한 공격적인 행동으로 외래평가가 의뢰된 6살의 아동이다. 무어는 우울해보였고 과잉각성, 악몽, 과잉행동, 불면증 등의 증상들이 있었다. 무어는 초기 3년간 만성적인 외상에 노출되었다. 다른 폭력사건 뿐만 아니라, 가정폭력을 목격하고 때때로 신체적인 학대를 받았다. 부모 모두 코카인 중독자였고 무어와 여동생을 심하게 방치하였다. 무어가 3세가 조금 지났을 때 부모는 남매를 수퍼마켓 주차장에 버렸다. 그가 처음 위탁가정에 왔을 때 "아직 깨지 않은 알처럼"(in a shell) 전혀 말이 없었고 다른 사람에 대한 반응도 없었다. 무어는 위탁모와의 접촉을 피하며 자기방에 음식을 숨겨두었다. 애착이 발달하면서 다른 아동이나 여동생에게 공격적인 행동을 보이며, 주목받고자 했다. 공격성은 시간이 지나면서 조금 줄어들었다. 아이들이 버려진지 1년 반 정도 지나서 부모의 방문이 허용되었다. 처음엔 관리자와 함께 방문을 하였고, 그 뒤로는 관리자 없이 아이들이 주말을 부모와 함께 보냈다. 방문 전에 무어는 옷입기를 거부하고 신발을 숨기면서 도망가고 감정폭발을 하였다. 그의 외상후 증상과 강한 공격성이 되살아났다. 위탁모가 휴가 였을때 그와 여동생은 10일간을 부모와 함께 지냈다. 이 시기동안 무어는 그의 부모로부터 신체적인 학대를 받았다. 방문은 중단되었고, 부모로서의 권리도 박탈되었다.

나는 무어가 다시 학대받은 뒤에 몇 달간 치료하였다. 그는 보드 게임시 거리를 두고 앉아서 놀이를 하고, 종종 나에게 등을 돌리거나 높은 곳에 있는 놀이감을 꺼내주는 것에 대해 거부하는 등 표면적인 수준의 협력을 하였다. 그는 매우 불안하고 과도하게 경계하였다. 그러나 감정적으로는 가라앉아 보였다. 그는 조용했고, 눈맞춤을 피했으며 심지어 내가 그에게 일어났던 끔찍한 일에 관해 두려웠던 감정을 공감할 때에도 반응이 없었다. 이 소년의 갈등은–치료사인 내가 보기에–끊임없이 외상에 관한 기억을 회상하고 행동으로 그것들을 재현하면서도 아직 놀이치료에서는 그것에 대해 탐색하기를 두려워하였다. 그의 외상과 관련된 어떠한 암시든 싸우거나 고양된 반응을 일으키는 듯 보인다. 학교나 집에서 그는 과잉행동을 하거나 공격적이 된다. 치료에서 그는 각성된 신호로 두려운 눈빛, 근육의 긴장, 활동의 증가를 보이지만 그러고 나서는 멍해진다. 나는 그의 각성과 가라앉음이 스트레스 반응체제의 조절곤란을 반영하는 것이라고 생각한다. 집에서 그는 편안하게 잠들만큼 이완되지 못한다. 위탁모는 한밤 중에 집을 돌아다니는 그를 발견하곤 한다.

무어는 치료에서 외상과 관련한 기억을 탐구하는 것에 대해 저항을 계속하였고, 학교와 집에서는 더욱 난폭해졌다. 그는 다른 아이들이 건드려서가 아니라 자신의 강한 불안에 대한 반응으로 여동생과 다른 아이들 그리고 학교친구를 공격하였다. 그는 죽으려고 했으며 한번은 차에 뛰어들었다. 나는 무어를 외래병동에 의뢰하였고, 12일간 입원하였다. 병원에 있는 동안 슬퍼 보이긴 했지만 공격적인 행동을 하지는 않았다. 무어는 확실히 병원생활에서 안정감을 느끼는 듯 보였고, 퇴원했을 때 덜 우울해보였다.

짧은 입원생활 뒤에 무어는 나에게 아버지의 학대에 관한 외상기억을 얘기해주었다. 그는 2살 때 아버지가 자신의 얼굴을 어떻게 밟았는지, 그리고 아버지가 삼촌을 칼로 찌르는 것을 본 것을 자세히 얘기해주었다. 이러한 얘기 뒤에 그는 다시 퇴행하였고, 위탁모는 그가 더욱 난폭해져서 통제불능이라고 하였다.

그는 다시 한 달 가량을 입원하였다. 병원에 있는 동안 기분은 좋아졌고, 더욱 이완되었으며 공격성을 잘 통제하였다. 안전한 병원생활이 과잉각성상태를 감소시켜 주는 듯 보였다. 퇴원하라고 했을 때 그는 죽겠다고 위협했고, 병원직원을 때리기 시작했다.

퇴원 후 그의 우울과 외상과 관련된 증상은 매우 빠르게 악화되었다. 그는 학교에서 쫓겨났고, 위탁모도 더 이상 그를 여동생이나 다른 두 아동과 함께 두는 것이 안전하지 않다고 생각했다. 나는 입원치료(residential treatment)를 권했고, 위탁 보호기관에 편지를 썼다. "무어는 외래병동보다 더욱 집중적인 치료가 필요합니다. 그의 깊은 슬픔과 분노를 다룰 수 있도록 장기적인 치료를 권합니다. 이러한 작업을 위해서는 안전하고 일관성 있는 24시간의 보호가 필요하며 이것은 그의 공격성을 조절하도록 도울 것입니다."

무어는 장기입원 시설로 보내졌다. 그의 초기 만성적인 외상은 예후가 좋지 않았다. 그러나 안전하고, 안정된 장기입원은 현실에 대처하는 수단으로서의 싸움이나 각성에 대한 그의 의존을 점차적으로 줄이는 최상의 기회를 제공해줬다.

## 시설에 방치된 아동에 관한 연구

비록 동물연구에서 제도적으로 박탈이 허용 되었을지라도 윤리적인 면에서 볼 때 이러한 방법은 옳지 않으며, 인간에게는 적용되지 않는다. 그러나 심각한 박탈, 방임, 학대, 외상에 노출된 아동들은 "자연스런 실험"으로 동물연구에서 보여주는 것과 같이 뇌에 영향을 미치는 것으로 나타났다(Perry, 2002a). 페리(Perry, 2002a)의 연구를 요약하면 다음과 같다:

> 생애 초기에 방임 되었을 때 감각기관에 입력되는 것이 감소(예를 들어 단어나 접촉, 사회적 상호작용의 상대적 빈곤)되는데 다른 포유류와 같이 인간의 뇌성장에 미치는 영향도 유사하다... 감각기관과 인지적인 박탈은 쥐의 대뇌피질의 발달저하를 가져온다(pp. 92-93).

### 두 아동사례

나는 2년 가까이 주에서 운영하는 고아원에서 자원봉사를 하였다. 이 고아원에는 신생아에서 4세까지의 아동이 살고 있으며, 관리인이 보살피고 있었다. 아동에게 규칙적으로 먹여주고 씻겨주었지만 틈틈이 다른 일을 하느라 애착을 형성할 기회는 없었다. 초기 2년간 뇌발달을 증진시키기 위한 상호작용의 기회는 거의 없었다. 보통 영아들은 태어난 뒤 바로 이 고아원으로 옮겨졌다. 그러나 일부 아동은 1년 정도 가족과 함께 보냈다.

***야스민(Yasmin)***, 야스민은 태어나서 바로 이곳으로 왔고 고아원에서 3년 반을 보냈다. 거의 말이 없는 조용한 아이였다. 흐릿한 눈과 멍한 표정은 그 아이가 환경과 빈약한 관계를 맺고 있음을 보여주었다. 사람들을 보긴 하지만, 상호작용하지는 않았다. 내게 충격이었던 것은 기쁜 일이든 슬픈 일이든 그 아이가 경험에 대한 반응이 거의 없다는 것이었다. 야스민은 아이스크림을 먹을 수 있는 기회를 가졌음에도 즐거워 보이지 않았다. 매일 먹었던 죽을 먹듯이 아이스크림을 먹었다. 야스민은 다른 아동들이 보여주는 즐거움에 대한 반응이 전혀 없었다. 야스민은 관리인이 잠옷에 오줌을 쌌다고 소리칠 때에도 별로 동요 없이 단지 조금 물러설 뿐이었다. 그 아이의 삶은 깊이 와해된 듯 보였고, 우울하기보다는 퇴행한 듯 보였

다. 야스민을 돌이켜보면 기본적인 욕구충족을 제외하고는 인간관계의 가능성을 포기했던 아이였던 것 같다.

*주잔(Zuzan)*. 주잔은 1세 때 너무 가난해서 아기를 보살필 수 없었던 부모가 이곳으로 데려왔다. 야스민은 단지 멍해서 주목받았지만, 주잔은 활발했고 요구가 많고, 시끄러운 아이였다. 주잔은 애착에 대한 강한 불안이 있었지만, 꾸준히 어른과 관계 맺으려고 노력하였다. 어른에게 다가와 웃고, 투덜대고, 소리 지르고 하였다. 주잔은 어른의 관심을 끌기 위해 다른 아동과 경쟁하였다. 그 아이의 뛰어난 사회기술은 종종 성공적이었다. 주잔은 양육자들을 좋아하였고, 그들에게 종종 신체적, 정서적인 관심을 받았다. 출생시부터 박탈되었던 대부분의 다른 아동들과 달리 주잔은 원가족과의 관계를 통해 어른과 관계 맺는 방법을 알고 있었다. 주잔은 고아원에 새로운 어른이 찾아오면 다가갔다. 그러한 행동은 "무분별한 다정함"으로 불려지고 애착이 결여된 증상의 하나로 보여졌으나, 주잔의 입장에서 보면 살아남기 위한 기술이었다. 주잔의 뇌는 첫해 1년 동안에 비록 부모의 상실로 인해 심리적인 상처를 받고 2~3세를 가난한 보호시설에서 보냈을지라도 주잔의 뇌는 초기 1년 동안 비교적 보호받았기에 회복할만한 잠재력을 갖고 있었다.

야스민과 주잔의 이야기는 박탈이 미치는 영향에 관해 내가 논의했던 것처럼 독자들에게도 어떤 토대를 제공해줄 것이다. 불행히도 대부분의 루마니아 고아들의 경험은 야스민과 주잔의 경우보다 더했다.

## 보호시설의 상황

1989년 차우세스쿠(Ceaucescu)정권이 몰락한 뒤 루마니아 고아원에 보내진 아이들은 주에서 운영하는 시설에서 거의 애착을 형성할 기회도 없이 최소한의 자극과 상호작용을 제공받으며 몇 달을 보냈다. 영아들은 영양실조와 신체적 · 의료적 요구를 무시당한 채 요람에 방치되었다: "침대는 빽빽하게 차있고, 옷과 침대는 젖어 있고, 젖병을 물고 있는 아기들... 힘없이 울거나 어떤 아동들은 발로 차고 머리를 흔들곤 했다. 실질적으로 개별적인 보호가 없었다(Castle et al., 1999, p.427)." 돌보는 사람과 아동의 비율은 1:10에서 1:20이다. 고아원에 있는 아기들 대부분이 1개월 미만이었는데, 이는 근본적으로 심각한 경제적 침체 및 사회적 와해와 정부의 강압적인 인구성장 정책으로 유산과 출산조절을 불법으로 정했기 때문이었다(Castle et al., 1999). 차우세스쿠가 물러났을 때 대략 65,000명의 아동들이 고아원에서 지내고 있었다. 이러한 아동의 대다수가 1990년대 초 서방세계의 부모들에게 입양되었다(Gunnar, Bruce & Grotevant, 2000).

## 심각한 보호시설의 결과

이러한 아동들에 관한 연구는 극단적인 방임에서 회복되는 아동들의 탄력성에 대한 평가뿐 아니라 초기의 전반적인 박탈이 신경발달과 행동에 미치는 영향에 관해 체계적인 자료를 제공한다. 루마니아 보호시설에 있는 대부분의 아동들은 심각한 박탈의 결과, 성장실패를 포함하여 심리사회적 위축, 영양실조, 건강문제, 전반적인 발달지연, 인지적 지연, 자기조절의 어려움, 애착문제, 그리고 일부아동은 "유사자폐 증상" 등을 보였다(Morisn, Ames & Chisholm, 1995; Rutter, Kreppner & O'Connor, 2001). 소수의 아동은 지속적으로 직원의 관심을 받은 아동은 덜 지연되었고, 입양 후에도 적응을 잘 하는 것으로 보여져 고아원에서 자라는 아동들에게 개별적인 보살핌이 보호적 요인이 됨을 알 수 있다(Castle et al., 1999).

전체적으로 이러한 연구들은 발달지연과 고아원에서 보낸 기간사이의 관계에 분명한 "반응해주기"(does-response)를 발견하였다. 태어나서 2세까지 또는 그 이상을 보호시설에서 지낸 아동들은 대부분 지속적인 박탈의 영향을 받는다. 만약 박탈이 2세 이후에도 지속된다면 회복하는데 있어 점차적으로 제한이 따른다(O'Connor et al., 2000; Morison & Elwood, 2000).

루마니아 입양아들에 대한 종단연구에서 특히 6개월 전에 입양된 아동의 경우, 모든 아동들이 심각하게 지연되었고 고아원에서 입양가정으로 옮겨진 직후 평가를 했음에도 입양가정에서 적절한 보호를 받은 아동들은 강한 탄력성을 보였다. 그러한 열악한 상황에서의 박탈로부터 회복하는 능력은 뇌가 초기 기간동안에는 유연하다는 증거이며 또한 인간은 뇌발달에 있어 꽤 오랫동안 "민감한 시기"를 가짐을 알 수 있다(Gunnar et al., 2000). 그러나 루마니아 보호시설 아동의 상당수가 출생 후 가족에게 길러진 입양아동과 비교해볼 때, 심각한 문제가 지속되는 것으로 나타났다.

박탈의 기간-여기서는 보호시설에 있었던 기간-은 아동의 능력을 정상발달 궤도로 회복하는데 있어 중요한 사건이다. 보호시설에 6개월 미만 머물다가 초기에 입양된 아동은 발달을 따라가는데 있어 최상의 결과를 보여준다; 늦게 입양된 아동들(24~42개월 사이에 입양된)은 보다 적은 회복을 보이며 신체 성장, 머리 영역, 인지발달에 있어 의미있는 지연이 지속된다(O'Connor et al., 2000). 늦게 입양된 아동들은 심각한 애착문제나 자기조절 문제의 발생비율이 훨씬 높으며 종종 이러한 문제를 함께 보이기도 한다.

***자기조절 문제***

영국가정으로 입양되어 부주의와 과잉행동의 문제가 심각한 6세 아동에게 매우 일반적인 평가를 했다: 생후 6개월 전에 입양된 아동의 13.6%, 6~24개월 사이에 입양된 아동의 32. 1%, 2세가 지나서 입양된 아동의 38.6%가 부주의와 과잉행동의 문제를 심각하게 보인다고 교사와 부모에 의해 평가되었다. 학령기 아동의 3~7%가 ADHD라는 역학연구의 결과와 비교된다. 연구자들은 부주의와 과잉행동의 높은 발생률은 장기간 박탈의 직접적인 결과이며 박탈은 ADHD에 이르게 한다고 결론지으며, 일반적으로 선천적인 신경학적 손상에 기인한다고 가정하였다(Barkley, 2003). 장기간의 박탈이 아동의 뇌회로를 변화시켜 생물학적 장애와 같은 증상을 보이는, 심각한 주의력 장애를 지닌 많은 루마니아 입양아들은 생물학적인 증상에 기초하여 취약한 자기조절과 탈억제를 가져온다.

***애착장애***

보호시설에서 루마니아 영아들은 반응적인 보살핌을 거의 받지 못했으며, 한 사람이나 또는 소수의 양육자와 차별적인 애착을 형성할 기회를 갖지 못했다(O'Connor & Rutter, 2000). 1장에서 선별적인 애착을 형성하게 되는 영아의 애착형태에 대해 설명했다. 안정된 애착, 심지어 불안정한 애착 형태의 영아도 선호하는 애착대상과 가깝게 지내는 전략을 발달시켜 나간다. 루마니아 보호시설의 영아들은 이러한 기회가 없었다. 따라서 입양되었을 때, 보호시설에서 그들이 경험을 통해 배운 것은 다른 사람에겐 최소한 의지하고 자신 스스로 돌보아야 한다는 극단적인 자립심뿐만 아니라, 애착관계의 경험이 없음을 반영하는 모든 행동을 보여준다. 그들은 애착추구 행동을 통해 스트레스를 줄이려는 시도를 하지 않는다(O'Connor & Rutter, 2000).

루마니아 아동들을 6세에 평가했을 때 거의 80%는 애착문제가 없거나 경미한 수준이고, 양부모와 애착을 형성하는 것으로 나타났다. 심지어 늦게 입양된 아동의 집단에서도, 2년 이상 시설에서 보호받은 아동의 30%만이 6세에 심각한 애착문제를 나타내 놀라운 탄력성을 보여줬다. 6개월 전에 입양된 통제집단의 아동은 애착의 문제를 3.8%만이 보여주어 늦게 입양된 아동과 비교해볼 때 박탈의 영향은 확실한 것으로 보여진다(Rutter et al., 2001).

***애착장애와 자기조절 문제***

충격적인 발견은 애착장애가 있는 아동은 종종 부주의와 과잉행동 문제를 가지고 있다는 것이다. 심각한 애착문제가 있는 아동은 또한 자기조절의 어려움을 가지고 있다(Kreppner et al., 2001). 1장에서 나는 애착의 근본적인 기능은 영아의 각성상태를 환기시키고 정서를 조절하는 것이라고 언급하였다. 반응적인 양육자는 영아가 스트레스를 조절하도록 돕는다. 그러한 조절경험을 통해 영아는 점차적으로 자기조절 하는 것을 배운다. 루마니아 고아원의 영아들은 조절하도록 도움 받은 적이 없다. 조절의 문제를 가져오는 애착의 부재가 그리 놀라운 일이 아니다(Rutter et al., 2001).

### *요약*

루마니아 입양아들에 관한 연구는 인간에게 박탈의 영향이 얼마나 심각한지를 이해하게 해주는 특별한 기회를 제공해주었다. 비록 캐나다와 영국의 연구와 같이 루마니아 아동들의 뇌의 변화에 관한 시도가 이루어지지는 않았지만, 그들의 결과는 돌보지 않고 반응을 박탈하면 뇌의 구조, 회로, 화학적인 변화를 보였던 동물의 실험결과와 일치한다. 그들은 또한 만성적인 외상의 영향에 관한 최근의 결과를 지지한다. 나는 동물과 인간연구의 다리역할을 하고 뇌발달에 관한 중요한 논점들에 대해 그럴듯한 증거를 제공하기 위해서, 루마니아 고아원 아동들에 관한 연구에서 세부적인 것을 논의하였다.

- 환경은 초기 뇌발달에 영향을 미친다.
- 어린시기의 뇌, 특히 2세까지의 뇌는 박탈과 방임으로부터 강한 회복능력을 지니고 있다.
- 뇌의 유연성은 상대적인 한계가 있다. 2년 이상 시설보호를 받은 아동은 영구적이고 전반적인 발달문제를 갖고 있으며 회복능력은 떨어진다.
- 초기에 애착경험의 결여는 뇌발달에 더욱 취약한 기능부분이 있다. 예를 들어 루마니아 입양아들에게 부주의와 과잉행동이 지속적으로 높게 발생하는 것처럼 자기조절능력은 인지발달보다 더욱 많이 영향을 받는다.

# 위험 및 보호요인 : 아동, 가족, 지역사회

발달은 개인, 가족, 지역사회 속에서 이루어지며 영향을 받는다. 특히 아동의 발달을 이해하기 위해서는 아동과 그 주변의 생태학적인 배경과의 교류를 파악해야 한다. 1장과 2장을 통해 우리는 애착형성 및 뇌발달이 다른 발달경로를 만드는데 얼마나 많은 기여를 하는지 봤다. 아동 개별, 부모와 가족요인, 사회환경적 요인들간의 교류에 관한 확장된 논의와 함께 이러한 요인들이 어떻게 발달과정을 돕는지 또는 반대로 어떻게 발달에 손상을 가져오는지 살펴볼 것이다.

## 위험과 탄력성에 관한 연구

1960년대 심리사회적 위험에 관해 연구하는 사람들은, 성장기의 만성빈곤과 같은 위험요인에 노출된 아동을 주목하였다. 어떤 아동은 심각한 발달장애를 보였고, 어떤 아동은 경미하게 영향을 받았으며 심지어 일부 아동은 스트레스에 도전함으로써 더욱 강해졌다. 발달적 위험에 노출되었음에도 불구하고 좋은 결과를 보인 아동들을 "탄력성이 있다(resilient)"라고 파악되었다. 탄력성은 다음과 같은 것을 의미한다:

- 극도의 스트레스나 외상으로부터 빨리 회복되거나 위협상황에서 적절히 기능하는 능력(Masten, Best & Garmezy, 1990)
- "도전에 응하고 그것을 심리적 성장으로 활용하는 능력"(Baldwin, Kasser, Zax, Sameroff & Seifer, 1993, p.743)

• 고도의 위험상황에서 성장했음에도 불구하고 좋은 발달결과와 적응적인 능력 (Masten & Coatsworth, 1998)

위의 정의에서 가장 중요한 개념은 탄력성이 근본적으로 개인의 내적인 곳에 존재한다는 것을 암시한다는 것이다. 초기 연구들은 심각한 위험에 직면하여도 발달을 지속하는 아동의 선천적인 "강점(invulnerability)"을 강조했었다. 아동의 탄력성에 대한 최근의 개념정의는 반응적이고 보호적인 양육과 같은 지지적인 환경적 요인과의 교류 과정의 하나로 인식되어진다. 탄력성은 이제 고도의 위험한 조건에서만 적용되는 특별한 태도가 아니라 하나의 정상적인 과정으로 보여진다: "탄력성은 모든 아동이 반드시 성취해야 할 발달의 통합적 측면이다(Baldwin et al., 1993, p.743)." 물론 지지적이지 않고 비평적이기만 한 환경에서 탄력성을 갖기란 더욱 힘들다. 따라서 연구는 위험상황에서 성장함에도 불구하고, 아동의 발달을 보호할 수 있는 개입과정에 초점을 두었다(Werner, 2000).

이 연구는 개별적인 개입과 생태학적인 개입을 통해 탄력성을 촉진시켜 주는 전통적인 사회사업 개입과 일치하는 실천적 적용이다(Fraser, Richman & Galinsky, 1999). 위험 및 보호요인을 명료화하기 위해서는 평가틀이 필요하다(부록 3-1 참조). 이러한 평가를 통해 위험요인을 완화하고 보호요인을 증가시키는 개입 방향을 설정할 수 있다.

다음 단락에서 보호 및 위험요인에 관한 연구결과들을 살펴볼 것이다. 아동, 부모, 지역사회/환경적 요인은 실제 아동발달에 보호 및 위험요인으로 서로 영향을 줄지라도 명료화하기 위해 구분하였다. 비록 구분은 하였지만, 보호 및 위험요인 과정이 교류관계임을 이해하는 것은 중요하다.

## 보호요인과 과정

아동이든 환경이든 보호요인은 스트레스를 줄이고, 성장의 기회를 제공하거나 대처능력을 강화시킴으로써 위험을 완화시킨다. 탄력성에 관한 최근 연구는 보호요인과 발달이 교류하고 있음을 인정하고 있다. 탄력성이 있는 아동은 오랜 시간 지속적으로 반응적인 양육을 경험한 경향이 있다. 영아기와 아동전기의 안정된 애착은 아동기 이후의 적응적인 기능을 예견하며, 대부분의 탄력성 있는 아동은 실제 그들의 발달 전 과정을 통해 부모의 적절한 지지를 받는다(Egeland et al., 1993). 보호 요인으로 간주할 수 있는 보호과정이 탄력성을 촉진하여 실제 효과를 보려면 보호 과정이 아동발달 전 과정에 걸쳐 나타나야 한다(Luthar, Cicchetti & Becker, 2000).

## 아동 보호요인

취약성과 탄력성에 영향을 받는 아동의 내적인 요인들은 생리적 조건, 유전적 소인, 성격특성을 포함한다. 탄력성 연구에서 언급된 "선천적인" 보호적 요인들은 온화한 기질, 건강한 신체, 적절한 자기통제와 평균이상의 지능을 포함한다. 탄력성과 관계된 성격특성은 긍정적인 자기존중감, 스트레스에 적극적으로 반응하는 태도, 부모나 다른 어른에게 긍정적인 관심을 끌어내는 능력, 자신의 문제해결능력에 대한 믿음, 필요할 때 도움을 구할 수 있는 자율적인 기능의 조율능력이다(Masten & Coatsworth, 1998).

워너(Werner)는 아동의 위험요인에 관한 연구에서 발달단계마다 탄력성과 관련된 특성을 발견하였다. 영아기에 탄력성을 가진 영아들은 좋은 본성과 적극적이고 반응적인 태도를 보였고, 수면과 섭식에 어려움이 없었다. 걸음마기와 유아기에 그들은 자율성, 신기한 경험에 대한 추구, 긍정적인 사회적 태도에 있어 다소 진보되어 있었다(Werner, 1993, p.504) 아동중기에 그들은 또래와 어울릴 줄 알고, 적절한 의사소통 능력과 충동적이지 않은 신중한 인지적 능력을 보여줬으며, 스트레스에 대해 유연하게 대처하였고, 다양한 취미와 흥미를 보였으며, 어른을 모델링할 줄 알고 가족으로부터 정서적 지지를 구할 수 있는 능력이 있었다. 그들은 또한 긍정적인 피드백을 얻어내고 자신의 재능을 활용할 수 있는 영역을 찾는 능력도 보여줬다. 탄력성과 관련된 발달적 성취는 공감능력과 양심의 발달을 포함한다(Turiel, 1998).

아동이 성장함에 따라 고통스런 사건에 대해 더 잘 평가하고, 해석하며 대처할 수 있기에 발달수준의 진보는 또 하나의 보호요인이다(Rutter, 1985). 발달과업을 완수한 아동은 더욱 탄력성이 있다. 어려운 상황을 성공적으로 대처하는 것은 평가 및 대처능력을 증진시켜주며 따라서 이후의 스트레스요인에 직면하게 될 때 아동은 훨씬 더 탄력성을 갖게 된다. 성공적으로 대처하는 아동은, 외부사건이 그들을 통제한다는 느낌과는 대조적으로 그들이 어려운 상황을 다룰 수 있다고 믿는 "통제의 중심으로서의 내면(internal locus of control)"을 발달시키는 경향이 있다(Werner, 2000).

## 부모 보호요인

일반적으로 본질적인 보호요인의 효과성은 발달수준에 의해 중재된다. 아동이 어릴수록 위험을 완화시킬만한 긍정적인 태도를 갖기란 어려우며 가족으로부터 지지와 같은 외부 보호요인을 더욱 필요로 한다. 통제력은 내면이나 인지에 기초한 대처기술 같은 내부의 보호요인으로 어린 아동이 아직 획득하지 못한 발달능력을 요구하기 때문에 유용하지 못하다. 아동요인의 "내면"이나 "본성"과 같은 명명은 출생 후 환경과의 교류에서 영향을 받는 것이 명확하지 않기 때문에 오해하기 쉽다. 1장에서 설명했듯이 탄력성 있는 성격특성은 안정된 애착, 반응적인 양육, 자기와 관계의 긍정적인 작동모델의 역사와 관련이 있다(Egeland et al., 1993).

안정된 애착에 덧붙여 다른 부모 보호요인은 다음과 같다: 부모의 따뜻함, 스트레스 상황을 겪은 아동에 대한 적절한 양육, 대처기술과 유능한 행동의 모델링, 아동에 대한 적절한 기대, 가정의 조직과 규칙, 아동의 행동에 대한 조언(Masten, Best & Garmezy, 1990)이다. 워너(Werner, 1993)는 형제를 돌보거나 이웃을 돕는 것과 같은 친사회적 행동에 대한 기대가 탄력성과 관계가 있음을 발견하였다: "아기가 탄력성 있는 어른으로 성장하면, 다른 사람들이 고통받지 않도록 돕는 사회적으로 바람직한 과업을 수행한다."

긍정적인 양육능력은 부모의 교육수준과 관련이 있는데 특히 부모가 받았던 지지의 질적인 정도와 관련이 있다. 긍정적인 부부관계는 부모의 기능을 지지한다. 부모에 의해 또는 다른 친척에 의해 양육이 공유될 수 있다. 가족고유의 특징이나 관계가 친척이나 이웃과 함께 하게 되면 양육에 대한 지지 또한 보건서비스나 사회적 서비스에서 접근할 수 있다(Werner, 2000). 아동은 곤경에 처했을 때 부모에게서 배운 고유의 신념을 통해 안정감을 얻으면서 내재화하게 된다. "불길한 일임에도 불구하고 결국은 잘될 것이라는 삶의 의미 있는 확신"(Werner, 2000, p.125)을 가진 지지적인 가족이 확대되는 것은 특히 10대 부모와 아동들에게는 중요한 보호요인이다. 많은 연구에서 10대 부모의 아동들은 장기적인 저소득, 낮은 지능, 낮은 학업수행, 청소년 비행등의 위험이 있는 것으로 나타났다(Wakshlag & Hans, 2000).

## 광범위한 영역의 보호요인

양육의 질이 아동의 위험을 중재하는데 가장 중요하나, 다른 관계들도 보호적이어야 한다. 조부모, 교사, 친구의 부모등과 같이 부모가 아닌 다른 성인과의 긍정적인 관계는 심지어 양육능력이 손상되었을지라도 탄력성을 촉진한다(Werner, 2000). 심각한 정신질환을 지닌 부모에게서 자란 아동의 경우 가족 안에서나 가족 밖에서나 다른 성인과의 온정적인 관계는 더욱 적응적인 기능을 하게 한다(Radke-Yarrow & Sherman, 1990). 특히 지지적인 조부모는 잠재적인 보호요인이다. 조부모와의 안정된 애착과 지속적인 관계는 정신질환, 약물남용, 불안정애착과 같은 부모의 위험요인을 상쇄해주는 경향이 있다(Werner, 2000). 학교에서의 긍정적인 경험과 피드백은 또한 스트레스 받는 가족환경을 상쇄해준다(Werner, 2000). 위험한 상황에 있는 아동은 교사로부터의 강한 격려와 높은 기대를 받는 것 뿐만 아니라 명확한 규칙을 제시하고, 강하게 조직화되어 있으며 예견할 수 있는 교실에서 도움 받을 수 있다. 최근 연구는 다양한 스트레스 요인에 노출되어 있는 가난한 아프리카계 미국 아동들의 학교적응과 적절한 자기조절을 지지할 수 있는 교실에 대해 보고하고 있다. 가장 적응적인 아동은 행동에 대한 조언과 지지를 제공하는 부모를 가진 아동으로, 가정과 교실에서 상호 강화 받는 아동이다(Brody, Dorsey, Forehand & Armistead, 2002). 조언(mentoring)프로그램 또한 학령기 아동에게 중요한 지지적 관계를 제공하며, 특히 1년 이상 조언관계가 지속되는 것이 좋다. 잘 운영되는 조언 프로그램에 관한 연구에서 보면 아동은 학업성취, 학교출석, 친사회적 행동, 약물거부에 긍정적인 효과를 보이는 것으로 나타났다(Thompson & Kelly-Vance, 2001).

보다 넓은 영역에서 보면 적절한 경제적 자원, 안전한 이웃, 적절한 주택 등이 모두 보호적 요인들인데 이러한 조건들이 갖춰지지 않았을 때 더욱 명확해지는 경향이 있다. 중산층의 사회적 지위와 인종차별을 받지 않는 등의 사회적 특권은 많은 보호적 요인들이다. 이와 유사하게 기회의 구조적 불평등에 기초한 사회적 불공평과 불이익, 부적절한 사회정책, 인종차별주의는 많은 위험요인들이다(Conger, McLoyd, Wallace, Sun, Simons & Brody, 2002).

## 위험요인

발달적으로 위험한 상황은 다음과 같다:

- 정신지체나 만성질환과 같은 아동의 취약성
- 손상된 양육
- 의료보호의 결여나 빈곤과 사회적 불이익에 가족이 만성적으로 노출되어 있는 사회경제적, 제도적인 요인들

정신분열증이 있는 부모에게서 양육된 것과 같은 만성적인 위험은, 단기간에 정상기능으로 회복할 수 있는 부모의 신경증 같은 급성 위험보다 발달에 미치는 영향이 더욱 크다. 위험요인은 상호간에 서로 영향을 미치면서 점차적으로 더욱 위험해지며, 아동의 취

약성을 증가시켜 스트레스 수준을 높인다. 하나나 두 개의 위험요인은 일반적으로 대처할 수 있지만 세 개나 그 이상이 되면 아동과 부모는 더욱 쉽게 압도되고 아동의 정신장애나 발달장애를 가져오게 된다. 세머로프(Sameroff)와 동료들은(1987) 위험요인이 인지능력에 미치는 영향에 관한 초기연구에서 이점을 강조했다. 2개의 위험요인에 노출된 저소득가정의 4세 아동의 IQ는 평균 115였다. 4개의 위험요인에 노출된 아동의 IQ는 평균 94였고, 대조적으로 7~8개의 위험요인에 노출된 아동의 IQ는 80이었다. 위험요인이 축적되면, 다른 유사한 아동과 IQ 점수가 30점이나 차이가 난다(Sameroff, Seifer, Barocas, Zax & Greenspan, 1987). 최근 연구들도 위험요인의 수와 학업수행, 긍정적인 활동, 문제행동, 자기 유능감, 심리적인 적응간에 관계가 있음을 증명하였다. 가장 파괴적인 상황은 위험이 축적되었을 때, 보호적인 기제가 거의 상쇄할 수 없을 때 생겨난다(Sroufe et al., 1999).

## 아동의 취약성

### *생물학적 요인*

아동의 발달은 기형발생물질에 노출된 자궁, 조산, 저체중, 출생 시 손상이나 무산소증, 만성적 질환과 같은 유전적 소인을 포함하는 모든 생물학적 조건에 의해 위험에 놓여있다. 프래질-X나 프라더-윌리 증후군 같은 특정한 유전적 위험요인이 아니더라도 더욱 일반적인 특정형태의 정신장애가 있다. 정신질환에 관한 연구에서는 자폐증, 주의력결핍 과잉행동장애, 기분장애, 뚜렛과 틱장애, 정신분열과 같은 많은 장애들을 유전에 의한 것으로 보고 있다(미국 정신의학 협회, 2000; Rende & Plomin, 1993). 그러나 유전적 위험이 있는 많은 사람들은 지지적인 환경과 기회를 통해 보호받음으로써 정신병으로까지 발전하지 않는다.

일반적인 유전자의 특성이 특정한 조건에서 유전된다는 증거들과 연합되면서 인간행동의 모든 측면에 영향을 미치는 유전자가 있을 것이라고 추측했다. 이것은 사회적 현상을 유전적으로 설명하는 이론을 만들어냈다. 예를 들면 부모 자녀간의 부정적인 상호작용의 영향으로 생긴 과민함이 유전적으로 물려받은 특성으로 볼 수 있다. 유전적 소인이 부모와 아동이 서로에게 반응하는 방법에 중요한 영향을 미친다고 하는 것은 논리적이다(Reiss & Neiderhiser, 2000).

또한 다양한 행동을 하게 하는 유전적 인과관계를 측정할 수가 없으며, 부모 자녀간의 상호작용을 관찰함으로써 어떻게 행동을 하게 되었는지 분석하는 것이 훨씬 더 쉽다는 것이다. 더욱이 유전적 소인의 발현은 환경의 질, 특히 양육의 질에 의해 강하게 영향받는다(Collins, Maccoby, Steinberg, Hetherington & Bornstein, 2000). 입양연구에서 이러한 증거를 볼 수 있다. 생모가 정신분열증으로 입양된 아동은 종단연구를 통해 정신분열증을 앓고 있는지 봐야 할 것이다. 유전적인 위험요인에서 보면 정신분열증 부모를 둔 아동은 다른 일반 아동의 수보다 장애의 출현이 10배는 더 되어야 한다(미국 정신의학협회, 2000). 가족환경의 질은 아동의 잠재적 정신분열증이 나타나든 아니든 영향을 준다. "실제로 입양된 가정이 건강했을 때 정신분열증이 나타난 경우는 없었다. 그러나 입양된 가정이 갈등이 있거나 와해된 경우 정신분열증의 유전적 위험이 보여졌다(Reiss & Neiderhiser, 2000, p.364)." 역학연구에서 발달장애의 경중의 차이는 생물학적 소인이 있다. 중증 신경학적 장애, 다양한 신체적 기형, 중증 정신지체를 포함하는 중증장애의 75%는 임신 초 6개월간 태아가 손상된 생물학적 원인이 있다. 경한 장애의 경우-경증 정신지체, 경증 신경장애, 감각기관 장애-는 생리적 취약성과 사회적 취약성이 결합되거나 사회경제적 환경이 열악한 경우를 제외하면 단지 20%만이 생물학적 소인이 있다(Kopp & Kaler, 1989, p.227).

*생물학적 조건과 애착.* 출생 시의 생물학적 취약은 애착에 잠재적인 영향을 미친다(McFadyen, 1994) 생물학적인 손상을 받은 영아는 관계를 맺기가 더욱 어렵다. 그들은 보통 영아보다 덜 반응하며, 과민하거나 항상 스트레스 상태에 있다. 부모는 조산아나 아픈 영아에게 어떻게 반응해야 할지를 모르며, 죽거나 심각하게 손상될지도 모를 영아에게 정서적으로 관여하는 것에 저항을 보일 수도 있다. 우울이나 불안정한 애착의 경험을 한 부모의 위험요인은 영아와 관련되어 부모의 어려움은 더욱 증가된다. 이러한 위험 요인들은 1장의 켈리의 예에서처럼 애착의 질에 영향을 미친다.

*생물학적 조건의 교류 효과.* 자기조절의 어려움, 행동장애, 외과적 교정이 필요한 선천적 기형이나 대뇌마비와 같은 신경학적 장애, 정신지체 등 생물학적 조건이 순차적으로 진행되어가기 때문에 이후 발달에 영향을 미친다(Rutter, 1989; Minde, 2000). 이러한 진행은 애착에도 어려움을 가져오는데, 부모는 아동이 아프고 발달이 지연되었다는 것을 강조하여 적절하게 발달할 수 있는 부분까지도 과도하게 생각할 수 있다. 아동전기에 만성질환으로 진단받은 아동이나, 영아기에 많이 아픈 아기를 둔 부모는 지속적으로 아동의 신체적 상태를 점검한다. 아동을 허약한 대상으로 인식하고 과도한 관심과 보호를 지

속한다. 부모는 아동 발달의 자율성의 기회를 제한하고 아동에 대해 지속적으로 간섭하게 된다(Thomasgard & Metz, 1996). 아동은 부모의 시각을 내재화하고 스스로도 부적절하게 제한하기 시작한다. 이것은 아동이 책임과 기대를 피하는 수단으로서 질병과 장애를 사용하기 시작하는 "부가적인 이득(secondary gain)"의 형태로 발전한다(Feinstein & Berger, 1987). 개입의 측면에서 볼 때 아동 스스로가 장애를 사용하지 않도록 격려하고 성취해내도록 부모가 적절한 기대를 가지는 것에 대해 논의하는 것이 중요하다. 암과 같은 만성적이고 심각한 질병에 대한 집중적인 치료는 발달상에 위험을 가져오는데 특히 아동전기 때 그런 경우 대처기제를 잘 발달시키지 못한다. 영아기와 아동전기의 병원생활은 아동의 발달과업을 방해하고 부모에게 스트레스가 가중되므로 부모 자녀관계를 손상시킨다(Minde, 2000).

학대에 대한 위험은 아동이 신체적, 정신적 장애가 있을 때 증가된다. 청각장애와 시각장애, 신체관련 장애, 정신지체 아동은 3~4배 더 학대받기 쉽다. 아동의 장애에 대한 스트레스로 방임하거나 학대하게 된다(Sullivan & Knutson, 2000).

*생물학적 위험과 대조적인 보호적 요인으로서의 안정된 애착.* 아동의 생물학적 조건에 관한 연구들은 안정된 애착과 반응적인 양육이 발달에 더욱 영향을 많이 미친다고 제안한다. 생물학적인 조건이 분명 발달에 영향을 미치나, 반응적인 양육은 그러한 위험요인을 개선하도록 해주고 아동이 적응적인 대처기제를 발달시키도록 돕는다(Sameroff & Chandler, 1975). 이러한 이슈를 다룬 연구들을 요약하면 다음과 같다. "대부분의 부모는 영아의 심각한 발달상의 편차를 상쇄할 수 있다."

### *기질*

기질적인 요인은 아동의 취약성이다. 기질은 생물학적으로 성격특성에 기초한다. 토마스와 체스(Thomas and Chess, 1977)는 3개월 된 영아를 3가지 기질로 나누어 연구하였다-"순한 아이(easy)", "까다로운 아이(difficult)", "느린 아이(behaviorally inhibited)." 순한 아이는 새로운 상황에 대한 반응이 긍정적이고 적절한 민감성, 적절한 집중과 유지, 변화에 대한 적응, 적절한 활동수준, 긍정적인 기분을 지니고 있다. 탄력성에 관한 연구에서 기질의 형태는 보호적 요인의 하나로 정의하고 있다.

다른 두 가지 형태는-까다로운 아이와 느린 아이-잠재적인 위험요인이 된다. 그들은 변화에 저항하고 과도하게 민감하며 매우 활동적이고 기분이 좋지 않은 경향이 있다. 생리적인 리듬이 불규칙하며 새로운 상황에서 위축되는 경향이 있다. 이러한 속성이 행동적으로는 편안히 있지 못하고, 과민하며 잘 먹지 않고, 밤에 자주 깨는 것으로 나타난다.

이러한 두 기질의 아동을 순한 아동과 비교해보면, 덜 반응적이고, 덜 적극적이며 정서적인 표현이 덜한 경향이 있다. 그들은 새로운 경험을 익힐 만한 시간이 있어 적극적으로 참여할지라도 새로운 상황에서는 억제된다. 행동적으로 억제된 아동은 조심성이 많고 수줍어하며 특히 익숙하지 않은 상황에서 정서적으로 위축되어 반응한다.

*기질, 부모요인, 적절성(Goodness of Fit)* 까다로운 기질은 적절한 자기조절의 발달을 잠재적으로 방해한다. 이러한 아동들은 부모가 달래기 힘들고 스스로 진정시키기도 어렵다. 이들은 편안하게 느끼기 힘들기 때문에 종종 부모는 그들을 진정시키지 못한다. 따라서 그들은 자기조절에서 상호조절로 확장되는 경험을 하지 못한다. 이것이 이후 집중하거나 주의를 지속하는데 방해가 된다(Posner & Rothbart, 1994). 강한 행동의 억제는 잠재적으로 정신병적 요인과 관련이 있다. 매우 억제된 아동은 새로운 상황에서 심장박동, 혈압, 긴장이 높아지면서 더욱 크게 반응한다(Kagan, Resnick, Clark, Snidman & Garcia Coll, 1984). 이러한 심리적 반응은 불안장애의 특성이며 높은 수준의 억제를 보이는 아동은 이후 아동중기에 불안장애의 발생율이 더 높다는 연구결과가 있다(Rubin, Burgess, Kennedy & Stewart, 2003).

그럼에도 불구하고 기질은 근본적으로 부모 위험요인과 함께 나타난다. 부모의 성격특성과 정신병리에 관한 연구에서 학대의 위험요인을 지닌 까다로운 아동은 학대라는 외부적 스트레스 요인에 의해 악화되었다는 것을 보여준다. 이와 유사하게 느린 아동의 가족에 관한 연구를 보면, 이러한 아동의 부모는 부모 자신의 불안수준이 높아 과잉보호를 하고 자율성을 제한함으로써 아동의 느린 행동을 강화한다(Messer & Beidel, 1994). 회피애착과 까다로운 기질사이의 관계에 대한 연구가 있기는 하지만, 대부분의 연구는 기질을 불안정한 애착의 직접적인 원인으로 보지는 않는다. 영아의 까다로움은 부모가 다른 위험요인으로부터 스트레스를 받을 때 근본적으로 위험요인이 된다(Vaughn & Bost, 1999).

토마스와 체스(Thomas and Chess, 1977)는 아동의 기질과 양육행동 간의 상호작용을 설명하는데 있어 "적절성"(goodness of fit)의 모델을 제안했다. 예를 들어 독립적이며 차가운 어조로 상호작용하는 부모는 상호작용의 욕구가 강하고, 강한 정서와 활동성이 높은 기질의 아동에게 압도당하거나 좌절감을 느낄 수 있다. 그러므로 아동의 기질에 더욱 쉽게 적응할 수 있도록 부모가 조금 더 적극적으로 관여하고 따스한 어조로 얘기하면서 적절한 상호작용 방식을 만들어가는 것이다. 발달에 미치는 기질의 영향은 교류적인 측면에서 이해하는 것이 최선이다. 까다로운 아동의 부모는, 아동의 행동을 개인적으로 받아들여 위축되거나 과도하게 반응하지 않도록 환경을 제한하고 지속적으로 공감해주면서 부모는 아동이 적응할 수 있도록 "환경을 유지(holding environment)"하도록 한다 (Sanson & Rothbart, 1995).

*교류과정의 하나로서의 기질.* 기질적 특성을 정의하는 것은 아동이 자신의 경험을 내재적으로 어떻게 반응하는지를 이해하는 유용한 방법이다. 그러나 기질은 아동에 대한 부모의 반응과 따로 떨어져서 존재하지 않는다. 최근 연구에서는 기질이 부모의 작동모델의 결과인지 아니면 초기 양육 상호작용의 결과인지에 대한 의문이 제기되고 있다 (Crockenberg & Leerkes, 2000). 기질이 선천적으로 주어진 것이라면, 시간이 지나서도 안정적일 것이다. 그러나 연구결과들은 느린 기질의 경우는 지속성을 강하게 지지하나, 까다로운 기질의 안정성에 대해서는 그렇지 못하다(Rothbart & Bates, 1998). 토마스, 체스, 비츠(Thomas, Chess and Birch, 1968)의 초기 연구를 보면, 영아기에 까다로운 기질을 가진 경우 행동문제의 위험 요인이 증가하지 않았으나 3세에 까다로운 기질을 가진 경우는 이후 행동문제를 보였다. 이것은 단순히 까다로운 기질과 행동문제간의 관련성뿐만이 아니라 기질과 양육간의 강한 관련성을 보여주는 것이다. 많은 연구들은 부모가 자신에 대해 설명하는 방법과 영아의 까다로운 기질에 관해 설명하는 방법간에 상관관계가 있음을 발견하였다. 자신을 부정적으로 보거나 우울이나 불안이 있는 부모는 자녀를 까다롭다고 생각한다(Rothbart & Bates, 1998). 애착에 대한 부모의 작동모델 또한 기질에 따라 형성된다. 성인애착면접(Adult Attachment Interview)을 사용한 많은 연구들은 연구사례의 70%에서 임신기간동안 어머니의 성인애착유형을 통해 아동의 1세 때 애착유형을 예상할 수 있음을 발견하였다(Lyons-Ruth, Zeanah & Benoit, 2003). 영아의 행동은 출생 전 어머니의 기대와 일치하였다.

이러한 연구들은 애착관계의 교류적 맥락에서 벗어나 기질에 관한 사고의 유용성에 대해 의문을 제기하였다. 기질을 단지 부모의 작동모델에 의해 또는 부모가 경험한 스트레스에 의해 영향 받는 것으로 볼 것인가. 영아의 기질적 특성과 부모의 성격과의 관계를 본 연구는 스트레스에 대한 반응이 느리고 완고한 성격을 가진 어머니일 때 까다로운 기질의 영아는 불안정 애착을 형성하고 취약한 자기조절능력을 가진다는 것을 보여준다

(Crockenberg & Leerkes, 2000). 스트레스 상황 속의 부모는 아동이 안정감을 느끼도록 돕기가 힘들다. 그러면 아동은 까다롭게 굴거나 공격적으로 반응하게 되고 부모의 스트레스가 증가되면서 결국 아동을 까다롭다고 인식하게 된다.

그러나 임상적 평가는 아동의 기질에 대한 부모의 지각을 탐색하는데 매우 유용하다 (Chess & Thomas, 1986). 안정감을 느끼게 하는 일반적인 방법이 까다로운 기질을 가진 아동에게는 왜 통하지 않는지 부모가 이해하도록 도울 필요가 있으며, 그러한 아동을 양육하는 것이 힘든 일임을 지지할 필요가 있다(van den Boom, 1994). 기질의 근원이 무엇이든 간에 발달의 위험요인을 증가시킨다(Rothbart, Posner & Hershey, 1995).

## 부모위험요인

부모의 기능은 아동을 보호하고 적응적 발달과 자기존중감을 촉진하며, 아동이 조절능력을 발달시키도록 지지하고 모델링해주며, 성장의 기회와 격려를 제공하며 문화적 가치를 전달하는 것이다. 이러한 기능은 애착관계에서 시작되며, 직접적인 양육의 영향으로 그리고 아동의 작동모델의 내재화를 통해 발달을 지속한다. 위니캇(Winnicott, 1965)은 부모는 완벽할 필요는 없고 오히려 "꽤 괜찮은(good enough)" 부모여야 한다고 지적했다. "꽤 괜찮은" 부모는 실수를 하고 비일관되게 행동할지라도 전반적으로는 정상적인 양육기능을 수행한다. "꽤 괜찮은"부모는 아동을 현실적으로 볼 수 있으며 아동의 실제 발달수준에 맞게 기대를 하며 아동의 시각 능력을 강조한다.

발달적인 위험을 가중시키는 양육은 정상적인 양육기능을 수행하는데 있어서의 상대적인 실패와 무능함이다. 갈드스톤(Galdston, 1979)은 "부모의 욕구에 의해 아동의 복지가 희생되었을 때 양육과정은 역기능적이다."라고 지적하였다. 부모위험요인은 학대와 같은 아동에 대한 직접적인 행동이나 약물남용이나 정신병리와 같은 문제로 인해 양육능력이 손상된 경우에서 찾아볼 수 있다. 가족이나 부모의 상황과 관련된 다른 요인들은 양육의 취약성을 가중시킨다. 이러한 요인들로 10대 부모, 한 부모, 아버지의 부재, 아버지의 실직, 가족와해 및 이혼, 대규모의 가족(4명 이상의 아동), 낮은 교육수준의 어머니가 있다(Coley & Chase-Lansdale, 1998).

긍정적인 양육행동은 아동기의 스트레스를 완화시켜 준다. 부모 위험요인의 출현은 부모의 스트레스 중재능력을 감소시켜 아동이 다른 위험요인에 더욱 취약해진다 (Osofsky & Thompson, 2000). 일반적으로 스트레스 요인에 대한 부모의 중재와 지지가 결여되면 아동 자신의 대처만이 남는다. 아동이 어릴수록 대처능력이 떨어지며 스트레스에 반응하는 형태가 부적응적으로 발달되기 쉽다. 예를 들어 3~4세에 폭력을 목격하는 외상을 겪은 아동은 종종 이 시기의 발달과업을 완수하지 못한다. 폭력을 당한 어머니가 아동에게 설명을 하거나 정서적 지지를 제공할 수 없기에 아동은 외상을 지지 없이 극복해야 한다. 이러한 경우나 또는 이와 유사한 상황에서 아동은 응급상황에 기초한 대처전략으로서 과도한 공격성이나 정서적인 공황상태를 보인다. 이것이 지속되면 발달을 방해하는 부적절하고 부적응적인 대처기제가 된다(Davies, 1991; Webb, 2002). 아동이 스트레스 경험에 대처하도록 부모가 직접적으로 돕거나 적절한 대처를 보여주며 도울 때 아동의 대처능력과 스트레스에 대한 저항력이 증가된다. 부모가 자신의 어려움으로 인해 아동을 스트레스로부터 완화시켜 주지 못할 때 아동은 적응적인 대처를 배울 수가 없으며 이후의 스트레스 요인이나 정신병리에 더욱 취약해진다(Osofsky & Thompson, 2000).

부모 위험요인에 대한 이후의 논의는 부모자녀간의 역동과 각각의 위험요인과 관련된 발달적인 측면이다. 각각의 요인을 명확한 원인별로 나누어 설명하였지만, 부모 위험요인들은 종종 함께 발생한다는 점을 주목해야 한다. 약물을 남용하는 부모는 아동을 학대하거나 방임할 수 있다. 그러한 상황에서 위험요인을 나누어 영향을 살펴보는 것은 불가능하다.

### *부부갈등, 가족와해, 이혼*

부부갈등이 지속되는 것은 발달의 위험 정도가 높아지는 것과 관계가 있다. 분노와 갈등이 심화된 부부관계는 아동에게 불안정한 환경을 만든다(Davies, Harold, Goeke-Morey & Cummings, 2002). 어린 아동이 부모간의 만성적인 분노에 노출되면 행동 및 정서적인 와해를 보이고 공격성이 증가된다. 어떤 아동은 부모와 같은 위치에서 싸우기도 한다. 적대적이거나 소원한 관계인 갈등관계의 부부는 아동양육에 관해 다른 가치를 가지기 쉽다(Katz & Woodin, 2002). 부부갈등은 특히 아동이 삼각관계에 끼어 서로의 편이 되라고 할 때 힘들다. 아동을 중간에 놓고 싸울 때 아동은 죄책감을 가질 뿐 아니라 더욱 행동문제를 일으키게 된다(Kelly, 2000). 갈등관계가 있는 부부가정보다 재혼가정이나 한 부모 가정에서 아동이 더욱 적응적으로 기능한다는 연구가 있다(Amato, 2001). 심지어 부모의 이혼으로 고통 받는 아동들은 종종 다음과 같은 답을 한다. "이혼이 좋은 일이라고 생각하니?" "네, 이제는 싸우지 않을 테니까요."

부모의 이혼과 분리는 아동에게 굉장히 많은 스트레스 요인을 가져온다: 부모와의 분리전후 기간과 관련된 와해; 한쪽 부모에 대한 상실감; 학교와 거주지의 변화; 친구와 지지체계의 상실; 경제적인 쇠퇴; 어머니의 직장복귀나 일의 증가; 한 쪽 또는 부모 모두의 우울이나 자기몰입; 이후 부모의 데이트나 재혼, 재혼가족과의 관계. 초기 1~2년 동안 이혼에 대한 아동의 반응은 종종 정상적인 발달을 방해한다. 애착의 안정감에 대한 불안, 우울, 부정적이고 적대적이며 공격적인 행동은 공통된 증상이다. 학업성적도 떨어진다. 이러한 반응에도 불구하고 많은 아동들은 2년 안에 부모의 이혼에 대처하기 시작하고 정상 발달과정을 계속한다(Hetherington & Kelly, 2002).

아동의 이혼에 대한 반응을 완화시켜줄 요인들은 다음과 같다: 공동 양육권 조정을 통한 일관된 양육과 정서적 유용성을 높이고; 단독 양육 시에는 새로운 양육을 담당하는 부모와의 관계를 증진시키고; 아동의 주거 및 학교 등 환경적 변화를 최소화하고; 이혼 후 건강한 적응을 할 수 있는 부모의 능력; 특히 이전의 갈등에서 벗어나려고 노력하는 부모의 능력과 아동의 욕구와 발달을 지지하는 협력적인 새로운 역할로 이동할 수 있는 능력(Emery, 1999; Whiteside & Becker, 2000)이다.

갈등이 많은 결혼생활에서 아동의 증상적 행동은 실제 별거 전에도 나타났다. 이혼 전 부모의 깊은 갈등에 노출된 아동들은 이혼한 가정의 아동이 보이는 증상과 같다. 스트레스 반응체제가 과도하게 각성된 상태에서 자기조절문제를 종종 드러낸다(Cummings & Davies, 1994). 일부 가정에서 이혼은 현재의 위험요인들을 악화시키는 하나의 위기로 보여진다. 부모의 알콜중독이나 정신병리에 의해 생긴 발달에서 위험요인은 이혼으로 인해 부모가 기본적인 양육자가 되었을 때 한층 더 강화된다(Kelly, 2000; Pruett, Williams, Insabella & Little, 2003).

최근 미국의 많은 주에서 공동양육권을 허용하는 법안을 통과시켰다. 아동이 공동양육권을 통해 도움이 되는 경우는, 부모의 갈등이 낮아질 때, 부모가 아동의 편에서 의사소통하고 협력할 때, 공동양육권에 대해 부모가 아동과 의미 있는 관계를 유지하기 위한 수단으로 받아들일 때이다. 그러한 조건하에서 공동양육권은 단독 양육권보다 아동의 적응을 촉진하는데 도움이 될 것이다(Bauserman, 2002).

이와는 대조적으로 부모가 싸움을 지속하면서 공동양육권을 갖게 되면 아동은 갈등 상황에 있게 되며, 정신병적 증상의 발생률은 높아진다. 부모의 갈등이 심하면, 한 부모가 아동의 기본 양육자가 되고, 아동에 관한 결정을 담당하는 단독 양육권이 갈등으로부터 아동을 보호해줄 수 있다(Johnston, 1995). 일부연구는 학령기아동의 경우 같은 성의 부모가 양육권을 갖는 것이 더 낫다고 보고 있다(Clarke-Stewart & Hayward, 1996). 이것은 학령기 아동의 발달은 같은 성의 부모에 의해 정체성이 촉진된다는 정신분석 이론과 일치하는 것이다.

이혼 후 나타나는 두 가지 부모요인이 아동에게는 가장 위험하다. 첫 번째는 아동과 같이 사는 부모가 이혼 후 스트레스로 심각한 우울에 빠져 부모의 기능을 제대로 하지 못하는 것이다. 두 번째 요인은 부모간의 법정싸움과 싸움, 비난, 적대감이다. 부모의 싸움에 지속적으로 노출되면서 아동은 한 부모와 연합하여 다른 부모에 저항하고 비난하기에 갈등은 더욱 깊어진다.

이혼 후 갈등을 일으키는 또 다른 위험 요인은 어머니가 단독 양육하는 경우에 아동의 삶에서 아버지가 사라진다는 것이다. 아버지의 상실은 소녀뿐만 아니라 특히 소년의 경우에 더욱 문제가 된다(Amato, 2001). 양육권을 번갈아 주는 것은 아동과 부모간의 또 다른 위험요인을 만드는데, 특히 어린 아동의 경우 양육권이 없는 부모와의 오랜 기간의 분리는 영향을 많이 미친다(Kelly & Lamb, 2000, 2003).

#### *엄격한 양육, 육체적 처벌, 강압적인 가족과정*

엄격하고 처벌적이며 비일관된 양육은 아동의 작동모델에 영향을 미친다. 즉 아동은 부정적이고 거부적인 부모와의 상호작용을 기대하게 된다. 아동의 까다로운 기질은 엄격한 양육 상황을 가져오지만, 비효과적인 양육 행동과 육체적 처벌은 종종 부모의 작동모델에 기초한다(Dishion, Patterson & Kavanagh, 1992). 엄격한 원칙을 고수하는 부모는 종종 아동을 부정적으로 보는 경향이 있다. 또한 아동이 어릴 때부터 옳고 그름에 대한 인식이나 자기조절능력을 갖고 있다는 비현실적인 생각을 갖고 있다. 10개월 된 아기가 유리상을 집으려고 손을 뻗으면 "그건 깨지기 때문에 갖고 놀 수 없다는 걸 알지"라고 말한다. 이것이 바로 부적절한 기대의 예이다. 아동의 부정적인 특성 때문이라고 생각하는 부모는 종종 아동일 때 학대를 받았거나 엄하게 양육된 경험이 있으며 강압적이고 물리적인 수단으로 아동을 통제해야 한다는 시각이 내재화되어 있다(Nix, Pinderhughes, Dodge, Bates, Pettit & McFadyen-Ketchum, 1999).

부모의 부정적인 작동모델은 아동이 걸음마기에 자율성을 추구하기 위한 행동에 반응하면서 강하게 활성화 된다. 2~3년에 시작되는 갈등형태는 종종 오랜 기간의 행동문제를 야기한다. 걸음마기의 주장적이고 한계를 시험하는 행동에 대해 신체적 처벌과 화를 내는 부모는 아동을 공격적으로 만든다(Shaw, Gilliom, Ingoldsby & Nagin, 2003). 서로가 화내고 공격하는 형태는 강압적인 상호작용을 발달시키고 적대적인 행동과 행동장애를 가져온다(Broidy et al., 2003).

패터슨(Patterson)과 동료들은 반사회적 행동과 관련된 가족의 변수를 다음과 같이 요약하였다: "반사회적 행동을 하는 아동의 가족은 엄격하면서 비일관된 원칙을 갖고 있으며, 부모의 긍정적인 관여가 적고, 아동의 행동에 관한 조언이나 관리가 빈약하다(Patterson, DeBaryshe & Ramesy, 1989)." 부모가 친사회적 행동보다 주장적인 행동에 더 많은 관심을 기울이기 때문에 강화된다. 부모와 아동간의 상호작용은 공격성, 위협, 강압적인 것이 주가 된다. 아동은 공격성이 혐오스런 사건에서 벗어나고 통제하는 수단이라는 생각을 내재화 한다(Patterson, 1982a). 강압적인 행동, 분노의 증진, 부정적인 정서와 같은 상호작용의 특성이 거듭됨에 따라 부모의 아동에 대한 시각뿐만 아니라 아동의 관계 작동모델도 형성되어진다. 갈등이나 강압에 대한 기대가 확고해지면서 부모와 아동 모두 "갈등에 준비된(ready for trouble)" 상태가 된다(Nix et al., 1999).

파괴적 행동을 보이는 아동은 그들의 부모가 보는 시각에 기초하여 자신에 대한 부정적인 시각을 내재화하는 경향이 있다. 부정적으로 위협받은 아동은 그 자신을 부정적으로 보기 시작한다. 관계에 대한 기대 속에 처벌, 갈등, 거부가 포함된다. 이러한 작동모델을 투사하여 세상은 신뢰할 수 없다고 보고, 공격적이 된다. 아동이 공격적인 행동과 강압적인 전략을 일반화함으로써 또래에게 거부당하기 쉽고 교사에게 행동문제가 있는 것으로 보이기 쉽다. 그러나 그들의 부정적인 반응은 자신의 작동모델에 부합하는 것이다. 아동의 공격성은 처벌을 가져옴으로써 작동모델을 확고히 하는 경향이 있다.

파괴적 행동을 보이는 아동은 종종 그들 스스로를 희생양으로 보고, 다른 사람이 원인을 제공했다고 비난한다. 그들은 희생양이라고 느끼기 때문에 자신의 공격적 행동이 정당하다고 믿는다. 그들의 자아상은 불공평하게 위협당하고 상처받은 희생양이라고 생각하기 때문에, 그들을 지각하는 다른 사람의 생각과는 대조적으로 강인한 것이라고 생각한다. 파괴적 행동장애를 지닌 많은 아동들은 학대받았거나 가혹한 처벌의 대상이었기 때문에 희생양으로서의 자아상을 갖게 된다. 강압적인 가족 과정에 의해 발달된 자기나 다른 사람에 대한 작동모델은 도덕성 발달을 방해하고, 또래관계를 왜곡하며, 긍정적인 피드백을 받을 수 있는 기회를 잃게 한다.

### *아동학대*

물리적, 성적, 심리적 학대와 방임 등의 부모에 의한 학대는 아동발달에 심각한 영향을 미친다. 물론 연구와 목적에 따라 학대의 형태를 다르게 분리하는 것이 유용하나 실제 방임과 학대는 종종 겹쳐진다. 성학대를 당한 아동은 그 사실을 폭로할 거란 위협으로 정서적인 학대까지도 경험한다. 사례보고를 보면 아동은 주로 부모와 떨어져 있었고 양육받지 못했으며, 신체적 학대로 인한 상처와 멍자국이 있었다. 연구 또한 학대의 다른 유형이 발달에 주는 영향은 상당부분 겹쳐져 있음을 보여주었다. 학대는 발달에 가장 결정적인 영향을 준다(Bolger & Patterson, 2001).

심리적 학대는 모든 학대 유형에 나타나는 공통적인 특성으로, 발달에 영향을 미친다. 부모가 아동에게 적대적일 때 부정적인 태도를 취하며, 자기조절, 자존감, 유능감, 안정감과 같은 적절한 발달의 기초가 되는 것들에 영향을 준다(Hart, Binggeli & Brassard, 1998). 반복되는 학대에 대한 아동의 즉각적이고 장기적인 반응들은 외상후 증상과 적응에 반영된다(Ford & Kidd, 1998). 학대에 대한 논의는 간략히 하고 양육행동에서의 공통점에 집중할 것이다.

학대하는 부모의 일반적인 양육형태는 덜 유연하고, 더욱 처벌적이며, 아동의 능력에 대한 비현실적인 기대를 특징으로 한다. 학대하는 부모는 아동의 욕구를 부인하거나 과소평가한다(Glaser, 2002). 방임되고 신체적 학대를 받은 아동의 대부분이 불안정애착을 발달시킨다(Crittenden, 1992b). 성적으로 학대된 아동의 대부분은 만성적으로 취약한 양육을 받았다기보다는 성학대라는 외상을 겪으면서 다른 사람에 대한 신뢰와 타인의 의도를 정확히 지각하는 능력이 손상된다(Freyd, 1996). 방임하는 부모는 아동의 욕구가 보이지 않는다는 식으로 무시하는 경향이 있다. 그들은 거의 자극을 주지 않으며, 아동의 행동에 대해 조언해주지도 않고, 아동과의 일상조차도 없다(Glaser, 2002).

### 외상과 학대

신체적, 성적 학대를 받은 많은 아동들은 외상후 스트레스 장애(PTSD)의 증상과 일치한다(Briere, 1992; Putnam, 2003). 외상의 본질은 무기력감에 압도되는 것이고, 종종 신체적, 심리적 고통이나 공포를 수반한다. 부모의 심각한 구타와 같은 외상적 자극에 대한 반응으로 아동은 신체적, 정서적인 각성상태를 경험한다. 외상적 사건을 겪으면서 아동은 무기력감과 혼자라는 느낌을 갖는다. 인지적인 측면에서 볼 때, 외상의 두려운 감정이 사고를 압도하는 것이다. 두려움을 피하기 위한 인지적 전략을 사용할 수 없고, 행동하거나 도울 것이 없는 상태가 되면 아동은 더욱 원시적인 방어 상태에 빠지게 되고 감정적으로 가라앉게 된다. 아동이 의존할만한 부모나 다른 친한 사람에게 학대를 당했을 때 외상의 심각성은 커진다. 아동의 신뢰를 저버렸기에 상처가 된다. 자신을 보호해 줄 거라 믿었던 사람이 고통을 주는 사람으로 바뀌어 버린다(Finkelhor, 1995).

*아동 학대외상과 발달상 방해.* 학대로 인한 외상이 있는 아동은 특히 외상이 반복되었다면 이후의 발달을 방해할 방어적인 적응이 생긴다. 현실을 정확히 평가하는 능력과 조절하는 능력이 손상된다. 일어난 일에 대해 현실적으로 관여하지 않고 과잉각성되고 과잉경계하면서 학대의 재발을 피하고자 외상의 렌즈를 통해 대부분의 사건을 보기 시작한다. 2장에서 설명했듯이 최근의 연구는 초기 신체적, 성적인 학대는 HPA축의 신체적인 변화를 야기하고 자체적으로 오피오이드(opioids)를 분비한다고 밝혔다(Putnam & Trickett, 1997; DeBellis et al., 1999a).

만성적인 외상은 경직된 방어를 하게 한다. 아동은 공격적인 행동, 미친 듯 날뛰는 것, 심리적 위축 등을 보이든가 전혀 보이지 않는다. 와해되고 멍한 반응의 방어는 특히 만성적인 신체적 성적 학대에 대한 반응으로 발달되기 쉽다(Pynoos, Steinberg & Goenjian, 1996). 방어적인 행동은 외상적인 기억이나 정서를 불러 일으킬 상황에서는 자동적으로 행해진다. 정서적 위축과 같은 대처전략은 결국 아동의 인지적, 정서적 발달을 손상시키는 것이 일반적이다(Terr, 1991).

만성적인 외상은 아동의 현실검증능력을 방해하고 심지어 상징화능력도 방해한다. 언어발달의 초기단계인 걸음마기의 학대는 언어손상이나 지연을 보여준다(Cicchetti & Beeghley, 1987). 아직 언어가 확실한 매개체로서 등록되지 않는 걸음마기의 유아들은 외상의 과정을 통해 방해받는다. 저학년 아동은 외상이 정서적인 긴장이나 단편적인 상과 같이 비언어적으로 등록되기 쉽기 때문에 유사한 정서나 상에도 쉽게 반응하게 된다(Perry, 2002a). 경험에 관한 이해와 사고능력은 외상에 저항하는 잠재적인 방어이다. 고학년 아동이나 청소년은 스트레스를 다루는데 인지적 능력을 사용하기 때문에 외상을 더 잘 다룰 수 있다. 저학년 아동은 현실을 이해하는 능력이 아직 성숙하지 못하기 때문에 외상을 인지적으로 처리하는게 더욱 어렵다(van der Kolk & Fisher, 1994).

*학대의 발달적 영향.* 학대는 발달의 많은 부분을 방해한다. 영아기에 보여지는 학대의 발달적 영향은 우울, 취약한 감정조절, 과도한 각성이나 분노의 형태로 나타난다. 심각하게 학대받은 영아는 발달의 모든 측면에서 지체된다(Zero to Three, 1994). 학대받은 유아는 취약한 사회적, 상호작용 기술을 갖고 있으며, 또래가 그들을 피하게 하는 충동적인 공격성을 보인다(Darwish, Esquivel, Houtz & Alfonso, 2001). 신체적, 성적으로 학대

받은 유아와 학대받지 않은 다른 아동을 비교해볼 때 학대받은 유아는 와해된 방법으로 스트레스를 다룬다. 해리(dissociation)는 아동기동안 지속되면서 학습을 방해한다(Macfie, Cicchetti & Toth, 2001). 아동기의 만성적인 학대는 부적응적인 문제해결능력, 인지적 왜곡, 빈약한 언어발달, 낮은 학업성취와 관련이 있다(Eckenrode, Laird & Doris, 1993; Kurtz, Gaudin, Wodarski & Howing, 1993).

학대받은 아동은 불안정한 애착의 역사를 갖고 있으며, 무질서한/혼란된 유형이 많았다. 애착에 기초한 안정감의 부재는 탐구적인 행동 및 유능감을 발달시키는 행동의 부족과 관련이 있다(Barnett et al., 1999). 불안정 애착과 학대받은 아동은 새로운 성인을 불신하게 한다. 신체적인 학대를 받았거나 방임된 아동 모두 더욱 자기중심적이며 다른 일반 아동보다 공감능력이 부족함이 밝혀졌다. 아동들은 개인적인 부적절감을 갖고 있는 것으로 나타나 자아의 발달에 있어 장애를 보여줬다(Kinnard, 2001).

사회적으로 학대받은 아동은 상호작용에서 무슨 일이 일어나고 있으며 다른 사람의 의도가 무엇인지 파악하기 더욱 어렵다(Finkelhor, 1995). 그들은 공격과 거부를 예상하기 때문에 다른 사람의 행동을 오해하고 상황에 적절하지 않은 방어적인 행동을 취한다(Weiss, Dodge, Bates & Pettit, 1992). 다른 사람을 신뢰하는 능력의 손상과 관련된 문제는 또래와의 관계를 별 볼일 없게 만든다. 그들이 상호작용에서 더욱 부정적이고 공격적이기 때문에 또래는 그들을 거부하고 홀로 남게 된다(Dodge, Pettit & Bates, 1994).

***방임의 발달적 영향.*** 학대받진 않았지만 방임된 아동은 상호작용과 지지, 자극의 결여가 영향을 미친다. 그들은 더욱 수동적이며, 우울하고 쉽게 좌절한다. 유아들은 인지적 과업을 쉽게 포기하는 경향이 있다. 언어지연을 보이는 발생률도 높다. 장기간동안 부모의 온정과 지지가 결여된 아동은 자신을 부정적으로 보며 다른 사람들도 자신을 부정적으로 볼 거라 생각하고 관계상의 갈등상황에서 무기력감과 절망감을 느낀다. 입학초기에 그들은 학대받은 아동보다 더 낮은 지능지수를 보이고, 교실에서 위축된 반응을 보이며 낮은 학업수행과 또래로부터 소외된다(Waldinger, Toth & Gerber, 2001; Hildyard & Wolfe, 2002).

***학대와 정신병리.*** 아동기에 학대받았던 성인의 역학조사에서 반사회적 장애, 외상후 스트레스장애, 해리 장애, 우울, 성격장애, 약물남용 등의 위험이 높게 나타났다. 게다가 성 학대 받은 여아는 청소년기와 성인기에 섭식장애 발병률이 높았다(Cicchetti & Toth,

1995; Putnam, 2003; Johnson, Smailes, Cohen, Brown & Bernstein, 2000).

### *이차적인 위험요인으로서의 위탁보호*

학대의 결과 위탁보호를 받게 되면 심각한 위험이 있을 수 있다. 위탁보호를 받게 된 아동의 수가 1980년 이후로 빠르게 증가하고 1990년대 코카인 복용이 유행처럼 번지면서 위탁 아동의 수도 급속도로 증가하게 되었다(Maluccio & Ainsworth, 2003). 1990년대 말 복지가 다른 요인에 의해 개정되면서 학대가 증가되던 때 복지는 매우 감소되었다(Fein & Lee, 2003). 1998년과 2002년 사이에 위탁보호를 받는 아동의 수가 100,000에서 581,000으로 전국적으로 증가하였다.

보호를 받는 대부분의 아동은 학대를 받았거나 학대나 방임으로 인해 발달에 위험이 있다고 판단된 아동이었다. 그러나 그들이 보호를 받기 시작하면서 익숙한 환경의 상실로 고통 받으며 적응문제를 겪었다. 결국 위탁보호 체계의 부적절함이 제기되었고 그들은 다른 위탁가정으로 옮겨 다니면서 새로운 환경과 관계의 혼란에 대처해야 했다. 보호를 받는 많은 아동이 치료로 의뢰되었지만, 대다수가 치료를 받지 못했다. 아동복지체계에 자금을 공급받지 못해 정신보건 서비스를 종종 제공하지 못했으며, 아동의 행동문제에 대해 다른 위탁가정으로 옮기는 것으로 해결하였다(Leslie, Landsverk, Ezzet-Lofstrom, Tschann, Slymen & Garland, 2000). 자주 이동하는 아동들은 위탁부모와 애착형성이 빈약하며 낮은 학업수행과 더 많은 행동문제를 보였다(Newton, Litrownik & Landsverk, 2000; Leathers, 2002).

***혼란된 애착과 위탁보호.*** 애착의 상실과 혼란은 위탁보호 아동의 주된 경험이다. 비록 친부모와 애착을 맺었더라도 위탁보호 가정으로 이동하면서 애착대상의 상실과 혼란을 보인다. 보호서비스가 형제를 분리하여 종종 다른 가정에 보호를 맡기게 된다. 이것은 특히 방임된 가정의 형제인 경우 부모보다 더욱 서로를 의지했기에 아동의 상실감을 증대시킨다. 위탁보호를 받게 된 아동은 비록 학대에서 구제받았으나 슬퍼 보인다(Folman, 1998). 아동복지체계는 아동이 이전에 있었던 곳에 대한 정보는 최소화하는 경향이 있다(Fein, 1991). 여러 곳으로 옮기고 사례관리자가 바뀌는 경험은 아동에게 "누구도 나를 알지 못한다."라는 느낌을 강화시킨다. 외상이 있는 아동이 외상에 관해 모르는 사람들에 의해 보호받을 때, 아동의 외로움은 한층 더해진다.

아동의 초기 외상에 관해 알면서 위탁모가 아동의 행동에 관해 공감하지 않은 채 두어서는 안 된다(Folman, 1995). 임상평가에서 위탁모가 아동의 현재 나타나는 문제뿐만 아니라 아동을 보는 관점에 대해서도 상기시키는 것이 중요하다. 임상가는 아동의 생육사에 관해 더욱 많이 알아야 하며, 그런 후에 위탁모에게 상황적인 부분과 아동의 행동에 대한 정보를 전달해줘야 한다. 아동의 이전 생육사와 현재의 문제간의 연결을 명료화하는 것은 위탁모가 아동에게 더욱 공감적이 되도록 해주며 상호애착을 형성할 기회를 증가시켜준다(Dozier, Albus, Fisher & Sepulveda, 2002).

*위탁보호 받는 아동과 관련된 위협들.* 위탁보호 받는 아동은 그들이 통제할 수 없는 많은 변화와 부가적인 스트레스 요인에 대처해야 한다: 재배치(위탁가정의 변화); 사례관리자의 이동; 위탁모와 관리자간의 갈등; 위탁모와 친부모간의 갈등; 위탁보호 후 가정으로의 복귀; 입양실패. 따라서 위탁보호 받는 아동들은 미래에 대한 불안감을 안고 살고 있다. 가정으로 복귀할 것인지에 대한 불확실성은 위탁가정이 아동에게 투자하는 것에 제한을 주고, 더 나아가 아동의 입지를 더욱 작아지게 한다. 여러 곳을 옮겨 다니는 아동들 대부분은 이러한 환경과 관계 속에서 자신을 단절시킴으로서 적응한다(Kates, Johnson, Rader & Streider, 1991). 특히 애착에 관한 아동의 작동모델이 방임이나 학대를 포함할 때 더욱 쉽게 이러한 일이 일어난다(Penzero & Lein, 1995).

*초기경험의 기능으로서의 위탁보호의 위험.* 위탁보호의 위험에 관해 쓰여진 연구들을 살펴보면 위탁보호 체계의 위험요인들과 아동의 이전 주거지에서의 경험과 현재 경험의 단절을 강조했지만, 위탁보호 받는 아동의 기능은 그들의 원가족에서의 경험에 의해 예상될 수 있다(Fanshel et al., 1990; Folman, 1995). 불안정 애착, 심한 학대, 초기 외상과 상실의 생육사를 지닌 많은 아동들은 위탁보호를 받게 되었을 때 이미 심각하게 부적응적인 경로를 가고 있다.

이러한 맥락에서 볼 때, 위탁모가 깊이 상처받고 혼란된 아동의 욕구를 항상 충족시켜준다는 것은 비현실적이다. 배치에서 "실패"는 집중적인 치료가 필요한 아동에 대해 가끔 보살핌을 제공하는 실제 위탁모의 능력과 비현실적인 체계간의 부조화를 반영한다. 배치실패의 빈도는 까다로운 아동을 다루는 훈련이 결여되었고 사회적 서비스 기관으로부터의 지지가 결여되었다는 이유를 들어 위탁모가 양육을 포기하는 비율과 같다(Denby, Rindfleisch & Bean, 1999). 이러한 이슈들은 위탁보호 체계의 재원이 심각하게 부족하다는 것을 반영한다.

### *가정폭력 목격*

어머니가 아버지로부터 맞는 것을 목격한 아동은 외상, 발달장애, 정신건강문제의 위험이 있다(McClosky, Figueredo & Koss, 1995). 가정폭력을 목격한 아동은 일반아동보다 2~4배 정도 높은 임상적 증상을 보이는 학대받은 아동과 유사한 문제를 보인다(Johnson et al., 2002). 가정폭력과 학대 특히 신체적 학대는 함께 보여진다(Edleson, 1996b). 최근연구에서 배우자 학대가 있는 가정의 경우 5배나 높게 아동학대를 한다고 밝혔다(Rumm, Cummings, Krauss, Bell & Rivara, 2000).

*폭력 목격과 외상.* 육체적인 학대와 비슷하게, 폭력을 목격하는 것 역시 심리적인 외상이 된다. 만성적인 가정폭력에 노출되었던 아동들에게 보이는 과잉각성(hyper arousal), 공포, 외상경험의 재현에 대한 반발, 외상적 경험에 대한 놀이와 방어는 흔한 일이다. 강렬한 긴장과 위축 상태에서, 아주 가까이에서 어머니가 잔인하게 얻어맞는 것을 목격하는 것과 같은 폭력의 목격이 심리적인 외상을 남긴다는 것은 그리 이상한 일이 아니다. 주요 양육자가 공격당하는 것을 목격하는 것은, 심리적인 외상의 충격을 고조시킨다(Fick, Osofsky & Lewis, 1997).

가해자에 의해서 강제되는 심리적 외상의 한 측면은 사회적인 고립이다. 폭행피해여성은 사회적인 지지에 접근할 방법이 없다. 그렇기 때문에 자녀들이 폭력장면을 목격하고 그 영향을 처리해야 할 경우에도, 어머니는 아동들을 이해하고 도와주는 데 필요한 여건이나 능력을 갖출 겨를이 없다. 또 아동이 보이는 부적응 행동과 그 아동이 목격한 폭력현장을 연결시켜서 생각하지 못한다. 이것은 아동이 6세 이하여서 자신이 생각한 것을 분명하게 언어화해서 말하지 못할 때 일어나기 쉽다. 또한 이런 일은 어머니가 자신의 심리적인 외상을 다시 생각해내기 싫기 때문에, 아동은 심리적인 외상 징후에 대해서 방어적일 때 일어나기 쉽다. 이럴 때 어머니는 아동을 이해하기 보다는 더욱더 처벌하게 될 것이다. 아동은 이것을 애착의 실패로 보고 더욱더 심각한 증세를 보일 것이다. 남아들은 외상의 복합적인 영향과 애착의 실패 때문에 더욱더 위험한 상황에 처하게 되는데, 이는 어머니들이 남아의 공격성을 "자기 아버지와 똑같다"는 식으로 해석하기 때문이다(Davies, 1991).

그러한 부모 자녀간의 역동은 외상을 더한다. 외상의 경험이 있는 성인은 그들의 자녀가 겪는 외상의 경험에 대해 덜 민감하다. 영아기에 폭력에 노출되는 것은 무질서한/혼란된 애착과 관련이 있다. 이러한 애착을 형성하게 되는 경로 중 하나가 부모에게 해결되지 않은 외상이 있는 경우이다. 일반적으로 외상이 있는 부모는 자녀와 안정된 애착을 형성하기 어렵다(Scheeringa & Zeanah, 2001; Zeanah, Danis, Hirsgberg, Benoit, Miller & Miller, 1999). 만약 영아기에 만성적으로 폭력에 노출되고 양육자가 그것을 다뤄주지 못한다면, 스트레스에 대해 과잉반응하거나 분열된 형태로 반응하는 것처럼 뇌발달에 지장을 초래한다(Perry, 2002b). 폭력을 목격한 외상은 시간이 지나면서 부가적으로 어머니의 부적절한 양육으로 인해 영향 받는다: "만성적인 학대의 경험은 자녀를 포함해서 다른 사람에 대해 정서적인 지지를 주는 능력을 빼앗아간다(Levendosky & Graham-Bermann, 2000, p.90)."

***폭력목격의 다른 영향.*** 폭력적인 부모와 사는 것은 도덕성 발달에도 영향을 끼친다. 아동은 폭력을 스트레스에 대한 반응이자 관계를 조정하는 수단으로 볼 뿐만 아니라, 폭력을 정당화하는 태도를 습득하게 된다. 남자 가해자에 대한 연구에서 보면, 그들은 자신의 필요가 최우선이고 다른 사람들의 필요는 중요하지 않다는 식의 가치관을 가지고 있음을 알 수 있다. 이러한 시각에서 폭력적인 남자는 자신의 폭행이 배우자의 잘못 때문이라고 합리화한다. 아동들, 특히 아버지와 자신을 동일시하는 남아들은 이러한 도덕논리를 내면화할 수 있다.

폭력을 목격한 아동들은 또래관계에서도 더 높은 비율의 공격성과 외현화된 행동문제를 보인다(Moffitt & Caspi, 1998). 이런 행동은 심리적 외상후에 일어나는 공격자와의 동일시라는 방어기제로 설명된다. 또한 긴장의 감소와 지배의 수단으로서 폭력을 사용하는 부모에 대한 동일시와 모방의 결과로 이해할 수 있다(Edleson, 1999a). 폭력을 목격한 남아들은 특히 더 공격적으로 행동할 가능성이 큰데, 이는 같은 성에 대한 동일시와 남자의 공격성을 승인하는 문화적 경향 때문이다. 학령기 소녀들은 동일시와 사회화라는 같은 이유 때문에, 더 높은 비율의 우울과 불안을 보인다(Henning, Leitenberg, Coffey, Turner & Bennett, 1996). 만성적인 폭력에 노출되었던 아동들은 자신들이 그 폭력을 막을 수 없었다는 점 때문에, 남아든 여아든 상관없이 양쪽 다 무감각해지고 분리된 방식의 방어를 사용하며 무력감을 발달시키게 된다. 아동은 주로 폭력을 부인하거나 최소화한다. 이러한 "폭력이 없기를 바라는" 회피 방어는 정서를 조절하도록 돕는다(Edleson, 1999a; Lee, 2001). 그러나 응급상황에 아무 일도 아니라는 회피 방어는 이후 아동의 발달과업을 성취하는데 방해가 될 수 있다.

*완화시키는 요인.* 만약 어머니가--자신이 폭력의 희생자임에도 불구하고--아동들에 대해서 긍정적이고 지지적인 관계를 유지할 수 있다면, 아동들이 가정폭력에 노출되어 생기는 위험은 완화될 수 있다. 확대가족이나 가정폭력 쉼터같은 지원들이 어머니에게 주어진다면, 그런 지지를 통해 폭력적인 관계로부터 벗어날 수 있다는 점에서 매우 도움이 될 것이다.

*아동과 여성의 보호에 대한 최근 이슈.* 가정폭력과 아동학대가 같이 발생하는 경우 아동이 가정폭력에 노출될 때 개입했던 아동보호서비스(Children's Protective Services, CPS)를 어떻게 할 것인가 하는 문제가 대두된다. CPS에 보고된 것에 따르면, 가정폭력을 목격한 경우는 소수이다. 오히려 방임이나 보호받지 못하는 것이 문제가 된다(kaufman Kantor & Little, 2003). 부부간의 폭력에 노출된 아동이 가정폭력에 관해 전문적인 지식을 가지지 못한 사람에게 보호받게 되는 위험요인이 있다(Koverola & Heger, 2003). CPS의 목적에 첨가되어야 할 것으로 "가정폭력을 정의할 때 CPS 종사자들이 구타당하는 여자들과 그 역동에 대해 오해하는 부분이 있다. 가정폭력은 구타당하는 여성의 욕구에 초점을 맞추어야 하며 점진적으로는 그들 자녀의 욕구를 주시해야 한다"고 이야기하였다(Finlater & Kelly, 1999). 학대받은 여성에 대한 지지와 아동에 대한 보호는 실제영역에서 부각되어진다. CPS종사자들을 위한 가정폭력 훈련이 제공되고 CPS에 가정폭력 자문기관이 구성되었다. 여성과 아동의 장기간의 협조는 아동과 그들의 어머니의 욕구를 충족시키기 위한 개입을 발달시켜야 한다는 필요성을 주장하였다(Fleck-Henderson, 2000).

### *부모의 죽음*

아동기에 부모의 사망은 그 상황에 따라서 다양한 발달상의 문제를 일으킨다. 이전 연구에서는 아동기에 일어나는 부모의 죽음이 심리장애, 특히 우울의 비율을 높인다고 밝힌다. 부모의 죽음이 심각한 스트레스 요인임을 인정하지만, 최근 연구는 위험을 증가 또는 감소시키는 변화 요인에 초점이 맞춰져 있다. 부모의 죽음이 예기치 못한 것이었든 아니면 심리적인 외상을 동반한 것이든 간에, 그 죽음 이전에 부모와 가졌던 아동의 애착관계의 질은 위험을 감소시키는 중요한 요소가 된다. 또한 생존한 부모나 아동을 돌보는 이가 충분한 정서적 지지를 제공하는 것, 애도 감정이나 아동의 삶에서 일어난 전반적인 혼란을 달래주는 능력 역시 중요한 위험감소 요인이 된다.

*위험 수준을 높이는 것: 낙인과 외상적인 죽음.* 부모가 살해당하거나 자살한 것은 그 외상적인 특징으로 인해서 아동에게 더욱 위험하다. 가령 살해당하거나 자살한 경우, 범죄에 관련되는 경우, 또는 AIDS로 인해 죽는 경우처럼 부모의 죽음이 치욕스러운 것일 때, 아동이 겪는 위험은 더 높아진다. 이는 가족이 그것을 부끄러워하고 죄의식을 느끼기 때문이며, 또한 죽음을 숨기려 들기 때문에 공개적으로 애도하지 못하게 되고, 죽음 자체와, 죽은 부모와 아동의 관계를 왜곡시키려 하기 때문이다.

죽음의 상황이 폭력적이었고 특히 아동이 죽음을 목격했을 때, 극단적으로는 부모 중 한 명이 다른 쪽을 죽이는 것을 목격했을 때, 아동들은 더 복잡하게 암울한 입장에 처하게 되며 더욱 심각한 발달상의 위기에 직면한다. 이런 상황에서 아동은 심리적인 상실을 경험하며 동시에 과잉각성과 정서적인 경직, 총소리를 듣고 피 흘리는 것을 보았던 기억들과 부모의 죽음 상황에 대한 빈번한 침입적 사고, 개인적인 안전과 죽음에 대한 두려움 및 그 두려움으로 인한 수면 문제와 악몽과 같은 외상후 스트레스 증상을 보일 것이다. 이런 것을 이해함으로써 중재 계획을 어떻게 세워야 하는지 생각하여야 할 것이다.

그런 상실이 외상후 스트레스가 되는 경우, 그런 심리적 충격을 다루는 작업이 반드시 슬픔을 다루는 작업에 앞서 다루어져야 한다. 일어났던 어떤 일에 대한 공포에 사로잡힌 사람은, 상실경험에 대해 탐색하기 이전에 먼저 외상후의 증상을 이해하고 그것을 이겨나갈 수 있도록 꼭 도움을 받아야 한다.

*부모의 죽음에 대한 반응에 영향을 주는 변수들.* 상실에 대한 아동의 내면적인 반응은 가족과 문화적인 배경에 따라 영향을 받는다. 부모가 사망한 아동은 대개 죽은 부모의 배우자나 동거인, 부모의 친척 등에 의해 보살핌을 받게 되는데, 그들은 아동과 마찬가지로 그 사람의 죽음을 슬퍼하는 상태에 있다. 그런데 자신의 슬픔을 다루어가면서 동시에 아동을 잘 돌보는 것은 그 어른에게 쉽지 않은 일이다. 결국 아동은 이중의 상실감을 느낄 수 있는데, 남아 있는 부모가 정서적으로 이전 같지 않고, 그 부모에게서 안전과 확실성을 느끼기 힘들다는 점에서 그러하다. 그러나 애도하는 중에 다른 이의 도움을 받은 성인이라면 아동들의 슬픔에 더 잘 반응할 수 있다. 부모의 죽음 이후에 일어날 수 있는 위험을 감소시키는 결정적인 변화요인은 따뜻하게 반응해주는 돌봄이다. 또한 살아남은 보호자가 일상의 삶과 안정적인 가정생활을 일관성 있게 유지하는 것, 죽은 부모에 대한 회상과 대화를 통해서 아동의 슬픔을 덜어주는 능력을 갖는 것, 문화적인 관례로서 그런 슬픔을 지지해주는 것 등이 부모 죽음 이후의 위험을 감소시키는 요인이 된다.

슬픔을 허용하고 죽은 부모에 대해 공개적으로 이야기할 수 있게 하는 것은 슬픔의 강도를 완화시킬 뿐만 아니라 아동이 부모의 이미지를 내면화할 수 있도록 돕는다. 사피로(Shapiro)는 그것이 중요한 이유를 이렇게 설명한다; "대개의 어린 아동의 발달과정은 아직 완성된 것이 아니기 때문에, 죽은 가족구성원의 이미지는 특히 부모인 경우, 아동의 지속적인 발달을 돕는 결정적인 요소가 된다. 인지능력이 성숙해감에 따라서 아동은 새로운 발달과정에 부합하는 새 인지적 도구를 이용해서 죽은 부모를 회상하면서 내적인 모델을 변형시켜가는 과정을 계속할 것이다. 죽은 부모와의 긍정적인 동일시는 아동의 자아정체감 형성에 기여하고, 가치의 내면화를 촉진하며, 스트레스 상황에 있을 때 아동이 의지할 수 있는 애착관계의 이미지를 제공한다."

### *부모의 정신병리*

심각한 정신질환을 가지고 있는 부모의 자녀를 연구한 바에 따르면 그 아동들은 높은 비율의 학대, 방치, 기괴한 행동에 노출되어 있음을 알 수 있다. 정신분열증과 조울증으로 고통받고 있는 부모는 자주 변덕스럽게 행동하며, 정서적인 조율능력이 부족하다. 그들이 부적절한 방식으로 아동을 양육하는 경우, 특히 자녀를 환상의 대상으로 보거나 혹은 자녀가 부모의 환상 속에 섞여 들어가 함께하게 될 경우, 상황은 심각해진다.

예를 들어서 정신분열증의 아버지는 아들이 오페라 가수가 되기를 원해서 하루 24시간 아동 방에 오페라 음악을 커다랗게 틀어놓고 있다. 정신병리를 가진 부모에 의해서 아동들은 극단적으로는 위협을 당하고, 상해를 당하며, 심지어는 망상 속에서 아동 자신을 박해하는 사람으로 여기거나 또는 죽고 싶어하는 자신의 욕구와 아동을 동일시하는 부모에 의해서 죽임을 당하기조차 한다.

심각한 정신질환을 가진 부모의 자녀는 부모의 정신질환으로 인해서 또래나 지역사회로부터 고립되어 자라날 수 있다. 또한 부모의 비정상적이며 기괴한 병리적 행동을 보고 자라기 때문에 실제 감각이 혼란되어 버릴 수도 있다. 가정 내에서 문제 부모의 이상한 행동이나 정신병리적인 사건들에 대해 아동들에게 설명하거나 논의하지 않을 경우, 아동이 점점 더 나이 들어가면서 갖게 되는 "정상성"에 대한 인식이 사회적인 실제와 부조화해지기 쉽다.

이런 아동들은 종종 부모와 형제들을 돌보는 역할을 하게 된다. 그들은 자신이 부모를 낫게 하지 못했다는 점, 그리고 자신들이 정신적인 문제를 가진 부모와 다르다는 점에 대해 강한 죄의식과 자책감을 갖기 쉽다.

*어머니의 우울에 대한 연구.* 어머니의 우울은 애착과 이후의 발달에 중요한 영향을 미친다. 심각하고 만성적인 우울증을 가진 어머니의 자녀는 55~87% 정도가 불안정 애착 경향이 있다. 우울하지 않은 어머니들의 통제집단과 비교해서 우울한 어머니들은 신체적인 애정표현을 덜 보였고, 자녀들과 덜 놀았고, 자녀들에게 자극을 덜 제공했다. 부모가 우울감에 압도되어 있을 경우, 아동들은 빈번하게 장기간에 걸쳐서 그런 식의 불이익을 받았다. 우울한 어머니의 자녀는 조절감을 발달시키는 데 어려움을 보인다. 우울해있는 어머니는 종종 아동의 스트레스 신호에 반응하지 못한다. 따라서 아동은 어머니의 도움으로 조절감을 배우는 게 어려워지고, 결국 상호관계에서 위축되게 된다. 그리고 우울한 부모는 더 비판적이고 아동을 부정적으로 인식하는 경향이 있다. 그런 부정적인 평가에 반복적으로 노출되는 아동은 그것을 자신에 대한 시각으로 내면화하는 경향이 있어서, 비판적이고 자기 학대적이며 자책하는 자기상을 만들어내게 된다. 이로 인해서 그런 아동들은 우울해지기 쉬운 경향을 띤다.

어떤 우울한 부모들은 아동을 무시하거나 거부하는 대신에, 아동들의 자율적인 발달은 저지하면서까지 융합된 관계를 만들어서 아동들로 하여금 자신들을 돌보게 한다. 나는 심하게 우울한 어머니의 아동을 평가한 적이 있는데, 그녀는 문자 그대로 5살 난 아들에게 딱 붙어다녔다. 그 아동이 놀이를 할 때 바싹 다가앉은 어머니는 아동을 보호하는 몸짓으로 팔을 위로 해서 아동을 둘러싸다시피 하고 있었다. 아동은 무기력한 상태에 빠져들었고, 어머니가 놀이를 주도하기를 기다렸으며, 면담하는 내내 애기 같은 어조로 말했다. 그 어머니에 의하면 현재 걱정되는 것은 그 아동이 자기 방에 혼자 있으면서 텔레비전을 보거나 노는 데 시간을 쓰려 한다는 것이라고 했다. 그녀는 아동의 그런 정서적인 자율신호를 참아낼 수가 없었던 것이다.

정서적으로 우울한 어머니들은 불합리하게 연합된 이런 모순된 방식으로 아동들을 양육하기 때문에, 아동들은 외관상으로는 안정되게 애착되었으나 애착관계를 넘어서서는 서투르게 행동하게 된다. 심각하게 우울한 어머니는 아주 애정이 깊은 방식으로 아동을 대하면서 그들이 전적으로 자신에게 속해 있을 것을 요구하며, 자녀들은 그런 어머니와 자신을 강하게 동일시하기 때문에, 결국 자율과 독립적 능력 및 또래와 관계를 맺는 능력을 키우려는 자녀들의 노력은 방해를 받는다.

안정 애착이 거의 모든 경우에 보호적인 기능을 가짐에도 불구하고, 위에서 기술한 바와 같은 상황에서는 우울한 부모와는 멀리 떨어져 있는 것이 더 도움이 될 것이다. 마찬가지로 정신병리를 가진 부모의 자녀는 그런 부모를 동일시하지 못하게끔 멀리 떨어뜨려 두는 것이 더욱 도움이 될 것이다. 정신질환을 가진 부모를 둔 아동들에게 가장 도움이 되는 것은 결국 긍정적이고 발달상에 적합한 다른 어른과의 관계를 지속하는 것이라 하겠다.

### *부모의 약물남용*

대부분의 약물남용 부모는 아동학대, 정신병리학적인 증상, 결혼불화, 가정 폭력 등의 다양한 위험요소들을 가지고 있다. 따라서 약물을 남용하는 부모가 아동의 발달에 있어서 어떤 영향을 끼치는지를 구체적으로 들어서 하나하나 말하는 것은 어려운 일이다. 그럼에도 불구하고 부모의 양육능력이 중독 등에 의해 심하게 영향을 받는다는 점에서 부모의 물질남용과 중독이 심각한 위험을 야기한다는 점은 분명하다. 부모가 약물에 노출될 때 일어나는 가장 흔한 영향은 자궁 내 태아의 성장 지체이다. 그로 인해서 출산 시 저체중 문제, 출생 후 자극 반응성 및 민감성을 감소시키는 조절문제 등이 일어난다.

코카인, 헤로인, 메타돈, 마리화나에 노출된 부모에 대한 연구에서는 명확하게 약물노출에서 기인한다고 할 만한 장기간에 걸친 발전상의 영향이 드러나지는 않았다. 확실한 예외는 태내 알코올 증후군으로, 태아기 때 임신을 한 어머니가 아주 심하게 술을 많이 마시면 그 결과로 아동은 인지능력 저하, 정신지체, 과다활동성과 운동신경 발달의 저하 등 장기간에 걸친 후유증을 갖게 된다.

마약류에 노출된 신생아는 출생 시 저체중과 작은 머리 반경, 자기조절상의 어려움, 마약사용을 중지함에 따른 금단증상 등을 보이지만, 연구된 바에 따르면 그런 요소보다는 태어난 후 받는 양육의 질적 수준이 그 아동의 발달 결과를 예측할 수 있는 더 좋은 예언적 요소가 된다고 한다. 양육이 적절하면 앞서 말한 태어난 직후의 여러 가지 문제들은 점차 사라지는 경향이 있다. 그러나 아동이 태어난 후에도 부모가 약물에 중독된 채로 남아있으면 좋은 양육자가 되기는 힘들다. 그런 부모는 신체적으로나 영양상으로 아동을 잘 돌보거나 정서적으로 그 영아와 좋은 관계를 맺는 데 소홀한 경향이 있다. 형편없는 양육은 태내에서 약물에 노출되어 생겨난 문제들을 더 심화시킨다.

코카인을 사용하는 부모들이 늘어감에 따라서 아동을 버리거나 방치하는 부모들도 늘고 있는데, 코카인 사용자에게는 자녀들의 요구보다 마약에 대한 자신들의 탐닉이 더 중요한 일로 여겨지기 때문이다. 앞서 언급했듯이 부모의 코카인 사용으로 인해서 아동들이 위탁 양육되는 경우가 급격하게 증가하고 있다. 태어난 후 첫 3, 4년간을 코카인에 중독된 어머니가 양육한 아동에 대한 연구에서는, 약물을 하지 않는 어머니에 의해 양육된 다른 아동들과 비교해서 더 높은 비율의 정서적, 행동적 혼란을 보인다는 점을 보여준다. 공격성 문제와 한동안 계속되는 울음으로 나타나는 감정조절 문제 그리고 또래관계가 좋지 않다는 점 등이 유아기에 보이는 특징이다.

알코올가정에 대한 연구에 의하면 알코올중독 부모와 아동의 상호관계는 부모의 모순된 태도와 아동의 불확실성, 양육상의 따스함의 결여, 위압적인 부모자녀관계 등을 특징으로 하며, 그런 위압적인 역동을 다른 연구에서는 아동기의 행동장애와 연결시켰다. 부모 중 한 명이 알코올중독자인 가정에서 자란 학령기 아동은 사회적인 기술과 또래관계, 학업수행에서 더 낮은 수준을 보였다.

## 지역사회와 사회경제적인 위험요인들

개인적으로 양육에 민감하고 보호적이라고 해도 그런 구조는 사회경제적인 상황이나 사회적인 불이익, 인종차별주의, 위험한 물리적 환경, 가정에 대한 사회적 지지 부족 등의 위험요소에 있어 취약하다. 이런 몇몇 위험요소들에 직면하면 부모는 적절한 양육을 할 수가 없고, 특히 이런 외부적인 스트레스 요인이 부모와 자녀의 위험요소들과 상호 작용할 때 그 어려움은 더 커진다.

아동전기에는 부모가 지역사회와 아동 사이에서 중개를 하지만, 아동들이 성장하면서 그 아동들은 곧바로 지역사회 위험요소들과 맞닥뜨리게 된다. 예를 들어서 위험지역에서 매일 학교에 가는 아동들은 종종 폭력과 불법적인 약물거래에 노출되게 된다. 만약 이런 위험으로부터 부모가 자신을 지켜줄 수 없다고 느낀다면 아동들은 자신을 보호해줄 수 없는 어른들보다는 폭력적인 다른 아동들이 더 힘이 있다고 생각하기 때문에 점점 또래관계의 영향력에 취약해질 것이다.

### *사회정책과 위험*

다른 산업화된 나라들에 비교해서 미국의 사회정책은 아동의 위험을 증가시키고 있으며, 특히 노동자계급과 가난한 계층 아동들에 대해 그러하다. 유사한 경제적 수준의 서유럽 나라들에 비해서 미국은 아동과 가정을 위한 지지프로그램을 훨씬 덜 제공하고 있다. 지난 20년간 미국 아동들의 상태를 나타내는 방향표시기계의 눈금치는 아래로 기울어져 왔다. 아동 빈곤, 미혼인 10대의 출산, 한쪽 부모만 가진 아동 및 집 없는 가정의 아동들이 증가해왔고, 총기사용으로 인한 아동의 사망이 늘었다. 아동에 대한 면역시행과 어린아동에 대한 의료보험이 1980년대와 1990년대 초기 동안 감소했고, 다만 1993년에 연방 아동건강프로그램이 설립됨에 따라서 상황이 약간 바뀌기 시작했다.

커지는 위험요소인 아동의 빈곤은 아주 극적으로 증가해왔다. 아동 발달의 초기에는 혼란에 더욱 취약하다는 점에서, 6세 이하 아동의 빈곤율은 심각한 위험표시로 간주해야 한다. 태어나서 6세까지 아동의 빈곤율은 1969년의 15.3%라는 낮은 비율에서부터 1996년의 22.7%라는 수치에 이르기까지 증가해왔는데, 그 숫자는 현재 5백만의 아동들을 나타낸다. 이런 아동들의 절반정도는 연방이 정한 빈곤수준 50% 이하의 가정에서 살 정도로 심각한 수준의 가난 상태에 살고 있다. 아프리카계 미국인들과 히스패닉(라틴 아메리카계) 아동들은 상대적으로 더 가난한 상태에서 성장하는 경향이 있지만(각각 54%와 44% 수준으로), 빈곤은 모든 인종집단에 걸쳐서 나타나고 있으며, 도시지역에서와 마찬가지로 시골에서도 광범위하게 존재하고 있다. 하지만 백인 아동들에 비해서 아프리카계 아동들과 라틴 아메리카계 아동들은 더 높은 비율의 빈곤상태이며, 그들은 빈곤으로 인한 사회적인 위험요소로부터 더욱 심하게 위협을 당하고 있다.

아동과 가정을 위한 사회적인 보호는 매우 형편없는 수준에서, 그나마 경제적인 압력과 고용자의 어쩔 수 없는 동의에 의해서 그리고 주와 연방의 정책 결정에 의해서 지원을 받아왔다. 그런데 1990년대의 정책적인 기류 안에서 국회는 비판적인 태도로 아동과 가족을 위한 지원 프로그램을 삭감했고, 많은 수의 아동들은 빈곤으로 인해 증대된 위험요인의 영향을 받게 되었다. 가정을 위한 개인적인 지원 역시 감소했다. 예를 들어서 고용자는 점차적으로 건강보험을 제공하지 않게 되었다. 1987년에서 1993년 사이에 고용비율은 일정하게 유지되었음에도 불구하고 부모가 다니는 회사에서 제공하는 아동들에 대한 건강보험 비율은 64.1%에서 57.3%로 떨어졌다. 만약 이런 경향이 계속된다면 2000년에는 고용자 보험에 든 아동들이 50%도 안 될 것이다.

### *빈곤과 양육*

빈곤은 아동들에게 직접적인 영향을 미치는 많은 다른 위험요소들을 심화시킨다. 맥로이드(McLoyd)는 "만성적인 빈곤은 일자리나 수입의 손실과 같은 단일한 변환요인이거나 동떨어진 사건이 아니라 스트레스로 인한 복합적인 사건이자 상황이다."라고 지적했다. 어린 아동에게 빈곤이 미치는 영향은 부모와 광범위하게 상호 연결된다. 만성적인 빈곤으로 인한 스트레스는 부모의 유능감을 서서히 손상시키며 좌절감과 무력감을 발생시키는 경향이 있다. 가난한 부모는 삶의 주도권을 가지지 못한다. 경제적인 구속은 그들이 어디에 살 것인지, 자녀가 어느 학교에 다닐 것인지에 대한 선택권도 제한한다.

도시에 사는 빈곤층의 경우 그 지역이 설령 범죄 다발 지역이어서 자녀가 폭력을 목격하고 그것의 희생자가 될 수도 있다는 점을 알고 있다고 해도, 다른 지역을 고를 만한 선택의 여지가 없다. 외적 상황 때문에 이사를 가야 하는 상황도 종종 생기며, 가난한 아동들은 중류층 아동들에 비해서 더욱 빈번하게 쫓겨나듯이 이사를 가고 전학을 가야 하는 상황에 직면하게 된다. 복지와 관련해서도 가난한 가정은 그들 삶에 대한 중대한 결정이 사회복지사에 의해 내려지거나 사회복지과의 절차와 규칙에 의해서 강요되는 경우가 많고, 최근에는 더 빈번하게 복지개혁에 의한 예산삭감경향에 의해서 가정의 상황들이 좌우되고 있다.

만성적인 빈곤은 비인간적이며 자존감과 희망을 유지하는 부모의 능력을 손상시키는 경향이 있다. 이런 우울한 기분 때문에 부모는 자녀들에게 적절한 반응을 보이지 않게 되고 더 부정적이게 된다. 절망감과 외부적인 통제와 만성적인 재난은 어머니의 우울과 약물남용, 양육능력을 한층 더 손상시키는 여러 요인들과 높은 비율로 연결되어 있다. 실직상태가 된 남자에 대한 연구는 그들이 점점 더 화를 내고 부정적이게 되고 아동들에 대해서도 처벌적인 모습을 보이게 되는 과정을 보여준다.

만성적인 빈곤상태의 부모는 여러 측면에서 부정적인 영향을 보이지만, 특히 자녀의 행동에 덜 주의를 기울이게 되는 경향을 나타내 보인다. "아동의 또래활동에 부모가 관심을 갖지 않는 것은 아동기의 외현화된 행동문제와 연합되며, 또한 아동의 또래 관계능력 저하와 연관된다." 가난한 부모는 편부, 편모, 이혼, 가혹한 양육, 아동학대 및 방임과 관련될 가능성이 더욱 높다.

그러나 이러한 발견들이 지속적인 빈곤과 아동들 개개인의 성취실패 간의 관계가 필연적인 것임을 의미하는 것은 아니다. 빈곤이 주는 스트레스 요인에 저항하고 견디어낼 줄 아는 부모는 지지와 적당한 관심을 제공하고 아동의 학교생활에 지속적으로 관여하며 완충 역할을 해준다. 하지만 그런 부모는 스스로 엄청난 탄력성을 가져야 하고 아동들을 위해서 굉장한 노력을 기울여야 할 것이다.

### *빈곤과 관련된 다른 위험들*

빈곤과 불이익은 다른 위험요인들을 파생시킨다. 가령 부적절한 영양공급과 부적절한 주거나 집 없는 상태, 부적절한 자녀 돌봄과 납이 사용된 페인트와 같은 유독성 환경에 노출되는 높은 위험, 위험한 지역사회의 폭력에 노출되는 것과, 건강관리에 관심가지기 어려운 점 등이 추가의 다른 위험요인들이다. 이러한 위험은 또 다른 문제를 낳는데 가령 빈곤문제나 임신 중 태아 건강관리에 접근하기 어렵기 때문에 가난한 가정에서 조산아가 태어나는 비율이 높다. 조산과 신생아 건강상의 문제는 애착과정을 더욱 어렵게 해서 불안정애착을 유발한다(Halpern, 1993). 아동이 학교 갈 나이가 되면 아동은 가난하기 때문에 충분한 경제적인 지원을 받지 못하게 되고 그로 인해서 학교에서 좋은 성과를 얻기 힘들어진다(Kozol, 1991). 6년간 빈곤 속에서 성장한 아동은 초기의 빈곤상태로 인한 발달상의 영향력 때문에 불리한 입장에서 학교에 들어간다(Smith et al., 1997).

유아나 학령기 아동을 두고 정직원 자리를 구하는 부모들의 요구를 받아들여 복지는 개혁해야 한다. 일하는 부모들은 취약한 보호로 인해 아동이 적절한 보호를 받지 못할뿐만 아니라 더욱 높은 위험에 처해 있다는 스트레스 때문에 아동보호를 요구한다. 양질의 아동보호는 가난한 사람들에게 요원한 일이다(Paulsell, Nogales & Cohen, 2003). 또한 양질의 아동보호는 고가이기 때문에 적은 임금을 받는 부모가 지불하기 어렵다. 연방정부 보조금으로는 복지 개혁이후 증가되는 아동보호 비용을 충당하기 어렵다(Mezey, 2003).

### *아동보호 : 위험요인인가, 보호요인인가?*

1970년대 일하는 여성의 수가 증가하면서 아동을 대신 보호할 필요성이 대두되었다. 1976년에서 1998년 사이에 자녀가 돌이 되기 전에 직장으로 복귀한 여성의 수가 31~59%였다(Brooks-Gunn, Han & Waldfogel, 2002). 3세 이하의 자녀를 둔 여성의 70% 정도가 현재 일을 하고 있다(Shonkoff & Phillips, 2000). 일하는 여성이 증가하면서 경제력은 단순한 선택사항이 아닌 일하는 중산층 여성에게는 필수적인 것이 되었다. 1996년에 시행된 PRWORA(복지 개혁)으로 더욱 많은 여성이 노동인구에 포함되면서 아동보호에 대한 요구는 높아졌다.

영아에 대한 적절한 아동보호에 관한 논의가 이루어졌지만 현재 사회보장제도는 초기의 양육에 관한 지지가 거의 없었다. 따라서 어머니들 특히 저임금의 어머니들은 영아들을 대신 보호할 사람을 찾아야만 했다. 1993년에 아기가 태어난 뒤 12주간을 무급휴가를 주는 가족의료보장법(Family Medical Leave Act)을 시행하였다. 그러나 고용인이 50명 이상인 사업장에서 그리고 이전에 1,250시간을 일해야 한다는 조항 때문에 자격이 되는 노동자는 미국인구의 절반정도였다. 또한 자격이 되는 저임금의 여성들은 무급휴가라는 것 때문에 소용이 없었다. 유럽의 정책과 비교해보면 스웨덴은 64주간 유급휴가를 주고, 프랑스는 3주간의 유급휴가를 주고 3년간 무급휴가를 허용한다(Kamerman, 2000;

Waldfogel, 2001).

*아동보호에 있어 질적인 면.* 아동보호는 그 질에 따라서 위험요인도 되고 보호요인도 될 수 있다. 주정부와 연방정부가 실시하는 저임금 노동계층에 대한 아동보호정책은 제한된 자원을 가진 대다수의 가족에게 적절한 보호체제를 제공하는데 실패하였다. 미국에서는 아동보호의 질적인 면이 꽤 가변적인데 저임금 노동자 계층의 아동은 질적으로 낮은 보호를 받는 반면, 양질의 보호는 기본적으로 중산층의 아동에게 제공된다. 발달이론과 연구들에서 양질의 아동보호에 대한 요인을 다음과 같이 정의한다: "안전하고 건강한 성인과의 따뜻하고 공감적인 상호작용과 아동의 신체적, 정서적, 사회적, 인지적 발달과 관련된 관계에서 신뢰와 초기 교육을 자극하는 환경이다(Scarr, 1998, p.102; Shapiro & Applegate, 2002)." 특히 영아기와 걸음마기에 필요한 일관된 애착을 형성하려면 교육받은 양육자와 높은 임금 그리고 건강보험의 혜택 등 양질의 보호가 필요하다.

그러나 아동보호의 질적인 면에 대한 국가조사를 보면, 86%가 낮은 질의 아동보호를 받고 있으며 8%만이 양질의 보호를 받고 있는 것으로 나타났다(Zigler & Hall, 2000). 낮은 질의 보호에서 양육자는 덜 교육을 받았으며 저임금을 받고 건강보험의 혜택을 받지 못한다. 1999년에 아동보호 교사의 시간당 임금이 $7.42로 초등학교 교사의 시간당 임금의 1/3에도 미치지 못하는 수준이었다. 질적으로 낮은 수준에서 높은 수준으로 전환한 뒤 어린 아동에게 일관되게 안정감을 주어야 한다.

*복지개혁에 따른 아동보호정책.* 노동력의 요구가 높아지자 정부는 1997년과 2000년 사이에 저소득 가정에 대한 아동보호 보조금을 두 배로 지급하였다. 그러나 보조금이 최고치일 때 조차 받아야 하는 아동의 85%가 보조금을 받지 못했다. 현재 "재원의 한계로 인해 연방정부의 방침에 따라 받아야 하는 아동 7명 중 한 명만이 실제 도움을 받는다. 보조를 받아야 할 저소득 가정의 자녀들이 아동보호 프로그램의 불충분한 재원 때문에 지원을 받지 못한다(Parrott & Mezey, 2003)." 부시(Bush) 정부는 사회적 지출을 축소하고 군사적 지출을 늘리면서 지속적으로 아동보호 보조금에 대한 재원을 줄여나가고 있다. 많은 주에서 경기불황과 관련하여 연방정부의 재원을 유지하고자 아동보호 보조금에 대한 제한을 하고 있다(Ewen, Blank, Hart & Schulman, 2002; Mezey, 2003).

*아동보호 부족에 취약한 집단들.* 아동보호 부족에 취약한 다섯 집단이 있다: 영아나

걸음마기 유아, 장애아동, 학령기 아동, 오후나 야간근무를 하는 부모의 아동, 저소득가정의 아동(Mezey, Schumacher, Greenberg, Lombardi & Hutchins, 2002). 영아의 경우는 굉장히 부족하다; 일하는 여성의 증가로 영아보호의 필요는 증가되는 반면 보호는 턱없이 부족하다. 초등학생의 경우 방과 후 보호의 부족 또한 큰데, 특히 빈곤지역일 경우 위험요인이 더욱 커진다. 대략 4백만 명의 학령기 아동들이 방과 후 혼자 있는 것으로 추정된다(Mezey et al., 2002).

*불우한 아동의 위험요인과 아동보호.* 부적절한 아동보호 지원은 저소득계층의 아동에게 부가적인 위험요인이 된다. 일반적으로 아동보호는 중산계층과 비교해볼 때 저소득계층의 아동들에게는 덜 유용하다(Scarr, 1998). 보호적인 요인으로 적절한 아동보호를 받은 경험은 초등학교에서 인지적, 사회적 유능감을 증가시킬 것으로 기대되며, 특히 불우한 가정의 경우 더욱 그러하다(NICHD, 2003; Peisner-Fineberg et al., 2001). 불행히도 질적인 아동보호를 가장 필요로 하는 아동들에게 최소한의 접근을 하고 있다.

### *인종주의와 소수민족 상황*

소수민족의 지위는 역사적, 구조적인 인종차별로 인해서 파생된 위험요인이다. 그 역사적인 뿌리 때문에 인종주의는 다수자의 문화적 가치로서 확립되었으며, 이제는 공공연하게 표현되기보다는 암암리에 부지불식간에 통용되고 있다. 지역적, 교육적 인종분리정책 및 고용과 경제적 측면에서의 많은 다른 형태의 차별대우들을 포함하는 제도적 차원의 인종주의는 역사적으로 현재에 이르기까지 계속 피부색깔에 의해 기회를 제한했다. 이런 구조상 인종주의는 결국 아프리카계 미국인과 라틴 아메리카계 사람들의 경제적인 불이익과 빈곤층 비율의 증가를 유도했다. 그런데 인종주의와 위험인자로서의 인종을 구분하는 것은 중요하다. 왜냐하면 인종을 위험요인으로 간주하는 것은 위험의 요인을 개인적으로 타고 나는 것으로 규정하는 것이 되기 때문이다. 인종주의와 빈곤은 역사적으로, 구조적으로 연결되어 왔지만 인종 자체는 빈곤의 원인이 아니다(McLoyd, 1998).

인종주의는 서로 다른 것에 대한 공포에서 비롯한 부정적인 고정관념에서부터, 문화차이를 부정하고 색맹처럼 피부색으로 차별하고 거부하는 데까지 이르는 넓은 범위에 걸쳐있는 믿음들을 말한다. 소수민족의 아동이든 백인 아동들이든, 아주 어려서부터 인종에 대한 미국의 가치기준을 배우게 된다. 실험연구에 의하면 아동들이 3, 4세에 이미 백인인 것이 더 바람직하다는 것을 알아차린다. 하지만 많은 소수민족 아동들은 그들에게 가해지는 인종이나 민족에 대한 부정적인 편견에 저항할 수 있는데, 그것은 그들이 긍정적인 부모나 다른 역할모델을 가졌기 때문이며, 또한 자신을 평가할 수 있는 준거 지점으로서 자신이 속한 집단의 사람들에게 도움을 받을 수 있기 때문이다. 그럼에도 불구하고 소수든 다수든 간에 불이익이나 특권의 제공이라는 직접적인 경험을 통해서만이 아니라, 텔레비전을 통해 영상화되는 이미지를 통해서도 인종적인 가르침은 아동기를 통해서 지속적으로 제공된다. 히르스펠드(Hirschfeld)는 이렇게 언급했다.

> "아동들이 보는 코스비 쇼의 모든 장면마다 아동들은 수십 개의 운동화 광고를 보게 된다. 이런 광고에서는 흑인을 동물 같고 위험한 존재, 저소득층 지역에서 폭력적인 농구 게임이나 하는 존재로 묘사한다. 그들이 농구하는 모습은 철사로 둥글게 막아놓은 울타리 너머로나 보인다. 그런데 아동들이 이런 광고에서 백인을 볼 때, 백인은 공원을 달리거나 번쩍이는 헬스기구 위에서 운동을 하는, 단련되고, 집중되어 있으며 잘 조절된 존재로 묘사되는 경향이 있다. 아동들이 이런 것으로부터 어떤 메시지를 받으리라고 생각하는가?"

그런 이미지를 통해서 백인의 특권과 힘, 그리고 아프리카계 미국인에 대한 부정적인 고정관념이 강조된다. 뿐만 아니라 소수민족 아동은 그 자신을 매우 관습적으로 그리고 극단적으로 단순화해서 받아들이게 된다. 다만 부정적인 이미지를 자신과 동일시하지 않는 소수민족 아동들은 자신이 속한 집단의 사람들이 실제적으로 혹은 복합적으로 묘사되지 않았다는 사실을 알아차릴 것이다.

그것이 전형적인 반응은 아니라고 하지만, 어떤 민족 아동들은 인종주의에 기초한 부정적인 이미지를 내면화할 수 있다. 그런 아동들은 부모가 종종 부정적인 인종적 메시지를 내면화하여 그들에게 전달했기 때문에 특히 더 낮은 자존감과 우울을 경험할 위험에 처해있다. 이러한 위험에 대응하고 인종주의를 겪어나가야 할 자녀들을 도와야 한다는 점에서, 소수민족 부모들은 백인 부모들로서는 다룰 필요가 없는 추가적인 스트레스에 직면해있는 셈이다. 장차 일어날 모든 스트레스 상황을 준비하도록 하는 것이 의학적 면역처럼 도움이 되듯이, 편견과 차별에 직면하게 되는 인종차별적인 상황에서 아동들이 인종주의와 만나는 것을 준비하게 하는 것은 적절하다.

소수민족의 가정은 그들 문화가 가진 특수한 지지구조를 이용해서 위험요인을 감소시킬 수 있다. 예를 들어서 아프리카계 미국인 부모들은 확대가족과 밀접한 연결을 맺음으로써, 또는 같은 인종이 모여서 서로를 돕는 결속력이 강한 교회 안에 소속됨으로써 지원을 얻을 수 있다. 라틴 아메리카계 가정 구조는 확대가족의 긴밀한 연결망이나 대부나 대모 시스템을 통해 부모 이외의 사람들이 아동을 지원한다는 특징을 갖고 있다. 이러한 지지 체계는 각 문화의 전통이다. 사회적 차원의 지원이 일반적인 보호요인이기는 하지만, 주변의 도움을 끌어 모을 수 있는 능력은 가난한 가정의 생활에 결정적인 도움이 된다. 사회적인 고립은 빈곤의 영향력을 강화하기 때문이다. 빈곤한 소수민족 어머니들에 대한 연구에 의하면 계속적인 사회적 지지는 자존감을 증가시키고, 그로 인해 어머니들은 아동들을 더 따뜻하게 대하고 잘 받아들여주게 된다고 한다.

인종주의에 노출되는 것이 심각한 위험요소인지 아닌지를 결정하는 것은, 다른 여타의 위험과 보호하는 요소들 간의 균형에 달려 있다. 스펜서(Spencer)는 소수민족 지위를 "경제적인 불이익에 의해 악화되는 어떤 것"으로 특징지었다. 어떤 상황에서 인종주의의 실제 효과는 개별 아동과 그 가족이 어떠한가라는 맥락에서 평가되어야 한다. 어떤 아동에게 인종주의에 노출되는 것은 무력감과 자아에 대한 부정적인 이미지와 우울감을 유발하기 때문에 분명히 위험한 일이다. 반면에 다른 아동에게는 부모와 확대가족의 지지에 의해서 인종주의는 앞으로 다루어가야 할 도전으로 간주될 수 있고, 이 경우는 위험요인으로 간주되지 않는다.

### *지역사회의 폭력에 노출됨*

도시의 빈곤지역에서 아동들은 지역의 폭력에 높은 비율로 노출되어 있다. 폭력은 갱단 멤버들 간의 길거리 싸움을 목격하는 것, 차에서 총을 쏘아서 죽거나 다친 희생자를 가까운 거리에서 보는 것, 또는 그 자신이 희생자가 되는 등이 포함된다. 빈곤문제와 관련되어 있는 다른 여러 위험요인들이 있는데, 그런 위험요인들을 많이 가지고 있는 가장 취약한 상태에 있는 아동은 지역사회의 폭력에도 가장 높은 비율로 노출되어 있다.

지난 25년 간 총기사용을 포함하여 저소득층 지역의 범죄는 증가해왔으며, 도시의 가난한 아동들이 치명적인 수준의 폭력을 목격할 가능성 역시 증가했다. 가바리노(Garbarino)는 시카고 지역을 대상으로 연구하면서 그러한 경향을 추적했다. 1973년에서 1993년까지 그 도시의 총체적인 살인 비율은 400% 증가했고, 도시의 가장 빈곤한 지역의 살인율은 그보다 훨씬 더 높아졌다. 시카고의 가장 빈곤한 세 지역의 초등학생 중 31%는 사람이 총에 맞는 것을 목격했고, 84%는 신체적으로 공격당하는 것을 목격했다. Washington D.C, New Haven, CT, New Orleans, L.A 등에 대한 유사한 연구에 의하면 아동들은 비슷한 비율로 거리의 폭력에 노출되어 있었다. 가바리노(Garbarino)에 의하면 이런 폭력적인 지역에서 벌어지는 갱단의 격렬한 싸움은 불법마약판매와 연관되어 있으며, 전쟁지역과 거의 유사한 절박한 위협과 실제적인 폭력적 분위기를 만들어낸다. 이런 분위기 안에서는 설령 직접 살인이나 습격당하는 것을 목격하지는 않더라도, 아동들은 자기 주변의 폭력과 위험을 인식하게 된다.

*지역사회의 폭력에 노출된 심리적인 결과.* 만성 폭력에 노출되는 아동들은 그 폭력이 가정의 것이든 지역사회의 것이든 간에 외상후 스트레스 장애 증상을 보이며, 발달을 방해하는 적응상의 심리적 외상을 나타낸다. 총기사용의 경우, 아동이 그 사건 현장에 가까이 있었거나 희생자나 범죄자를 알고 있는 경우처럼 그 폭력의 양상이 심각한 것일 때 아동이 겪는 외상의 위험은 더욱 커진다. 폭력에 노출되는 것이 반복되거나 폭력의 위험요인이 높게 남아있으면 아동은 외상후 스트레스 장애의 증상이나 심한 스트레스 반응, 정서적 위축, 공격성, 다른 사람을 무시하는 행동 등 다양한 방어적 대응을 보인다.

아동은 가해자와 희생자 양쪽과 자신을 동일시하게 되어 어른이 되기 전에 죽게 된다는 식의 숙명론적인 생각을 키워나가게 될 뿐만 아니라, 자신을 지키기 위해서는 공격적인 행동이 필요하다는 식으로 자아상을 발달시키게 된다. 총기폭력을 목격한 아동들은 인간의 몸이 얼마나 취약한 것인지를 일찍이 배우게 된다. 그들은 또한 가정과 지역사회 어른들이 그런 폭력이 일어나는 것을 막을 수 없다는 사실을 알게 된다. 우범지역에 사는 가난한 어른들은 체념한 상태에서 숙명론적인 태도를 지니게 되어 자녀들에게 폭력은 막을 수 없는 일이라는 식의 가치를 전달한다. 어른들이 적절히 보호해주지 못하는 상황에서 겪는 만성적인 심리적 외상에 대한 반응으로서 아동들은 우울해지거나 위축되고, 자기보호의 수단으로서 폭력적인 태도를 선택하게 된다. 나아가서 많은 아동들은 폭력적인 친구들을 따라 갱단에 합류하고, 총기를 소지하는 것을 자신의 사회적인 위치와 안전에 대한 표시로 간주하게 된다.

*폭력에 대한 노출을 보상하는 보호적인 요인.* 그러나 폭력적인 삶의 양식을 선택하거나 우울 및 위축행동을 보이는 것이 반드시 폭력적인 지역에 사는 필연적인 결과는 아니다. 외상에 대한 회복을 다룬 연구들에서, 안정된 가족과 안전한(즉 폭력적이지 않은) 가정은 집 바깥에서 일어나는 폭력의 영향으로부터 아동을 확실하게 보호한다고 밝혔는데, 안정된 가정의 아동들이 성공적인 학업수행과 문제행동을 덜 보인다는 것으로 측정된다.

*대중매체의 폭력에 노출됨*

미국의 텔레비전 쇼는 다른 어떤 나라보다 폭력적인 내용이 많다. 연구결과에 따르면 TV쇼의 60%가 보통 폭력적인 장면이라고 한다. 특히 아동을 대상으로 하는 쇼는 다른 코메디나 드라마보다 더욱 폭력적으로 묘사된다(Federman, 1997; American Academy of Pediatrics, 1995; Al-Mateen, 2002).

폭력적인 대중매체를 많이 접하는 아동들은 짧게는 아동기에 길게는 성인기까지 폭력적일 위험성이 높다. 대중매체의 폭력에 노출된 아동들에 관한 연구에 따르면, "폭력적인 TV나 영화를 정기적으로 본 아동은 공격성과 상관관계가 높았다. TV나 영화 속에서 폭력적인 것을 많이 본 아동은 공격적인 행동이 더 잘 받아들여질 거라는 믿음을 보이며 더욱 공격적으로 행동한다(Huesmann, Moise-Titus, Podolski & Eron, 2003, p.203; Paik & Comstock, 1994)." 이러한 영향은 지속된다. 최근 종단연구를 보면 6세에서 10세 사이에 폭력적인 TV를 많이 본 남아와 여아 모두 청소년기에 폭력적으로 행동할 위험성이 훨씬 높은 것으로 나타났다(Huesmann et al., 2003). 이것은 가혹한 양육이나 낮은 사회경제적 지위와 같은 다른 위험요인에도 영향을 미친다. 이와 대조적으로 청소년기나 성인기에 폭력적인 것을 보더라도 이후에 폭력적인 행동이 나타나지 않는다는 연구결과도 있다.

저학년 아동은 세상에 대한 도식을 적극적으로 배울 시기라 더욱 영향을 받는다(Huesmann et al., 2003; Berkowitz, 1993). 대중매체에서 폭력이 반복되면 아동은 폭력이 위험으로부터 보호하고 문제를 해결할 것이라고 보게 된다. 저학년 아동들은 힘있고 공격적인 캐릭터와 동일시한다. 이러한 모델은 갈등의 해결수단으로 폭력을 받아들이게 된다. 배트맨이나 터미네이터 시리즈물과 같이 경직된 선악구도의 연출은 저학년 아동들에게 위험한 세상에 폭력은 필수적인 것이라고 믿게 한다. 유아들은 특히 환상과 현실간의 확고한 구분이 없기 때문에 더욱 쉽게 받아들인다(Bushman & Huesmann, 2001). 만약 부모가 폭력에 대해 일상생활에서 표현되는 것으로 정확하게 이야기해주거나 실제와는 다르다는 것을 설명해준다면 대중매체의 폭력성이 미치는 영향을 완화할 수 있다(Nathanson, 1999). 물론 더욱 강력한 부모의 개입은 아동이 TV보는 시간을 관리해주고 폭력적인 것은 보지 않도록 하는 것이다.

## 위험을 증가시키는 상호교류 발달의 변수

아래와 같은 상황이 증가함에 따라서 아동이 스트레스에 압도되거나 그것에 대처하는 능력이 감소될 위험이 있다.

*1. 아동이 스트레스에 적합하게 대처할 수 있는 대응전략을 동원할 수 없을 때.* 아동이 6세 이하거나 적절한 평가 전략을 확립하기 위한 인지발달을 충분하게 진행시키지 못했을 때 문제가 된다. 아동이 어릴수록 내적으로 적절한 대응구조를 갖지 못한 아동의 경우, 환경적 스트레스 요인을 견디거나 적응하는데 더욱더 취약할 수 밖에 없다. 홍수나 허리케인과 같은 자연재해에 대한 아동들의 반응을 연구한 바에 의하면, 5세 이하의 아동들은 더 나이 많은 아동들과 비교해서 한층 더 심각한 증상을 나타내는데, 이는 그 아동들의 대응전략이 아직 성숙하지 못한 것과 관련된다.

*2. 양육자가 아동의 스트레스요인을 경감시키는 도움을 줄 능력이 없거나 그것이 가능하지 않을 때.* 양육은 위험요인에 대한 중요한 조정자가 된다. 만약에 부모가 아동을 충격으로부터 보호해줄 수 없다면 아동은 환경적인 위험요소에 압도될 것이다. 여기에서도 발달이라는 것은 변수를 가진 아동의 내적인 특성에 관련되는 보호요인의 효과는 아동의 발달수준과 관련이 있다. 일반적으로 아동이 어릴수록 위험을 감소시키는 긍정적인 태도나 평균 이상의 지능 등은 효과가 떨어지는 반면, 가정의 지지 같은 외부의 도움과 보호는 더 많이 필요로 한다.

*3. 민감한 스트레스 요인과 다양한 위험요소들이 상호작용을 할 때, 위험에 대한 취약성과 대처에 대한 균형이 무너진다.* 예를 들어서 폭력이 흔히 일어나는 빈곤 지역에서 살아가고 있음에도 불구하고 지지적인 가정 때문에 정신적인 힘과 탄력성을 유지할 수 있는 아동이라 해도, 학급 친구가 살해되는 경험을 하면 상처받아서 우울해지고 무감동해질 수 있다.

*4. 적극적인 대처의 실패가 아동 경험의 한 부분을 차지하게 될 때.* 만성적인 스트레스에 노출될 때, 아동은 결국 스트레스를 피하기 위해 자신이 할 수 있는 것은 아무 것도 없다는 생각을 하게 된다. 아동은 결국 학습된 무력감이라는 수동적인 자세를 취한다. 이것은 어려서부터 성적으로나 신체적으로 만성적인 학대를 당한 아동에게 흔하게 나타나는 패턴이다. 아동들은 반복되는 학대에 대해서 자신을 보호하기 위한 방어기능을 발달시키는데, 적극적인 대처이기보다는 수동적인 경우가 많다. 학대당한 아동들은 감정으로

부터 분리하거나 고립시키는 것처럼, 경험으로부터 정서를 분리시키는 방어를 사용한다.

*5. 초기의 부적절한 대처기술과 방어가 굳어져서 확립되는 경우, 아동은 사소한 스트레스 요인 조차도 무차별한 방식을 동원해서 대응하게 된다.* 예를 들어서 학대를 받거나 빈번한 가정폭력을 목격한 아동은 공격에 과다하게 경계하고 반응하게 된다. 공포감이 일반화되어 버렸기 때문에 단지 다른 아동이 그에게 큰 소리로 말하는 것과 사소한 상황에서도 그는 부적절하게 아동을 공격할 수 있다. 초기의 고착된 방어에 의지하는 것은 아동의 발달을 방해하는데, 왜냐하면 평가와 경험에 대한 반응에서 아동의 융통성을 방해하며 더 적응적인 대처구조를 습득하는 것을 막기 때문이다.

*6. 아동이 오랜 시간 다양한 위험요소에 노출되어 있을 때, 탄력성은 줄어든다.* 아동의 대처기능은 결국 소진되고 압도된다. 세머로프(Sameroff)는 오랜 시간동안 높은 수치의 위험요소를 나타내는 주변 환경 속에 있는 아동들은 바람직하지 못한 행동을 하는 경향이 있음을 발견했다. 4세부터 연구된 아동들에 대한 연구 결과를 요약하여 그는 이렇게 말했다.

> "우리는 실망스럽게도 아동이 환경의 공격에 견디고 스스로 회복할 수 있다는 증거를 거의 찾아내지 못했다. 13세 아동은 좋지 않은 환경과 행동 간의 강력한 상호관련성이 발견된다. 환경적인 위험요인이 심하게 나쁜 수준이었던 아동들은 능력평가에서도 가장 낮은 수준의 평점을 받았다. 아동이 높은 수준의 능력을 가졌다 할지라도, 계속되는 환경적인 지지의 결핍에 의해서 심각하게 침식당한다. 아동이 개인적으로 어떤 능력을 가졌든 간에, 환경은 발달할 수 있는 기회를 제한한다는 것이다."

## 결론

이상의 연구 결과 위험요인과 지역사회, 가정, 아동 내적인 보호요인의 잠재적인 위험을 개선하고 줄이는 방법을 찾는 것은 중요하다. 위험요인은 운명적인 것이 아니다. 위험과 보호의 과정은 같은 선상에서 끊임없이 서로 영향을 주고 받고 있다. 보호의 과정이 진행되고 있다면, 설령 매우 위험한 상황에 처했다 할지라도 아동들은 계속 잘 발달할 것이고 문제에 대해 탄력성을 가질 것이다(Egeland et al., 1993; Werner, 2000).

현재의 위험요인을 자각함으로써 중재의 필요성을 알아차릴 수 있고, 만약에 위험의 효과가 아직까지 드러나지 않았다고 할지라도 그것을 예방할 수 있게 된다. 세머로프(Sameroff)는 만성적이고 복합적인 위험요소의 영향력에 대한 연구에서, 보호요소를 마련하려면 장기간에 걸친 전망을 가지고 준비해야 한다고 제안했다. 그런데 초기개입을 통해서 위험요소를 줄이려는 프로그램을, 마치 미래의 위험에 대한 완전한 예방접종인 듯이 여기지 말아야 한다. 초기 개입을 통해서 아동들의 보호적인 내적인 특성들이 강화된다고 해도, 그것만으로 다양한 환경적인 위험요소들을 다 견디어낼 수 없을 것이다. 만약에 초기개입이 효과적이라면 그것은 아동기와 청소년기를 통해서 계속되어야 한다. 〈라메이와 라메이(Ramey and Ramey, 1998)는 초기 개입프로그램에 대한 연구를 검토하면서 아동발달에 있어 가장 보호적인 요소들을 요약하였다:〉

- *시기와 기간.* 프로그램은 아동이 어릴 때 시작하고 몇 년간을 지속하는 것이 가장 효과적이다.
- *강도. 집중적인 개입은 덜 집중적인 것보다 더 큰 효과를 가져온다.* 예를 들어 불우한 아동에게 매일 좋은 유치원에 다니면서 매주 집에서 부모와 함께하는 것을 병행하는 경우 아동에게 보호적인 요인이 된다. 더욱 열악한 환경의 아동에게는 더욱 집중적인 개입이 필요하다.
- *직접적인 개입.* 부모교육과 같은 간접적인 접근보다는 부모뿐만 아니라 아동에게 직접적으로 개입하는 프로그램이 더욱 효과적이다.
- *포괄성.* 건강, 교육, 가족의 요구뿐 아니라 개별적인 개입을 포함하여 가족에 대한 개입도 포괄하는 생태학적인 개입은 제한적인 개입보다 훨씬 효과적이다. 열악한 환경에 있거나 위험요인이 높은 아동은 특히 포괄적인 개입을 해야만 한다.
- *위험과 강도의 관계.* 개입은 위험의 정도에 따라 달라져야 한다. 위험요인이 적은 아동의 경우는 적은 개입으로도 목표를 달성할 수 있지만, 다양한 위험요인을 가진 아동의 경우는 집중적이고 포괄적인 개입을 해야 효과를 볼 수 있다.
- *개입의 지속과 지지.* 높은 위험요인을 지닌 아동에 대한 개입을 지속할 경우, 아동의 환경에 보호적인 요인을 증가시키는 노력이 지속되지 않는다면 긍정적인 효과를 보기 힘들다.

위에 기술한 특성들을 포함하여 계획한 프로그램은 모든 아동들 특히 열악한 환경의 아동들이 더 나은 발달을 하도록 해야 할 것이다. 위험과 보호 요인에 관한 지식은 사회사업 전문가가 가져야 할 기본적인 지식의 필수적 측면이다. 다음 장에서는 아동과 그들의 가족을 평가할 때 위험과 보호요인 분석이 실제 사용되는 예를 제시할 것이다.

## [부록 3-1] 위험과 보호적 요인들에 대한 요약

### 아동의 위험요인

- 조산과 출생 시의 이상
- 임신 중 독성에 노출됨
- 만성적이거나 심각한 질병
- 기질; 까다롭거나 적응에 시간이 걸림
- 정신지체나 낮은 지능
- 아동기의 외상
- 반사회적인 또래집단

### 부모/ 가정의 위험요인

- 불안정 애착
- 부모: 불안정한 성인 애착형태
- 한 부모 가정(지지가 부족한)
- 가혹한 양육과 학대
- 해체된 가정; 부모의 점검 부족
- 사회적인 고립과 지지의 부족
- 가정 폭력
- 부모의 심화된 갈등
- 별거나 이혼, 특히 심하게 대립된 관계에서의 이혼
- 부모의 정신병리
- 부모의 약물남용
- 부모의 질병
- 부모나 형제의 죽음
- 위탁 보호

## 사회/ 환경적인 위험요인

- 가난
- 의료적인 도움이나 건강보험, 사회적인 서비스를 받지 못하는 상태
- 부모의 실직
- 주거하는 집이 없음
- 부적절한 아동 보호
- 인종주의나 차별에 노출됨
- 빈곤한 학교
- 학교와 주거지가 자주 바뀜
- 유해한 환경에 노출됨
- 위험스러운 주거지역
- 지역사회의 폭력
- 대중매체의 폭력에 노출됨

## 아동의 보호요인

- 좋은 건강
- 성격적인 요인들: 좋은 기질; 긍정적인 성향; 적극적인 대처방식; 긍정적인 자아존중감; 좋은 사회적 기술; 내적인 조절; 자율성과 외부도움의 적절한 조화
- 보통 이상의 지능
- 적절한 발달과정
- 취미와 흥미들
- 좋은 또래관계

## 부모/가족의 보호요인

- 안정 애착: 긍정적이고 따뜻한 부모자녀 관계
- 부모: 안정된 성인애착 형태
- 스트레스 상황에서 부모가 자녀를 지지해줌
- 가족규칙과 구조: 자녀에 대한 점검
- 양육적인 확대가족의 지지와 관여

- 부부의 안정된 관계
- 표본이 되는 부모들의 유능감과 적절한 대처기술
- 친사회적 행동에 대한 가정의 기대
- 부모의 높은 수준의 교육

## 사회적/ 환경적인 보호요인

- 중류층 혹은 그 이상의 사회경제적 위치
- 건강관리와 사회적인 서비스에 접근하기 쉬움
- 안정된 부모의 고용상태
- 적절한 주거상태
- 가족의 종교적 믿음과 관계
- 좋은 학교
- 아이에게 역할모델과 스승역할을 하는 외부의 지지적인 성인들

4장 임상을 위한 아동발달

# 위험요인과 보호요인의 분석 : 실제적 적용

이 장에서는 위험요인과 보호요인 분석의 실전적인 적용방법을 제시하려 한다. 위험요인과 보호요인은 발달적 관점으로부터 조망되어야 한다. 유아와 어린 연령의 아동들은 안정된 애착, 보호적인 부모, 예측될 수 있는 환경과 같은 외부적 보호기제에 의해 의존하게 된다. 발달과정을 통해 아동은 점차적으로 아동의 내적인 힘으로 압박에 반응하는 능력을 점차로 습득하게 된다. 예를 들어 일반적으로 학령기 아동들은 유아기 아동들에 비해 부모와의 분리상황을 성공적으로 대처할 수 있는데 그 이유는 학령기 아동의 인지적 한계와 발달과업의 특성들이 지속되어지기 때문이다. 아마도 1주 후부터 부적응 증상들이 나타나기 시작할 것이다.

## 위험요인의 사용방법

위험요인의 분석은 예측적, 회고적인 두 가지 모두의 평가로서 사용되어 질 수 있다. 만약 우리가 현재의 위험요인을 식별할 수 있다면 내담자의 부정적인 결과를 제거하거나 보호요인들을 보충할 수 있다(Werner, 2000). 이러한 분석은 중재를 할 수 있도록 돕는다. 위험요인들의 분석은 현재 아동이 갖는 어려움을 이해하기 위해 사용한다. 종종 우리는 평가 동안에 신중한 질문을 통하여 아동의 어려움들이 위험요인이 있었던 시기에 시작되었다는 것을 발견하게 된다. 많은 위험요인들에 대한 이해와 현재 증상들과의 연관성은 아동의 문제를 이해하는 첫 번째 단계가 된다. 이 장에서 두 가지의 사례를 제시하려 하는데 이 안에서 위험요인과 보호요인의 두 가지의 적용을 설명하게 된다.

# 위기예측 : 현재의 위험과 보호요소들의 평가

다음 사례는 심하게 아픈 아기가 태어남으로써 위기에 놓이게 된 가족의 사례이다. 이런 위기상황으로 인해 먼저 태어난 2살과 5살 형제는 많은 스트레스를 받았고, 이 위기상황은 가족 전체에게까지 영향을 주었다. 이 사례는 현재의 위험요인과 보호요인의 분석이 평가와 치료에 어떻게 영향을 주고 가이드 역할을 하는지 잘 보여주고 있다.

## 알렌(Alan) : 사례

### *문제점들*

알렌 에밀리(Alan Emery)는 예정일을 2주 넘기고 자궁내의 문제가 발견되어 응급상황에서 제왕절개로 태어났다. 알렌은 태변을 흡입하여 호흡기 질식을 겪었다. 일반적으로 태어난 후 태변은 유아의 최초 배설물로 정상적인 것이다. 그러나 자궁 내에서 고통을 겪은 알렌은 양수 내에 태변을 보았다. 알렌은 양수 안에 있는 태변을 마셨고, 이로 인해 알렌의 폐는 심하게 손상되었다. 이러한 알렌은 사망에 이를 수도 있는 응급상황이었으므로 알렌은 신생아 중환자실(NICU)로 이동되었다. 그는 심장과 폐 기계로 3일 동안 응급처치를 받고 중환자실에 3주간 머물러 있은 뒤 준중환자실로 이동되었다.

알렌은 최첨단의 기술과 훌륭한 의료기 기술에 의해 빠르게 회복되었다. 그러나 알렌의 어머니는 매우 불안해 하였으며, 알렌의 뇌사상태 후유증이 뇌손상을 가져와 정신지체의 상황을 가져올지도 모른다고 생각하였다. 그녀는 알렌의 발달이 지체되는 건 아닌지, 집에서 알렌을 돌볼 수 있는건지, 학교에는 갈 수 있는건지, 그리고 정신지체가 되는 상황이 발생하게 될지 등에 대해 질문하였다. 의료진들은 알렌의 입원기간 동안에 알렌의 어머니에 대해 우려하였다. 왜냐하면 그녀는 끊임없이 알렌의 상태에 대해 질문하였고 의료진의 추측적인 답변을 받아들이지 못하는 과도한 불안상태에 이르렀다. 심리적인 동요의 증가는 의료진으로부터 그녀가 퇴원 후에 알렌을 잘 돌볼 수 있을지에 대해 의심을 갖게 하였고 의료진은 신생아 정신건강부서에 그녀의 가족을 보고하였다.

### *평가*

나는 에밀리 부부를 알렌이 태어난 후 의료적인 상태가 호전된 4주 후에 만났다. 알렌이 비록 위험상황은 넘겼지만, 알렌에게 스트레스를 유발하고 침체적 상황을 야기할 수 있는 위험요소를 알아보기 위해 평가가 진행되었다. 위기 상황적 분위기와 스트레스 요인의 발생으로 인해 어머니, 유아 그리고 나머지 가족 모두에게 위험이 증가하였다. 그리고 이것은 위험요인과 보호요인의 균형을 계속적으로 평가해야 하는 필요성을 갖게 하였다. 독자들이 위기상황을 더욱더 야기한 유동적인 위기상황을 더욱 악화시키는 상황들은 어떤 것인지 살펴보자. 독자의 이해를 돕기 위해 우선 발생된 사건을 제시하고 나서 어떻게 위험요인과 보호요인의 분석을 치료 계획안에 이용할 것인지를 다룰 것이다.

나는 유아정신 건강센터(Infant Mental Health Unit)에 있는 사회복지사를 통해 알렌의 부모인 에머리(Emery)부부를 만나게 되었다. 알렌의 아버지인 에머리씨는 흑인으로 46세이고, 어머니는 라틴계열로 40세이다. 인터뷰에서 에머리 부부는 알렌이 뇌손상과 심각한 청각 손상을 판정받았다고 얘기해 주었다. 병원에서도 알렌에게 몇 가지 의료 서비스와 평가를 받도록 권유했다고 했다. 인터뷰가 끝난 후 나는 복도에서 에머리 부부와 다시 얘기를 했는데, 에머리 부인은 알렌이 자라면서 뇌손상과 청각 손상이 더 심해질까봐 매우 불안해 하는 모습을 보였다. 에머리씨 또한 권유받은 각종 의료 서비스 비용을 어떻게 지불할 것인가에 대해 걱정을 하는 모습이었다. 나는 알렌이 권유받은 각종 서비스 중 어느 것이 우선시 되어야 하는지를 일단 이야기해 주었다. 나는 알렌의 부모에게 유아 발달 전문 분야에 있으며, 알렌을 위한 추후 평가를 해주겠다고 했고, 알렌의 부모는 나의 제의를 받아 들였다.

간단한 인터뷰를 통해서 에밀리 부부에게 2살 난 지미(Jimmy)와 5살의 폴(Paul)이라는 아이들이 있는 것을 알았다. 그들은 양쪽 부모 모두가 알렌의 상태에 몰두하면서 병원에 계속 머물러 있어야 하는 상황때문에 가족의 친구 집에 거의 3주동안 머물러 있었다. 또 알렌의 엄마와 전 남편사이에 15살 아들과 19세 딸이 있으며 현재 집에 함께 살고 있었다. 또 알렌의 아버지는 심각한 당뇨병으로 영구적으로 일을 할 수 없는 상황이었다. 그는 알렌을 위한 여러 가지 지원서비스 비용을 걱정하고 있었는데 사회보장제도로부터 나오는 최저 임금이 현재 가족을 부양할 수 있는 유일한 수입이었기 때문이다. 알렌의 어머니는 신경과민을 호소하며 약 처방을 요청하였다. 평가의 초기관점에서는 나는 출산시 생명을 위협하는 상황과 관련하여 잠재되어 있는 위험요인에 관심을 기울였다. 알렌과 그 어머니 개인 및 모자관계에 대한 관심과 함께 가족 내의 위험요인이 고려되었다. 잠재되었거나 현재 보이는 위험요인 그리고 스트레스를 일으키는 요인들을 아래 요약하려 한다:

*아동의 위험요인들 : 알렌*

- 건강상태: 심장–폐 기계 처치 술에 의한 부작용의 가능성; 발작성 질환 (?)
- 애착장애의 가능성 같은 의료적 외상 (?)
- 17일 동안의 중환자실의 격리로 인한 부모와의 실제적인 분리에서 오는 애착장애 (?)

*모성적 위험요소들 : 에밀리*

- 외상적인 출산경험: 목숨이 위태로웠던 아동에 대한 외상적인 반응 (?)
- 건강상태: 수술로부터의 회복.
- 정신의학적 상태: 극도의 불안/ 혼란에 의한 애착과 양육능력의 장애 (?)

*가족 위험요소들*

- 아버지의 건강상태: 당뇨로 인한 손상.
- 부모와 다른 손위 형제, 자매와의 1달 이상의 분리에 의한 손아래 형제, 자매의 반응. (특히 2살의 지미)
- 전반적인 가족일상의 혼란.
- 아기의 퇴원에 따른 많은 서비스 준비에 따른 가족의 부담감.
- 경제적인 스트레스: 최저의 고정 수입.

***부모와 유아의 관찰***

이틀 후 나는 에밀리 부부를 알렌의 준중환자실에서 만났다. 의료적인 보고를 통해 반응 없는 알렌을 만나게 될 것이라는 마음의 준비를 하였고, 또한 에밀리의 불안이 알렌의 반응능력에 의해 변화될 것이라는 추측을 하였다. 알렌은 5주된 아기로서 체구는 큰 편이고 차분한 모습이었으며 내가 중환자실로 들어섰을 때 엄마의 얼굴을 응시하고 있었다. 에밀리는 미소를 지으며 알렌에게 말을 하고 있었으며 알렌은 그런 엄마의 얼굴을 쳐다보고 있었다. 에밀리는 알렌을 안은채 그가 얼마나 호전이 되었는지에 대해 이야기를 하였다. 그가 태어났을 때 알렌은 혼수상태에 빠져 있었고 그녀는 알렌이 살 수 없을 거라 생각했었다고 말하였다. 그녀는 알렌에게 미소를 지으며 밝은 톤의 노래를 부르는 것처럼 "넌 움직이지 않고 가만히 누워 있었고 우리는 네가 다시 깨어나지 못할 거라 생각했지. 그런데 넌 해냈고 우린 지금 널 보고 있단다."라고 말해 주었다.

그리고 그녀는 알렌이 태어났을 때의 이야기를 해주었다. 그녀는 뱃속의 아기가 움직이지 않는 것을 느꼈기 때문에 아기가 잘못되었다는 것을 알고 있었다고 하였다. 그녀가 의사에게 전화를 하였지만 의사는 분만이 가까워지면 아기가 잘 움직이지 않는다고 하며 안심을 시켰다고 했다. 그러나 다음 날 그녀는 뭔가 문제가 생긴 것을 감지하고 응급실로 향했으며 검사를 마치고 즉시 수술실로 옮겨졌다고 하였다. 그녀는 제왕절개 수술 중에 의식이 있어서 의사가 황급히 소생술을 아기에게 시행하는 것을 보았는데 그때 아기가 잘못되었다는 것을 알 수 있었다고 했다. 의사들이 그들의 실수를 감추기 위해 거짓말을 했다는 주장을 하기 위해 후에 에밀리는 알렌이 그때 거의 사망상태였다고 이야기를 과장하였다. 그러나 신생아 중환자실로 알렌을 이송하기 이전에 의사는 알렌의 가슴을 만져보고 심장이 뛰는 것을 확인했다고 보고하였다. 에밀리는 그녀의 수술이 끝나고 퇴원을 하고나서 신생아 중환자실에 있는 알렌이 움직이지도 반응하지도 못하는 것을 본 후 충격에 빠졌다고 하였다.

인터뷰가 끝날 무렵, 부모 모두 알렌의 미래에 대해 낙관적인 의사를 표명하였다. 그들은 만약 알렌이 지체아가 된다고 해도 특수교육이 그를 도울 수 있을 거라 확신한다고 하였다. 에밀리는 알렌의 퇴원이 다가오는 것에 대해 염려를 표하였지만 그녀의 고통과 흥분에 비해서 알렌을 안고 있을 때의 그녀가 보여준 차분함과 조직화된 태도에 감동을 받았다. 아기와의 신체적, 감정적인 접촉에 의해 그녀는 진정되어 갔다. 우리는 5일에서 10일 후의 알렌을 예측하며 그 안에 적어도 한 번 이상은 만나기로 했다. 이 인터뷰와 관찰 후 나는 더욱더 낙관적인 태도를 취했는데 나는 보호적인 요인으로써의 가족강점을 평가할 수 있었기 때문이다. 에밀리는 반응적인 양육자였고 알렌은 걱정했던 것만큼의 빈약한 애착과 부적응의 위기보다는 훨씬 나은 상태였다. 잠재된 위기요인들은 조금 참작되었으나 이러한 요소들은 몇몇의 보호적인 요인과 균형을 이룬 것으로 보였다.

*알렌의 퇴원 전 병원에서 관찰된 보호적인 요소들*

- 어머니–유아의 애착과정이 잘 이루어지고 있음: 어머니가 아기를 편안하게 보살피려는 노력.
- 건강상의 문제에도 불구하고 유아가 반응적이고 기민성을 보임.
- 부부관계 안에서의 융화를 보임: 그들은 유아의 필요에 합의를 보임.
- 아버지의 유아에 대한 노력과 어떻게 그의 보살핌을 관리하고 조직화 할 것인가 대한 적절한 근심.
- 지지적인 친구들(지미와 폴을 보살펴주는 이웃)이 중요한 뒷받침이 됨.

이를 통해 알렌의 발전적 발달과정의 관찰과 애착발달을 위한 지속적인 지지제공 그리고 그것들이 가능한 초기중재 서비스가 이루어지는 치료적인 계획이 필요하다고 생각했다. 가정방문을 통해 1주일에 한번씩 가족들을 만나고자 하는 나의 의견을 에밀리 부부에게 이야기 하였고 그들은 동의하였다. 에밀리는 다시 정신과 약물을 요청했고 나는 이틀 후 그녀를 위해 정신과 의사와 약속을 정했다. 또한 나는 3일 후에 그녀와 개인면담 약속을 정하였다. 에밀리에 대한 나의 생각은 변하기 시작하였다. 그녀는 여전히 불안함에도 불구하고 알렌과 있을 때 극히 안정된 모습을 보며 그녀가 위기상황을 맞고 있다는 이전의 나의 믿음을 동요시켰다. 그러나 아직도 그녀의 부모들 개인력에 대한 정보를 입수하지 못했으며, 그녀가 극도의 스트레스 상황에 처해 있지 않을 때는 어떠할지에 대해 아는 바가 없었다. 그럼에도 불구하고 그녀가 갖는 알렌과의 좋은 상호작용은 나에게 위안을 가져다 주었다.

### *위기의 출현*

그러나 이 사례는 위기국면을 맞이하였다. 나는 혼란스러웠던 한 주의 사건을 이야기 할 것이다. 에밀리는 정신과 의사와의 약속을 취소하였고 나와의 금요일 약속을 어겼다. 나는 그녀와 전화통화를 할 수 없었다. 약속을 어긴 것은 분명히 그녀의 강한 불안감의 증거였으며 알렌의 퇴원이 임박함에 따른 혼란에서 비롯된 것이었다. 나는 토요일날 그녀가 심장마비 가능성 때문에 구급차에 의해 응급실에 왔음을 알 수 있었다. 그러나 그녀는 의학적으로 문제가 없었고 항 불안성 약물 처방과 성인 정신과 치료가 의뢰되었다. 일요일에 알렌의 의사는 퇴원을 결정하였다. 그 결정은 알렌의 의학적인 상태와 에밀리가 비록 불안한 상태라 하여도 양육할 수 있는 능력을 가졌다는 의료진의 판단, 그리고 유아 프로그램에서 그녀를 지지하게 될 것이라는 가정하에 이루어졌다. 그러나 나는 알렌의 퇴원이 임박해졌다는 것을 알지 못했고 의료진들은 에밀리가 나와의 약속을 어겼다는 것을 알지 못했다. 더욱이 에밀리는 알렌의 의사에게 그녀가 응급실을 방문했다는 것을 알리지 않았다. 일주일 후에 응급실 기록을 통해 모든 정황들을 알게 되었을 때 에밀리가 의사에게 보고하지 않은 것은 불안증세에 따른 신체화와 알렌의 퇴원 임박함이 관련되었다는 것을 명확하게 알 수 있었다. 복잡한 기관 안에서의 구조적인 요인들은 전문가들과 그녀 사이의 의사소통의 결함을 가져왔고 에밀리의 또 다른 양상의 근심들을 나타냈으며 다른 의료진과 관련된 그녀의 또 다른 부분의 내용들을 알게 해주었다. 아무도 전체적인 내용들을 알지 못했고, 돌이켜보면 에밀리의 극심한 걱정으로 인해 그녀는 무의식적으로 조직적 조화를 방해한 것으로 보였다(위험요인들의 리스트에서 우리는 현재 어떤 조직적인 것들이 보충되어야 하는가에 대한 필요성을 알 수 있다).

*조직적 위험요인들*

- 가족과 광범위하게 관련되어 분산된 의학적 기관.
- 병원기관 사이의 부적절한 또는 느린 의사소통.

큰 기관에서 일하는 사회복지사들 또는 내담자의 중재를 주관하는 기관들은 반드시 내담자들에게 작용할 수 있는 구조적인 요인들의 위험을 경계해야만 한다.

화요일에 알렌이 퇴원했음을 알게 되었을 때 나는 에밀리에게 전화를 했다. 그녀는 알렌이 잘 지내고 있다고 말했으나, 본인은 3일 동안 잠을 잘 수 없어서 기분이 좋지 않다고 하였다. 그녀는 다시 나에게 정신과 의사와의 약속을 정해달라고 요청하였다. 나는 다음 날로 약속을 정해주었다. 그 당시 나는 그녀가 자신의 응급실 방문 또는 성인 정신병원의 치료에 의뢰되었던 사실을 나에게 말하지 않았다는 것을 알지 못했다. 수요일 날 그녀가 정신과 의사와의 약속을 취소한 것을 알았을 때 나는 그녀에게 다시 전화를 했다. 그녀는 긴장하고 부담을 가진 듯이 나에게 많은 질문을 했다. 그녀는 반복적으로 나의 의무를 확인하려고 노력하였다. "당신은 아기의 발달에 대해 나와 이야기를 할 것인가요?" 그리고 "만약 당신이 나의 문제를 이야기하기를 원한다면 그건 정신과 의사의 일이 아닌가요?" 나는 그녀가 스스로에게 초점이 맞추어지는 것에 두려워하고 있다는 것을 알 수 있었고 우리가 원래 합의했던 것처럼 내가 알렌의 발달을 주시할 것이라는 점에 대하여 다시 확인시켜 주었다. 그녀는 나에게 "당신은 아기의 치료사가 될 수 있을 것이며 만약 내가 누군가와 이야기를 하기를 원한다면 나는 정신과 의사를 만날 거예요."라고 말하였다. 나는 거기에 동의하였다. 그녀의 혼란스럽고 정리되지 못한 관념들 때문에 나는 저녁에 그녀의 집을 방문할 것을 제안하였다.

내가 도착했을 때 알렌의 아버지는 나를 반가이 맞아주었고 요람에서 잠자고 있는 알렌을 나에게 보여 주었다. 그는 알렌은 지금 상태가 양호하지만 그의 부인은 혼란스러워하고 있다고 이야기 하였다. 에밀리는 심각한 우울상태이고 불안한 모습을 보였다. 그녀는 불안정한 태도로 말을 하였고 와해된 관념들로 인해 초점에서 벗어난 생각들을 이야기 하였다. 그녀는 알렌이 죽었을지도 모른다는 생각에 초점을 두고 제왕절개에 대한 이야기를 다시 하였다. 나는 그녀가 그녀와 아기에게 일어났던 일에 대해 매우 혼란스러워

하고 있으며, 현재 집에 있는 알렌을 걱정하고 있다는 것을 알 수 있다고 이야기하였다. 그녀는 동의하였고 다시 약물치료를 요청하였다. 그녀가 나타낸 증상들은 정신병적인 증상으로 보였기에 나는 성인정신병 치료기관에 진단을 제시하였고 그녀는 그것을 허락하였다.

다음 날 그녀를 성인 정신병 센터에서 보았을 때 불안해 보이기는 했으나 정신병적으로 보이지는 않았다. 그러나 금요일에 다시 집을 방문을 했을 때에 에밀리는 분명하게 정신병적 증세를 보였다. 그녀는 편집증적 망상상태를 보였다. 의사가 그녀의 동태를 모니터하고 그녀의 사진을 찍었다며 그녀 자신과 알렌이 병원을 위한 실험용 돼지였다고 불평하였다. 그녀는 TV에서 뉴스 앵커가 자신을 향해 "우리는 당신이 무엇을 했는지 알고 있다."라고 했다고 이야기 하였다. 아기의 장래에 대한 책임이 자신에게 있다는 극도의 죄책감을 외형화하여 그녀의 근심을 고려하지 않은 의사에 대한 분노로 표현되었다. 아기가 죽음 직전까지 갔었던 "원인"이 자신때문이라는 무의식적인 생각은 앞으로 아기가 장애를 가지게 될 것이라는 두려움으로 발전되었다. 그녀의 급성 정신병은 알렌의 퇴원으로 인해 촉진되었다. 알렌의 아버지는 그녀가 과거에는 망상적인 생각들을 보인 적이 없었다고 확인해 주었다. 심한 스트레스로 인해 일시적으로 일어난 정신병적인 증상이라고 판단되었다.

### *재평가 : 에밀리의 정신병의 위기*

내담자의 삶 안에서 변화는 가끔 새로운 환경으로 인해 예상되는 것을 재평가하는 것을 필수로 한다. 의학적인 위기에서 시작된 이 사례는 이제 정신병적인 위기를 포함하게 되었다. 에밀리는 두 번째로 성인정신 센터의 정신과 의사를 만났고 정신병 약물치료와 입원치료가 요구되었다. 그녀는 두 가지 모두를 거절하였다. 그녀는 화가 나서 나에게 말했다. "저 정신과 의사는 아기로부터 내가 멀리 떨어지기를 원하고 있어요. 그래서 나는 그 의사에게 못들은 것으로 하겠다고 했어요(나는 정신과 의사에게서 흥미로운 보고를 받았다. 에밀리는 약속시간에 아기를 데리고 와서 인터뷰하는 동안에 아기를 적절하게 돌보았다고 하였다)." 에밀리의 정신이상과 개별적으로 맞추어져 있는 치료에 대한 그녀의 거부는 그녀의 가족을 지지하고 알렌의 발달을 평가하는 것을 제공하는 원래의 치료계획을 다시 고려하게 하였다. 에밀리의 내적혼란과 현실적인 접촉의 불확실성에 의해 이 치료계획이 적당한지에 관해 의구심을 갖게 되었다. 또 다른 의문은 원래의 치료계획을 유지할 것인지 또는 새로운 계획을 세워야 할 것인지에 대한 평가를 해야 한다는 것이다. 가장 중요한 의문은 에밀리의 정신이상과 관련된 위험상황에 알렌과 그녀의 다른 아이들을 그대로 둘 것인가, 그리고 다른 가족들이 그런 위험속에서 안전할 수 있는가 하는 것이었다.

이러한 결정적 위기의 재평가는 가족의 위험요인과 보호요인의 분석을 중요하게 다룬 분석 아래 이루어져야 한다. 중재하는 동안 지속적인 평가를 하면서 종종 새로운 문제들이 드러나고 나타나지 않은 증거들의 자원을 발견하게 한다. 두 번째 가정방문과 가정방문 동안 에밀리는 분명 정신이상증상을 보였으나, 알렌을 애정 어리게 어루만지고 아기의 메시지에 민감하게 반응하고 수유를 하는 모습을 나타내었다. 또한 그녀는 아기에게 이야기도 해주고 기저귀도 갈아주었으며 그녀의 십대 아들에게 알렌이 자는 동안 다른 아이들을 조용히 시키라고 지시하기도 하였다. 알렌에 대한 따뜻하고 염려하는 반응은 의사들에 대항하여 나타나는 망상적 증상과 번갈아가며 나타났다. 에밀리의 정신병에도 불구하고 알렌은 그녀의 망상적 상태 안에 놓여 있지 않았다. 알렌의 아버지는 유능하게 알렌을 보살폈으며 부인이 휴식을 취할 수 있도록 집안 일을 도왔다. 위험요인이었던 그의 실직이 이 경우에는 부인과 아이들을 하루 종일 보살필 수 있는 하나의 보호요인이 되었다.

네 번째로 집을 방문했을 때 나는 에밀리의 19살 된 딸 베티나(Bettina)를 만났다. 내가 그녀와 이야기를 하고 있을 때 그녀는 알렌의 기저귀를 갈아주고 있는 중이었다. 내가 에밀리와 이야기를 하고 있는 동안 베티나는 알렌을 달랬고 때때로 우리의 이야기에 동참했다. 에밀리는 그녀의 큰 딸이 아기를 돌보는 것에 안심하고 있었다. 베티나가 집에 함께 살면서 전문대학에 다니며 직장 일을 하고 있다는 것을 알 수 있었다. 나는 그녀가 알렌을 편안하게 대하는 것을 관찰할 수 있었다. 나는 나의 느낌을 베티나에게 이야기 하였고 그녀는 아기를 돌보는 것이 좋다고 하였다. 나는 그녀에게 어머니가 회복 될 때까지 어머니를 도울 수 있어서 다행이라고 이야기 하였다. 나는 알렌을 돌보는 사람으로서 에밀리에게 허용된 또 다른 가족이 있다는 것에 안도감을 느꼈다. 나는 이 방문기간에 맞추어 알렌의 건강상태를 확인하기 위해 가정방문을 시작한 보건소의 간호사를 만났다. 부모의 허락 아래 우리는 알렌의 발달을 최대한 전문적으로 평가하기 위해 일주일 씩 번갈아가며 두 번씩 방문을 하기로 동의했다. 이러한 평가 중에 에밀리의 정신병의 심각한 위험요인과 균형을 이루는 새로운 보호요인들이 나타났다.

*퇴원 후 급박해진 위험요인들*

- 어머니의 급성적인 정신병은 아기의 퇴원으로 촉진되었다.
- 어머니의 정신병원의 중재에 대한 거부는 위험요인을 증대시켰다.

*가정방문 동안에 관찰된 보호요인*

- 아버지는 아기를 돌보기에 충분하였고 도움을 줄 수 있다.
- 10대의 아동은 가족의 일원으로 도움을 줄 수 있다.
- 아기는 어머니의 정신병과 분리되어 있었다.
- 복지사는 종종 가정 방문을 하고 있다.
- 보건 간호사는 다른 날 가정방문을 하기로 동의하였다.
- 부모는 건강관리 시스템과 다른 지지적인 치료를 이용하고 있다.

에밀리의 정신이상에도 불구하고 이렇게 부과된 보호적 요인들은 원래 치료계획의 기본적인 틀을 가능한 유지할 수 있게 만들었다. 이러한 결정은 에밀리의 정신병으로 인해 나타나는 위험요인들로 인해 어려움을 갖게 되었다. 알렌이 적절한 양육을 받고 있고 에밀리는 아기와 상당한 시간을 보내고 있다는 보건 간호사의 보고는 나의 생각과 일치했다. 그러한 의견의 일치는 에밀리의 분노에 대한 나의 생각에 대해 다른 전문가적인 확신을 갖는데 매우 도움이 되었다. 수정된 중재 계획은 알렌의 발달상황을 확인하는 목적으로 유지되었지만 에밀리의 정신병 회복을 위한 지지적인 목표가 첨가되었다. 이러한 목표는 에밀리가 알렌을 양육을 하는데 망상적이지 않았음이 관찰된 것에 의해 기초되었다. 오히려 그녀가 아기와 함께 시간을 보낼 때 그녀는 정신이상이나 불안함을 보이지 않았다. 알렌에게 닥쳤던 죽음의 위기에 대한 외상과 그녀가 알렌을 해하였다는 불합리한 믿음을 가정해 보았을 때 그녀의 정신이상을 이해할 수 있었으며 나는 에밀리가 알렌이 "실체적인 아기"로 성장할 수 있다는 믿음을 갖고 그녀의 감당하기 어려운 죄의식과 분노를 놓아버림으로써 이러한 감정에 대항하는 정신병적인 방어를 제거할 수 있다고 확신하였다(Blos & Davies, 1993; Albright, 2002).

이러한 추측은 또한 반응성 정신병의 일반적 진행의 이해에 기초하였다(American Psychiatric Association, 2000; Horowitz, 1986). 경미한 반응적 정신병은 망상이나 행동의 비조직화, 비 조직화된 언어들, 그리고 환각상태와 같은 정신병적 증세들을 보인다. 거의 모든 사례의 경우에 스트레스 요인들은 정신병적 에피소드를 촉진시킨다. 이러한 정의를 볼 때 이것은 하루에서 한 달까지 지속적으로 시간적인 제한을 갖는다. 이러한 정신병적인 증상은 스트레스가 줄어들 때 감소되고 점차적으로 예전의 기능 수준으로 되돌아온다. 경미한 반응적 정신병은 정신분열증과 관련이 없다. 이것은 성격장애를 가진 사람들에게 일반적인 증상으로 보인다(American Psychiatric Assoication, 2000). 홀위쯔(Horowitz, 1986)는 반응적 정신병을 외상 후 스트레스 장애(PTSD)의 극한 표현으로써 스트레스 반응 장애증상들의 계열로 보았다. 이 사례의 경우 부가되거나 중요하게 고려되어야 할 점은 에밀리가 열정적이고 조화로운 지지를 많은 자원들로부터 받고 있다는 것이다. 가장 중요한 것은 그녀의 남편과 또한 그녀의 어른스러운 아이, 보건간호사 그리고 내가 있다는 것이다.

### *아기로 인한 스트레스 감소에 따른 실제*

알렌이 퇴원하고 한 달쯤 지났을 때 에밀리의 정신병은 일시적인 증세만 보였다. 그녀가 더욱 더 알렌과 함께 시간을 가지는 것에 전념함에 따라 점차적으로 현실에 적응하기 시작하였다. 이 기간동안 우리의 협력적인 작업은 매 주 알렌의 발달적 평가에 초점이 맞춰졌다. 각각의 가정방문에서 우리는 알렌을 함께 지켜보았다. 에밀리는 알렌의 행동에 대한 자신의 관찰과 거기에서 떠오르는 의미들에 대해 떠오른 질문들을 나에게 이야기 하였다. 그녀는 아기가 소리에 반응하여 머리를 돌렸다고 확신했고 이것은 심각한 청각 손실의 진단에 대해 질문을 이끌어 내었다. 나는 그녀에게 알렌의 소아과 의사와 함께 그녀의 질문을 의논하도록 제안하였다. 그러나 그것은 알렌이 정서적으로나 사회적으로 적절하게 발달하고 있다는 것을 우리에게 분명히 보여주는 것이었다. 두 달 반이 되었을 때 아기는 안겨져 있는 편안함에 미소로 반응하였고 아기가 불편함을 느낄 때 울음으로 반응하였다. 이미 네 명의 아기를 양육했던 에밀리에게는 이러한 것들은 알렌에게 초기에 외상적인 경험이 있었음에도 불구하고 알렌이 정상적인 아기임을 보여주는 분명한 반가운 표시였다. 점차적으로 우리는 알렌의 장점과 제한점을 포함한 세밀한 윤곽을 함께 공유하게 되었다. 나는 그녀가 움직이지 않고 생명력이 없었던 두려웠던 알렌의 첫 느낌에서 진짜 아기로 점차적으로 변해가는 것을 직면하고 있음을 느꼈다. 이러한 일을 경험함으로써 그녀의 정신병은 사라졌다.

### *누가 위험상황에 있는가?: 가족적 양상*

알렌 측면의 평가와 중재에 대응하여 또 다른 가족의 스트레스의 양상들이 드러났다:

지미와 폴의 부모와의 분리에 대한 반응과 거기에 대한 에밀리의 반응성 정신이상이었다. 그들의 행동은 내담자의 배경에 위험요인의 평가를 본질적으로 확대하도록 명확하게 보여주었다. 각각의 아이들은 연령에 맞는 일반적인 행동으로 자신의 스트레스를 표현했다.

25개월 된 지미는 자신의 엄마와의 장기간의 분리로 인해 심한 욕구불만 상태였다. 그는 어디든지 그녀를 따라 다니려고 했고 끊임없이 간식을 요구했고 아이는 어떤 것이든 마음대로 되지 않으면 짜증을 냈다. 이러한 행동은 유아기에 스트레스로 인한 일반적인 반응이다. 그러나 그녀의 관심은 모두 알렌에게 집중되어 다른 자녀와 갖는 어려움에 대해 견디어 내지 못하였다. 애착이 이루어지지 못한 것에 대한 어린 아동의 불안한 반응으로써 지미의 행동을 이해하기 보다는 그녀는 그의 행동을 "나쁜", "버릇없는" 행동으로 여겼다. 애착형성과 관련된 지미의 반항성과 심한 불안으로 나타나는 행동은 부모로부터 처벌적인 반응으로 되돌아왔다. 또한 지미의 행동은 에밀리 스스로가 힘들게 억제하며 노력하고 있는 광기적인 행동을 표출하게 만들었다.

폴은 착한 소년으로 행동함으로써 부모의 인정을 받기 위해 노력하는 것으로 분리의 고통을 다루었다. 이러한 행동 또한 폴의 발달수준에 적합한 행동으로 보였다. 5세 아동인 폴은 의식이 내면화되는 과정에 있었으며 그러므로 스스로 부정적이거나 적대적인 충동을 억누르려 하였다. 그는 자신의 분노적 감정을 대치하기 위해 지미를 희생양으로 사용하였고 지미가 나쁜 행동을 하도록 자극하였다. 그런 다음 지미가 나쁜 행동을 했을 때 폴은 지미를 고자질하여 엄마의 주의를 받으려고 하였다. 이러한 역동을 정확하게 보여주는 예로 지미가 엄마의 방에 들어가서 엄마의 화장품을 얼굴에 발랐고 폴은 엄마에게 이러한 일을 즉시 이야기 하였다. 에밀리는 지미에게 벌을 주었다. 그녀는 아직 둔감했고 정신병으로부터의 개인적으로 회복되지 않아 구체적인 사고를 하여 지미의 행동이 엄마의 냄새와 접촉과 관련된 화장품을 만져봄으로서 엄마에게 더 가까이 가려는 시도를 나타내고 있다는 생각을 할 수가 없었다.

지미와 폴의 문제를 초기의 치료 계획안에 포함시키는 것은 어려움이 있었는데 왜냐하면 에밀리는 오로지 알렌만을 염려하고 있었기 때문이었다. 더군다나 그녀의 주어진 아기에 대한 죄의식적 정신병과 불안으로 고통받고 있는 것과 분리로 인한 지미의 행동과 연결시키는 것 또는 아이에게 향하는 그녀의 반응의 변화를 요구하는 것은 가능해 보이지 않았다. 단기과정 안에서 나는 에밀리에게 아이들에게 더 많은 관심을 줄 것을 제시함으로써 그들의 문제에 대해 언급하였다. 그리고 나는 또한 위급하게 "부가적인 상담"

에 대해 이야기했다. 나는 관심에서 벗어나 있는 아이들에 대해 이야기했고 분리된 동안 그들이 경험한 걱정과 좌절 그리고 집으로 돌아온 후 달라진 그들의 엄마에 대한 그들의 혼란에 대한 이야기를 했다. 가정방문이 두 달이 지난 후 알렌은 약 4개월째가 되었고 에밀리는 아기의 발달에 대한 확신을 더욱 느끼기 시작했고 그때 그녀는 지미와 폴에게 관심을 돌렸으며 그녀는 그들의 좌절을 이해한다고 아이들에게 말해 주었다. 아이들을 공감하는 능력을 되찾은 그녀는 알렌의 위기 전처럼 아이들에게 따뜻하게 반응하게 되었다.

위험요인에 대한 분석은 단지 내담자에게만 관련되는 것뿐만 아니라 가족전체에게 관련되어진다(Blos & Davies, 1993; Lynch & Cicchetti, 1998). 에밀리의 사례는 위험요인이 누적되어 다른 가족구성원으로 위험요인이 부가된 좋은 예를 보여주고 있다. 분명하게 에밀리의 분리와 그녀의 분노적 처벌은 위험요인으로써 아이들의 발달적인 측면에서 관찰되었다. 그 위험요인은 유아기에 그들의 발달 단계 안에 확대되어진 것이다. 반면 폴은 위험요인으로 드러나지는 않았지만 그의 지미를 향한 지나친 고자질은 분리로부터의 반응과, 엄마의 감정적인 반응의 상실에 대한 투쟁으로 이해되었다.

### *위험요인과 보호적 요인들의 분석으로부터의 교훈*

특히 급박한 상황에서는 위험요인과 보호적 요인을 세밀하게 분석하고 위험요인을 감소하기 위해 보호적 요인을 어떻게 증대시킬 것인가를 파악하는 노력은 중요하다. 중재 계획의 목적을 위해 단기간과 잠재적인 장기간 사이의 위험요인들 사이를 구분하는 것이 필요하다. 예를 들어 사전 평가는 알렌이 정신지체가 될 수도 있다는 것을 제시하는 것이었다. 그러나 이 위험요인은 당장 중요한 것은 아니었다. 이러한 평가에 비해 에밀리의 심한 불안은 그때 당시 심각하게 고려되어야 할 부분이었다. 더구나 알렌의 퇴원으로 가중된 가족안의 스트레스는 새롭고 예상하지 못한 위험요인이었다. 에밀리의 매우 심각한 정신병과 알렌을 돌볼 수 있을지 그녀의 능력에 대한 타협은 위험요인과 보호요인에 대한 균형의 지속적인 평가를 필요로 했다. 알렌이 방치될 소지가 있는가? 학대의 가능성은? 보호적 서비스의 보고가 작성되어야 하는가? 에밀리를 병원에 입원시켜야 하는가? 그녀가 입원을 거절할 때 그녀는 격리되어져야 하는가? 이러한 질문에 대한 대답은 단지 치료적인 목적을 위해서만이 아니라 가족의 삶을 변화시킬 잠재적인 치료적 결단이었다.

그녀가 정신병 상태였을 때 에밀리는 한편으로는 망상적으로 의사가 알렌을 손상시켰다고 믿었고 또 다른 한편으로는 나를 포함하여 보건간호사, 알렌의 소아과 의사들을 그녀와 아기를 돕는 조력자로 보며 명확한 구별을 두었다. 에밀리는 암시적으로 그녀가 아닌 아기에게 초점을 맞춰 달란 그녀의 요구를 내가 받아들였다는 것을 알았고 정신병으로 스스로에게 긍정적인 접근법을 가졌다. 나는 그녀가 비난이라고 인식할 수 있는 어떤 요인도 떠올리게 되는 것을 내켜하지 않았다. 본질적으로 만약 보호적 서비스의 보고와 합법적인 치료가 포함되어진다면, 에밀리는 자발적인 내담자에서 수동적인 내담자로 그리고 그들을 보는 관점은 조력자에서 위험대상으로 전환될 것이라고 판단하였다. 나는 망상 상태에서 에밀리는 보호적 서비스의 보고를 단지 그녀를 향한 잔인하고 처벌적인 대상으로 볼 것이고 그녀와 나와의 협력은 파괴될 수 있는 것으로 믿었다. 나는 또한 이러한 "모욕"은 그녀의 정신이상을 지속하게 할 것이라 믿었다. 왜냐하면 그녀는 이러한 것들을 전문가에 의한 책망의 또 다른 예로 받아들이게 될 것이기 때문이다. 만약 학대나 방치가 의심스러워 진다면, 사회복지사는 그것을 보고해야만 한다. 가정방문의 권한과 위험 및 보호적 요인들의 조심스러운 분석은 내가 가족의 특정한 능력들과 에밀리의 정신병의 독특성을 볼 수 있게 해주었다. 이러한 분석은 부모의 정신병으로부터의 매우 높은 위험상황에 노출되어 짐에도 불구하고 알렌은 학대나 방치의 위험요소를 갖지 않는다는 결론을 가질 수 있었다.

## 위험과 보호적인 요인들이 조망될 수 있는 분석

위험요인 영향에 대한 배후 분석은 세밀한 발달의 지식에 의해 기초되어져야 한다. 높은 연령의 아동의 평가에서 스트레스 요인이 발달에 노출되어 있는지 그리고 보호적인 양상들이 스트레스 요인들을 완화시킬 수 있는지를 전문가가 이해하여야 한다. 종종 이러한 분석은 아동의 현재 증세와 과거의 위험요인, 지나간 스트레스 요인에 아동이 어떻게 적응했는가, 이러한 적응은 아동의 현재 행동을 어떻게 이끄는지를 조명하여야 한다.

### 위험요인에 대한 외적, 내적 적응 평가

거친 양육, 학대 또는 초기 아동기에 가정폭력의 목격은 아동의 어른에 대한 도전과 또래에 대한 공격과 같은 문제행동의 발달로 이어질 수 있다. 이러한 아동들은 학령기에 접어들 때 행동이 매우 문제화되기 때문에 우리의 관심을 받게 된다. 그러나 초기 위험요인의 잠재된 평가에서는 아동의 내적인 삶 안에서 발달, 적응, 현재 증상들을 중요시 한다. 어떠한 연구에서는 부적절하게도 정신적 건강과 함께 행동적 적응을 동등하게 바라보는 경향이 있다(Luthar, Cicchetti & Becker, 2000). 그러나 학령기 아동은 비록 자율성의 발달과 또래 관계를 손상시키는 불안으로부터 어려움을 가질 수 있으나, 과제수행이나 문제행동이 없는 경우 안에서 표면적으로 기능을 잘 수행하는 것으로 보인다. 더구나 비록 파괴적인 행동문제의 아동은 아동기 정신병의 가장 흔한 문제의 종류인 불안장애로 이끌어진다(Albano, Chorpita & Barlow, 2003). 아동은 행동의 측정이 아닌 불안, 우울과 같은 내적인 증상의 측정에 높은 점수가 나와도, 적응적으로 기능할 수도 있다(Luthar & Zigler, 1991). 종종 복합된 그림으로-한편으로는 한 아동이 공격받기 쉽거나 융통성 없어도 다른 한편으로는 회복력을 가진다. 회복력의 발달은 심각한 스트레스와 위험조건에 대해 가치를 갖는다.

## 초기 위험요인과 평가

어린 연령의 아동의 스트레스 요인의 영향력에 대한 과거의 분석은 특히 위험요인으로 애착형성의 질을 이해하고 애착형성이 중요한 보호적 요인이었는지, 아닌지를 알아보는 것이 중요하다. 생애 첫 2년 동안의 매우 중요한 과정은 유아의 고통의 신호와 양육자의 진정과 자극의 응답에 의한 유아의 정서적인 안정의 회복의 교류과정이다. 단지 점차적으로 실제로 아동이 발달하는 것은 대처기제가 내면화되는 것이다. 학령기전 시기에서의 아동의 정서와 행동을 조절하고 인지적인 경험을 통합하는 능력은 부모의 반응과 정서와 행동을 통제하는 교류의 양상이라는 커다란 범위 안에서 지속적으로 좌우된다. 유아나 학령기전 아동들은 그들의 인지적 발달수준의 표준적인 한계로 인해 자신들의 경험을 해석하는데 있어 구체적이고, 자기중심적이며, 환타지한 방법을 사용하며, 원인과 결과에 혼란을 갖으며, 사고와 행동 사이의 구별에 어려움을 갖는 경향을 보인다. 이러한 인지적인 제한들은 스트레스를 다루는 것에 있어 미숙한 내재적 기제를 갖게 할 뿐만 아니라, 아동을 스트레스적인 또는 외상적 경험에 민감하게 놓이도록 한다. 더군다나 어린 아동들은 스트레스가 극도화 되었을 때, 행동이 와해되고 외상적인 상처를 갖기 시작하는데, 이는 아동이 스트레스를 인지적, 행동적으로 처리하는 기술이 결여되어 있기 때문이다.

부모는 특히 아동의 스트레스적 상황에 안정감을 제공하고 대처기술의 모델링과 그들의 경험을 보다 명확히 해주고 설명해줌으로써 정서적 조절을 위한 어린 아동의 능력을 지지하고 발달시키는 중요한 역할을 수행하여야 한다. 만약 부모가 심각한 스트레스에 아기가 대처하는 방식(방법)에 도움을 줄 수 없다면, 그 아동은 스트레스 요인으로부터 발생되는 불안에 홀로 직면해야 하는 내재적으로 두려움을 갖게 된다.

이러한 위험상황에서 어린 아동은 해리와 다른 유형의 정서적인 억압상태, 뿐만 아니라 통제를 향한 경향, 무한한 환상에 의존하는 경향의 방어와 행동화, 침착부재(Restlessness), 공격자와의 동일시와 같은 좀더 행동화와 관련된 방어를 갖게 된다. (Pynoose et al., 1996) 이러한 방어들은 스트레스 상황에 대한 현재의 자극적 연상에 의한 아동의 정서적 반응으로서 강화되며 어떤 아동들에게는 스트레스나 외상적 사건들이 반복될 수 있는 환상(Fantasy)들로 의식화되어 진행된다. 이러한 망상과 방어의 상호작용은 그 아동의 정서적 삶의 형태와 세상을 향한 태도를 시간을 따라 이끌어 갈 수 있을 것이다. 그러나 어른들이 일반적으로 아동의 명백한 방어의 행동들을 보지 못하고 왜곡되게 이해한다. 그들은 스트레스적이고 외상적인 경험에 대한 두려움의 반복과 환상을 대부분 이해하지 못한다(Scherringa & Gaensbauer, 2000).

부모가 아동이 그들의 스트레스에 대한 반응을 조절하는 것을 도울 수 없을 때, 원인과 결과의 일직선적인 진행 안에서 시작된 문제는 종종 양방향으로 회전하는 듯 생각되는 실제적인 문제들로 전환될 것이다. 이전 임상적 사례의 예로, 양부모에 대한 지미 에밀리의 애착은 그의 남동생이 태어나면서부터 시작된 장기간 분리로 방해받게 되었다. 지미는 분노와 절망을 가지고 반응하였다. 어머니가 집에 돌아 왔을 때 유아의 비언어적 행동의 특성인 감정을 표현했다. 그는 자신의 요구를 얻기 위해 반항적으로 행동했고 그가 엄마의 화장품으로 말썽을 일으켰을 때처럼, 외관상으로 계획된 부정적인 방식으로 주위를 끌고자 했다. 엄마 자신의 경미한 정신병을 경험하는 동안, 좌절하고 분노하며 잘못된 행동으로 보며 그의 행동을 처벌하는 반응을 보였다. 이로 인해 아동은 감정을 증가시켰고 분노와 반항행동을 더 증가하게 만들었다. 지미와 엄마를 위한 적절한 역할은 안정적 애착을 회복하기 위한 그들 사이에 소통의 특정 방식이 포함된 방법을 발견하는 것이다. 운 좋게도 그녀의 정신병적 증세의 해결과 아기에 대한 그녀의 불안이 감소함으로써 그녀는 지미를 더 공감적으로 볼 수 있게 되었고 더 양육적인 방식으로 그에게 반응하게 되었으며 또한 실행되었던 방식으로 엄마와의 관계를 느끼도록 지지하였고 문제적 행동의 증상은 감소하게 되었다. 만약 증세가 오랫동안 지속된다면, 그것은 그 증상을 지속시킨 위험요인을 분석하여 확인할 필요가 있다.

## 알렉스(Alex) : 사례

### *현존하는 문제와 평가*

유럽계의 8살 남자 아이인 알렉스 카티(Alex Carty)는 어머니와 학교의 또래 친구에게 공격적이고 교실에서 침착부재와 혼란을 보이고 학습에 집중하지 못하고 어려움을 보이는 현재의 문제를 가졌다. 의뢰되기 얼마 전, 그는 돌멩이로 소녀의 머리를 때려 다치게 했다. 그 학교의 사회복지사는 그를 "충동적이고 공격적이며 품행장애의 가능성이 있다."는 것으로 설명했다. 어머니와 교사 모두 아이를 불안하고 "쉽게 흥분하는" 아이로 보며 항상 주의를 기울여서 그를 보았다. 알렉스의 부모님은 3년 전에 이혼을 했다. 알렉스의 아버지는 알렉스와 어머니를 학대해 왔었다. 알렉스는 부모 사이에 많은 신체적 폭력과 언쟁을 목격했다. 또한 그가 2살이 되던 때, 아이는 아버지의 충동적인 욕설과 폭행의 대상이 되었다. 그녀 자신도 희생자였던 어머니는 알렉스를 보호할 수 없었다. 그의 어머니는 우울하고 정신적인 중압감을 가졌고 그녀 자신도 외상을 받았기 때문에 알렉스는 안정된 애착관계의 형성의 경험을 갖지 못했다. 알렉스가 거의 5살이 되었을 때 부부는 별거를 하였다. 그의 아버지는 가출한 후 연락이 끊어졌고 그로 인해 알렉스는 3년 넘게 아버지를 만나지 못했다. 이 당시의 보고에 의하면, 미스 카티(Ms. Carty)는 알렉스가 보인 그녀와 학교 친구들의 공격적 행동에 대해 분노적인 거부와 알렉스를 다치게 하는 아빠를 멈추게 하지 못한 그녀의 죄책감이 감정 안에서 교차하였다고 하였다. 아이에 대한 그녀의 관점은 아이가 아버지를 매우 좋아한다는 생각과 학대 받아온 예민한 아이를 생각하는 것 사이에서 일관성을 갖지 못했다. 위험요인과 보호요인의 회고적인 평가에서 여러 가지 심각한 문제가 보였다.

### *위험요인들: 2살에서 4살 반*

- 어머니를 향한 아버지의 신체적 폭력과 감정적 상처를 자주 목격한 것.
- 아버지로부터의 잦은 욕설.
- 아버지로부터의 신체적 폭행이라는 심각한 사건.
- 어머니의 외상과 우울은 알렉스가 스트레스를 경감시킬 수 있는 상호적인 대처를 어렵게 하였음.
- 아버지의 상실에 뒤따른 공격적인 남성모델로서 동일시된 아버지.
- 학대시기에 알렉스의 인지적 미성숙과 내적 대처 기제의 부족.

*보호적 요인: 과거*

- 초기 2살쯤 어머니에게 받은 양육.
- 부모의 이혼으로 인한 폭력과 학대의 중단.

알렉스와 엄마 사이에 실행된 패턴은 알렉스의 증상을 유지하는 것을 시작으로 그들의 어려운 내력에 반응하는 것으로 발전되었다. 이와 함께 미스 카티의 알렉스에 대한 현재 걱정이라는 실행적 보호적 기제는 알렉스의 어려움을 해결하도록 돕는데 이용될 수 있는 것으로 제시되었다.

*위험요인들: 현재*

- 어머니는 알렉스와 그의 아버지를 동일시하고 그를 종종 부정적으로 본다.
- 어머니는 그녀에게 향하는 알렉스의 공격적인 부분에 대한 중재 방법으로 아동의 공격성 사용을 억제하는 효과적인 제한을 설정하지 못했다.

*보호적 요인들: 현재*

- 어머니의 알렉스에 대한 현재의 근심은 그를 향한 그녀의 부정적 태도를 넘어서 알렉스에 대한 불만족감을 보여주었다.
- 치료동안의 알렉스와 미스 카티의 관계.

알렉스의 현재 공격성, 충동성, 분노 과민반응의 증세는 초기 아동기의 신체적 학대와 폭력의 목격자가 보이는 조사결과와 일치된다(Dodge et al., 1994; Lehmann, 2000). 알렉스의 증세는 폭력을 목격하고 학대 받은 초기 아동기의 경험과 관련되는 외상적 혼란함으로 이해할 수 있다. 치료가 진행되고 외상 후 스트레스성 증후군의 증거들이 증가됨에 따라 이러한 가설은 확실시 되었다. 특히 지난 과거의 외상적인 부분에 근거한 현재의 알렉스의 증상에 대한 해석은 미스 카티에게 알렉스를 좀더 공감적으로 수용하고 그녀가 견고한 제한을 설정하여 알렉스에게 안정감을 형성할 수 있도록 양육태도의 변화를 의식화(Rationale) 하도록 도울 수 있었다.

### 진단에 대한 해설

평가동안 알렉스는 외상 후 스트레스 증후군을 위한 DSM-Ⅳ의 진단기준(American

Psychiatric Association, 2000)에 완전히 준거되지는 않았지만, 심각한 몇 가지의 증상은 현존했고 거의 외상과 관련되었다. 치료관계가 진전되면서 알렉스는 증상과 외상적인 학대사이의 연결의 매개체로서 놀이와 언어를 만들어 내었다. 그러나 우리는 그의 증세가 다른 방식으로 개념화되는 것에 주목해서는 안 된다. 만약 우리가 그의 과거사에 대한 언급 없이 현재 아동의 증상을 본다면 그리고 그의 현재의 문제에서 불안을 비중있게 고려하지 않는다면, 그가 품행장애로 보인다는 학교 사회복지사의 제시가 사실로 보였을 것이다. 알렉스가 학대받았고 엄청난 폭력을 목격했다는 것을 이해한다면 그의 충동적이고 공격적이며 위협적인 증상들이 외상을 기초로 한 방어적 표현이라는 것을 알 수 있을 것이다. 그러나 2살 때 사용할 수 있었던 필사적인 대처대안과 행동적 내용들은 현재의 경험한 내용들과는 연결되어 있지 않았다. 그들은 세상과 관련한 방법으로 일반화시키며, 또 다른 시각으로 원래 알렉스의 행동과 방식으로 보기 시작하였다. 알렉스의 증상은 오랜 시간동안의 외상으로 인한 어려움을 겪고 있었다. 과거의 위험 요인들에 대한 평가는 치료가 전개됨으로 외상 후 놀이와 학대의 기억에 대한 경각(alert) 하도록 돕는다.

### *중재 : 외상에 대한 탐색*

알렉스와 함께 한 내 연구보고서는 알렉스의 놀이내용에 의해 검증된 초기외상과 관련한 위험요인을 어떻게 가설하는가에 초점을 맞추어 선택되어질 것이다. 주된 작업은 알렉스의 아버지의 과거의 학대와 현재 알렉스의 사고와 행동에 직접적으로 다가갔던 드라마틱한 세션을 세부적으로 묘사할 것이다.

나는 우선적으로 관계 발달을 강조하기 위해 알렉스와 비지시적인 놀이 치료를 진행했다. 그가 아버지로부터 받은 학대로 인해 남자 치료자와 함께 하는 것을 불안해하지 않을까 염려하였다. 그러나 이러한 걱정은 곧 사라졌는데, 그는 나에게 두려움을 나타내는 것보다 남자로 동일시하는 소망과 불신감을 갖는 것으로의 양가적인 감정을 그의 놀이를 통해 드러내었다. 그는 나에게 큰 흥미와 관심을 가지고 있었으며, 그의 놀이에서 그가 힘이 없었던 상황을 이야기하는 동안에도 그의 군인들은 나의 군인들을 반복적으로 무찌르고 있었다. 이 놀이에서 가장 두드러진 특징은 속임수였다. 예를 들어서, 그는 나에게 그의 탱크 중 하나는 포기했으며, 그 탱크를 나의 군인들에게 양도하겠다고 했다. 그는 나에게 나의 군인들에게 명령을 내리도록 했다. "너희들은 탱크 옆으로 가. 너는 주변을 살펴, 그러나 너무 어둡군. 너는 성냥을 찾아. 너는 말해. 헤이, 저기 액체로 된 것이 무엇이지? 그건 가솔린이야! 꽝 ! "이러한 속임수의 주제와 완전한 지배는 많은 세션이 진행되는 동안 계속해서 나타났는데, 이것은 되풀이되고, 변화하지 않고, 사로잡힌 내용으로 외상 후 놀이의 특성으로 보인다. 알렉스의 엄마는 그의 아빠가 가끔은 다정하고 알렉스와 함께 어울리지만, 다른 경우에는 갑자기 학대적으로 변한다고 이야기했다. 나는 그의 놀이가 그의 경험을 역전하는 것임을 이해했다. 그는 슬픈 사기꾼이 되었고, 나는 혼돈스럽게 속는 사람이 되기 시작하였다. 그는 공격자와 동일시 될 때 받게 되는 상처에 대한 두려움에 대처하고 있었다. 그는 또한 학대 당할 때 택할 수 있는 방어 수단이나 전능한 힘에 대한 상상의 대처 방안과 연상시켜 불안에 반응하였다. 알렉스의 놀이는 두려움과(그의 놀이는 폭력으로 가득 차 있다.) 방어(그는 총체적인 조절을 하며 그는 병사들을 절대 잃지 않는다.)로 나타난다. 이러한 대처기제는 그를 두려움과 상처받기 쉬운 속성으로 가득 찬 3~4살의 어린 아이로 만들어 주는 것을 돕는다. 그러나 계속되는 두려움과 방어로서의 전능적인 힘에 대한 환상의 믿음은 학령기 아동들의 발달상 과업과 문제를 추리하고 해결할 수 있는 적응적인 대처 방안의 성장을 방해한다.

나는 알렉스의 놀이가 아이들은 속임을 당하거나 상처받는 것을 싫어한다는 사실을 말해준다고 설명했다. 알렉스의 두려움에 대한 나의 공감적인 반응 안에서 그는 나와 신뢰를 갖기 시작하였고 이것은 알렉스에게 초기 발달단계에서 해결하지 못한 어떠한 내적인 딜레마를 통한 작업 세션을 이용하도록 허용하였다. 이러한 아동과의 작업 안에서의 치료적인 관계는 교류적인 정서적 조장기능을 포함한 많은 애착관계 형성의 성격을 갖는다. 놀이 안에서 아동이 위험하고 두려운 상황을 표현하는 것에 공감을 제공해줄 때 아동은 치료사에게 의존하기 시작한다. 아동을 압도하게 만드는 영향들과 환상은 치료적인 관계 안에서의 안정감에 의해 놀이와 간접적인 해석으로 전이되어 탐색되어질 수 있다.

### *세부적인 놀이 치료 세션*

나는 알렉스에게 아버지의 학대의 의미가 무엇인지, 현재 나타나는 근심과 행동은 어떻게 형성되었는지에 대해서 알렉스 자신이 명확하게 이야기했던 것에 대해 설명할 것이다. 이 세션은 관계성 확립을 위한 몇 차례의 세션과 외상적인 내용에 대해 상징적인 놀이가 나타났던 몇 차례의 세션이 진행된 후의 세션이다. 알렉스는 녹색 레고 조각을 가지고 긴 자동차를 만들었다. 그는 "이것을 운전해보자."라고 말했고 우리는 조심스럽게 자동차를 바닥에 줄 세워 내려놓았다. 그런 다음 그는 자동차를 밀어 두 조각으로 부서지게 한 뒤에 "이제 선생님도 하나를 가져요."라고 말했다. 우리는 차를 조금 운전했고 그는 "우리가 우주에 있다는 것을 알고 있지요. 우리는 명왕성에 있어요. 명왕성은 태양에 가깝지요?"라고 말했다. 나는 "아니야. 명왕성은 이 태양계에서 가장 멀리 있어."라고 대답해주었다. 그는 오렌지 색깔의 스펀지 공을 서류함 맨 윗 부분에 올려놓으면서 말했다. "저건 태양이야."그는 나에게 그가 동굴이라고 부르는 의자 밑으로 차를 운전하라고 지시하고 나서 다시 나오라고 했다. 그는 거대한 명왕성의 괴물이 되어 나의 차를 짓밟으려 했고 나는 재빨리 동굴 안으로 돌진했다. 그러자 그가 나에게 괴물이 되라고 지시했다. 나는 거인처럼 그의 차를 향해 움직였지만 그는"당신은 볼 수 없어요. 나의 차에는 반사경이 있고, 당신은 태양 때문에 눈이 멀었어요."라고 했다. 그는 스펀지 공을 내 얼굴에 가까이 대면서 "당신은 열 때문에 바로 설 수가 없어요."라고 했고 나는 곧 도망쳤다. 그리고 그는 다시 괴물이 되었고 나는 그를 막을 수가 없었다. 그가 나의 차를 부수는 것을 막기 위해 나는 그가 예전에 썼던 전략을 시도해 보았다. "나는 태양을 얼릴 수 있어." 그러나 알렉스는 내 자동차로 다가와서는 부수어 버렸다. 나는 "네가 너의 차를 운전할 수 있고, 거인이 될 수 있다면 넌 승리자가 되고 힘을 가진 사람이 될 거야 그러면 아무 것도 문제가 되지 않았을 텐데"라고 말했다. "이 놀이는 나에게 네가 아주 힘이 없고, 아주 많이 두려워했었던 어린 시절을 떠오르게 하는구나. 혹시 누군가 너에게 이런 기분을 갖도록 한 사람이 있을지도 모르겠구나."

알렉스는 "네 있어요. 우리 아빠요."라고 말했다.

"무슨 일이 있었지?"

"내가 3살이 되었을 때 아빠와 함께 레슬링을 했어요. 그때 내가 아빠를 할퀴고 물어뜯었거든요. 그러자 그는 나를 들어 내 방으로 던져버렸어요.(그는 어떤 것의 뒷덜미를 잡아 공기 중으로 내동댕이치는 움직임을 하였다.)

"나는 벽에 부딪쳤어요. 혹시 죽은 이빨을 알아요?"(그는 입을 벌려 나에게 보여주었다.)

"난 어느 것이 죽은 이빨인지 찾을 수 없구나. 어떻게 하다 그렇게 되었지?"

"우리 아빠가 그랬어요. 내 얼굴이 벽에 부딪쳤고 지금의 이빨이 되었어요."

"엄마가 한 말이나 기억나는 것은 없니?"

"기억나는 게 있어요."

"혹시 아직도 가끔 아빠에 대해 걱정하는 것이 있니?"

"아빠가 와서 아이들을 데려갈 수 있다는 생각으로 걱정하고 있니?"

"어디서 아빠가 그럴 수도 있다는 생각을 하게 되었니?"

"아빠가 엄마에게 하는 말을 들었어요. 만약 엄마와 이혼하게 되면 그가 찾아와 아이들을 데려가겠다고 했어요."

"이제 네가 힘을 갖으려고 하고 주도하려고 하는 이유를 알 수 있겠구나. 너는 만약 아빠가 찾아와서 너를 데려가려고 할 때 막을 힘이 없는 것을 심각하게 걱정하는구나."

알렉스는 걱정하는 것처럼, 그리고 동요되는 것처럼 보였다. 그리고

"나는 아직도 아빠를 알아볼 수 있어요."라고 했다. 그리고 불확실한 표정을 짓고 있었다. 아마 너는 네가 아빠를 알아보지 못할 것이라는 걸 걱정하고 있는지도 모르겠구나."

"만약 아빠가 가면을 쓰고 있다고 해도 나는 그가 말하는 것을 들으면 아빠를 쉽게 알 수 있을 거예요. 나는 "당신 누군지 알아"라고 말할 거예요. 나는 그 다음에 내가 무엇을 할지도 알고 있어요. 나는 교무실로 달려가서는..."

"그래, 넌 아빠가 학교에 찾아오는 것을 상상하고 있구나."

"네, 교실에는 잠기는 문이 없기 때문에 나는 교실에 있을 수가 없어요. 나는 교무실 옆 화장실에 가 있을 거예요. 그는 들어올 수 없어요. 나는 문을 잠그고 말할 거예요. '하하하, 당신은 날 찾을 수 없어."

*논의*

자신의 아버지가 자신을 유괴하러 올 것이라는 알렉스의 환상은 그를 고립되게 만들었다. 이러한 환상은 탈출을 위해 그가 만들어 놓은 조심스러운 계획안에서 적응적인 요소가 되기도 한다. 그러나 이것은 또 그를 3세의 조망 안에 정지되어 있게 하였다. 학대적 사건의 주체로서의 경험의 환상에서 그는 아버지와 함께 혼자 존재하는 상상을 했다. 그를 도와줄 사람은 없었으며, 그의 상황을 스스로 통제할만한 방법을 찾아야만 했다. 그의 해결책은 전능함의 가치, 즉 자신이 영웅이 되어 스스로를 구하는 것이다. 이러한 잠재된 환상은 두려운 예측으로서의 내면화로서 "피할 수 없는 스트레스"의 생생한 예가 된다. 알렉스가 학교에서 친구들에게 보이는 공격성은 그의 원래의 외상과는 관계없이 이러한 상황에 대한 두려움을 일반화하는 것이라고 추측했다. 그의 공격자에 대한 동일시에 대한 의지와 초기 발달단계로부터 굳어진 대처기제는 친구들과의 관계를 향한 현재 발달 과정을 방해하며, 더 높은 수준의 대처 수단을 확립하지 못하게 한다.

이후에 일어나는 세션에 있어 나의 중재는 먼저 놀이로 보이는 전능한 대처 수단을 강조하고 그의 아버지의 폭행에 어떻게 반응하는지를 묘사하는 데 초점을 두었다. "나는 왜 항상 너의 부하들이 이겨야 하는지 이해한다. 너의 속마음은 진다는 것을 매우 두려워

울꺼야. 아무리 가정이라 해도 너의 부하들이 만약 다친다면, 그것은 너에게 네가 3살 때 너의 아버지가 널 다치게 했을 때 느꼈던 감정을 떠올리게 하겠지." 그 후 나도 알렉스가 적응적인 대처 수단을 통해 사고할 수 있도록 도왔다. 예를 들어서, 학교에서 납치당한다는 환상의 발달적인 조망을 소개하면, 나는 "네가 3살 때는 어떻게 도움을 구할지 몰랐을꺼야. 도움을 구하는 말조차 모를 것이야. 그리고 너의 어머니도 스스로 너무 힘들었기 때문에 널 도울 수 없었고, 그래서 너 스스로 모든 것을 해결해야 한다고 느꼈던 것을 이해한단다. 그러나 현재 넌 성장했고 넌 도움을 구하는 것에 대해 훨씬 많은 것을 알고 있단다."라고 말하였다. 그리고 난 그가 상상하지 못했던 몇 가지 아이디어와 전략을 제안하며 말했다. "네가 만약 너의 아버지를 학교에서 본다면, 넌 너의 선생님에게 말하거나 교장선생님한테 말할 수 있을 거야. 그들은 그를 저지하려 할 것이고 필요하다면, 경찰을 부르고 널 보호할 거야. 너랑 나는 너의 걱정에 대해 이야기 할 수 있고 엄마와도 의논할 수 있으며 엄마는 학교에서 너를 아무도 데려가지 못하게 교장선생님에게 말할 수 있어."라고 이야기 하였다. 이러한 중재의 목적 중 하나는 알렉스로 하여금 좀더 발전된 발달 단계의 시작에서 그가 어렸을 때, 잠재적으로 존재하는 외상적인 상황을 다루어나갈 수 있는 수단이 있다는 것을 알 수 있게 돕는 것이다.

두 번째 목적은 그를 걱정시키는 문제를 해결하는데 있어, 구체적이고 인지 가능한 시각을 그에게 제공하고 적용시키는 것이다. 세 번째 목적은 그의 내적인 대처 기제가 전능한 환상에 덜 의지하고 그의 현 발달 단계에 상응하는 보다 합리적이고 인지적인 불안 통제 방법으로 갖추어 질 수 있도록 변화시키는 것이다.

요약하면, 아동의 발달수준에 의한 잠재된 초기 위험요소의 발견은 치료사가 아동의 현재증상의 원천에 대해 가설을 일반화 할 수 있도록 돕는다. 알렉스의 경우, 과거의 외상과 현재의 증상, 방어들, 그리고 의식적인 환상들과의 연결고리가 그가 치료 관계 안에서 믿음을 배우면서 생생하게 드러났다. 알렉스에게 있어 외상은 기억이 과거의 경험에 의해 조장되는 것은 아니었지만 일상의 두려움의 원천이 되었다. 외상 후 스트레스성 증후군의 특징 중 하나는 사건에 대한 지워지지 않는 기억이다. 알렉스는 자주 그의 아버지의 학대에 대해 생각하고 계속해서 그때의 기억을 떠올렸으며 아버지가 미래에 그를 해칠 것이라는 공포의 기억으로 변화되었던 것으로 보였다. 그의 두려움의 시각에는 그의 증상적인 행동들, 부적절하고 일반화된 것들에 대해 나름대로의 정당성을 갖는다. 과거의 위험 요소에 대한 분석은 아동의 현 행동에 이전의 외상이 어떻게 영향을 주는지 이해할 수 있게 했다.

# 연습

아래의 형식들을 이용하여 당신의 한 명 또는 그 이상의 내담자의 위험요인과 보호요인의 균형을 분석하라.

## 위험요소와 보호요소

| 아동의 위험요인 | 아동의 보호요인 |
|---|---|
| ______________________ | ______________________ |
| ______________________ | ______________________ |
| ______________________ | ______________________ |
| 가족의 위험요인 | 가족의 보호요인 |
| ______________________ | ______________________ |
| ______________________ | ______________________ |
| ______________________ | ______________________ |
| 사회/환경적 위험요인 | 사회/환경적 보호요인 |
| ______________________ | ______________________ |
| ______________________ | ______________________ |
| ______________________ | ______________________ |

# 제 II 부

# 아동발달 과정

# II부 도입 : 아동기의 발달 모습

2부에 5-12장은 정신건강 실제에서 사용되는 아동 발달에 대한 개요이다. 우리가 한 아동을 만났을 때, 아동의 발달상태에 대한 객관적인 이해가 중요하다. 아동이 발달이라는 당면과제에 어떻게 잘 반응하는지를 평가해야 한다. 또한 발달에 대해 아동의 현재 상황과 과거의 경험에 대한 공감적인 이해가 필요하다. 아동의 주변 환경, 양육방식, 의미있는 사건과 같은 외적인 경험들을 바르게 알아야 하고, 아동의 내적인 반응 즉, 아동이 특정 경험에 어떻게 반응하는지, 그것을 어떻게 이해했는지, 아동이 경험할 것에 대한 견해와 반응에 대처하는 전략이 무엇인지 등에 관한 모든 것은 아동의 가족과 지역사회 그리고 문화라는 커다란 배경 안에 있다.

## 아동을 이해하기 위한 관문들

초보 임상가에게 아동의 사고방식과 세상에 대한 반응들은 신비스럽게 보일 수 있다. 그들은 성인의 방식보다 아동을 이해하는 것이 더 공감하기 어렵다는 것을 경험한다. 우리는 자신과 비슷한 방법으로 생각하는 사람들과 의사소통하는 것이 더 수월하므로 성인을 이해하는 것이 아동을 이해하는 것보다 더 쉬울 수 있다. 성인들은 처음 몇 마디로 스스로를 표현하는데 반해, 아동은 발달단계의 특성에 맞는 놀이와 행동으로 스스로를 표현하려는 경향이 있다. 대부분의 성인은 과거와 현재, 일반적인 것과 특별한 것, 구체적이고 추상적인 것들을 넘나들 수 있는 논리적인 사고력, 경험에 대한 성찰과 여러 가지 형태의 사고를 통합시키는 틀을 갖고 있다. 정상 발달 과정에서 인지적인 능력은 청소년기까지는 잘 확립되지 않는다. 아동은 성인과는 다른 사고를 하고 더 낮은 발달과정에 있는 아동일수록 성인과 더 많은 인지적인 차이를 보인다. 아이들은 현재를 살며 현재와 과거를 연결시키지 않는 경향을 보인다. 아동은 자신들이 경험했던 것에 대해 생각하기 보다, 매우 특별하고 구체적인 경험에 대해서만 생각하는 경향이 있다. 또한 아동이 경험한 세계에 대해 성인이 공감하기는 더욱 어려운데, 어른들은 이미 어린이들이 가진 발달초기의 사고능력 상태를 넘어서 성장해 버렸기 때문이다. 이미 성장해 버린 어른들이 어린 아동들의 시각으로 그들의 견해를 이해한다는 것은 매우 어렵다. 예를 들어, 어린 아동들은 그들이 원하는 상태를 이루고 유지하기 위해서 그들의 지각을 자주 왜곡시킨다.

> 나는 2세 6개월 된 손자와 뒷마당에서 놀고 있었는데 그때 천둥과 번개가 치며 먹구름이 감돌기 시작했다. 나는 "헤이든! 비가 오려고 해"라고 말했다. 그는 "아니야, 비는 안 올 것 같아"라고 했고, 나는 "그러나, 먹구름이 오고 있고 이 근처에서 천둥치는 소릴 들었어, 아마 비가 올 것 같아."라고 말했다. 헤이든은 완강하게 "아니야, 그렇지 않아. 같이 놀자."라고 이야기하였다. 헤이든은 2세 6개월된 아동으로 천둥이 오는 표시를 볼 수 있었음에도 불구하고 자신의 지각을 왜곡시켜서라도 계속 놀기만을 원한 것이다. "성인의 생각"으로 인하여 처음에는 헤이든을 논리적으로 설득하려 했으나 나는 생각을 돌이켜 "너무 재미있어서 비가 오지 말았으면 하는구나!"라고 말했다.

아동의 증상적인 행동 즉, 분노, 저항, 물건 던지는 행동, 규칙을 지키는 것에 대한 거부, 지나치게 공격적인 행동은 성인을 당혹스럽게 만들고 곤란하게 만든다. 이 때 어른들은 아동이 표현한 것을 이해하려 하기 보다, 아동의 이러한 행동만을 제거하려 하게 될 것이다. 아동을 통제하는데 성인의 자극은 공감을 방해한다. 이와 관련된 문제로 아동의 증상적인 행동을 개념화하는데 어려움이 있다. 아동의 증상에 대한 원인은 종종 불명료하다. 아동에게 나타나는 증상에 대한 진단은 성인을 진단하는 것보다 더 어려운데, 아동들이 진단 범주에 속하는 행동들을 뚜렷하게 보이지 않으며 주로 진단하기 어려운 사회적 위축, 불안, 걱정과 같은 증세의 다양함을 드러내기 때문이다. 게다가, 아동과 가족들과의 상호간 활동 중에서 아동의 어려움을 구별하는 것은 더욱 어려운 일이다. 성인의 경우에는 증상적인 행동은 성격조절과 관련된 것으로써 이해된다. 이처럼 성인의 경우는 성격과 관련지어 영향을 받기 때문에 미리 전조를 보이며 행동과 좀 더 일관되게 보인다. 아동도 성인과 같지는 않으나, 최대한 바람직한 것은 아동 대부분이 발달과정으로서의 변화를 하고 그들의 가족이라는 환경 안에서 좀 더 변화 있는 반응을 하는 것이다. 아동을 이해하기 위한 최선책은 발달에 관한 지식을 얻는 것이다.

## 발달 변화의 역동성

발달은 간단하게 추가되는 것이 아니고, 하나의 "패키지(package)"안에서 이뤄진다. 새로운 능력은 그 이전에 발달되었던 능력을 변화시키는 것으로서 복잡한 발달 영역에서 사람마다 다르게 나타난다(Sroufe, 1989). 예를 들어, 학령기 아동은 상상과 현실을 확실히 구별할 수 있는 인지 능력을 가지고 있다. 학령기 아동의 경우 상상력을 많이 이용하지만, 4세의 경우 명확하게 무엇이 사실이고 무엇이 거짓인지 분명하게 구별하지 못하며 상상과 현실을 구분하지 못한다. 이것은 현실에 좀더 영향을 받아서 행동과 지각에 영향을 받으며 자신에 대한 생각, 사회적인 행동과 놀이에 영향을 받기 때문이다. 아동 중기에는 자아에 대해 새롭게 정립하게 되는데 9세 나이에 어울리는 차별화된 척도를 사용하게 되고, 9세 나이에 부합되는 새로운 인지 능력을 사용하며 통합시키고, 현실에서의 상상력이 형성되기 시작한다. 아동의 능력이 점점 더 복잡해지는 학령기 아동은 단순하게 학령전기가 진보된 것이 아니라 더 근원적인 생각과 의사 소통력이 생기는 것이며, 행동은 학령전기와는 다른 차원으로 보여진다(White, 1996; Case,1998).

## 성숙과 환경 사이에서의 상호작용

자극과 발달 형태의 자극이 아동의 현재 능력과의 관계에서 크게 뒤떨어지지 않으며 이 시기에는 새로운 환경들이 요구된다(Kagan, 1984). 예를 들어, 아동의 초등학교 입학 시의 주요 적응과제는 새로운 환경에 의해 결정된다. 그들은 조용히 앉아서 말없이 작업하고, 듣고 지시에 따르며 학업과제를 구체화시키는 것에 대해 배운다. 학령 전 아동들은 전형적으로 자극적이므로 다음 학년 교실에서 잘 적응하지 못하기 때문에 그들은 놀이를 통해 자극 조절하도록 배우거나 최신의 경험으로 상상력을 가져야만 한다(Rimm-Kaufman & Pianta, 2000). 아동의 발달은 가족 간의 다양한 일상생활에 의해서 고양되거나 뒤쳐진다. 형제의 출현은 또래와의 놀이에서 흥미가 생기고 엄마로부터 처음 독립심을 갖게 되는 3세 아동이 되어 타협하기까지는 스트레스를 많이 받을 것이다.

그러나 환경에서 오는 스트레스에 대한 반응에서의 변화 방향은 항상 예측할 수 있는 것이 아니다. 쾌활한 아동은 표현을 통해 더 효과적으로 스트레스에 반응한다. 예를 들어, 10세 남자 아동은 학교에서 좀더 진지하고 의미있게 부모의 이혼에 대해 반응한다.

## 평가와 중재에서 발달에 대한 생각

임상가가 단계마다 아동을 정확하게 평가하기 위해서는 발달의 영역과 한 발달 단계에서 다른 발달 단계와 구별되는 변화, 발달 방법, 발달 영역 또는 여러 분야에서의 적절한 평가가 이뤄져야 한다(A. Freud, 1963). 각 발달단계에서 아동을 도울 수 있는 새로운 능력이 생긴다. 발달에 대해 잘 아는 임상가는 적합한 치료의 시도를 위해 "발달이라는 바람"을 어떻게 사용해야 하는지를 안다. 예를 들어 어린 학령기 아동은 옳고 그름에 대한 내재화가 증가되며, 원인과 결과를 연속적으로 이해할 수 있는 능력, 성취하고자 하는 표현을 정확하게 하므로 긍정적인 강화를 주고 순응적인 행동을 하도록 임상가와 부모가 함께 연계적인 계획을 세울 수 있다. 8세 아동은 매일 아침 학교에 가는 준비를 위한 생각을 개념화할 수 있으며, 주말에 보상을 위한 팁을 생각할 수 있다. 변화를 위한 동기의 증가와 아동을 돕는 부분이 계획안에 포함된다. 한편으로, 아동에게 아직 보여지지 않은 능력은 중재의 계획에 포함시키지 않는다. 3세 아동은 행동치료계획에 상당부분을 관여시킬 수 없는데, 이는 아동이 원인과 결과를 이해할 수 있는 능력이 아직 극히 제한되어 있기 때문이다.

## 각 장에서의 발달 조직

발달 Ⅰ(5, 7, 9, 11장)에서는 각 단계에서 보여지는 주요 적응과제와 8개의 발달 분야를 세부적으로 다루고 있다:

- 신체적 발달
- 관계적 발달과 사회적 발달
- 인지 발달
- 언어와 의사소통
- 놀이와 상상력을 포함하는 표현 발달
- 모방 전략과 방어를 표현하는 행동과 영향의 조절
- 도덕 발달
- 자각, 자기 조직력과 현실성

각각의 장에는 임상의 실제로서 발달지식의 실제 적용들이 수록되었다. 이 실습(6, 8,

10, 12)장은 한 아동의 행동, 놀이, 관련된 능력이 발달 단계에서 어떻게 영향을 끼치는지와 각 발달 기간을 위한 중재 접근과 알맞은 평가에 대해 논의하고 있다. 각 임상 장은 어떻게 발달 양상이 각 단계마다 이용되었는지에 대한 일화를 이야기 식으로 하나 또는 그 이상의 자세한 사례(case)로 기술했다.

# 영아 발달

이 장은 영아 발달 과업과 애착 관계 안에서의 사람들과의 상호작용을 설명하고, 영아들이 어떻게 이러한 것들을 배우는지 그리고 어떻게 양육자들이 영아들의 적응을 촉진하는지에 대해 설명하겠다. 또 영아의 단계적인 자기인식 발달의 평가와, 이러한 것들이 양육자와의 관계 속에서 어떻게 촉진되는지를 알려준다. 인지적, 정서적, 사회적 발달은 함께 통합되어 발달되어지고 이러한 발달은 부모와 영아의 상호작용에 의해 촉진되어진다. 빠른 성장과 양육 기반 안에서 그것이 어떻게 이루어지는지에 대해 강조할 것이다. 다음 단계의 발달과는 대조적으로 이 장에서는 발육과 양육사이의 교류의 결과로서 영아의 발달과정을 통합하여 설명해 나갈 것이다. 다음 장에서는 영아들이 점점 자율적이고 분화된 자기를 성립해 나갈 시기에 개인적인 발달과 양육의 비중이 다소 감소해 나가는 것에 대해 공부하겠다.

## 발육과 양육 사이의 상호작용

영아의 발달은 양육자와 양육 과정은 분리될 수 없다. 현대는 부모 혹은 다른 양육자의 역할의 가치를 영아의 유능함을 점차로 발전시켜 주고 확실한 자기감각을 갖도록 지지하는 것으로 강조한다(Crock-enberg & Leerkes, 2000). 영아들은 그들의 발달 과업과 발육의 향상을 도와주는 양육자를 필요로 한다. 영아들은 양육과 상호작용 경험 속에서 패턴을 조직화하는 능력을 갖게 된다. 이 경험은 양육자가 영아에게 가치를 반영하고 부모 개개인의 문화를 강조하는 것과 관련이 있다(Lewis, 2000; Small, 1998). 1장에서 설명했듯이 애착관계는 발달을 증진시켜 주는 상호작용에 대한 배경을 알려준다. 이런 이유로 애착의 질은 영아의 발달에 결정적인 변수가 된다.

## 두뇌 발달 : 어린 시절 경험의 중요성

2장에서 설명했듯이 두뇌 발달은 생의 첫 2년 동안 가장 빠르게 전개된다. 임신 9~10개월 사이와 생후 1년 동안 두뇌는 빠르게 성장한다. 두뇌는 시냅스(synapses)와 수지상 돌기(dendrites)의 생산을 통해서 빠르게 발전된다. 빽빽한 가지와 수지상 섬유질(dendritic fibers)의 도달은 광대한 뇌의 다른 부위에서 수억의 뉴런과 연합된다(Johnson, 1997). 이러한 뇌 회로의 통합 과정은 감각, 지각, 정서, 조절력, 신체적, 인지적 능력의 발달을 만들어 준다(Nelson, 2000b). 생후 두뇌의 성장과 섬세한 뇌 기능의 분화는 영아의 환경에 의해 조직되고 변화한다. 경험은 신경 통로를 강화시키고 유효한 것을 남기면서 감축되는 것에 영향을 준다. 적당한 양육과 자극은 두뇌의 발달을 증대시키지만, 부족하거나 외상을 입힌 양육은 순응적인 방법으로 뇌의 기능을 형성하는 것을 방해한다고 밝히고 있다. 두뇌 성장의 전망과 다음 단계 발달에서의 영향 때문에 영아와 양육자의 교류는 굉장히 중요하다.

## 영아-부모 교류의 은유

카예(Kaye, 1982)는 영아의 발달 증진을 용이하게 해주는 부모의 능력이 무엇인지를 설명해주는 유용한 비유를 제시했다; 영아란 마치 "숙련된 장인의 공방에 있는 견습생이다. 장인에게로부터 선택된 과업을 연습할 수 있는 보호된 기회를 공급받고, 견습생의 기술 향상을 점검받고, 점진적으로 어려운 과업을 받기 때문에 견습생은 일을 배울 수 있다(p.55)." 카예는 "성인은 숙련된 활동의 계획을 인계할 수 있으며 유아는 자신이 수행할 수 있는 보조적인 기술을 수행하게 된다."라고 기술하였다(p.65). 파이-케이크 같은 유아-부모의 게임은 부모에 의해 짜여진 극본 안에서 부분적으로 유아가 참여하는 예를 보여주는 전형적인 게임이다. 초기 7개월에서 8개월의 유아는 제스처를 모방할 수 있고 부모가 "파이-케이크, 빵 굽는 아저씨"라고 인용해 주는 적절한 시간에 따라 박수를 치는 것을 학습할 수 있다.

8개월의 안드레(Andrea)는 그녀의 할머니가 불러주는 가스펠 노래에 의해 숙

> 련되어지기 시작하였다. 그녀의 할머니는 손가락을 세우고 앞뒤로 웨이브를 하는 제스처를 그녀가 코러스를 노래할 때마다 보여주었다. 안드레는 할머니의 손가락이 웨이브하는 것을 응답하듯이 지켜보았고 노래를 들을 때 항상 미소를 지었다. 그리고 금방 안드레는 코러스를 들을 때 그녀의 손가락으로 웨이브를 만들었다. 그녀는 아직 노래는 부르지 못했지만 노래에 합류하였는데 왜냐하면 안드레의 할머니가 그녀의 능력 안에서 참여할 수 있는 방법을 가르쳤기 때문이다.

이 예는 양육자들과 영아들 사이의 장인과 견습생의 관계의 감정적인 요인들을 명백하게 보여준다. 새로운 기술발달을 위한 본질적인 동기를 지지하는 안드레와 그녀의 할머니의 흥미롭고 행복한 개입을 볼 수 있다(Siegel, 1999).

발달 촉진에서 양육자의 역할에 대한 유용한 두 번째의 은유는 "발판(scaffolding)"이다(Bruner, 1985). 발판의 사전적 정의는, 빌딩을 세우는 동안 작업자와 재료를 공급해주는 일시적인 구조물이다. 이를 발달에 적용시켜보면, 부모는 영아의 인지적, 정서적, 역동적 발달을 위해 영아가 발달 기술을 완성하고 그것을 자율적으로 사용할 때까지 지지-"발판"-를 제공해준다(Rogoff, 1998). 어린 시절의 사실적인 발판에 대한 예는 생후 초기 몇 달 동안 양육자가 영아들이 고개를 돌리는 것을 조절하는 신뢰할 수 있는 능력에 대해 보상해주는 것이다. 어린 영아의 목 근육은 그의 아래턱이 가슴으로 구부러지는 것을 막을 수 있을 만큼 강하지 않다. 주변 환경을 시각적으로 읽어낼 만한 능력이 제한되어 있다. 그러나 양육자가 영아의 고개를 적당한 각도로 잡아줘 그를 지지해준다면 그는 세상을 보게 되고, 어디로 가고 있는지 보고, 좀더 넓은 시야를 가질 수 있게 된다.

발달에 대한 다음 단계의 예로는, 부모와 6~7개월 영아 사이에 흔하게 일어나는 상호작용이다. 영아는 반복적으로 장난감을 떨어뜨리고 부모는 그 때마다 그걸 집어 아이의 손에 쥐어준다. 영아는 사물에 대한 자신의 손 조절을 실험해보고 있는 것이다. 없어짐과 다시 나타남에 대한 기초적 개념을 실험하고 부모와 즐거운 게임에 몰두해보는 것이다. 그러나 부모가 장난감을 다시 쥐어줘야 하는 그 때에 지지해주지 않으면, 영아는 자신의 능력을 경험하지 못한다. 지지는 영아가 혼자서는 할 수 없는 것을 가능하게 해주는 행동이다. 부모의 지지는 아동기에 계속 유지되지만, 가장 중요한 시기는 3살까지이다.

## 발달상의 변화에 대한 양육자의 적응

스턴(Stern, 1995b)은 "영아와 그의 부모는 초기발달이라는 최대의 그리고 가장 빠른 인간의 변화 과정 안에 속해 있다(p.3)."라고 하였다. 영아의 발달속도는 부모의 행동이 빈번하게 변화하는 것을 필수로 한다. 부모 역할의 과업은 영아의 반응에 언제 지지를 늘려야 하는지를 아는 것이다. 센더(Sander, 1975)는 부모에게 자주 일어나는 적응의 필요성과 같은 발달상의 과정을 설명했다.

> 한 가지 구성 요소로, 빠르게 성장하고 따라서 빠르게 변화하는 영아기 행동의 질과 양은 끊임없이 상호작용에 대한 내용을 도입시킨다. 어머니와 영아 사이에서 조화롭게 통합되는 행동에 근거를 둔 영아의 역할은 새로운 것의 출현으로 혼란스럽게 된다. 그리고 보통 더 명확하게 중심을 두게 되고, 고의적으로 가르쳐준다. 성장하는 영아의 활동. 그래서 새로운 단계에서 적응과 서로의 조절이 필요하다(p.135).

이러한 적응에 대한 전부의 방향은 영아의 "환경과 마주본 자기 조절 범위의 확장과 같은 위치의 조절에 대한 점진적인 가설"(Sander, 1975, p.135)과 통제에 대한 부모의 점진적인 포기로 향해 있다.

통합된 상호작용에 대한 양상(부모가 영아의 발달상 지위에 적응하는)과 "혼란"의 기간은 교차된다. 영아기에 새로운 발달에 반응을 나타낼 때 부모는 그의 행동을 바꿔야 한 한다. 7~9개월 사이에 일어나는 좋은 예는 영아가 기어가기 시작할 때이다. 이것은 영아에게 중대한 변화이다. 영아가 자신의 의지대로 바닥을 이동할 수 있다는 것이기 때문이다. 그녀는 장소를 바꾸고 싶어할 때 부모가 옮겨주는 것을 더 이상 필요로 하지 않는다. 그녀는 이동에 대한 조절을 더 많이 할 수 있게 되고, 좀더 쉽게 당면한 세상을 경험하게 된다. 기어다니는 아기는 더 자율적이고, 부모는 "유아-보호환경"으로 개조해야 한다. 빠르게 기어다니는 아기는 온갖 종류의 위험한 곳으로 들어간다. 부모는 아기의 안전을 위해서 환경을 변화시켜야 한다. 동시에, 부모는 접촉을 원할 때 부모에게 오는 아기의 새로운 애착 요구를 조절해 주어야 한다.

# 신생아기 : 생후 4주

영아에 대한 연구는 한때 영아들은 태어나면서 지닌 능력이 없다는 것이 지배적이였다. 현재 우리는 영아들이 주변 세계를 인지하기 위해 배울 필요가 없다고 생각한다. 대신, "인지는 이전에 형성되고" 학습은 "이러한 인지되거나 나타난 구조의 바탕에서 이루어진다(Stern, 1977, p.57). 영아는 미래 발달의 기초가 되는 수많은 능력을 지니고 태어난다. 생후 영아기 능력은 태어나면서 존재하거나 신생아 기간 즉 생후 4개월 동안 나타난다. 고통에 반응하는 4대 지각(시각, 청각, 후각, 촉각)과 몸의 상태변화에 대한 반응은 모두 지니고 태어난다(Bertenthal & Clifton, 1998). 1세 이러한 능력의 대부분은 어른들이 가진 수준까지 도달한다. 신생아는 상당히 예리하게 8~10인치 거리의 물체를 볼 수 있다. 연초점의 사진을 보는 효과와 비슷하다. 그들은 빛과 색의 미묘한 점진적 차이보다는 강한 대조적인 것을 더 잘 본다. 그들은 물체를 시각적으로 천천히 본다. 생후 6개월 동안 아이의 시각의 예리함은 급격히 증가한다. 그리고 나서 4세까지 점점 향상한다. 신생아는 다른 물체보다 사람의 얼굴을 보는 것을 더 선호한다. 비록 아기들의 청력이 2세까지 어른들의 청력만큼 도달하지 못하지만 잘 듣는다. 그들은 특히 사람 목소리의 억양과 소리범위에 반응한다. 여성의 목소리, 특히 엄마의 목소리를 선호한다. 아기들은 시각과 소리에 고개 돌리고, 짧은 기간 동안 기민하고, 정서적 생리학적 상태를 조절할 수 있고(마치 흥분상태의 얼굴을 바꾸거나, 없애는 것처럼), 그리고 흥분상태를 감소시키는 양육자의 편안함을 사용한다.

생후 1년 동안, 소리, 색, 물체, 개인의 성격이나 다른 차이점들을 구분하는 영아의 능력은 빠르게 발달한다. 태어난 후, 예리함이 발달됨에 따라 영아는 차이점과 유사점을 알아차리게 되고 그것들을 기억한다. 초기의 감각수준에서 구별할 수 있는 능력은 후에 단정적인 사고와 일반화의 기초가 된다. 후각에 대한 초기 인지와 구별에 대한 예는 맥파랜네(MacFarlane)의 신생아 돌봄에 대한 고전적 연구에서부터 나왔다. 생후 3일된 영아는 이미 엄마 젖 냄새를 인식하고 있다. 엄마 젖과 다른 여자의 젖을 흡수시킨 패드를 영아 머리의 양옆에 놓아두면 아기는 예외 없이 엄마의 젖이 묻은 패드를 향해 고개를 돌린다.

초기 영아의 본능적이고 눈에 띄는 놀라운 인간능력 중의 하나는 교차 인지력이다. 그리고 그것은 하나의 인지된 모드로부터 다른 것으로 해석하고 이해하게 하는 능력을 말한다. 예를 들어, 만약 내가 다른 모양과 크기의 돌로 가득 찬 가방으로 손을 집어넣어 보지 않고 한 개를 집었다면 나는 나중에 그것을 만지지 않고도 보고 그것이 내가 골랐던

돌이라는 것을 안다. 나는 "하나의 감각 양식에서 받은 정보를 얻어 다른 감각 양식으로 그것을 해석할 수 있었던" 것이다. 실험 연구는 신생아가 그러한 정보의 교차 인지를 할 수 있다는 것을 보여줬다. 생후 3주의 눈이 감긴 신생아는 다른 모양의 고무 젖꼭지가 주어지게 된다. 그들이 그것을 빨아본 후, 그들에게 두 가지 다른 젖꼭지를 보여줬다. 그 아기들은 그들이 감각 양식을 통해 사물을 인지한다는 사실을 가리키듯이 그들이 빨았던 젖꼭지를 더 유심히 보았다(Meltzoff & Borton, 1979). 감각의 집합은 학습에 의한 것이 아니라 타고난 것이다.

신생아는 또한 많은 물리적 반사 능력을 지니고 있다. 먹을 것을 향하는 것과 모유를 빠는 것, 그들의 손으로 무언가는 쥐는 것을 포함한 몇몇의 반사 능력은 초기 사회적 상호작용을 위한 바탕이 된다. 신생아는 또한 미소를 통해 기쁨을 표현하고 울음 등을 통해 스트레스를 해소한다. 또한 이 반응들은 모두 그들이 좋아하는 것과 좋아하지 않는 것을 그들의 양육자에게 "알려주는(가르쳐 주는)" 양식이다. 무엇이 신생아를 기쁘게 하고 스트레스를 주는지에 대한 부모의 관찰은 기분 좋은 상태를 유지하고 스트레스를 종료시키도록 해준다. 이를 통해 영아는 예상 밖의 반응을 이해하기 시작하고 감각양식이 그의 신호에 어떻게 양육자가 반응하는지에 대한 기대를 발달시키기 시작한다. 영아는 자신이 울 때 양육자가 안아준다는 사실을 매우 일찍 익힌다.

신생아의 타고난 능력은 유전적인 요소를 가지고 있지만 또한 태어나기 이전의 영향에 의해 형성되고 태어나면서 형성된다. 브라젤톤(Brazelton)은 "태어나기 이전의 경험은 두뇌 발달에 영향을 주고 두뇌 발달을 촉진시킨다고 지적한다. 영양, 감염, 약 그리고 엄마의 정신적인 경험이 태아에 전달되고 현시점의 행동과 영아의 발달 잠재력 모두에 영향을 준다는 사실을 안다." 어머니의 정신적 상태가 태아에게 영향을 줄 수 있다는 생각은 놀라울 수 있다. 그러나 수많은 연구 결과는 임신한 여자의 불안과 스트레스의 높은 수준이 태아의 행동의 높은 수준과 더 높은 수준의 신경 쇠약증과 관계가 있다는 것을 보여 주었다. 출산 과정이 힘겨웠던 영아나 출산 중에 마취에 의해 영향을 받아왔거나 혹은 출산 후 종종 약물치료를 받았던 영아들은 출산 후 덜 반응적이고 덜 경계적이다. 그들은 회복할 시간이 필요한 것이다.

생후 1주일간, 영아들은 "상태에 대해 반응하는" 능력을 보여주기 시작한다. 예를 들어 경계태세의 능력, 주의하는 능력, 소리 지르는 능력, 잠에서 깨지 않기 위해 자극에 익숙해지는 능력 등을 보여준다. 한 예로, 신생아 행동 연구과정의 한 부분은 잠든 신생아의 눈꺼풀 위에 10번 빛을 비추는 것을 포함한다. 영아는 처음에 몸을 떨면서 빛에 반응한다. 그러나 빛이 네 번째 비춰졌을 때 움직이지 않고 계속해서 잔다. 이는 그 영아가 비슷한 자극에 빨리 익숙해진다는 것을 나타낸다. 습관화의 능력은 자기 통제발달을 돕는다. 그 영아는 비슷한 반응에 반응할 필요가 없고 자극의 횟수를 줄이고 아기가 깨어났을 때 짧은 시간동안 더욱 더 평화롭고 고요한 상태를 유지하게 한다. 오랜 시간 동안 고요한 상태를 유지하게 하는 영아는 외부 세계에 적응하고 영아로 하여금 정보를 습득하는 것을 시작하게 한다. 매우 이른 학습 능력에 대한 가장 명백한 증거는 신생아가 태어난 후 엄마와 접촉한지 단 3일 만에 낯선 이로부터 엄마의 목소리를 구분할 수 있다는 사실을 증명하는 연구결과에서 비롯된다. 영아는 또한 빨리 색다른 자극을 알아보는 방법을 배우고 비슷한 자극엔 익숙해지고 새롭고 비슷한 자극을 구분하는 능력을 익힌다.

신생아는 내부 상태를 통제하는 능력과 자극에 익숙해지고 안정된 상태를 유지하는 능력을 다양하게 변화시킨다. 연속적인 상황에서 몇몇 영아는 둔해질 수 있고 과민해질 수도, 자주 울 수도, 자신들을 안정된 상태를 유지할 수 없게 될 수도 있다. 과민한 영아는 자기 통제의 무난한 패턴을 발달시키는데 어려워진다. 그들은 더 반응적이면서 덜 환경에 순응적이다. 이는 그들이 육체적인 자극에 의해 외부 스트레스에 더 자주 반응하게 된다는 것을 의미한다. 결과적으로, 그들은 더 쉽게 깜짝 놀라게 되고 더 많이 울게 된다. 민감한 영아가 자주 우는 것은 스트레스를 반영할 뿐만 아니라 침입하는 자극을 막으려는 노력이기도 하다. 그러나 우는 것은 힘든 방어 수단이다. 왜냐하면 우는 것은 영아로 하여금 스트레스가 되는 자극의 상태에 계속해서 있게 하고 초기 부모와의 관계에 영향을 주기 때문이다. 그러므로 초반 몇 주 동안 부모와 영아는 부모에 의해 시작되는 상호 적응의 의무에 직면하게 된다. 부모는 둔감한 영아를 자극하는 것이 민감한 반응을 하는 영아로 만든다는 것을 배워야 한다.

## 1개월에서 3개월

생후 2~3개월 동안 영아는 두 가지 기초 발달단계를 경험한다. (1) 자기통제를 위한 기초 능력 발달 그리고 (2) 외부세계(특히 양식에 의해 나타내는 인간 세계)에 적응하게 되는 것, 1개월에서 3개월 사이, 영아는 훨씬 더 안정적인 정착의 단계에 들어서게 된다. 신생아 시기와 비교해서, 영아는 더 오랜 시간 동안 깨어있고 그를 둘러싼 환경에 더욱 흥미를 갖게 된다. 그는 또한 내부 상태를 통제하는 방법을 배우게 된다.

## 자기 통제와 양분화된 통제

"통제"는 인간의 감정을 유지하고, 인식되는 자극의 양을 통제하는 그리고 정도를 조절하는 과정을 의미한다. 영아기 동안, 양육자들은 영아에게 적절하게 반응함으로써 통제의 외부 구조를 제공한다. 서서히, 영아는 그들만의 자기통제를 위한 전략을 확장시킨다. 자기 통제와 양분화된 통제는 영아기에 동시에 진행된다. 그 두 가지를 분리하는 것은 어렵다. 그러나 뜻밖의 일에 반응해온 영아는 자기 통제를 위한 능력을 발달시킨다. 처음 3개월 간, 통제는 두 가지 요소를 가진다. 그것은 신체 리듬의 통제와 자극의 통제이다.

### *신체 리듬의 통제*

태어난 영아는 자고 먹고 배설하는 규칙적인 생활을 하지 않는다. 점차적으로 부모의 도움으로 그들은 규칙적인 패턴을 발달시킨다. 이것은 그들의 경험에 대한 예측가능성의 초기 감각이 제공되는 것이다. 예를 들어, 신생아는 하루에 16시간을 잔다. 이는 밤과 낮 동안 잠자는 시간과 깨어있는 시간의 비율이 거의 같음을 의미한다. 약 6주까지, 생체리듬은 성립되고 아기는 우선 낮 동안 정해진 낮잠을 자면서 밤에 자기 시작한다. 이것이 우선 생물학적이고 성숙된 변화임에도 불구하고, 부모의 잠과 깨어있는 주기에 의해 정해진다. 상대적으로 규칙적인 취침 패턴의 발달과 함께, 부모의 노력으로 영아는 낮 동안 우선적으로 먹기 시작한다. 영아가 배고픔을 나타내는 표시에 반응하고 동시에 먹는 시간을 세움으로써 부모는 영아가 배고픔, 먹는 것 그리고 기저귀 가는 경험들을 규칙적인 패턴으로 형성하도록 도와준다. 3~4주까지 먹는 시간이 형성되면서 몸무게가 주는 기간이 이어지고, 영아는 다시 태어났을 당시의 몸무게로 돌아가고 이는 부모들로 하여금 그들이 패턴형성에 성공하고 있다는 것을 알려준다. 감각양식이 영아들의 필요와 일상에 따른 경험을 형성화하는 것 뿐만 아니라 아기의 필요에 반응하면서 영아는 규칙성과 예측가능성의 감각을 느낀다.

영아의 자고 깨고 먹고 배설하는 리듬이 더욱 규칙적으로 되면서, 영아는 부모에 대해 더욱 예측할 수 있게 된다. 부모는 영아가 1~2개월 사이에 이러한 방법으로 더욱 안정화된다고 설명한다. 이 부분에서 영아가 더욱 안정화된다는 부모의 인식은 또한 부모가 영아의 성격과 행동양식을 알아가기 위해 영아를 돌보는 충분한 시간을 보냈다는 것을 사실에 기초한다. 예를 들어, 그들은 배고파서 우는 건지, 어딘가 불편하고 고통스러워 우는지, 경고하는 것인지 그리고 피곤해서 혹은 규칙적인 패턴에서 어긋나서 우는 것인지 구분하는 것을 배운다. 1~2개월 영아의 부모는 그들이 영아를 "알고" 영아에게 인격을 형성시키기 시작한다고 말한다.

### *각성과 감정의 통제*

자기통제의 두 번째 요소는 각성과 감정의 통제라고 명명한다. 최초로 영아의 불편함을 표현하는 표시와 양육자가 영아의 고통과 각성을 경감시키는 것을 시도하는 상호작용의 과정이 주로 이루어진다. 초기 몇 달간은 배가 고플 때 수유공급을 받고 불편할 때 안기는 것을 부모에게 의존하게 된다. 만약 양육자가 반응적이고 예측할 수 있다면 필요한 시간에 수유공급을 받고 편안하게 될 것이라는 영아들의 기대에 부합하게 될 것이다. 이러한 인식 속에서 영아는 기다리는 능력을 발달시킨다. 부모로부터의 응답은 영아가 불안이나 고통을 조절하는 것을 돕는다. 왜냐하면 영아는 자신의 필요가 부합될 것이라는 것을 배울 수 있기 때문이다(Sigel, 1999). 상호 통제의 긍정적인 경험은 자기-통제의 밑거름이 되고 장기적으로 자율적인 대처력과 회복력을 조장시킨다(Crockenberg & Leerkes, 2000).

또한 신생아는 자기 스스로에게 의존하여 각성을 통제하는 것을 배운다. 3주에서 6주 사이에 신생아는 손을 입에 넣을 수 있게 조절하며 손이나 손가락을 빨면 안정감을 느낀다는 것을 발견하게 된다. 또한 부모의 얼굴을 쳐다보거나 요람 위의 모빌을 봄으로 자신을 안정시킬 수 있다는 것을 발견하게 된다. 또 다른 의미의 영아의 조절력 아래의 자기-통제를 반감의 응시라고 명명한다. 만약 부모가 너무 자극적으로 행동하면 영아는 시선을 돌리게 된다. 영아가 고통스러움을 각성하게 될 때 주의를 다른 곳으로 전환하게 한다(Stern, 1974).

중추신경계의 성숙이 증가하는 첫 달 동안 자극에 대한 영아의 반응이 더욱 예측적이고 구조적으로 만들어지며 자기-통제의 능력에 기여하게 될 것이다. 영아는 배고픔에 대한 반응을 지연시킬 수 있다. 영아는 덜 보채고 반응적이 되는데 이것은 안정된 상태를 더욱 길게 유지할 수 있는 것을 의미한다. 영아가 깨어 있을 때 그의 주의력은 더욱 발달하고 인식은 더욱 사람이나 물체를 탐색하고 관찰하는 것에 초점을 맞추게 된다(Emde, 1989). 신경체계가 성숙함은 1개월의 영아가 갖는 반작용의 범위를 원활히 하도록 돕는데 반해 미숙하게 태어난 아기는 가성과 통제의 능력과 확립에 더욱더 시간을 필요로 한다. 미숙아의 중추신경계의 발달은 몇 주 미루어지게 될 것이다. 미숙아와 관련된 질병,

의료적인 처치와 개입, 신생아 중환자실은 초기발달을 지연시키는 원인이 된다. 결과적으로 장기간 동안 미숙아가 쉽게 과잉자극에 반응하고 더욱 반작용을 보이고 불안정한 것은 정상적인 것이다(Minde, 2000).

자기 통제를 위한 과정이 점차적으로 발생함에도 불구하고 고통을 직면한 영아의 자기통제 능력은 정교하지도 효과적이지도 않다. 영아는 고통에 대해 부모가 감지하고 감소시켜 주는 것에 의존하게 된다(Buss & Goldsmith, 1998).

## 기질과 자기통제

영아가 더욱 통제할 수 있고 사회적이 되어감에 따라 신경질적인 울음과 "복통"의 불쾌감의 정도는 감소된다. 신생아는 쉽게 울음을 터트리는 경향이 있고 불쾌감에 반응하는 낮은 한계점을 갖는다. 3개월에서 4개월의 정상적인 영아들은 울음의 정도가 덜 빈번해 지는데 이는 자기통제가 향상되기 때문이다. 그러나 어떤 영아들은 신경질적으로 유지되고 안락함을 갖는 것에 어려움을 갖으며 더욱 예민해진다. 이러한 아기들은 일반적으로 복통으로부터 고통 받고 있다고 설명되어지는데 사실 지속적인 울음과 관련하여 외적으로는 고통에 반응한다고 하나 복통을 일으키는 원인에 대해서는 밝혀지지 않고 있다. 최근 연구에서는 복통을 갖는 아기들은 각성에 대해 낮은 한계점을 가지고 있고 더욱 수면을 취하는 것에 어려움을 보이고 24시간 주기의 리듬을 형성하는 것에 지연을 보인다고 설명한다(White, Gunnar, Larson, Donsella & Barr, 2000). 복통의 현상과 "다루기 힘든" 기질의 유형은 중복된다(Rothbart & Bates, 1998). 영아기의 다루기 힘든 기질은 아동기를 통해 안정된 성격 안에서 발견되지 않는데 양육자가 만약 아기를 진정시키지 못하고 아기를 수용해주지 않거나 아기의 결여된 자기통제를 강화하는 것에 반응하지 못한다면 지속되게 된다. 신경질, 민감한 행동은 초기 2개월에서 3개월 후에 기질적 요소(또는 미숙아, 질병, 부모의 약물남용)에 의해 영아와 그의 부모에게 장애물이 된다.

## 까다로운 기질 영아와 양육방법

많은 부모들은 "다루기 힘든" 영아의 예민함을 감소시켜 줄 수 있는 방법들은 발견하게 된다. 많은 시간을 안아주거나 담요로 아기를 단단히 감싸주는 것 같은 담아주는 기술을 통해 예민함을 감소시켜 주고 안전감을 증진시켜 준다. 또 다른 발견은 그들의 "다루기 힘든" 영아들은 자극에 대한 과민반응을 고려하여 점차적으로 새로운 반응을 감소시켜 주거나 영아의 환경 안에서 일어나는 사건(일)들을 늦추어 준다. 또는 부모들이 다루기 어려운 영아와 상호작용을 가질 때는 말을 하며 웃음소리를 내어 과잉자극을 주는 대신에 오직 감각적인 방식만을 사용한다. 영아를 안아주고 있는 상태에서 말을 걸어야만 한다(Brazelton, 1992). 이러한 것들은 부모가 영아의 "적합성(goodness of fit)의 개념의 예가 될 수 있다(Bates et al., 1994).

다루기 힘든 영아의 어떤 부모들은 영아의 지속적인 신경질과 비통제에 대해 좌절하고 예민해지고 근심하는 것으로 반응한다. 부모에게 아기와의 경험은 아기를 달래는 것은 불가능한 일이라고 느끼게 하고 자신을 자책하거나 아기를 비난하게 된다. 이러한 부모들은 적절히 아기에게 반응하기 보다는 화를 잘 내거나 아기를 거칠게 다루거나 아기가 그냥 울도록 방치해 둔다. 이러한 경우 부모들의 행동이 영아의 신경질적이고 과민하고 비통제적인 기질적 경향을 강화시키는 결과를 갖는다(Crockenberg & Leerkes, 2000).

## 세상을 향한 적응: 상호작용의 시작

안정된 순간동안 영아의 외부세상, 특히 엄마나 주 양육자를 향한 조율이 증가되는 것을 관찰할 수 있다. 첫 두 달 동안 아기의 감각적 방식은 더욱 조직화되고 정교화 된다. 초기 2주에서 3주에 우리는 영아가 엄마의 얼굴을 응시하거나 자신의 주먹을 쳐다보고 목소리를 듣는 것을 관찰할 수 있다. 한 달이 넘어가면 영아는 어떤 느낌을 가질 때 어떤 사건이 일어날 것이라는 기대를 가지게 된다. 예를 들면 영아가 배가 고프다고 느끼면 수유를 받게 될 것이라는 것을 기대하게 된다. 영아의 양육자가 조직하는 리듬과 일과를 기억하고 받아들이게 된다. 2개월된 영아는 시각과 소리에 적응하게 되고 개체에 관심을 갖게 된다. 영아는 시각적으로 개체를 따라 움직이게 된다. 영아는 밝은 색의 개체를 볼 때 흥분을 느끼는 것을 접하게 된다. 그리고 영아는 그 개체를 잡으려고 노력할 것이다. 그러나 목표를 향한 도달은 아직 정확성을 가지지 못하기 때문에 대체로 성공을 하지는 못한다. 왜냐하면 영아의 시각적 개념과 운동 움직임은 조화를 이루지 못하기 때문이다(Von Hofsten, 1992).

6주에서 8주의 영아들은 얼굴을 맞대는 상호작용을 선호하고 양육자의 얼굴표정, 움직임 목소리 톤에 잘 반응한다(Reed, 1995). 영아들은 양육자의 얼굴을 학습하게 되고 눈맞춤의 성립이 시작되고 4주에 6주 사이에 미소를 짓기 시작한다. 영아들의 얼굴은 감정의 양상들을 표현하기 시작하고 3개월이 되면 양육자의 감정을 인식하고 반응한다(Siegel, 2001). 영아들은 감정을 공유하고 감정적인 기대의 어긋남을 인식하게 된다. 예를 들면 한 실험에서 만약 부모가 3개월의 영아와의 상호작용을 "굳은 얼굴" 즉 침묵하고 무표정한 얼굴로 갖게 되면 영아는 근심스러워하고 불쾌해하고 더욱 반응적이 되어간다고 설명하였다. 영아는 일시적인 엄마의 "상실"에 대처하기 위한 활동을 보이는데 엄마의 관심을 갖기 위한 미소, 옹알이, 그리고 팔과 다리를 움직이므로 "어머니를 다시 삶 안으로 돌아오게 하려는" 노력을 한다. 이 실험은 2개월에서 3개월의 영아들이 각기 다른 유형의 감정들을 구별하고 그들의 부모와의 관계 안에서의 감정적인 요소들에 대한 기대를 내면화시키기 시작하며 감정적인 교류의 흐름이 방해되는 것에 대해 민감하다는 것을 명백히 해주었다. 굳은 얼굴의 실험은 오직 단시간의 감정적인 교류의 방해를 강요한 것이지만 더욱 심각한 것은 양육자의 일관성 없는 감정적인 반응을 경험하게 되는 영아들의 상황이다. 감정적인 변화가 있는 우울증이 있거나 집착하거나 불안한 부모들은 영아에게 감정을 조직화하고 나누는 것의 모델을 제시해주지 못하고 감정적 혼란의 이미지를 갖게 한다. 이러한 상태는 모순된 애착을 발달시킨다. 부모에 의한 일관성 없는 감정적인 반응은 영아를 너무 자주 홀로 고통에 대처하고 각성하게 둔다. 이는 미래의 자기통제에 부정적인 영향을 미치게 된다(Siegel, 1999).

### 상호작용 패턴의 발달

정상적인 3개월의 영아와 부모의 상호작용에서 양육자의 행동은 주고받는 대화를 모방하는 경향을 보인다. 아기가 깍깍 소리를 낼 때 부모는 기쁘게 "와, 말을 하려고 하는구나. 그렇지?"하고 응답한다. 아기는 미소로 응답하고 부모도 미소로 화답한다. 그리고 "크게 소리를 지르는거 보니 곧 말을 하겠네."하고 이야기 한다. 부모는 아기의 반응을 기다려 주고 설명해주는 대화를 이끌며 상호작용을 구조화 한다. 부모는 최초의 말, 아기의 얼굴표정의 모방 그리고 아기의 감정을 기초로 한 초기 교환을 하며 책임을 완수하고 있다(Stern, 1985). 영아도 인간 상호작용의 구조와 즐거움을 학습하고 몇 개월 후에는 "대화"에 입문하게 되고 영속성 안에서 활동적인 역할을 수행하게 될 것이다.

3개월 영아는 얼굴을 맞대는 상호작용 안에서 일반적으로 미소를 짓고 옹알이를 한다. 영아의 흥미에 반응하는 양육자는 아기와 더욱 많은 대화를 시도한다.

## 3개월에서 6개월

양육자와의 반복적인 경험을 통해, 2~3개월 사이에 지속적으로 주의, 지각, 감각, 기억의 발달이 이루어짐으로써 영아는 양육자를 확실히 구별할 수 있게 된다. 이것은 애착이 발달하도록 한다. 즉 아기는 어머니를 인식하는 것을 배운다-어머니의 얼굴, 목소리, 냄새, 제스처, 손길, 특징적인 부드러운 어조, 어머니가 아기를 어떻게 다루는지, 어머니가 선호하는 상호작용의 종류가 무엇인지까지. 아기는 어머니를(어머니가 주 양육자라고 가정하면) 알아보며, 또한 정기적으로 아기를 돌봐주는 아버지, 조부모, 또는 대리 양육자와 같은 사람들에게 좋은 감정이 있을지라도 엄마를 더 좋아한다.

## 애착

특히 초기 양육자와 같은 사람들과 애착을 형성한 유아들이 보여주는 몇 가지 특징들이 있다.

- 부모를 향한 특별한 웃음은 사회적인 미소를 증가시킨다.
- 영아는 양육자와의 눈맞춤이나 얼굴 마주보기를 좋아한다.
- 영아는 보기, 웃기, 소리내기, 재잘거리기, 신체활동을 통해 부모의 활동에 함께하려는 시도를 한다.
- 초기양육자는 지켜보는 것 이상의 소리내기, 보기, 또는 장난감을 보여주는 것을 통해 영아에게 위안을 줄 수 있다.
- 영아는 어머니, 아버지, 그리고 다른 사람들에게 선호도를 가지고 다르게 반응한다. 초기 양육자에겐 환한 미소로 답하지만, 만약 어머니가 베이비시터에게 자신을 넘겨준다면 스트레스 반응을 보인다. 주간보호를 받는 영아는 종종 부모의 부재에 대해 '쌓아두었다가(storing up)' 까다롭게 굴거나 때로는 부모가 데리러 왔을 때 격렬하게 우는 반응을 보임으로써 선택적인 애착을 보여준다(Brazelton, 1992).
- 영아는 사람마다 다른 기대를 가지고 발달함을 보여준다. 예를 들어 어머니나 아버지하고는 같이 놀이를 하지만 조부모와는 놀이를 함께 하지 않으며, 비록 아버지하고 놀기는 하지만 어머니를 더 편안하게 느낀다는 것이다.

애착이 형성되면서 양육자의 성격 특성은 영아의 관계 형성에 영향을 준다. 영아는 부모의 기대, 선호도, 얼굴 표정과 정서적인 톤을 배우고 따라한다. 만약에 영아가 6세에 여러사람에게 돌봄을 받았다면, 그들과 각각의 방식으로 상호작용함으로써 그들의 차이를 인식할 것이다(Stern, 1995a).

### *놀이*

관계의 발달, 인지능력 그리고 영아의 외부세계에 대한 관심의 증가는 아기들이 놀이를 하는 동안 명백히 관찰되어진다. 영아가 가깝게 또는 거리를 두고 볼 수 있게 되고, 더욱 잘 조절할 수 있게 되면서 외부세계에 대한 관심은 증폭된다. 아기는 자신의 손과 입에 닿는 모든 것을 보고 탐색하길 원한다. 특히 양육자와 주변의 새로운 것들에 대해 관심을 갖는다. 아기는 주변을 자세히 관찰하고 소리를 주의깊게 듣는다. 3~6개월 사이에 양육자와 외부세계에 대한 관심은 놀이의 발달을 가져온다. 영아기의 놀이는 근본적으로 탐색과 상호작용이다. 비록 영아가 놀이를 즐거워하고 적극적으로 자극을 쫓더라도 상호작용 놀이를 주도하지는 못한다. 놀이발달의 초기에 부모는 *까꿍*놀이 같은 '아기 게임' 을 통해 놀이를 주도한다. 부모는 과장을 통해 상호작용 놀이에 영아의 관심을 촉진한다. 스턴(Stern, 1974)은 부모가 더욱 드라마틱하게 하는 것이 영아가 상호작용 놀이에 참여토록 하는 '최적의 각성 수준' 에 도달하도록 돕는다고 하였다(p.410). 그는 영아가 놀이에 참여하고 지속하게 하는 자극의 최적 범위을 제안하였다. 자극을 적게 받은 영아는 상호작용 놀이를 지속하지 못했고, 과도하게 자극을 받은 영아는 외면하거나 위축 또는 일시적인 반응을 보였다. 심각한 질병이나 심리사회적 요인, 부모의 정서적 장애등과 같은 요인이 없다면 보통 최적 수준의 자극을 회복할 수 있다.

### *영아의 놀이유형*

생후 1년 동안 여러 가지 놀이형태가 두드러지게 나타나는데 다음과 같다:

*음성놀이.* 영아는 자신의 소리를 듣기를 좋아한다. 4개월이 되면 아기는 "아", "우", "오"와 같은 모음소리를 포함하여 *꿍꿍*거리거나 *끽끽*거리는 등 소리의 레파토리를 갖는다. 아기들의 요람에서 어쩌다가 말하는 것을 들을 수도 있다. 이러한 재미있는 소리내기를 통해 자기만족을 하는 것이다. 아기는 의사소통을 한다기보다는 자신이 만드는 소리를 시험하고 즐기는 것이다. 6개월이 되면 소리내기는 모음이 결합하면서("바바", "음음") 웅얼거림이 생겨나고, 양육자에게서 들은 억양과 톤을 반영하여 얘기한다(Locke, 1993).

*대상으로서의 탐색놀이.* 영아는 자신의 눈, 손, 입을 객관적으로 탐색한다. 영아는 그것들이 만들어내는 움직임이나 소리뿐만 아니라 모양, 색깔, 질감에도 관심을 갖는다. 피아제(Jean Piaget, 1962)는 바라보고, 만져보고, 조정해봄으로써 대상의 특성에 대해

배우는 영아의 방법을 "감각운동놀이"라 명명하였다. 탐색놀이는 인지기능에 도움을 주는 반면, 모든 놀이형태의 핵심 요소인 즐거움 또한 제공한다. 부모는 탐색놀이를 촉진해야 한다.

> 예를 들어 아버지가 4개월 된 딸의 주의를 끌기 위해 딸랑이를 흔들고 있다. 아이는 그것을 보고 흥미를 느끼며 만지려고 한다. 아버지는 그것을 아기의 손으로 잡을 수 있을 만큼 충분히 가까이 가져간다. 아이는 그것을 보고는 입으로 가지고 간다. 아버지는 "맛이 어떠니? 내 생각에는 플라스틱 맛일 것 같은데!" 그래도 아이가 딸랑이를 사용할 줄 모르면 아버지는 아이의 손에 딸랑이를 쥐게 하고 흔들어 소리가 나게 시범을 보이며 설명해 준다. 아이는 매우 흥미로워 하며, 잠시 멈추고 그것을 어떻게 하는지 이해한 다음 딸랑이를 쳐서 소리를 내기 시작한다. 아버지는 "해냈구나!"라고 말하며, 그 때 아이는 흥미를 잃고 딸랑이를 놓는다. 아버지는 아이가 딸랑이를 떨어뜨렸던 손에 새로운 무엇인가 있는 것을 보게 되며 그러한 놀이가 꽤 오래 지속되는 것을 알아차린다. 이 놀이는 딸랑이에 집중되어 있음에도 불구하고, 강한 상호작용을 할 수 있는 특징과 감정을 공유할 수 있도록 해준다. 또한 이러한 상호작용은 중요한 기본 요소가 된다. 부모는 그들의 아이에 대한 지식을 쌓고, 아이가 장난감을 통해서 배울 수 있는 과정과 상황을 구성해 주어야 한다. 아이의 무관심에 대한 부모의 관찰은 부모가 아이에게 새로운 사물을 제공하는 기회를 준다. 전형적인 3~6개월의 아이들에 대한 지식에서 아이는 색다른 물건을 원하며 비슷한 장난감들에 싫증을 낸다고 한다.

*상호작용 놀이.* 4~5개월 사이의 영아들은 스스로 상호작용을 시작하며 종종 부모에게 소리 내어 말하거나 웃음을 보인다. 이러한 애착 관계를 형성하기 시작하는 것은 아기에게 편안함과 안정된 느낌을 갖게 한다. 아기는 의사소통을 매개체로 사용하며 감정을 발달시킴으로써 세상에 살아나갈 수 있는 힘을 갖는다. 아기는 상호작용을 함께하며 그들의 일을 해나간다. 부모와 아기가 서로 상호작용을 주고 받으며 더욱더 완벽한 관계로 맺어지기 시작한다. 아기는 상호 작용의 종류를 기억하게 되며, 즐거워함으로써 부모에게 그것을 반복하게 한다. 행동적으로 영아는 이후 걸음마기나 유아기에 쓰는 언어를 표현하게 된다: "재밌네. 몇 번이고 다시 해보자."

아기는 또한 시각적으로 눈여겨보고 사물을 만져보는 것으로 환경을 알아차린다. 부모는 아기가 관심 있어 하는 것을 지켜보고, 아기를 이끌어 준다. 예를 들어 부모는 아기가 장난감을 바라보고 있는 것을 알게 되면 그것을 아기에게 잡을 수 있게 준다. 혹은,

후에 아기가 이러한 경험을 반복적으로 배우게 되면, 원하는 것을 보고 만지길 원할 때 신호를 보내면, 아버지가 그 신호를 보고 아기에게 장난감을 잡을 수 있게 충분히 가까이 가져다 주는 것을 예상하게 된다. 특히 5개월 정도 되는 시기에는 아기가 손을 사용하는 능력뿐만 아니라 눈과 손의 협응능력도 상당히 발전한다. 아기는 자신의 손에서 딸랑이를 흔들 수 있게 되고, 한 손에서 다른 손으로 딸랑이를 옮길 수 있게 되며, 목표로 한 물건을 손에 잡을 수 있게 된다. 아기의 효과적인 신호의 증가는 발달의 기초를 형성하고, 손에 쥐고, 안고, 그리고 사물을 다루는 이러한 모든 행동들이 부모의 행동에 의해 "토대"가 되어 "유능감과 자발적인 조절을 가능하게 한다(Brazelton & Yogman, 1986, p.7)." 부모가 행동하고, 감정 교류를 통해 "역량과 의지를 아기의 환경에서 조절할 수 있게" 이끌어 준다.

*아기 게임.* 부모들은 아기와 함께 의식적이고 반복적인 게임을 하고 논다. 어머니는 아기에게 게임을 가르치는데, 주로 전통적인 게임을 많이 하지만 가끔 아기 스스로 게임을 만들기도 한다. 예를 들어 미국 문화권에서는 부모들은 자주 까꿍 놀이와 "잡았다"놀이 그리고 "간질간질"놀이를 아기들과 함께하며 논다. 이러한 게임들은 반복과 변형의 원칙에서 실행되는 것이다.

> 예를 들어 어머니는 자신의 5개월 된 아기의 기저귀를 갈아주며 가볍게 아기의 배를 간질인다. 아기는 흥분하게 된다. 어머니는 아기를 간질이는 것을 잠시 멈추고 긴장감을 조성한다. 그리고서는 "잡았다"라고 말하고 보다 강하게 아기를 간질인다. 아기는 웃는다. 어머니는 하던 행동을 멈추고 아기를 바라본다. 다음 간지럼 태우기를 기대하는 아기는 자신의 다리를 걷어차고 투정부리기 시작한다. 어머니는 보다 극적으로 "자~~아압았다." 라고 말한다. 아기는 깔깔거리고 웃는다. 그러나 두 번째 간질임 이후에 아기는 단지 웃는 것뿐만 아니라 다소 신경질적으로 얼굴을 돌린다. 아기가 과도한 자극의 한계에 다다랐다는 것을 알아채고 어머니는 행동의 강도를 낮추거나 아마도 다른 게임으로 변경할 것이다. 그래서 아기의 각성은 편안한 수준으로 감소한다.

이는 상호조절의 좋은 예시인데 두 파트너는 즐거운 상태를 지속하며 즐거운 느낌을 교환할 수 있게 다른 한 쪽 파트너의 행동과 감정에 주의를 기울여야 한다. 위 예의 어머니가 자신의 행동을 알맞게 조절하고 최적의 범위 안에서 자극의 수준을 유지하려는 내재적인 목표를 가지고 있는 아기의 반응을 관찰했다. 아기는 반응들을 통해 부모의 놀이 행동이 적절한 수준인지 또한 자극이 너무 세거나 약한지를 표현한다. 부모는 이러한 피드백을 사용해 그들의 놀이 행동을 유지하거나 수정한다(Uzgiris & Raeff, 1995).

위니캇(Winnicott, 1971)은 놀이의 통제 중 흥분감과 기쁨을 표현하는 아기의 표시에 따라 부모는 자신들의 행동을 조정할 수 있다고 제안했다. 예를 들어 까꿍 놀이에서 엄마는 숨는 것과 나타나는 것을 통제할 수 있지만, 아기는 사실을 현실로 느낀다. 말하자면 아기의 반응들은 부모들이 나타났다 사라졌다하는 것을 반복할수록 촉진된다. 그리고 아기는 통제 받게 된다. 8~9개월 때에는 아기는 자신의 얼굴을 감싸며 실제적으로 놀이를 통제할 수 있다. 생후 6개월 전만해도 부모들이 항상 게임을 시작했으나 생후 8개월된 아기들은 놀기 원한다는 표시를 명확하게 할 수 있다. 예를 들어 8개월 된 아기는 자신의 부모에게 박수를 치는 것을 보여주는 것은 짝짜꿍 놀이를 하고 싶다고 알리는 것이다.

아기 게임은 유머와 긴장감 그리고 자극을 포함하는데, 이는 놀이를 하는 양쪽 모두 공유한다. 그러나 아기들은 아무하고나 함께 놀지 않는다. 아기들은 익숙하고 신뢰할만한 사람들과 놀이를 할 때에 긍정적인 정서와 즐거움을 경험한다(Trevarthen, Murray & Hubley, 1981). 이는 핵심적인 개념인데, 아기 게임에서 부모의 행동-간지럼 태우고, 쿡쿡 찌르고, 장난감을 줬다 뺏고, 숨는 행동-은 아기를 성가시게 하는 강력한 요소들을 가지고 있다. 안정적인 애착 관계에서 발생하는 놀이와 그렇지 못한 비우호적인 관계 사이의 결정적인 차이점은 아기가 즐거워하지 않고 무기력하거나 불안하게 느낄 만큼 자극하지 않는 것이다. 부모들은 아기가 무기력한 느낌을 받기 전에 까꿍 놀이를 하면서 부모 얼굴을 보여주며 놀이를 해야 하고, 아기는 부모가 숨었다가 나타나는 행동을 보이면 즐거워한다.

### *어려움을 암시하는 아기게임*

부모-아기 놀이는 간혹 영아를 위험에 빠뜨리는 행위를 하여 부모로서의 어려움을 보여준다. 프래이버그(Fraiberg' s, 1974)의 임상연구에 의하면 아기놀이의 관찰이 부모와 영아사이의 관계가 어떻게 발전하고 있는지를 민감하게 보여줄 수 있다고 한다. 프래이버그는 영아가 우울해지고 혼란스러워 하는데도 부모만 즐거워하는 짓궂은 모습을 묘사한다. 영아가 음식물을 섭취하는 동안 영아의 입에서 젖병을 반복해서 빼거나, 혹은 영아를 놀라게 하고 고통스럽게 만드는 학대의 경계선에 놓여있는 "난폭한" 놀이의 모습이다. 어렸을 때 신체적으로 학대를 받은 적이 있는 어떤 아버지는 그의 아들과 공격적인 놀이를 한다. 프레이버그에(1974)에 따르면 다음과 같다. "아버지는 아무렇지도 않게 티모시(Timothy)의 엉덩이를 치면서 "너는 오늘 또 잘못했구나"라고 말한다. 그리고 나선 티모시의 팔을 잡고, 놀리는 듯이 복싱 자세를 취한다. '너는 매 맞는걸 좋아함에 틀림없어. 너는 싸우는 것을 좋아해. 난 너를 흠씬 때려줄 수 있단다.' 라고 아버지는 말한다."

> 내가 관찰했던 사례 중에 이런 것이 있었다. 어머니는 7개월 된 아들의 손에 공을 쥐어주고는 그의 팔을 심하게 잡으며 공을 던지는 시늉을 했다. 그리곤 말했다. "아빠를 향해 던져." 아이는 처음에는 웃었으나 그의 어머니가 강제로 그의 팔을 잡고 계속하자 그는 우울해졌고, 두려움을 느끼는 것 같았다. 아들은 울먹이기 시작했다. 그녀는 아들의 이런 모습을 감지하지 못했다. 왜냐하면 그녀는 남편에 대한 적개심을 표출하는 데만 몰두했기 때문이다. 이것은 그녀의 행동뿐만 아니라 그녀의 공격적인 얼굴 표정에서도 드러나 있었다. "게임"이 계속되면서 엄마는 계속해서 공을 아빠한테 던지라고 말했다. 그 공은 폭탄으로 변했다. 그녀는 자신의 화를 표출하기 위해 게임을 하는 가운데 그녀의 아이를 이용했던 것이었다.

이러한 사례들은 영아들의 욕구와 감정에 대한 부모들의 무감각한 면을 공통적으로 보여준다. 영아는 우울한 상태로까지 넘어가고, 부모는 자신의 욕구를 만족시키고 표현하기 위해 아이를 이용한다. 상호 모두에게 즐거움을 주는 게임들과는 대조적으로 아동놀이는 아이에 대한 위험을 암시하고, 부모역할에 대한 신중한 평가가 필요함을 보여준다.

## 정상적인 영아와 유능한 부모 : 사례

다음에 계속되는 장난감을 이용한 아동과 부모의 상호작용 관찰은 지금까지 영아기 발달에 있어 설명되는 몇 가지 주제를 나타낸다. 이러한 중요한 기술 다음과 같다.

- 영아기 발달 능력
- 외부세계와 영아의 밀접한 관계
- 행동적 협력에서 영아-부모와의 원활한 작용
- 애착기간 동안 놀이의 특성에서 오는 즐거운 감정 공유
- 양육의 발판이 되는 영아기적 경험

4개월의 레쉬드(Rashid)와 19살된 레쉬드의 어머니는 청소년 건강센터에서 하는 발달지도 프로그램에 참여중이다. 이 프로그램은 사회사업가와 부모가 영아의 놀이세션을 녹화해 관찰을 함으로서 발달과 양육에 대한 토론을 하는 것이다. 이러한 중재는 현재 부모의 양육태도가 가지는 장점을 지지하고 아기를 이해할 수 있는 부모의 능력을 향상시키기 위하여 시도된다(Share, Givens, Davies, Eley & Chesler, 1992; McDonough, 2000).

미스 제미슨(Jamison)은 미국계 흑인으로 미혼모이다. 그녀와 아이는 친정 엄마, 아빠 그리고 형제들과 함께 산다. 그녀는 가족들로부터 든든한 정서적 지지와 실질적 도움을 받는다. 레쉬드는 주로 어머니가 돌보지만 할머니와 이모들과도 좋은 애착관계를 이루고 있다. 레쉬드는 발달이 잘 이루어지고 있으며 아이의 어머니는 따뜻하게 아이를 돌본다. 그녀는 담당 사회사업가와 이야기 할 때 아이에 대해 쉽게 이야기 해주었고, 그녀가 아이에 관해 잘 알고 있는 부분을 알려주었다. 레쉬드가 침을 흘리자 그의 어머니는 아이의 턱을 닦아주며 말했다. "나는 아이의 이가 나고 있는 건지 궁금해요. 아이가 4개월이 넘어서도 침을 흘리게 될 거라고 상상하지 못했어요." 상담자는 어머니에게 물었다. "만약 아이가 혼란상태에 빠진다면 어떻게 가라앉힐 건가요?" 그녀는 자랑하듯이 대답했다. "내가 아이를 안아 일으키면 아이는 곧 잠잠해질 거예요." 덧붙여 말하길, "만약 내 여동생이 아이를 안으면 난리가 날거예요. 아이는 그것을 좋아하지 않을 거예요. 아이는 항상 저를 원해요." 상담자는 말했다. "아이는 엄마를 알아요. 그리고 엄마를 제일 좋아해요." 그녀는 대답했다. "네! 아이는 저랑 있으면 안정을 되찾을 거예요."

상담가는 몇 가지 장난감은 아이에게 흥미를 줄 수 있다고 제안했다. 아이의 엄마는 바닥에 있는 담요 위에 아이를 부드럽게 앉힌 후 위쪽 막대에 매달린 세사미 스트리트 케릭터의 장난감들을 내려놓았다. 그녀는 이것을 아이의 가슴 위쪽에 두어 아이가 볼 수도 있고, 만질 수도 있게 해 놓았다. 그녀는 "이걸 보렴"이라고 말하고 가볍게 장난감을 흔들었다. 아이는 이미 열중해서 보고 있었고, 천천히 움직이는 장난감에 흥분해 하며 다리와 팔을 박자에 맞춰 흔들기 시작했다. 그녀는 이러한 아이의 모습에 웃음을 지었고, 아이는 어머니 쪽으로 돌아앉아 어머니의 눈을 바라보며 웃었다. 그녀는 "넌 이걸 좋아하는구나! 이걸 원하는 거지!" 아이는 웃으며 발을 쳤다. 그리고 나서 흥분을 가라앉히고 장난감들을 바라보았다. 아이의 어머니는 "빅버드를 봐요."라고 말하며 장난감을 돌려 아이가 장난감의 정면을 볼 수 있게 했다. 아이는 장난감에 집중하는 것과 어머니의 목소리와 웃음에 반응하는 것을 교대로 계속했다. 어머니는 다른 인형들을 지목하며 "여기 버트, 얘는 어니, 그리고 여긴 빅버드야."라고 말하자 아이는 웅얼거리며 장난감들을 발로 건드렸다. 아이는 손을 뻗쳐 장난감 가까이 갔지만, 이것들을 붙잡을 수는 없었다. 그러자 어머니는 아이가 항상 장난감의 정면을 볼 수 있게 장난감들을 놓았다. 그녀는 장난감들을 반대방향으로 돌려 아이를 위해 말했다. "엄마 나는 그들의 얼굴을 볼 수 없어요. 여기 있네~. 나는 이제 볼 수 있어요."라고 말했다. 그녀는 빅버드를 꽉 쥐면 소리가 난다는 것을 발견하고 아이가 바라보는 동안 그것을 꽉 쥐었다. 아이는 장난감 근처로 다가왔으나 아직 어머니와 같이 할 수 없었다. 그러자 그녀는 "너를 위해 이걸 소리나게 해줄게."라고 말했고, 아이는 흥분해 하며 발을 부딪쳤다. 몇 분 후 아이의 집중력이 점점 줄어들자 그녀는 말했다. "그래. 너는 점점 피곤해지는구나." 그녀는 아이를 들어올려 앉혔고 아이는 인형의 다른 각도를 볼 수 있었다. 아이는 여러 가지 다른 것을 찾았고 인형에서 관심을 옮겼다. 그녀는 "좋아"라고 말하며 아이를 들어 올렸고 아이는 어머니를 보며 미소지었다.

우리는 마지막 5분의 짧은 관찰 동안 영아발달의 상호작용 방법에서 두 가지 기본적인 효과를 확인할 수 있다. 첫 번째로 레쉬드의 자극은 수용되었고 상황은 이루어졌다. 레쉬드는 외부세계에 대한 관심을 보였고 이것은 그 또래 영아들의 특징이기도 하다. 레쉬드는 이미 잘 발달된 새로운 것과 인형에 대한 주의력을 일관되게 이용하고 있었다. 레쉬드의 신체적 기술이 인형을 잡는 것에 정확히 도달하지 못해도, 아이는 높은 동기를 지녔고, 성공적인 확률이 부족함에도 불구하고 계속적으로 시도를 했다. 레쉬드는 눈으로만 인형을 잡았음에도 불구하고 웃음과 소리와 다리를 치며 기쁨을 표현했다. 아이는 어머니와 함께 흥분과 재미를 나타냈다. 전체적으로 아이는 자신의 경험을 형성함에 있어 적극적인 역할을 한다. 이러한 적극적인 관점이 진부한 이야기로 보일 수도 있지만, 이것은 주변 환경이 제공하는 것에 대한 수동적인 수용자로서의 예전의 영아 관점을 고치는데 도움을 준다(Emde, 1996). 행동을 적극적으로 시작하고, 더 유능해지려고 노력하는 영아의 시각은 생후 일년 동안-예를 들어 영아가 방의 다른 구석에 있는 장난감을 취하기 위해 적극적으로 기어가는 시기-에 더욱 명확해진다.

두 번째 요점은 성인의 행동이 영아의 경험에 대한 방향과 구조에 어떻게 영향을 끼칠 수 있는가이다. 레쉬드의 어머니는 장난감을 가지고 노는 그의 경험을 용이하게 해주는 많은 일들을 한다. 어머니는 모형을 가리키고, 그것들을 흔들고 함으로써 아이의 관심이 집중되도록 도움을 준다. 그녀는 따뜻한 음성으로 이야기하고, 아이가 쳐다볼 때 자신도 미소로 답하는 과정을 통해서 빅버드를 바라보는 아이의 즐거움을 확인한다. 그녀는 장난감을 거울에 비쳐보고, 아이가 하는 것처럼 자신도 장난감에 관심을 가짐으로써 아이의 흥미를 북돋운다. 어머니는 아이가 모형을 마주하고 있지 않을 때 그의 사고관점을 파악할 수 있다. 그녀는 장난감에 대한 아이의 경험을 변화시키고 늘릴 수 있도록 장난감을 돌려줌으로써 이러한 모습에 반응한다. 그녀는 장난감을 스스로 검사하여, 그것이 소리를 낸다는 것을 발견한다; 이 사실을 아이에게 알려주고 그것을 여러 번 꽉 쥔다. 그리고 아이가 관심이 있다는 것을 알아차린다. 아이가 그것에 손을 댄다. 어머니는 아이가 소리를 스스로 만들어 내고, 아직은 그렇게 할 수 없다는 것을 알기 때문에 아이가 그것을 이리저리 꽉 쥐는 것을 상상한다. 마지막으로 그녀는 장난감에 대한 아이의 관심이 떨어졌을 때, 그에게 새로운 각도에서 보는 것을 알려준다. 아이의 관심이 작아 질 때, 엄마는 그 사실을 깨닫고 장난감 놀이를 멈춘다.

이것은 사물에 대한 흥미에 반응하는 영아가 부모와 상호 작용하는 사례이다. 하지만 부모의 행동들은 '얼마나 명백히 영아의 경험을 구체화시키고 촉진시키게 되는지' 를 언급하고 있다. 부모는 더 많은 것을 알고, 더 넓은 관점에서 사물들을 바라본다. 그리고 아이들보다 더 체계가 잡혀있다. 그녀는 관점을 형성시키는데 있어 자신의 기술을 이용했고, 레쉬드의 흥미에 대한 감정과 운동 신호를 파악하는 것에서 그녀의 실력과 사물을 조사하는 탁월한 능력을 이용했다. 그녀는 아이의 능력에 벗어나는 행동을 보여주었고, 아이는 그녀를 따라하는 것처럼 보인다. 그녀는 마치 "너는 지금 이 장난감을 잘 만질 수는 없지만, 네가 생각을 하고 신체적으로 준비가 되었을 때 무엇을 해야 하는지 내가 너에게 그 방법을 가르쳐줄게."라고 생각하는 것 같다. 그녀의 행동은 단순히 현상유지를 의도하는 것이 아니고, 더 높은 발달단계 수준을 의미한다. 동시에 그녀의 그러한 접근은 방해하는 행동이기보다는 무언가를 보다 더 쉽게 할 수 있도록 하는 것이다. 그녀는 아이가 스스로의 방식으로 장난감을 다루고, 경험을 더 표현할 수 있도록 용기를 준다.

사례연구에서 레쉬드의 어머니의 행동을 이번 장의 초반부에 소개되었던 두 가지 은유의 관점에서 살펴볼 수 있다. 아이는 어머니의 어린 제자이고, 어머니의 행동은 아이의 발달에 있어 기초를 제공한다. 아이에게 그의 신체적 인지적 능력 발달을 촉진시키는 경험을 제공한다. 그리고 동시에 아이가 자신의 능력을 수행할 때 아이를 신체적, 감정적으로 지지한다.

## 6개월에서 12개월

생후 일년 반이 되면 영아의 인지, 운동, 사회성 발달은 급속히 촉진된다. 영아가 세계를 이해하는 능력은 보다 정교화 되고, 원인과 결과, 계획을 알며 그들 스스로 다른 사람의 생각을 깨닫게 된다. 생후 반년 동안 영아의 관심은 증가한다. 영아는 점점 주변 탐색에 흥미를 가지게 되고 신체적, 인지적 기술이 발달되며, 애착관계에 영향을 미치게 된다.

6개월쯤 되면 영아의 관심은 애착대상과 상호작용했던 유일한 초점에서부터 일반적인 외부의 환경과 대상에 대한 관심으로 넓어진다. 스턴(Stern, 1985)은 이것을 애착에 대한 아이의 확신이 형성된 증거로 보고 있다. 또한 그는 다음과 같은 가설을 주장한다. "영아는 내부 '도식' 이나 부모에 대한 표상 그리고 부모와 상호작용을 하지 않을 때에도 부모를 마음 속에 기억하도록 만드는 애착관계를 발달시키고 있다." 부모들은 6~7개월 된 그들의 아이들이 점점 독립적이 되어간다고 서술한다. 예를 들어, 아이가 아침에 깨어났을 때, 부모를 부르기 위해 울지 않는 대신 놀이를 할 것이다-아기 침대 안의 물건들이나 아이 자신의 목소리로-야단법석 떨거나, 부모를 부르는 경고가 있기 전인 30분에서 1시간까지 지속된다. 이 시기의 아이들은 부모와의 관계에서 흥미가 줄어들고 오히려 관심사가 외부세계로 향하게 되며, 인지와 운동능력 발달에 박차를 가하게 되면서 양육자와의 관계가 형성된다. 그러면서 자발성과 자기 조절이 향상되어지고 부모 또한 자녀들에게 영향을 미친다. 선택적 애착은 7~9개월 사이에 최고점에 오른다. 이것은 아동과 부모와의 확장된 놀이에서 아이의 즐거움으로 증명되었고, 낯선 사람의 출현이나 분리불안에서도 증명되었다.

생후 6개월 된 영아의 놀이와 상호작용의 변화 또한 증명되었다. 생후 5~6개월에 영아와 부모 간에 상호작용놀이는 교대로 나타난다. 영아는 대상에 대한 흥미를 증가시키고 부모와 아동은 목적이나 사건의 경험들을 교류하는 "주의집중 활동"에 점점 초점을 맞춘다. 이렇게 특별하게 포함되어진 감정교류와 부모의 의사소통은 부모로부터 아이의 감정을 이해시킨다. 생의 초반에 부모의 주도를 따랐다면 6개월 후, 아이는 눈에 띄게 부모와의 상호작용을 주도하게 되고, 점점 더 상호작용을 시작한다. 아이의 이러한 행동들은 계획되고, 부모로부터 특별한 반응을 이끌어내기 위한 시도를 한다. 영아의 행동은 점점 목표를 달성하게 되고, 원인과 결과에 대한 이해적 인지반응을 촉진한다. 예를 들어, 까꿍 놀이에 즐겁게 참여하는 아이는 부모가 그들의 얼굴에 기저귀를 놓을 때 본인의 얼굴 쪽으로 기저귀를 잡아 당기는 것을 시도함으로서 게임을 시작한다.

## 신체적 진보

아동발달의 주된 동력 중 하나는 신체에 대한 통제의 증가이다. 영아의 근육이 강해지고, 신체 움직임에 대한 통제가 숙달하게 됨에 따라 영아는 점점 더 능력이 생기고 독립적이게 된다. 영아들은 숙달하는 과정에서 즐거움을 얻으며, 자신의 신체를 통제하는 것에 강한 동기부여를 가진다. 신체적 능력은 위에서부터 아래로 순차적인 과정을 통해 발달한다. 이 과정은 중앙신경체계와 근육체계의 성숙에 의해 일어난다. 출생한 이후 6개월 사이에 영아들은 머리와 목의 움직임을 제어하게 되고, 이후에 손의 움직임과 손과 눈의 협응조절을 하고, 계속해서 신체의 상부 부분의 제어를 시작한다. 태어나고 두 번째 6개월 동안에는 몸통과 팔, 다리와 관련된 신체능력과 그에 대한 통제에 있어 상당한 발달을 한다. 이러한 발달은 앉기, 기어 다니기, 서기, 돌아다니기(물체를 잡고), 걷기 등을 포함한다.

이러한 새로운 능력들은 새로운 행동뿐만 아니라 새로운 생각의 관점들의 성장도 도와준다. 앉기가 좋은 예가 된다. 약 8~9개월까지 영아의 등 근육은 오랫동안 도움 없이도 서 있을 수 있을 정도로 강하다. 똑바로 직립 한 채로 앉아 있는 자세로 영아는 더 많은 것을 볼 수 있다. 영아는 더 높아지고, 자신의 머리를 돌릴 수 있으며 몸을 돌려 모든 방향을 볼 수도 있다. 그의 손은 물건들을 잡고 가까이 가져오는데 사용할 수 있다. 4개월 째 되는 달에 아기는 도움을 받아야만 앉을 수 있었고, 머리와 목의 움직임의 통제 역시 제한되어 있었다. 영아는 양육자가 놓는 자리에 따라 영아가 보는 것이 결정된다는 점에서 훨씬 더 수동적이고, 의존적이 된다. 지금 영아는 자신의 관심에 따라 주변 환경을 살펴 볼 수 있다. 영아가 신체를 통제하는 것은 자신이 관심이 있는 것을 선택하는데 있어 자기 스스로 결정할 수 있게 해준다. 비슷하게 8~9개월까지는 기어 다니는 숙달 정도가 영아 자신이 원하는 것을 깨닫는데 있어 더 독립적이게 만든다.

### 운동기능 발달과 영아의 스트레스

8개월에서 12개월 사이의 영아는 특별한 집중도를 가지고 신체적 능력을 연습한다. 영아들이 행하는 모든 연습은 신체발달에 큰 추진력을 더한다. 빠른 발달의 다른 시기에는 일반적으로 영아들은 감정적 불안정과 고통을 경험한다. 그것은 지금 느끼는 실망을 인내하는데 서투르고, 감정 조절이 미숙하고, 애착행동이 많아지고, 잠을 자는데 어려움을 갖고, 무서운 꿈 때문에 밤중에 깨는 등의 모습으로 나타난다. 이러한 반응은 신체적 능력을 숙달하려는 노력뿐만 아니라 새로운 능력이 새로운 걱정을 만들어내기 때문이기도 하다. 이동은 흥미로울 뿐만 아니라 영아가 부모로부터 멀리 떨어져 익숙하지 않은 장소에 있거나 계단 밑에 있는 것을 알아 차렸을 때 불확실성과 두려움을 불러 일으킨다.

서있고, 물건에 의지하여 걸어가는 것을 연습하는 영아는 자주 넘어지고, 또한 자신이 원하는 것과 신체의 능력 사이에 나타나는 모순을 자주 인지할 것이다. 점차적으로 영아는 이러한 기술을 습득하고 또 다시 예전보다 더 자신감 있고 기틀이 잡힌 모습으로 변할 것이다. 앉기, 기어 다니기, 걷기 등에 있어서의 신체적 통제를 할 수 있게 되는 것은 점차 영아가 그러한 능력을 당연하게 여기게 만들 것이다. 또한 영아가 자신의 환경에 더 많은 호기심과 관심을 갖게 만들 것이다. 영아는 1살 때까지 신체적 능력의 숙달에 계속 노력하면서 인지발달에 집중하기 시작한다.

## 인지적 진보

### *기억*

기억과 다른 인지기능의 발달은 뇌의 성숙을 따른다. 실험연구를 통해 2~6개월 된 영아의 놀라운 기억능력을 살펴볼 수 있다. 3개월 된 영아들은 몇 주 전의 시각적 자극에 대한 기억을 불러 일으킬 수 있는 신호를 줌으로 자극을 인식할 수 있다.

예를 들어, 실험자는 3개월 된 영아의 발과 요람 위에 모빌을 리본으로 묶었다. 영아가 발을 움직일 때마다 그는 모빌이 움직이는 것을 볼 수 있었다. 3주가 지나 실험자가 모빌을 움직이는 신호를 하자 모빌의 움직임에서 전에 그가 학습한 명백한 기억으로 영아의 발차기가 이루어졌다. 8~12개월 사이에 영아의 기억 능력은 빠른 발달을 보인다. Kagan은 8~12개월 사이에, 이보다 빠른 시기는 해당되지 않는, 보여지는 기억의 3가지 구성요소를 묘사한다. (1) 과거로부터의 무언가를 기억하는 부분, (2) 과거와 현재의 연결을 인식하는 부분, (3) 과거의 경험에 기초하여 미래의 사건을 예측할 수 있는 부분. 기억 기능의 성숙에 관한 증거를 보여주는 사례가 “낯가림” 이다. 이것은 약 9개월 때 아이의 문화적 경험에서 나타난다. 영아는 낯이 익지 않은 사람이 다가올 때 느끼는 두렵고, 뒤로 물러나고 싶고, 고민하는 것에 반응하기 시작한다. Kagan은 영아가 자신의 기억 속에 있는 익숙한 얼굴의 이미지와 이방인의 이미지를 비교하는 새로운 능력의 관점에서 낯가림을 설명한다. 기억에 기초하여 비교하는 이 새로운 능력은 영아가 이방인을 인식하지 못했을 때 불확실한 감정의 상태로 나타나 영아는 불안한 상태가 된다.

비슷하게 8~9개월 때 두드러지게 나타나는 분리에 대한 불안감은 기억과 기대와 관련이 있는 것으로 보인다. 아기는 먼저 있었던 분리들을 기억하고, 부모가 떠날 준비를 하고 있다는 즉각적인 신호를 인식할 수 있다. 아기는 또한 전에 경험했던 분리와 관련된 고통의 느낌을 기억하고 있으며, 그 느낌들을 또 다시 예상하고 있다. 이러한 인식이 명확해질수록 분리에 대한 반응은 강화된다(Kagan, Kearsley & Solano, 1978). 분리에 대한 저항–울기, 부모에게 붙어 있기, 부모를 따라서 기어가려고 시도하기–또한 대처하는 행동의 새로운 수준을 나타낸다. 아기는 부모와 곧 떨어지게 된다는 것을 인식하게 되고, 이러한 상황을 바꾸기 위한 적극적인 행동을 한다. 기억이 분리에 대한 고통을 상기시키면서, 기억은 점차 아기가 분리에 대응하여 감정을 조절하는 법을 배우게 도움을 준다. 아기는 떠나는 부모가 다시 돌아온다는 것을 알게 된다. 기억에 각인된 인식은 잠시 동안의 떨어짐을 이해할 수 있고, 참을 수 있도록 만든다. 영아의 고통은 분리에 이어지는 재결합을 예상하면서 줄어든다.

### 기억과 정신적 표현

영아의 기억은 지금 사물과 사람에 대한 일반적이고 자세한 이미지를 포함한다. 7개월 미만의 영아는 사물을 '안보면 멀어진다' 는 말과 같은 인식으로 다룬다. 어떤 사물이 숨겨진다면, 영아는 부모가 그것을 숨기는 것을 목격했음에도 그것을 찾으려고 하지 않을 것이다. 약 8개월이 지나면, 영아는 숨겨진 사물을 찾으려고 할 것이다(Rosser, 1994). 예를 들어 부모가 기저귀 밑에 장난감을 숨긴다면, 아기는 그것을 찾기 위해 기저귀를 끌어낼 것이다. 이러한 능력을 '대상영속성' 이라고 부른다. 이 능력은 영아가 장난감에 대한 정신적 인식을 가지고 있으며, 그것이 숨겨지는 방법뿐만 아니라 보지 않고도 그것이 어디에 있는가를 상상한다는 사실을 의미한다(Piaget, 1952b).

영아는 또한 양육자에 대한 표상을 형성한다. 이것(표상을 형성하는 것)은 인물영속성의 개념을 이끌어낸다고 생각된다. 이것은 이해하기가 어려운 개념이다. 왜냐하면 사람들의 행동과 기분이 다를 때에도 낯익은 사람을 분별할 수 있다는 것은 너무나도 명확한 것처럼 보이기 때문이다. 하지만 내부적으로 다른 사람을 인지하는 능력은 애착대상과의 반복적인 상호관계를 통해서 영아기 때 점차 발달한다. 내부적인 인지는 누군가가 존재할 때 그 사람을 마음 속에 그릴 수 있는 것과 관련이 있다. 이러한 능력이 언제 발달하는가는 정확하지는 않다. 스턴(Stern, 1983)은 주장하기를, 영아는 아마도 출생 후 처음 6개월 동안 부모에 대한 기억을 불러낼 수 있다. 그럼에도 불구하고 8개월 때의 분리에 대한 불안감은 영아들이 부모가 자리에 없을 때 부모를 생각하는 능력과 부모를 그리워하는 능력을 가지고 있다는 것을 추측케 한다. 동시에 낯가림은 영아가 양육자와 다른 익숙한 사람들을 분명히 인지하고 있다는 사실을 암시한다. 그리고 인지되지 않은(표상으로 남아 있지 않은) 누군가가 자신들에게 다가온다면 당황하게 되고 무척 놀라게 된다는 것도 암시한다.

*다른 정신의 자각*

타인들에 대한 인지적 인식의 이동은 출생 후 첫 해 말 즈음하여 일어난다. 이것은 내부적 표상의 발달과 모순이 없이 일관된 것이다. 영아들은 타인들도 각자 나름의 관점과 목적이 있다는 것을 깨달아 간다. 영아들은 또한 "자신의 주관적인 경험들과 관심, 목적 그리고 정서적 상태가 타인들과 공유될 수 있다"는 것을 깨닫게 된다(Bretherton, 1987, p.1079). 이것은 타인들의 행동에 대한 새로운 관점을 형성하게 한다. 영아는 양육자의 행동을 관찰하고, 그러한 행동으로부터 배우기 시작한다. 이러한 인식의 이동을 보여주는 새로운 행동들에는 다음과 같은 것이 있다.

*집중의 일치(Joint Attention).* 어느 정도 기간이 지난 영아는 양육자가 바라보는 곳을 보려고 양육자를 쳐다보기 시작한다. 그러고 나서 그 방향으로 사물을 바라보다. 영아가 어른의 시선을 따라하고 자신의 관심을 끄는 것을 구분하지 못한다면, 영아는 어른을 다시 확인하고 어른이 바라보는 것을 식별하려고 노력할 것이다(Schore, 2001).

*사회적 참조(Social Referencing).* 영아는 새로운 사람이나 상황에 대한 양육자의 태도를 살펴보기 위해 양육자를 바라본다. 1살 때까지 영아가 새로운 사람을 만나거나 새로운 사건, 사물에 맞닥뜨린다면, 영아는 자주 새로운 상황을 판단하는데 도움을 얻기 위해 부모를 뒤돌아본다. 부모의 정서가 좋다고 인정하는 것이거나 긍정적이라면, 영아는 새로운 사람이나 상황에 다가갈 것이다. 그러나 부모가 걱정을 하거나 좋다고 인정하는 것이 아니라면 접근하지 않을 것이다. 사회성 관계에 대한 필요성은 영아의 발달 과정과 관련하여 발달한다. 영아가 현실에 대한 지각이 뛰어날수록, 영아는 좀더 자주 확신이 없는 느낌을 가질 것이다(Emde, 1992). 예를 들어 확신이 없는 상태는 영아의 발달하는 신체능력이 자신을 잠재적인 위험상황에 놓이게 만들 때 증가한다. 10개월된 영아는 계단 위로 기어가서 아래를 내려다보고, 자신이 느끼는 위험의 정도를 측정하기 위해 부모를 돌아본다. 부모로부터의 경고의 표정이나 날카로운 "안 돼!" 소리는 아기가 계단을 내려가지 못하게 할 것이다.

사회성 관계는 또한 실험적으로 증명이 되었다. 연구자들은 6개월 된 영아의 불확실한 모습을 일으키는 모호한 상황을 만들었다. 영아는 유리로 확장된 테이블 위에 놓여 있다. 투명하게 확장된 모습은 테이블의 나무 부분이 더 이상 존재하지 않는 "시각적 절벽"을 만들었다. 영아의 엄마는 절벽 반대편의 확장된 유리 부근에 서 있다. 영아가 시각적 절벽에 가까이 갔을 때, 영아는 불확실한 상태로 엄마를 바라본다. 만약 영아의 엄마가 두려운 모습을 보인다면, 영아는 건너지 않을 것이다. 반면에 엄마가 용기를 북돋아 주거나 미소를 짓는다면 영아는 절벽을 기어서 건널 것이다(Sorce, Emde, Campos & Klinnert, 1985).

*주어진 지시 따르기.* 약 9~10개월 된 영아는 부모가 요구하는 간단한 것들을 하기 시작한다. 이러한 발달이 지난 후 곧 영아는 의식적으로 양육자에게 자신을 위한 무언가를 하기를 지시하기 시작한다. 이것은 새로운 수준의 계획을 의미한다. 예를 들어 6개월이 되었을 때, 부모는 아이의 욕구를 직관적으로 알아차려야 한다. 출생 첫 해의 하반기 동안에 아이는 부모에게 욕구의 신호를 의도적으로 보내는 법을 배운다. 가령 1살 된 아이는 장난감을 가리키고, 엄마를 쳐다본다. 그리고 엄마가 그것을 자신에게 가져다주기를 원하는 신호를 보낸다. 혹은 "자신을 들어달라는" 의도를 전달하는 칭얼거림이나 "음음" 소리를 내면서 엄마가 자신의 팔을 들어서 아빠에게 데려다 달라는 신호를 보낸다.

*모방 학습.* 영아는 양육자가 무언가를 행하는 방법을 이해하기 위해 그들을 쳐다보기 시작한다. 이러한 영아의 모습들은 양육자가 어떤 사물을 가지고 하는 것과 똑같은 일을 하려는 것처럼 보일 수 있다(Tomasello, 1995). 모방행동은 또한 기억을 향상시킨다는 증거를 제시한다. 피아제는 최근 과거에 일어났던 일의 모방을 의미하는 "지연모방"이라는 용어를 만들었다. 이러한 모방의 종류는 즉각적인 모방과는 반대적으로, 영아가 관찰하는 것을 기억하기를 요구한다. 11개월까지 영아는 24시간 전에 일어났던 행동들을 기억하고 모방할 수 있다. 14개월까지 영아는 1주일 전에 일어났던 행동들까지도 모방할 수 있을 정도로 기억하는 힘을 키우는 것을 보여준다(Meltzoff, 1988).

이러한 인지발달은 아동의 다른 행동들과 그들의 지각을 반영한다. 6개월 된 아이의 부모는 "아이는 나를 실망시켰기 때문에 우는 것 같다."라고 말하기도 하는데 이것은 발달학적으로 불가능하다. 왜냐하면 6개월 된 아이는 아직 부모를 인식하지 못하기 때문이다. 덧붙여, 2살 된 이이기 울음에 대한 결과로 어른을 소유할 수 있는지를 보기 위하여 울기 시작한다. 하지만 1살 때까지는 자신이 영향 받을지도 모를 관점들을 타인들이 지니고 있다는 새로운 인식의 의사소통과 그것의 유용성에 대한 새로운 이해를 한다. 9개월에서 12개월까지 아이는 행동이나 신호를 통해 다른 사람에게 영향을 미칠 수 있다는 것을 깨닫는다. 이러한 이해는 아이의 의사소통과 스스로 이해할 수 있는 표현의 동기부여를 증가시킨다. 이것은 2살이 되었을 때 언어습득을 위한 전 단계이다.

## 언어와 의사소통

영아가 9~12개월 사이에 처음으로 말을 하였을 때, 언어발달은 분명히 시작된 셈이다. 하지만 영아는 태어난 순간부터 말하는 것을 준비해왔다. 출생 초기에 영아는 부모가 자신에게 말하는 말소리를 식별할 수 있다. 처음 몇 달간 아기는 소리의 목록을 습득한다–툴툴거리는 소리, 우는 소리 그리고 1음절 소리. 아이는 실험 삼아 소리를 내고, 다양한 방식으로 소리를 반복한다. 그리고 분명하게 자신의 소리를 듣고 자신이 내는 소리에 즐거워한다. 6개월 후 진행되는 뇌의 성숙은 재잘거리는 가운데 들리는 더 복잡한 자음과 모음의 결합도 가능하게 만든다(Locke, 1993). 발성능력의 향상으로 자신의 자질이 강해진다. 어른들처럼 아기들도 자신이 말하는 것을 듣는 걸 좋아한다. 부모들은 역시 아이에게 더 많은 말을 함으로써 이러한 언어와 같은 소리들에 반응을 해준다. 그러므로 성장하면서 생기는 말하는 능력은 아이의 옹알거리는 것에 대한 부모의 적극적인 반응에 의해 향상된다. 연이어 이러한 아이의 재잘거림은 부모가 말하는 소리와 방식을 점점 더 흉내내게 된다.

어렸을 때 옹알거리는 소리를 언어로 간주할 수는 없지만, 6~10개월 때 재잘거리는 것은 부모가 말하는 소리와 관련이 있다는 관찰에서 나타난 것처럼 옹알거리는 것은 언어의 초기 단계이다(Cheour et al., 1998). 모든 아이들이 인간의 언어에서 사용되는 소리들을 만들어낼 수 있음에도 불구하고, 10~12개월 동안에 아이는 양육자가 말하는 언어의 소리를 배운다. 그리고 그 언어에서 사용되지 않은 소리는 덜 사용한다. 부모는 아이의 옹알거리는 소리를 이에 근접한 단어로 변환함으로써 이러한 음성습득과정을 자주 만들어 간다(Locke, 1993). 음성 연습을 하는 것은 또한 양육자와의 상호작용을 하게 만든다. 앞에서 기술한 것처럼, 3개월 된 아이는 부모에게 구구소리를 내면서 말을 하는 것이고, 이것은 부모가 말을 더 하게 만듦으로써 아이의 발성을 강화하기 시작했을 때 나타난다. 발성놀이는 4~6개월 사이에 발달하는 아이와 부모의 관계에 있어 중요하다.

9개월까지 언어소통의 초기단계의 형태 또한 발달한다. 다음과 같은 사례들이 있다. (1) 아이가 자신이 원하는 무언가를 본다–장난감이든 음식이든–그리곤 도와달라고 부모를 쳐다본다. (2) 어른으로부터 도움을 얻기 위해, 9개월된 아이는 야단법석을 떨거나 그 물체를 바라보면서 반복해서 요청한다. 그리고 다시 어른을 쳐다본다. (3) 아이는 그 물체를 어른에게 보여주거나 건네준다(Bates, Camaioni & Volterra, 1975). 1살 때까지 아이는 물체를 가리키면서 적극적으로 의사소통을 한다.

약 10개월이 되었을 때, 아이는 동요를 부르며 노는 놀이와 같은 정형화된 놀이들을 통해서 부모의 동작들을 모방할 수 있게 된다. 이렇게 행동을 모방하는 능력은 아이가 부모가 말하는 단어들을 이해하기 시작했다는 증거와 일치한다. 곧이어 아이는 단어들을 의도대로 말함으로써 진정한 언어의 시작을 보여준다. 앞에서의 발달과정에 적용된 것처럼, 부모와 아이의 관계는 어휘-화자와 청자 모두에게 동일한 것을 의미하는 소리의 결합-에 기초한 의사소통의 발달과정에 대한 정황을 설명해준다. 사물과 행동에 대한 반복적인 이름 붙이기 과정을 통해서, 양육자는 아이에게 처음으로 단어들을 가르친다(Bloom, 1998). 초기 단계에서 아이는 오직 몇 개의 단어만을 말할 수 있다. 아이가 수용하는 어휘가 말하는데 이용되는 어휘보다 많다는 연구결과가 있음에도 말이다(Bloom, 1998). 부모와 아이는 애착행동과 사회적 놀이, 아이의 성장에 따른 주의 행동들을 통해서 여러 달 동안 의사소통과정을 연습하게 된다. 아이의 인지발달이 9~13개월 사이에 형성되는 의도적인 의사표현으로서 단어에 대한 이해와 표현까지 도달했을 때, 부모와 아이 간의 계속되는 의사교환은 실제 언어습득을 위한 발판이 된다(Bloom, 1998).

## 자기의 발달

생후 6개월이 지남에 따라 향상되는 사회적 능력과 의지는 아이가 자신의 욕구와 그것들을 표현하는 방법을 알고 있다는 표시로 간주할 수 있다. 이러한 능력은 자신에 대한 주관성이 형성되는 표시로 묘사되어져 왔다(Stern, 1985). 첫해 동안 자신에 대한 인식은 특히 증가하는 통제감정의 인식에서 나온다. 처음 몇 달간 양육자는 아이가 기대를 형성하는데 도움을 주는 구조를 마련해준다. 양육자는 처음부터 많은 것을 제공하지만, 점차 아이가 참여할 수 있는 더 많은 경험을 만들어준다. 순서대로 아이는 점차 더 많은 참여능력을 가지게 된다. 부모가 초기에 표현하는 아이의 신호와 시작에 민감하다면, 아이는 효과가 있음을 느끼게 되고 잘 통제되고 있음을 느낀다.

예를 들어 바로 빈응을 해주는 엄마가 아이가 입을 열 때마다 밥을 먹여주는 4개월 된 아이를 보고 있다고 해보자. 처음에 엄마는 아이에게 빨리 음식을 먹일 것이다. 왜냐하면 아이가 음식을 먹고, 삼키고, 입을 다시 벌리는 등의 배고픈 모습을 보이기 때문이다. 음식을 먹이는 동안 부모는 아이의 포만감에 느리게 반응한다. 부모가 계속해서 음식을 먹이는 가운데 아이는 부모가 계속해서 반응하기 때문에 일종의 의무감을 느낀다. 시간이 지나고, 이것은 아이의 관점에 영향을 미친다. "아이의 목적 달성을 도우려는 어머니의 반응으로 아이는 자신에게 일어나는 일을 통제할 수 있는 능력에 자신감을 가지게 된다(Bell & Ainsworth, 1972, p.1188)." 대조적으로 부모가 너무 빨리 음식을 먹이는 아이는 질식하거나 침이 입 밖으로 나오거나, 고개를 돌릴 것이다. 음식을 먹이는 것은 단순히 기분 나쁜 다툼이 아니고, 아이가 어떠한 일을 통제할 수 있는 영향력이 부족하다고 느끼는 경험적인 것이다.

## 자존감과 자기 효율성

영아 연구자들은 자아의 형성과 아이의 자아에 대한 인식이 양육자와의 관계에서 어떻게 형성이 되는지에 대해 특별히 관심을 가졌다. 자아인식에 대한 두 가지 관점 즉 자기존중감과 자기효율성이 특히 연구되었다. 자기존중감은 자신에 대해 좋게 느끼는 감정과 관련이 있고, 자기효율성은 자신의 행동과 타인과의 상호관계에 있어서 효과적이고 능력있는 것과 관련이 있다. 많은 연구들에서 아이의 자아에 대한 인식의 특성과 애착관계의 사이에 관계가 있음이 발견되었다. 부모가 아이의 행동 신호와 우울한 경험에 반응을 잘하고 민감할 때, 아이의 자기존중감은 증가한다. 왜냐하면 부모의 반응은 우연적이고, 감정 이입에 입각한 것이기 때문이다. 아이는 자신이 가치 있고, 대단하다고 느낀다. 아이가 부모의 반응을 자신이 의사소통하고, 관점을 공유하고, 관심을 얻고, 고민을 토로하려는 노력이 효과적이었음을 증명하는 증거로 생각한다면, 아이 자신의 능력에 대한 감정은 증가한다.

자기효율성은 양육자의 행동들이 영아의 편리에 맞춰져 있기보다는 오히려 아이로부터 나오는 정서적이고 행동적인 신호에 우연적인 모습일 때 더욱 강하게 발달한다(Demos, 1986, p.59). 동시에 1장에서 언급했듯이, 민감한 부모들이 항상 최적의 반응을 보이는 것은 아니다. 때때로 아이들은 부정적인 감정을 가질 때도 있다. 왜냐하면 부모가 아이의 신호를 미리 알고 있다거나, 반응이 별로 없고 혹은 그러한 아이의 신호를 오해할 수도 있기 때문이다. 이러한 '불일치'는 아이에게 긍정적이고 조화된 상호관계를 회복할 수 있는 기회를 준다. 지각능력은 아이와 부모가 이러한 불협화음의 기간을 극복할 수 있을 때 강해진다(Tronick & Gianino, 1986b). 자기효율성을 연구하는 사람들은 그것이 자기강화라는 것을 알아냈다. 성공적인 경험이 많은 아이는 더욱 더 자신이 유능하다고 느낀다.

## 부모의 지지와 영아의 숙달의 경험

아이의 성공경험은 부모의 능력 정도에 크게 의존한다. 이 문제는 6~12개월 된 아이들의 "동기부여" 연구에 의해 드러났다. 우월하고 싶은 욕구는 아이가 주변 환경을 탐구하고, 문제를 해결하고, 배우고, 통제를 하고, 능력을 발달시키고, 발달을 성공적으로 완수하기 위한 아이의 노력에 반영된 내재적인 동기이다. 성공 동기는 아마도 신체적인 능력을 향상시키기 위한 아이의 지속적인 노력에서 분명하게 드러난다. 극적인 사례로 자신의 팔꿈치로 방을 기어 나오려 굉장한 노력을 하고 서 있는 자세를 하기 위해 반복해서 노력했던 9개월 된 아이였다. 그러나 나이가 약간 더 많은 아이들 또한 자신들과 상호 작용하는 부모에게 영향을 끼치는 것이 힘든 것과 마찬가지로 비슷한 정도의 관심과 일을 보여준다. 그들은 부모로부터 관심을 끌기 위해 웃고, 소리 지르고, 부모를 만지고 잡아끌고 할 것이다.

성공 동기는 아이가 성공에 대한 노력이 성공적이라고 느끼는 여부에 따라 커질 수도, 작아질 수도 있다. 성공과 유능함을 위한 아이의 노력에 있어 부모의 지지는 아이를 보다 더 성공적으로 느끼게 하고, 자기존중감에 기여를 한다. 지지는 직접적인 도움이나 아이의 행동을 구조화하는 것 뿐만 아니라 부모가 감정적으로 기운이 올라 있고, 아이가 성공했을 때 느끼는 즐거움을 표현하는 것까지 포함한다. 7개월 반 된 니사(Nisha)의 어머니가 니사가 기기 위한 준비를 하고 있는 것을 지켜보고 있다. 니사는 그녀의 팔꿈치를 당기고 오렌지색의 공을 발로 밀어 차려고 하고 있다. 어머니는 니사의 응원단이 되어 "잘한다. 계속해 봐, 힘들지? 그렇지만 넌 할 수 있어"라고 소리친다. 그녀의 목소리에는 지지와 아기의 투쟁에 대한 공감이 담겨 있다. 니사가 공을 찾을 때 어머니는 "와, 해냈다. 거봐 넌 할 수 있지?"라고 말해주었고 니사는 승리의 미소를 지었다. 많은 연구들에서 지지가 나중에 형성되는 태도나 능력에 영향을 미친다는 것을 증명했다: "감정적으로 여유 있고 도전적인 행동을 하는 양육자는 더 나은 업무 지속성과 목표 지향적인 행동에서의 즐거움, 이어지는 사회적 인지적 유능함 등을 보여주는 아이로 양육된다(Lyons-Ruth & Zeanah, 1993, p.27)." 무시된 상태에서 일어나는 것과 같은 일관된 지지의 부족은 무능력한 감정을 느끼고, 아이의 자신감이 작아지고, 아마도 시간이 지남에 따라 자신의 노력으로 성공할 수 없다는 '체득된 무기력함'의 내면적 모델을 형성할지도 모른다

(Aber & Allen, 1987). 사회적 상호관계에 있어서, 부모로부터 긍정적이고 민감한 반응을 이끌어 내는 성공적인 행동을 하는 아이는 행동을 하는데 있어 용기를 갖게 되고 자신감이 생긴다. 그러한 아이들은 자신들의 행동에서 성공적인 것을 예측할 수 있는 방법을 배운다. 첫해동안, 상호작용 방식, 경험에 대처하기 그리고 자신의 관점을 다루기 등은 자신과 타인과의 관계 정립을 위한 모델을 구축하는 기초를 다진다.

## [부록 5-1] 탄생에서 12개월까지의 영아발달의 요약

영아발달에 관한 이 차트는 발달 단계가 아닌 연대기적 순서를 따르고 있다. 영아기의 발달이 나중에 나오는 단계보다 더 빨리 전개되기 때문에 이 구성은 영아가 어떻게 발달하는지에 관한 보다 명확한 관점을 제공한다. 영아의 발달 정도에 있어 개인적인 차이가 있으므로 정상적인 발달과정을 아우르는 시간의 범위를 포함한다.

### 전반적인 과업

- 애착과 그것을 유지시키는 전략들을 발전시키기 위해
- 운동능력에 관한 통제를 점차적으로 늘리기 위해
- 자극과 감정을 제어하는 초기능력을 발달시키기 위해

### 신생아기: 0-4주

- 인지능력은 태어났을 때 생긴다.
- 청각과 시각적 예민함의 범위 내에서의 시력 적응(1주 +)
- 인간의 얼굴과 목소리에 대한 적응(1주 +)
- 주 양육자의 인식(1~4주)
- 상태조절 시작 : 경고와 자극에 대한 습관화의 변화 단계(1~2주)
- 새로운 것과 익숙한 자극과의 차이(2~3주)
- 지각의 통합과 감각의 통합(3주)

### 1개월에서 3개월

- 신체리듬에 대한 자기규제를 위한 재능을 발전시키기(돌보는 이의 도움으로): 자고 일어나는 것에 대한 조절, 음식을 먹고 배설하는 주기(1~2months)

- 규칙적인 조절을 위한 역량 키우기, 역동적인 전략과 자기진정 포함하기(1~3months +)
- 외부세계에 대한 적응: 환경에 대한 인식을 하기 위해 감각 이용하기(2weeks~3months +)
- 양육자와의 관계: 차별적인 애착의 시작, 오랜 기간동안 돌보는 이에 대한 관심 집중, 사회적 미소, (구구) 소리내기(1~3months)

## 3개월에서 6개월

- 애착의 발달: 주 양육자에 대한 지속적인 인식, 양육자와의 상호작용에 있어 분명한 선호도, 부모들의 장난기 있는 행동에 대한 반응, 자극과 감정을 조절하는데 있어 애착관계를 이용하는 능력(3개월 이상)
- 놀이 발달: 애착관계 내에서(상호간의 놀이와 아동놀이), 탐색놀이, 감각 이용하기, 놀이의 형태는 점차 더 정교해지고 복잡해진다(3~4months+).
- 어떤 즐거운 상호작용과 놀이 순서에 대한 아이의 선호에 의해 지적된 것처럼 기억은 발달한다.
- 운동기능: 상위 신체기능에 대한 통제의 점증적인 발달과 머리와 목의 통제를 포함한다(3개월 이상). 사물을 잡으려고 애쓴다(4개월 이상), 사물을 잡기(4개월에서 5개월 이상), 눈과 손 기능의 조절(4개월에서 5개월 이상), 손을 같이 움직이는 손동작을 조정하기(4개월에서 5개월 이상)

## 6개월 12개월

- 상호작용을 시작하는데 있어 부모에게 의지한다기 보다는 오히려 스스로 놀이 상호작용을 시작한다; 이것은 계획, 목표 지향적 행동, 인과관계에 대한 인식의 시작에 관한 증거이다(6개월에서 7개월 이상).
- 인간관계, 자신의 신체 그리고 육체적 세계에 대한 관심의 증대(6months+)
- 육체적 세계와 자신의 신체에 대한 관심으로 인해 짧은 기간동안에 자신을 즐겁게 만들 수 있는 능력이 생긴다.
- 정신적 표상이 가능해짐: 영아는 부모의 모습을 기억함으로써 장기간동안 부모의 이미지를 명백하게 마음속에 간직할 수 있다(6개월에서 7개월 이상).
- 언어와 의사소통: 목소리를 내고 재잘거림 (4개월에서 6개월 이상); 응시와 손으로

가리키는 것으로 표현되는 몸짓 (8개월에서 9개월); 처음으로 단어 이해하기 (8개월에서 9개월); 처음으로 말하기 (9개월에서 12개월)

- 기어 다니고 느릿느릿 걷고, 돌아다니며 걷는 과정에서 신체적 기능, 특히 운동신경을 발달시키려는 지속적인 동기부여
- 신체적 기능의 발달에 기반 한 자율과 즐거움의 기분; 또한 아이가 신체적 능력을 완벽하게 하려는 가운데 생기는 좌절과 고통의 느낌(6개월에서 12개월 이상)
- 기억: 과거와 현재의 관계와 반복되는 사건의 예측에 대한 인식의 시작, 이것은 부모로부터 분리되려는 반작용에 의해 나타난다;익숙한 사건, 사람과 익숙하지 않은 것들과의 차이 인식, 이것은 생소한 걱정에 의해 나타난다(8개월에서 12개월).
- 대상영속성: 숨겨진 사물을 찾으려는 것은 그것을 더 이상 보지 않음에도 불구하고 자신의 마음속에 그 사물을 기억하고 있다는 것을 보여준다(8개월에서 9개월).
- 타인들의 관점에 대한 인식의 시작: 주의통합과 사회적 관계 (9개월에서 12개월 이상)
- 간단한 방향을 따르기: 부모의 말과 동작에 대한 반응(9개월에서 12개월)
- 초기 학습: 무언가를 행하는 방법을 배우기 위해 돌보는 이를 관찰한다(9개월 12개월).
- 자기효율성(과도한 행동과 양육자와의 의사소통에서 오는 감정통제의 분별이 시작)과 아이가 목표를 이루었을 때 느끼는 자기 존중감의 감정에 기초하여 자신에 대한 인식이 발달하기 시작한다. 자신에 대한 긍정적인 인식 발달은 양육에 있어서의 반응과 관련이 크다(6개월 12개월 이상).

6장 임상을 위한 아동발달

# 영아의 사례

영아의 정신건강은 부모-아동 상호작용의 풍부한 연구지식을 보여주는 1장과 5장에서도 소개되었다. 부모가 영아의 신호와 기분에 맞추어 주고 시간적으로 적절한 방법으로 영아의 필요에 반응할 때 영아의 발달은 개인적 자아 그리고 사회적 인성으로 지지되고 향상되어진다고 설명하고 있다.

영아의 정신건강 전문가는 위험상태 또는 상호관계의 질을 절충하는 과정에서 이러한 관점을 적용하여야 한다. 위험상황은 부모의 능력과 타협되는 요소들 그리고 조숙, 발달적 지연 등과 같은 영아의 요소들을 포함하는 원인으로부터 발생된다. 그리고 이러한 요인은 부모들이 그들의 아기와 관련한 학습에 도전하는 것으로 자리 잡게 된다(Lyons-Ruth, Zeanah & Benoit, 2003; Minde, 2000). 영아를 위한 전문가는 부모와 영아 모두를 내담자로 보아야 한다. 중재의 목표는 부모와 영아의 상호작용의 강점을 증진, 어려움의 해결 그리고 적합도(goodness of fit)의 증진을 향해 이루어져야 한다. 일반적으로 영아와 부모는 집안에서 관찰되어진다. 치료사가 아기와 부모를 볼 수 있도록 가정방문이 이루어져야 하는데 집은 가장 편안하고 개방되어 있는 현실적인 장소로써 부모와 아기가 상호작용을 하는 "자연스러운" 세팅이 되기 때문이다. 또한 치료실에서 상담을 할 때와 비교해서 가정방문은 부모들로 하여금 전문가가 넓은 배경 안에서 관찰하고 있다는 것을 느끼도록 해준다(Seligman, 2000). 영아 정신건강 전문가가 부모와의 면담을 시행할 때 그들의 아기가 함께 참석하도록 하는데 "영아의 관찰" 즉 통합적 관찰, 사실에 대한 추측, 아기행동의 해석을 주된 관찰의 초점으로 시행한다. 영아 정신건강치료사는 아기의 행동에 대한 부모의 질문을 수용하고 가끔씩 "영아를 위한 언어"를 영아의 비언어적인 행동 안에서의 의미와 의도에 대한 부모의 생각을 돕기 위해 실행하게 된다. 또한 치료사는 영아와 그의 부모의 관찰안에서 영아의 행동을 발달적인 배경 안에 적용시켜야 하며 이것은 앞으로의 발달적인 단계를 위한 기초가 된다(Weatherston, 2002). 부모와 영아 사이의 부정적인 상호작용이 발달된 경우에는 치료사는 부모들의 현재의 스트레스 요인, 영아와의 관계 내력, 개인력 그리고 문제에 자극이 되는 그들의 작동모델을 반영하는 것을 돕는 시도를 하여야 한다(Fraiberg, Adelson & Shapiro, 1975; Lieberman & Zeanah, 1999). 영아의 상호작용 평가에 대한 초점을 통해 부모는 영아를 이해할 수 있게 된다. 영아에 대한 이해 능력의 발달은 부모의 유능감, 문제를 일반화 시키는 해결 능력을 지지하는 요소로 전환된다. 부모의 무의식적, 의식적인 영아에 대한 관점은 부모 자신의 초기 관계의 힘든 내력에 의해서 형성되며 치료는 통찰력에 의해 부모의 과거사와 현재 양육의 연결을 통해 이루어져야 한다(Lieberman, Silverman & Pawl, 2000). 셀마 프레이버그(Selma Fraiberg, 1980)는 그녀의 동료들과 영아-부모를 위한 심리치료를 고안하였으며 다음과 같이 언급하였다:

> 치료 안에서 우리는 양육을 침해하는 오랜 "유령"으로부터 부모들을 자유롭게 하기위해 부모의 현재와 과거를 검토한다. 그리고 우리는 반드시 통찰력에 의해 이끌어지는 해석을 통하여 과거와 현재, 부모와 아기를 왕래하며 움직여야 하지만 항상 아기에게로 회귀해야 한다.

## 평가의 이슈

영아와 부모를 위한 전문가는 영아-부모관계를 향한 상세한 조율을 필수로 한다. 초기발달에 영향을 주는 애착에 중심을 둘 때 전문가는 특히 양육자의 행동, 부모-영아의 상호작용, 부모입장으로서의 자신과 아기에 대한 부모의 진술 등 폭넓게 관계의 질과 영아-부모관계를 둘러싸고 있는 체계들을 관찰하여야 한다(Weatherston, 2002; Zeanah et al., 2000).

영아 정신 건강 전문가들은 종종 다른 전문가들과의 협동 작업을 필요로 한다. 특히 영아가 정신, 감각 또는 신체적 장애를 갖고 태어났을 때 물리 치료, 작업 치료, 의사소통 치료, 시각 서비스, 초기 교육 또한 정신 건강 서비스 분야의 전문가를 필요로 한다. 1987년 미국교육부는 개인 장애 교육회(IDEA)를 설립하였다. 개인 장애 교육회의 C파트는 발달적 지연과 신체적, 심리적 장애 또는 개인기관 프로그램에서 위험 상태로 평가된 영아와 유아를 위해 광범위한 "가족중심"의 서비스를 제공하고 있다(Gilkerson & Scott,

2000). 최근 몇 년간 이러한 아동과 가족을 위한 다각적인 접근들은 전체적인 서비스 계획안에서 다른 견해를 가진 전문가들 사이의 협동 작업이 증가하는 추세를 보였다. 초기 중재 프로그램들 안에서 발달지연과 장애를 가진 어린 아동을 위한 정신 건강 측면의 견해를 통한 최적의 발달을 지지하기 위해 기본적 배경이 되는 부모-영아 관계 지지의 강조 범위를 넓히고 있는 것이 추세이다. 솔직히 정신 건강 전문가들은 영아와 유아의 협동적인(효율적 분화) 중재안에서 영아-부모관계의 평가를 요구하였다. 예를 들면 조절과 감각통합에 문제가 있는 영아는 그의 부모에게 테크닉의 모델을 제공하는 작업 치료사에게 직접적인 중재를 받게 될 것이다. 또한 그의 부모들은 정신 건강 전문가에게 그들의 영아에게 갖는 어려움에 대한 감정을 털어놓을 것이다. 그러므로 이 두 치료사는 치료를 위해 부모의 모니터를 자주 의논해야 한다(Ribaudo & Glovak, 2002). 이 사례와 같이 전문가는 영아와 부모의 관계성에 초점을 맞추는 것에도 불구하고 다른 전문가들의 전문성과 자신의 견해의 한계점에 민감해야 할 필요성을 가지고 있다.

영아의 발달 상태를 고려할 때 베일리 도구와 뮤렌 측정도구(Bayley Scales of Infant Development-II, and the Mullen Scales of Early Learning)는 표준화된 평가 도구로 이용된다(Bayley, 1993; Mullen, 1995). 베일리(Bayley)는 가장 넓게 이용되는 표준화된 평가 도구이다. 심각한 발달적 지연이 예상되어지는 경우를 제외하면 베일리는 중재를 위한 영역들을 명료화해 영아의 현재의 인지적, 운동적 영역의 강점과 약점을 유용하게 제시해준다(Gilliam & Mayes, 2000). 다른 평가도구로서는 Infant-Toddler Developmental Assessment(IDA), the Ages and Stages Questionnaires(ASQ) 그리고 the Ages and Stages Questionnaires: Social Emotional(ASQ:SE)가 부모에게 그들의 영아의 발달을 질문하는 형식으로 이용된다(Provence, Erickson, Vater & Palmieri, 1995; Bricker, Squires, Mounts, Potter, Nickel & Farrell, 1995; Squires, Bricker, Yockelson, Davis & Kim, 2002). 이러한 도구들은 임상가에게 그들의 관점을 정리할 수 있도록 도움을 주며, 영아의 발달이 제대로 이루어지고 있는가와 같은 질문에 대한 확인을 가능하게 해준다. IDA는 광범위한 평가로 가족, 발달 그리고 건강에 대한 종합적인 정보를 영아 관찰, 부모와의 자세한 인터뷰를 통해 얻는다. 종종 다각적인 훈련 팀에서 사용되어지기도 한다(Erickson, 1996). ASQ의 도구는 부모가 독립적으로 기재하는 형식으로 이루어지는데 인터뷰가 포함되면 더욱 더 유용할 수 있다. 전문가와 부모에 의해 반영되는 영아에 대한 정보는 영아의 편으로서의 협동 작업의 출발점이 될 수 있다. 특수화된 검사만이 유일한 평가 도구가 아니다. 검사는 특정한 양상의 영아 발달뿐만 아닌, 발달적인 결과를 예측하기 위한 애착의 질, 영아의 사회적 능력으로부터의 영아-부모 관계의 관찰을 포함한 광범위한 평가가 되어야 한다. 마찬가지로 질문지나 체크리스트는 신중한 관찰을 대신할 수 없다. 관찰은 개방되고 호기심 많은 자세 안에서 임상가에게 영아 발달의 지식의 기초를 제공한다. 그리고 임상가가 관찰하고 있는 영아에 대하여 질문이나 생각의 틀을 미리 설정하는 것은 영아에 대한 모든 임상작업 안에서, 특히 영아를 위한 임상에서 관계의 질을 증진시키고 지지하는 것에 초점을 맞추는 것을 도와준다. 그리고 평가 기간 동안에 가족과 전문가의 관계를 발전시키는 효과적인 치료를 위한 기초가 된다. 임상가를 위해 "영아의 편에 선 팀의 구성"의 치료착수를 위한 도움이 된다(Seligman, 2000, p.213). 이 문장에서 보는 것과 같이 영아의 평가에서는 그들의 부모가 중요하며 부모와 임상가가 공통의 목적을 나누는 것이 강조되어야 한다. 부모들은 아이의 어려움에 대한 비난과 두려움을 걱정한다. 배려적이고 호기심 많은 자세의 임상가에 의해 부모의 불안이 감소되도록 돕는 협동에 대하여 Seligman(2000)은 다음과 같이 지적하기를;

> 임상적인 공식과 치료적 관계의 연계는 상호적으로 강화될 수 있다. 부모들이 평가 안에서 협동적인 파트너라는 느낌을 가질 때 그들은 치료 과정을 훨씬 더 포용할 수 있을 것이다. 여기서 제시된 사례는 관찰의 사용과 영아와 그녀의 부모사이의 거래적인 이슈의 평가 안에서 관계의 성립을 설명할 것이다.

유아 정신 건강의 임상 사례에 따르면 평가 안에서 유아와 부모 사이의 교류 이슈를 관찰의 사용과 관계 형성을 통해 설명하였다.

## 영아와 가족의 평가와 간략한 중재 : 사례

1살의 줄리(Julie)와 부모의 사례는 여기 특수한 분야에서 훈련되어진 사회복지사로부터 영아 정신 건강 평가에 의뢰되었다. 나의 평가는 특별히 영아의 발달에서의 애착, 영아의 초기의 외관적인 부분에 초점이 맞추어졌다. 주호소 문제는 영아의 애착의 중재와 정서적, 사회적 발달을 위협하는 부정적인 양육자의 패턴에서 촉발되어지는 자기-조정의 문제였다. 이 사례는 평가 안에서 협조된 중재에 대해 간단히 서술하게 될 것이다. 나는 평가의 과정에 대해 자세히 설명함으로 독자들이 이 자료에 대해 숙고할 수 있도록 할 것이다.

## 의뢰

줄리 브라이언(Julie Bryan' s)의 소아과 의사로부터 줄리의 첫 번째 생일의 며칠 후 의뢰되었다. 태어나면서부터 거의 줄리는 6시간에서 12시간을 매일 같이 울어댔다. 그녀는 생후 1년 동안 4명의 각각 다른 의료전문가로부터 검사를 받았으나 그녀의 울음에 대한 신체적인 원인을 찾아내지 못했다. 줄리의 어머니는 영아정신건강에 의뢰를 제안하는 소아과 의사의 권유를 두 번이나 거절하였고 이번에 아기의 문제가 해결되지 않자 이 제안을 수락하였다.

## 초기, 전화상의 접촉

브라이언 부인(Mrs. Bryan)은 줄리가 2주되는 때부터 매일 긴 시간을 소리를 질렀다고 이야기 하였다. 이러한 문제는 굳어지고 줄어들다가 최근에 악화되었다고 하였다. 줄리는 낯선 사람을 만날 때 매우 불안해 하고 심지어는 그녀의 아버지까지 회피한다고 보고되었다. 브라이언 부인은 "지금 연령에서 낯선 사람을 무서워하는 것이 정상이겠지만 이 경우는 심한 것 같아요. 가끔씩 나는 줄리를 엄하게 다루어요. 아이를 아기침대에 놓고 그냥 울도록 놔두기도 하는데 정말 견디기가 어렵다는 생각이 나를 이렇게 만들어요. 어떻게 하면 줄리의 울음을 멈추게 할 수 있을까요?"라고 이야기 하였다. 그녀는 여름동안의 이야기를 했는데 줄리의 울음으로부터 벗어나려고 아기를 침대에 놔두고 밖으로 나와 버렸다고 이야기 하였다. 나는 계속적으로 우는 아이를 대하는 것이 얼마나 어려운지를 강조하였다. 나는 즉각적으로 줄리의 울음을 멈추게 하는 답을 가지고 있지 않지만 신중한 평가를 통해 어떠한 답을 제시할 수 있기를 바란다고 이야기 하였다.

브라이언 부인은 걱정스러우면서도 격앙된 모습을 보였다. 그러나 내가 그녀의 급박한 질문의 답변에 대해 일반적인 영아발달에 기초한 형식적인 대답을 피한 것은 중요한 부분이 될 수 있다. 나는 문제를 완벽하게 이해하기를 원했고 줄리를 개인적으로 생각하고 싶었다. 이러한 자세는 부모가 자녀를 위해 사려 깊은 정보를 제공하기 위해 노력하고 있다는 것으로 인식되는데 도움을 주었다. 브라이언 부인의 질문에 대답을 하지 않았던 나의 노력은 매우 중요했는데 왜냐하면 후에 나는 그녀가 이미 많은 의사, 양육에 관한 서적, 이웃들로부터 많은 처방을 받았고 거기에 만족스러워하지 않는다는 것을 알았기 때문이었다.

나는 혹시 임신 중이나 출산 때 의료적으로 어려움을 겪지는 않았는지에 대해 질문을 하였다. 임신기간 중에는 아무 문제가 없었다고 하였다. 줄리는 건강한 아이로 첫해의 발달적인 시점에서 정상적인 발달들을 보였다. 첫 2주 동안 줄리는 "착한 아기"였다. 그리고 비명이 시작되었다. 나는 경험을 통해 줄리의 울음의 근본적인 원인은 아마 민감한 기질, 또는 자기조절의 초기 어려움이 아닐까 추측하였다. 그러나 문제의 지속성을 보았을 때 근본적인 문제는 줄리의 비명의 반복적인 습관 안에서 굳어진 부모-영아 상호작용이 아닐지 추측하였다. 브라이언 부인이 언급하기를 줄리가 8개월 때 소아과 의사의 상담 제안 후 그녀는 영아에 대한 책을 많이 읽었고 그러고 나서는 줄리의 울음이 줄었다고 하였다. 나는 변화를 위해 무엇을 했었느냐고 물었다. 그녀는 "잘 모르겠어요. 그러나 난 뭔가 반드시 해야 한다고 생각했고 그런데 줄리의 울음이 한 달 후 다시 시작되었어요." 이러한 진술은 희망적인 것으로 브라이언 부인이 아직도 상호작용의 변화를 위해 뭔가 해야 한다는 생각을 가지고 있다는 것을 의미하였다. 나는 줄리를 이해하기 위해서 그녀의 가족과 함께 있는 것을 관찰하는 것이 최선의 방법이라고 말하며 브라이언씨(Mr. Bryan)는 언제 집에 돌아오는지를 물었다. 브라이언 부인은 망설이며 남편은 아침 7시부터 저녁 7시까지 일한다고 이야기하며, 남편은 제외시키면 안 되느냐고 물었다. 나는 그녀에게 나의 생각으로는 남편을 포함시키는 것이 좋을 것 같은데 왜냐하면 브라이언씨의 문제에 대한 관점과 줄리가 관계하고 있는 모든 가족 구성원과의 관찰을 이해하는 것이 필요하기 때문이라고 이야기 하였다.

## 설명 : 아버지를 포함시키는 것

브라이언 부인이 그녀의 남편을 참여시키는 것에 대한 주저함과 아버지에 대한 줄리의 회피에 대한 언급은 아버지의 참여범위에 문제를 제기했다. 양부모 가족의 아동의 평가는 결정적으로 두 부모 모두를 포함시킨다. 회복력에 관한 연구에서 일관되게 아동발달을 위한 보호적인 요소는 가족의 안정과 두 부모 사이의 상호지지로 나타났다. 아버지의 감정적 지지는 영아에게 제공되는 어머니의 양육의 질에 영향을 준다(Crockenberg, 1988). 가족 안에서 전통적인 성 역할의 구분은 지배적(어머니가 직장을 다니든 집에 있든 간에)이다. 그리고 아버지는 양육에 크게 관여하지 않고 아버지의 영향은 어머니를 지지하는 것으로 간접적으로 이루어진다. 아버지들이 양육에 높게 참여할 때 그들의 영향은 좀더 직접적이고 영아들은 강하고 우호적인 양육과 상호적으로 상호작용의 조절적인 패턴들을 성립하게 되고 아버지와 놀이를 하게 된다(Grossman et al., 1999). 평가에 브라이언 부인의 남편을 참여시키는 것에 대한 그녀의 주저함은 많은 의미를 가지고 있을 것이다. 나는 그의 아내의 양육 태도 또는(직접적으로 그를 보지 않고는), 줄리와 그의 관계에 있어서 그의 영향력을 배울 수 없었다. 이 점은 명백하나 실제에 있어 종종 아버지들은 그들 스스로가 원해서가 아니라 그들의 파트너에 의해서 제외되기도 한다.

## 첫 번째 가정방문 : 가족에 대한 파악

브라이언씨와 브라이언 부인은 줄리의 지속적인 울음에 대하여 많은 불평을 털어 놓았다. 줄리는 브라이언 부인이 집을 떠날 때 마다 울었으며 심지어는 방에서 나올 때도 마찬가지였다. 브라이언씨는 그가 줄리와 시간을 가지고 놀려고 하였지만 줄리가 아버지를 회피한다고 이야기 하였다. 나는 줄리가 울지 않을 때는 몇 번이나 있냐고 물었으며 브라이언 부인은 화를 내며 "예. 내가 그 아이와 함께 있는 한 아무 문제도 일어나지 않아요. 줄리는 나만 찾아요. 난 아이로부터 휴식을 가질 수가 없어요."라고 말했다. 그녀는 의사들과 이웃들은 줄리가 울도록 그냥 내버려두라고 말했으며 결국 줄리는 더욱 심해졌다고 이야기 하였다. 그들의 충고를 따랐을 때 적어도 줄리는 한 시간 동안 침대에서 울었고, 브라이언 부인은 엄마로서 실패감을 느꼈을 것이다. 그럼에도 불구하고 줄리가 울기 시작한 생후 2주이래 줄리를 홀로 남겨놓는 것은 브라이언 부인의 주요 전략이 되었다. 나는 그녀에게 아기의 울음에 대해 질문했다. "내가 줄리와 함께 있지 않는 것에 대한 분노의 표현이라 생각해요." 그녀는 줄리와는 달리 에리카는 매우 다루기 쉬운 아이였다고 말했다. 나는" 줄리가 왜 우는지 아직은 잘 모르겠어요. 그리고 그냥 울도록 놔두는 것이 통하지 않는 아이들의 예가 있어요."라고 말했다. 브라이언 부인은 "그 말이 저를 안심하게 하네요."라고 말했다.

### 줄리 관찰

줄리는 예쁘고 매력적인 아기로 내 마음을 끌었다. 그녀는 귀 주변에 갈색의 곱슬머리를 가지고 있었으며 여전히 머리가 거의 없는 상태였다. 나는 새롭게 난 2개의 이를 볼 수 있었으며 자주 드러나는 표정은 미소보다는 찡그린 얼굴이라는 것을 관찰할 수 있었다. 내가 그녀에게 안녕이라고 인사를 했을 때 그녀는 나를 근심스럽게 그리고 호기심 있게 쳐다보았다. 그러나 그녀의 어머니가 말했던 것처럼 울지는 않았다. 후에 그녀는 몇 번 불안감 없이 나에게 접근했다. 줄리는 걷기 시작했으며 여전히 가구를 따라 돌아다니며 편안함을 느꼈다. 그녀는 소파 위에 올라갈 수 있었고, 자신의 힘으로 내려올 수 있었다. 그녀는 아주 잘 기었다. 이 관찰들은 그녀의 운동 기술들이 자기의 나이에 맞는다는 것을 나에게 말해주었다. 그녀의 언어발달은 숨겨져 있었다. 1살에, 유아들이 소리의 넓은 범위를 사용함으로써, 표현적으로 옹알거릴 것이라고 기대되어진다. 가리키고 다른 제스처들을 사용함으로써, 그리고 실제의 몇 가지 단어들을 사용하기 시작함으로써 줄리의 언어는 내가 방문한 내내 돼지가 꿀꿀거리는 소음과 같은 언어로만 나타났다.

에리카는 엄마의 발에서 놀고 있었다. 줄리가 가까이 기어가자, 에리카는 그녀를 밀었으며, 그 후에 그녀는 엄마의 무릎에 기어 올랐다. 줄리는 옆으로 끌어당겼으며, 엄마는 팔을 내밀었다. 줄리는 엄마의 무릎으로 올라가고 싶어했다. 브라이언 부인은 그녀를 받아들이기 위해 움직이지 않았고, 줄리는 반응하였지만, 에리카는 엄마의 몸에 가까이 했다. 줄리는 올라가려고 했으나, 에리카가 몸 전체를 엄마의 무릎과 허벅지에 덮었다. 줄리는 흐느껴 울었고, 찡그렸으며, 할 수 있는 한 엄마 가까이 머물려고 했다. 브라이언 부인은 아이들 사이의 경쟁을 알아차리지 못했다. 이 장면의 관찰에 있어서, 나는 이 가족에서는 두 아기들을 위한 공간이 없다는 것을 기억해냈다. 에리카는 우호적인 아이였고, 줄리는 이방인이였다는 것을 보여주었다. 나는 또한 브라이언씨는 줄리를 받아들이는 것을 제공하지 않고, 그의 아내가 도움이 필요한 두 아이들의 문제를 해결하도록 홀로 남겨두었다는 것을 느꼈다. 나는 브라이언 부인이 동시에 그녀의 집중을 원하는 두 어린 아이를 가지고 있는 것이 어떻게 느껴지는지 물었다. 브라이언 부인은 에리카는 매우 독립적인 아이였으며, 많은 문제가 되지 않았다고 웃고난 후 대답했다. 이것은 부모가 다루기 쉬운 에리카가 무엇을 해왔는지, 그리고 얼마나 에리카가 경쟁적임을 보여줬는지, 얼마나 줄리가 힘들었는지에 대해서 토론하도록 도왔다. 그 대답은 내가 관찰했던 장면들과는 일치하지 않는 것처럼 보였으며, 또한 브라이언 부인의 감정들이 에리카의 긍정적인 묘사로 편향시켰는지에 대한 그 질문에서 방어함을 느꼈다. 부모는 에리카가 도움을 필요로 하거나 경쟁적이지 않다고 말하려는 것처럼 보였다. 그녀는 에리카가 좋은 아이라고 말하였다. 그들 모두 줄리가 흐느껴 울며 말하는 것에 주목하지 않았다. 이 관찰에서 브라이언씨와 브라이언씨와  부인이 줄리를 위해 공간을 만들 수 있을 것인지에 대해서 질문이 제기했다. 하지만, 이것은 우리의 첫 번째 만남이었고, 나의 질문이 약간 방어적인 반응을 가져왔기 때문에, 나는 이것에 대해서 더 질문하기보다는 계속 관찰하기로 했다.

## 양육사

나는 브라이언 부인이 임신을 어떻게 느꼈는지 물어보았다. 그녀는 지쳤으며, 자신의 마음이 감금된 것처럼 느꼈다고 한숨을 쉬고, 대답했다. 그녀의 남편은 긴 시간동안 일을 하고 있었고, 그녀는 에리카와 함께 홀로 집에 있었다. 그녀는 줄리가 태어난 후, 산후 우울증은 없었다고 말했다. 부모는 그녀의 우울증이 에리카의 출생이후에 나타났다고 설명했다. 브라이언씨는 말했다. "8달 동안, 그녀는 나에게 어떤 말도 하지 않았어요. 나는 우리가 이혼할 거라고 생각했어요." 그녀의 직업을 포기하는 것이 원인이 되어 우울증이 생겼다고 말했을 때, 브라이언 부인이 불만스러운 듯한 목소리로 이야기하는 것처럼 들렸다. "내가 에리카를 가졌을 때, 갑자기 나는 어떤 일도 할 수 없었고, 나는 외로움을 느꼈어요." 반대로 그녀는 줄리의 출생 후 우울증을 가지지 않았다. 그녀는 줄리의 울음시합들이 시작되기 전, 처음 몇 주동안은 행복하고, 힘이 넘치는 감정을 가졌다고 회상했다. 그녀는 줄리의 울음을 멈추기 위해서 환경을 바꿈으로써(집에서 방을 옮기는 등), 얼마나 노력했는지에 대해서 묘사했다, 그녀는 말했다. "내가 만약 하루 종일 그녀를 붙잡고 있다면, 그녀는 울지 않았을 거예요. 하지만 나는 24시간 하루 종일 그렇게 할 수 없었어요. 잠시 후, 나는 그녀와 좀더 거친 시간을 보내야만 했어요." 그녀가 2번째로 이 구문을 사용한 것이었기에 나는 그녀에게 명확하게 설명할 것을 요구했다. 다시 그녀는 말했다. "나는 단지 그녀를 침대 속에 넣었고, 그녀를 거기에 두고 내버려뒀어요. 당신도 알다시피, 나는 결코 그녀를 많이 다정하게 껴안아준 적이 없어요. 그녀는 다가오거나, 안아주고 싶은 그런 아이가 아니었어요. 그리고 그것은 아마도 몇 가지의 결과들을 만들었을 거예요."

## 문제의 서술

내가 떠나려고 할 때, 브라이언 부인은 말했다. "그 아이는 나를 거짓말쟁이로 만들었어요. 그 아이는 당신이 여기온 후로 한 번도 소리를 지른 적이 없어요!" 나는 때때로 아기가 새로운 사람이 출현했을 때, 그녀의 일상적인 방식으로 행동을 하지 않는다고 말했다. 그녀는 말했다. "아마도 나는 당신에게 보여줄 수 있을 거예요." 그녀는 일어나서, 방을 떠났다. 줄리는 그녀의 엄마가 떠난 것을 보자, 즉시 그녀 뒤로 기어갔다. 그녀가 그녀의 아빠 의자를 지나갔을 때, 그는 그녀에게 가까이 갔으나, 그녀는 그를 지나치자, 두려운 톤으로 울기 시작했다. 브라이언 부인은 웃으면서 나타나서 말했다. "저것이 비명이에요." 그녀는 줄리를 잡았고, 줄리는 울던 것을 멈추었다. 브라이언 부인은 말했다. "만약 내가 다시 돌아오지 않았거나 또는 내가 만약 그녀를 침대에 두었다면, 그녀는 정말로 지금도 소리를 지르고 있을 거예요."

## 브라이언 부인의 내력

브라이언 부인은 줄리의 비명이 그때보다 더 악화되었기 때문에, 다음 방문에는 이른 오후로 스케줄 잡을 것을 요청했다. 브라이언씨는 문제가 주로 줄리와 그녀의 엄마 사이에 있기 때문에 그가 거기에 필요하지 않았다고 말했다. 나는 좀더 이른 시간에 만날 것을 동의했으나, 그들에게 브라이언씨의 관점과 줄리와의 문제를 이해하는 것에 중요하며, 다음 방문에 그가 함께 있기를 원한다고 말해주었다.

2주 후 두 번째 방문동안, 줄리는 전혀 울지 않았다. 브라이언 부인은 그녀가 좀더 쉽게 분리를 극복하고 있으며, 종종 그녀의 아빠에게 가고 있다고 말했다. 줄리는 또한 밤에 울면서 깨어났다고 했으나, 브라이언 부인은 그녀가 몇 번 그녀를 가볍게 두들겨 주는 것이 필요했으며, 그녀는 다시 잠들었다고 했다. 이것은 좀더 관리를 할 수 있는 아이로서, 줄리의 다른 모습들이었다. 이것은 평가동안 일어날 수 있는 평범한 진행이 아니다. 이것은 "기적적인 치료이다." 그러나, 이것은 부모가 전문가의 지지로 다소 다른 방식으로 아이의 문제를 집중하고 있다는 것을 반영한다. 문제에 의식적인 초점은 종종 잠재적으로 문제주변으로 성장해왔던 상호작용을 바꿀 수 있다. 예를 들면, 새로운 발달에 반응하여(한밤중에 줄리의 울음), 그녀가 울도록 내버려 두기보다는 브라이언 부인은 그녀를 즉시 편안하게 해주고 있었다. 그리고 줄리는 곧 잠이 들었다. 브라이언 부인의 이 2번째 진행된 인터뷰의 보고서에서, 나는 그녀가 평가에 투자를 하고 있다는 것을 느낄 수 있었다.

가족들은 일주일간 휴가를 가졌고, 브라이언 부인은 그들이 함께 시간을 즐겁게 보냈다고 했다. 가족의 일상생활에 있어서, 이 휴식은 또한 브라이언 부인이 좀더 희망적인 태도를 가질 수 있도록 기여했다. 그녀는 남편이 일을 쉴 때, 아이들은 정말 좋아했다고 말했다. 이것은 브라이언씨의 업무 스케줄에 관한 이야기를 이끌었다. 그는 매일 12시간을 집에서 떠나 있었으며, 그의 스케줄은 빡빡하게 21일 동안 일하도록 요구했으며, 이로 인해 그녀는 명확하게 이중적 감정을 가지고 정보를 제시했다: 그녀의 목소리 톤은 사실적이었으나, 그녀의 얼굴 표정은 행복하지 않았다. 그는 집중적인 스케줄로 일을 해왔으나, 아이들이 태어나기 전에 그녀 또한 장시간 일을 했으며, 그녀의 일 스케줄을 남편과 맞추며 조절했다. 그래서 그들은 좀더 함께 시간을 보냈다. 그는 에리카의 출생에 함께 했으나, 하루를 지낸 후 21일 일하는 기간으로 지나갔다. 그녀는 첫 아기와 병원에서 집으로 왔으며, 남편으로부터 작은 도움을 받았다. 그들이 사는 곳에서 친척이 없었다. 나는 그것이 어려움으로 들린다고 언급했다. 그녀는 말했다."나를 도와줄 사람은 아무도 없었어요. 나는 약 6달 동안 우울했어요. 아기를 돌봐야 할 일들이 너무나 많아요." 나는 동의하며 말했다. "그리고 심지어 두 아이를 돌봐야 하다니" 브라이언 부인은 그녀가 부모의 새로운 역할에 적응을 한다고 느꼈다. 특별히 에리카가 점점 자라고 좀더 사회적이고 노는 것에 즐거움을 가질 때며 에리카는 집 밖의 장소에 가는 것을 행복해 하는 유아였다. 줄리가 병원에서 온 후, 브라이언씨는 다시 3주 간 쭉 일을 해야만 했다. 브라이언 부인은 다시 덫에 빠진 듯한 느낌이 들었다. 두 아이들을 아이가 하나일 때처럼 돌보기는 어려웠다. 그녀는 줄리가 다시 울었을 때 계속적으로 덫에 빠진 듯한 느낌이 들었다. 그녀는 또한 줄리의 울음으로 그녀가 외출을 하고, 베이비시터를 구하는 것을 어렵게 하는 것에 있어서 힘들어 했다. 줄리의 출생 이후, 그녀와 그녀의 남편은 거의 외출을 하지 않았으며, 함께 거의 시간을 보내지 않았다. 우리가 이야기 하고 있을 때 에리카와 줄리는 브라이언 부인과 가까이에서 함께 놀고 있었다. 줄리는 내 옆에 소파 위에 올라갔고, 창문 밖을 가리켰다. 그녀는 옹알이를 했다. 나는 그녀에게 혹시 나에게 예쁜 파란 하늘을 보여주려고 하냐고 물었을 때, 그녀는 함박 미소를 지었고, 더 옹알이를 했다(유아와 어린아이들의 복합적인 관찰에 대한 중요성을 암시한다. 첫 번째 방문하는 동안, 나는 줄리의 언어발달이 숨겨져 있는 것에 걱정을 했다. 하지만 그녀의 표현적인 옹알이와 하늘을 가리키는 것으로 처음의 인상을 수정하였고, 그녀의 언어 능력은 정상적으로 발달하고 있다는 것을 보여주었다). 줄리의 지속적이지 않은 옹알이에 반응하여, 에리카는 줄리를 불렀으며, 그들은 그들의 목소리, 한 명은 소리를 지르고 다른 한 명은 거기에 반응하여 소리를 질렀다. 브라이언 부인은 에리카가 몇 개의 블록들을 가지고 놀도록 요구했고, 그 소리 지르기를 멈추어졌다. 후에 아이들은 마루에서 서로 구르면서 장난을 쳤으며, 웃었다. 그러나 줄리가 위에 있을 때는 에리카는 화나서, 그녀를 때리기 시작했다. 줄리는 찡그렸으나 울지는 않았다. 나의 주관적인 반응으로 브라이언 부인은 즉시 에리카에게 멈추라고 요구하지 않고 오랜 시간 동안 그냥 때리도록 허용하였다.

이 만남이 끝나는 즈음, 나는 몇 가지 제안을 만들었다. 첫째, 나는 줄리의 출생이 후 다시 덫에 걸린 듯한 감정에 드는 것이 얼마나 힘든 것인지, 그리고 줄리의 문제들이 얼마나 그들의 결혼관계에 영향을 주고 있는지, 초점을 둘 것을 제안했다. 나는 스트레스는 가족 내에 순환될 수 있다고 말했다-그녀가 덫에 걸린 듯한 느낌을 받으면서 갖게 되는 스트레스와 그녀의 남편이 덜 참여하는 것에 대해 줄리에게 감정을 쏟을 수 있으며, 그녀를 더욱 불안하게 만들 수 있다고 하였다. 브라이언 부인은 이 해석에 놀라지 않았고,

"당신이 맞아요."라고 말했다. 둘째, 문제는 그녀와 줄리의 문제라기보다 가족 내에서의 상호작용과 관련이 있기 때문에 브라이언씨가 다음의 만남에서 참여하는 것이 중요할 것이라고 말했다. 브라이언 부인은 의심이 많았으나, 이 제안에 기뻐하고, 안심하는 것처럼 보였다.

## 요약

줄리는 운동, 인지적인 면에서는 적절하게 발달하고 있었으나, 그녀의 사회적인 면에서는 불안정한 애착과, 불안한 행동 그리고 분리하는 것에 강한 행동을 보임으로써, 복합되어있었다. 비록 분리불안이 8~12개월된 유아들에게는 평범한 것일지라도, 줄리는 이상하게 분리불안이 심했으며, 또한 매우 일찍 가진 불안한 애착 또한 그러했다. 근본적으로 줄리가 무슨 이유로 우는지는 명확하지가 않다. 브라젤톤(Brazelton, 1992)은, 3~12주된 유아의 약 85%는 그 시기가 끝날 즈음, 짜증스러운 울음의 기간을 겪는다. 과거에, 이 짜증스럽고, 민감함은 "복통"이라고 불렸고, 위의 고통에 영향을 미쳤다. 물론 몇몇 아기들은 위의 고통 때문에 울지 않는다. 대부분의 어린 유아들은 민감한 짜증에 명백한 이유를 가지지 않는다.

브라젤톤(Brazelton, 1992)은 발달과 성숙적인 용어들로 이 현상을 간주한다.

> 어떤 행동이 매우 예언적이고, 만연적일 때마다, 우리는 그것이 적응적이라고 가정한다. 그리고 그것이 가져다 주는 목적을 찾는다. 이 짜증스러움은 조직적인 진행처럼 시작된다. 미성숙한 초조함의 시스템이 일어날 수 있고, 하루 내내 자극으로 유용화 될 수 있다. 그러나 약간의 짐이 있다. 결국 그것은 적극적, 짜증스러운 기간 형태로 활력을 끈다. 이것이 끝난 후에, 초조한 시스템이 다른 24시간을 위해 재조직할 수 있다.

브라젤톤(Brazelton)은 만약 부모가 제공하는 편안함과 짧은 시간동안(5~10분) 아이가 울도록 허락하는 것의 균형을 잘 조화할 수 있다면, 아기들은 점차적으로 조직화되고 짜증스런 기간들은 빈번하게 줄어들 것이고, 몇 달 안에 사라질 것이다. 까다로운 기질을 가지고 있는 몇몇 유아들은 내부와 외부 자극에 더 예민하고, 짜증스러운 시간을 보다 더 확장하기 때문에 좀더 시간이 걸린다.

하지만, 줄리는 까다로운 기질을 가지고 있는 아이들의 프로필에 적합한 것 같지 않다. 현재 그녀는 전체적으로 과민한 유아가 아니다. 떨어진 것들을 받아들이는 능력과 부딪히면서 걷기를 배우는 것 그리고 심각하게 고통 없이 에리카의 공격적인 놀이를 참아주는 것은 충분한 내부의 영향력 있는 조절이 있음을 제안해주었다. 그녀의 단 한 가지 과민한 것은 그녀의 엄마의 부재 또는 존재함에 있다는 것이다. 긴 시간 줄리의 울음은 상호 교류적인 반응이다. 그녀의 엄마가 그녀를 홀로 남겨두고 떠났을 때, 그녀는 울었다. 그녀의 울음을 듣는 것은 브라이언 부인을 그녀와 함께 긴 시간동안 있는 것을 피하게 했으며, 줄리의 불안과 불안정함이 지속됨으로써, 브라이언 부인은 의존성이 정상인 줄리가 그녀에게 의존하기를 원하지 않았다. 이 부정적인 나선 용수철에서, 줄리는 그녀의 가족이 덜 안전하다고 느꼈고, 브라이언 부인은 분개하기 시작했고, 좀더 그녀를 멀리했다.

나는 브라이언 부인이 에리카의 초기 몇 달 동안, 그녀의 외로움과 우울함의 고통스러운 기억에 바탕을 두어 줄리의 유아기에 부정적인 기대들을 가지고 왔는지 궁금했다. 아마도 2주된 줄리의 울음은 이러한 기대들을 확신하는 것 같이 느껴졌다. 브라이언 부인은 아무 도움도 없고, 방어적인 감정을 느꼈나? 그녀가 일찍 변화시킬 것들을 그녀 혼자 잠정적인 힘을 최소화하면서 줄리의 울음을 극복하기 위한 시도를 한 것은 분명했다. 좀더 편안한 것을 제공하는 것 대신에, 그녀는 환경에 있어서 변화가 줄리를 조용하게 만들 것이라고 희망하면서 줄리를 방에서 방으로 옮기는 생각을 했다. 나는 줄리가 울음을 멈추지 않았을 때, 브라이언 부인이 줄리에게 화를 냈는지 그리고 만약 줄리를 홀로 남겨두었던 그녀의 전략이 그녀의 화로부터 줄리를 보호하기 위한 것으로 표현되었는지와 화나는 것에 대한 그녀의 죄책감에 방어였는지 궁금했다. 그녀는 반복된 진술을 했다. "때때로 나는 그녀와 힘든 시간을 보내야만 했다." 이 진술은 그녀가 줄리에게 상처를 주었을지도 모른다는 그녀의 걱정이 반영되었고, 그녀를 향한 적대적인 감정은 죄책감으로 보였다.

이 두 번째 세션에서, 나는 줄리의 울음이 전체 가족에게 상호교류적인 이슈로 표현했다는 가설을 충분하게 관찰했다. 나는 브라이언씨와 브라이언 부인의 기억을 되살려서, 어떻게 울음이 발생되었는지, 무엇이 그것을 영속시키는지에 대해서 이해함으로써 이 이슈에 초점을 두기로 했다.

## 두 번의 가정방문

나는 브라이언씨가 세션에 함께 참여해 주고 세션동안 적극적인 행동을 보여준 것에 대해 매우 기뻤다. 브라이언씨는 줄리가 휴가를 가진 이후, 그에게 더 다가오고 있다고 보고했다. 나는 그가 휴가동안 그녀와 함께 시간을 좀더 보낼 수 있었을거라고 말했다. 아마도 그것은 줄리가 그에게 다가오는 것을 더 쉽게 만들었던 것 같다. 줄리가 나를 보았을 때, 전에 방문한 동안 창문 밖을 보면서 옹알이를 했던 것처럼, 그녀는 왕성하게 옹알이를 했다. 나는 말했다. "나는 네가 지난 주에 나에게 하늘을 보여줬던 것을 기억해." 그리고 나서 나는 줄리가 파란 하늘을 가리키고(그녀가 보았던 것 중에서 가장 흥미로운 것처럼), 매우 표현적으로 옹알이를 했을 때 내가 어떤 인상을 받았는지에 대해서 브라이언씨에게 설명을 해주었다. 그는 그녀가 더 옹알이를 하고 있고, 말할 준비를 하고 있다는 것을 잘 알고 있다고 말했다. 우리가 말하고 있을 때, 줄리는 그에게 가까이 왔으며, 그는 그녀를 무릎에 앉혔다. 그는 "봐요. 이 아이는 결코 이렇게 한 적이 없어요." 그것은 매우 좋은 것임에 틀림없다고 말했을 때, 그는 동의했으나, 이것은 최근의 발달이라고 강조했다. 나는 말했다. "당신을 따르지 않는 딸을 가진 좌절임에 틀림없군요." 브라이언씨는 대답하지 않았고, 브라이언 부인은 비꼬듯 말했다. "오, 하지만 그녀는 나에게 왔어요."

줄리가 그녀의 아빠 무릎 위에서 행복하게 뛰어나갔을 때, 나는 그들에게 줄리의 울음이 시작되었을 때로 다시 돌아가서 생각해볼 것을 요청했다. 브라이언씨는 말했다. "나는 줄리가 울기 시작할 때, 심한 복통을 가졌을거라고 생각해요." 나는 많이 우는 매우 짜증스러운 아기들은 부모에게 있어서 정말 스트레스가 될 수 있다고 말하였다. 나는 유아들이 위가 팽창한 후에도 무엇인가가 줄리의 울음이 계속하도록 했다고 덧붙였다. 나는 두 부모에게 언급하기를, "나는 줄리의 이른 울음이 당신의 반응 없음으로 시작된 것은 아닌지 궁금했어요. 그녀는 정말 다루기 쉬운 아이는 아니었어요. 그리고 그녀의 울음은 정말 당신에게 괴로움으로 다가와서, 그것은 그녀와 함께 있기 힘들게 하죠. 나는 당신이 나에게, 당신은 무엇을 할지 알지 못했으며, 당신이 도움을 요청하는 울음을 하도록 그녀를 홀로 내버려 두기로 결심한 것에 대해 말했던 것을 기억해요. 나는 아무도 편안하게 해주지 못한 채 긴 시간동안의 그녀의 울음이 불안함과 불안정함을 느끼게 했는지 궁금해요. 그리고 복통이 지나간 후, 그녀가 당신으로부터 떨어져 있었다면, 그리고 울기 시작했다면 그녀는 불안이 더 증대했을 거예요. 나는 그녀가 울 때 당신이 그녀로부터 도망갔다는 것을 나무라는 것이 아니에요. 하지만, 당신이 줄리와 함께 있지 않았다고 내가 상상하면, 줄리는 더 걱정했을 것이고 울었을 거예요."라고 말했다. 브라이언씨는 나의 생각에 대해서 생각하고, 말했다. "그것은 가능하다고 생각해요." 브라이언 부인 또한 동의했으나, 걱정스러워 보였다. 그녀는 아마도 줄리가 그녀를 하루 종일 원했던 것 같다고 이야기 했다. 왜냐하면 줄리가 지금도 그런 방식으로 그녀를 원하고 있다고 생각하기 때문이다. 그녀는 줄리의 울음이 지속되었을 때의 좌절을 묘사하였다. "만약 내가 처음 6개월을 다시 찾을 수 있다면 줄리에게 집중하여 함께 할 수 있을 텐데... 그러나 줄리의 울음은 나의 계획을 무산시켰어요." 나는 줄리와 함께 하는 것이 얼마나 어려운 일인지를 강조하였다.

이 토론을 지속하는 동안에, 브라이언 부인은 그녀의 초점은 무릎 옆에 있는 줄리에게 바꾸었다. 처음으로, 나는 브라이언 부인이 그녀와 함께 게임을 하는 것을 보았다. 줄리는 그녀의 빈 병을 커피 테이블에 던졌다. 브라이언 부인의 무릎에 앉아 있는 에리카는 줄리의 하는 행동을 보고 웃었다. 브라이언 부인은 병을 회수하여, 그것을 반복적으로 테이블위에 그것을 밀어 넣으려는, 줄리에게 건네주었다. 각 시간마다, 브라이언 부인은 병이 떨어지는 것을 막았다. 게임이 진행될 때, 두 아이들은 흥미롭게 웃었으며, 부모는 게임하는 것을 즐기고 있었다. 나 또한 즐겼다. 그것은 함께 즐거움을 가지는 가족의 능력을 보여주는 것이기 때문이다. 비록 이것이 전형적인 "아기게임"이라 해도 나는 시나리오의 숨은 내용에 집중했다. 브라이언 부인은 적극적으로 시야에서 병이 사라지는 것을 막았다. 줄리에게 기쁨이 되는 놀이였다.

이 방문의 마지막 즈음, 나는 줄리가 좀더 나아지고 있음을 지적했다. 그녀는 그녀의 아빠가 함께 놀고, 잡도록 하는 것을 허용했다. 그리고 그녀는 좀더 표현적이 되었다. 그리고 분리에 대해서 더 참을 수 있었다. 나는 그들에게 그들이 더 나아지기 위해 해야 할 것을 생각하라고 요구했다. 나는 모든 것들이 잘 되어가고 있을 때, 어려운 시간동안 무엇이 도움이 될지 우리가 이해하도록 돕는 것을 제안함으로써, 줄리가 무엇을 하고 있는지, 그들이 무엇을 하고 있는지 그들에게 집중하라고 요구했다.

다음 세션에서, 나는 브라이언씨와 브라이언 부인이 줄리의 문제가 처음 시작될 때, 그들의 감정을 묘사하라고 말했다. 브라이언은 그녀를 편안하게 하려고 노력했다고 말했다. 그러나 그녀가 울기 시작할 때는 "나는 금방 포기했어요." 나는 그가 포기한 후에 그가 무엇을 했는지 물었다. 그는 줄리를 침대에 넣어두고, 지하실로 내려와서 그녀의 울음을 듣지 않았으며, 그는 그녀에 대해서 걱정하지 않으려고 노력했다고 말했다. 그러나 그는 그녀를 포기하는 것에 나쁜 감정을 느꼈다. 나는 그의 정직함에 매우 깊은 인상을 받았다. 나는 "포기하는 것은 당신에게 어울리지 않았어요. 줄리가 개선되어지고 있고, 그녀가 당신에게 오고 있다는 것은 더 나아지고 있음이 틀림없어요."

브라이언 부인은 이야기를 하면서 질문에 대답했다. 이러한 내용들은 내가 전에 들어본 적이 없는 것들이었다. 그녀는 줄리를 간호하지 않기로 결심했었고 줄리는 태어난 후 병원에 있는 동안, 그녀가 먹은 것을 토해냈다고 브라이언 부인은 말했다. "그녀는 나에게 토를 했어요. 나의 손 전체에. 나는 그녀가 엘러지가 있는지 궁금했어요. 그리고 나는 내가 그녀를 간호한다면 더 나아질지 의사에게 물었어요. 그러나 그는 어떤 차이점도 가지지 않을 거라고 말했어요." 그녀는 몇 가지 특별한 목록들을 묘사했고, 그녀가 어떻게 울음으로부터 벗어나려고 했는지 간단하게 말했다. "우리는 계속 노력하고 있어요. 그러나 그녀가 6개월이 되었을 때, 그리고 여전히 울고 있을 때, 나는 그들에게 그녀를 맡기는 것을 그만뒀어요. 그리고 나는 내 스스로 그것을 해내기로 했어요. 나는 나 자신에게 말하고 있었어요. 더 좋아지고 있어." 나는 말했다. "당신은 부모 됨을 걱정했고, 당신은 할 수 없는 해결하기 어려운 문제를 시도하는 것에 좌절감을 느끼고 있어요." 내가 이것을 브라이언 부인에게 말한 후, 줄리를 그녀의 무릎에 앉혔고, 그녀를 잡았다.(이 반응을 격려해 주었다. 부모가 이해받고, 지지함을 느낄 때 그녀는 자신의 유아에게로 돌아올 수 있다.)

나는 또한 말했다. "많이 좋아지고 있어요." 희망적인 감정처럼 들렸다. 하지만 나는 그녀가 더 부정적인 다른 감정을 가지고 있는지 궁금했다. 브라이언 부인은 걱정스럽게 웃었고 대답하지 않았다. 나는 말했다. "나는 당신의 자리에 내 자신을 넣는 것을 노력하고 있어요. 그리고 내가 하루 종일 아이와 함께 있다면 어떻게 느낄지 생각하려고요, 나는 그녀를 편안하게 해줄 수 없어요. 나는 아마도 아기에게 화를 낼 거예요." 브라이언 부인은 "오, 나는 그녀에게 많이 화가 났어요. 때때로 나는 그녀를 침대에 두었는데, 나는 그녀에게 상처를 줄 것이 두려웠기 때문이었어요."라고 대답했다. 나는 그녀의 분노를 이해할 수 있다고 말했다. 하지만 부모가 작은 아기에게 화나는 것을 느끼는 것은 힘든 일이다-부모는 심각하게 죄책감을 느낄 수 있다. 브라이언씨는 그의 감정은 포기하는 것 만큼 많이 화나지는 않다고 말했다. 그는 "만약 내가 문제를 해결할 수 없다면, 나는 그것을 무시하려고 할 거예요."라고 말했다. 나는 줄리를 편안하게 하는게 어려운지 그들의 감정들이 정당해보였다. 그러나 분노든 체념된 감정이든 아기와 부모와의 관계를 복잡하게 할 수 있다. 나는 그들이 각각 줄리에게서 끌려나오는 감정들에 기초되는 이유들이 있다고 제안했다. 그리고 줄리가 비록 개선되어지고 있을지라도, 그 감정들은 어떻게 그들이 그녀를 보는지 그 영향력은 지속되었다. 나는 줄리가 감정들뿐만 아니라, 그녀가 그녀의 엄마에게 몹시 열광해 보였고, 그녀의 아빠로부터는 멀리 떨어져 보였다. 브라이언씨는 말했다. “그녀의 울음은 지금 미칠 것 같이 들려요.” 브라이언 부인은 편지를 쓰려고 하고 있을 때 줄리가 그녀의 집중을 요구했던 좌절을 이전에 표현했다. 나는 그것으로 돌아가 언급했다. “줄리와 당신은 서로 격노해 있는 것 같이 보여요. 당신은 서로의 기쁨을 볼 수 없기 때문이에요. 이것은 당신 사이에 자라고 있는 감정이에요. 그리고 그것은줄리의 섭식의 문제와 위의 문제가 해결된다 해도 계속되어질 거예요.” 그녀는 말했다. “나는 정말 줄리와 함께 있어 주지 못했어요. 처음 6달 동안은 나는 언제라도 그녀에게 관심을 더 기울여 줄 수 있었어야 했는데...”

이것은 중요한 세션이었다. 평가진행은 점차적으로 줄리의 울음의 감각과 그것에 그들의 상호작용으로 만든 이야기를 창조하고 있었다. 브라이언 부부는 줄리를 향한 부정적인 감정들을 묘사했다. 그리고 우리는 그녀를 향한 그들의 감정들을 행동으로 연결하기 시작했다. 줄리의 울음은 그녀 자신의 내부의 문제에서부터 그녀의 행동과 그녀의 부모의 어려움들 그리고 줄리를 향한 부정정적인 감정들에 대한 방어들에서, 상호놀이에서 긴 역사를 가지고 상호교류의 화제로 재정의 되어졌다. 줄리 문제는 부모와 나와의 노력으로 공유되었다. 비록 경험이 있는 전문가가 문제의 역동들을 이해할 수 있고, 그들이 가족문제를 신속하게 해석할 수 있을지라도, 회복을 통해서 부모가 함께 하는 것이 좋다. 문제를 잘 조절하고 통찰하는 부모들은 치료사의 형식과 중재의 조언들을 더 잘 받아들이는 것 같다.

## 치료실 세션 : 비디오 녹화와 해석

가족은 비디오테이프 세션을 위해서 우리 연구소에 왔다. 나는 동료들과 의논하기 위해 줄리의 비디오테이프를 만들기를 원한다고 브라이언씨와 브라이언 부인에게 말했다. 나는 또한 그들이 우리가 다음 만남에서 함께 비디오를 볼 수 있다고 말했다. 브라이언씨와 브라이언 부인은 소파에 앉아서 보고 있는 동안, 줄리와 에리카는 놀이방에서 장난감을 가지고 잘 놀았다. 줄리는 방 주변을 이동하는 것에 즐거워하면서, 빠르게 기어 다녔다. 그녀는 또한 아무 것도 붙잡지 않고 수차례 걸음마를 했다. 그녀와 에리카는 그들의 부모와 독립적으로 놀았다. 줄리는 호기심 있고, 좋은 기질을 가지고 있었다. 세션동안 중요한 사건이 일어났다. 줄리는 어린이용 의자에 올라갔고 잠시동안 그곳에 앉아 있었는데 자신이 의자에 올라왔다는 만족감에 자랑스러워 했다. 하지만 그녀가 내려오기 시작했을 때, 그녀는 균형을 잃었고, 떨어졌다. 그녀는 울기 시작했고, 엄마에게 기어갔다.

브라이언 부인은 시각적으로 그녀로부터 뒤로 뒷걸음쳤으며, 줄리는 일어나 젖병을 얻기 위해 방을 가로질렀다. 줄리는 흐느껴 울면서 그녀 뒤로 기어 다녔다. 비록 줄리가 젖병을 받아들였지만, 그녀는 엄마의 다리를 붙잡음으로서 붙어 있었고, 브라이언 부인은 거기에 몇 분 동안 서 있었다. 그리고 줄리의 입에 젖병을 넣었고 소파로 돌아갔다. 줄리가 몇 분 동안 젖병을 빨고 난 후, 놀이를 하는 것 같았다. 그 후에 그녀는 그녀의 부모사이로 소파 위로 올라왔으며, 다시 브라이언 부인은 그녀의 팔을 접었고, 줄리로부터 떨어져서 기댔다. 브라이언씨는 다음 주에 아이들 없이 왔으며, 우리는 함께 테이프를 보았다. 비디오테이프는 유아의 정신건강 실제에 넓게 사용되었다(McDonough, 2000). 비디오는 아이들의 특별한 발달단계와 부모들의 염려들에 직접적으로 관련된 개인적인 안내서로서 기초가 될 수 있는 구체적인 시각의 자료로 제공되는 위협적이지 않은 매개체이다. 전문가는 유아의 현재 임무를 지정하는데 사용할 수 있고, 최근의 성취된 일들을 축하하고, 발달에 있어서 다음의 단계들을 예견할 수 있다. 비디오를 보는 세션들은 부모가 그들의 능력으로는 볼 수 없는 강점을 볼 수 있도록 하며, 그들의 유아들에게 상처입히기 쉬운 것이 무엇인지 알도록 허용해준다.

브라이언씨와 브라이언 부인은 테이프로 줄리의 이미지를 보고 기뻐했다. 그들은 그녀의 관심이 새로운 장난감들에 있으며, 그녀의 독립성에 대해서 언급했다. 브라이언씨는 말했다. "그녀는 정말 평범한 1살짜리 같아요." 우리는 줄리가 의자에서 일어나는 것을 보았을 때, 나는 그녀의 지속성을 말했다. 그녀가 의자에 앉았을 때, 브라이언 부인은 말했다. "오. 너는 해냈어." 그녀가 의자에서 떨어졌을 때, 브라이언씨는 "오, 지금 그녀는 약간의 동정심을 원할 거예요."라고 말했다. 브라이언 부인은 테이프에서 줄리로부터 피하는 것을 보았다. 그녀의 표현은 우울해지기 시작했다. 그녀가 줄리가 집기 위해서 가까이 다가오는 것을 보았을 때 그리고 그녀 혼자 움직이지 않은 채 있을 때, 브라이언 부인은 줄리에게 말했다. "나를 잡아, 바보야." 브라이언 부인의 반응들은 그녀의 행동을 관찰하고, 줄리에게 말하는 그녀의 능력은 격려가 되었다. 그녀는 안전을 요구하는 줄리의 타당함을 인정했다. 그녀는 방어적인 왜곡들로 호소함 없이 명백하게 안정을 제공하는 것에 거절하는 것을 보았다.

후에 나는 테잎이 줄리의 강점들과 나이에 적합한 발달을 보여주었다고 제안했다. 뿐만 아니라 문제는 그들이 평가를 요구하는데 자극했다는 것이었다. 나는 몇 번 가족과 만남을 갖은 후, 짧은 시간동안 많은 진보들을 보았다. 줄리는 덜 울고 있었고, 분리들을 더 잘 극복하고 있었다. 그녀는 좀 더 잘 놀았으며, 브라이언씨와 더 잘 함께했다. 나는 분리를 처리하는 것에 몇 가지 제안들을 가지고 있다고 말은 했지만, 줄리의 개선은 그녀에 대한 그들의 걱정스러워하는 것을 줄리가 인식했기 때문이라고 나는 생각했다. 줄리를 돕기 위한 결단과 그들의 걱정은 훨씬 큰 차이를 만들었다. 나는 낙관적이었다. 나는 그들의 걱정은 그들이 문제가 악화되기 전에 줄리에게 반응하는 것이기에 그들의 방식을 바꾸라고 말했다. 문제가 있었고-우리가 테이프에서 방금 본 것 하나-해결하기 위한 작업이 좀더 요구되었다. 나는 그들 모두 줄리가 넘어졌을 때, 그녀를 편안하게 할 수 없었다고 지적했다. 그러나 나는 줄리에게 말하는 브라이언 부인의 능력에 깊은 인상을 받았다고 말했으며, 그녀가 필요했던 것을 말하는 것. 얼마나 잘 문제가 개선되었는지 이해하기 위해서, 나는 줄리의 울음이라는 조기신호를 아는 것은 도움을 줄 수 있다고 말했다. 줄리가 편안하지 않을 때, 그들은 그녀를 울도록 내버려 둠으로써 그녀와 그들은 멀어졌고, 문제를 극복하는 것이 매우 힘들다는 것을 알았다. 그들이 줄리를 돌보지 않았던 것이 그녀를 불안하고, 무섭게 만들었으며, 그것은 그녀를 더 많이 울도록 하고, 더 매달리게 만들었다. 그들의 관계에서 복통은, 문제가 되었을 때 시작되었다. 그들의 입장에서, 줄리는 매우 까다로운 아이였기 때문에, 그들은 그녀를 만족시킬 수 없었다고 느꼈으며, 그녀는 그들을 나쁜 부모로 느끼게 만들었다. 브라이언 부인은 슬퍼 보였으며, "나는 당신에게 동의할 수 없어요."라고 말했다. 그러고 나서 울기 시작했다. 그녀는 말했다. "그녀가 작았을 때, 매우 힘들었어요. 나는 이런 방식으로 되어지기를 원하지 않아요. 나는 항상 줄리보다는 더 에리카에게 애착이 되었어요. 그러나 줄리 또한 나의 딸이에요." 나는 말했다. "그것은 맞아요. 그리고 나는 당신이 이것을 수행하길 원하는 것을 알아요. 내가 말했던 것이 듣기에 고통스럽다는 것을 알아요. 그러나 나는 내가 할 수 있는 한 명확하게 말하고 싶어요. 왜냐하면 그것에 대해 뭔가를 하기 위해 너무 늦지 않았기 때문이에요. 나는 만약 당신이 줄리와 당신의 관계에 변화를 만들지 않아서 나중에 더 문제가 있을까 걱정이 되요. 이미 1살쯤, 당신과 줄리 사이에는 전쟁 같은 것이 시작되었어요. 그리고 줄리가 나이를 먹을수록 더 악화될 수 있는 위험이 있어요, 그리고 그것은 당신이 그녀와 싸우게 만들거예요. 그러나 만약 우리가 지금 문제들을 해결하도록 일을 한다면, 그러한 것은 필요하지 않을 거예요."

브라이언씨는 그가 어떻게 에리카가 새로운 아기에게 반응을 하는지 걱정했다고 말했으며, 그래서 그는 그녀에게 집중을 하였다고 했다. 그가 집에 있을 때, 그는 줄리의 울음이 시작되었을 때, 조차도 에리카를 향했다고 기억했다. 나는 그들 모두 에리카가 새로운 아기를 극복하도록 돕도록 해야 했다고 말했다. 그러나 나는 에리카가 줄리가 나타나기 전에 많은 사랑을 받았으며, 그래서 이미 그들과 함께 안전한 장소를 가지고 있다고 생각했다.

브라이언 부인은 "그리고 줄리는 거절당했어요."라고 말하면서 세션을 열었다. "마지막 시간에, 나는 정말 당신에게 동의하기를 원하지 않았어요. 하지만 나는 그것에 대해서 많이 생각해 보았어요. 나는 줄리가 있을 때, 내 자신을 관찰하기로 결심했어요. 나는 그녀가 짜증을 부리고, 나를 원하여 다가올 때, 그녀를 보고 있으면 미쳐버리는 나 자신을 보았어요... 그리고 나는 뭔가 다른 것을 시도했어요. 나는 나의 팔을 열었고, 줄리는 나에게 꿈틀거리면서 다가왔으며, 그녀는 매우 행복해 했어요." 나는 그녀가 그들의 관계에 있어서 문제들을 보는 것에 안심이 되었고, 환영받는 줄리가 매우 행복했다는 것을 듣는 것은 매우 멋진 일이었다.

자신을 관찰하는 브라이언 부인의 능력과 행동변화는 매우 고무적이었다. 하지만 관계문제가 있을 때는 오랜 기간동안 계속되어진다. 그것은 홀로 행동의 변화에 초점을 두는 것만으로는 충분하지 않다. 브라이언 부부는 평가 내내, 줄리를 향한 그들의 태도가 그녀를 위로하는 것에 무능력함으로, 줄리가 날카로웠다는 것을 인정했다. 그들은 그녀를 향한 그들의 분노를 검사하기 시작했고, 그들이 채택한 방어적인 전략들을 반영했다. 줄리가 작업 모델 또는 그녀의 부모를 내면화시키기 시작했을 때, 언제라도 일치하지 않게 거절당하고, 그녀의 부모가 요구하고, 결코 만족함이 없는 아이로, 그녀의 이미지를 만들었다. 이 이미지의 힘과 방어적인 행동들은 잠정적으로 줄리에게 다르게 반응하는 시도들을 하는 부모의 진실함의 토대를 허문다.

연속적으로, 나는 제안했다. 우리의 작업은 줄리가 매우 어린 유아시절에 위로받을 수 없었을 때, 그들이 어떻게 느꼈는지 기억 부분에 초점을 둘 것을 제안했다. 나는 말했다. "비록 이 시간들은 지금 당신 뒤에 숨겨져 있지만, 그것들은 당신이 어떻게 줄리에 대해서 느꼈는지 여전히 영향을 주고 있어요. 특별히 줄리가 매달리거나, 울고 있을 때." 브라이언 부인은 줄리에게 상처를 주고 통제력을 잃을까 두려웠기 때문에, 줄리로부터 멀리 도망가기를 원했던 것을 기억했다고 말했다. 브라이언씨는 매우 좌절되었고, 화가 났으며, 줄리를 벽을 향해 던지고 싶었다고 말했다. 나는 말했다. "그것은 제가 왜 당신들 모두가 그녀로부터 도망간 것인지 이해할 수 있도록 도와요. 정말, 당신은 그녀에게 상처를 주지 않기를 원했어요. 하지만 그녀에게 화나지 않은 채 있는 것은 매우 어려운 일이예요. 나는 당신이 어떻게 느꼈는지에 대해서 말하고, 기억하는 것은 생각하는 것에 당신이 이해할 수 있는 분노와 그것이 어떻게 줄리와의 관계에 영향을 미쳤는지에 대해서 도움을 줍니다. 나는 그들이 그들의 용납될 수 없는 분노와 또 그들이 줄리로부터 그들을 멀리한 이유가 어떻게 되었는지 반영할 수 있다면, 그들의 줄리를 향한 태도가 변했다고 믿었다.

그들의 분노에 대한 탐구와 타당함은 그녀를 가까이 하는 것에 방어적인 태도를 제거하는 통로가 될 수 있는데, 그것은 변하여 좀더 줄리에게 일관성 있는 반응을 이끌 수 있다.

## 토론

줄리와 그녀의 가족에 대한 평가는 상호교류적인 맥락에서 유아발달을 알아냄으로써 정보수집되었다. 줄리의 어려움들은 아마도 유아의 전형적인 짜증스러움으로 시작되었다. 하지만 줄리의 부모들은 그녀의 울음을 참지 못했고 줄리의 자극을 조절하여 그녀가 안심할 수 있도록 도와 주는 것에 실패하였다. 그 결과로 줄리는 고통스러움과 불안함을 느끼기 시작하였다. 어린 유아로서 줄리의 불안의 경험은 그녀를 울도록 내버려두는 그녀의 부모에 의해 지속적으로 강화되었다. 그녀의 불안과 조절되지 않음은 그녀의 부모와는 이방인과 같은 것이었다. 어린 유아에게 도움을 주는, 두 개의 부분으로 구성되는 조절은 그녀에게 유용하지 않다. 이것은 그녀의 애착에 자신감을 주었으며, 아마도 그녀의 엄마 가까이 계속 초점을 두도록 영향을 주었다. 하지만, 엄마의 근접에 몰두하는 것은, 그녀가 울고 있었을 때, 부모가 그녀를 피하려는 경향으로 나타났으며, 3~6개월 사이에 안전한 애착에서 나타나는 즐거운 활동들의 완전한 발달들을 방해하게 했다. 줄리와 그녀의 부모는 함께 놀지 않았고, 이 나이의 특성을 지닌 상호작용에서 상호의 기쁨을 주는 것을 발견하지 못했다(부모에게 1살에 그녀와 함께 더 놀기 시작하고 있었다는 것은 위로가 되었다). 비록 그녀가 독립적으로 놀 수 있고, 그녀의 엄마가 존재할 때 일상세계에서 정상적인 관심을 보였지만, 이 수용력들은 그녀의 엄마가 부재할 때 나타나는 것 같았다.

"접합성"은 생애의 첫 달에 줄리와 그녀의 부모 사이에 빈약했다. 이것은 스트레스를 극복하는 것에 대한 줄리의 능력을 어려워하는 수준으로 만들었다. 부모의 편에서부터, 그들의 줄리가 조절하는 것에 어려움에 영향을 주는 몇몇 요소들이 있었다. 브라이언 부인은 두 번째 부모가 되는 것에 스트레스를 가졌던 것으로 보였다. 이미 스트레스를 받았던 부모가, 다른 아이를 가진다는 것은 더 스트레스를 주는 위험한 요소이다. 첫 아이를 가진 후 한동안 브라이언 부인의 외로움과 우울증의 경험은 그녀가 줄리의 유아기 동안 어떻게 될지에 대한 부정적인 기대들을 증진시켰던 것 같았다. 그녀는 남편에게서 비협조적인 감정을 느꼈는데, 그는 줄리를 이방인 같이 느꼈다. 그들은 평가의 기간동안, 서로 지원하러 함께 오는 것을 할 수 없었다. 이전에, 브라이언씨는 줄리의 문제들을 그 스스로 단념했으며, 이 문제들을 극복하기 위한 시도들을 은근히 그의 아내가 절대적으로 하게 했다.

줄리는 기쁨을 주기에는 불가능한 아기로, 부모의 요구대로 보여져 왔다. 그녀에 대한 그들의 관점은, 분노와 불안함으로 색칠되어 있었고, 그것은 그녀에 대해서 무엇이 정상적으로 보는 것인지 어렵게 만들었다. 예를 들면, 그들은 그녀의 낯선 이에 대한 불안감, 그리고 운동기술들을 마스터하기 위해 반응하는 것이 증가되는 짜증스러움, 정상적인 발달의 측면으로서 9~12개월 될 유아들의 모든 특성들 등을 볼 수 없었다. 다소, 그들은 그녀의 초기 문제들의 지속되는 문제로서 이 반응들만 볼 수 있었다. 운이 좋게도, 평가의 진행 끝에, 그들은 좀더 정상적인 시기 안에서 줄리의 행동을 보기 시작했다. 평가 전체에서 나는 줄리의 정상적인 행동을 지적함으로써 이 변화들을 지지했으며, 어떻게 줄리가 개선되어지고 있는지 그들이 묘사하도록 강조했다.

평가는 가족이 좀더 내부적인 작업을 하도록 준비되었으나, 그것은 정당한 중재였다. 평가는 다음과 같은 것들을 제공했다.

- 발달적인 시기에서 우는 문제의 근본을 정의했다.
- 상호교류 관계에서 줄리의 어려움을 정리했다.
- 개인으로서 줄리보다는 부모의 기억들과 그들의 현재 감정 관찰 그리고 상호작용에서의 행동에 초점을 맞추었다.
- 줄리의 이미지와 그녀의 현재 실제의 행동을 부모가 구별하도록 도왔다.
- 그들의 행동에 대한 깊은 검사를 점차적으로 하면서 부모가 줄리의 문제를 관계면에서 더 줄리와 그들 자신들을 이해할 수 있고 동정적으로 느끼게 도왔다.
- 브라이언씨가 그들의 아이들에게 유익이 되도록 더 지지적인 역할을 하고 브라이언 부인과 더 많은 협력을 하도록 한다.

평가는 또한 희망적인 시작을 예언했다. 그들은 줄리의 어려움들을 극복하기로 결단하면서, 처음의 해석들에 반응적이었다(세션에서 그들의 행동과 줄리의 관찰로 보였던 것에). 그들의 유아와 관계함으로 그들이 이해함으로써 작업하는 능력을 증명했다.

## 관찰 연습

1. 생애 최초의 양육자 엄마 혹은 아빠와 함께 있는 5~6개월 된 영아를 20분 정도 관찰하는데, 다음과 같은 문제를 고려하여 관찰한다:
   a. 부모와 영아의 정서 상태
   b. 유아에 대한 부모의 신체적인 취급
   c. 엄마 또는 아빠는 영아에 대해 어느 정도 알고 있는가?
   d. 각각 다르게 적응하고 반응하는지: 눈 맞춤, 미소, 지각, 주의력
   e. 아기에 대한 부모의 반응: 아기가 무엇을 원하는지 보는 능력, 아기의 시그널과 신호를 읽고, 전체적으로 바라보며, 그의 고유함을 바라보는지에 대한 반응.
   f. 균형 잡힌 조화로움: 만일 잘못 연결되거나 고통이 발생하는지(예, 영아가 까다롭게 되거나, 영아로부터 떨어진 부모의 태도에 반응하는지), 그들이 어떻게 동시에 감각을 재생시키는가?
   g. 놀이: 부모와 영아들이 포함된 놀이를 관찰한다면, 놀이 과정과 내용은 무엇인가? 그들이 함께 하는 놀이는 무엇이고, 어떻게 놀이를 진행하는가?

2. 걷기 직전 10~13개월의 영아를 가정에서 20분 정도 관찰한다. 관찰시 주요 사항은 아래와 같다.
   a. 상호작용-행동에 있어서 독립심과 애착이 균형을 이루는가? 영아가 부모로부터 애착을 얻는 것은 무엇인가? 수다를 떨고, 제스츄어, 웃음 또는 흘끗 보는지? 부모 가까이 가는지? 부모와 함께 본 것을 경험하고 공유하는지? 부모가 어떻게 반응하는지?
   b. 동기-영아가 어떻게 실제적으로 신체적인 기술을 사용하는지 예를 들어 어떻게 가구를 잡고 미는지를 관찰한다.
   c. 정서적인 특징/기질-신체적인 기술로서 아기에 대한 태도와 정서적인 특징은 어떤가?
   상상력이 풍부한 표현을 하고 스스로 즐거워하며, 결정하고, 흥미있고, 무모하며, 조용하거나, 억제하고, 쉽게 두려워하며, 좋아하는지, 혼란스러워하는지 등을 관찰한다.
   d. 스스로 조절력이 있는가?-두려움을 영아가 어떻게 표현하는지 그에 따른 반

응을 관찰하는데 예를 들어, 되풀이 할 경우에 어떻게 반응하는지? 감정적인 조절을 하는지? 주된 임무를 유지하는지? 양육자에게 정서적으로 의지하려고 되돌아오는지?

e. 5~6개월의 관찰을 반추하기. 아기와 10~13개월 사이의 영아 사이에 어떤 차이점을 발견하는지?

# 걸음마기 유아의 발달

유아가 생의 두 번째 해에 진입하게 될 때 걸음마기 유아가 된다. 12개월에서 36개월에 다다르는 이 발달 단계의 이름은 짧게 걷고 불안정한 걸음이라는 동사 "아장 아장 걷다"에서 유래되었다. 걸음마 시절로의 전환의 이미지는 유아가 스스로 위로 오를 수 있고, 서고, 주위를 기대감을 가지고 살피며, 몇 번의 걸음을 걷고, 넘어지고 한다. 그리고 나서 이 과정을 계속해서 반복함으로 불안정하고 서투른 걸음걸이가 감소한다. 걸음마기의 특징은 점차적인 기술의 향상과 함께 독립적으로 유아가 뭔가를 해낼 수 있는 능력이 증가하는 시기이다. 직립자세는 새로운 세계로의 더 넓은 조망을 가져다 준다. 걷기는 움직임을 보다 용이하게 하고 더 먼 거리를 볼 수 있도록 한다. 걸음마기 유아는 효과 있는 운동기술이 점점 증가하게 되고 새로운 행동의 모든 방법을 가능하도록 한다. 인지의 향상은 호기심과 하고 싶은 것의 결합으로 걸음마기 유아가 강하게 갈망하며 경험하고 이해하고 모든 것을 볼 수 있게 된다. 걸음마기 유아는 언어를 사용하여 세상을 알기 전에 행동을 이용하여 자신의 환경을 탐색하고 유아가 경험하는 것에 대해 의문을 갖게 된다. 걸음마기 유아의 새로운 주제는 탐색이다.

걸음마기 유아는 세상 속에서 움직이지만 영아기 동안 안전을 제공받았던 애착 체계 밖으로 나갈 준비는 되어 있지 않다. 안정된 애착의 욕구는 영아기에서 걸음마기 유아로 전환되며 지속된다. 걸음마기의 두 가지 방침: 애착을 유지하는 것을 목표로 하고 세상과 자기에 대한 탐색을 목표로 한다(Bowlby, 1969). 그러나 걸음마기 유아 발달의 방향은 개별화를 향하고 자율적 사고와 행동의 가능성을 가진 자기감의 발달로 전환된다. 이것들은 걸음마기 유아의 동기와 목표를 향한 전환에 부합하는 것이다. 첫 해 동안에 유아는 일반적으로 부모와 함께 서로 작용하길 원한다. 이것이 걸음마기 유아의 최대 목표이다.

두 번째 해에서 걸음마기 유아는 자신의 내부 목표들을 깨닫는 것이 증가한다. 2살 반의 걸음마기 유아는 자기인식이 시작되고 적절하게 대명사 "나"를 사용하여 자기 자신의 생각에 더 많은 행동을 행하고 얼마나 자신이 무엇인가 잘할 수 있는지 더 많이 평가할 수 있다. 걸음마기 유아는 자기인식이 발달하고 지식도 성장하는데 이것은 세상이 어떠한가에 대한 인지가 성장하는 것과 같은 방향으로 걸음마기 유아의 가족, 주변 환경, 문화를 조직화 한다. 걸음마기 아이들은 점차적으로 부모의 기준과 기대를 내면화하고 이와 함께 세상이 어떻게 이루어지는지 내면화하게 된다. 두 살의 유아는 자신의 경험을 인식하는 것에 어려움을 갖는다. 걸음마기 유아는 점차적으로 놀이와 언어를 통한 표현능력의 발달을 이용하여 자기 스스로 생각하고 자신의 생각을 표현하게 된다.

## 신체 발달

걸음마기 유아는 계속해서 빠른 속도로 성장하지만 첫해 동안의 성장 빠르기와는 다른 성장속도를 보인다. 1세에서 3세 사이의 미국의 걸음마기 유아들의 보통 키는 73에서 95인치로 크고, 몸무게는 9에서 14kg이 된다(Cole & Cole, 1989). 운동 근육 능력은 걷기에 의해 상당히 증가한다. 손을 통제하고 눈과 손의 협응작업이 향상된다. 예를 들어 2살이 되면 3개의 블록을 쌓을 수 있고 숟가락을 사용할 수 있고 포크와 컵을 유능하게 사용하게 된다. 1세 반과 3세 사이의 걸음마기 유아는 방광과 장 근육의 자발적인 통제가 충분히 발달되어 배변 훈련이 되어진다.

걸음마기 유아들은 운동 능력 기술들을 급속히 습득하며 특히 1~2세 사이의 걸음마기 유아들은 종종 온 힘을 기울여 열심히 그들의 신체들을 유지하고 통제한다. 걸음마기 유아가 무언가를 하기를 원하는 것과 신체적으로 할 수 있는 것의 격차는 욕구불만의 근원이 된다. 그렇지만 3살의 걸음마기 유아는 쉽게 걷고, 달리고, 계단을 오르고, 세발자전거를 탈 수 있다.

두뇌 발달은 2세 이후에 급속하게 발달한 다음 그 이후엔 더디게 발달한다. 이 당시 뉴런의 길이와 가지 뻗기는 거의 성인 수준에 가까워진다(Nelson, 2000b). 걸음마기의 두뇌 발달의 주제는 통합기능에 있다. 수초형성은 뇌의 대와 대뇌의 외피 사이에 연결되어져 있으며(그리고 대뇌 외피의 다른 부분들) 그리고 전두골, 지각력의 중간단계와 인지 기능 증가와 자기인식이 발달하기 시작한다(Nelson, 2000b).

## 애착과 안전 기저 행동

2년에서 3년 사이의 감정과 행동의 통제와 경험을 구성하는 걸음마기 유아의 능력은 부모의 반응과 상호적인 통제에 의존하기를 계속한다. 생후 1년 동안에 안전한 애착 안에서 욕구불만 또는 스트레스의 직면 안에서 감정과 행동을 통제하기 위한 부모의 도움을 아동은 계속적으로 필요로 한다는 것을 예견할 수 있다(Vondra, Shaw, Swearingen, Cohen & Owens, 2001). 애착관계를 이용한 이 수용 능력은 계속적으로 숙련의 조장, 사회적 유능감 및 자율성의 기저의 발달을 촉진시킨다(Sroufe, 1989). 애착의 작동모델은 발달된다.

걸음마기 유아는 부모와 실제적인 관계에 계속적으로 의존함에도 불구하고 부모에 대한 생각으로 인한 안락감 또는 놀이를 통한 애착의 상징화를 가능하게 하는 주 양육자와의 표상을 만들어 낸다(Bretherton & Munholland, 1999). 예를 들면 두 살 중반기에 가장 놀이가 발달하게 되는데 이 놀이의 주제는 양육자와 관련을 갖는다.

> 18개월의 유아가 엄마가 잠깐 부재중일 때 작은 인형과 놀고 있었는데 유아는 인형에게 키스를 하고 물을 먹여주고 예전에 자신이 이용하였던 아기의자에 인형을 앉히고 담요로 덮어주었다. 이 아동의 놀이는 좋은 양육자의 구조화된 비유를 보여주었고 그와 동시에 유아의 엄마놀이는 아마도 유아의 엄마와의 분리를 대처할 수 있도록 도왔을 것이다.

부모가 일관되게 아동이 안전감을 갖도록 돕고 불안을 각성하는 상황을 대처하도록 지지하고 유아가 위험한 상황을 평가하도록 도울 때 유아는 작동모델로의 한 부분으로서 이러한 능력들을 내면화 시킨다. "어머니에 의한 신뢰할 수 있는 보호는 아동에게 자기-보호를 허용한다(Lieberman & Pawl, 1990, p.379)." 양쪽 부모와의 안전한 애착을 가진 걸음마기 유아는 불안정한 애착이 형성된 걸음마기 유아보다 보다 긍정적인 감정들, 더 나은 욕구불만의 내성, 더 나은 문제 해결 능력을 보인다(Kochanska, 2001).

### 중간대상

중간 매개체(안락감을 주는 물건들)는 애착관계를 상징화하는 걸음마기 유아의 능력을 예시한다(Winnicott, 1958). 걸음마기 유아가 부모로부터 분리되었거나 다른 잠재적인 스트레스가 많은 상황에서 분리의 의식이 증가하면 걸음마기 유아는 담요, 곰 인형,

옷감으로 만든 동물들과 인형을 중간 매개체로 이용한다. 중간 매개체는 걸음마기 유아가 침대에 가지고 가는 선호하는 물건이다. 부모가 유아의 곁을 떠난 후 걸음마기 유아는 물건을 빨거나 끌어안거나 이야기한다. 걸음마기 유아가 집에서 멀리가거나 그의 부모와 분리되어야 할 때 걸음마기 유아는 종종 위안이 되는 물건을 가지고 간다. 중간 매개체는 어머니와의 관계를 상징할 뿐만 아니라 마음을 달래주는, 보호적인 그리고 유아가 계속적으로 세상을 탐색할 수 있는 힘의 부여로서의 마술적 힘을 주입시키는 매체가 된다(Gemelli, 1996, p.238). 중간매개체는 아동의 조절 아래 놓여 있으며 부모가 부재시에 애착의 양상을 위로 받기 위해 놀이로 사용된다. 중간매개체는 서양 문화에서 영아나 유아가 홀로 잠을 잘 때 사용된다. 유아들의 실질적인 잠자리의 분리와 관련한 긴장을 돕기 위하여 부모는 중간매개체를 장려하고 아동에게 가치를 부여하도록 한다. 보편적인 미국의 경우에 비해 부모와 함께 잠을 자거나, 더 장기적으로 모유를 먹이는 문화 안에서는 중간매개체가 덜 보편적인 것으로 보인다(Steir & Lehman, 2000).

## 안전기저와 탐색

애착관계는 탐색 행동을 위한 배경을 형성하는데 이것은 걸음마기의 가장 독자적인 특색을 이루는 것이다. 안전한 애착은 탐색을 위한 안정된 기초를 창조한다(Bowlby, 1969). 안정된 애착 안에서 걸음마기 유아는 애착 행동의 어떤 드러냄 없이도 비교적 장시간을 홀로 놀이를 할 수 있다. 어린 걸음마기 유아는 세계에 대해 배우는 것과 특성을 탐구하고 물건과 장난감의 기능을 탐색하는 것에 대해 꽤 흥미를 가진다. 그리고 신체적 기술들을 실험하고 시도하면서 걸음마기 유아들은 종종 놀랄 만큼 독립적이고 자기 몰입적인 모습을 보인다.

> 14개월 된 걸음마기 유아가 부모와 최소한의 상호작용을 한 상태에서 장남감이 구비되어 있는 놀이실 안에 있는 상황을 실험하였다. 아이가 옆쪽에 놓여 있는 상자를 탐색할 때 상자에서 인형이 튀어 올랐다. 아이는 놀란 것처럼 보였고 어머니에게로 달려갔다. 어머니는 얼마동안 아이를 안아주었고 함께 도깨비 상자(a jack-in-the-box)를 살펴보고, 유아가 지켜보는 동안 어머니는 이것이 어떻게 작동하는 것인지 시범을 보였다. 그러고 나서 아이는 도깨비 상자에 주의를 기울이고 어머니와 최소한의 상호작용을 하면서 장난감을 가지고 노는 것을 계속했다.

이 간단한 예는 이른 걸음마 안에 애착과 탐색체계 사이의 상호작용을 설명한다. 걸음마기 유아가 편안하고 안전하게 느끼면 유아는 즉시 세계를 탐색하고 지배하는 것에 흥미를 갖는다. 그러나 걸음마기 유아가 고민에 쌓이게 되면 애착 체계는 활성화되며 "기초로 돌아가라"하는 필요를 따르게 되며 아이의 안전감이 복구 될 때까지 부모에게서 안락함을 느끼고 설명을 듣는다(Bowlby, 1973).

안전의 기초 현상은 아이가 부모로부터 떨어져 탐색하다가 다시 돌아오는 유아의 행동으로 설명되어지는데 이는 실제로 1년 동안의 애착 기간 안에 확립된다. 걸음마기 유아는 물건을 가지고 놀거나 자신의 신체와 주변을 신기한 듯이 바라보며 그들에게 인접한 세상을 학습한다. 이러한 의미로 보면 유아는 이미 양육자로부터 "떨어져서" 탐색하고 있다. 1년 동안 유아는 어떻게 기저로 돌아가는지를 배우거나 그들 자신에게로 더욱 정확하게 기저를 어떻게 가져와야 하는지를 학습하게 된다. 걸음마기 유아는 떨어지고 다시 돌아오는 것을 연습한다. 유아가 다른 것에 관심을 갖거나 분리 후 또는 불만족스러운 시점에 유아와 부모가 안전한 애착의 복구를 효과적인 방법으로 실행하면 유아는 안전한 기저를 갖는 느낌을 발달시키게 된다. 이러한 감각은 걸음마기에 더욱 명백하게 사용하게 된다. 안전한 애착은 탐색 안에서 개인적 안전감과 자기 확신으로 전환된다(Grossman et al., 1999).

## 걸음마기 동안의 애착의 추가 기능

안전한 기저를 제공하는 것뿐만 아니라 애착관계는 생후 2년에서 3년 동안의 아동의 발달을 지원하기 위해 새로운 기능을 가져야 하는데 아래의 요소들이 포함된다.

• *행동의 모델 제시 :* 걸음마기 유아들은 그들의 부모를 주의 깊게 주시하고 그들의 행동, 버릇, 단어를 모방한다. 걸음마기 유아가 양육자와 안전하고 긍정적인 관계를 가질 때 유아는 부모가 하는 것을 따라하기를 원하게 된다. 걸음마기 유아들은 다양한 방법으로 그들의 부모를 따라하기를 원하는데 거기에는 집안일을 하려고 하는 행동도 포함된다.

2살 된 쌍둥이들은 그들의 아버지가 바닥을 닦는 것을 지켜보고 있다. 아이들은 아버지에게 바닥을 닦는 것을 돕겠다고 한다. 그들에게 적당한 대걸레가 없었기 때문에 아버지는 아이들에게 바닥에 물을 뿌려주고 스펀지를 주었다. 아버지의 격려에 의해 아이들은 10분 동안 바닥을 닦는 것을 수행할 수 있었다.

• *사회적 관계 :* 걸음마기 유아가 새로운 상황, 물건, 사람과 만날 때 유아들은 판단의 도움을 받기 위해 부모에게로 돌아간다. 만약 낯선 사람이 유아에게 무릎을 꿇으면 유아는 부모의 손에 손, 발을 뻗어 부모의 눈을 보고 이 사람이 안전한 사람인지 아닌지를 지각하게 된다. 걸음마기 유아는 자기 자신과 새로운 경험들, 사람 사이의 중재를 위해 부모를 의지한다.

• *걸음마기 유아가 세계의 이해를 구성하도록 돕는 것 :* 부모는 아이를 위해 해석하는 사람이며 명확하게 하는 사람이다. 걸음마기 유아가 자신의 경험과 감정을 이해하도록 하기 위해 부모는 바람직한 언어로 설명한다(Fivush, 1998). 부모의 설명은 세상 안에서 어떤 일이 일어날 것인지를 이야기함으로서 아이가 낯설거나 스트레스가 있는 경험들을 받아들이기 위해 준비하는 것을 도와야 한다. 걸음마기 유아를 포함한 모두에게는 앞서 준비하는 것을 판단하는 것이 필요하다. 그러나 새롭고 복잡하게 보이는 많은 것들을 만나야만 하는 걸음마기 유아에게 특히 유익하다. 정보와 설명을 제공하는 것은 인지적, 감정적으로 안전한 기초의 측면의 제공이 될 수 있다. 이 애착의 기능은 외상 경험 또는 높은 스트레스를 가진 걸음마기 유아(그리고 연령이 높은 아동)의 치료를 위한 중요한 요소를 가지고 있다. 부모는 아이가 단어에 주의를 기울이고, 과거를 회상해내고 안정을 제공해서 아이가 어려운 경험을 지배하도록 도울 수 있다(Bennett & Davies, 1981).

• *격려되고 발판이 되는 걸음마기 유아의 언어 및 의사소통 기술 :* 부모는 유아가 언어를 배우고 세계의 심상을 구성하는 것을 돕는다. 아이가 이야기를 만들어 내도록 충족시키고, 연결하고, 돕는 요소들을 추가한다. 부모와 유아 사이의 대화는 4~6개월에 유아와 부모 놀이와 비슷한 형식의 특성을 가지고 있다. 부모는 유아가 참여할 수 있게 하기 위해서 주도하고 언어 상황을 구조화시키는 경향이 있다. 걸음마기 유아가 말하기 시작할 때 부모는 유아가 언어를 이해하기 쉽게 만들기 위한 수고로 아이와 말할 때 단순한 문법을 사용하고 빈번한 반복, 그리고 느린 속도로 이야기 한다. 걸음마기 유아와 부모 사이의 일상 대화의 녹음은 그들이 최근 사건에 대해 "동등한 구성"임을 알려준다(Engel, 1995). 걸음마기 유아와 부모와의 대화는 유아들이 자신들의 경험을 서술하는 것을 돕고 본질적으로는 유아들이 무엇을 보았고 행했는지 그리고 그들의 경험 안에서의 주역으로서의 자기감의 강점을 구조화하고 기억하는 것을 돕는다(Fivush, 1998; Harter, 1998).

• *발달의 진행을 위한 격려의 제공 :* 부모의 놀이는 칭찬을 제공해 주고 걸음마기 유아가 자신의 경험을 생각해 볼 수 있도록 질문을 던져줌으로서 걸음마기 유아의 발달적인 과업의 연습을 격려해주는 중요한 역할을 갖는다. 그리고 부모의 놀이를 통해 걸음마기 유아가 새로운 과업을 성공했을 때 그 사실을 유아 자신에게 알려준다. 부모의 격려와 긍정적인 감정은 걸음마기 유아가 가치 있음을 느끼게 할 뿐만 아니라 올바른 방향으로 나아가도록 도와준다.

> 18개월 여자 유아의 어머니가 그녀의 딸이 플라스틱으로 만든 쇼핑카트를 길에서 밀고 있는 것을 관찰하고 있었다. 그녀는 "더 빨리, 더"라고 즐겁게 소리쳤다. 그녀의 딸은 이 소리를 듣고 미소를 짓고는 더 빨리 카트를 밀기 위해 집중하였다. 그리고 유아는 목적지에 이르자 카트를 멈추고 잘 세워두었다. 그녀의 어머니는 자랑스러움과 놀라움이 섞인 말투로 "와! 정말 잘했다."라고 말했다.

• *감정과 충동의 이분적 조절 :* 부모는 위안을 주기도 하지만 제한을 설정하고 유아가 조절 감각을 배우게 하고 특히 과업을 달성할 수 없어 겪는 좌절이나 짜증낼 때의 분노 같은 강한 느낌들을 극복하도록 돕는다. 애착 관계는 부모와 유아 사이의 충돌 안에서 일어나는 부정적인 감정들을 포함하여 영향의 폭넓은 범위를 내포하는 "확장"이다. 걸음마기 유아는 자기 자신을 주장하는 것을 필요로 하며 스스로의 분노와 투쟁하는 것을 발견하는 것처럼 유아의 강한 감정을 대처하는 것을 돕는 부모를 향해 도전한다. 그러나 아이 내부의 통제가 잘 개발되지 않았기 때문에 통제 영향 안에 특별히 부모의 지원을 필요로 한다. 규칙과 금기를 내재화하는 것은 사실상 유아가 자신의 행동을 통제하고 부모가 부재중인 상황 안에서의 유혹을 이겨내는 힘을 부여하는 것이다(Harter, 1998, p.563).

## 관계와 사회적인 발달

유아들의 문화로 정의되는 가족과 어린이 집 같은 가족외부와의 상호작용 안에서 걸음마기 유아는 사회적 과업과 기대를 배우게 된다. 기술의 숙달과 그 뒤에 제시되는 과업의 이해는 유년기를 통하여 사회적인 발달에 영향을 미칠 것이다.

- 공유와 교환
- 사회적 분별을 위한 충동성 조절
- 지위, 역할(성 역할 포함) 및 사회적인 의식

사회적 인간이 되기 위해 부모를 벗어나 또래와 상호작용 속에서 협상하며 점점 배워 나가야 한다. 두 살부터 걸음마기 유아는 어린이집 같은 장소에서 또래와 사회적인 놀이의 개입을 시작한다. 걸음마기 유아는 혼자놀이, 평행 놀이(직접적인 상호작용 없이 나란히 노는) 및 사회적인 놀이 사이에 변화된다. 이른 사회적 놀이는 4세의 상상적인 역할 습득을 필요로 한다. 각각 다른 행동을 모방하고 장난감의 즐거움을 공유하며 서로 추격하는 것과 같은 단순한 게임들을 순환한다. 늦은 걸음마기 유아는 다른 역할을 떠맡게 됨으로써 협동의 가장 놀이의 시작을 나타낸다. 예를 들어 한 아이는 부모이며 다른 아이에게 먹을 것을 먹여주는 체하며 논다. 이들 상호작용은 걸음마기 유아가 다른 사람을 끌어들이는 사회적 기술들을 배우기 시작하며 다른 아이들과 활동하고 느낌을 공유한다. 이들은 처음 사회적인 기술을 다른 사람과 그들 자신에 대한 인식이 있는 2세 때 인지하기 시작하며 나타난다. 이 인식은 걸음마기 유아가 자신의 놀이를 다른 사람과 함께 동등하게 선택하는 것을 허용한다(Brownell & Carringer, 1990).

걸음마기 유아의 또래와의 놀이와 나눔은 사회적으로 되기 위한 동기를 부여한다. 그러나 이러한 동기부여는 걸음마기 유아의 통제 안에 있는 자율성을 갖기 위한 바램과 경쟁하게 된다. 자발적으로 장난감과 음식을 나누는 것은 한 살에서 두 살 사이의 아동에게서 흔히 발견되는 행동이다. 이 연령 안에서의 나눔은 사회성의 초기 신호이다. 이러한 공유는 걸음마기 유아에게 즐거움을 준다. 그러나 2세 후에는 조금씩 소유욕을 갖게 된다(Hay, Castle, Davies, Demetriou & Stimson, 1999).

> 15개월 된 유아는 포도를 입안으로 집어 넣으면서 옆에 있는 할머니에게도 포도를 입에 넣어준다. 이러한 나눔에 있어 이 유아는 포도를 다 먹어간다는 인식보다는 즐거워 한다.

2살에서 3살 사이에는 걸음마기 유아가 자신의 자율성의 인식에 반응하여 나눔의 행동이 감소하게 된다. 이러한 발달은 "나", "나를", "나의", "나의 것" 같은 언어의 출현과 점차 자신의 방법대로 하려는 고집을 보이는 행동에 의해 보여진다.

상호성과 조화를 유지하기 위한 종속관계를 유지하는 능력에 있어서 걸음마기 유아들은 연령이 높은 아이들보다 아직 미숙하다. 그들이 놀이의 상호성과 조화를 유지하기 위해 지시를 바라고 종속되는 것은 정상적인 발달단계를 의미한다. 두 명의 걸음마기 유아들이 장난감을 나누는 것에 있어서 서로 가지려고 경쟁으로 전환될 때 결과적으로 그들이 함께하는 놀이는 거의 지속되지 않으며 서로 대립하게 된다. 걸음마기 유아들은 종종 장난감을 소유하기 시작한다. 걸음마기 유아가 장난감을 가지려고 할 때마다 그들은 "나의 것"이란 말로 요구한다. 걸음마기 유아의 "나의 것"이란 의미는 "나는 그것을 가졌다." 또는 "나는 그것을 원한다."는 뜻이다. 걸음마기 유아는 실제적인 "주인"과는 관계없이 그들이 소유하려고 주시하는 대상을 그들 자신으로 확장시키는 것이 된다(Elkind, 1994). 부모나 양육자는 가끔 3세 걸음마기 유아에게 있어서 자기 안에서의 자발적인 감각을 발달시키기 위한 부분으로서의 소유행동을 이해하지 못하고, 나누지 않으려는 행동에 대해 야단치거나 처벌하려고 한다. 그러나 부모와 양육자들은 종종 그들의 2살된 걸음마기 유아의 소유 행동에 대해 본보기가 되거나 공감하며, 공유하는 것을 격려하거나 내재화하기 위해 처벌적인 가르침을 억제해야 한다(Hay, 1994).

## 인지 발달

걸음마기 유아의 급속한 인지 발달은 자기감각과 언어의 발달과 같은 다른 범위들을 포함한다. 인지 향상에 대한 세부사항은 이 장을 통하여 발달의 다른 영역 안에서 강조될 것이다. 뒤에 오는 간단한 논의는 현재의 중요한 몇몇 인지 발달의 논지들이다.

걸음마기 유아들은 그들 자신의 신체와 신체적 세계 및 사회적인 세계를 이해하며 배우는 것에 강렬한 관심을 보인다. 그들은 모든 것에 대해 주의를 기울이는 것처럼 보인다. 18개월 때 아이는 빗과 목욕용 수건과 같은 물건들을 "정확하게" 어떻게 사용하며 물건들이 어떤 일을 하는지 알고 싶어한다. 아이들은 그들의 부모의 기준을 내재화하기 시작한다. 유아들은 장난감이 부서졌다는 것을 알아차리고 그들의 가정환경의 내부를 구성하는 것을 인식하게 됨으로 어지럽혀 있거나 무엇이 없어지거나 제자리에 있지 않는 것에 대해 짜증을 내기도 한다. 유아들은 성별에 대한 인식이 가능해지고 2살 반쯤 되면 여성 또는 남성 같은 그들 자신의 정체성을 처음으로 인지한다.

걸음마기 유아들이 그들의 생활안의 방식과 규칙적인 것을 관찰하는 것이 가능하게 되어질 때 유아는 의식적인 인지 기대를 개발시킨다. 예를 들어 걸음마기 유아가 상처가 났을 때 일정하게 위로 받았던 사람인 유아의 양육자에게 가는 것이 가능하여지고 상처가 잘 낫도록 상처에 '호' 해달라고 요청한다. 걸음마기 유아의 원인과 결과의 기본적인 생각과 순서의 분별력이 발달한다. 걸음마기 유아는 미래에 가능한 생각을 하게 된다. 유아는 가까운 미래에 일어날 일에 대해 의아하게 생각하고 가능한 결과를 상상한다. 이 인지 향상은 유아가 무슨 일이 일어날지 예언하고 예감하게 한다. 그러나 이것은 또한 걸음마기 유아가 정확히 어떤 일이 일어났는지는 이해하지만 무엇을 해야 하는지 모를 때 불확실과 불만을 제공하기도 한다. 이런 이유들은 걸음마기 유아가 때때로 낯선 상황과 한 가지 행동에서 다른 하나로 변화하는 걱정거리에서 두려움을 갖도록 한다.

걸음마기 유아의 인지 능력 향상은 유아의 관찰과 모방의 능력으로 증명된다. 걸음마기 유아는 그들의 부모와 다른 사람들을 주의 깊게 지켜보고 행동의 순서를 모방하는 것이 가능하다. 부모가 요리할 때 걸음마기 유아들은 빈 그릇에 숟가락으로 소리내기를 즐긴다. 걸음마기 유아가 그의 부모들이 춤추는 것을 보면 유아도 부모처럼 춤추기를 해볼 것이다. 유아가 부모를 너무나도 잘 모방하는 것으로 인해 대부분의 부모는 적어도 조금 당황했던 경험이 있을 것이다. 예를 들면 쇼핑 카트에 걸음마기 유아를 태우고 쇼핑을 하던 중 아버지가 쇼핑 카트 안으로 깡통식품을 던져 부딪쳐서 큰소리가 났다. 이 때 유아는 "제길"이라고 말한다. 유아는 그의 아버지를 당황하게 하려고 말한 것이 아니라 그의 아버지가 아침에 실수로 컵을 떨어뜨려 깨었을 때 말했던 것을 모방한 것이다.

걸음마기 유아의 고집과 결심은 부모님을 매우 힘겹게 할 수 있으나 이것은 또한 인지 발달의 신호이다. 가장 엄밀하게 말하면 대략 20개월이 되었을 때의 걸음마기 유아의 활동에 대한 고집은 장난감을 가지고 놀거나 금지하는 장소를 반복적으로 기어오르는 등등 중의 하나로 나타난다. 왜냐하면 유아는 지금 의식적인 목표를 공식화하고 마음 속의 목표를 유지하기 때문이다. 유아는 지금 장기간 동안 기억 안에 생각을 유지할 수 있기 때문에 "생각을 유지하고 행동 계획"을 갖는다. 결과적으로 유아들은 더 이상 그들이 어렸을 때만큼 혼란스러워하지 않는다. 한 살 때는 부모가 유아에게 흥미로운 장난감을 보여주면 TV버튼을 누르던 것으로부터 흥미를 잃게 된다. 그리고 유아는 TV버튼을 누르려는 것에 대한 생각을 잊어버리게 된다. 그러나 두 살이 되면 마음속에서 TV버튼을 유아가 만족스러울 때까지 누르던가 아니면 부모님이 그만하게 할 때까지 계속 누른다. 카간(Kagan, 1981)이 주장하기를 두 살 때의 기억의 증가, 목표 방향과 자기 인식은 15개월에서 24개월 사이의 두뇌의 대뇌 피질의 급속한 성장을 가능하게 만든다.

## 언어와 의사소통

첫 번째 생일부터 18개월까지 걸음마기 유아의 언어는 서서히 진행하며 습득해간다. 그러고 나서 18개월 쯤 아이는 새로운 긴급한 요구에 처하면 언어로 의사소통하기를 바란다. 언어 발달은 자신의 생각의 "긴급한 전달"이라는 타고난 욕구로부터 이루어진다(Locke, 1993). 뿐만 아니라 걸음마기 유아의 언어사용 인식은 사회적 도구, 유아의 의도를 표현하기 위한 의미, 유아의 현실의 해석을 전달하기 위한 방법으로 사용된다(Bloom, 1998). 성인은 걸음마기 유아의 의사소통 동기를 부여하기 위한 상호작용적인 배경을 창조해낸다. 부모는 유아 자신이 표현하는 것을 격려하며 말하는 것에 반응하고 대화로 이끌게 되며 여기서 유아들은 다소 일찍 언어적인 중대시점을 만나게 되며 표현적이고 실용적인 언어사용의 상위기술을 보여주게 된다.

신경생리적인 연구들은 언어능력과 관련된 두뇌피질 부분의 급격한 성장에 의해 언어학습의 활성화가 16개월에서 24개월에 가능하다고 보고하고 있다. 이 부분의 급격한 시냅시스의 밀집 특히 왼쪽 관자놀이엽(Left Temporal lobe)은 기억능력과 폭넓은 단어와 언어적 구조를 학습하는 과정의 폭을 증가시킨다(Johnson, 1998).

초기 걸음마기 유아는 몸짓을 이용한 의사소통과 첫 언어의 사용을 함께 보인다. 한 살짜리 유아가 전등의 스위치를 켰다 껐다 하면서 즐거워하고 있다. 등이 켜졌을 때 유아는 전등을 가리키며 와 불이 켜졌다고 외친다. 단어를 이해하는 것이 말하는 능력보다 더 먼저 유아에게 발달되어진다. 그러므로 수용적 어휘는 말하기 어휘보다 앞서 증가한다. 걸음마기 유아는 13개월에서 15개월 사이에 50개 정도의 단어를 이해하게 된다. 그러나 18개월에서 22개월이 될 때까지 50개의 단어를 말할 수는 없다(Locke, 1993). 이 시기동안에는 걸음마기 유아는 상징적인 몸짓을 사용하는 기술을 보이기 시작하는데 마치 단어처럼 유아의 몸짓도 같은 의미, 유사한 뜻으로 일관되게 사용된다.

16개월의 남아가 당황하거나 무엇인가를 잃어버렸을 때 일관적으로 몸짓(부모에게 배운대로)을 사용한다. 만약 남아에게 "아빠 어디 가셨니?" 또는 "너 신발 어디 있어?"하고 물으면 그 아이는 두 손을 위로 올리고 손바닥을 위쪽으로 향하며 눈을 크게 뜨고 심각한 표정을 지었다. 그리고 두 달 안에 아이는 몸짓과 함께 "몰라"라는 단어를 사용하였다.

18개월에 이르러 모든 사물의 이름을 알고 싶어하는 걸음마기 유아의 욕구에 의해 언어학습의 절정을 이루게 된다. 20개월이 되어 걸음마기 유아는 동사와 형용사를 명사에 연결하여 두 단어(공놀이 하자, 더러운 벌레)를 사용하게 되며 단어들을 연결하여 일련의 기초적인 문장을 사용하게 된다("나가 굴려... 밀어"의 의미는 내가 유모차를 밀기를 원한다는 것이다). 아동의 언어학습의 준비를 위한 두뇌발달의 역할을 증명하는 것은 청각장애 아동의 연구에서 살펴볼 수 있다. 수화를 학습하는 청각장애 아동 또한 정상적으로 들을 수 있는 아동과 마찬가지로 같은 시기에 단어를 급격하게 습득하는 것으로 보였다(Lillo-Martin, 1996).

걸음마기 유아는 그들의 환경 안에서의 물체의 이름, 일상적 사건, 활동 그리고 양육자로부터 강조되어지는 단어들과 같은 관련되어지고 기능적인 단어들을 학습하게 된다. 이러한 관련성은 배경적으로 관련하여 유아가 이미 사용했던 새로운 단어를 받아들이는 경향과 마찬가지로 단어를 기억하는 것에도 영향을 미친다(Ninio, 1995).

> 조숙한 17개월의 유아는 대략 아래의 60개 단어 정도를 말할 수 있다: 엄마, 아빠, 아버지, 간호사, 이모, 더, 물, 자동차, 모자, 트럭, 버스, 신발, 라라(텔레토비의 인물), 공, 네, 싫어, 안녕, 잘 가, 멍멍이, 새, 아가, 강아지, 저것, 위, 아래, 비눗방울, 먹자, 치즈, 과자, 기저귀, 코, 눈, 걷자, 닫아, 할머니, 고양이, 바퀴, 불, 오리, 비누, 책, 컵, 병원, 뒤, 별, 꽃, 버터, 붕붕(자동차 소리) 등. 유아는 이러한 단어를 두 개나 세 개정도 섞어 사용할 수 있다. "아빠 붕붕 병원" 물론 유아가 기초적인 영어 문장을 이해하여 설명하는 것 보다 많은 단어를 이해할 수 있다. 이러한 사실은 아동이 부모의 진술과 질문에 반응하는 것에 의해 보인다.

걸음마기 유아들의 어휘력은 그들의 부모와의 직접적인 대화를 통해서도 증가되지만 유아가 접해 있는 배경에서의 단어의 의미들과 그들이 이해하고 있는 상황 안에서 다른 성인들의 이야기에 귀를 기울이며 새로운 단어들을 학습한다(Akhtar, Jipson & Callanan, 2001).

생의 3년 동안에 문법, 구문, 억양, 부모의 문화에서 오는 특색 있는 발음 강세의 사용과 함께 어휘 또한 급속히 발전한다. 한 단어에서 두 단어와 세 단어의 전환은 정상적으로 2살 정도에 일어난다. 아동에게 있어 동사의 사용이 증가하는 시기는 걸음마기로 유아가 하고 싶은 행동을 표현할 때 사용하게 된다. 예를 들어 "밖에서 뛴다" 또는 "책 읽어"라고 말한다. 2살 중반에서 3살 사이에는 주어, 동사, 술어, 그리고 같은 몇 개의 접속사를 포함한 좀더 복잡한 문장의 구조와 올바른 시제의 사용이 나타나기 시작한다(Bloom, 1991).

> 2살 반의 유아가 할머니가 늙고 아픈 고양이가 집안에 보이지 않아 걱정하는 소리를 우연히 듣고 말하길 "고양이가 어디 있는지 몰라요. 아마 지하실에 숨었나봐요."

3세의 아이는 광범위한 어휘를 갖고 현재, 과거, 그리고 미래 시제를 자유로이 쓰며 대화를 이끌고 이야기를 이해하는 능력이 있다. 걸음마기 유아는 점차로 주된 의사소통의 수단으로서의 몸짓과 행동의 사용에 반하여 단어에 의존하기 시작한다.

## 경험의 체계화로서의 언어

점점 복잡해지는 언어의 사용은 다른 발달과 평행을 이룬다. 즉 상징놀이의 출현 기억력 향상, 인지 체계 향상 및 사고와 사고를 표현해주는 단어들과의 언어적인 중재 등이 발달하게 된다. 언어의 획득은 단순히 단어 수의 증가 또는 문법상 구조의 복잡성만을 가져오기보다는 경험의 변화와 구성하는 유아의 능력을 향한 기초적인 전환을 가져온다. 언어는 아이의 경험과 이야기 또는 시간의 연속에 자신들의 위치를 정하고 표현을 구성하도록 허용한다(Thompson, 1998).

언어는 나열한 것들을 어떻게 정리할 것인가에 대한 이해의 시작과 아이의 활동적 방법 안에서 내적인 삶을 나누는 방법의 제공과 결부된다. 걸음마기의 후반이 되면 그들의 일상생활에 관하여 이야기하는 것을 시작한다. 이야기하기, 상징적인 놀이와 두 가지가 결합된 형태는 서술의 사용을 통하여 경험을 조직화하는 방법이 되어진다. 2세 반과 3세들의 이야기는 모든 이야기 안에 특성을 보여주기 시작한다. 이야기 안에 등장인물이 있고(종종 자신이 등장인물이 된다.) 시작과 사건의 순서와 종결, 뿐만 아니라 몇몇 긴장 요소와 흥분 및 유머를 사용한다(Engel, 1996). 걸음마기 후반의 그들의 경험에 대한 이야기를 하고 성인으로부터 흥미 있는 반응을 얻을 때 그들의 감각능력은 증가한다. 오히려 부모에게 의존하기보다 그들에게 일어난 사건에 대해 직감적으로 이해한다. 그들은 사건을 즉시 이야기로 정리할 수 있고 그들이 그것에 대해 어떻게 느꼈는지도 바로 전달할 수 있다. 엔겔(Engel, 1996)은 "아이들은 인지와 사회적인 난제, 문제와 관계를 가려내고, 감정을 해결하는 한 방법으로 이야기를 한다."고 지적한다(p.8).

언어 또한 감정을 이해하기 위한 수단으로 사용된다. 18개월에서 24개월의 걸음마기 유아는 행복, 슬픔, 좋음, 배고픔, 화남, 피곤함, 졸림 같은 감정을 나타내는 단어를 사용한다(Saarni, Mumme & Campos, 1998). 감정에 관한 언어의 사용은 어린 아동에게 자신과 다른 대상에 대해 새롭고 명확한 주관적 양상을 이해하는 방법이 된다. 걸음마기 유아는 그들의 부모가 감정에 대해 개방적으로 이야기 할 때 더욱더 쉽게 감정을 표현하는 단어를 습득할 수 있다. 예를 들어 부모가 "네가 변기에 장난감 자동차를 넣었을 때 내가 화를 내서 지금 슬프구나."하고 이야기 하는 것이다. 이 표현에서 부모는 감정에 대한 이름을 말하였고 아동이 어떤 감정을 가졌는지 느끼도록 도와주었고 아동에 대한 부모의 반응을 명료화 시켰으며 갈등과 불만의 의미에 대한 이해로서의 감정적 언어를 사용하는 모델이 되었다(Dunn, Brown & Beardsall, 1991).

## 언어와 의미의 구성

걸음마기 유아는 또한 자신과 세계에 관한 견해를 구성하여 의미 있게 사고하고 단어를 생각하기 시작한다. 서술에 관한 연구에서 살펴보면 어린 연령의 아이들은 종종 무엇인가 그들이 이해하지 못하거나 고민이 생기면 종종 "이야기를 통하여" 설명하려는 시도를 보인다. 2세 아동은 언어를 통해 세계를 단지 객관적으로 묘사하기보다 개인의 감각과 경험에 대한 이해를 이야기 안에 가져온다. 걸음마기 유아의 간략한 서술 안에서 종종 그들이 경험을 반영하는 질문을 포함하는 것을 볼 수 있다(Engel, 1995). '대양이 뭐예요? 여기는 위험하나요? 내가 부두의 끝머리로 갔을 때 엄마는 왜 내게 고함쳤나요? 내가 잘못했나요?' 이러한 서술은 걸음마기 유아의 이해를 돕는 중요한 부분이다.

많은 걸음마기 유아는(모두가 그런 것은 아니다) 특히 낮잠이나 잘 시간이어서 혼자 있을 때 그들 자신에게 말하는 것에 의해 단어를 이용하여 사고하는 것을 드러낸다. 이것은 유아가 아기 침대에 있을 때 소리내는 놀이의 연장이다. 아기 침대에서 말하는 것은 단어와 언어의 구성을 실행하게 한다. 이처럼 음성놀이의 묘사는 유아가 소리를 연습하도록 한다. 그러나 걸음마기 유아가 잠자리에 들기 전에 독백하는 것은 새로운 측면을 보여준다. 이것은 걸음마기 유아들이 하루의 사건에 대해 생각하고 처리하는 시도이다. 케서린 넬슨(Katherine Nelson)과 그녀의 동료들은 21~36개월 사이의 에밀리(Emily)가 아기 침대에서 말하는 것을 분석하였다. 에밀리의 부모가 그녀를 방에 두고 나온 후에 그녀가 말하는 것을 테이프에 녹음한 것을 분석한 것이다. 에밀리의 혼잣말은 종종 기억과 기대에 대한 질문들이 수시로 녹음되었다. 그녀는 혼자말로 '무슨 일이었지? 어떤 일이 생길까?' 하고 이야기 하였다. 그 내용은 자주 일상적인 과정의 변화와 새로운 상황에 초점이 맞추어져 있었다. 바꿔 말하면 에밀리는 사건들을 이해하고 자신의 견해 안에 포함시키려고 노력하였다. 에밀리의 독백의 녹음은 어린 유아가 세상의 감각을 습득하려는 훌륭한 예가 된다. 28개월의 걸음마기 유아의 한 예다. 에밀리의 아버지가 에밀리를 침대에 눕히며 다음 날 해변을 여행할 것에 대해 말해주었다. 이야기 후에 에밀리는 여행에 관하여 혼자 이야기 하였는데 여행이 어떨지에 대한 기대를 보여주었다:

> "우리는 바다에 갈 예정이야. 바다는 조금 멀어... 내 생각엔 그곳은 두 블록 떨어져 있어. 아마도... 중심가를 내려가고 대양을 가로질러서 강 아래... 냉장고 안에 핫도그가 있어. 그리고 냉장고는 해안을 덮은 물 속에 잠겨있지. 우리는 물속에 들어가서 핫도그를 꺼내들고 강 밖으로 나올 수 있어. 그리고 강 속에 상어가 와서 바다 속에서 나를 물려고 해 그리고 바다는 멀어.... 내 생각엔 두 블록 떨어져 있어 ... 우리는 어떤 핫도그도 찾을 수 없어, 해변에서 핫도그를 먹을 거야. 그러고 나서 우리는 녹색 차를 타고 바다에 갈 예정이며 난 차의 어린이용 의자에 앉을 거야(Nelson, 1989, pp.66~67)."

부모에 의하면 에밀리가 결코 바다를 본 적이 없으며 핫도그도 먹어보지 않았다고 지적한다. 놀라운 것이 아니라 에밀리는 그녀의 아버지가 묘사해준 것을 느끼기 위해 시도하며 두 가지 요소를 계속해서 생각했다. 그녀의 말에는 바다와 핫도그에 대한 많은 질문들이 함축되어 있다: '바다는 어디지? 아주 멀리 있나? 강과 같을까? 우리는 다리를 지나가나? 거기에 핫도그가 있을까? 핫도그는 음식이니까 냉장고에 있겠지? 냉장고는 물속에 있나? (아마도 이것은 물 속에 잠수되는 냉각기의 이전 경험을 반영한다.) 물속에 상어가 있을까?' 에밀리는 어떤 그림을 미리 구성해보며 새로운 경험을 준비하는 시도를 하고 있다. 에밀리는 자신의 일반적인 지식에 아버지가 말해준 것을 결합시킨다. 그리고 이미 아는 것 안에 생소한 것을 받아들이려고 시도한다. 예를 들어 집에 음식을 보존하는 것이 있기 때문에 바닷가에도 냉장고가 있을 거란 생각을 한다.

에밀리가 소리내어 하는 독백에는 몇몇의 기능이 있음을 증명할 수 있다. 즉 언어 기술의 연습, 기억을 자세히 얘기하는 것, 경험을 기대하는 것, 정서적으로 어려운 사건의 처리, 문제 해결과 답, 그리고 자기 자신과 다른 사람 사이의 상호작용 반영같은 것들이다(Nelson, 1989). 어린 연령의 아이들이 밤중에 혼자 말하는 것은 피아제(Piaget, 1951)가 말하는 난해하고 스트레스 많은 경험을 수용하기 위한 상징적인 놀이에 속한다. 넬슨(Nelson, 1989)에 따르면 에밀리의 최우선의 목적은 "이해할 수 있는 세상의 내부에 그녀가 주체가 되는 출발점을 갖는 것으로 그녀의 경험을 조리있게 말할 수 있는 것이다(pp.27, 34).” 아이 침대에서의 대화는 세 살 때 쯤에 사라지는 경향이 있다. 아이는 낱말 안에서 생각을 계속한다. 그러나 낱말안의 내부의 말이나 침묵의 생각은 큰 소리로 말하는 것으로 바꾸어진다(Bruner & Lucariello, 1989).

## 언어와 자기조절

걸음마 시절은 행동대신 언어를 쓰는 아이의 능력이 시작된다. 언어는 두 살짜리에게 단지 행동대신 말로 원하는 것을 표현하는 것을 허락한다. 이 발달을 이해하기 위해서 14개월에서 18개월의 걸음마기 유아와 2살 반에서 3살 사이의 유아를 비교하였다. 14개월된 유아는 인형에 관심을 가지며 또 다른 걸음마기 유아는 단지 인형을 잡고 논다. 이의 반응으로, 첫 번째 아이는 다른 아이를 문다. 이 상호교환 안에서 유아는 언어로 자신의 의지를 알리지 않았다. 각 유아의 행동은 즉각적인 충동에 의한 것이었다. 그렇지만 나이 많은 걸음마기 유아는 “나는 인형을 원해”라고 말한다. 다른 아이가 허락하든 허락하지 않던 자신의 소망을 전달할 뿐만 아니라 또한 자신의 충동적 행동을 유예시키기 위하여 단어를 사용한다. 언어는 충동을 억제한다. “나는 저게 갖고 싶어”의 충동과 행동사이에 사고를 삽입하여 아이가 행동의 결과에 대하여 생각할 수 있도록 한다. 언어를 통해 사고나 감정을 표현하는 것은 “냉정 기능”을 갖는다. 다시 말하면 단어 안에 사고 또는 감정을 투입하여 항의하거나 골똘히 생각하거나 하는 것으로 ‘냉정’ 상태로 전환시키고 또는 아이의 세계 안에서의 불확실성과 감정적인 것들을 감소시키는 것을 돕는다. 즉 아이의 세상에 대한 기억과 생각을 말하는 것으로 바꾸는 양식이 된다(Bruner & Lucariello, 1989, p.76).

이러한 능력이 있다 할지라도 걸음마기 유아들은 이것을 일관되게 사용하지는 않는다. 걸음마기 유아들은 여전히 그들의 바람이 성취되길 바라고, 그들의 감정을 즉각적으로 표현하고 싶어하고, 종종 충동적으로 행동한다. 말하는 것을 상기시키는 것은 중요하다. 비록 두 살의 아동이 말한 것의 중요한 관계를 이해하고, 문장으로 말할 수 있다 하더라도 언어로 표현하도록 상기시키는 것을 중요하다. 왜냐하면 두 살된 걸음마기 유아에게 언어로 진술하는 것은 충동을 지연시키도록 돕는 시작에 불과할 뿐이다. 본질적으로 또는 환경적으로 언어능력이 지연된 걸음마기 유아는 종종 자기조절의 문제를 보인다. 왜냐하면 그들은 충동성을 수용할 수 있는 언어를 사용할 수 없고 자신을 표현할 때 행동적인 방법을 사용하기 때문이다. 또한 공격성은 욕구불만을 다른 대상과 의사소통

할 수 없을 때 나타난다(Dionne, Tremblay, Boivin, Laplante & Perusse, 2003).

## 의사소통으로서의 언어

걸음마기 유아들은 그들의 새로운 능력 즉 이야기로 그들의 경험에 대해 전달할 수 있는 능력에 흥분한다. 유아는 언어가 몸짓이나 행동보다 의사소통의 의미가 훨씬 더 정확하고 예상할 수 있다는 것을 발견하기 시작한다. 언어는 아이들과 부모들에게 새로운 수준의 자각을 공유하게 한다. 왜냐하면 그들은 서로 대략 같은 의미의 단어를 전달하기 때문이다. 부모의 구두로의 확증은 걸음마기 유아의 지각과 감정을 유효하게 하고 자기감각을 발전하도록 공헌한다. 자신의 생각을 언어로 표현하고 나서 그들은 아이의 생각은 실제며 소중하다는 느낌을 아이에게 언어로 확립하여 전해준다. 이 자각은 언어를 배우는데 있어 걸음마기 유아에게 강한 동기부여를 제공한다.

## 걸음마기 유아의 언어 능력의 한계

걸음마기 유아의 언어 발달의 극적인 진전에도 불구하고 그들의 언어와 인지 능력은 중요한 한계를 가지고 있다. 매우 강하게 전달하기를 바라기 때문에 걸음마기 유아는 그들 자신을 명확하게 표현할 수 없을 때 매우 실망하게 된다. 이것은 그들이 단어를 정확하게 발음하지 못하거나 아직 단어를 모르기 때문에 일어날 수 있다. 실망은 또한 자기인식의 성장의 결과이다. 걸음마기 유아는 다른 사람이 자신을 이해하지 못하는 것을 알고 더욱 실망한다. 의사소통의 좌절은 보통의 걸음마기 유아의 화내고 공격적인 행동의 근원이다. 걸음마기 유아가 단어를 적절히 조정한다 해도 종종 유아와 부모는 다른 의미의 단어 때문에 인지와 감정 발달에 제한을 갖는다. 예를 들어 걸음마기 후반기의 유아가 복합적인 생각이나 관계성을 의미하는 진실, 공유, 약속 같은 단어를 사용한다 해도 유아는 아직 충분히 그 의미를 이해하지 못한다(Leach, 1978).

특히 스트레스 안에서 걸음마기 유아의 언어 사용은 종종 보다 적은 "객관적인", "현실성 있는" 묘사의 전달이 이루어지며 바라는 것과 마술적 사고에 의한 생각에 영향 받은 전달의 한 방법이 된다. 걸음마기 유아가 무언가 잘못하여 꾸지람을 듣게 되면 유아는 "거짓말"을 할 수 있다. 성인의 기준에 의하면 거짓말이 되지만 걸음마기 유아의 요지는 자기 방어이다. 걸음마기 유아는 합당하게 "나는 진실을 말하는 거야"라고 말하는 것을 모르거나 진실의 의미를 이해하지 못하는 것일지도 모른다. 걸음마기 유아는 진실을 말하는 것에 대해 중요한 신념으로 내면화되는 동기부여를 갖지 못한다. 오히려, 그들은 부모의 찬성을 얻기 위해 말하는 것을 형성하고 그들의 반대 의견을 피하게 된다. 유아들의 소망은 사고를 하면서 쉽게 논리가 되고 진실이 되어진다.

## 상징적인 의사소통과 놀이

걸음마기 초기에 유아들은 영아 때 놀이와 일치하는 물건을 가지고 논다. 초기 걸음마기 유아는 물건의 성질과 기능에 대해 흥미를 갖는다. 장난감을 가지고 놀면서 그들은 무엇을 느끼는지, 무슨 소리를 내는지, 어떻게 보는지, 무엇을 할 수 있는지를 배운다. 피아제(Piaget, 1951)는 장남감과 물건을 사용하는 것을 감각운동 놀이라고 명칭을 붙였다. 부엌놀이는–냄비와 팬을 강타하거나, 함께 조립하거나, 그것들 사이에서 물을 따르는 놀이로서–전형적인 걸음마기 유아의 감각운동 놀이이다.

1세와 2세 사이의 감각운동 놀이에는 어떻게 작용하는지와 원인과 결과를 배운다. 걸음마기 유아는 부모를 지켜보며 그들을 모방하려 하고 물건의 정확한 사용방법을 알아낸다. 걸음마기 유아는 둥근 장식과 버튼으로 텔레비전과 라디오 켜는 것을 관찰하고 그리고 나서 실행하며 배운다. 유사하게 걸음마기 유아는 토닥거리기, 안아주기, 머리빗기기, 먹이기 등의 양육자의 관습을 행동화 한다. 12개월에서 18개월 사이의 걸음마기 유아는 양육자를 모방하거나 특성을 흉내내며 먹는 행동을 한다. 예를 들면 한 16개월 된 유아가 빈 컵을 잡고 있었다. 신호하는 아버지에게 주의를 기울려 주시하고 있다. 컵을 들고 "마셔"하고 "음"하고 말하고 나서 웃었다. 이 순서 안에 아이는 보통의 행동을 실행하였고 마셨지만 컵 안에 아무 것도 들어 있지 않은 것을 알고 놀이로 행동을 변형시켰다. 모방은 가상놀이로 발전한다.

2세를 지나는 중간시기에는 상상놀이와 감감운동 놀이가 번갈아가며 일어나기 시작한다. 걸음마기 유아는 장난감을 상징적으로 사용하고 놀이 시나리오 안에서 통합시키기 시작한다. 걸음마기 유아가 한 개의 물건을 다른 개체로 변형시키는 것에서 상징 놀이의 초기 유형 중 하나가 나타난다. 예를 들어, 16개월의 소년이 냄비와 팬을 가지고 놀다가 소년은 두개의 냄비를 걷게 하고 이것을 "신발"이라고 말한다. 그러고 나서 그는 신발이라고 명명한 냄비를 부엌 사이로 끌고 다니며 웃는다. 2세와 2세 반 사이의 걸음마기 유아들은 가장한다는 것을 알고 있다. 만약 유아들이 어른과 함께 가장 시나리오를 공유하게 된다면 그들은 미소, 웃음 그리고 지식의 전달 즉 "우리는 함께 가장하고 있다"는 가장놀이에 대한 즐거움을 보일 것이다(Walker–Andrews & Kahana–Kalman, 1999).

2세에서 2세 반의 유아들은 더욱더 드라마틱한 대체를 다른 무엇인가를 흉내내는 가장에 의해 만들어 간다. 걸음마기 유아는 동물을 가장하는 것을 즐긴다. 피아제(Piaget, 1951)가 그의 26개월 된 딸에 대해 묘사하길 딸이 계속 기어다니며 "미요"라고 말하며 즐거워 하였다고 하였다. 보통의 걸음마기 유아는 유아와 양육자의 역할 안에서 보이는 성인의 행동을 흉내내는 것을 즐긴다고 하였다. 2세 반의 유아는 그의 곰 인형에게 먹이를 주는 체하며, 이를 닦아주고, 침대에 눕히는 등의 연속적인 행위는 유아가 갖는 양육자의 행동에 대한 관점과 체계화를 보여주는 것이다.

> 20개월의 남자 유아가 할머니가 차를 만드는 모습을 지켜보고 있다. 할머니는 유아가 차를 만드는 모습을 지켜보는 것을 깨닫고 티백을 주었다. 몇 분 뒤 그들은 다른 방에 있었고 유아는 러시아 나무 인형을 가지고 놀고 있었다. 그 나무 인형 중 컵 모양을 한 인형에 티백을 넣고 차를 마시는 척하였다. 그리고 선반 위에 나무오리를 가리키며 "오리다"하고 외쳤다. 할머니는 오리를 유아에게 내려주었고 유아는 오리의 부리를 컵에 넣고 차를 주는 시늉을 했다.

점차적으로 걸음마기 유아의 놀이는 더욱 복잡해지고 아이의 경험에 대한 해설을 포함하게 된다. 놀이는 2세 걸음마기 유아를 위한 심리적인 기능을 갖게 되는데 이는 가장을 통하여 탐구 경험의 자유를 준다. 피아제와 인헬더(Piaget and Inhelder, 1969)는 놀이를 실행하는 새로운 기능을 기술하였다.

> 걸음마기 유아는 자신의 관심사와 규칙을 주관하는 외부적으로 존재하는 사회적인 세계 안에서의 연장자와 유아가 섬세하게 이해할 수 있는 신체적인 세계에 계속적으로 적응하려는 의무를 갖는다. 이는 유아의 감정적이고 지적인 평형에 없어서는 안 되는 필수적인 것이다. 유아는 이용할 수 있는 능력의 범위는 가지고 있다. 동기부여는 현실에 적응하지 못하는 것과 대조적으로 강제나 제재 없이 자신의 본성을 통해 받아들여진다. 이 같은 범위의 놀이는 각자의 필요와 동화작용에 의해 현실을 변형시킨다(pp.57~58).

놀이는 강한 감정 표현의 전달수단이 된다. 또한 현실의 복잡한 양상과 스트레스에 대하여 묻고 답하고 제기하게 하는 한 방법이 된다. "시험적 행동"을 통하여 문제를 해결하고 제한안에 있더라도 정상적인 사회적 규범들을 적용하지 않는 장소가 되어준다. 일찌기 주의되는 것은 걸음마기 유아의 발달 과업의 한계는 유아의 바람과 그의 부모의 규칙과 기대사이의 절충에 의해 확립된다. 사회적 요구에 응하기 위한 사람들의 행동 양상의 필요가 자신이 바라는 것을 원하고 자기 감각을 세워가는 과정 중의 걸음마기 유아에게는 쉽지 않은 부분이다. 걸음마기 유아의 부정적인 사고와 제멋대로 하는 경향성은 이 충돌을 반영한다. 상징적인 놀이는 걸음마기 유아에게 현실성의 요구로부터 경감을 제공한다.

## 대처 전략으로의 놀이

놀이는 걸음마기 유아에게 혼란과 스트레스를 대처하는 비언어적인 방법을 제공한다. 그 예로 후반기 걸음마기 유아의 양육 안에서의 유아 스스로가 양육자의 역할을 놀이로 보이는 것은 부모와의 분리에 대한 스트레스를 대처하기 위한 의미를 갖는 것을 들 수 있다. 피아제(1951)는 상징적인 놀이가 아이의 통제 하에 있는 환상을 통하여 얼마간 떨어져서 현실적인 양상의 스트레스를 받아들이고 회상을 전달하도록 어린 아이에게 제공한다고 하였다. 피아제는 어린 유아들의 밤중 인형 놀이는 모든 아이들의 하루 중의 곤란했던 경험과 즐거웠던 것을 반영하는 놀이의 양상이라 강조하였다.

주목할 만한 것은 언어와 같이 가장놀이도 일반적인 표현능력이 제안된다(Thompson, 1998). 하지만 보울비(1980)가 언급하길 "아이들이 비언어적인 진술의 양상은 언어의 사용과 거리가 있기 때문에 성인들은 어린 아이들의 인지 능력을 과소평가하는 경향이 있다(p.429)." 이러한 사실은 임상가에게 어린 아동의 놀이와 행동은 인지적, 감정적 과정을 표현해주고 이러한 놀이의 관찰은 우리에게 걸음마기 유아들이 언어로 아직 표현하지 못하는 그들의 경험과 감정의 창문의 역할을 해준다는 중요한 사실을 제공해 준다.

## 경험의 표현으로의 놀이

상징적인 놀이는 아동기의 경험으로부터 창조된다. 이것은 아동의 경험에 대한 관점을 전달하는 서술적 특징과 관점을 갖는다. 이 놀이의 유형은 취학 전의 혼란, 풍요로움과 때때로의 공상적인 상상의 놀이로 약 2살부터 지속적으로 발달하기 시작한다. 걸음마기 유아의 상징 놀이는 종종 단편적인 서술적 요소들이 함께 나타난다. 아기 침대에서의 에밀리의 이야기는 아동기의 경험 안에서의 복잡한 일이나 긴장됐던 요소들의 표현이 강조되었다. 다음의 예에서 가정 폭력을 목격에 대한 반응적인 증상을 보이는 2세 반의 유아의 상징적인 놀이의 분석을 설명한다.

### 제러드(JARED)의 간단한 사례

제러드는 주간보호가정의 식구들에게 공격적인 행동을 보여 의뢰되었다. 제러드는 다른 아이들을 때리고 물고 종종 자기 자신을 고의로 상처내고 벽으로 달려가 머리를 부딪친 다음 웃었다. 6개월의 기간동안 즉 10개월에서 16개월 때 제러드는 그의 아버지가 어머니를 향해서 공격하는 많은 사건의 목격을 했었다. 제러드가 16개월 때에 그의 부모는 헤어졌으나 제러드는 20개월이 되고 그의 아버지가 떠날 때까지 더 많은 사건을 목격하게 되었다. 제러드의 어머니는 제러드가 걸음마 시절에 아버지와 "매우 거칠게" 놀았던 것에 대해 걱정한다.

나는 제러드의 증후와 가정 폭력사이에 연관이 있다는 것을 평가하기 원했다. 첫 번째 인터뷰가 시작되었고 나는, 나의 직업이 그들의 고민과 그들을 돕는 것이기에 제러드의 놀이를 함께 관찰하므로 그의 고민을 알 수 있다고 어머니에게 설명했다. 그리고 우리는 그의 걱정을 안심시키는 대답을 하기 시작했다. 제러드는 차가 부서질 때까지 반복적으로 빠르게 밀었고 차가 부서지자 동시에 "부서졌다"라고 말했다. 나는 어머니에게 이 놀이에 대해 질문했고 그녀는 이내 제러드가 아버지의 난폭운전을 즐거워하던 것을 떠올렸다. 그리고 그녀는 남편이 차안에서 자신을 때리는 동안 실수로 제러드를 치게 된 이야기를 해주었다. 그녀는 그가 5개월밖에 되지 않았을 때지만 기억하고 있을 것이라 생각했다.

그녀는 제러드가 작은 유아용 침대에 조그만 아기 인형을 찾았던 이야기를 했다. 나는 어머니에게 그가 기억하고 있을지 모르는 경험에 대해 물었다. 그녀는 제러드가 18개월 됐을 때 이혼 후의 사건을 설명했다. 그녀는 남편 얼굴 앞에서 문을 닫았다. 그는 유리문을 차기 시작했고 제러드를 안고 있는 어머니와 제러드를 향해 유리조각을 뿌렸다. 제러드는 소리 지르고 그녀를 때리기 시작했다. 어머니는 제러드가 아기 침대에 큰 소리내는 플라스틱 공룡을 내려놓으면서 "괴물아, 아기를 물어"라고 한 사건을 설명해 주었다. 나는 그녀에게 제러드의 놀이에 주의를 기울여 이야기 해줄 것을 요구하였고, 그녀의 보고 속에서 아버지의 난폭하고 위협적인 이야기가 공룡놀이에 등장하지 않았다.

두 번째 세션에서 제러드는 공룡을 가지고 부수는 행동의 상징적인 놀이를 했다. 이번에는 공룡을 가지고 레고의 문을 부수고 아기의 배를 물었다. 어머니는 이것은 명백하게 문이 부서지던 날이라고 말했다. 나는 제러드가 아빠처럼 겁주는 괴물을 통해 그가 걱정하는 어떤 사건이 다시 일어날 것을 무서워하고, 상처 받는 것을 걱정한다는 것을 매우 분명하게 알 수 있었다. 어머니는 "매일 밤 제러드가 문 앞 뒤를 다니며 문들이 꽉 잠긴 것을 확인해요."라고 말했다. 그녀는 문이 부서지는 사건이 있기 이전에는 이런 습관이 없었다고 보고하였다.

제러드의 상징적인 놀이는 다시 일어날 폭력 사건에 대해서 걱정하는 것을 반영한다. 제러드의 아빠가 문을 부수는 행동과 제러드와 엄마가 유리에 비친 모습을 보고 공포를 강렬하게 묘사하였고, 그의 행동은 때려 부수는 행동으로 빠르게 변했다. 그의 현재 공격적이고 두려움을 모르고, 감정을 파괴시키고 자해하는 행동은 굉장한 분노에서 시작된 아픔의 상징적인 놀이라는 것이 확실하게 관찰되었다. 폭력을 목격한 많은 어린 아이들과 마찬가지로 제러드도 상상한 공격을 피하기 위해 공격을 가하는 위험을 가지고 있다. 놀이는 아직 단어를 표현하지 못하는 제러드에게 표현하는 것에 관계하는 전달적 수단이 된다. 그의 놀이는 어머니와 치료사에게 폭력이 반복될 것이라는 두려움에 외상의 기억과 두려움에 점유되어 있다는 것을 명백히 보여주었고 이러한 사실은 제러드의 두려움과 외상적인 기억을 다루어주는 치료계획을 수행하도록 도와주었다(Davies, 1991).

## 정서와 행동의 조절

걸음마기 유아의 자기조절의 능력은 점차 증가한다. 유아기 동안의 자기조절의 각성은 이분적인 과정에서 이루어진다. 우리는 유아기 안에서 많은 요소들의 자기조절을 관찰하게 되지만 걸음마기 유아들의 많은 예들에서 각성과 행동 규칙을 조절하는데 있어 부모의 도움을 필요로 하는 것을 볼 수 있다. 이러한 것은 더욱더 자율적인 자기조절을 향한 점진적인 전환이며 자율적인 자신을 향한 걸음마기 유아의 총체적인 움직임의 한 부분이 된다. 걸음마기 유아의 이 부분은 규칙적인 자기를 향하여 전체적으로 움직인다. 이것은 전형적으로 걸음마기 유아의 자신의 내부 자원의 사용에 의한 도전에 대처하는 첫 번째 시도가 된다. 만약 이 안에 걸음마기 유아가 성공을 느끼면 걸음마기 유아는 혼란과 스트레스로부터 능력을 되찾는다. 내부 극복 장치가 작동하지 않을 때 신속하게 외부 지원, 특별히 자신과 애착 관계가 있는 양육자에게로 그 방향을 바꾸게 된다.

걸음마기 유아의 인지 특성은 효과적인 자기 규칙의 도전을 제공하는 것이다. 걸음마기 유아의 자기중심적인 시각은 현실적이고 객관적인 견해를 방해한다. 사건의 원인을 이해하는데 어려움은 원인과 결과를 혼동하도록 이끌 수 있다. 걸음마기 유아의 즉각적인 바람과 감정은 느끼고 생각하는 것을 문제의 발생 원인이라고 믿도록 이끌 수 있다. 걸음마기 유아는 인지 발달 수준의 규범적인 한계 때문에 구체적으로 경험을 해석하고, 자기중심적이고, 마술적 사고에 의한 생각과 행동 사이의 구별의 실패와 원인과 결과를 혼동하게 된다(Piaget, 1952a). 이들 인지의 제한은 스트레스에 대항하여 미성숙한 기제를 갖는데 이로 인해 걸음마기 유아들은 스트레스의 경험에 민감하게 놓여진다. 부모놀이에서의 비판적인 역할은 유아의 경험을 설명하고 명확히 하는 것에 의해 감정을 조절하는 걸음마기 유아의 능력을 지지해준다. 특히 스트레스가 많은 아동에게 더욱 유용하다. 특별히 스트레스가 많은 아동에게 그들의 경험을 명확히 해주고 정화시켜 준다 (Bennett & Davies, 1981).

## 걸음마기 유아의 불안의 근원

걸음마기 유아에게 유능하게 그들의 감정과 충동을 통제하게 되기를 바라지만 현실에서 유아의 자기조절 능력은 잘 확립되어 있지 않다. 따라서 걸음마기 유아들에게 분노를 누그러뜨리고, 충동을 제어하도록 돕는 부모의 제한과 지지가 필요하다. 표 7-1에서 걸음마기 유아의 전형적인 걱정과 분노의 근원을 제시한다.

### [표 7-1] 걸음마기 유아의 불안의 근원

- *무슨 일이 일어나는지에 대한 이해의 어려움,* 원인과 결과에 대한 지식의 부족과 불분명한 생각에 기초한다. 자기중심적 사고와 마술적 사고는 왜곡된 개념의 원인이 되며 이는 불안을 발생시킨다.
- *의사소통의 어려움.* 걸음마기 유아의 언어적인 능력에 비해 훨씬 나은 사고능력을 가졌다. 유아들은 질문하고 싶어하고 자신들의 이야기를 만들기를 바라지만 적절한 단어를 찾을 만큼 언어능력이 발달되지 않았다. 리버먼(Lieberman, 1993)은 좌절을 일으키는 원인을 설명하였는데 "반항적인 경향은 걸음마기 유아들이 자신을 이해하는 노력에 대해 절망을 느낄 때 이루어진다."라고 설명했다.
- *유아들이 상상하는 것을 실행하지 못하는 것에서 오는 좌절.* 예로 2살 된 남자아이가 5살 된 누나가 청바지를 입는 것을 지켜보고 흉내내려고 한다. 아이는 누나가 한 것처럼 한쪽 다리를 들어 바지를 입으려고 하지만 중심을 잃고 넘어지고 만다. 아이는 몇 번을 다시 시도하다가 끝내 바지를 발로 차며 화를 내고 아버지에게 도움을 청한다.
- 그들이 스스로 하려는 것과 부모의 도움을 요구하는 것에서의 갈등
- *양육자로부터의 분리와 분리의 다툼.* 이것은 기초적인 불안과 관계한다. 즉 부모가 필요한 시점에 신뢰할 수 있도록 할 수 없을 것이라는 불안이다(Lieberman, 1992, p. 563).
- *부모로부터의 승인의 상실, 사랑받지 못함, 거절, 유기의 두려움.* 이것은 걸음마 시기에 일반적인 것으로 아동의 바람과 행동 그리고 부모의 기대사이에서 오는 차이의 충돌에서 비롯된다. 걸음마기 유아의 불안은 부모들이 유아에게 화를 낼 때 더 이상 그

들을 사랑하지 않는다는 그들의 경험에 의해 원동력이 된다. 왜냐하면 그들의 인지적 인 한계에 의해 다른 상황 안에 따라 다른 감정을 갖는다는 것을 이해하는 것에 어려움을 갖기 때문이다(Lieberman, 1993, pp.130~131).

- *자기조절의 상실에 대한 반응.* 걸음마기 유아들은 종종 충동성의 조절을 상실하는 것을 보이기는 하나 이러한 경험을 좋아하지 않는다. 이것은 짜증을 내거나 또래를 때리거나 물거나 하는 것 그리고 다른 아동의 짜증을 보는 것에 대해 두려움을 갖는다.
- *신체적 불안.* 신체의 손상에 대한 두려움, 용변훈련에 대한 부모의 요구에 대한 불안 그리고 여자와 남자의 성기의 차이를 관찰하는 것에 대한 두려움을 예로 들 수 있다.

## 발달상의 조망으로부터 "문제 2(Terrible 2's)"

걸음마기 유아의 많은 잠재적인 고민의 근원은 자율적 규칙의 어려움과 종종 행동을 이끄는 자신의 주장으로 증명된다. 이는 "Terrible 2's" 안에 함축되어 있는 제멋대로의 그리고 부정적 측면의 출현이다. 걸음마기 유아의 행동은 때때로 부모와 다른 성인에게 걱정거리가 된다. 왜냐하면 불합리적, 통제의 상실이 감정적인 측면과 행동적 측면에 나타나기 때문이다. 이 글안에서는 21개월된 소년 패트릭(Patrick)의 전형적인 행동을 묘사한다:

> 패트릭은 활동적이고 격앙된 기질을 가지고 있다. 그는 움직임과 활동을 좋아 한다. 그는 주의 깊게 볼 수 있게 되었기 때문에 그는 두려움이 없어 보였고 거리를 달리는 것을 시도한다. 패트릭은 자신의 감정을 격렬히 표현했고, 특히 '안돼' 라는 말을 들으면 좌절하거나 쉽게 짜증을 냈다. 패트릭은 화내는데 민감했고, 자기가 무언가 하기를 원했던 일을 부모가 제재할 경우 부모를 때리기도 했다. 패트릭은 아주 드물게 말을 하고 자기를 표현하는 행위를 보였다. 패트릭은 함께 휴가를 지내게 된 확대가족과 함께 식당에서 높은 의자에 앉았다. 패트릭은 어른들이 이야기하는 동안 식사를 하였다. 식사를 마쳤을 때 패트릭은 포크를 집어 들어 테이블 가장자리에 던졌다. 내던져진 포크는 그의 할머니 그릇에 떨어졌고 그의 부모는 너무 놀라 패트릭을 꾸짖었다. 아마도 패트릭은 어른들의 대화에서 배척당함을 느꼈던 것 같다. 활동적인 이 아동은 높은 의자에서 금지된 감정을 느꼈을 테고, 포크를 던진 행동은 불만의 표시였을 것이다. 이와 같은 행동은 단순히 충동적인 감정에서가 아닌 의도적이고 의지를 주장하고픈 표현이며, 불만이나 분노 혹은 감정적인 본성 의식의 표현인 것이다.

패트릭은 점심식사 후 해변에서 삼촌과 함께 파도 물을 튕기며 놀았고 그것을 매우 좋아했다. 시간이 좀 지나 삼촌은 모래사장에 누웠고 잠이 들었다. 패트릭은 한 움큼의 모래를 삼촌 얼굴에 뿌렸다. 식당에서 있었던 일처럼 패트릭은 무시 받았다는 느낌이 생겨 아마도 화가 났을지 모른다. 패트릭의 잘못된 공격성은 그의 삼촌을 놀이로 끌어들이기 위한 시도로 아직은 말로써 표현할 수 없는 요청이었다. 그런 행동은 어른들을 화나게 하고 처벌적인 행동을 가하게 할지도 모른다. 패트릭의 삼촌은 화가 섞인 말투로 "네가 내 얼굴에 모래를 뿌린 것은 정말 싫어"라고 했다.

그러한 의도적인 공격 행위는 아이와 양육자 간의 관계 균형에 혼란을 일으킨다. 어른의 당면 과제는 아이에게 가깝게 다가가서 장려해주고, 공격적인 행동을 따르면서 평형을 회복하려는 아이의 의도를 인정해주는 것이다(Sander, 1975). 패트릭 삼촌은 들통과 삽을 가리키며 구멍을 판 후 들통을 채울 것을 제안했다. 패트릭은 들통을 집었다. 삼촌은 "사람들이랑 떨어져 있는 저리로 가자. 그럼 우리는 사람들에게 모래를 던지지 않는 거야"라고 말했다.

센들러(Sander)는 다음과 같은 제안을 하였다. 아이의 파괴적인 행동은 아이 내면의 평형상태를 회복하는데 도움을 줌으로써 화가 난 그 이후에는 긍정적인 관계로 회복한다. 반면에 양육자는 아이가 사전에 경험했을 때 촉진된 자아의 회복을 돕는데 실패한다. 아이의 일정한 준거 집단의 틀로써 친숙한 "좋은 자기상"은 손상된다(Sander, 1975, p.199).

## 걸음마기 유아의 공격성의 근원

걸음마기 유아의 부정주의를 동정하는 관점은 패트릭 삼촌의 행동을 분석한 잘 알려진 센들러 분석에 의해 적용되었는데, 걸음마기 유아는 빈번한 욕구 불만이나 내적 갈등, 부모와의 갈등에 이르게 하는 어려운 발달 과제에 직면하는 것을 알 수 있다. 이러한 갈등에서 반응 가능한 것 중의 하나가 공격성이다. 리버먼(Lieberman, 1993)은 걸음마 때 공격성을 이끌거나 또는 분노, 욕구불만, 부모가 공격성으로 인식할 수 있는 불안으로 표현될 수 있는 세 가지 요인을 제시하였다. (1) 안전한 것에 대한 불일치 (2) 모든 것을 가지려는 유아의 욕구 (3) 사물을 갖기 위해 유아 욕구대로 가려는 저항과 부정. 걸음마기 유아의 의지가 좌절될 때 아이는 쉽게 좌절하고 신경질적이고 때리거나 물건을 던지는 기질을 갖게 될 수 있다. 공격성은 장난감을 놓고 다른 아동들과의 싸움 안에서도 지켜볼 수 있다.

또한 유아는 부모나 다른 양육자가 그들의 발달 수준 이상의 기능을 기대할 경우 강한 반응을 보일 수 있다. 예를 들면, 15개월에서 3세 사이의 연령부터 아이들은 배변훈련을 위한 준비를 할 수 있는데 유아는 오줌을 누거나 실수를 할 때 그들의 부모에게 준비가 덜 되었다는 신호를 보낸다. 너무 일찍 배변 훈련을 받아온 아동이 화를 더 자주 내고, 공격적인 이유는 유아의 타고난 신체 내적인 기능을 초과하여 부모의 압력적인 통제의 좌절 상황에 직면하기 때문이다. 변기 사용이나 장난감 집기 또는 다른 아이와 장난감 나누어 쓰기와 같은 준비가 덜 되었거나 할 수 없는 일을 해야만 하는 압력을 받을 때 유아는 거부나 항의, 짜증을 냄으로써 반항한다.

## 자기통제와 적응을 위한 전략

걸음마기 유아가 영아보다 넓은 범위의 전형적인 스트레스 요인에 직면하게 될지라도 스트레스에 대한 적응 전략과 자기 통제의 범위 역시 증가된다. 이는 다음 이어지는 내용과 같다.

### *양분화된 통제*

부모와 유아 둘 사이의 양분화 된 통제는 계속된다. 부모는 새로운 상황에서 낯선 것에 대한 공포나 긴장되는 사건들을 설명하고 명료화하며, 유아의 충동을 자제하도록 돕는 제한을 설정한다. 그리고 아이를 편안하게 하기 위해 안전한 곳에 남게 한다. 걸음마 아이는 부모에게 다가감으로써 부모의 지지를 더 쉽게 유도해 낼 수 있고, 세 살 때는 무엇이 잘 못 되었는지를 말로 표현할 수 있다.

### *긴장 해소로서의 자기자극*

걸음마기 유아들은 엄지손가락 빨기, 자위행위, 지치고 긴장하는 경우 물건들을 비비고 껴안는다. 이러한 행동들은 내·외적인 스트레스에서의 표준적인 반응이고 결국 특별하게 일어날지 모른다. 유아가 지속적으로 이러한 행동을 보이는 것이 아니라면 유아를 문제아로 여겨서는 안 된다. 양육자는 유아의 자기 자극이 지속된다면 스트레스 근원을 파악하기 위해 유아의 생활을 관찰해야 한다.

### *놀이*

걸음마기 동안 둘이 상호작용하고 장난감을 갖고 노는 놀이는 스트레스와 불안으로부터 인정감을 가능케 한다. 예를 들면, 안정된 애착을 형성한 두 살 반 아이는 인형을 가지고 양육놀이를 함으로써 적극적으로 분리 불안을 숙달할 수 있다.

### *언어*

언어는 경험과 감정을 조직화하는 의미로서 가능하다. 연령이 높은 유아가 사고하는 것과 표현할 수 있는 수용력은 그들 행동의 지연을 돕는다. 2세에서 3세 연령의 아이들은 감정상태를 더 정확하게 알려주는 분노, 공포, 슬픔과 같은 부정적인 정서를 포함한 감정 표현의 이름들을 배우기 시작한다. "화났어"라고 말할 줄 아는 아동은 공격성으로써 분노를 표현하거나 신경질적인 아이보다 양육자로부터 더 많은 공감과 집중된 반응을 얻기가 쉽다.

### *행동의 내적 규범*

행동의 내적 규범은 부모의 요구와 모델링 반응에서 발달한다. 아이는 수용 가능하고 수용 가능하지 않은 행동에 대한 사고를 내면화함으로써 그들의 행동을 조정하기 시작하는데 이는 최소한 부모가 함께 있을 때 일어난다. 아이는 문화에 따른 다른 감정들에 직면하는 것을 배우고, 부적절한 것들을 억제하며 적절한 것들을 강조하도록 배운다. 세 살에 이르기까지, 아동은 자기-조정, 정서들, 충동성 그리고 행동을 위한 이러한 내적인 규제들을 사용하기 시작한다. 연령이 높은 걸음마기 유아들은 금지된 무언가를 위한 충동성을 발휘하는 자신을 예방할 수 있는데 이 때 불안은 감소하고 자존감은 증가한다 (kagan, 1981).

### *"조절의 노력"*

조절의 노력은 아동의 감정 표현에 대한 조절과 좌절 또는 장애에 직면한 아동이 조절을 의식적으로 시도하는 것을 의미한다(Kochanska, Murray & Harlan, 2000). 후반기 걸음마기 유아는 "의도하는 것"에 주의를 기울이기 시작한다. 조절 노력의 예를 살펴보자.

> 부모가 주전자를 바닥에 치며 소리내는 것을 즐거워하는 그의 2살 된 유아에게 "그만 소리내라. 지금 전화통화 해야 한단다."라고 이야기 한다. 그리고 유아는 하던 행동을 멈춘다.

2살 반 된 유아가 인형에게 팬티를 입히려고 하고 있다. 그런데 팬티를 잡아당기다가 인형의 무릎에 걸리고 말았다. 유아는 짜증과 집중이 섞여 있는 표현을 보이며 계속 팬티를 잡아당기는 노력을 보인다. 유아는 팬티를 입히는 것을 성공할 때까지 계속 그 일을 행했다. 유아는 자신의 과업을 마칠 때까지 그녀의 좌절을 조절하였다.

3살 된 유아가 옷장 문에 머리를 부딪쳤을 때 울음을 참는 모습을 보였다. 유아는 얼굴을 찡그렸지만 옷장 안에 몇 초간 앉아서 자신의 감정이 조절 될 때까지 숨을 크게 쉬며 스스로를 달랬다.

### *친숙함*

친숙함은 스트레스를 감소시킨다. 유치원에 가는 것과 같이 이전의 낯선 상황들이 반복되면서 아이는 무엇이 기대되는지를 알기 때문에 아이의 불안은 감소한다. 아동이 친숙한 환경에 더욱더 담담하게 반응할 수 있는 능력은 걸음마 시기의 기억능력 발달에 기초한다. 2살 후반기에 이르면 기억은 사건의 묘사와 반복된 행동의 수집을 획득하고 유지할 수 있는 만큼 발달한다. 반복되는 연속성의 인식은 아동에게 무슨 일이 일어날 것인가 하는 예측을 가능하게 하고 비슷한 요소들을 가진 다른 사건의 연속성에서 무엇을 예측할 것인가에 대해 보편화하기 시작한다. 예를 들면 2살 반 된 유아가 어린이 집에서 소풍을 가게 되었다. 이 유아는 소풍의 행선지에 대한 정확한 인식을 가지고 있지 않지만 '소풍' 이라는 단어에서 어떤 일이 일어날 것인가 하는 예측의 실마리를 제공받을 수 있었다. 수집에 의한 친숙함은 여행이라고 하는 불확실한 양상에 대해 불안을 수용하는 것을 도울 수 있었다(Hudson, 1993; Thompson, 1998).

## 걸음마기 유아의 자기통제 곤란의 원인

불안은 생리학적 각성에 의해 나타난다. 어린 아동의 각성은 다양하게 기질적인 요인들이나 내재적인 조절장애, 감각통합 장애, 선행되었던 불안을 야기시켰던 경험에 의해 기인될 수 있다(Posner & Rothbart, 2000). 좌절에 민감하고 과잉각성되고 부정적인 감정을 가진 걸음마기 유아들은 자기조절의 전략을 발달시키는데 어려움을 가질 것이다. 예를 들면, 기질적으로 반응이 민감한 아동은 낯선 상황에서 더 민감하게 높은 각성을 받을 수 있으므로 각성 조절을 위한 더 많은 외부의 도움이 필요하다(DeGangi, 2000). 같은 상황에서 반응이 느린 아동은 불안이 야기되는 장소에서도 높은 각성적 반응을 보이지 않는다. 긴장이 많이 되거나 외상적 경험이 계속해서 되풀이 되었던 아동이나 혹은 영아기 때 부모에게서 자극을 조절하는데 도움을 받지 못한 경우 그들은 스트레스 요인들을 반응하는데서 무력감과 불안을 느끼기 때문에 높은 각성수준을 보일 수 있다. 6장에서 나는 줄리를 지나치게 반응적인 영아로 평가하지 않았다. 그러나 울면서 반복되는 방치된 경험에 의해 줄리는 민감한 각성을 보였다. 엄마가 떠난 상황 안에서 매우 반응적인 아이가 되었다.

불안정 애착의 발달력을 갖고 있는 걸음마기 유아들은 자기 조절에서 더 많은 분노와 신체적 공격적인 문제들 보인다. 동시에 애착관계 안에서 규칙적인 자극으로써 적절한 도움을 받지 못한 아이는 양분화된 통제를 위해 부모에게 의존하지 않으려 한다.

이와 유사하게 가정 폭력을 목격한 것과 같은 외상적 경험을 가진 걸음마기 유아들도 자극성이 적은 위협 요소들을 포함한 상황에서(예: 다른 걸음마기 유아들과의 경쟁 놀이) 더 높은 불안과 반응성을 보였다. 이러한 걸음마기 유아들은 낯설고 모호하거나 작은 긴장의 상황에서도 종종 자극 조절의 어려움을 가진다. 그 이유는 스스로의 자극 경험이 이전의 외상으로 구성되었기 때문이다. 거칠고 강제적인 규율, 학대나 높은 수준의 부모 갈등에 노출된 걸음마기 유아들은 다른 아이들보다 자기 조정과 공격성의 어려움을 더 많이 보인다(Thomas & Guskin, 2001).

## 도덕성 발달

두 살, 걸음마기 유아는 더욱 활동적이 되면서 부모와의 갈등을 갖기 시작한다. 예를 들면, 부엌 개수대 오르기는 부모의 즉각적이고 엄한 꾸짖음을 가져온다. 이러한 상황은 아이의 욕구와 부모가 금기시하는 둘 사이의 외부적인 갈등이다. 그러나 부모가 금기시하고 허용하는 경험을 통하여 그리고 다른 사람들이 갖고 있는 기대들과 규준들인 새로운 인지적 자각을 통하여 아이들의 도덕성 발달은 시작된다.

두 살, 걸음마기 유아들은 점차로 부모로부터 학습된 기대의 표준으로부터의 규범과 일탈의 사고를 내면화하기 시작한다. 예를 들면, 1살짜리 남아가 자신의 티셔츠가 찢어지고 구멍이 난 것을 보게 되면 그것을 흥미롭게 보고 자기 손가락을 찔러 넣는다. 18개월에서 24개월의 유아는 구멍을 발견하고 걱정스러운 표정으로 말한다. 그리고 자신의 부모에게 구멍을 기리키며 "오","오"라고 말하고 셔츠를 바꿔달라고 요청할지 모른다. 영아는 불일치로서 구멍을 관찰하는 반면에 걸음마기 유아들은 그것을 문제가 있거나 부정확한 것으로 본다(Kagan, 1981).

> 19개월의 유아가 아버지와 삼촌이 바구니에 공을 넣는 것을 즐겁게 지켜보고 있다. 그러나 삼촌이 노란색 공을 던졌을 때 공이 너무 커서 바구니 위에 끼자 유아는 "안 돼"라고 말하며 얼굴을 찡그렸다. 삼촌은 공을 빼서 반복해서 바구니에 계속 던지고 공이 또 바구니에 끼자 유아는 점점 더 짜증을 냈다. 그녀의 아버지는 "저 공은 바구니에 들어가지 않아 너무 크거든. 그렇지 안나(Anna)야?"
> 라고 이야기 하였다. 몇 시간 후 유아는 이층의 차고를 향하는 창문을 향해 "안 돼 안돼"라고 외쳤다.

이러한 걸음마기 유아들의 반응은 인지 발달에서 중요한 전환들을 반영한다. 걸음마기 유아들은 구성하는 일이나 세상의 감각을 익히는데 매우 열심히 작업한다. 그들은 자신들의 경험에서 조정을 기대하고 지각하기 시작한다. 그들은 한 경험에서 다른 경험으로 일반화시킨다.

부모의 규준을 내면화하기 시작해왔기 때문에 약 18개월 때는 더 많이 기대된 것에서부터 눈에 띄는 일탈이 시작된다. 특히 위반된 규준이 아이 부모의 비 승인으로 이루어졌을 경우이다. 걸음마기 유아들의 일탈과 손상은 그들의 어휘 "더러운", "지저분한", "없어진", "불쾌한", "고장 난"과 같은 일반적인 단어들로써 반영된다. Kagan(1981)은 이러한 관계를 걸음마기 유아들의 원인과 결과의 새 인식으로 돌린다. 유아들이 장난감에서 갈라진 틈을 발견했을 때 아이는 그 틈이 누군가의 행위에 의해 일어났음을 추론한다. 행위들의 부류는 어른이 안 된다고 하는 것과 관련되기 때문에 아이는 감정적으로 반응하는 것이다. 아이의 감정적인 근심 반응은 자기중심적인 관점과 관련된다는 사실을 덧붙일 수 있다.

## 평가적인 능력과 규범의 발달

18개월에서 약 26개월 정도 걸음마기 유아들은 오로지 그들의 환경을 평가하는데 집중한다. 다음의 "좋은", "나쁜", "어려운", "쉬운", "멋진", "평범한"과 같은 평가적인 단어들은 성인으로부터 습득한 행동과 수행의 규범을 반영하고, 이는 그들의 대화 속에서 나타난다. 20개월에서 24개월의 걸음마기 유아는 통제하는 데서 오는 기쁨과 과업을 성취하지 못한데서의 좌절에 의해 그들만의 행동을 평가하기 시작한다. 5개에서 6개의 블록더미를 갖고 놀이를 하는 유아는 미소를 지며 부모에게 동의와 인정을 구하기 위해 쳐다보고 말한다. "내가 해냈어!"라고 말하는 유아는 자신의 행동에 대해 판단하고 자기가 성공했을 때 자부심을 느끼게 하는 능력이 발달되었다. 부모가 아이의 성취를 알아차려 주었을 때 특히 자부심을 느끼고 자기 인정을 하기 쉽다. 같은 걸음마기 유아라도 유아가 자신의 양말을 벗을 수 없을 때 좌절하며 울지도 모른다. 두 사례에서 아이는 "정확함"이나 "성공" 모형에서 달성하기 위해 습득된 목표와 행동의 내적 표상을 갖고 있다.

두 살된 유아는 그들이 무엇을 잘 해왔는지를 안다. 또한 그들의 행동이 성공적이지 않았던 것도 안다. 경험과 관찰의 기간과 타문화 연구를 통해 카간(Kagan, 1981)과 그의 동료들은 걸음마기 유아가 할 수 없다고 믿는 과업에 직면할 때 긴장하게 된다는 것을 증명하였다. 만일 아이가 모르거나 매우 어려워하는 장난감을 성인이 연속해서 행동을 보여줄 때 아이는 화날 수 있게 된다. 14개월의 어린 아이는 어려운 행동을 모델링 받았을 때 스트레스를 받지 않는다. 그러나 23개월의 상당한 수의 아이들은 대부분 화를 낸다. 카간(1981)은 걸음마기 유아의 긴장은 23개월의 아이가 생각한 것과 같이 그들 능력 수준의 자기 평가 인식의 반영이라고 설명하였다. 즉 "나는 성장이 내게 보여준 것을 해야만 하는 것을 느끼지만, 나는 할 수 없다는 것과 그것은 내가 만날 수 없던 규범에 직면하고 깨닫게 하여 나를 화나게 한다는 것을 안다."는 생각을 하게 된다.

## 부모의 관점과 내면화

인지요소들이 추가되어 걸음마기 유아들은 그들 부모로부터 옳고-그른, 적당한-부적당한, 승인된-금지된 개념을 배운다(Kagan, 1984). 연령이 높은 걸음마기 유아들은 이러한 발달을 반영한다. 유아가 부엌 개수대를 올려보고 "안 돼!" "안 돼!"하고 말한다. 이것은 다시 올라가는 것을 막는데 충분하지 못할 수 있지만 그것은 아이가 부모의 관점에 편입되기 시작하였다는 것을 보여준다. 초기 발달 형태에서 아이는 자신의 올라가고자 하는 욕구와 그의 부모를 기쁘게 하고자 하는 욕구 사이에서 갈등을 경험한다. 걸음마기 유아가 부모의 금지를 기억하는 다른 지적은 아이는 자신의 부모에게 시선을 돌리고, 금지된 무언가를 하기 위한 충동을 가졌을 때 부모의 반응을 확인한다. 걸음마의 발달 용량, 표현화 된 사고라는 것은 지금 회상할 수 있고, 부모의 승인 혹은 비승인을 얻는 행동의 종류에 대해 생각할 수 있다는 것을 의미한다(Kochanska, Casey & Fukumoto, 1995).

발달의 더 확실한 이해는 다른 사람들이 갖는 목적 역시 초기 규칙 학습을 지지한다는 사실이다. 예를 들어, 길을 건널 때 어슬렁거리며 돌아다녀서는 안 되는 강한 반응을 학습한 걸음마기 유아는 길을 건널 때 향후의 특별한 행동을 억제한다. 억제된 금지 행동의 인식은 걸음마기 유아는 부모의 관점을 "나는 이걸 하길 원하지만, 아빠는 내가 하는 걸 원하지 않아"처럼 무조건적으로 수용한다.

내재화는 도덕성 발달 특히 부모 행동의 모방을 통해서 지지된다. 부모가 스트레스를 어떻게 대처하는지, 한계를 스스로 설정하고, 일관되게 혹은 비 일관되게 행하는 부모 행동의 관찰을 통해 걸음마기 유아는 학습하고, 모방하며 수용가능한 것과 그렇지 않은 행동의 "규칙들"을 내면화하기 시작한다. 두 살 때, 이러한 과정은 또한 언어적 이해에 의해 지지받는다. "안 돼", "네가 그렇게 하는 걸 원하지 않아" 혹은 "지금 당장 내려가" 식의 한계를 설정해주는 단어와 음조의 이해는 내면화를 가능하게 해준다. 언어의 이해는 또한 점차 혼자하는 말을 통해 한계를 설정하는 것을 허락한다. 아동이 자신의 부모를 기쁘게 하려는 동기를 받았을 때 언어적인 한계 설정은 더욱 성공적으로 된다.

침대에서의 에밀리의 독백은 부모 규범과 금지를 내면화한 과정의 훌륭한 예를 보여준다. 29개월 때의 어느 날 에밀리와 친구가 그녀의 남동생 스테판을 깨우기 위해 잔소리를 하였을 때 에밀리는 다음과 같은 독백을 만들었다.

> "그리고 우린 그렇게 많이 하지 않아. 그러나 가끔씩 넌 온 집안을 지저분하게 만들어. 그리고 그렇게 해. 그리고 도망가. 그리고 스테판은 그건 싫어라고 말해. 왜 너는 푸우 베어가 말하듯이 하니. 그리고 엄마는 너는 마치.. 왜 왜 왜 왜 라고 말해. 왜 그렇게 했니(다섯 번 되풀이) 왜 넌 침대에서 일어날 때 날 뛰었니? 왜 넌 그렇게 해? 난 아마도 너가 그렇게 하길 원한다고 생각해. 그러나 넌 할 수 없어. 또 넌 할 수 없어.... 왜 넌 스테판 방 주변을 뛰어 다녔니? 그리고 다른 방도. 그리고 다른 방도. 얘야, 넌 무엇을 하니?
> 왜 넌 그렇게 두 번을 했니? 넌 그렇게 할 수 없어.. 넌 할 수 없어..."
> (Nelson, 1989, pp.164-165)

에밀리의 감정적인 음조는 꾸짖게 되면서 긴장을 알린다. 에밀리는 대처한다는 의미에서 단어들의 긴장된 경험을 진행시키고 있다. 그러나 이러한 주목할만한 독백은 부모의 금지명령을 받아들이기 위해 어떻게 처리하는지를 나타낸다는 점이다. 이 형태는 에밀리가 자신의 경험을 엄마의 감정과 관점을 반영한 것이다. 아이는 엄마가 말했던 것을 정확히 되풀이 한 것과 같았다. 에밀리는 무조건적으로 엄마의 금지 명령들을 내면화하였고 그것들을 내면화하기 위한 시도를 하였다. 주목할만한 점은 엄마의 감정이-외관상의 격분, 분노-에밀리에게 강력한 영향을 끼쳤다. 규칙이나 금지를 학습하면서 강한 부모 감정들은-분노, 혐오감, 짜증, 충격-걸음마기 유아들에게 무엇이 중요한가를 신호를 보내며 중요한 역할이 수행된다. 에밀리는 엄마의 비 승인을 싫어하고 그것은 향후의 거절을 피하기 위해 "떠들지 마라. 그리고 스테판을 깨워라."와 같은 규칙의 내용을 받아들이는 어려운 작업을 하고 있는 것으로 나타난다. 그러한 경험들은 나중의 도덕 발달이라는 건물의 받침 역할을 한다. "넌 못해", "왜 그렇게 했어?"와 같은 말은 많은 아동이(성인뿐만 아니라) 내면화된 기대와 규칙을 침해받았을 때 자신을 비판하는데 사용하는 금지와 같은 내면의 언어를 지니게 된다.

에밀리의 극적인 반응은 부모의 잔소리가 어떻게 의식적인 발달에 기여하는가를 묘사해 주지만 이것을 감정적으로 걸음마기 유아에게 부모의 기대와 가치를 가르치는 유일한 방법으로 간주해서는 안 된다. 안전한 애착을 가진 아동은 좀더 부모의 기대에 동의하는 것으로 보인다. "양심은 오직 부모의 교육 안에서 발생되는 것이 아니라 부모-자녀 관계 안에서 상호적 협동, 조화에 의한 동기에 의해 발생된다(Thompson, 1998, p.81)."

최근의 연구에서 부모가 아동에게 새로운 상황 안에서 앞으로 무슨 일이 일어날지에 대해 예측하는 것을 돕고 아동의 행동에 대한 부모의 기대를 전달하는 것에 대한 비훈육적인 정보의 중요성에 대하여 강조하고 있다. 부모가 걸음마기 유아가 진정되었을 때 유아의 잘못된 행동에 대해 이야기하는 것이 더욱 도덕적인 기대를 전달하는데 효과적이다(Thompson, 1998).

> 2살 된 아들을 가진 젊은 엄마가 하지 말라고 몇 번이나 이야기했음에도 불구하고 유아가 냉장고 문을 15번쯤 열며 장난을 하자 소리를 질렀다. 얼마 후 엄마는 유아에게 "명심해 네가 냉장고 문을 열었을 때 엄마가 화를 냈지? 난 네가 계속 그런 장난을 하는 것을 원하지 않아. 만약 냉장고에서 무엇이 필요하다면 내게 이야기 하렴. 엄마가 하지 말라고 이야기 했는데 넌 듣지 않았지? 엄마는 네가 엄마의 말을 들었으면 좋겠어. 말을 듣지 않는다면 엄마는 화가 날거야. 넌 그런 상황을 원치 않지?"라고 말했고 유아는 눈을 크게 뜨고 엄마의 말을 들었다. 그리고 엄마는 아이를 안아주었다.

이 유아는 더욱 엄마의 금지령을 잘 받아들이는 것으로 보인다. 왜냐하면 (1) 아동은 불쾌한 각성상태 안에 있지 않기 때문에 부모의 연설의 내용을 더욱 잘 사고할 수 있다. (2) 부모는 교훈을 이성적으로 침착하게 설명했다. (3) 훈계의 배경이 격려적이었다. 아동은 비록 잘못된 행동을 했을지라도 부모의 사랑과 가치를 느낄 수 있었다. 아동에게 있어 공감적이고 존중적인 부모의 양육은 아동에게 부모의 가치를 내면화하는 것을 돕는다. 이와 대조적으로 걸음마기 유아에게 있어 처벌적이고 경멸적인 태도의 훈육은 부모의 규범을 받아들이는 것을 어렵게 한다(표면적으로 동의하는 것처럼 보일지라도). 왜냐하면 아동은 두려움, 부정적인 각성 그리고 부모의 부당한 힘의 사용을 경험하기 때문이다(Kochansks & Murray, 2000).

## 친사회적 행동

지금까지 걸음마기 유아의 규준들과 금지들의 내면화를 강조해 왔지만, 도덕성의 또 다른 중요한 측면은 이 시기 동안 "친사회적 행동"이 나타나기 시작한다는 점이다. "친사회적 행동"이란 "위안이나 공감, 도와주기, 나누어 가지기, 협동, 구조, 보호와 방어 등의 행동"을 포함한다(Zahn-Waxler & Smith, 1992, p.229). 이러한 행동의 근본은 친사회적 사고와 감정의 기초를 둔 공감이나 타인과의 정서적 경험을 통한 정서적 결합이다. 아울러 도덕적 추리와 다른 사람의 내적 상태와 욕구의 인지적 이해를 통해 이루어진다(Zahn-Waxler & Smith, 1992, p.229). 부모들은 친사회적 행동, 걸음마기 유아의 긍정적인 행동의 격려, 유아에게 온정적이고 지지적인 존재로 긍정적인 모델되어 주기, 친사회적 가치와 행동에 대한 부모의 가치를 직접적으로 전달하여 친사회적 행동의 발달을 돕는다(Eisenberg & Fabes, 1998).

걸음마기 유아들은 인지능력 발달로 타인을 조망하는데 있어 다른 사람의 감정을 공감할 수 있는 능력을 갖는다. 많은 관찰 연구들은 두 살 이후부터 친사회적 행동을 설명해 왔다(Zahn-Waxler & Smith, 1992). 예를 들면, 보육기관에서 한 걸음마기 유아는 다른 아이가 미끄럼틀에서 떨어져 울기 시작하는 것을 보고 그리로 가서 그녀를 토닥거리거나 껴안아 준다. 이 걸음마기 유아는 다른 유아가 느끼는 불안에 공감하고, 자신이 위안받았던 기억을 끌어들여 관심과 위로의 표현을 준다. 공감은 후기 도덕성 발달의 근본적인 요인이다. 다른 유아의 긴장이나 고통에 반응하는 걸음마기 유아는 규칙이나 금지들의 반응에서 나타난 것이 아니라 다른 아동의 동일시의 감정에서 나온 것이다. 아픔을 함께 느끼는 것 같은 공감 능력은 연령이 높은 걸음마기 유아나 취학 전 아동이 공격성을 억제하는 임무를 수행하기 위해 시작한다(Kagan, 1984). 연령이 높은 걸음마기 유아는 공감과 상상의 역할을 통하여 때때로 공격적인 행동을 조절할 수 있다. 마치 자기 자신에게 말을 하고 있는 것처럼 말이다. "난 때리거나 차고 싶지 않아. 그러므로 이 아이를 발로 차려하는 것으로부터 날 멈추게 할 거야." 공감능력이 높고 친사회적인 행동을 보이는 걸음마기 유아는 일반적으로 공감적인 견해를 갖는 부모와의 안전한 애착 경험을 가지고 있다(Kochanska & Murray, 2000). 전반적으로 어린 연령의 아동의 도덕성의 내면화는 부모와의 안전한 관계의 내력을 기초로 한다. 어린 연령의 아동은 부모의 바램에 동의하는 것에 동기를 부여받고 이것을 내면적 가치체계의 한 부분으로 받아들인다. 왜냐하면 아동들은 자신의 고유한 흥미 안에 부모로부터 기대되어진 행동을 받아들이고 이러한 과정은 그들에게 자부심을 가져다 주기 때문이다(Grusec, Goodnow & Kuczysnski, 2000, p.207).

## 걸음마기 유아의 도덕성 발달의 한계

걸음마기 유아는 초기 도덕성 발달에 영향을 준다. 따라서 걸음마기 유아는 규칙 내면화, 자기 통제력, 공감 능력은 자주 좌절되기 싶다. 걸음마기 유아들이 강한 욕구나 충동을 억제하는 것은 어려움으로 남는다. 비록 내면화가 진행될지라도, 아직 걸음마기 유아들은 단순히 '옳은 일하기'로 부모의 기대를 일관되게 따를 수 없다. 자기중심성과 자기 몰두는 타인의 관점을 공감하는 걸음마기 유아의 능력에 한계를 가져온다. 콜버그(Kohlberg's, 1984)의 도덕성 발달 이론의 옳은 것을 따르려는 동기는 잘 확립된 내면화된 가치나 좋은 사람으로서의 자기 관념에서 나온다고 하기보다는, 인정받고 처벌을 피하려는 욕구에서 나온다고 했다.

이러한 이유로 걸음마기 유아들의 도덕적 능력과 자아 통제에 대한 과잉 기대를 가지는 것에 대항하여 주의를 주는 최근의 책들에는 부모는 아동의 선택을 구조화하고 다양성과 대안을 가진 단호한 제한을 결합시킴으로써 싸움을 피할 것을 제시해 준다. 그들은 부모들로 하여금 아이가 언어적 제한에 반응하지 않을 때 조치를 취하고 아이의 기운을 북돋을 준비를 가질 것을 제안한다(Sears & Sears, 1995).

지금까지의 논의는 긍정적인 도덕성의 내면화 첫 단계를 설명하였다. 그러나 빠른 사회화는 비도덕적인 가치를 가르치거나 도덕적 혼란을 만들게 될지도 모른다. 만일 부모가 걸음마기 유아의 공격성이나 규칙 파괴에 한계를 설정하는 것에 실패를 한다면, 충동성을 위해 직접적이고 절대적인 승인을 주고, 형제 사이의 심한 경쟁과 공격을 허락하며, 부정적인 행동을 보여주고, 자기 행동과 도덕적 명령 사이에서의 모순들을 보여주게 되는데 아이들은 그러한 가치들을 내면화하기 쉽지만 감정이입과 친사회적 행동을 위한 강한 능력을 발달시키기는 어렵다. 자기 통제력의 발달 역시 감소될 수 있다(Dunn, 1987).

# 자아 발달

자기감과 자아 발달의 개념은 추상적 개념들이다. 언어나 운동 근육 발달은 일정하게 발달되는 것에 반하여 자아의 발전은 그렇게 쉽게 양으로 측정되지 않는다. 그러나 2.5세부터의 걸음마기 유아들이 자기 이해력이 발달되고 타인으로부터 자신을 구별 짓기 시작한다는 사실이다. 18개월에서 24개월 사이의 아이들은 거울에서 그들 자신을 인식하기 시작한다. 전 시기에서는, 유아들은 반사된 모습에 흥미를 보이지만 그들 자신의 모습이라는 것을 인식하지 못한다(Lewis & Brooks-Gunn, 1979). 자기 인식은 이 시기 때 아동 발달의 여러 지표 중의 하나로써 '자기 지각' 이다. 2살 때 자기 자신에 대한 관점 또는 '자기표현' 을 습득하게 된다. 이것은 애착의 경험과 그들의 양육자와의 의사소통을 기초로 이루어진다. "아동은 그들 자신을 다른 대상과의 관계를 통해 인식하기 시작한다(Thompson, 1998)." 자기발달의 신호는 자기주장이다. 14개월에서 20개월 사이의 걸음마기 유아의 행동은 유아만의 욕구와 목표대로 행하려고 하는 경향이 짙다. 유아는 자신이 하고자 하는 것과 부모와 자신의 행동에 다소 부족한 조화에 대해 더욱 분명하게 사고한다(Sander, 1975).

> 19개월의 유아가 중식당에서 식사를 마치려고 하고 있다. 유아는 의자에서 내려달라고 칭얼거리고 있다. 그녀의 엄마는 유아에게 그녀가 좋아하는 브로커리를 먹이려고 하고 있다. 유아는 조숙한 편으로 화가 난 듯이 "싫어 먹지 않을 거야"라고 말했다. 그리고 할아버지가 그녀를 앉아 의자에서 내려주고 밖으로 데리고 나갔다. 유아는 차도에 차가 달리는 것을 보고 다시 즐겁게 이야기 했다. 이 어린 유아는 그녀가 어떻게 느끼고 무엇을 원하는지 인식하고 자신의 바람을 주장하였다.

유아가 부모의 무조건 적인 주장에 동의하지 않는 것은 "나는 나 자신을 가지고 있고 나의 욕구를 가지고 있다."라는 의미를 함축하고 있다. 두 살 때 다른 사람도 목적을 갖고 있다는 인식은 아마도 유아만의 의지와 부모의 욕구 사이에서 벌어진 갈등 경험에서 습득하게 된다. 그것은 유아가 자신이 타인과는 다른 자아를 갖고 있다는 것을 이해하는 것에 기여한다. 자아의 인식과 다른 사람의 인식은 두 사람 이상의 협력 관계에서 발달한다.

## 말러(Mahler)의 분리-개별화 이론

마가렛 말러(Margaret Mahler)는 영아 또는 걸음마기 유아와 어머니와의 장기적인 관찰을 통해 애착관계와 관련한 자신감 발달을 연구했다. 말러는 약 16개월에서 18개월까지의 유아는 자신과 엄마가 분리된 존재임을 완전히 인식하고 있지 않다는 이론을 세웠다. 부모 반응은 지나치게 의존하려는 아동을 보호해왔고, 이는 아동 자신이 적응력 있는 한 구성원(엄마와 나)으로서 경험을 하도록 한다. 말러는 16개월에서 18개월 전의 아동의 내적 표상이나 부모와 자기의 표상은 아직 분리되지 않고 명확하지 못하다고 주장하였다(see Mahler, Pine & Bergman, 1975).

최근의 연구자들은 이러한 학설을 비판했다. 그 이유는 영아는 첫 해 동안 부모로부터 그들 자신을 구별할 수 있는 많은 지침들을 갖고 있다고 보았기 때문이다(Stern, 1985; Emde, Biringen, Clyman & Oppenheim, 1991). 그럼에도 불구하고 말러의 "분리-개별화"는 두 살 동안 진행되고 어떻게 자기 관점이 발달하는지에 대한 이해를 제공한다.

말러와 동료들은 다음 사실을 관찰했다. 초기 16개월에서 18개월의 유아들은 엄마와의 애착에서 더 규칙적으로 불안해졌고, 부모와의 짧은 분리를 더 괴로워하고 반응적 이였으며, 더 끈덕지게 달라붙고 지배적이였다. 그리고 엄마를 향해서 우울이나 화의 폭발과 같은 부정적인 정서를 보였다. 말러(1975)는 아동의 인지발달의 발전과 관련한 이러한 반응들을 설명하였는데 아이는 더욱 분명하게 현실을 이해할 수 있게 한다고 하였다. 이는 자신의 목표나 타인과의 감정을 구분지을 수 있음을 의미한다. 본질적으로 아이들은 "부모와 나는 같은 생각을 하지 않으나 항상 같은 것들을 원한다."는 것을 인식하게 된다. 유아는 자신의 의지나 목표 추구를 고집하는데 주력한다. 부모로부터의 저항에 돌진하고 심리적 분리의 인식은 더 격렬해진다. 아이는 점차 부모로부터 독립된 의지들을 가지며 자신이 부모를 통제할 수 없다는 것을 깨닫는다.

말러는 '화해의 위기'라 명한 이러한 불안의 시기를 이론화했는데 엄마로부터 현재의 심리적인 자율성을 가진 기간 동안의 걸음마기 유아들의 노력을 보여주었다. 말러는 자발성과 힘의 증가로 분리됨과 개별화된 감정은 유쾌하기도 하지만 또한 분리 불안 때문에 무서워했다고 주장했다. 18개월 때는 강하고 반박할 수 없는 행위와 매우 상처입기 쉬운 행위, 그리고 불안전한 자기 사이의 교류를 보인다. 반대로 화해의 위기는 엄마를 밀쳐내려하고 또 안 떨어지려는 욕구에 의한 모순으로 특징 지워진다(Mahler et al., 1975 p.95). 걸음마기 유아들의 부모들은 갈등적인 행동을 통한 화해를 관찰하게 된다. 걸음마기 유아들은 안전벨트 착용 같은 자신들이 아직 할 수 없는 것들에 어떤 도움도 거절하고 '내가 할 꺼야!' 식의 주장을 한다. 그러나 와보지 않던 낯선 곳에 도착하면 혼자 가는 것을 거부하고, '앉아줘' 하며 칭얼거린다. 애착 이론의 견지에서 걸음마기 유아는 "어떻게 하면 내가 자율적인 개체로 애착을 유지할 수 있을까?" 같은 물음을 갖는 것으로 보인다. 이러한 모순된 감정들은 부모 곁에 늘 붙어다니기, 부모를 거부하기, 부모에게 지나친 요구를 하기, 좌절하고 화내는 데 더 상처입기 쉬운 행동들에 관해서 표현된다. 이 시기는 부모들이 "나는 아이 없이 화장실조차 갈 수 없다. 만일 내가 문을 잠그면 내가 나갈 때까지 아이는 문 뒤에 앉아 흐느끼며 운다!"라고 외치는 시기이다. 걸음마기 유아들의 사랑스러운 감정들은 반대감정 없이 특별하게 반응하고 부모와의 감정 공유에 흥미를 느끼면서 빛나게 된다.

## 분리 불안의 숙달 단계

무엇이 어린 유아로 하여금 점차 자율적인 모습으로 숙달하게 하는가? 첫째, 부모가 안전한 기저를 만들어 주고 유아의 요구적 행동에 한계를 설정하고 친밀감을 위한 아이의 필요를 허용하고, 유아가 점차로 자율적이고 교류가 가능함을 이해한다. 초기 불안 시기 때, 아동은 안전과 애착 관계의 양분화된 통제에 의해 부정적인 심리적 영향으로부터 보호된다(Sroufe, 1989). 둘째, 내면화의 진행에 의해 발견된다. 말러와 다른 학자들은 무엇이 어린 아동으로 하여금 불안을 허용하는가에 대한 지적을 하였다. 그것은 대상 영속성을 발달시키는 분리됨의 인식에서 온다. 이 용어는 궁극적으로 자기 일부로 느꼈던 부모의 긍정적 표상의 내면화에 기원을 둔다. 이는 점차 보살핌과 부모의 방어기제를 포함하는 자아 기능의 양상과 같은 부모의 보호 기능을 가져오게 한다. 이러한 내면화를 통하여 아이들은 차츰 "스스로를 돌보기 위한" 자신만의 심리적 방략을 사용할 수 있게 된다. 그리고 부모에게 의지하려는 요구 없이 불안을 조종하는 능력을 갖추게 된다. 정신 역동적 설명은 존 볼비(John Bowlby' s, 1973)의 작동 모델의 애착과 관련한 공통된 부분이 많다.

물론 부모가 아이의 용납할 수 없는 행동에 부정적으로 반응한다면, "두 살 시기"는 정말 끔찍하게 될 위험이 있다. 부모가 가혹한 반응을 할 때나 고집 센 지나친 요구를 거절할 때 아이는 분리됨과 분노를 느끼게 된다. 아이의 분리 불안은 부모의 거절로 인해 더욱 긴장될 수 있다. 그 결과 부모를 막기 위한 시도는 강해지지만, 화난 어조로써 부모를 화나게 한다. 이 나선형의 부정적인 상호작용은 상호 강압에 의해 특징 지워진 애착관계를 이끌고 걸음마기 유아들의 부정적인 자기 표상의 내면화를 만들지 모른다.

## 자기 인식과 자기 지각

18개월 정도의 자기인식의 전환은 다른 대상에 대한 인식의 증가와 평행한다.

걸음마기 유아는 다른 대상으로부터의 차이를 인식하기 시작하고 동시에 다른 대상과의 정신적인 경험을 공유하는 가능성을 인식하기 시작한다(Harter, 1998). 걸음마기 유아는 "마음 이론"을 발달시키기 시작하는데 이것은 다른 대상이 자신들과 비슷하거나 다른 그들만의 생각과 의도를 가진다는 것을 인식하는 것이다. 1살 이후 마음이론에 관련된 몇 가지의 행동을 보이게 된다. 유아는 다른 대상이 주의를 기울이는 것에 대해 주목하게 되고(공동적 주의) 호기심을 갖게 된다. 또한 유아들은 다른 대상이 그들과 차이를 가질 때 그들의 감정에 주목하거나 관심을 갖는다. 유아는 성인의 신호를 알고 그것을 자신의 반응을 위해 사용한다. 유아의 모방적인 행동은 다른 대상의 행동에 대한 호기심을 보이는 것이다(Charman, Baron-Cohen, Swettenham, Baird, Cox & Drew, 2001).

18개월 된 유아는 비록 언어적인 표현으로 나타나지는 않아도 다른 사람의 의도를 이해하는 능력을 가지고 있다. 이는 많은 실험적 연구에서 증명되었다. 예를 들어 한 성인이 막대기로 단추를 누르는 단순한 행동의 시도와 실수를 반복하여 보이고 유아는 그것을 관찰 했다. 막대기는 단추에 가까이 다가갔지만 정확히 단추를 누르지 않았다. 유아에게 막대기를 주었을 때 유아는 정확히 단추를 눌렀다. 유아는 정확히 성인의 의도를 이해할 수 있었다(Meltzoff, 1995).

마음이론의 발달은 관계 안에서 새로운 인식을 가능하게 하였다. 이것은 다른 사람의 감정을 평가하게 하고 자신과 다른 대상의 관점에 대해 인식하고 직면하는 새로운 의사소통의 방법을 습득하게 한다. 마음이론은 공감의 발달과 친사회적인 행동을 강조한다. 그러나 이것은 또한 유아가 원하는 것을 쉽게 가질 수 있는 가능성을 갖게 한다(Jenkins & Astington, 2000).

3살 된 체니트라(Chanitra)는 어린이집에서 장난감 주전자와 냄비를 가지고 노는 다른 유아에게 다가가 말을 걸었다. "나랑 놀래?" 다른 유아가 "싫어"라고 대답하자 체니트라는 플라스틱 당근을 선반에서 가져와서 "우리 함께 요리하자"하고 이야기 했다. 다른 아동은 좋아하며 함께 그들은 요리를 시작했다. 체니트라는 "나는 내 장난감을 혼자 가지고 놀거야" 하는 다른 유아의 관심을 직관적으로 알아차렸다. 체니트라가 다른 아동이 장난감을 공유하도록 설득한 전략의 고안의 이해는 그녀에게 본래의 목표를 인식하도록 허락하였다.

그러나 마음이론의 발달은 어린유아에게 다른 아동의 위협이나 부정적인 행동을 더욱더 명확히 감지할 수 있도록 돕는다. 분노의 표출, 밀기, 때리기는 2살 된 아동이 함께 놀 때 한 아동이 다른 아동의 장난감을 뺏으려는 의도를 알아차리는 바른 직관을 가질 때 파생된다. 그리고 대부분의 2살에서 3살의 유아들은 체니트라처럼 긍정적인 상호작용으로 다른 대상의 의도를 전환하는 기술을 습득하지 못한다(Hay, Castle & Davies, 2000).

많은 정상적인 발달의 양상처럼 정상적인 2살에서 3살의 유아는 발달적인 문제를 가진 아동에 비해 마음이론의 발생은 일반적인 것이다. 자폐아동은 마음이론의 신호가 상대적으로 부재되어 있다(Baron-Cohen, 2001). 자폐아동은 성인의 감정과 얼굴표정을 감지하지 못한다. 그들은 다른 사람의 감정을 인식하지 못하고 어울리지 않으며 공동적인 주제와 다른 대상의 의도의 인식에 어려움을 갖고 사회적 모방에 관심을 적게 갖는다(Klinger, Dawson & Renner, 2003). 걸음마기 유아기의 마음이론의 출현은 사회적, 도덕적 발달의 진보에 기초가 된다. 후반기 걸음마기 유아는 다른 아동의 정서적 괴로움을 공감할 수 있을 뿐만 아니라 자기가 다른 아이를 아프게 했다면 죄의식도 느낀다. 규칙을 수용하고 공감할 수 있는 이러한 능력들의 증거에도 불구하고 유아는 자기중심적이고 자아에 사로 잡혀있다는 것이 강조되었다. 유아는 다른 사람들보다 자기 자신에 대해 더 많이 생각하고 자신의 관점을 취하려는 경향이 있다. 2세 유아의 이야기 연구에서 유아들은 그들이 다른 사람을 주목시키는 것보다 훨씬 더 복잡하고 다양한 방식으로써 자신들에게 주목시킨다. 다른 사람의 관점에서부터 세계를 보려는 능력은 학령 전 연령까지는 완전히 나타나지 않는다.

## 자기-의식

2세에 가까워지면 또한 자기 지각이 발달하는데 다른 사람이 자기를 어떻게 보는가에 대한 생각을 할 수 있게 된다.

두 살짜리 남자 아이는 거울을 보면서 양치를 하였다. 부모가 하던 것을 봤던 일을 자신이 하고 있는 것을 지켜보는 일을 즐겼다. 아이의 아빠는 그의 뒤에 서 있었고 아이는 몇 번이나 아빠를 쳐다보았다. 아빠가 웃을 때마다 아이에게 용기를 북돋아 주었고 아이는 매우 즐겁게 쳐다보며 양치를 했다. "난 큰 어른들이 하는 것을 하고 있고, 우리 아빠는 내가 하는 것을 봐. 아빠는 나를 자랑스러워하고 그것은 나로 하여금 자랑스럽게 느끼도록 해."

다른 사람의 태도에서 자신을 보는 경험들은 아이가 성취에 대한 자부심, 칭찬을 받는데서 온 기쁨과 또한 실패할 때의 당황과 꾸짖음을 당한데서 온 수치심과 같은 자기 지각과 관련한 인간 정서를 느끼기 시작한다. 자기 지각은 아이가 다른 사람의 눈을 통해 자기의 수행을 평가하도록 한다. 이는 부모의 규준과 기대를 내면화하는데 길을 터주고 도덕 발달의 기초를 이룬다. 점차 연령이 높아질수록 자신의 행동을 검토하기 위한 능력을 보여주기 시작한다. 예를 들면, 두 살 반 연령의 아이는 자신의 언어를 관찰하기에 충분한 자기 인식을 한다. 단어를 틀리게 발음한 후 아이들 스스로가 자발적으로 바로 잡는 것을 보면 이를 증명해준다(Kagan, 1981).

## 의도적인 자아

걸음마기 유아에게 나타나는 자율적 인간으로서의 자아 관념은 자기 스스로가 일을 추진하게끔 이끄는 것으로 증명되었다. 아이는 자신이 음식을 먹기 원하며, 자기가 머리를 빗고, 스스로 옷 입기를 원한다. 이는 아이가 이러한 일들을 할 수 없다는 것으로 자기의 활동과 신체의 제어를 주장하도록 촉구하는 자신을 적당하게 줄이지 않는다. 전에 이러한 단어들을 말할 수 있었을지라도 아이의 행동에는 "내가 해"라는 주장이 표현된다. 2살 때, 걸음마기 유아는 자신이 일을 하려고 애쓴 것과 같은 중요한 독립심과 고집을 보인다. 1살 때처럼 쉽게 편향되거나 흩뜨려지지 않고 자기 방식대로 하도록 결정된다. 자기 식대로 행동하려는 아이의 주장은 제 멋대로 이고 저항적이며 "공포의 두 살"의 전조로써 설명되어왔다. 그러나 아이가 가진 "자기만의 고유한 마음"은 인지발달의 긍정적인 징조이다. 아이는 목표에 대해 사고를 계속 할 수 있으며 실현하기를 지속하고, 그들로부터 혼란케 되는 것에 저항한다.

### [ 간략한 사례 : 걸음마기 유아의 영속성 ]

자기만의 목표를 따르려는 걸음마기 유아의 고집을 보여주는 예는 발달 실험의 짤막한 장면에서 나타난다. 실험에 위탁된 두 살 반의 티파니(Tiffany)는 발달적 지체, 특히 언어 영역 대한 보육자의 염려로 맡겨졌다. 스탠포드–비넷 검사는 아동 지도 상담소의 놀이실에서 이루어졌다. 티파니는 테이블에 앉았고 처음 검사의 3, 4문항을 쉽게 했다. 그러나 티파니의 시선은 장난감 가스렌지와 부엌용품이 있는 놀이실 구석으로 돌려졌다. 4번 째 문항 후에 티파니는 일어났고 가스렌지가 있는 곳으로 놀기 위해 갔다. 걸음마기 유아에 대한 지식을 갖춘 검사자는 티파니가 노는 잠깐 동안을 기다린 후에 테이블로 다시 돌아오게 타일렀다. 검사자가 검사된 기억의 문항을 내놓았을 때 티파니는 돌아왔다. 검사자가 고양이 인형을 보여주자 티파니는 잠시 흥미를 보였다. 그 후에 티파니는 일어나 가스렌지가 있는 곳으로 돌아갔다. 검사자는 티파니가 돌아오도록 타일렀고, 세 개의 작은 상자들 중 한 상자에 고양이 인형을 내려놓았다. 그 후에 검사자는 세 개의 상자 앞에 종이를 놓았고 10을 세었다. 이는 아이로 하여금 고양이 인형이 10초 후에 있는 곳을 기억할 수 있도록 보여주는 것이다. 그러나 2를 셀 때까지도 티파니는 가스렌지 뒤에 있었다. 아이의 엄마는 얼굴을 찌푸리며 말하기를 "아이는 선생님 것들보다 저런 장난감을 훨씬 더 좋아해요."했다. 검사자는 티파니로 하여금 돌아올 것을 요청하자 아이는 그렇게 했지만 접시, 칼, 포크를 가져와 먹는 척 했고 겉으로 보기에 세 상자를 무시하는 듯 했다. 엄마가 테이블로부터 벗어나 아이를 엄마 옆에 앉아 있도록 하는 동안 검사자는 순서를 되풀이했다. 마침내 아이는 뒤늦게 생각이라도 난듯이 상자들 중의 하나에서 정확히 고양이 인형을 찾았다.

이러한 순서는 검사자의 목표와 일치하지 않게 일어나는 것을 볼 수 있다. 티파니가 고집 세고 저항적인 아이이든 자기가 가진 흥미와 목표에 대해 명확한 사고를 지닌 아동이든지 간에 그 사람의 판단에서 견지할 일이다.

## 3세 연령의 자아

걸음마 후기까지 한 개체로서 아동의 자기 지각은 완전히 확립되는 것으로 보인다. 연령이 높은 걸음마 아이는 "나"라는 대명사를 적당하게 쓴다. 아이는 자기의 행동을 말로 설명한다-"나는 지금 먹고 있어." 그리고 아이가 성취했을 때 자기에게 인정을 해준다. "내가 해냈어!" 아이는 내적 심리 상태를 말로 설명할 수 있다: "나 화났어." 또한 아이는 자신과 다른 사람을 구별하는 능력을 나타내는 대명사 "너", "그 여자, "그 남자, "우리"를 적절히 사용한다. 아이는 자신의 성 정체성을 학습해서 남녀 성별을 손쉽게 구별할 수 있다. 그들이 일관되게 양육되어 왔다는 가정 하에 아이의 애착관계 경험은 시간이 지나도 같은 사람이라는 의식, 내적 연속성의 감각을 장려한다. 애착의 작동 모델과 함께 자아의 작동 모델도 발전해왔다. 걸음마기 유아의 자기 관념적 내용은 정서 조절의 모형과 애착관계에서 내면화된 행동에 따라 크게 좌우된다(Sroufe, 1989).

# [부록 7-1] 걸음마기 유아 발달의 요약 (1~3세)

덧붙여 말하자면 위 정보는 발달적 특징이 나타나고 과업들이 두드러지게 될 때 보인다. 아동의 발달 속도에서 개개의 차이점이 있기 때문에 평균적인 발달을 포함하는 시간적 배열을 나타내었다. 전 기간에 걸쳐 하나의 과정이 발달의 두드러진 부분일 때 나는 전 기간(1~3세)을 포함함으로써 나타내었다.

## 총체적 과업

- 자율성과 개별화를 위한 운동능력의 증가로써 애착과 탐색의 균형
- 부모의 가치와 규준의 내면화
- 놀이와 정보교환, 정신적 표상을 통한 상징화 능력의 발달

## 애착

- 자극의 조절과 정서 모형의 계속적인 교류(1~3세)
- 24–36개월 사이의 걸음마기 유아들이 자율적인 자기 보호와 자기 위로적인 행동의 발달을 인정하는 애착발달의 작동 모델
- 자기 위로와 분리를 극복하기 위한 과도기적(위로가 되는) 물건의 사용(16~36개월)
- 애착관계는 발달의 향상을 지원한다. 행동, 사회적 관계를 위한 모델링을 제공하고, 세계에 대한 이해의 도움과 언어와 정보교환을 격려하고, 자율적 행동을 위한 지지를 한다.(1~3세)

## 사회성 발달

- 걸음마기 유아의 세계에 대한 자기중심적인 관점은 자율성과 조절을 느끼기 위한 욕구가 결합된다. 자기의 능력을 공유하거나 타인과 다른 목적을 인식하는 한계가 있다.
- 상호관계의 이해 시작은 또래와의 놀이를 통해 발달한다.(2~3세)
- 부모행동의 무조건적인 모방은 초기 사회화를 암시적으로 통합시킨다.

## 인지 발달

- 세계에 대한 이해와 학습의 강한 흥미(1~3세)

- 선행 경험의 기억에 기초한 의식 있는 경험의 발달; 경험 위배의 인식(1~3세)
- 다른 유용한 학습을 관찰하고 모방하는 능력(1~3세)
- 지각 있는 목적과 계획: 걸음마기 유아들은 계획을 조직적으로 세울 수 있고 그것들을 의식적으로 기억하고 현실화하기 위해 끝까지 애쓴다.(18개월+)

## 언어와 의사소통

- 언어 학습: 12~18개월부터 어휘의 점진적인 성장 후에 언어 발달이 폭발적으로 늘어난다. 이것은 걸음마기 유아의 경험을 교환하기 위한 성장욕구에 의한 것이다.(1~3세)
- 두 단어나 세 단어의 문장을 사용한다.(18~24개월)
- 어휘의 급속한 발달, 체계적, 문법적 구조, 관용적인 사용과 부모에 의한 발음 패턴을 사용(2~3세)
- 정신적 표상의 초기 단어들, 이야기, 말로 중재하는 생각을 사용한다.(18개월-3세)
- 세계를 구성하고 이해하기 위한 언어 사용: 질문 묻기, 경험에 대해 말하기, 자신에게 이야기하기(2~3세)
- 경험을 나누기 위한 언어 사용, 욕구를 단어로 바꾸기, 초기 능력은 언어화에 의한 욕구가 느리다.(18개월-3세)
- 언어 능력의 한계는 좌절의 공통적인 근원이다.(화난 행동) 의사소통 할 수 없게 한다.(18개월-3세)

## 상징적 의사소통과 놀이

- 재산과 사물의 기능 탐색(1~2세 +)
- 가장 놀이: 원 행동의 모방(먹는 척하기) 또는 보살펴주는 행동(1세-18개월+)
- 상징 놀이: 다른 것을 위한 사물 바꾸기, 흉내내는 행동의 연속(16개월+)
- 놀이는 아이의 경험을 이루는 상징적 회고록으로써 사용된다. 뿐만 아니라 표상하고 긴장된 상황에서 반응을 표출하기 위한 의미를 가진다.(18개월-3세+)
- 걸음마기 유아의 놀이는 단어로 표현할 수 있는 것보다 경험의 더욱 복잡한 형태의 표상을 제공한다.(18개월-3세+)

## 자기 조절

- 초기에 자율적인 자기 조절은 나타나지만 걸음마기에 내적으로 스트레스를 대처한다는 것은 제한되어 있어 그 결과 애착 관계에 기초한 적응의 이중 전략에 의존한다.(1~3세)
- 걸음마기 유아는 불확실하고 불안한 많은 요소에 영향을 받는다. 과다한 충동을 조절하는 자율적인 자기 조절을 갖는다. 충동 조절은 이 시기 동안 느리게 향상된다.(1~3세)
- 걸음마기 유아의 적응 기제는 다음을 포함한다.; 애착관계를 통한 이중 규제, 긴장의 배출구로써의 자극 조절, 긴장을 억제키 위한 자동차 놀이: 고통을 교환하기 위한 의미로써 언어, 불안을 조정하는 부모 방식의 모방과 내면화(1~3세)

## 도덕성 발달

- 어린 유아의 도덕성과 탐색하려는 강한 동기는 위험으로부터 보호하기 위해 아이의 행동을 제한하려는 부모에게서 확실히 연유한다. 걸음마기 유아는 자신의 욕구와 부모의 한계 사이의 불일치에서 경험을 시작한다.(1~2세)
- 부모의 직접적인 승인과 비승인, 특히 강한 정서를 동반할 때 부모의 규칙들의 내면화를 지지한다: 걸음마기 유아는 부모의 승인을 얻고 처벌을 피하고자 자기의 행동을 조정하려 애쓴다.(1~3세)
- 규준의 내면화: 아이는 기대된 규범의 일탈을 알아차리고 그들의 기대가 어겨졌다면 걱정하게 된다: 아이들은 그들의 수행을 평가하고 만일 그들이 잘 수행했다면 좋게, 그렇지 않다면 나쁘게 느낀다. 아이들은 부모의 기대를 습득해왔다. 이러한 이유로 자기 조절의 발달을 지지한다.(18개월-3세)
- 친사회적 행동의 시작: 공감을 위한 초기 능력은 불안해하는 또래를 안정시키는 아이들에게서 연유된다. 그리고 후반기 걸음마기 유아의 공격적인 충동을 억제하도록 돕는다.(18개월-3세)

## 자기감

- 자기주장: 자기 방식대로 물건을 가지려는 고집과 아이들의 목표를 추구하려는 것은 증가된 자기 관념의 중요성을 의미한다.(14~20개월)
- 자기 인식: 두 살반 때 아이는 거울 앞의 자기 자신을 인식할 수 있고 자신의 새

로운 인식을 확립한다.(18개월-2세)

- 자기중심성은 자기와 타인의 관점을 조절한다: 유아는 자신의 욕구와 다른 사람의 입장을 강조하려는 경향이 있다.(1~3세)
- 분리-개별화: 심리적 차이의 인식과 부모로부터의 자율성: 분리 개별화가 가장 심한 기간동안 아이들은 분리 불안에 더욱 상처받기 쉽고 애착행동이 활성화되기 쉽다. 18~20개월 때 그러하다.(16개월-3세)
- 자율적인 자기관념의 초기에는 독립적인 행동과 언어 "나", "나를", "나의", "내꺼" 단어의 사용을 나타냄으로써 상징된다.(2~3세)
- 성 정체성: 자기 관념을 성 정체성의 인식을 포함한다.(2~3세)

# 걸음마기 유아의 실제

## 평가

영아와 마찬가지로, 걸음마기 유아를 평가할 때는 구조적으로 접근하여 관찰하는 과정이 필요하다. 행동, 놀이, 날로 증가하는-어휘를 통한 걸음마기 유아의 상징적인 표현 능력을 통해, 임상가들은 걸음마기 유아들이 자신의 경험을 어떻게 표현하는지 관찰하는 것이 가능해진다. 걸음마기 유아의 표상놀이(representational play)의 관찰은 종종 그들 행동의 의미를 명백하게 하는 수단이 된다. 예를 들어 7장의 제러드(Jared)의 평가에서, 그의 아버지가 유리문을 부쉈을 때 우연히 발생한 제러드의 반복적인 놀이는 그에게 공포심이 생기고 있다는 것을 보여주었으며, 공격받고 상처받는 상태에 대한 불안의 증상으로서 '공격적인' 행동을 재연한 것이다.

걸음마기 유아의 발달 검사는 다른 단계의 검사보다 더 어려울지도 모른다. 왜냐하면, 걸음마기 유아들은 종종 그들과 다른 사항에는 협조하지 않기 때문이다. 자기를 주장하고, 자신의 말을 탐구하기를 원하는 걸음마기 유아는 종종 구조화된 테스트와 맞지 않는 경우가 많다. 그러나 그것은 극복할 수 없는 심각한 장애는 아니다. 걸음마기 유아를 검사하는 임상가는 검사 항목(item)에 숙련되어 있다. 임상가들은 걸음마기 유아가 과제를 지속하도록 돕기 위해 부모를 참여시키기도 한다. 검사는 발달 지연을 포함한 문제들이 유용한 반면에, 걸음마기 유아에 대한 관찰과 상호작용은 종종 심리학적, 상호작용적, 그리고 발달적인 이슈에 대한 정보를 얻는데 가장 효과적인 정보를 제공한다(표 8-1 참조).(Meisels, 1996)

[표 8-1] 걸음마기 유아를 위한 평가 이슈 요약

- 균형있는 평가는 부족한 영역뿐만 아니라, 강점과 잠재력의 영역과 최적의 기능수준을 확인하는 것이 목적이다.
- 관찰은 검사보다 오히려 발달지연을 포함한 걸음마기 유아의 접근에 가장 유용한 접근법이다. 유아와 마찬가지로-집, 아동보호센터, 진료소 등의-다양한 환경에 있는 걸음마기 유아의 관찰은 아동의 기능적 범위에 대한 충분한 정보를 제공한다.
- 걸음마기 유아에서 나타나는 상징적인 능력은 아기가 특히 스트레스가 많거나 정신적 외상적인 경험을 어떻게 받아들였는지, 그 경험에 어떤 의미를 두었는지를 임상가가 알게 해준다.
- 애착관계에서는 순응적인 대처(adaptive coping)가 아동능력의 필수사항으로 여전히 여겨지기 때문에, 걸음마기 유아는 그들의 주양육자와 함께 관찰되야 한다. 이러한 관찰은 애착의 질, 탐구적인 것과 안정적인(secure base) 행동의 균형과 유아에 대한 양육자의 태도에 초점을 두어야만 한다.

## 안정적인 행동(secure base behavior)의 평가

평가는 발달과업의 충분한 범위를 고려해야 함에도 불구하고, 리버먼(Lieberman)과 폴(Pawl)은 안정된 기초 행동과 애착, 탐구의 균형이 특히 유아들의 기능에 민감한 지표가 된다고 주장한다. 이러한 문제는 오직 걸음마기 유아의 초기관계의 배경 안에서 평가될 수 있으므로, 걸음마기 유아들은 부모와 함께 평가되어져야 한다. 애착의 기능은 아이들에게 보호와 안전의 느낌을 제공하는 것이다. 부모의 반응부족 또는 부적절한 반응은 두려움과 불안을 다루는 적합한 방법을 받아들이는 걸음마기 유아의 능력에 지장을 줄 수 있다. 신뢰할 수 없는 애착의 경험과 자기보호에 대한 내재화 실패로 걸음마기 유아가 안전감을 느낄 수 없을 때, 환경을 자신 있게 탐험하는 그의 능력은 혼란에 빠지고, 탐험과 애착행동(안정이 기초한 행동) 사이에서 불안한 상태로 교대되는 것이 계속된다. 리버먼(Lieberman)과 폴(Pawl)은 안정된 기초 행동의 왜곡된 세 가지 패턴을 정의하였다. (1) 위험을 개의치 않는 무모한 행동과 (2) 탐구심의 억압 (3) 조숙함이 그러한 것이다.

### *위험을 개의치 않는 무모한 행동*

위험한 상황에 걸음마기 유아의 애착 발달사를 보면 보호의 실패로 인한 경우가 많다. 부모들은 아동을 위험에 노출시키거나, 아이들의 고통을 무시하고 평가절하해 왔다. 애착의 형태는 가정에서 학대받거나 스스로 보호능력이 없는 아이들에게서 절대적으로 보여진다. 이는 아이들에게 보호의 느낌을 갖게 하는 애착관계에 덜 의지하도록 이끈다. 이러한 영아가 걸음마기 유아가 되고, 탐험에 대한 충동이 최고로 많아질 때, 그는 마치 위험을 스스로 초래하는 것처럼 보인다. "마치 엄마가 개입되기 전에, 그들이 견뎌야 할 얼마나 많은 위험이 있는지 발견하려고 시도하는 것처럼" 말이다(Lieberman & Pawl, 1990, p.382). 이러한 부주의하고 무모한 아동은 스트레스에 대한 반응과 불안의 수준이 높다.

**[ 제러드 (JARED) : 간략한 사례 ]**

제러드가 보여주는 증상과 엄마와 관계의 역동성은 위험을 스스로 자처하는 무모한 행동 스타일을 설명해준다. 거칠며 통제하기 어렵고, 공격적인 행동 때문에 그는 어린이집에서 퇴출될 것이라고 경고 받았다. 제러드는 종종 자해행동을 보였고, 울고 싶거나 고통을 표현하고 싶을 때 오히려 웃는 행동을 보이는 것과 같이 감정을 반대로 표현했다. 정글짐에 높이 올라가서 뛰어내리고, 소풍가는 동안에 길거리를 뛰어다녔다. 그를 보살피는 사람은 이렇게 말했다. "나는 아이를 말리려고 노력했어요. 하지만 당신이 즉시 그를 조용히 하도록 시키지 않는다면, 그를 훈련시킬 더 이상의 방법은 없어요." 초기 18개월의 제러드는 엄마를 향한 아빠의 폭력에 자주 노출되었었다. 그의 엄마는 제러드의 행동을 제한(limits)하는 것에 실패함으로 인해 그의 무모하고 공격적인 행동을 강화시켰으며, 동시에 단호함이 결여됨으로써 엄마가 그를 보호하거나, 불안에 기초한 충동적 행동들을 통제할 수 없다는 것을 전달하게 된 셈이다.

### *탐구심의 억압*

걸음마기 유아들의 놀라운 태도는 환경을 탐구하는 것을 피하고, 대신에 수동적이며 경계심이 많고, 감정이 없는 관찰자 같다는 것이다. 그들은 부모에게 매달리고, 부모와의 분리에 매우 고통스러워 한다. 두 가지 형태의 왜곡된 부모됨(parenting)은 이러한 억압된 걸음마기 유아의 행동을 설명하게 해준다. 첫 번째 형태로는 아이를 "필요로 했었던", 자율적인 탐험을 금지하거나 그로 인해 벌을 주는 부모이다. 두 번째 형태로는 예측 가능하지 않고 학대하는 부모인데, 이들은 걸음마기 유아를 움츠리게 만들고 움직이는 것에 대해 조심스럽게 만들게 된다.

### 조숙함

걸음마기 유아는 부모의 양육방식과 감정에 대해 민감성(vigilance)을 보이는데, 이러한 유아는 양육자와 역할이 뒤바뀌기도 한다. 이러한 유아들은 자발적인 탐험을 희생하고, 부모의 요구에 따르고 부모 가까이 있는 것으로 안전감을 얻는다. 이러한 패턴은 우울증을 가지고 있거나 또는 정서적으로 여유롭지 못하게 만드는 다른 갈등들 때문에 자기 자신 스스로에게 열중해 있는 부모와 상관관계가 있다. 이 걸음마기 유아들은 그들 부모의 정서적 허약함을 알아차리게 되고, 그들이 조숙하게 자기 의존적이 되도록 만든다. 왜냐하면 그들은 부모에게 의존할 수 없기 때문이다. 그들은 그들의 에너지를 부모를 돌보는데 향하게 되고, '억지적인 양육자' 가 될지도 모른다(Bowlby, 1980).

## 상황 안에서 행동 관찰하기 : 기능적 평가

행동에 대한 기능적 평가는 학교상황에서 행해지고, 아동양육환경에서 할 수 있으며, 또한 부모에 의해 행해지게 된다(O'Neill, Homer, Albin, Storey & Sprague, 1996). 행동에 대한 기능적 평가는 간단하나 걸음마기 유아나 유아의 행동상의 문제를 이해하는데 유용한 것은 관찰적 접근이다. 이는 특히 걸음마기 유아에게 적합한데, 왜냐하면 말하는 것으로 평가하는 저학년 아동과 달리 걸음마기 유아들은 행동의 자세한 관찰에 의존하여 평가하기 때문이다.

평가는 저학년 아동의 행동문제가 어쩌다가 일어나는 것이 아니며 어떤 기능과 의미를 가진다는 가정 하에 시작된다. 행동의 기능을 이해하기 위해 "A-B-C" 분석이 필요하다. A는 선행사건(antecedents)을 의미하며, B는 행동(behavior)을 의미하고, C는 결과(consequences)를 의미한다. 이러한 접근은 아동의 모험적 행동을 판단할 수 있도록 해주며, 그 결과 아동이 어떻게 기능하는지를 이해할 수 있게 해준다.

공격적이거나 정서적으로 폭발적인 행동이 문제로 나타날 때, 그 관찰자는 선행사건을 찾는다. 탁아소에 있는 한 불안정한 어린 아동에게 있어서 선행사건은 아마도 한 활동에서 다른 활동으로 전환하는 것일 것이다. 쉽게 과도한 자극을 받을 수 있는 감각처리기관을 가진 걸음마기 유아에게는 놀이에 대한 과도한 긴장과 교사가 정리할 시간을 알릴 때 시작되는 소란이 선행사건이 될 것이다(Fisher, Murray & Bundy, 1991). 또한 흔히 "사건의 배경(setting events)" 혹은 환경이라 불리는 더 간접적인 선행사건들을 고려하는 것이 필요하다. 부모가 반드시 일찍 직장에 가야 해서 오전 7시에 탁아소에 들려 아이를 내려주고, 부모와 떨어져 있는 시간이 평소보다 더 길어진다는 것을 알 때, 아동은 더 격해질 것이다. 몇 가지 사례에서 볼 수 있듯이 환경은 가정폭력의 목격, 부모의 별거, 아동의 밀착감(sense of continuity)을 단절시키거나 마음에 상처를 주는 다른 사건 등 가장 극단적인 스트레스 요인이 될 수 있다.

결과(consequences)를 보며 자문하기를, 도전적인 행동 후에 어떤 일이 일어났는가? 양육자와 다른 아동들은 어떤 반응을 가졌는가? 이러한 반응들을 봄으로써 무엇이 행동을 강화하고 있는지를 이해하기 시작할 수 있다. 예를 들어, 만약 한 아이가 다른 아이를 밀고 그의 장난감을 빼앗았는데, 양육자가 이를 묵인하였다면, 전자인 아동은 자신이 원하는 것을 얻기 위한 방법으로서 공격성을 이용하는 것을 강화 받게 될 것이다. 다른 아동들, 특히 부모와 모순적 애착관계를 가진 아동은 양육자에게 받는 벌, 당황, 관심있는 반응에 강화되어진다. 왜냐하면 그 아동은 그렇게 행동하는 것으로 아무 관심을 얻지 못하는 것보다 부정적인 관심이라도 얻는 것이 더 낫다고 학습되어지기 때문이다. 타인의 반응이 종종 아동으로 하여금 자신의 부정적인 행동이 보상되어진다고 느끼게 만드는 한편, 때때로 공격적 행동이 강화되었기 때문이 아니라, 아동이 화나고 좌절되고 불안하고 정신적 외상을 겪기 때문에 지속된다는 것을 학습이론을 넘어서 생각해보는 것도 중요하다. 이러한 사례들에서 아동의 계속적인 분노에 기여하는 즉각적인 환경과 사건 배경의 이해에 대한 관심집중이 필수적일 것이다.

평가에 대한 이러한 단순한 접근이 유용하다는 사실에 주목해야 한다. 이러한 접근은 행동에 대한 이해를 재구성(reframe)하게 하는 힘과 고립 속에서 행동하기보다 직접적으로 관심을 끄는 의미 있는 행동을 구상하는 힘이 있기 때문이다. 기능적인 평가는 행동자체보다 성인의 통제 아래 놓인 연속된 세 부분의 두 가지 양상인 A와 C에게 관심을 갖는다. 이런 선행조건과 결과를 수정함으로써 우리는 행동을 바꿀 수 있게 된다(Kaiser & Rasminsky, 1999).

기능적인 평가는 관찰을 필요로 한다. 특히 규칙적인 간격으로 며칠에 걸친 체계적인 관찰과 아동이 분열되기 쉬운 특정한 시간에 하는 것이 더욱 좋다. 세심한 관찰은 우리가 중재에 나서기 전에 그러한 행동의 기능에 대한 가설들을 생각해 볼 기회를 준다. 이러한 가설들을 바탕으로 임상가와 양육자들은 저학년 아동의 행동을 이해하기 위한 중재에 협력한다. 다음에 제시된 사례들 속에서, 임상평가 안에서의 기능적평가의 사용에 대해 설명하고자 한다.

## 걸음마기 유아 발달의 평가 : 사례

발달에 대해 평가하는 것은 아동이 예상되는 발달단계를 수행하지 못할 때, 아동발달의 쟁점이 무엇인가를 말해준다. 2세 8개월된 마르셀은 타고난 발달장애가 있었다. 마르셀은 걸음마기 발달과정 중에 언어와 감정 능력 조절의 근본적인 장애가 있었다. 그러한 장애에 대한 마르셀의 엄마의 반응 또한 마르셀에게 영향을 미쳤다.

불규칙하거나 지연된 발달을 보인 아동의 평가에서, 발달이 지연된 영역뿐만 아니라 가장 높은 발달 수준을 보인 영역과 발달이 적정한 수준으로 평가된 영역도 함께 조사하는 것이 중요하다(Greenspan & Meisels, 1996). 아동의 어떤 영역의 기능이 연령에 적합한지 또는 잠재적으로 적합한지를 확인하는 것은 중요하다. 왜냐하면 관계있는 영역의 강점은 지연된 영역을 다루기 위해 중재하는 계획의 기초가 될 수 있기 때문이다. 아래 사례는 조심스러운 발달평가한 예다. 걸음마기 유아의 발달과업이 어떻게 서로 얽혀 있는지, 한 영역에서의 장애가 다른 영역에서의 과업을 성취와 어떻게 충돌하는지를 보여준다. 마르셀의 발달은 어떤 영역에서는 나이에 부적합하게 불규칙했고, 감정과 행동의 조절, 언어기능이 심하게 지체되었다. 이러한 지체가 마르셀의 적절하게 기능하는 영역들을 지나치게 가림으로써 심각한 증상을 만들어 냈다. 예를 들면 마르셀은 심한 언어지체 때문에, 그의 총체적인 인지능력을 측정하기가 어려웠다. 2~3세 사이의 인지발달은 언어능력과 동시에 발달하기 시작한다. 마르셀은 자기와 타인을 지각할 수 있었다. 그는 자폐가 아니었다. 그는 의사소통하기를 원했고, 의사소통의 가능성을 알고 있었다. 그러나 그는 말하기 위해서 단어를 사용할 수 없었기 때문에 매우 좌절했다. 따라서 그는 상호작용에 대한 희망과 인지적 능력, 그가 생각하는 것을 의사소통할 수 있는 능력사이에서 심한 불균형을 경험했다. 결국, 이 사례는 평가 후에 어떻게 상담, 협의 하는 것이 아동을 위한 좋은 중재인지를 설명해준다. 앞서 언급한 것과 같이 마르셀의 강점과 장애를 함께 봄으로써 학교에 기반을 둔 초기 중재 프로그램계획 서비스를 도와주는 방법을 고안해 낼 수 있었다.

### 위탁 : 통제할 수 없는 걸음마기 유아 ; 통제되지 않은 걸음마기 유아

마르셀은 24세의 미혼모의 외아들이었다. 아버지는 마르셀의 집을 거의 방문하지 않았고, 마르셀의 삶에서 아버지는 거의 존재하지 않았다. 마르셀의 엄마(Ms. Montgomery)는 AFDC(어려운 환경에서 생활하는 아동과 가족의 원조기구)에 의해 지원

받았고, 집밖에서 일하지 않았다. 가족들은 모두 아프리카계 미국인이었다. 마르셀과 그의 어머니는 둘이서만 살았고, 친척들은 이웃에 살았다. 2년 8개월 된 마르셀의 평가를 위해 어린이집 초기 중재 프로그램이 실행되었다.

그 당시 마르셀의 문제는 심각한 언어지체, 짧은 주의집중간격, 활동과다, 그리고 자주 심하게 짜증내는 것 등이었다. 마르셀에게 표준화된 테스트를 이용하여 평가하려고 시도했으나, 그는 치료사에게 협조하는 것을 거부하였다. 동기부족으로 인한 표준화 테스트의 거부 때문에 그의 능력 평가는 관찰을 통해 이루어졌다. 그가 거부한 이유는 '동기의 부족' 으로 설명될 수 있다. 관찰을 통해 평가한 능력 중 몇 가지는 지체된 것으로 나타났다. 그 중 언어 능력은 15개월 수준으로 평가되었다. 이는 그의 생활연령의 절반 정도로 매우 심한 지체였다. 언어자체로 인한 것일 수 있기에 청력상실의 가능성을 미리 배제했다. 또한 인지능력은 20개월 수준으로 측정되었다. 자조(self-help)기술은 24개월 수준이었다. 소근육협응은 약 2세 수준으로 눈에 띄게 지체되었다. 반면에 대근육능력은 적절한 나이의 수준으로 판정되었다. 그의 사회적 능력은 10개월 수준으로 보였다. 이렇게 매우 낮게 평가된 능력들은 그의 '반사회적' 행동의 기초가 되었다. 어린이집 프로그램의 보고서는 마르셀의 학교 생활을 상세하게 묘사했다. 마르셀은 교실을 뛰어다녔고, 장난감을 던지고, 책상서랍을 열었으며 그 안의 내용물들을 던졌다. 그리고 벽에 붙은 사진들을 떼어냈다. 선생님들이 그를 제지하려고 하면, 그는 선생님을 때리고 발로 찼다. 보고서에 따르면 그는 '완전히 통제가 안 되는 아이' 였다. 자포자기한 한 선생님은 그를 큰 파일 캐비넷의 꼭대기에 있게 했고 그의 행동을 잠깐 멈출 수 있었다. 학교 중재 프로그램은 과격한 행동을 신경학적 기능장애로 설명할 수 있는지 약물치료가 그에게 도움이 될 것인지 알아보기 위하여 소아과 의사의 신경학 검사를 소개했다.

신체검사는 신경학적인 기능장애의 징후를 분명히 보여주지 못했다. 신체검사 보고서는 어린이집의 보고서와 유사한 것으로 보여졌다. 검사하는 동안에 마르셀은 문밖으로 달려가고, 방에 부딪치고, 마루바닥에 떨어지고, 계속해서 소리 지르고 울었다. 그는 검사에 협조하는 것을 거부했고 '완전히 통제가 불가능' 했다. 소아과 의사의 직원은 마르셀의 주의를 집중시키지 못했고, 검사자는 '많은 것들이 그의 관심을 끌지 못했다' 고 평가하였다. 마르셀의 어머니는 매우 참을성 있게 헌신했지만 그는 어머니의 요구에 응하지 않았다. 보고서에서 레지던트 평가자와 그 레지던트의 지도주임 모두 "마르셀과 같은 아이는 전에 본적이 없다"라고 말함으로써 분명히 비 임상적일 것이라는 결론을 지었다. 따라서 정신의학적 평가가 추천되었다.

## 위탁 보고서의 결과(impression)

위 보고서들은 마르셀이 여러 영역의 발달에 장애가 있다는 것을 명백하게 보여준다. 그는 스트레스를 대처하기 위한 적절한 전략을 갖고 있지 못한 것으로 나타났다. 나는 그가 새로운 상황에 대해서 유별나게 민감한 것은 아닐까 궁금했다. 이전의 평가자들은 그의 난폭한 행동과 훼방 놓는 행동에 당황하고 두려워했다. 그들은 그를 이해할 수 없고 감정이입하기 매우 어렵다고 묘사했다. 두 개의 보고서 모두 동기가 부족하다고 기술했다. 이것은 매우 이례적인 걸음마기 유아에 대한 평가이다. 왜냐하면 대부분의 많은 걸음마기 유아의 행동은 환경에 숙달하기 위한 강한 동기를 보이기 때문이다. 그 '보고서'는 그의 행동을 '파괴적이고 위험한 행동'으로 언급했다. 그러한 말은 보통 비행청소년을 묘사할 때 쓰는 말이다. 그것은 2살 된 아이의 묘사로는 너무나도 극단적으로 보였다. 마르셀은 아프리카계 미국인이었기 때문에 나는 이러한 성격묘사에 대해 걱정이 되었다. 왜냐하면 이러한 성격묘사는 후에 아프리카 미국인 남자에 대한 인종차별의 고정관념으로 낙인찍힐 수도 있기 때문이었다(Canino & Spurlock, 2000).

이러한 마르셀의 이미지는, 이해할 수 없고 통제가 안 되는 위험한 아동이라는 것이었다. 마르셀과 같은 아동은 어른들이 그를 억제하고 통제하도록 하게 만든다. 심각한 행동의 문제를 가진 저학년 아동의 부모는 종종 난폭한 아동의 행동에 의해 깜짝 놀라고, 무력감을 느낀다. 그러나, 아동의 고통의 근원을 무시하고 억제하려는 노력은 종종 행동을 악화시킨다. 마르셀의 행동은 너무 과격해서 심지어 숙련된 평가자들은 그의 행동을 이해하기 위한 명확한 설명보다는 오히려 그를 통제할 필요성을 강조했다.

마르셀은 이해할 수 없고, 아무리해도 다가갈 수 없는 것처럼 보였기 때문에, 그 외는 중재계획을 더이상 전개할 수 없었다. 우리의 프로그램은 어린이집에 중재와 약물치료였다. 나의 경험에서, 그렇게 어린 아동에게 강력히 약물치료에 대해 요구하는 것은 흔치 않았다. 그러한 요구가 있을 때는 보통 아동의 행동이 과격할 뿐만 아니라 명확히 밝힐 수 없었기 때문이다. 걸음마기 유아의 극단적 행동이 생물학적으로나 발달적 또는 심리사회적으로 설명될 수 없을 때, 부모와 전문가들은 절망적인 상태 속에서 약물치료가 적어도 행동을 완화시킬 수 있을 것이라는 희망으로 약물치료를 사용하게 될 것이다.

## 평가계획

나는 제한된 평가시간동안 마르셀이 엄마와 함께 자유롭게 놀고 상호작용 하는지 관찰하기로 결정했다. 이러한 접근은 저학년 아동의 발달평가에 사용된다. "평가의 기초는 신뢰하는 양육자와 함께 상호작용하는 아동의 관찰, 그리고 아동의 핵심능력의 올바른 인식이다(Greenspan & Meisels, 1996 p.25~26)." 그 인터뷰는 비디오로 녹화되었고, 그래서 나는 마르셀의 발달능력을 나중에 주의 깊게 재검토 할 수 있었다.

마르셀의 장애는 그의 행동을 구조화하려 했던 이전의 두개의 평가에서 기술되었다. 형식적인 평가에서의 이런 시도는 성공하지 않았으며, 오직 그의 발달수준의 평가만 산출했을 뿐이다. 걸음마기 유아에게 구조화된 평가를 사용한다는 것은 걸음마기 유아가 종종 평가에 협조하지 않으려 한다는 것을 포함한 많은 한계를 가지고 있다. 게다가 일반 정상아동의 표본에 기초한 형식적인 검사는 불규칙하고 변화하는 발달 양식을 가진 아동의 독특한 능력과 잠재력을 끌어내지 못할 수도 있다(Greenspan & Meisels, 1996, p.24~25). 대부분의 실험기구는 언어적인 지시로 되어 있어서 2세 이후의 발달을 평가하도록 고안되었기 때문에, 언어 이해를 기초로 하는 평가에서 마르셀의 언어지체는 매우 불리했다. 나는 언어에 기초한 테스트가-비록 마르셀이 그들과 협조했다고 가정할지라도-언어지체로 인해서, 다른 영역에서의 언어장애를 제외한 실제능력을 보여주지 못할 것이라고 생각했다. 나는 형식적인 테스트의 압박감 없이 좀더 편안한 상태에서 그가 어떤지 알아보기를 원했다. 나는 그가 이치에 맞는 이야기를 할 수 있는지 살펴보기를 원했다. 또한 중재계획이 적용될 수 있는 강점들을 그가 설명할 수 있는지 살펴보기를 원했다.

## 부모와 걸음마기 유아의 인터뷰와 관찰

90분 인터뷰의 처음 20분 동안, 마르셀은 그 이전 평가 이미지와 다른 모습을 보였다. 내가 그의 엄마를 사회복지사와 이야기하게 하는 동안 마르셀은 마루바닥에서 장난감을 가지고 놀았다. 그는 자신의 놀이를 계속했고, 엄마에게 장난감을 보여주기 위해 잠깐 동안 다가왔다. 탐구적인 놀이를 더 좋아하는 것은 걸음마기 유아의 전형적인 모습이었다. 나는 그에게서 어떤 고통의 증거나 애착을 추구하는 행동을 관찰하지 못했다. 그는 엄마를 안전지대로 여기는 것 같았고, 그녀와 함께 있으면서 새로운 환경을 탐색하는 것을 안전하게 느끼는 것 같았다. 그러나 다른 관찰들은 즉시 발달지연에 대한 의구심을 불러 일으켰다.

- 마르셀은 장난감을 바라보고, 장난감으로 소리를 내는 것을 관찰하는 감각운동기 수준 안에서만 놀았다. 그는 한시도 가만 있지 못하고 이 장난감에서 저 장난감으

로 바꿨다. 나는 후기 걸음마기 유아에게서 전형적으로 나타나는 성인행동의 모방이나 상징적 놀이의 표본들을 그에게서 전혀 발견할 수 없었다.

- 그는 아무 말이 없었다. 걸음마기 유아들은 종종 놀이하면서 시끄러운 소리를 내거나, 이러쿵 저러쿵 말을 한다. 그러나 마르셀은 거의 20분 동안 눈에 띄게 조용했다.
- 그는 우리가 뭐라고 말하는지 이해하고 있다는 증거를 보여주지 않았다. 정상적인 언어발달을 하는 후기 걸음마기 유아는 종종 어른들의 대화에 반응한다. 특히 부모가 불안, 관심 또는 그에 대한 부정적 감정을 표현할 때 반응을 한다. 따라서 정상적인 걸음마기 유아였다면 마르셀의 엄마가 마르셀에게 심하게 화내는 것을 생각한다면, 마르셀은 놀이를 하면서 집중하지 못했을 것이다. 그러나 마르셀은 그 자신의 놀이를 계속했다. 나는 마르셀의 반응 부족이 엄마의 말을 이해할 수 없다는 것을 의미하는 건 아닌가하고 생각했다.
- 그가 혼자만의 놀이를 하는 동안, 그의 감정은 엄숙, 진지했고 억제되었다. 놀이는 다양한 감정들을 불러 일으키지 못했다. 그의 감정은 다른 사람의 이야기를 이해하는 것으로 보이지는 않았다. 그는 마치 혼자 있는 것처럼 보였다.

## 아동의 발달사

내가 마르셀을 관찰하는 동안에, 나는 마르셀의 엄마에게 마르셀의 발달에 관해 물어보았다. 나는 임신과 출산이 정상이었고 초기 몇 개월 동안의 산통이 있었다는 것을 제외하고는 첫 1년 동안 어떤 문제도 발견하지 못했다. 운동근육은 예정대로 올바르게 발달해갔다. 그러나 그 당시에 그녀의 누이는 마르셀 반응이 풍부한 유아는 아니라고 생각했다고 말했다. 그녀는 보통 마르셀이 무엇을 원하는지 알았고, 마르셀이 잡거나 안기는 것을 좋아하는 것처럼 보였기에 생후 1년 동안은 걱정하지 않았다. 한 살때는 약간의 말을 했다. 두 살 때는 모방능력이 생겼다. 그러나 언어와 상징놀이는 발달하지 않았다. 18개월 후, 마르셀의 엄마는 마르셀의 사회적 반응 부족과 언어지연에 대해 걱정하게 되었다. 그는 점차 반항이 심해져 갔고 그녀가 감당할 수 없을 정도의 짜증을 내기 시작했다. 마르셀의 엄마는 마르셀에게 매우 헌신했지만, 그의 행동에 의해 당황하고 놀랐다.

가족사를 살펴보니 마르셀의 엄마는 아동기 동안 언어지연과 심한 말더듬이 있었던 것으로 나타났다. 그녀의 남동생은 활동과다로 진단받았고, 중학교때는 장애가 있다는 것을 알게 되었다. 마르셀의 엄마는 가난했으나 근처에 사는 친정어머니와 자매로부터 정서적인 지지를 받았다. 그러나 그녀는 최근에 친정어머니가 마르셀이 성을 낼 때 그의 엉덩이를 찰싹 손으로 때리라고 강요해왔다고 말했다. 그녀는 그렇게 하는 것이 싫었다고 했다. 왜냐하면 단지 '정반대로 되는 것보다 더 나쁜 것이 있다는 걸 알기 때문'이었다. 마르셀의 엄마는 그를 이해하기 위해 매우 열심히 노력하는 다정한 여자였다. 그녀는 마르셀의 발달에 대한 훌륭한 보고자였다. 발달내력을 보고할 때 거기에는 부모의 방임, 우울, 마약이나 알코올 남용과 같은 어떠한 결점도 없었다. 또한 그의 발달에 대한 그녀의 묘사는 마르셀의 현재 보이는 행동과 모순되는 것이 없는 것 같다(그것은 마르셀에 대한 그녀의 이해에서 왜곡이 없다는 것을 의미했다.). 그녀의 설명은 사실적이었고, 마르셀이 갖고 있는 부정적인 작동모델이나 비현실적인 기대와 같이 남의 탓으로 돌리려는 점은 보이지 않았다.

가난과 편부모를 포함한 위험요소들이 있었지만, 마르셀의 엄마는 이러한 스트레스 요인들의 충격을 분명히 조절할 수 있었다. 특히 발달 초기에 위험할 수 있는 유전적인 정신병리 또는 물질남용과 같은 위험요소들의 증거는 없었다. 신체적인 혹은 성적인 학대의 증거도 분명히 없었다. 이러한 발견들을 통해 마르셀과 같은 장애에 처음으로 관심을 가졌던 심리사회학적 설명 혹은 본질적인 발달 문제의 측면으로는 설명할 수 없다는 것을 알게 되었다.

## 정상행동의 관찰 : 사회적 관계

마르셀의 엄마와 인터뷰하는 처음 10분 동안 그녀가 나에 대해 점점 편안함을 느끼기 시작하면서, 마르셀은 노는 공간이 변하고 있다는 것을 알아차렸다. 인터뷰를 시작할 때, 그는 엄마의 의자로부터 겨우 몇 발자국 떨어진 근처에서 놀았다. 점점 그는 엄마로부터 멀어졌고, 내게서도 좀 떨어지게 되었다. 그의 엄마가 더 따뜻하고 편안한 태도로 나에게 이야기하기 시작하자, 마르셀은 방의 중앙으로 움직였고, 몇 분 후에 어부의 집을 집어서 우리 사이에 있는 테이블 위에 그것을 두었다. 내가 그에게 어떻게 집을 여는지 가르쳐주고, 그 안에 있는 작은 무늬와 가구를 가리켰을 때, 그는 편안하고 호기심이 왕성해보였다. 그의 엄마가 나와 함께 편안해질수록 나에게 더 가깝게 행동하는 마르셀의 자발성은 정상행동의 분명한 증거인 사회적 관계의 신호였다. 걸음마기 유아는 그들 부모의 감정적인 신호에 주의를 기울임으로써 새로운 상황 또는 낯선 사람이 안전한지 평가한다. 만약 그들의 부모가 낯선 사람에게 따뜻하고 편안한 감정을 갖는다면 걸음마기 유아는 낯선 이가 안전한 사람이라는 메시지를 갖는다(Thompson, 1998). 사회적 관계는 거의 말을 이해하지 못하는 초기의 걸음마기 유아를 대상으로 연구되어 왔다. 낯선 이에 대한 걸음마기 유아의 수용은 부모와 새로운 사람과의 언어 내용이 아니라, 부모가 그러한 낯선 사람을 대하는 감정적인 어조에 달린 것이다(Emde, 1992). 마르셀은 엄마의 반응을 자신의 행동을 이끄는 지침으로 사용했다. 이것은 그가 엄마를 믿을 수 있는 지침 그리고 안전지대로 본다는 것을 암시한다. 이러한 부모에 대한 신뢰는 긍정적인 애착에 기초한 것이므로, 이것은 유용한 관찰이었다.

## 결정적인 사건

마르셀이 집을 가지고 노는 동안, 그는 갑자기 화가 났다. 그는 소리를 질렀고 집을 주먹으로 쳤다. 그의 엄마는 그가 장난감 차고에 차를 놓는데 어려움이 있었을 거라고 생각했다. 그리고 차고가 열려 있는걸 가리키며 이렇게 말했다. "저 차가 저기로 간다." 마르셀은 그 집을 보더니 다시 비명을 질렀다. 그는 그 집을 테이블에서 밀어내려고 했다. 그리고나서 그는 위 아래로 뛰기 시작했다. 그는 집 쪽으로 차를 세게 부딪쳤다. 그리고 나서 그는 매우 크게 울면서 안기기 원하는 몸짓표시를 하며 엄마에게 다가갔다. 그녀는 그를 안아주었고, 몇 분 동안 그는 안정된 것처럼 보였다. 그리고나서 그는 더 심하게 울고 발차기를 하며 엄마로부터 몸을 활처럼 휘었다. 마르셀의 엄마는 마르셀이 날뛰는 것을 제지하려고 노력하며 몇 분동안 그를 붙잡았다. 그리고나서는 좌절해서 그를 놓아버렸다. 그는 마룻바닥에 누워서 의자다리를 발로 차고 울었다. 그녀는 화가 났고 그에게 그만하라고 말했다. 그는 발로 차는 걸 멈추고, 여전히 울면서 과다활동적인 방식으로 방을 돌아다니기 시작했다. 이 발작이 진행되는 동안 그의 엄마는 이런 일이 종종 발생했다고 말하였다. 하지만 그녀는 무엇이 이러한 파괴적인 반응을 만들어내는지 알지 못했다.

그러한 발작의 격렬함과 지속성은 놀랄만한 것이었다. 처음에 그는 그 장난감 집에 대한 좌절감을 조절하기 위해서 애착관계를 이용하려고 시도했다. 그것이 실패했을 때, 그는 자신의 감정을 조절할 수 없었고, 혼란에 빠졌다. 또한 무력감에 의해 좌절했고, 그로 인해 분노에 차서 뛰고 소리 지르기 시작했다. 일단 부정적인 감정이 생기면 이러한 감정이 점점 커지는 것을 제어할 수 있는 능력이 그에겐 거의 없었다. 그의 엄마는 그의 격렬한 행동에 당황한 것으로 보였고 또한 그가 조절하는 것을 어떻게 도와야 할지 몰라서 혼란스러워 보였다. 나는 그녀의 무력감과 앞서 마르셀을 평가한 전문가들의 반응이 동일하다고 생각했다. 그의 행동은 "완전히 통제가 안 되는" 위험하고 설명하기 어려운 것으로 보였다.

그러나 나는 그의 계속되는 발작의 원인에 대한 가설과 마르셀의 행동의 경로에 매우 주의를 기울였다. 나는 아동에게 구조화된 과제를 통해 평가하는 평가자와는 달리 아동이 수행하는 것을 거부한다고 해서 부담을 갖지 않았다. 마르셀의 발작은 그 집의 차고 문과 관련된 그의 무능력에 의한 것처럼 보였다. 나는 그가 무엇이 잘못되었는지 알 수 있도록 한다면 감정과 행동을 조절할 수 있을지 평가해보고 싶었다. 나는 차고를 가리키며 그가 그 집을 다시 가지고 놀 수 있도록 격려했고, "생각해보자. 집이 뭐가 잘못된 거니?"라고 말했다. 그러자 그는 집에 트럭을 쿵하고 부딪쳤고 트럭을 차고에 밀어 넣으려고 했다. 그의 이러한 분노반응은 "네"라고 말하는 것처럼 보였다. 자신의 화를 공격적으로 표현하는 대신에 문제에 집중했다는 것은 긍정적인 측면이었다. 내가 마르셀이 차고에 트럭을 넣는 것을 도와주었을 때, 그의 감정은 완전히 달라졌다. 조용해졌고, 다시 놀이에 흥미를 가졌다. 잠시 동안 우리는 차고 안 밖으로 트럭을 움직이는 감각운동기 수준의 놀이를 함께 했다. 그러나 마르셀은 차고 문을 닫을 수 없자 또 다른 발작을 시작했다. 그때 나는 작은 핸들을 보여주는 것으로 그를 도왔고, 그는 다시 빠르게 조용해졌다. 마르셀은-내가 어떤 문제가 생겼는지 말해주고, 실체적인 해결책을 제시해준다면-평온을 유지하고, 집중할 수 있었다. 그 좌절을 극복한 후에, 그는 그 집에 사람과 가구를 어디에 놓을 지에 대한 나의 제안을 따랐다. 또한 내가 초인종 울리는 방법을 알려주자 나를 따라했다. 마르셀은 집을 가지고 놀면서 "데 데 데"와 같이 흥미를 느끼며 즐거운 소리를 냈고, 그리고나서 "우카, 우 트럭"하고 두 마디 말을 했다. 그 후에, 마르셀은 외부 도움의 필요 없이 약 15분 동안 집과 다른 장난감을 가지고 독립적으로 놀았다.

## 마르셀을 이해하기

이렇게 마르셀과 상호작용을 하면서 마르셀에 대한 또 다른 시각이 생겼다. 그의 행동은 더 이상 이해할 수 없는 것이 아니었다. 내가 그의 좌절의 원인이 무엇인지 알려주고(맞지 않는 트럭, 그가 닿을 수 없는 차고의 문), 어려운 과업을 습득할 수 있도록 도와주었을 때 그는 감정을 조절할 수 있었다. 그의 과격한 행동은 집을 가지고 노는 것이 좌절되자 나타난 반응이었고 그런 반응을 보고 어머니는 오직 계속해서 반응만을 고치려 했었다는 점을 그의 어머니에게 지적해주었다. 차고의 문을 여는 방법을 가르쳐 주자 보인 반응은, 그가 '다가갈 수 없는' 어린이가 아니라는 것을 분명히 보여주었다. 오히려, 그는 나의 지원과 제안에 매우 반응적이었다. 이것은 그가 상호적인 지시에서 효과적으로 반응할 수 있다는 것을 암시했다. 내가 그의 발작이 집에 의한 좌절감 때문이라고 생각하고 행동했을 때, 그는 긍정적으로 반응하였다. 이러한 반응을 통해 마르셀이 의사소통에 일차적 결함이 있고, 감정과 자극을 통제하려는 그의 능력에 2차적 결함이 있다는 것을 알았다는 점에서 수확이 있었다.

## 마르셀의 행동의 기능적 평가

마르셀의 행동에 대한 나의 관찰은 저절로 기능적인 평가의 예가 되었다. 짜증내기 전의 마르셀은 집을 가지고 함께 노는 것이 재미있어 보였다. 그러나 차고 속으로 차를 집어 넣으려는 것이 어렵자 짜증을 냈다. 마르셀은 심각한 언어지연을 갖고 있었기 때문에 이러한 그의 행동은 "난 내 차를 차고 안으로 넣을 수가 없어요. 그리고 이것은 너무 좌절감을 줘요."라고 말하는 것처럼 보였다. 이러한 언어지연 이전에 그는 자신을 괴롭히는 것에 대해 의사소통할 수 있는 언어적 능력을 갖지 못했다. 더 나아가서 그는 엄마와 의사소통하는데 있어서도 오랫동안 어려웠다. 이러한 의사소통의 어려움으로 마르셀은 자신의 어머니가 자신을 열성적인 격려로 통제할 것이라는 기대를 하지 않게 되었다. 그가 짜증내는 것은 좌절과 그의 어머니에 대해서 부분적으로 표현한 것이었다. 이런 짜증이 일어난 이유는 마르셀이 어머니와 대화하기 위해 시도하고 있다는 것을 어머니가 이해하지 못했기 때문이다. 이러한 의사소통의 문제는 마르셀의 어머니가 마르셀이 짜증을 내도 그를 도와줄 수 없게 했다. 집을 넘어선 좌절은 점차 이해되지 못하는 좌절로 확대되어 갔다. 그 결과들은 마르셀의 짜증을 격렬하게 하는 것이었다. 마르셀의 짜증에 대한 원인이나 선행조건의 이론을 적용하여 나는 중재를 통한 실험을 할 수 있었다.

## 형성

마르셀의 행동을 통해 그의 내재된 발달문제와 그들이 만들어낸 교류적 어려움을 해결할 임상학적 가설을 세웠다. 그는 과도한 행동을 하며 쉽게 좌절했고, 그러한 좌절을 말하고 싶어했다. 그는 그러한 좌절을 조절하기 위해 어머니에게 다가갔다. 그러나 마르셀의 의사소통의 부족때문에 그의 기대는 거의 충족되지 못했다. 마르셀의 어머니는 마르셀에게 항상 헌신했지만 종종 그의 행동을 이해할 수 없었다. 이로 인해 마르셀은 어머니와 접촉이 없다고 느끼고 그것은 그의 감정을 혼란스럽게 하였고, 발작으로 이끌거나 발작을 강하게 했다. 자폐 아동과 달리, 마르셀은 의사소통을 위한 동기를 분명히 갖고 있었고, 타인에 의해 이해될 수 있었다. 그러나 그는 자신의 생각을 다른 사람이 이해할 수 있게 표현할 수 없었다. 그는 거의 말을 하지 않았기 때문에 엄마나 다른 사람들은 그의 요구를 이해하는 것이 어려웠다.

마르셀의 문제 해결은 걸음마기 유아수준의 신호를 보낼 수 있는 능력과 양육자의 참여에 달려 있다. 양육자는 아동이 스트레스 신호를 보내고 관계를 맺는 요인을 다루는 법으로 도울 수 있다(Williamson, 1996). 마르셀과 그의 어머니는 보통의 걸음마기 유아와 부모사이에서 나타나는 의사소통을 좀더 복잡하게 발전시킬 수 없었다. 그 결과, 마르셀은 고통을 다루도록 도울 수 있는 애착을 잘 사용하지 못하게 되었다. 서로의 조절전략 결핍은 양쪽을 좌절하게 하였다. 그의 어머니나 다른 어른들에게 있어서 그를 이해하기 위해 노력했지만 실패하게 된 것은 고통스러운 일이었고, 마르셀에게 있어서 의사소통하려고 노력하지만 실패하는 것은 그를 감정적으로 혼란에 빠뜨리게 하는 것이었다. 마르셀이 2년 8개월이라는 것에 비춰보았을 때, 이러한 의사소통의 실패는 의사소통 능력뿐만 아니라 관계 성장능력 역시 나쁜 영향을 주었을 것으로 생각되었다.

집에서 이어지는 상호작용의 어려움은 마르셀과 어머니를 좌절시키는 것 뿐만 아니라, 마르셀 어머니가 적절치 않은 반응을 하게끔 하고, 사기저하를 불러 일으켰으며, 마르셀이 자포자기하게 만들었다. 마르셀이 처음 고통을 느꼈을 때, 그는 도움받으려고 어머니 쪽으로 도는 안전지대 행동을 드러내었다. 이것은 그들의 애착관계를 적절히 사용한 것이었다. 탐구적인 놀이 동안에 걱정하게 되거나 어려움에 부딪히게 되는 것은 걸음마기 유아의 전형적인 행동이다. 그러나 마르셀은 자신의 고통의 상세한 의미를 의사소통 할 수 없었다. 즉, “나는 차고에 트럭을 넣을 수 없어요. 짜증과 무력함을 느껴요. 나는 트럭과 나의 감정을 조절하는 것 둘 다를 할 수 있기를 원해요.”와 같이 전달할 수 없다. 이렇게 전달하기 위한 언어 수단의 부족, 결핍 때문에 그는 단순히 위안받기 위해서 어머니에게 다가갔다. 그때 그의 어머니는 그가 안아주기를 원한다고 생각하고 그를 들어올렸다. 마르셀은 이미 그의 어머니가 그를 이해하는데 실패했다고 느끼고 화가 났다. 그의 어머니는 무력감을 느끼기 시작했고, 그러한 무력감을 줄이기 위해 마르셀을 말렸다. 그러나 그녀는 포기했고 그를 밀어버렸다. 마르셀의 산만한 신호들과 그것들이 무엇을 의미하는지 파악하지 못하는 엄마의 무능력으로 인한 불안한 상호 작용은 그들의 의사소통을 방해했다. 이러한 상호작용은 양쪽 모두에게 반감을 갖게 만들었다. 불안이 해결되기는 커녕 오히려 증가했고, 상호작용적인 불안으로 변형되었다. 이런 종류의 상호작용에서는 종결이 없다. 그래서 마르셀은 감정조절을 위한 능력이 떨어질 수 밖에 없었다. 따라서 그가 스트레스를 받았을 때, ‘통제할 수 없는’ 그리고 ‘이해할 수 없는’ 아이로 보이기 쉬운 산만하기나 공격적인 행동을 할 수 밖에 없었다.

## 발달의 적절성 또는 잠재력의 평가영역

관찰을 통해 이전 평가에서 나타난 발달적 약점 또는 발달지연을 확인할 수 있었다. 마르셀은 말을 이해하고 표현하는 부분에서 심각한 지연을 보여주었다. 그것은 듣는 것을 잘 못하는 것과 관련되었다. 그는 내적인 좌절과 외적인 스트레스 요인에 과민 반응했다. 심지어 가벼운 스트레스에서도 그는 자기조절하는 것이 힘들어 보였다. 그의 어머니가 이해할 수 있는 방식으로의 의사소통이 어렵기 때문에, 서로의 감정조절 또한 위태로웠다. 그러나 평가에서 발달영역 중의 강점 또는 잠재력이 있는 영역을 분명히 확인해야 한다. 정상발달로 인정되는 영역은 부모가 자식에게 희망을 줄 수 있을뿐만 아니라, 부족한 발달영역에 접근하기 위해 강점을 사용하는 치료계획이 도움을 줄 수 있기 때문이다.

나의 마르셀에 대한 평가 가운데 중요한 견해는 그가 공동의 참여능력이 있다고 보여진다는 사실이다. 사실, 그는 그 집을 가지고 놀 때 호기심으로 굉장히 알고 싶어했다. 그는 말로 이러한 흥미, 관심을 표현할 수 없었다. 그러나 그는 내가 보는 곳을 보고, 나의 행동을 따라함으로서 관심을 나타냈다. 공동으로 관심을 집중하는 행동이 언어를 배우는데 중요한 조건이라는 것은 밝혀져 왔다(Baldwin, 1995). 일반적으로 부모들이 아동과 함께 사물이나 한 사건을 볼 때, 그들은 그들이 무엇을 보았는지에 대해 이야기를 하고, 무작정 물건과 활동의 이름을 가르쳐달라고 한다. 이것은 차츰 본 것을 단어로 생각하게 도와준다. 마르셀의 어머니와 마르셀은 아마도 이런 과정이 잘못되어온 것 같다. 왜냐하면, 그의 언어 결함이 이 과정에서 정상 아동의 역할을 못하게 했고, 따라서 부모의 말을 모방하는 것이 힘들어졌기 때문이다. 그녀는 그가 "아직 말할 준비가 되지 않았거나, 아마 말하는 것을 좋아하지 않는다"고 판단을 내리고 원하는 것보다 더 적게 말했다. 나는 매우 어린 걸음마기 유아를 대하는 것처럼 그를 대했다. 주로 말로 하기보다 나는 그 집의 부분들을 손으로 지적했고, 그가 좌절하기 전에 미리 몸으로 어떻게 작동하는지를 보여주었다(나는 이야기하는 것과 동시에 행동을 함께 했다). 마르셀이 내가 말하는 것을 이해할 거라고 기대하지는 않았지만 언어를 학습을 위한 매체로 보고 구체적인 설명을 하는 것이 아니라, 그를 언어를 배우기 시작한 2살짜리 걸음마기 유아와 같이 생각하려고 했는데, 그것이 도움이 되었다.

마르셀의 동기부여의 평가는 또 다른 중요한 이슈였다. 그가 끊임없이 실패와 무능력의 감정과 싸움에도 불구하고, 여전히 의사소통과 그의 환경을 숙달하기 위해 열심히 노력한다는 것을 지각하는 것은 매우 중요하다. 마르셀은 동기가 없거나 감정이 없는 아동이 아니다. 오히려 그는 그 자신을 표현하고 이해받고자 하는 강한 소망을 가진 것으로 보인다. 이러한 관점에서, 의사소통을 할 수 없는 것에 대한 그의 좌절의 수단으로서의 발작을 더 격렬하게 하려고 생각했다. 게다가, 그의 감정과 생각을 의사소통하고, 세상을 이해하려는 동기를 가진 존재로 마르셀을 보는 것은 이해하기 어려운 행동을 하는 아동으로 보기보다는 오히려 마치 정상 걸음마기 유아와 같이 보는 것이다. 마르셀은 확실히 그의 심각한 언어지연과 듣는 기술의 지연 때문에 '정상' 은 아니다. 그러나, 그의 동기는 보통의 걸음마기 유아와 같다. 마르셀의 관찰평가를 통해 적당한 발달을 가지고 있는 영역과 잠재력을 가지고 있는 영역을 확실히 할 수 있었다. 이것은 다음 내용을 포함한다.

- 의사소통과 환경을 정복하려는 강한 동기
- 엄마에 대한 긍정적인-항상 작용하는 것은 아닐지라도-애착
- 탐험적인 행동에 관심
- 스트레스 받지 않았을 때 자율적인 감정조절 능력
- 고통을 다루는 상호작용적인 대처법의 사용 능력
- 관심을 집중하는 능력

이러한 관찰을 통해 언어나 상징적인 의사소통 영역이 심각하게 손상되었음에도 불구하고, 마르셀의 종합적인 발달의 성숙은 계속되어 왔다는 것을 확인할 수 있었다. 브라젤톤(Brazelton, 1990)은 "성장시 중앙신경계의 힘은 냉혹하다."(p.1664)라고 말했다. 심지어 장애가 있는 유아나 어린 아동에게서, 단순히 뒤에서 후원해주는 것 이상으로 결함을 강화해줌으로써 성숙할 수 있게 해준다(Brazelton, 1990, pp.1664-1655). 화, 조절, 무질서적인 격렬한 행동으로 나타난 의사소통에 대한 강한 소망은, 결함을 극복하기 위한 발달의 '힘' 으로 보여질 수 있었다. 브라젤톤(Brazelton, 1990)은 또한 이렇게 적었다. "그것이 만약 적절하게 이용될 수 있다면 이것은 손상된 유아가 결함으로부터 회복할 수 있는 결정적인 힘이 된다(p.1665)."

## 발달상의 이해를 기초로 한 중재 계획

이처럼 예비평가의 결과와 함께 이루어지는 관찰적 평가는 마르셀이 갖고 있는 발달적인 능력과 잠재력이 부모-아이 간의 관계안에 있는 능력만큼 잘 이용함으로써 마르셀의 장애를 드러내게끔 중재하는데 있다. 효과적인 중재를 하기 위해서는 마르셀의 언어와 의사소통의 장애 이외에도 마르셀과 엄마 사이의 교류적인 문제도 중점적으로 다룰

필요가 있다. 다음의 권고는 초기중재 프로그램에서 제공되었다.

### *영아 정신건강 전문가와 함께 하는 걸음마기 유아-부모 사이의 발달상 지도*

이 부분의 중재는 어머니의 마르셀에 대한 투자와 그들의 애착관계의 순응적인 양상을 만들기 위해 시도되었다. 목표들은 다음과 같다. 마르셀의 어머니가 의사소통을 시도하는 마르셀의 행동을 이해하고 관찰하는 것을 돕기, 그녀(엄마)가 좀더 마르셀을 이해하기 위해 시도하려는 공감적인 의사소통 돕기, 행동과 언어의 '신호(표현양식)' 와 감정적인 경험을 점차 공유하려는 모자(母子) 돕기가 있다. 마르셀과 그의 어머니 사이의 의사소통의 어려운 점들은 어머니가 안전지대로써 기능하는 것에서 실패를 야기했다. 마르셀은 그가 괴로웠을 때 어머니를 안전지대로 삼기를 원했다. 하지만 그는 그의 괴로운 감정들을 전달(교류)할 수 없었고 종종 신뢰할 수 없는 양육태도를 경험했다(DeGangi, 2000). 부모-자녀사이를 연구하는 본질적인 목적은 마르셀의 어머니가 마르셀의 행동을 정확히 읽을 수 있도록 돕고, 그에 따라 어머니가 마르셀에게 좀더 자주 반응할 수 있게 하는 것이다. 만약, 그의 엄마가 그를 좀더 자주 이해하려 노력하는 것을 그가 느낄 수 있다면 어머니를 안전지대로써 여기고 싶은 아동의 태도는 더욱 튼튼해질 것이다(Lieberman & Zeanah, 1999).

### *집중적인 초기 중재 프로그램의 맥락 안에서의 언어치료*

마르셀의 심한 언어장애와 청각에서 일어날 수 있는 장애 때문에 그는 기초언어학습 수준의 언어치료가 필요했다. 나는 나의 보고서에서 그를 연구하는 이들은 어린 걸음마기 유아기의 한 때처럼 반응하는 발달적인 면에서부터 연구해야 한다고 제안했다. 이것은 그가 좌절을 경험했을 때 수동적으로 돕는 것, 구체적으로 제공할 준비, 지속적인 평가제공, 그가 말하는 모든 것을 포함한다. 나는 또한 만약 그의 말하기 언어과정이 느리다면, 그에게 의사소통의 의미를 알려주기 위해 간단한 수화를 가르치는 것이 유용할 수 있다라고 제안했다. 이것은 언어적인 의사소통을 위한 기초가 될 것이다.

### *정기적인 평가*

나는 마르셀과 그의 어머니에게 전문가가 진행하는 상담을 받고 중재의 결과를 정기적으로 점검할 것을 제안했다. 정기적인 평가는-대략 6개월마다-마르셀의 엄마가 그에 대한 진행상황(진척)을 보는데 도움이 될 것이다. 출생 후 첫 3년 동안의 발달은 빠르고,

중재의 반응들은 발달의 다음 단계보다 좀 더 뚜렷하다. 정기적인 평가는 부모에게 진행 경과와 희망적인 느낌을 제공해 준다. 또한 평가자는 실제로 발달을 촉진시키는 신호가 무엇인지 알 수 있다(Parker & Zuckerman, 1990).

*약물요법의 부적용*

마르셀의 극심한 행동조절을 위한 약물치료의 요구는 앞의 소개에서 두드러지게 나타났다. 이것은 미묘한 문제이다. 그를 만났던 전문가들은 약물치료를 희망했다. 나는 보고서에서 마르셀의 극적인 행동의 역동을 조심스럽게 기술했다. 나의 목적은 발달적인 지연과 상호작용의 문제 사이에 있는 마르셀의 울화(성냄)와 공격적인 행동을 이해하기 위한 기초(구조)를 제공하는 것이었다. 나는 만일, 그가 지각하는 것처럼 보이고 부모-자녀관계와 언어치료의 중재가 결과를 보여주기 시작했다면 그에게 약물치료가 강요되지 않기를 희망했다. 나는 우리 정신과 진료 직원들과 상의를 했다. 우리는 만약 중재에 실패한 것이 아니라면 마르셀처럼 어린 아이에게 약물 치료를 추천하는 것이 탐탁치 않다고 보고서에 기술했다.

## 추후지도

마르셀은 예비 초기 중재프로그램에 들어갔다. 그는 첫 번째 교사와 좋은 관계를 맺었고, 반응과 감정조절의 더딘 발달과 언어발달의 꾸준한 향상유형을 보였다. 마르셀의 어머니는 자주 그와 함께 학교에 참여했고, 마르셀과 함께 하는 놀이와 한계설정에 대해 일부 배웠다. 시작 이후, 여섯 달 진행되어온 평가기간 동안 마르셀의 놀이는 좀더 조직화 되어졌고 언어를 통한 표현을 더 구체적으로 할 수 있게 되었다. 그는 회기가 진행되는 동안 어떤 성냄(불끈 화내기)도 보이지 않았다. 마르셀의 어머니는 더욱더 교사가 한 방법처럼 아동과 놀이했다. 그러나 여전히 아직도 이해하지 못하는 행동이 있다고 말했다. 어쨌든 중요한 것은 영아의 정신건강 위탁이 이제 막 이루어졌고 마르셀의 어머니는 마르셀이 학교에서 받았던 것과 같은 수준의 중재와 지원을 받지 못했다는 점이다.

# 중재 : 부모-자녀 치료

걸음마기 유아의 중재는 부모-자녀 심리치료 원리의 확장을 포함한다. 발달애착이론에서는 걸음마기 유아와 부모를 따로 떨어진 것이 아니라, 부모와 아동을 함께 보는 합리적인 방법을 전제로 한다. 걸음마기 유아는 여전히 세상을 이해하는 것을 도울 애착관계의 지지를 요구한다. 공동치료에서 치료자와 부모는 아동과 부모의 관계에서 아동의 고통 또는 어려움의 원인이 무엇인지 알기 위해 걸음마기 유아의 놀이와 행동을 관찰한다. 유아와 달리 더 발달한 걸음마기 유아는 치료시 더 활동적인 참가자로 작용한다(Bennett & Davies, 1981; Lieberman, 1992).

비록 걸음마기 유아가 복잡한 생각과 감정을 언어로 표현하지 못한다고 해도 상징놀이를 통하여 자신의 경험 표현을 증가시킬 수 있다. 걸음마기 유아는 종종 놀이를 통해 말로 표현하는 것보다 경험을 더 복잡한 표현을 통해 제공한다. 18개월부터 2살까지의 시기에 시작되는 상징적인 놀이와 행동적인 재현활동이 부모와 치료자로 하여금 아동의 관점을 배우도록 돕게 한다. 저학년 아동의 놀이가 고학년 아동보다 방어 장치에 의해 영향을 덜 받기 때문에 치료가 더 쉽다.

걸음마기 유아의 언어능력의 발달은 치료하는데 유용할 수 있다. 치료자와 부모들은 걸음마기 유아의 감정에 이름을 붙이거나, 스트레스 받은 경험을 간단한 말로 표현함으로써 걸음마기 유아의 이해를 도울 수 있다. 걸음마기 유아의 행동과 놀이 그리고 부모나 치료사의 말 사이의 '대화'는 걸음마기 유아의 문제를 이해하고 해결하기 위한 수단이 될 수 있다. 예를 들어 제러드(Jared)는 반복적으로 공룡이 문을 부수고 아기를 무는 놀이를 통해 그의 징후가 되는 행동의 원인을 명확히 보여주었다. 그의 어머니는 그들이 경험했던 무서운 사건을 재연하고 있다는 것을 깨달았다. 이것을 통해 그의 어머니는 제러드의 공격적인 행동이 그것 이상이라는 것을 알게 해주었다. 치료사와 제러드의 엄마는 그 놀이에서 표현된 사건과 감정을 말로 표현했다. "아빠가 유리를 깼을 때 너무 무서웠었지. 유리 파편이 너에게 튀었지. 아빠가 다시는 그렇게 못하게 할께." 언어로 감정을 표현하고 명확화하는 것은 제러드가 자신의 언어 수준에서 그의 경험을 재연할 수 있게 했다. 그리고 그의 어머니가 그의 두려움을 지각하고 있으며 그를 보호하는 행동을 할 것이라고 안심하게 했다.

그러나 리버만(Lieberman, 1992)은 언어중재를 사용할 때 걸음마기 유아의 능력을 과대평가하지 않는 것이 중요하다는 것을 지적했다. 그리고 치료사가 "걸음마기 유아가 사용하기에는 너무 벅찬 느낌"(p.570)을 어떻게 말하는지 그 말하는 방법을 발견하도록 권고했다. 걸음마기 유아가 어릴수록, 이러한 권고가 더욱 필요하다. 치료를 받고 있는 아동의 어머니가 걸음마기 유아의 놀이-비언어적이고 생생한 감정이입이 가능한-를 함께 하면 아동이 불안해 할 때 보호적인 반응을 할 수 있다. 예를 들면 제러드가 가족끼리

식사하는 놀이에서 아빠인형이 폭력을 휘두르려고 하고, 그로 인해 제러드의 두려움이 높아질 때 그의 어머니는 엄마인형을 집어 들고 아빠인형을 집밖으로 밀어버리며 "안 돼! 엄마는 아빠가 이런 짓을 하도록 그냥 놔두지 않을 거야"라고 말할 수 있다.

## 표현과 정신적 외상

경험한 내용을 재연하는 걸음마기 유아의 발달된 능력은 그 아동이 스트레스를 받고 정신적 외상과 접했을 때 부담을 준다. 그 걸음마기 유아는 잘못 이해하거나, 원인과 결과를 혼돈하거나, 자기중심적인 시각으로 본 스트레스적인 경험의 이미지를 떠올릴지도 모른다. 제러드는 심지어 그의 아빠가 6달 동안 집에 없었는데도 불구하고, 모든 문이 잠겨 있는지 아닌지를 보기 위해 밤마다 점검했다. 이를 통해 아빠의 폭력이 계속해서 되풀이될지 모른다는 불안을 가지고 있다는 것을 보여 주었다. 영아와 달리 걸음마기 유아는 이러한 불안이 자신과 현실을 보는데 영향을 미치는 의식적인 정신심상의 형태로 작용할 수 있다. 부모와 오랫동안 떨어져 지냈던 것과 같은 힘들었던 경험을 기억하면서 이러한 일이 다시 일어날까봐 걱정한다. 이런 생각은 불안을 만들고, 종종 걸음마기 유아의 행동 징후의 기초가 된다.

내면을 재연하는 능력은 부모가 안전감을 주기 힘들 때, 정신적인 외상 경험이 걸음마기 유아의 작동모델에 영향을 미칠 때 중요하다. 이러한 훈련이 암시하는 것은 걸음마기 유아의 오해와 과잉 일반화된 것을 치료할 때 직접적으로 건의되는 것이 필요하다는 것이다. 걸음마기 유아는 부모와 함께 자신의 기분, 생각, 안내에 기초한 중재를 형성하기 때문에, 보통 혼자서는 걸음마기 유아의 불안을 가라앉히기가 쉽지 않다. 걸음마기 유아는 그들이 경험한 사건을 재연할 기회가 필요하고, 그것들은 특별하게 반응되어야 한다. 그리고 대부분의 걸음마기 유아의 사례는 부모와 함께한 회기에 포함될 것이고, 치료는 걸음마기 유아가 경험한 것을 재연하도록 이끌어 내도록 구조화된 것이다(Davies, 1991). 잘못 다루어진 3살과 4살 아이들의 중재에 관한 최근의 조사에서 애착이론에 근거한 부모-자녀 간의 치료가 부모로서의 기술을 가르치는 부모 혼자만의 중재에 비해 효과가 좋다고 발표하였다. 부모-자녀 치료 모델에서 다루어진 저학년아동은 중재기간 동안 좀더 긍정적인 자기표현과 그들의 부모에 대해 긍정적인 태도를 보여주었다(Toth, Maughan, Manly, Spagnola & Cicchetti, 2002). 발달적 관점에서 보았을 때 애착 관계에 기초한 치료는 걸음마기와 유아기에 이루어지는 것이 적절하다. 왜냐하면 그것은 저학년 아동이 갖고 있는 모습이 굳혀지기 전에 부모-자녀간의 관계를 신장시키고 자신과 양육자에 대한 아동의 표현 모습이 달라질 수 있기 때문이다.

### 애착과 걸음마기 유아의 치료

걸음마기 유아와 부모의 치료에서, 가장 중요한 목적은 애착의 순응적인 특징을 강화하는 것이다. 몇몇 사례에서 부모 자신의 부정적이고 불안한 애착사에 중점을 둘 것이다. 왜냐하면, 그러한 것들이 걸음마기 유아의 부정적인 지각력에 영향을 주기 때문이다. 덜 심각한 사례에서는, 부모의 취약성(상처받기 쉬움)과 걸음마기 유아의 자기 주장 사이의 상호작용에 중점을 둘 수도 있다. 예를 들어, 영아일 때의 아이를 원하는 부모의 경우 영아가 걸음마기 유아로의 성장하는 것에 대해 부정적으로 반응하거나 아이의 주장을 통제하려고 노력하기도 한다. 발달적으로 적당한 행동이나, 상호작용 유형의 확립에 있어서 대안을 탐구하는 행동을 재구성하는 것에 치료가 집중된다. 다른 사례에서, 치료는 발달적인 변화, 스트레스, 정신적 외상에 의해 왜곡된 애착의 기능을 회복하는데 초점을 둔다.

**[표 8-2] 중재에서 이용될 수 있는 걸음마기 유아의 발달능력**

- 상징적인 역할놀이를 재연하는 능력이 발달하고 경험에 대한 의문이 증가한다(15~18개월 사이에 시작된다).
- 경험을 알고 이해하고자 하는 걸음마기 유아의 강한 동기는 치료시에 두드러진 문제를 수행하는 것에 흥미를 갖게 한다.
- 또한 이해 가능한 언어능력은 스트레스 받는 경험에 대한 설명이나 안심시키는 것을 이해할 수 있다(15~18개월에 시작된다).
- 언어를 이해할 수 있는 능력을 통해 부모와의 잠깐의 분리나 의사의 방문과 같은 어쩌면 긴장될 수 있는 경우 대비하여 준비할 수 있다.
- 언어를 표현할 수 있는 능력을 통해 간단하게 걱정, 의문, 관심사를 분명하게 이야기할 수 있다(언어가 급속히 증가하는 20~24개월에 시작된다).

## 학대받은 걸음마기 유아에 대한 부모-자녀치료 : 사례

케이틀린(Kaitlin)은 2년 8개월에 14살 짜리 여성 베이비시터에게 신체적인 학대를 받고 있었다. 케이틀린의 어머니는 그녀의 등에 있는 멍자국, 팔과 허벅지에 찰과상과 물린 자국, 그리고 그녀의 회음부 안의 할퀸 상처로부터 나온 피가 묻어 있는 기저귀를 발견했다. 케이틀린의 부모는 케이틀린을 데리고 병원으로 데리고 갔고, 구체적인 신체적 학대의 증거가 되었다. 베이비시터는 자신이 TV를 보고 있는 동안 케이틀린이 놀아주기를 원했기 때문에 케이틀린의 팔을 세게 물고 때렸으며, 손톱으로 찰과상이 나게 생식기 부분을 할퀴었다고 고백했다.

케이틀린은 그 후 매달리는 행동, 낯선 사람에 대한 불안, 밤에 빈번히 깨는 것, 그리고 부모가 기저귀를 갈아줄 때마다 극도로 흥분하여 우는 행동과 같은 정신적 외상을 보였다(Scheeringa & Gaensbauer, 2000). 또한 부모는 아이에게서 정신적으로 외상당한 유아들이 공통적으로 보이는 몇가지 반응들을 보았다. 정신적인 외상을 겪은 유아들의 부모는 슬픔, 무력감, 압도당함과 어떻게 해야 할지에 대한 불확실함을 느낀다. 케이틀린을 학대자와 함께 있게 했다는 죄책감 때문에 그들은 베이비시터를 향한 화뿐만 아니라 자신에게도 화를 냈다. 이런 감정들로 그들은 무력감을 느끼고, 자신들이 케이틀린의 정신적 외상을 도울 수 없다고 느낀다. 그러나 그들은 케이틀린이 정신적 외상으로 인해 다치지 않기를 바랬고, 치료에 참여하도록 강력하게 동기화하고 싶어 하였다. 나는 부모-자녀 치료에 착수하기 전에 케이틀린이 겪은 좌절스러운 경험에 대한 생각을 예상할 수 있도록 놀이를 이용하는 것이 좋겠다고 케이틀린의 부모에게 접근방법을 설명하였다. 나는 케이틀린의 상징적인 행동은 정신적 외상에 대해 일반적으로 반응하는 저학년 아동의 행동임을 설명하였다. 아이가 무슨 일을 겪었는지 알 수 있을 것이라는 것과 딸이 미래에 그저 과거의 일로 생각할 수 있다는 확신을 주었다. 이것은 학대의 단순한 한 가지 사건이고, 케이틀린은 전반적으로 좋은 발달을 했고, 부모와 함께 안정적인 애착의 경험이 바탕이 되기 때문에는 케이틀린의 치료 경과는 좋을 것이라고 제안하였다. 나는 케이틀린의 부모에게 케이틀린의 상태에 대한 실제적인 평가내용을 알려주고, 그녀에 대한 희망을 알리고자 했다. 케이틀린은 정신적 외상 과정과 그들이 자신을 보호하려고 노력한다는 재확신을 받게 될 것이기 때문이다(Scheeringa & Zeanah, 2001).

나는 이 가족을 약 2개월 가량 보아 왔다. 나는 2가지 주요한 목적을 가지고 있었다. 하나는 케이틀린에게 놀이 과정에서 일어나는 걱정들을 표현할 기회를 주는 것이었다. 또 다른 하나는 케이틀린의 부모가 케이틀린과의 애착관계를 활성화시키도록 도와주어 케이틀린이 정신적 외상 회복단계에서 부모님들의 도움을 받을 수 있도록 하고, 그들이 자신을 안전하게 해주려는 의도를 갖고 있음을 케이틀린에게 재확신시키는 것이었다.

우리는 바닥에 둥글게 앉았고 나는 케이틀린에게 네가 제시카(Jessica, 베이비시터)에게 상처받았다는 것을 알고 있다고 말했다. 또한 그녀의 부모와 내가 그것을 치료하는 것을 도와주고 싶다는 것도 말해주었다. 나는 놀이를 통해 그녀가 걱정하는 것이 무엇인지 알 수 있을 것이라고 말했다. 케이틀린은 작은 인형으로 학대를 반복했다. 나는 그녀가 무엇이 일어났는지 우리에게 보이는 중이라 말했다. 케이틀린은 슬픔과 불안과 같은 모든 사건은 밤에 이뤄지는 것으로 몰고 갔다. 후에 큰 인형이 작은 인형을 반복해서 때렸고, 그 작은 인형은 병원으로 옮겨졌고 간호사와 의사에게 검진을 받았다. 나는 케이틀린의 부모에게 어떤 일이 놀이 중에 일어나는지 말로 묘사하라고 요청했고, 케이틀린의 엄마는 그 밤에 어떤 일이 있었는지 다시 이야기했다. 케이틀린이 다음 회기에도 같은 각본대로 표현할 때, 나는 부모들에게 케이틀린이 무슨 일을 겪었는지 그리고 케이틀린이 얼마나 상처받고 무서웠는지, 다시 무섭고 상처받을까봐 얼마나 걱정하고 있는지를 모두 알고 있다고 말하게 했다. 케이틀린의 부모는 케이틀린에게 제시카가 다시는 케이틀린의 베이비시터가 되지 않을 것이며, 앞으로 베이비시터는 케이틀린을 다치게 하는 베이비시터가 아니라고 말했다. 그들은 케이틀린에게 지금 할머니 한 사람만이 너를 돌볼 것이라고 말했다.

다음 회기에 케이틀린의 놀이에서는 케이틀린의 집에서의 행동뿐만 아니라 케이틀린 자신이-어린 아이가 일반적으로 더 불안해지는 경향이 있는 때인 밤에-얼마나 안전했는지에 대해 표현하라는 질문을 했다. 왜냐하면 자는 동안 그들의 부모로부터 분리되었고, 그래서 반드시 통제의 감각을 포기해야만 했다. 회기 동안 케이틀린은 밤에 아기의 방에 들어와 그녀를 물고 가는 한 "괴물"이 있다고 생각했다. 집에서 케이틀린은 잠을 자는 데에 어려움을 겪었고 종종 일어나서 부모의 침실로 갔다. 나는 비록 케이틀린이 그녀의 부모가 제시카를 다시는 집안에 들이지 않고 그녀를 괴롭히지 못하게 할 거라는 것을 알면서도, 케이틀린은 걱정을 계속하게 될 것이라고 말했다. 놀이에서 케이틀린의 아빠는 놀이에서 아버지 인형으로 괴물을 집밖으로 차버리는 활동적인 역할을 맡았다. 이런 행동이 케이틀린으로 하여금 일시적으로 재확신을 받게 한 것으로 보였다. 그러나 다음의 두번째 회기에 넘어가자, 그녀는 놀이 속에서 그녀의 부모가 그녀를 안전하게 지켜줄 수 있는지에 대한 질문들을 나타냈다. 후에 아기는 침대에 누웠고, 케이틀린은 그녀를 깨우고 방안을 날아다니게 했다. 케이틀린은 벽을 향해 그녀의 머리를 치고 울었다. 그때 케이틀린의 부모는 그들의 인형으로 그 아기가 다치지 못하게 막았는데, 케이틀린의 아기인형은 그들을 교묘히 빠져나가서 계속 상처 입혔다. 나는 이런 언급을 했다: "케이틀린 이것은 나로 하여금 얼마나 제시카가 너를 다치게 했는지 알 수 있게 하는구나. 엄마랑 아빠가 그 곳에 없었을 때 말야. 그건 마치 아기가 엄마와 아빠가 너를 안전하게 지킬 수 없다는 네 걱정을 보여주고 있는 것 같구나." 나는 케이틀린의 부모에게 응답하도록 요청했다. 케이틀린의 엄마가 말했다: "제시카를 다시는 우리 집에 오게 하지 않을거야. 어떤 사람도 밤에 와서 너를 해치지 못하게 할거야. 우리는 그들을 막을거야." 이러한 일 이후, 케이틀린의 놀이는 아빠인형이 아기인형을 침대로 밀어 넣는 것과 함께 좀더 정상적인 양육수용의 놀이로 전환되었다.

부모님 인형이라고 한 인형. 그리고 케이틀린을 아프게 했던 인형을 통한 케이틀린의 놀이는 외상적인 걸음마기 유아의 갈등을 분명하게 표현했다는 것이었다. 왜냐하면 유아들은 스스로의 외상을 관리할 수 있는 내면적인 자원이 상대적으로 거의 없고, 부모와 형성된 애착으로부터의 적극적인 지원이 필요했다. 간략히 말하면 걸음마기 유아는 훨씬 더 많이 애착관계에 의존하고 외상은 애착관계를 위협한다. 외상 입은 걸음마기 유아는 자신의 부모가 자신을 안전하고 확실하게 보호하지 못했기 때문에 자신이 좌절하고 있다고 강력하게 느낀다. 이런 괴로운 인식은 아동이 애착관계의 생존능력에 의문을 제기하고 있음을 보여주는 행동으로 이끈다(Scheeringa & Zeanah, 2001). 케이틀린은 그녀의 놀이 속에서 이 쟁점을 보여줄 수 있었고, 케이틀린의 부모로 하여금 그들이 케이틀린의 걱정을 이해하고 있다는 것, 부모님은 케이틀린을 안전하게 유지해 줄 것이라는 이해를 케이틀린에게 전달하게 하였다. 마지막 치료 즈음해서, 케이틀린의 부모님은 케이틀린을 할머니에게 맡겨두고 밤에 몇 번 정도 외출했다. 이것은 케이틀린이 그녀의 부모님으로 분리되는 경험을 갖는 기회를 갖게 했고, 경험적으로 부모님이 곁에 없는 동안에도 그녀가 안전하다는 것을 알게 하는 계기가 되었다. 상대적으로 짧은 2달 간, 케이틀린은 외상을 극복했던 몇 번의 경험들과 부모와의 애착으로 인한 안정감을 느낌으로써 케이틀린의 정신적인 외상 증상들은 사라져 갔다.

이 사례에서 분명히 알 수 있듯이, 영아와 아동기의 정신적 외상은 분명히 관련 있는 구성요소를 가지고 있다. 초기 몇 년 동안에는 아동은 불편함을 안정시키고, 효과를 균일케 하기 위해 자신의 애착관계에 의존한다(Scheeringa, 1999). 케이틀린은 사건으로부터 받은 정신적 외상에서 상당히 회복하였다. 그것은 케이틀린의 부모님들이 그녀의 경험에 대해 감정이입해서 이야기하고, 보호감 회복을 위해 노력하고, 이전에 이미 안전한 애착을 회복하려고 노력했기 때문이다.

## 관찰연습

1. 한 시간 동안 공공장소에서 아동과 부모를 관찰해라. 쇼핑몰이나 패스트푸스 음식

점이 관찰을 위한 좋은 장소일 수도 있지만 공원이나 운동장이 더 적절하다. 다음의 것들을 관찰해 보아라.

a. *안전지대, 애착, 그리고 (주변)탐색;* 만일 아동이 자유롭게 놀 수 있는 장소에 있다면 아이의 주변탐색과 부모와의 애착에 대한 평가를 기록한다. 아이가 놀고 있는 동안 시각적 혹은 언어적으로 아이를 볼 수 있는가? 아이가 부모로부터 얼마나 멀리 떨어져 있는가? 부모가 주변탐색 중인 아이와 함께 참여하고 있는 것은 무엇인가? 아이의 활동수준은 어느 정도인가? 아이들이 흥미로워하는 생각은 어떤 것인가?

b. *자율성;* 당신이 보기에 아이가 먼저 주도하거나 하자고 주장하는 것들은 무엇인가? 부모가 원하거나 계획한 것에 반대되는–독단적인 행동이 나올 때 아이와 부모는 어떠한가? 부모와 아이는 안전을 넘어선 갈등을 어떻게 협의하는가?

2. 탁아소나 유치원 안의 유아교실에서 30~60분간 관찰하라.

a. 아이들 사이에서 아이의 어떤 개인적인 차이점을–운동기술, 언어능력 면에서 발견했는가?

b. 당신이 관찰한 놀이의 종류는 무엇인가? 감각운동, 모방, 상징, 그리고 상호작용하는 놀이 등의 예를 기술하라.

c. "내꺼야"라고 표현하는 상황 관찰하기. 놀이감들로 인한 갈등이 있는지 살펴봐라. 충돌과 같은 상황에서의 아이들의 반응은 어떠한가? 충돌이 일어났을 때 양육자(보모나 교사)의 반응은 어떠한가? 장난감이나 소유물에 대한 갈등 등을 살펴보면서 "내 것"이라는 현상을 관찰해라.

d. 공감과 친사회적 행동(긍정적인 교류)이 일어나는 행동의 경우를 보았는가?

e. 자기조절이 결여된 경우를 보았는가? 어떻게 자기조절을 하는가? 충동 조절을 깨뜨린 것은 무엇인가?

## 면접 연습

30~60분 동안 후기 걸음마기 유아의 부모를 인터뷰한다(2~3세 사이). 부모에게 영아였을 때와 걸음마기 유아였을 때의 차이점에 대해 묻는다.

1. 일반적으로 아이가 6~9개월이였을 때와 비교하여 2세 때 어떻게 다른가?
2. 1~1년 6개월이 지나는 동안 변한 아이와 어떻게 관계를 형성했는가?
3. 아이가 걷기 시작한 직후 3~4개월 안의 아이에 대해 어떤 기억을 가지고 있나?

4. 그녀의 의사소통 능력은 어떻게 변화했는가? 아이의 언어를 이해하고 사용하는 능력은 당신과의 관계를 어떻게 변화시켰는가?
5. 영아 때와 비교하여 걸음마기 유아일 때의 부모역할의 더 쉬운 점과 더 어려운 점은 무엇인가?

# 유아기 발달

유아기간에서 3~6세는 발달에 있어 커다란 전환기이다. 아이들은 자기자신과 세계를 이해하는데 제한된 능력을 가진 자기중심적 걸음마기 유아기에서 아동기로 발달한다. 아동기 아이들은 논리적으로 생각할 수 있고, 자신을 통제할 수 있으며, 다른 사람과 공감할 수 있다는 점에서 성인들과 상당히 유사하다. 인지적 측면에서 유아들은 사고의 원인과 결과를 이해하고, 환상과 실재를 구분할 수 있는 좀더 논리적인 사고로 점차 이동해간다. 이러한 인지적 변화의 주요 효과는 6세 경의 아이가 자신에 대해 좀더 실질적으로 바라볼 수 있게 된다는 것이다. 따라서 세상을 볼 때 자기중심적 사고에서 벗어나 좀더 객관적인 시점으로 바라 보게 되고, 이로 인해 많은 사건들에 대해 자신을 중심에 놓지 않고 바라볼 수 있게 된다. 또래와 관계 역시 좀더 자발적일 때 변하게 된다. 또래와의 관계는 유아에게 매우 중요한 것인 동시에 발달에 영향을 미친다. 또래와의 놀이와 상호작용을 통해 유아들은 감정이입, 조망수용능력, 협상, 협동과 같은 기술을 습득하고, 우정이라는 기쁨을 경험하기 시작한다. 이러한 상호작용을 통하여 자신을 타인과 비교해서 평가하기 시작하고, 처음으로 사회적 비교를 통해 자기인식을 하기 시작한다.

자아통제와 충동조절 능력은 아이들이 대인관계의 대응 기술을 학습하고 인지적 통제와 무의식적 방어기제를 내재화하는 3~6세에서 크게 향상된다. 아동들은 여전히 애착관계에 의존한다. 하지만 아동은 천천히 내적 자원을 사용하고, 애착 대상의 행동의 일반화를 기초로 타인에게 지지받음으로써 불안을 처리해나가는 방법을 배운다. 도덕성 발달은 외부적 인정과 불인정에 대한 의지에서 벗어나 좀더 내재화된 가치에 의존하게 된다. 아이들은 점점 양심을 발달시켜 나간다. 양심은 그들의 행동을 판단하는데 내적 기준을 부과하고, 자신의 인정에 기초한 자존감을 이끌어 낼 수 있는 가능성을 만들어내고, 아동의 가치의 내재화, 장래희망, 가족과 사회에서의 그의 역할을 통합시키는 것을 도와준다.

유아는 놀이를 하며 살아간다. 유아기는 환상 놀이와 또래와의 극적인 놀이의 시기라 할 수 있다. 좀더 성숙한 걸음마기 유아에게도, 놀이는 발달과 현실의 탐험, 불안의 극복을 위한 기술로서 계속 역할을 한다. 그 중에서도 상상 놀이는 발달에 있어서 중요하다. 그것은 인지적, 사회정서적 성장을 촉진시킬 뿐만 아니라 세상을 이해하고 건설하는데 필수적인 수단이다(Piaget, 1962). 유아에 있어서 놀이의 주된 역할은 유아를 위한 놀이 치료에 대한 세부적 설명을 제시하는 10장 뿐만 아니라 이번 장(9장)에서도 강조되고 설명될 것이다.

## 신체발달

유아들은 꾸준히 성장한다. 하지만 걸음마기 유아나 영아보다는 그 속도가 더 느리다. 2세 아이와 5세 아이를 비교해 보면, 5세 아이는 걸음마기 유아보다 비율적으로 더 긴 다리를 갖고 있지만 더 키가 큰 것이 아니라 더 날씬할 뿐이다. 머리 또한 비율적으로는 더 작게 나타났다. 두뇌의 성장도 비록 영아보다는 더 느리지만 빠른 속도로 발달한다. 특히, 시냅스의 가지치기와 수초 만들기(신경을 감싸는 물질)는 계속해서 뇌기능의 분화와 효율을 높인다. 감각영역과 운동영역에 있는 수초화(Myelination)의 회로는 이들 두 영역을 통합할 뿐만 아니라 유익한 인지적 능력과 운동기술을 행동으로 나타나게 한다(Todd, Swarzenski, Rossi & Visconti, 1995). 뇌의 좌반구, 우반구는 각각 다른 기능을 수행한다. 그리고 유아기 동안에 이러한 기능들은 점차적으로 통합이 증가하는데, 이는 뇌량(corpus callosum)-두 개의 반구를 연결해주는 뉴런의 경로로 이루어진 조직-의 미엘린네이션에 의해서 가능하게 되는 것이다. 예를 들면, 좌반구는 언어의 생산과 이해를 관장하는 반면 우반구는 정서적 이해를 관장한다. 두 개의 반구가 연결될 때, 좀더 나이 든 유아는 다른 사람의 말 뿐만 아니라 단어가 전달하는 정서적 뉘앙스까지 이해하기 시작한다(Hellige, 1994).

신체 기술은 꾸준히 계속 발달한다. 유아들은 근육의 움직임을 조화시키면서 오르기, 건너뛰기, 뛰기와 같은 운동을 한다. 이들은 공을 던지거나 찰 수 있고 세발자전거를 탈 수 있게 된다. 또한 좀더 강해지고 조화로워졌기 때문에 신체적 활동이 많아지게 된다. 미세한 운동 영역으로써 눈 하나만 아니라 눈과 손을 함께 이용하는 것에 숙달된다. 손과 눈의 협응을 하게 됨으로써 가위로 자르고, 사각형이나 원과 같은 모양을 그리고, 4세 경에 가서는 알아볼 수 있는 사람의 모습을 그리는 것이 가능하게 된다. 2세는 여러 선과 원을 이용해 사람을 그리지만, 아이의 설명 없이는 아무도 그 그림이 사람이라는 것을 알아볼 수 없을 것이다. 이와 대조적으로 4세가 되면 엇갈린 두 개의 선 위에 동그라미–몸통, 팔, 머리를 나타낸다–를 그릴 수 있게 된다. 이 아이는 또한 손가락, 눈, 입, 머리카락과 같은 세부적인 것들을 더할 수도 있다. 5세의 아이는 사람의 모습을 좀더 현실적인 비율에 맞게 그린다(그림 9–1, 9–2, 9–3을 보면 알 수 있다.). 4세와 5세 사이에 미세한 운동근육 공동작용은 아이들이 지퍼나 단추, 찍찍이 허리띠를 잘 다루면서 옷을 입을 수 있게 해준다. 구두끈 매는 것은 더 어려워 보통 6세나 7세 이전에 완전히 배우기가 쉽지 않다. 전반적으로 유아들은 그들의 몸을 사용함으로써 기쁨을 느끼고, 그러한 기쁨은 걸음마기 유아였을 때보다 6세나 7세 때 더 크다.

**[그림 9–1, 9–2, 9–3]**

## 애착

유아는 안전감을 위해서 애착관계에 계속 의지한다. 안전한 애착의 경험이 있는 유아는 그가 특히 스트레스를 받거나, 불안하거나, 매우 피곤하거나, 아프거나 고통스러울때 2세 아이의 수준과 매우 비슷한 애착행동을 보인다. 유아는 부모의 관심을 받으려고 부모에게 울면서 달려가거나 딱 달라붙을지도 모른다. 그러나 안정 애착감을 가진 유아들은 그들의 애착욕구를 영아나 걸음마기 유아때와는 조금 다르게 해결한다(Schneider-Rosen, 1990). 그것은 학령전기 아동들이 그들의 요구를 말로 표현할 수 있고, 부모와의 애착의 문제에 대해 협의할 수 있기 때문이다. 볼비(Bowlby)는 학령전기 아동들은 인지와 언어기술을 통해 애착관계를 유지할 수 있게 '협상' 할 수 있다고 설명했다. 잘 알려진 예로, 잠자리에서 발생할 수 있는 아동의 협상능력을 들 수 있다. 4살된 아이는 아빠에게 말할 것이다. "나는 아빠가 아직은 나가지 않았으면 좋겠어요. 한 번만 더 이야기 좀 읽어주세요." 그러면 아이의 아빠는 이렇게 대답할 것이다. "좋아. 그러면 몇 분 정도만 더 있을께. 하지만 그 다음엔 잠들어야 해." 유아의 언어적 표현의 증가는 걸음마기 유아보다는 더욱 그들의 욕구를 더 명확하게 의사소통 할 수 있게 한다. 분리를 경험했던 한 아동은 화가 나서 말한다. "엄마, 내가 엄마를 필요로 했었을 때 엄마는 있지 않았어!" 부모가 이해할 수 있다는 확신을 갖고 이렇게 직접적으로 대화하는 것은 아동이 좀더 안전함과 조절감을 느낄 수 있도록 해준다.

동시에 향상된 기억력, 시간관념, 하루 일과의 이해는 아동이 안정감을 높이려는 부모의 설명을 이해하는데 도움이 된다. 4세된 아이는 그것을 받아들일 수 있고, 부모의 말을 기억한다. "너의 하루를 설명해줄께. 너는 점심을 먹고, 낮잠을 자고 그리고 일어나서 간식을 먹은 후, 네 친구와 놀고 그 후에 내가 데리러 갈께." 인지적으로 4세가 된 아이는, 엄마가 언제 되돌아 올 것인가에 대해 기대할 때 엄마가 알려준 일과를 통해 예상할 수 있다. 아이는 부모와 떨어져 있을지도 모른다. 하지만 아이는 2살 때 갖고 있지 못했던 분리에 대한 인지적 대응책을 현재는 가지고 있다. 비록 아이는 부모가 떠나는 것에 대해 선택권을 가지지 못하지만, 아이는 부모의 부재에 대해 생각하고 그것이 일과의 한 부분이라는 것을 이해함으로써 분리불안을 극복할 수 있는 능력을 가지게 된다. 나아가, 유아는 부모의 실제적인 도움이 없이 애착의 본질적인 실제모델을 포함하는 본질적인 원천을 이끌 수 있다(Bretherton & Munholland, 1999). 실질적으로 부모의 필요성을 나타내지 않고도 아동은 또래와의 인형놀이나 가족놀이를 통해 애착을 묘사하거나 각색하며 표현할 수 있다. 안전한 애착 관계는 아이에게 다른 어른들과 또래로부터 도움을 받을 수 있다는 자신감을 준다.

## 애착 발달사 연구와 유아발달

생후 3년동안 애착의 질은 유아의 발달을 위한 중요한 부분이다. 몇몇 종단연구에서 발달상의 불안정 애착 유형과 안정애착 유형의 영향을 평가해왔다. 이러한 위험도가 낮은 중류층의 아이들에 대한 연구들은 영아부터 6세 아이까지의 애착유형 안에서 일치성을 보여줬다. 12~18개월에 형성된 애착유형은 유아기 동안 지속되는 경향이 있다. 이는 양육방식, 실제모델, 그리고 교류 양식은 지속되는 경향이 있다는 것을 암시한다. 그리고 그것은 애착의 실제 모델로 내면화되고, 자기(self)가 형성된다(Thompson, 2000). 이와는 대조적으로 저소득층 아이들은 자라면서 그들 부모의 다양한 위험 요인에 대응하는데 있어 좀더 불안정해지는 것 같았다(Vondra, Hommerding & Shaw, 1999). 영아나 걸음마기 유아에서의 안정 애착은 유아기 동안의 적응능력을 예측하게 해준다. 반면에 불안정 애착은 적응능력에 있어서 어려운 점들을 예측하게 해준다. 이러한 연구는 표 9-1에서 요약되어 제공된다.

### [표 9-1] 영아의 애착유형들과 유아의 기능 간의 관계 조사

*안정애착의 경험을 가진 유아*

- *감정* : 정서적인 개방성, 좀더 긍정적인 감정, 폭넓은 감정들, 애착경험의 좋은 기억들, 6세(Main, Kaplan & Cassidy, 1985; Main & Cassidy, 1988); 감정들과 "상황에 따른 정당한" 감정표현의 조절능력(Easterbrooks & Goldberg, 1990)
- *자기조절* : 불안대처능력, 내재적인 대처능력의 원천 표현이나, 도움을 받기 위해 어른에게 의지, 즉, 자기조절을 위한 이러한 능력은 유아들이 탐색, 놀이, 학습을 지속하도록 도와준다(Maslin-Cole & Spieker, 1990; Vondra, et al., 2001).
- *애착의 일반화* : 부모가 바쁠 때 지원을 하는 성인 양육자에게 실제 도움을 청한다(Sroufe, 1983; Howes & Hamilton, 1992; Howes & Ritchie, 1998).
- *사회적 관계* : 또래 놀이에서 좀 더 긍정적인 감정과 또래들과의 참여를 보여준다; 상호작용의 긍정적인 기대감을 보여준다. 많은 친구가 생기고 또래 사이에서 인기가 있다. 감정이입과 타인의 의도와 감정을 잘 이해한다(Sroufe, 1989).
- *자기감* : 문제해결능력의 자신감, 자기지시적, 적절한 독립심과 뛰어난 기지; 적당히 높은 자기존중감(Sroufe, 1989).

*불안정애착의 경험을 가진 유아*

- *감정* : 회피하는 유아는 애착경험의 기억과 감정에 대해 방어적 제한을 보여준다. (Main, Kaplan & Cassidy, 1985) 상극인 아동들은 높은 수준의 부정적 감정, 침울함, 우울증을 보여준다(Cassidy & Berlin, 1994; Kochanska, 2001).
- *자기조절* : 충동의 지나친 통제나 낮은 통제를 포함한 감정조절과 행동조절의 어려움, 좌절에 대한 낮은 허용, 높은 불안수위, 좀더 부정적인 감정(Easterbrooks & Goldberg, 1990; Vondra et al., 2001).
- *애착의 일반화* : 부정적인 주의력, 어른에게 약올리기나 반항적 행동, 어른에게서 얻는 낮은 안정감, 빠른 자기신뢰, 사회로부터의 후퇴, 또래와의 관계를 발달시키기 위해 양육자를 이용하려고 하는 경향; 부정적인 행동은 종종 아이에게 가혹함을 느끼게 하는 선생님으로부터 통제적인 행동을 이끌어내는 경향이 있다(Bates & Bayles, 1988; Howes & Hamilton, 1992; Howes & Ritchie, 1998).
- *사회관계* : 또래들을 향한 공격적이고 부정적인 행동; 감정적인 거리, 특히 회피형 애착을 가진 유아; 이용적이고 강제적인 또래 상호작용들(Troy & Sroufe, 1987; Elicker, Egeland & Sroufe, 1992). 타인의 의도와 감정을 이해하는데 낮은 능력(Fonagy, Redfern & Charman, 1997; Greig & Howe, 2001).
- *자기감* : 부모로부터 양육된다는 느낌을 받은 경험이 없는 아동은 자신을 무능하다고 본다. 자신을 가치가 없고 사랑받을수 없는 존재로 본다. 그런 관점은 화, 의심, 양육자에 대한 적대적 행동뿐만 아니라 우울증에도 기여한다; 부정적인 행동으로 인해 또래로부터 거부당하고, 더 나아가 자존감에 상처입게 된다(Greenberg & Speltz, 1988; Sroufe, 1983).

## 사회성 발달

유아기 기간은 자기중심적인 걸음마기 영아시기와 좀더 사회적으로 적응하고 주변 상황을 알아차리는 아동기 사이의 다리 역할을 한다. 유아들은 사교적인 방법과, 근거(이유)를 가지고 다른이의 관점을 이해하는 방법을 배운다. 유아들의 사회적 발달 과업은 사회적 기술이나 친사회적 행동과 가치를 학습하는 것, 또래와의 놀이방법과 우정을 만들어 가는 방법에 대한 학습을 포함한다. 유아들은 사회적인 능력이 요구되는 여러가지 상황들과 직면하게 된다. 새로운 상황에 대한 발달적인 변화는 사회적인 능력을 발달시키려는 욕구에 기여한다. 유아들은 보살핌을 받는 영아나 걸음마기 유아보다는 큰 집단 안에서도 잘 지낼 수 있다. 또래와의 협동적인 놀이, 또래관계에서 다른 아동과 함께 잘 지낼 수 있는 방법을 배우게 된다.

유아기 아이들은 사회활동 상황에서 목표를 달성하기 위한 전략들을 향상시킨다. 그들이 원하는 것을 얻기 위한 유아 초기의 활동들은 걸음마기 유아가 하는 것과 비슷하다. 3세 아동은 다른 아동이 가지고 놀고있는 장난감을 원하고 그것을 뺏을 기회를 노린다. 4세가 되면, 그러한 신체적인 방법은 언어적인 방법으로 점차 바뀌어진다. 아동은 "난 저것을 가지고 놀고 싶어"라고 말하거나 좀더 세련된 접근으로 "우리 다같이 접시를 갖고 놀자, 응? 난 스파게티를 만들꺼야."와 같은 말로 할 수 있다. 이러한 의사소통의 기술과 사회상황에 대한 이해의 새로운 발달들은 전략안에서 변화를 가져온다. 아동은 좀더 쉽게 자기를 표현할 수 있고 타인의 관점을 받아들일 수 있게 된다. 그것은 아동 자신이 다른 아동의 접시들을 빼앗아버리면 빼앗긴 아동이 화가 날 것이라는 것을 알 수 있게 된다는 것을 뜻한다.

## 친사회적 행동

걸음마기 유아는 때때로 친사회적인 행동을 하지만, 대부분 스스로 흥미를 가지는 것과 필요하다고 느끼는 것에 대해서만 관심을 가진다. 친사회성 행동들은 3세와 6세 사이에 증가한다. 아동은 부모와 타인에 대해 반응하는 방법들을 통해 공유, 위안, 도움, 공격성 조절과 같은 친사회적 행동의 가치를 배운다. 아이들에게 필요한 보살핌과 온정, 양육, 그리고 명확한 제한들을 통해 친사회적 행동의 모델이 되는 부모는 아동의 동일시의 일부로서 친사회적 가치들의 통합을 장려한다. 게다가 역할수용과 같은 새로운 인지적인 기술들(다른 사람의 관점으로 사물을 보는 능력), 가족과의 관계에서 예상할 수 있는 역할제시, 친사회적 행동의 발달에 영향을 주는 협동을 요구하는 또래그룹의 상황에 직면하게 된다(Eisenberg & Fabes, 1998).

## 또래관계

유아기동안, 유아의 삶에 있어서 부모는 중심적인 사람으로 존재하지만, 아동의 대인관계는 조금씩 또래들에게 더 초점이 맞춰지기 시작한다. 이러한 태도의 변화는 유아에게서 관찰된다. 탁아소에서 벗어난 걸음마기 유아는 애착대상의 대리인으로써 선생님을 찾는 경향이 있다. 4세된 아동은 자신의 선생님과 따뜻한 대인관계를 맺었어도 친구를 찾게 된다. 그 아동은 평소에 함께 놀던 두 아이들을 보고 "네가 하는 놀이는 뭐야?"와 같은 질문을 할 수도 있고, 자신의 행동계획을 제안할 수도 있다. 직관적으로 타인을 자기 자신과 같은 존재로 바라보는 4~5세된 아동은 자신을 또래들과 동일시 한다. 따라서 아동에게 정서적으로 중요한 것이 무엇인지 또래들에게 말함으로써 학교에 적응하게 된다–"새로 산 내 신발을 봐" 혹은 지난 밤 거리에서 소방 싸이렌으로 깜짝 놀란 아이는 "저기 큰 불이 났어. 우리는 소방관이야"라고 말할 수 있다. 그 아동은 또래에 의해 인지되고 수용되기 위해 또래들에게서 반응을 기대하게 된다.

더 복잡하고, 객관적으로 세상을 인지하는 것을 지지하는 또래들의 태도로 인해 아동의 가치판단은 더 높아지게 된다. 자기중심성은 인지력이 발달함에 따라 줄어든다. 5~6세 아동은 좀더 다른 이의 관점을 이해할 수 있게 되면서 자기중심성이 줄어든다. 아동은 자신의 관점만이 가능한 것이 아니라, 타인의 생각들도 반드시 고려해야 한다는 것을 알게 된다. 그렇지만 자기 중심성의 감소는 단순히 인지력의 성장에 의한 결과는 아니다. 어느 정도는 또래와의 경험에 의한 교류 영향의 결과다(Piaget, 1951). 아동과 어른 사이의 관계를 비교해 볼 때 또래간의 상대적 권력의 평등은 다른 아동의 생각과 희망을 고려해야 한다는 것을 요구한다. 3세 정도부터 시작되는 또래 관계가 더욱 중요해지면서 아동은 또래와의 즐거운 상호작용을 가지면서 자극을 받게 되고 또래를 받아들일 수 있게 된다. 이러한 자극(동기)은 관점 전환, 교섭, 공유하기, 협동의 기술의 발달을 도와준다(Piaget, 1951).

많은 연구에서 부모와 아동의 초반의 감정적 유대관계의 특성과 유아의 또래관계에서 특성의 관련성을 발견했다. 만약 아동이 생후 3년 동안 부모와 만족스런 관계를 맺고 안정되었다면 다른 아이들이 어떻게 하면 즐거워할지 예상하며 그들에게 맞출 수 있을 것이다. 애착관계의 안전 기지를 경험했던 걸음마기 유아는 좀더 자신 있게 주변을 탐색할 수 있고, 다른 아이들과의 관계를 맺을 때도 역시 그렇게 할 수 있다(Hartup, 1992). 안정애착을 형성하며 성장한 유아들은 사회적 능력이 더 발달할 수 있다. 이는 그들의 실제 모델이 관계에 대한 긍정적인 기대를 갖고 있기 때문이고, 또 다른 이유는 그들이 부모와의 상호관계를 통해서 사회적 기술을 발달시킬 수 있었기 때문이다(Howes & Ritchie, 1998).

반대로 불안정한 모델에서는 유아가 또래와 상호작용하는 환경에서 사회적 기술을 학습하는 것이 어려울 것이라고 예상한다. 타인으로부터 받은 반응이 부족한 유아들은 사회적으로 완전하게 성장하지 못할 수도 있다. 이는 그들이 어떤 반응을 해야 할지 확신을 갖지 못하기 때문이다. 개인관계에서 강요와 화(짜증)를 토대로 한 작동모델은 충돌의 상황을 만들어내는데, 이는 작동모델이 굳어지게 만든다. 이러한 아동들도 또래와의 상호작용을 원할지도 모르지만 상호작용을 조절하려고 하는 그들의 노력은 다른 아이들에게 충동적이고 공격적인 행동들을 하는 것으로 나타난다(Rubin, Coplin, Fox & Calkins, 1995).

또래와의 상호작용에서 유아는 사회적 행동에 대해 많은 것을 배우고 그들이 가족안에서 학습했던 것을 구축하게 된다. "관점 수용, 공유, 분노에 대한 통제, 감정이입, 도움, 성역할 학습, 역할 수용, 분쟁해결을 위한 전략, 도덕적 사고 이 모든 것은 가족안에서 뿐만 아니라 또래 그룹 안에서도 발달된다. 그리고 이러한 것들은 우정을 형성하고 타인과의 관계를 유지해 나가는데 있어 중심적인 역할을 한다(Campbell, 1990, p.142)."

그러나 이러한 모든 기술들이 유아기동안 발달한다는 것은 중요한 점이다. 함께 어울려 노는 유아들을 관찰해보면 잦은 분쟁과 불일치, 공격적 행동, 싸움, 협동적 놀이의 분열 등을 발견할 수 있다. 아이들이 서로의 관심을 얻으려 경쟁할 때 삼각구도의 역동성이 나타나게 된다. 아이들은 배제되거나 저지됨으로써 상처를 입게 된다. 공통적으로 나타나는 자아중심성과 소유욕 때문에 아이들은 자신의 환상을 타인에게 강요하려 하고 타인과 장난감을 공유하는 것을 거부한다. 충돌이 발생했을 때 아이들은 신체적인 공격을 하거나 언어로 거부하게 된다(예를 들면," 넌 내 친구 아니야!"라거나 "내 생일날 널 초대하지 않을꺼야!"). 그러나 또래들에 의해 수용되고 가치있게 여겨지고 싶은 욕구 때문에 발생하는 분쟁들은 분쟁을 해결하기 위한 방법을 학습하기 위한 실험실이 된다.

공상놀이의 특유의 즐거움은 분쟁 해결을 위한 부가적인 동기를 제공한다–만약 투쟁이 해결되었다면 놀이는 지속된다(Pelligrini & Jones, 1993). Bad Guys Don't Have Birthdays: Fantasy Play at Four, Vivian Gussen Paley(1988)의 여러 좋은 사례 중 한 가지인 '시카고의 유아와 유치원 선생님' 은 세 소년들 사이에서 일어난 한 분쟁을 묘사한다. 이 소년들은 연극을 배트맨(Batman)으로 할지 히–맨(He–Man)으로 할지를 두고 매우 심한 불일치를 보이고 있었다. 두 소년은 패를 이루었고, 나머지 한 명의 의견을 무시했다. 상호작용의 역동은 복잡했다. 왜냐하면 다른 한 명의 소년을 배제하려 했을 뿐 아니라, 몰리(Mollie)라는 여자아이에 대한 경쟁의식을 가지고 그녀가 이 공상에 함께 하도록 두 소년이 노력했기 때문이다.

크리스토퍼 : 무슨 말이야? 몰리는 절대 너랑 놀지 않을꺼야. 걘 내 친구야.
바니 : 너 걔랑 놀꺼야? 우리랑 놀꺼야?

프레드릭 : 우리랑만 말해, 우리랑만 말해.

반응은 이러하다. "몰리(난)는 새침하게 입을 오므렸어(말 안 해.), 나는 모두다 친구할꺼야... 밤이야 밤이야... 모두들 잠자리로 가... 무지개는 창문 밖에 있어(Paley, 1988, pp.17~18)." 몰리는 그들 모두를 받아들임으로써 투쟁으로부터 오는 위기를 해소했고 그 다음 Rainbow Brite라는 그녀가 좋아하는 캐릭터를 이용해 그 위기를 잘 극복했다. 놀이에서 후퇴하고 분쟁으로부터 분명히 벗어난 3명의 아이들은 잠자리로 가는 것에 동의함으로써 그녀의 의견에 따른다. 그런 다음, 그들은 밤중 동안 감시의 필요성에 대해서 토의하기 시작하고 곧이어 다시 놀이를 시작한다. 몰리처럼 긍정적인 태도와 분쟁을 협상하는 기술을 가진 아이들은 그들 또래사이에서 일반적으로 인기가 있다. 또한 이런 인기는 그들이 사회적 능력을 발달시키는 데 도움을 준다(Campbell, 2002).

또래에게서 인기가 있는 유아는 우호적이고 사회적으로 유능하다. "공격적이고 분열을 일으키는 행동은 또래관계에서의 배제 가능성을 높이는데 이것은 특히 소년들 사이에서 더 그렇다(Hartup, 1992, p.264)." 다른 아이들에게 부정적이고 공격적인 유아들은 화를 내거나 거절, 거부를 반복함으로써 또래로부터 배제되고 종종 아이들은 부정적이고 공격적인 아이들을 피하게 된다. 유아들은 "다루기 힘든"이라는 표현으로 묘사되는데 이는 폭력적 공상에 근거한 공격적인 놀이의 비율이 높기 때문이다. 또한 이들은 또래와 좀 더 많은 분쟁을 갖고, 흉내놀이를 실제적 공격행동으로 행하려는 경향이 강하다. 폭력적 공격을 강조하는 흉내놀이를 하는 유아들은 상대적으로 피해자의 감정을 이해하는데 낮은 수준을 보여주고, 공격자와 동일시하려는 경향이 더 높았다(Dunn & Hughes, 2001). 공격적인 유아는 종종 타인의 의도를 잘못 해석한다. 그들 자신의 공격적인 감정을 반영함으로써 아무도 공격할 의도가 없는데도 공격의 의도를 느낀다. 전반적으로, 그들은 더 많이 괴롭히고, 험하게 굴고, 신체적으로 폭력적인 행동을 보인다(Hughes, White, Sharpen & Dunn, 2000). 유아기의 충동적이고 공격적인 행동은 평가를 위해 의뢰되는 가장 흔한 이유들 중의 하나이다. 즉각적이고 일관성 있는 중재가 없다면, 공격적인 유아는 계속 공격적인 채로 남아있게 될 것이다. 왜냐하면 공격적인 아동의 관점에선 그러한 공격성이 효과가 있다고 생각하기 때문이다. 또래와의 관계를 위한 기술을 제대로 익히지 않고 중간 아동기에 들어가는 아동은 커다란 불이익을 당하게 될 것이다. 왜냐하면 그때의 또래관계는 자존감과 개인적 능력에 미치는 영향이 훨씬 더 커질 것이기 때문이다.

## 우정

걸음마기 유아가 다른 사람들보다 특정 몇몇 또래들을 더 좋아하는 경향을 보이긴 하지만 유아가 되어서야 진정한 우정을 발달시켜 나가기 시작한다. 4세에서 5세 사이, 아동들은 그들의 친구들을 다른 아이들과 분류하기 시작하고 분류된 그들과 함께 형성된 모임에서 노는 것을 좋아한다(Hartup, 1992). 어린 초기 유아기동안의 친구는 단순히 함께 놀아주는 어떤 존재이다. 그러나 후기 유아들은 종종 친한 한 친구와 짝을 이루는 관계를 갖게 되는데 이는 우정의 다른 특징들을 보여주는 것이다. 다른 아이의 감정, 승인에 대한 소망, 애정 표현과 같은 걱정거리들이 이에 해당한다. 이러한 우정은 중기 아동기동안 흔히 자주 일어나는 '베스트 프랜드' 로 표현되기도 한다. 종종 아이들은 서로 비슷한 공상에 대한 흥미를 갖게 된다: "공유하는 핑계거리는 그들 우정의 핵심적 특징이다(Dunn & Hughes, 2001, p.491)." 하텁(Hartup, 1992)은 그 이유가 친구는 함께 놀이하며 더욱 시간을 같이 보내며, 더욱 싸우며, 자주 누군가의 상상의 계획을 넘어 놀이의 지시를 조절하려 하기 때문이라고 설명했다. 친구란, 친구가 아닌 사람들과 달리, 놀이를 계속하기 위해서 뿐만 아니라 우정에 대한 상호간의 투자 때문에 이러한 분쟁들을 해결해 나가려 노력할 것이다. 왜냐하면 친구는 서로의 흥밋거리와 좋아하는 것이 무엇인지 알고 있기 때문이다. 그들은 분쟁을 줄이는 방법을 알고 있기 때문에 놀이를 지속하는데 숙달되었다(Hartup, 1992, 1996; Dunn & Hughes, 2001).

동시에 불안정한 애착경험을 가진 조용하고 수줍어 하는 기질을 가진 유아는 우정을 형성해가는데 어려움을 가질 수도 있다. 예를 들어, 두려움을 갖고 있는 수줍은 아이는 사회 놀이에서 뒤로 물러서게 되고 집단에서 아웃사이더가 된다. 이것은 그의 수줍음을 더욱 강화시키게 되고, 그가 우정의 기쁨을 학습하는 것을 방해하게 한다. 자아탄력성(Resiliency) 연구에서 친구를 갖는다는 것은 보호적 요소로, 친구를 갖지 않는다는 것은 위험적 요소로 하였다(Werner, 2000). 친구를 사귀는 능력은 사회적 기술에 달려있다; 거꾸로 말해서, 우정은 사회성 발달을 도와준다. 왜냐하면 우정은 상호작용하고 협상하고 친구관계를 유지하기 위해 분쟁을 조절하는 방법을 학습할 수 있게 하는 기회를 제공하기 때문이다(Hartup, 1996). 친구를 갖는다는 것은 아이들이 발달단계와 다른 스트레스를 받는 상황들을 대처해 나갈 수 있도록 도와준다. 예를 들어 친구와 함께 유치원에 들어가거나, 또는 일찍 친구를 사귀는 아이들은 친구를 사귀는데 어렴움을 갖는 아이들에 비해 학교에 대한 좀더 긍정적인 태도와 좀더 높은 학문적 능력을 보여준다(Ladd, 1990, 1999). 유아기 기간은 우정에 대한 욕구를 형성하는데 있어서 중추적이다. 친구와 함께 하는 유아들의 경험은 "우정관계에 대한 내적 개념을 형성한다. 그러한 개념 위에 아이들은 학교에서 이어지는 우정을 그려 나간다(Dunn, Cutting & Fisher, 2002, p.632)."

## 놀이와 사회성 발달

걸음마기 유아의 평행놀이는 영아까지 이어지지만, 놀이는 차츰 협동놀이로 대체되어진다. 운동장에서 나란히 세발자전거를 타는 3세 아동들은 같은 것을 즐기지만, 그들은 상상을 공유하거나 서로에게 말을 많이 하지 않는다. 함께 세발 자전거를 타고 있는 4세된 아동들은 좀 더 복잡해지고 공유하면서 놀이의 상호작용 형태를 나타낸다. 예를 들어 아동들은 단순히 자전거를 타고 함께 나쁜 소년들을 찾아가기보다는 초영웅의 공상에서 비롯된 놀이를 하기도 한다. 그들의 말과 행동으로 다음과 같은 이야기를 만들어낸다.

아이 1 : 배트맨. 그들이 막 무기를 휘두르는데. 우리 그들을 쳐부수자.
아이 2 : 아니야, 로빈. 그들은 레이져 총을 갖고 있어. 배트맨 동굴로 돌아가서 우리 바주카포를 갖고 오자.
아이 1 : 좋아!(그들은 돌아서 자전거를 타고 또 다른 방향으로 달린다)

마찬가지로 3세 아동들의 '담화'는 종종 긴 이야기를 연결하는 것처럼 들린다. 하지만 그것들은 4세에 가까워지면서 대화라는 형태로 진화하게 된다.

3세된 아동들은 다른 아동과 놀이를 함으로써 협력적인 놀이로 이동해 나간다. 차츰 의식(예절), '규칙들'의 형태를 학습하고 그런 다음 그것들 안에서 역할을 수행하기 시작한다(Paley, 1986). 4~5세된 아동들의 연극의 대부분은 그들이 공유하고 있는 역할을 맡음으로써 다른 아이들을 포함시킨다. 그들의 공상 놀이를 하면서 역할을 계획하고 협상할 때 종종 다른 아이의 관점을 이해하는 대화같은 대화를 하는 것처럼 들린다. 여기 4살된 3명의 아이들의 공상놀이가 시작된 예가 있다(Paley, 1986, p.141).

크리스토퍼 : 이리와, 레인보우 브라이트(Rainbow Brite) 난 인형 한쪽에서 소리를 듣고 있어. 내 생각엔 착한 요술쟁이 같아.
몰　　리 : 좋아, 스타라이트(Starlite). 마가레트(Magaret)야, 너는 레인보우(Rainbow's)의 새끼고양이가 될 수 있어.....말처럼 생긴 스타라이트(Starlite)야. 너의 음식을 좀 싸와. 다시 한번 더. 지금은 잘 시

간이야. 자러 가자.

크리스토퍼 : 나는 너, 레인보우 브라이트(Rainbow Brite)를 속였어.... 루키가 오고 있어! 그는 우리 뒤에서 오고 있어. 그는 우리를 겁줄지도 몰라.

몰 리 : 걱정마, 스타라이트(Starlite). 내가 문 앞에 마술의 덫을 놓아뒀어. 그다음 그에게 독약을 마시게 할꺼야. 이거 만지지마. 이건 독약이야.

크리스토퍼 : 이게 독이 든 것이구나.

마 가 렛 : 야~~~옹... 난 루키가 두려워.

몰 리 : 내가 널 안전하게 지켜줄게, 작은고양이야. 왜냐하면 레인보우 브라이트(Rainbow Brite)는 힘이 세거든.

크리스토퍼 : 맞어. 근데 난 수퍼파워를 갖고 있어... 난 수퍼 스타라이트(Starlite)야! 수퍼 스타라이트(Starlite)! 난 나쁜 악당을 지켜야 되니까 절대 자지 않을거야. 내 뒤쪽 다리로 그들을 차버릴꺼야~!

이 짧은 변화는 많은 것을 떠올린다. 한 아이는 캐릭터들과 줄거리를 기초로 한 놀이를 위해 주제를 알리고, 다른 두 아이는 그것들에 익숙하다. 아이들은 재빨리 역을 배정하거나 역할을 정하고 각본대로 하듯이 노련하게 계획을 논의하면서 놀이가 시작된다. 두 명의 선두 연기자들인 몰리와 크리스토퍼는(돌봄과 위험)에 대한 어떤 이야기에 남아와 여아에게 영향을 미치는 다른 관점을 가지고 있다. 하지만 아이들은 각각의 다른 아이들의 공상을 받아들인다. 그리고 몰리는 이야기를 진행하기 위해 크리스토퍼의 요구도 수용하는 방법을 찾는다. 함축적으로, 이런 4살된 아이들은 타인의 관점수용, 의견차이 협상, 문제해결, 협동 안에서 기술을 학습하고, 실제로 사용한다.

## 사회문화 발달

앞에서 언급한 토론이 사회성 발달의 일반적인 과정을 강조함에도 불구하고, 어린이의 사회적인 이해능력의 내용은 문화마다 다르다. 이는 가치판단이 매우 대조되는 문화와 비교될 때 더욱 그러하다. 유아의 이야기 말하기와 놀이에 대한 문화교류 연구들은 유아가 이미 그들 부모에 대한 모델링을 얼마나 내면화하고 있으며, 사회 관계에서 자신의 위치를 얼마나 중요시 하는지 보여준다(Haight, 1999). 미국과 중국의 중산층인 6세 유아들의 이야기 주제를 비교하는 연구는 그들의 사회 문화의 추정사항들의 중요한 문화적 차이를 증명해내고 있다. 이야기 완성과업에서, 미국 유아들은 그들의 행동과 권위를 바로잡는데 훨씬 더 적은 관심을 보이고, 훨씬 많이 자율적인 상황판단을 하는데 반해, 중국 유아들은 도덕적인 관례를 관찰하고, 권위에 대해 존경하며, 사회적인 결합을 강조했다. 예를 들어, 미국 유아는 가게에서 그들의 부모로부터 떨어져서, 자신의 돈으로 장난감들을 산 다음, 지도를 보고 스스로 집으로 돌아왔다는 내용으로 이야기를 완성했다. 대조적으로 중국 여아는 상상 속에서 미아가 되었고, 경찰에게 발견되어 집으로 인도되었다. 그녀의 어머니는 여아를 꾸짖었고, 그 여아는 부끄러워하면서 다음에는 어머니 가까이에 있겠다고 약속하였다(Wang & Leichtman, 2000).

## 언어발달

두세 개의 단어들을 빠르게 습득하는 미취학 아동 시기의 시작인 3세 때 1,000개의 어휘를 습득한다. 어휘는 매달 50단어씩 증가가 이어진다. 3세쯤의 아동은 그것으로부터 질문을 배운다. "왜" "뭐야"라고 질문을 하는 아동의 능력은 스스로 언어를 익히는데 도움이 된다. 아동의 빈번한 질문에 대한 부모나 양육자의 대답은 아동의 어휘력을 증가시킨다. 보통 3세된 아동의 말은 단순하고 이해하기 쉽다. 4세쯤의 어린아동은 문법적으로 복잡하고, 관계어와 종속절이 포함된 긴 문장(8~10단어)을 말한다. 7세쯤의 아동은 어림잡아 14,000단어 정도를 이해한다(Rice, 1989).

3세에서 4세의 유아들은 언어의 규칙을 따라 바른 순서대로 단어들을 나열한다. 더 알맞은 문법을 쓰고, 현재나 과거동사를 사용하고, 복합절을 사용한 문장을 구성한다. 3세에서 4세 사이의 유아는 '그리고', '만약', '그래서', '왜냐하면', '그 다음', '그러나'와 같은 "연결사"를 많이 사용한다. 연결사의 사용은 유아들이 좀더 현실세계를 복잡하게 이해하고 있음을 반영한다. 왜냐하면 이러한 말들은 사물과 사건 사이의 관계, 조건적인 사고와 인과관계를 표상하기 때문이다(Bloom, 1998). 막 4세가 된 유아의 계속되는 장난감 차 놀이의 설명을 생각해보자: "내 멋진 바퀴를 가진 차가 램프에서 떨어졌을 때, 그것은 부서졌어. 하지만 만약 우리가 힘이 있으면 우리는 고칠 수 있지. 난 정말 힘이 있어!"

### 유아의 언어학습

블룸(Bloom)은 "언어는 본래 기본적으로 사회적 속성으로 타인에 의해서 학습되어진다."라고 말하였다(Bloom, 1998, p.332). 어린 아이들은 대화하고, 다른 사람이 말하는 것을 듣는 것을 통해서 좀더 복잡한 문법과 새로운 어휘를 배우게 된다. 또한 다음 질문에 나타난 것처럼 부모와의 대화를 통해서도 배울 수 있다. 엄마가 그녀의 3살난 딸에게, "오늘 가게에서 무었을 보았니?"하고 물었을 때, 이런 질문은 유아로 하여금 말을 하도록 하게 하는데, 이때 아이는 질문에서 사용됐던 과거시제를 사용하게 된다. 그 질문-대답의 대화내용은 다음과 같다:

유아 : 우리는 살아있는 가재들을 봤어요.
부모 : 가재들은 어디에 있었니?
유아 : 물 속에요.
부모 : 그래, 그들은 큰 물탱크 안에 있었지. 그리고 가재들이 뭘했지?
유아 : 가재들은 자기를 흔들었어요.. 그들의 머리를..
부모 : 그들의 안테나, 더듬이를 말하는 것이로구나.
유아 : 더듬이요.

이런 대화 속에서, 부모의 질문이 유아로 하여금 자신의 감상을 조직화하도록 돕는 맥락을 제공한다(Vygotsky, 1978).

그러나, 후기의 걸음마기 유아나 유아들은 질문하기와 대화시작하기를 통하여 자신의 고유한 언어습득을 증가시켜 나간다(Bollom, Margulis, Tinker & Fujita, 1996). 어린 아동들의 언어발달은 정신이해의 성장으로 인해 크게 영향을 받는다. "아동 자신과는 다른 감정적이고 정신적인 생명을 가진 다른 아동에게 어간(語幹)을 전달하고자 하는 지속적인 욕구... 유아는 그것이 타인이 모르는 정보 혹은 그 반대의 상황임을 인식한다(Locke, 1993, p.348). 부모의 보호와 유아의 "주장하기"는 모두 언어로 표현하여 유아의 능력의 질을 형성한다. 자신의 아이와 "수식적인" 문체로 대화하는 부모는 언어 발달, 기억력과 이야기말하기 능력을 지원한다. 수식적인 문체는 질문하기, 세부사항 도출, 경험을 격려하고 유아로 하여금 그들의 기억을 더 넓은 배경으로 저장하도록 돕는 것을 포함한다. 이러한 유형의 상황에 노출되었던 후기 유아들의 독자적인 이야기말하기는 그들 경험에 대한 더 나은 서술적 기술, 자전적 기억, 그리고 더 풍부하고 조리 있는 표현이 보여진다(Haden, Hayne & Fivush, 1997).

조리있게 경험을 표현할 수 있는 능력은 유아의 자기통제 능력에 긍정적인 영향을 미친다. 조리 있는 서술로 자신의 경험을 조직할 수 있는 유아는 현실에 대한 더 명확한 시야를 가지게 되었다는 것과 영향 받고 있다는 통제를 느낄 수 있다. 이런 가능성은 다음

과 같이 유아치료의 함축성을 가진다:

> 많은 치료가 유아의 불일치하고 때로는 혼란스러운 경험과 감정적으로 일관성을 가진 이야기들 외에, 유아의 노력 그리고 그와 함께 구성하려는 치료자의 노력과도 관련 있다. 한번 어떤 이야기들이 구성되면... 아이들은 그들의 행동뿐만 아니라 감정까지도 더 잘 통제할 수 있게 된다(Oppenheim, Nir, Warren, Emde, 1997, p.284).

## 언어능력이 발달을 이룬다

4세가 되면 아이들은 단어만을 사용하여 이야기를 효과적으로 할 수 있을 정도로 언어에 통달해 있다. 이와는 대조적으로 걸음마기 유아는 아는 단어가 적고 문법에 아직 통달하지 못했기 때문에 대화하기 위하여 행동과 함께 단어를 결합하는 경향이 있다. 유아기동안 점점 더 아이들은 자신을 표현하기 위해 행동을 벗어나 언어에 의존하게 된다. 그들의 언어사용능력은 창의적이고 융통성있게 되어간다. 상상놀이 역시 더욱 언어에 의존하게 된다.

좋은 언어기술을 가진 아이는 수식적인 화자(話者)가 되기 충분하다. 후기 유아들은 말이 유용하고 강력하다는 것을 배우게 된다. 그들은 때때로 단어를 섞어 쓰는 능력과 그들의 목적을 현실화하는 최고의 효과를 위해 감정적인 표현을 사용함으로써 다음과 같이 실용적이고 설득적으로 말을 사용한다:

> 참 다정하고 부드러운 목소리로 4세 여아가 그녀의 남동생에게 말했다. "앤디(Andy), 아기랑 놀아주지 않을래? 여기에 네 우유병이 있고, 여기에 네 담요가 있어, 얘야. 내가 지금 거기에 널 밀어 넣을 거란다." 그녀의 남동생은 최소한 이 시간 만큼은 설득당했고, 보살핌을 받으려고 담요에 누웠다.

대조적으로 미취학 유아들의 언어는 종종 친구와의 상호작용이나 놀이를 공유할 때 느끼는 어려움을 연기시킨다.

> 3살 반된 아담(Adam)은 양육자에게서 아동이 우울하고 내향적이거나 선택적 함묵을 한다는 평가를 받았다(선택적 함묵은, 아이가 완전한 언어능력이 있지만 집 밖의 상황들에서 말을 하지 않는 것이다.). 때때로 다른 친구들이 하는 놀이에 관심을 보였음에도 불구하고, 학교에서 아담은 교사나 친구들에게 거의 말을 하지

않고 친구들의 놀이에도 끼어들지 않았다. 내가 아담이 그의 어머니와 의사소통하는 것을 관찰했을때, 그는 우울해보이지 않았고 벙어리도 아니었다. 아담은 그의 어머니와 놀고 얘기하는 것을 즐거워했지만 그가 표현하는 언어는 어휘가 부족했고 문장구조가 덜 발달해 있었다. 아담은 2개나 3개의 "전보"식의 문장들로 말했고, 종종 연결하고 의미를 한정하는 말들을 생략했다. 그의 어머니는 아담이 대표적인 초기 유아기의 언어라는 것을 확인했다. 이 아이는 우울하거나 억제하는 것이 아니라 다른 3세나 4세 아이들과 같이 표현하는 능력이 다소 부족한 것이다. 따라서, 아담은 유창한 구술능력에 크게 기여하는 놀이와 사회적 기술을 발전시키고 있지 못한 것이다.

발달적인 언어학습의 어려움은 초기 유아들에게서 나타난다. 언어평가를 위한 신속한 (병원)의뢰는 필수적이다. 명료한 발음장애를 보이는 유아는 부족한 언어능력의 유아보다는 평가를 위해(병원)의뢰하는 경향이 있지만, 언어학습지연을 가진 유아는 말하기 쓰기와 독해에서 훗날 더 큰 위험을 가진다(Tallal & Benasich, 2002).

## 언어, 그리고 현실과 가상의 이해

미취학유아의 가장 두드러진 과업 중 하나는 공상세계와 현실 사이를 구분 짓는 것을 배우는 것이다. 언어의 발달은 현실세계를 시험하는 것의 발달을 돕는다. 그러나, 3세와 4세 사이의 그 분쟁은 아동이 여전히 단어의 의미를 정의내리고 기억하기 위해 애쓰고 있다는 사실과 복합되어 있다. 언어발달이 현실세계의 더욱 명확하고 합리적인 이해를 증가시키기 위한 기초작업에 놓여있다고 할지라도, 3세된 아이는 괴물이 존재하는지와 "괴물"이란 말이 실제적으로 의미하는 것에 대해 의심한다. 이것도 혼란스럽기 쉽다는 말이다. 언어란 추상적 특성을 갖고 있기 때문에 각각의 아동에게 다르게 이해될 수 있다. 이것은 종종 합의된 현실의 표현으로써 단어를 보는 초기의 유아들로 하여금 다음과 같은 어려움을 갖게 한다. 이것이 어린 유아들에게 놀이가 중요한 또 다른 이유인 것이다. 놀이에서 그들의 생각을 행동으로 옮김으로써 그들은 자신이 의미하는 바를 타인에게 보일 수 있게 된다. 3세 유아의 행동은 단순히 단어 그 자체라기보다는 훨씬 더 자기표현의 현실적이고 안정된 모습이다. 그러나, 4세나 5세 유아의 언어를 통한 의미표현 능력은 훨씬 더 향상되어 있고, 놀이 상호작용은 놀이 시나리오의 장면을 설정하고 주제를 유지하기 위해 언어에 의존하고 있다.

예를 들어, 4세된 한 남아가 다른 유아에게 "나는 짐(Jim)이라고 하고 너는 롱 존 실버(Long John Silver)라고 정하자, 그리고 우리는 섬에 도착할건데 그곳 해양에는 악어들이 살지." 그들은 악어를 죽이고 섬에 도달했지만 한 아이는 악어에게 총질을 계속했다. 다른 유아가 그의 공상세계를 이유로, 다시 놀이 방향을 바꿔서 말하기를, "아니, 우리가 벌써 악어를 죽였고 우리가 보물을 찾는 척하자!" 만약 그의 놀이친구가 그때 동의한다면—아마도 그는 그렇게 할 것이다—언어는 그 놀이를 기획하고 이어지게 하는 역할을 하는 것이다.

### 혼잣말

'혼잣말' 은 유아의 여러 행동들 중 하나이고 자기 지시적인 기능처럼 보인다. 인형의 집을 통해 혼자 노는 4세된 소녀는 놀이에서 사건이 무엇인지 설명하고 다음에 일어날 것을 계획하는 해설을 잇는다. "지금 엄마는 아기의 기저귀를 갈려고 해. 아기는 말해. '엄마 나는 지금 저녁이 먹고 싶어' 그래서 엄마는 음식을 사러 상점에 가." 혹은 블럭놀이를 하는 4세된 아이는 스스로에게 말한다. "나는 여기 위에 삼각형 하나를 놓을 거야.-조심스럽게 그래서 이것은 떨어지지 않아." 혼잣말은 아이가 자기조절을 하는데 도움이 된다. 아이가 스스로에게 부모의 환경을 제한시키는 말-"집에선 뛰지마. 아마니(Amani)"-을 반복하는 것이 이에 해당한다.

## 상징적인 의사소통과 놀이

유아들은 놀이하는 것을 너무 좋아한다. 놀이는 걸음마기 유아보다 더 복잡하고 공상적이지만 학령기 아동에 비해서는 덜 규칙과 현실에 얽매인다. 놀이는 많은 진보적인 발달을 이루게 하는 기능이 있다. 학령기 아동의 놀이는 두 가지 중요한 방향을 가진다. 첫 번째는 현실세계의 탐구와 관련되는데, 특히 사회적 역할에서 그렇다. 어른처럼 혹은 신데렐라나 해리포터처럼 옷을 입음으로써 유아들은 자신이 그 사람이 되었다는 공상세계를 탐험하는 것과 관련된다. 두 번째는 소망과 두려움을 표현하고 스트레스와 불안을 다루기 위해 놀이를 하는 것과 관련된다. 4세 남아의 영웅 놀이는 자신이 넓은 세상에서 어른과 비교했을 때, 무능력한 작은 사람이라는 관념의 불안을 다루기 위한 시도를 나타내는 것이다. 상상하기와 놀이를 계획하는 과정은 아동에게 자율권과 주도권을 연습하는 기회를 제공하는 것뿐만 아니라, 계획하기와 문제해결하기와 같은 인지적인 기술의 발달을 돕는다(Piaget, 1962). 놀이는 감정의 이해와 관점의 수용을 돕는다: 극적인 놀이를 하는 아동은 강한 감정을 표현하고 생각과 감정에 감정이입을 한다. 극적놀이에서 즉흥적으로 일어나는 협상과 협동적인 계획은 아동의 자기조절능력을 강화한다. 유아는 계속 놀이를 하기 위해서 놀이의 내용에 어울리지 않는 방식으로 행동하고 싶은 충동들을 통제할 것이다.

## 현실을 반영하나 현실에서 벗어난 놀이

위니캇(Winnicott, 1971)은 놀이를 개인이 지배하는 현실과 바깥 현실 사이의 공간에서 일어나는 전환적인 활동이라고 설명했다. 유아의 놀이는 놀이그룹의 장소안에서 공상세계를 표현한다; 그러나, 아동들이 하는 놀이는 현실세계의 규칙에 의해 제한받지 않는다. 극적놀이에서는 상상했던 것들이 가능해진다. 나쁜 녀석들을 레이저검으로 물리칠 수 있고, 죽은 뒤에도 다시 살아나서 싸울 수 있다. 공주들은 어머니들을 변형시킨 것으로 초여성 영웅이 된다. 가장 놀이에서 분노, 무례함, 경쟁심, 실망, 애정, 과장은 실제 환경에서 기대되는 것과 다르게 표현될 수 있다. 놀이는 아이가 가공의 매체를 통해서 현실을 이해하도록 도와준다. 이 가공의 매체는 아이의 통제 아래 있기 때문에 실제 세계보다 아이가 조작하기 더 용이하다(Singer, 1993).

놀이 참여자는 자신이 단순히 놀이를 하면서 흉내내고 있다는 사실을 점점 더 잘 알게 된다. 유아는 때때로 공상세계와 현실세계를 구분하는 것을 어려워하지만, 놀이를 할 때는 실제와 놀이를 구분하는 것을 힘들어하지 않는다. 아동들은 그들이 의도적으로 놀이의 틀을 조작할 때와 그들이 그렇지 않은 때를 매우 잘 알고 있다(Woolley, 1997). 4세와 5세 유아의 상상 놀이는 거의 매번 역할설정과 함께 시작한다: "나는 로빈(Robin)이고 너는 뱃트걸(Batgirl)이 되는거야, 알겠니?" 유아들은 "우리는 지금 놀이를 하고 있어." 혹은 "우리가 얼음행성에 왔다고 하자."와 같이 여러 가지 방법으로 말하는 것으로 놀이의 시작을 알린다. 극적인 표정이나 몸짓을 통해 놀이의 시작을 알리기도 한다. 흉내놀이에서 아이는 자신의 자아정체성은 제쳐두고, 성인이나 매체에서 접한 등장인물이 되어버린다.

비록 유아들이 그들이 자아정체성을 놀이안에서 바꾼다고 할지라도, 놀이는 거의 매번 유아들에게 두드러지게 나타나는 심리적인 주제와 문제를 반영한다: 성인행동의 모방; 양육, 부모의 행동 연습하기, 성/직업의 역할; 몸의 손상과 신체적인 약점에 관한 관심; 위험의 통제가 그것이다. 그러나 때때로 또래놀이와 놀이치료에서 놀이의 틀은 위협적인 정서를 포함할 만큼 강력한 것은 아니고, 유아가 놀이를 중지할 수도 있다. 만약 어떤 유아가 너무나 강한 공격성을 놀이 안에 도입하거나 위협적인 캐릭터가 되면, 다른 유아는 아마도 놀이의 틀에서 나와서 이렇게 말할 것이다. "싫어, 난 그 놀이 안 할래. 그거 너무 무서워." 또한 놀이치료사들은 놀이의 내용이 아동에게 많은 불안을 줄 때, 놀이를 중단시키는 일에 익숙하다. 이것은 가끔 유아가 무의식적으로 "너무 많이 와버린"것을 알게 되었을 때 일어난다.

> 예를 들어 내가 치료하면서 만난 4살 남아인 그레고리는 두 꼭두각시 인형을 가지고 싸우고 있었다. 하나는 상어였고 다른 것은 소녀였다. 상어는 소녀의 머리를 입에 물었고, 그레고리는 외쳤다. "상어가 소녀의 머리를 물어 뜯는다!" 그런 다음 그는 갑자기 꼭두각시 인형들을 내려놓고 말했다. "나는 이제 집 가지고 놀래." 이 상황은 지금의 놀이중단이 강하게 느꼈던(그의 여동생을 향한) 공격적인 감정에 의한 것인지, 아니면 몸의 손상에 의한 불안인지는 확실하지 않았다. 아마도 두 요인이 관련되어 있을 것이다.

## 놀이와 인지 발달

놀이와 공상은 학령기동안 인지기술의 발달의 기회를 제공한다. 유아는 경험에 대해 "생각"해보기 위해 놀이를 이용한다. 경험을 바라보는데 있어 또 다른 관점으로 접근해보고, 새로운 행동을 탐색해보는 것이 그러한 것들이다. 상징적 놀이에서 학령기 아동은 자신의 원인과 결과 사고의 이해, 이야기 구성, 그리고 지각수용을 연습하고 증가시켜 나간다(Singer, 1993). 강한 상상놀이기술을 가진 유아는 타인의 감정에 대해 더 잘 이해할 뿐만 아니라 "마음 이론"능력에서 보다 더 우세했다. 덜 능숙한 아동과 비교하였을 때, 그들은 더 나은 이해능력을 보인다. 이러한 이해는 정신적 상태, 관심, 그리고 일반적으로 관계와 현실세계를 더 정확한 개념으로 표현하는 행동과 연결되어 있다(Dunn & Cutting, 1999).

5세나 6세가 되면 이전보다 경험을 훨씬 더 말로 잘 묘사할 수 있게 된다. 이러한 발전은 단지 어휘의 축적에만 관련된 것이 아니다. 오히려, 이것은 놀이를 통해 발달한 부분인 인지 능력의 결과이다. 놀이는 행동을 극화함으로써 정신적 묘사 능력을 증가시켜 준다. 놀이 활동에서 아이의 생각과 감정들은 상상의 관념으로부터 시작하여 자기 눈 앞에서 볼 수 있고 실체를 갖는 상황으로 변하게 된다. 이러한 연습 후 몇 년이 흐른 뒤에, 정신적 방법 안에서 더 명확한 생각을 조직할 때 행동보다 언어를 사용하는 것이 더 쉬워지게 된다. 정신작용을 통한 이야기 형식틀 안에서 정신작용을 통해 경험을 조직화하는 능력은 이해의 명확성을 증진시킨다. 이런 명확성은 스트레스에 노출된 학령기 아동을 보호하는 요인으로서 작용한다. "표현적인 능력"은 스트레스의 충격을 덜어주고 정신적 외상을 예방하여 준다. 또한 아동에게 어떤 일이 일어났는지에 대해 더 객관적이고 이해할 수 있는 시각을 가질 수 있게 하기 때문이다. 놀이와 인지발달의 분명한 교류관계는 놀이가 유아에게 단순한 오락으로 여겨지기 보다는, 상상놀이와 공상이 유아기 동안 양육자나 부모에 의해 강력히 지원되야 한다는 것을 암시한다(Singer & Singer, 1990).

## 인지발달

3세와 6세 사이에 있는 유아의 생각은 현실세계에 대해 더욱 명확한 개념을 갖도록 점차적 성숙되어 간다. 언어구조를 조절할 수 있고 어휘가 늘어나는 초기단계에서 사건들의 언어회상이 일어난다. 언어 부호화 능력은 초기 아동기와 연관있는 "영아 건망증"을 벗어나게 해준다(Simcock & Hayne, 2003). 유아는 더 포괄적인 언어를 결합할 수 있는 새로운 정보에 대한 연합과 범주화를 제공하는 반복적인 경험을 통하여 더 많은 지식기반을 발전시킨다. 유아는, 새로운 경험들을 각각 별개의 다른 것으로 보는 걸음마기 유아와는 다르게 비슷했던 경험들을 일반화 한다. 아동은 새로운 것을 이해하기 위해 비슷했던 이전 경험의 정신적 표상을 사용하여 범주적으로 생각하는 경향이 강해진다. 만약 아동이 새로운 경험이나 정보를 이전에 존재했던 범주와 연결시킬 수 있다면 그는 더욱 그것을 잘 기억하게 될 것이다. 유사점을 보는 능력은 차이점을 지각해서 개념의 과정에 대해 생각할 수 있는 능력과 동시에 생긴다(Deloache, Miller & Pierroutsakos, 1998). 성인들은 종종 후기 유아들에게서 증가하는 분석적이고 개념적인 능력을 보이는 신선하고 궤변적인 생각에 놀라게 된다. 이들의 분석적 개념적 능력은 "인식이 믿음에게 정보를 제공한다"라는 것의 실현을 포함한다(Wellman & Gelman, 1998, p.539).

자신의 경험을 반영하는 거의 5세가 되어가는 남아의 두 가지 예를 생각해보자. 그의 할머니가 유치원에 데려다 주기 위해 운전하고 있을 때, 그는 뒷좌석에서 노래를 불렀다. "'z'는 'n'의 샛길이래요." 그들이 학교에 도착했을 때 그는 할머니에게 모래놀이통 옆에 굉장히 큰 바위가 있었다고 말했다. 그래서 그들은 놀이터에서부터 떨어진 샛길로 내려갔고, 아이는 혼란스러워 하면서 말했다. "그 돌더미를 볼 수가 없네. 어니로 가버렸나봐." 그의 할머니는 저만치의 바위를 가리켰다. 그 작은 소년은 "아, 우리가 멀리 떨어져 있기 때문에 그리 크지 않네."하고 말했다.

즉 더 많은 지식을 갖는다는 것은 유아로 하여금 걸음마기 유아보다 더 융통적인 사고자가 되게 한다. 그 결과 유아는 새로운 경험과 생각지 못했던 사건들을 그들의 놀이와 생각으로 동화시키는 것에 더욱 숙달하게 된다.

> 예를 들어, 3세 여아가 쇼핑을 가기 위해 장난감 플라스틱 밴에 가족인형을 싣고 있다. 그녀는 밴의 윗부분을 열어서 기울임으로써 가족인형이 더 쉽게 들어갈 수 있도록 했다. 그때 윗부분이 뜻하지 않게 떨어져 버려서 밴의 바퀴 위에는 바닥과 의자만 남게 되었다. 놀란 기색이 그녀의 얼굴을 지나간다; 그리고나서 그 여아는 "가족인형은 햇빛이 들어오기를 원해서 윗부분을 없애버렸어. 그들은 이제 해변에 갈거야."하고 말했다.

새로운 정보를 동화시키려는 동기는 복잡한 세상에 대한 아이들의 인식이 증가하는 것에 근거한다. 4~5세된 아동은 현실세계가 자신의 생각보다 더 복잡하다는 것, 인과관계가 확실하지 않다는 것, 많은 것들에 놀라운 연결고리가 있다는 것, 그리고 그가 모르는 굉장히 많은 것들이 있다는 것을 깨닫는다. 아동은 많은 질문을 하고 놀이를 하면서 현실세계의 다른 변형을 실행해본다. 4세나 5세 아동의 "중요한 질문들"에 관한 질문들은 놀라움, 호기심과 불안을 담고 있다. 아동은 조물주가 어떻게 하늘로부터 비를 내리게 하는지, 어떤 종류의 병균이 사람들을 죽게 하는지에 대해 알고 싶어한다. 어떻게 땅에 묻힌 작은 씨앗이 토마토 덤불이 될 수 있는가? 5살 아동은 그의 부모에게 "두 분은 어떻게 사랑을 했어요?" 하고 물었다. 팔리(Paley, 1988)은 다음과 같이 주장한다. 유아는 현실을 이해하려고 노력하기 때문에 그들의 놀이나 대화에서 "집요한 연결 만들어가기"(p.12)가 계속되는 것이다.

## 자기중심적 사고 : 유아의 관점

피아제(1962)는 걸음마기 유아와 유아(2~7세 사이의 전조작기)는 자기중심적 사고의 특징을 가진다고 기술하였다. 자기중심성은 아동이 자신만의 관점으로 세상을 보고, 타인의 다른 관점으로 보는 것을 어려워하는 것을 의미한다. 자기중심성의 한 특징은 다른 사람들 모두가 자신이 생각하고 느끼는 것과 똑같이 생각하고 느낀다고 여긴다는 것이다. 피아제는 이 시기의 아동이 타인의 관점을 추측하지 못한다고 주장하였다. 좀더 최근의 실험 연구는 타인의 관점으로 사물을 보는 능력은 유아기에서 점차 발달하게 된다고 제시하였다. 4세와 5세 아동은 자주 타인의 생각을 인식할 수 있는데 특히 협동놀이 할 때 더 그렇다. 친사회적행동에 대한 연구자들은 2살 정도의 어릴 때에도 아동은 때때로 타인의 감정에 대해 감정이입을 한다고 증명해왔다(Eisenberg & Fabes, 1998).

잘 알려진 피아제 실험에 따르면 4세의 나이가 조망수용이 가능해지는 중요한 경계선이라고 주장한다. 이 실험에서 어른과 아동에게 실험자가 상자 밑에 장난감을 두는 것을 보여 주었다. 어른이 방을 떠난 뒤에, 실험자는 장난감을 치워 두 번째 상자 밑에 두고 아이에게 "어른이 다시 돌아온다면 장난감을 어디에서 찾겠니?"라고 물었다. 4세 이하의 아동은 현재 장난감이 있는 곳으로 두 번째 상자를 가리켰다. 그들은 장난감이 현재 위치하고 있는 곳에 초점을 맞춘다. 그들은 옮겨진 장난감이 아직도 첫 번째 상자아래 있다고 생각하는 사람도 있다는 것을 생각하지 못한다. 4세와 5세의 많은 아이들이 어른이 떠날 당시 장난감이 있던 곳을 볼 것이라는 것을 점점 더 이해하게 된다. 6세 아동은 대체적으로 이것을 깨닫게 된다. 이 실험은 4세와 6세 사이에 아동이 그들의 관점과는 다를지라도 점점 더 타인의 관점을 생각할 수 있게 된다는 것을 암시한다(Bartsch & Wellman, 1995). 또한, 관점수용 능력의 변화는 유아기 후기의 아동들이 다른 사람들이 잘못된 인식과 확신을 가질 수 있다는 것을 이해하는 능력을 설명해준다. 또한, 이런 이해의 연장선상에서 자신의 확신이 잘못될 수 있음도 깨닫게 된다.

피아제 이론의 이런 세밀한 구분은 유아기 중에 나타나는 인지적 능력의 많은 변화 중 하나임을 드러낸다. 걸음마기 유아와 비교해 보았을 때, 후기 유아는 지속적으로 집중할 수 있고, 융통성있게 생각하며, 인과관계를 이해하고, 그들의 생각과 의도 그리고 타인을 구별하는데 더 나은 능력을 보인다(Wellman & Gelman, 1998). 그럼에도 불구하고, 탈 자기중심적 사고를 위한 일관된 능력은 유아기 말까지도 충분히 가능해 보이지는 않는다. 또한, 임상가들은 유아기의 논리적 사고와 현실에 대한 정확한 평가 능력이 제한되어 있다는 사실을 유념해 두는 것이 중요하다. 우리는 탈중심적인 방법으로 사고하는 능력이 감성, 각성(자극)과 스트레스에 의해 영향을 받는다는 것을 보여주는 임상사례를 볼 수 있다. 실험환경에서 조망수용 기술을 보이는 5세 아동은 흥분시키고 두려움을 일으키는 스트레스적인 실제환경에서는 아마도 자기중심적으로 사고할 것이다. 예를 들어, 다른 아이를 때렸기 때문에 타임아웃을 당한 5세 아동은 공정하지 못하게 대우받는다고 느낄 것이다. 공격적인 행동에 대해서 벌을 받고 있다는 개념을 갖고 있음에도 불구하고, 일차적인 반응은 자기중심적일 것이다. 또한 감정적으로 자극받은 유아는 타인의 의도를 분별하는데 어려움을 가진다. 예를 들어 만약 다른 아동이 유아와 우연히 부딪쳤다면, 후자(부딪친 유아)는 자신이 아프기 때문에 그 행동이 고의적으로 일어났다고 추측할 것이다. 유아기 동안에 조망수용능력은 존재하지만 약하다. 임상실습에서 자기중심적 사고에 기반한 왜곡과 오해의 증거를 지켜보는 것은 중요하다. 스트레스와 정신적 외상을 일으키는 사건이나 관계에 노출되어온 아동이라면 특히 더 그러하다. 이어지는 관찰은 자기중심적 사고의 억제를 강조하고 있다. 왜냐하면 임상적인 관점으로 봤을 때 우리는 종종 자기중심적 관점이 저학년 아동의 전조가 되는 행동의 뿌리가 된다는 것을 발견할 수 있기 때문이다.

## 자기중심적 사고의 특성들

자기중심적 사고의 특징들은 아이가 나이가 들어감에 따라 감소하지만, 스트레스가 있다면, 다시 충격을 받게 된다.

### *원인과 결과의 이해*

유아는 거의 동일한 시간에 발생한 사건들간의 인과관계를 보는 경향이 있다. 유아는 멀리 떨어져 있거나 보이지 않는 원인이 있을 것이라는 것을 아직 이해하지 못한다. 인과관계의 이해가 자기 중심적 관점과 합쳐질 때 현실세계에 대한 심각한 오해를 야기할 수 있다. 예를 들어, 최근 별거 중인 부모를 둔 3세 여아는 "우리가 밤에 침대에서 뛰어서 아빠가 떠났어요."라고 말한다. 정도가 높은 자극과 강한 영향을 주는 상황 안에서, 유아는 자기중심적으로 자신을 원인의 행위자로 보면서 원인과 결과를 반대로 볼 수 있다. 예를 들어, 이혼한 부모를 둔 4세 남아는 "우리 엄마와 아빠는 이혼했는데 그건 두 분 다 내가 그들의 집에서 살기를 원했기 때문이지요."하고 설명한다. 이는 부모의 별거에 대한 책임감을 느끼는 사이에 일어날 수 있는 단계이다.

### *변환된 추론*

아동이 과거경험의 결과를 과잉일반화하는 연합된 사고의 형태를 말한다. 엘킨드(Elkind)와 와이너(Weiner, 1978)은 다음과 같이 이러한 연합된 논리에 대해 기술하고 있다:

> A와 B가 함께 발생했다.
> A는 현재이다.
> [따라서] B는 현재이다(p.243).

> 예를 들어 한 유아가 막 어린이집에 들어가자 마자 큰 천둥소리와 폭풍 경보 사이렌에 의해 무서워했다. 다음 날 유아는 탁아소에 도착했을 때, 두려워하면서 차에서 내리지 않으려 한다. 유아의 아버지는 유아의 현재불안은 전날 있었던 것과 관련된 것임을 인식하고 유아에게 폭풍이 있지 않을 것이라고 안심을 시켰다. 아버지는 맑게 개인 하늘을 가리켰다.

유아가 변환된 추론을 이해하는 것은 쉽지 않다. 유아의 고집스럽고 다소 비이성적인 행동은 이런 사고의 유형에 의해 일어난다.

### *개인주의*

앞의 사례에서 분명한 점은, 유아는 사건들을 개인화한다는 점이다. 유아는 일반적이거나 보편적으로 생각하기 보다는 자신의 입장에서 생각한다. 팔리(Paley, 1988)은 4세 유아에 대한 기술에서 "프레더릭(Frederick)은 소년들과 그들의 할아버지에 대한 질문에 대해, 마치 그 소년들이 자기 자신이고 그들의 할아버지가 자기 할아버지인 것처럼 대답했다(p.12)."고 썼다. 2001년 9월 11일 이후, 뉴욕에서 멀리 떨어져 사는 많은 유아는 불안과 공포의 놀이를 보였는데, 이것은 자신의 집과 이웃을 파괴하는 미래의 공격을 상상하였기 때문이었다.

> 9월 13일, 난 친구의 딸인 5세의 레베카(Rebecca)와 모래놀이통에서 놀고 있었다. 레베카의 부모님들은 의식적으로 레베카가 TV를 시청하지 못하게 하고, 그녀에게 말하는 것에 주의를 기울였다; 그럼에도 불구하고, 레베카의 모래놀이는 세계무역센터(World Trade Center)의 파괴를 인식하고 있으며 그로 인해 생겨난 두려움을 개인화하고 있음을 보여주었다. 우리는 젖은 모래로 레베카가 "우리 집"이라고 이름붙인 집을 만들었다. 다음에 레베카는 집을 무너뜨렸다. 내가 무슨 일이 일어난 거냐고 묻자, 레베카는 "그들은 건물 속에서 자살했어요."하고 말했다. 나는 레베카가 "자살"이 의미하는 것을 알고 있다고 생각하지 않았다. 하지만 그녀는 분명히 그 건물의 파괴와 관련되어 이 단어를 들어보았을 것이다. 나는 "이 큰 건물들처럼 너의 집도 부서질 거라고 생각하니?"하고 물었다. 유아는 "네"하고 대답했다. 나는 "정말 무섭겠다. 하지만 그건 아주 멀리서 일어난 일이고 네 집에는 일어나지 않을 거란다."하고 말했다.

유아의 개인화하려는 경향은 치료상황에서 이야기말하기에서는 긍정적인 의미를 갖는다. 치료자는 한 아이가 열심히 극복하려는 문제를 제시하면서 "내가 아는 다른 아이"에 대한 이야기를 들려줄 수 있다. 그 이야기는 그 아이의 문제에 대해 적용할 수 있는 해결책이나 더 정확한 설명을 제시할 수 있다. 다소 나이든 아동뿐만 아니라, 유아 역시 그 이야기가 타인의 것일 경우에 덜 걱정스럽게 느끼겠지만, 개인화하고 자기 자신에게 적용할 것이다.

### *물활론*

파도가 일부러 자기 얼굴에 튀었거나 장난감 인형의 얼굴을 상처 내기 위해 할퀸 것이라고 믿으면서, 초기 유아는 사물에 그들의 감정과 특성을 투사한다.

### *이성의 사용보다는 표면적 상황을 통한 현실 판단*

피아제의 잘 알려진 실험 가운데 수(number)와 양(quantity)보존이 있다. 어떤 실험에서, 유아에게 각각 한 개의 꽃이 꽂혀진 10개의 물병을 보여주었다. 그 꽃들은 치워졌고 모두 한 다발로 묶였다. 꽃이 좁게 묶여지면, 7세 아동은 같은 수의 꽃이 남아있다고 대답하는 반면, 유아들은 꽃이 더 적게 있다고 대답할 것이다. 아동에게 있어 외양의 모습은 인식을 바꾸게 한다. 이에 반해 7세 아동은, 아무도 꽃을 가져가지 않았다면 배열된 모습에 관계없이 같은 수의 꽃이 남아있을 것이라는 사실을 이해하기 위해 논리를 이용한다. 또 다른 실험에서, 피아제는 같은 양의 물이 들어있는 같은 크기의 짧고 넓은 두 유리잔들을 보여준다. 그가 짧은 병의 내용물을 더 높고 날씬한 유리병에 하나로 붓고, 더 많은 양의 물을 가진 유리잔이 어떤 것인지를 묻는다. 그러면 유아는 더 높은 유리잔에 물이 더 많다고 말한다. 이와는 대조적으로, 실제적인 양은 변하지 않음을 아는 더 나이든 아동은 각 유리잔의 물의 양은 같다고 한다(Piaget & Inhelder, 1969). 더 최근의 실험연구는 더욱 초기의 보존능력에 대해 설명하고 있다. 유아는 표면의 특색을 관찰함으로써 현실을 해석하지만, 현실세계의 변화에 대한 이성적인 능력은 아직 발달하지 않았다.

## 마술적 사고와 공상과 현실의 혼돈

유아기 사고의 특징은 현실세계를 이해하기 위해 작동되고 있음에도 불구하고, 유아의 현실검사 능력은 잘 형성되어 있지 않다. 그들은 소망과 실제로 일어나는 것을 구별할 때 어려움을 겪는다; 그들은 자주 유능하고 통제 안에 있다고 느끼길 원하기 때문에 소망을 현실로 두는 경향이 있다; 그리고 자신의 생각과 강한 신념이 실제로 일을 발생시킬 수 있다고 믿는다. 그들은 꿈이 현실화될 것이라고 믿는다. 무서운 꿈을 꾸었을 때, 유아는 자주 그것이 정말 일어났다고 믿는다. 꿈은 아동의 의식적인 통제에 있는 것이 아니기 때문에, 아동은 쉽게 꿈을 상상이라고 보지 못한다. 오히려 그 꿈들은 현실에 대해 영향력을 갖게 되는데, 이는 어린 아이들에게 꿈들은 자신 밖에서 나온다고 생각되기 때문이다(Estes, Wellman & Wooley, 1989; Wooley et al., 1999).

### [ 4세의 마술적 사고: 간략한 사례 ]

신비한 사고의 특성을 제시하기 위해, 4세 남아의 치료를 예로 들었다. 브랜든(Brandon)은 재혼으로 인해 달라진 어머니와 가까운 관계를 맺고 있다. 브랜든의 새 아버지는 다소 브랜든과 사이가 멀다. 브랜든은 어머니의 재혼 때문에 자신이 혼자 남겨졌다고 느끼고, 자신의 계부를 없애서 어머니와의 더 독점적인 관계를 얻고 싶어했다. 브랜든은 어머니를 전적으로 신뢰하고 아버지가 떠나기를 바라고 있었다. 그러나 자신의 계부를 제거하는 공상은 힘센 괴물과 강도들에 의해 보복당하는 자신과 연관된 반(反)공상을 일깨웠다. 에릭슨(Erikson, 1963)에 따르면, 힘이 세고자 하는 유아의 소망은 공격적인 생각에 대한 죄책감에 기반한 취약성의 감정들 가운데 다투게 된다: "아동은 거인이나 사자가 되는 공상에 빠져들지만, 꿈속에서 소중한 삶에 두려움을 갖게 된다 (p.256)." 브랜든은 여전히 꿈이 현실이 될 것이라고 믿기 때문에 자신을 굉장히 불안하게 만드는 무서운 꿈을 꾸었다. 나는 가끔 꿈을 듣는 것으로 아이들의 감정에 대해 배울 수 있다고 브랜든에게 말해서 브랜든은 가끔 자신의 꿈을 묘사했다. 이번 회기에서 브랜든은 "우리 꿈에 대해서 더 얘기해요. 난 사람들의 목을 벨 수 있는 불타는 검을 가지고 있어요."하고 말했다. 나는 "난 네가 정말로 불타는 검을 가지고 있다고는 생각하지 않는단다. 그건 꿈 속에서였니?"하고 물었다. "네, 난 검을 가지고 모든 사람, 모든 강도의 목을 베었어요. 하지만 해골이 내 손에 있던 검을 쳐버렸어요. 그런 뒤에 나를 쫓아왔어요." 나는 "가끔 소년들은(사람을) 베고 싶어 하는 감정을 느낄 때, 그 아이들은 그런 감정을 가졌기 때문에 자기에게 나쁜 일이 일어나지 않을까 하고 걱정한단다. 꿈에서 너는 강도의 목을 베고 걱정을 했고 해골이 네 걱정을 보여줬어."하고 말했다. 브랜든은 "다른 꿈도 있어요. 두건모양을 한 킹 코브라가 내 침대의 끝 구멍에서 나와서 내 발을 물었어요."하고 말했다. 나는 "정말 무서운 꿈이었겠구나."하고 말했다. 브랜든은 "사실 킹 코브라가 제 침대에 정말로 있는데 제가 그걸 봤을 때 발이 물리는 것을 느낄 수 있었어요." 브랜든은 그의 뒷꿈치를 가리켰다. "지금도 난 물린 상처를 느낄 수 있고 아직도 아파요." 난 "네 침대에 킹 코브라가 없다고 확신한단다. 그리고 넌 정말 물린 것은 아니야. 하지만 네 꿈은 진짜 같아 보이겠지."하고 말했다. 브랜든은 "아니예요. 제 침대에 뱀이 나오는 구멍이 있단 말예요!"하고 말했다. 나는 "그것은 사실이 아니란다."하고 말했다. 브랜든은 "맞아요-사실 전 제 침대에 오줌쌌는데 그 얼룩이 구멍같아 보여요."하고 말했다. 나는 "그래, 그 구멍은 네 오줌 얼룩이었구나. 하지만 그 꿈이 너무 진짜 같아서 넌 혼란스럽기 시작했고 꿈이 정말 이뤄질 것이라고 생각한거야"하고 말했다.

브랜든에게 있어서 진짜 사건-그가 침대를 적셨다는 것을 알면서 깬 것-이 공상을 불러 일으켰다. 이런 특별한 공상-"오줌 얼룩"을 통해 기어나온 코브라에게 물리는 것-은 아마도 침대를 적셨다는 죄책감에 의한 것이라고 볼 수 있다.

## 공상과 현실 사이에서의 긴장

유아는 세상을 생각하는 여러 가지 방법속에서 긴장하면서 살아간다. 첫 방식은 걸음마기 유아의 자기중심적이고 신비로운 생각이다. 이러한 유아의 소망, 공상과 꿈은 현실에 영향을 미치고 때때로 인식을 지배한다. 두 번째 방식은 학령기 아동의 좀더 성숙된 사고와 유사하다. 이것은 더 객관적이고 논리적이며 현실을 이해하려는 유아의 강한 동기를 반영한다. 유아기 동안 이런 두 가지 생각의 방식은 공존하고 교차한다. 두 번째 방식은 논리적인 사고로 향하지만, 신비한 사고가 지배할 때는 유아의 논리적으로 생각하는 능력은 종종 스트레스, 감성, 실망과 보상적 소망에 의해 위협된다.

유아는 볼 수 없는 것들과 신비롭게 발생하는 사건들을 신비로운 시각으로 세계를 보기를 희망한다. 유아는 이빨의 요정과 같이 자신이 볼 수 없는 것들을 믿으며, 보이지 않는 것에 대한 공상을 지어내는 것을 좋아한다. 이러한 공상은 종종 그들의 소망을 반영한다. 팔리는 자신의 책 『왈리의 이야기』(Wally's Stories, 1981)에서 5세들 간의 대화를 광범위하게 인용하고 있다. 예를 들어, 팔리는 이빨의 요정이 어떻게 현실인지를 알았는지에 대해 묻고 다음의 토론을 이어나갔다(pp.41~ 42):

유아1 : 이빨 요정이 내 방에 와서 나를 깨웠어요.
교 사 : 요정이 어떻게 생겼니?
유아2 : 요정은 예쁘고 머리가 길었어요.
교 사 : 요정이 나이가 있었니?
유아1 : 할머니나 할아버지만큼 나이들진 않았어요. 선생님만큼이예요. 요정은 내 베개 밑에 돈 봉투를 두고 갔어요.
교 사 : 타냐(Tanya)는 이빨요정이 자기 집에 들어올 수 없었다고 하던데. 아빠

가 문이랑 창문을 잠갔대.
유아2 : 요정은 유리 사이를 날 수 있어요.
유아1 : 아니야, 요정은 지붕으로 온다고.
교 사 : 요정은 돈이 어디서 났을까?
유아1 : 은행에서요.
유아3 : 네가 맞아. 내가 은행에서 요정을 봤거든. 요정은 보라색 신발을 신은 빨간머리였지.
유아4 : 요정이 네게 얘기했니?
유아3 : 요정은 영어를 못해. 요정은 중국어를 한다고 생각해.
유아5 : (유아2를 보며)정말이야?(유아2는 중국계 미국인이다.)
유아2 : 아마 그럴거야.

이 대화는 공상과 현실을 혼합하려 하는 유아의 경향을 드러내고, 사고의 두 가지 형식 사이의 긴장감을 보여준다. 이빨요정은 닫힌 창문을 통과하여 날 수 있으며 은행에서 돈을 가져온다. 아마도 유아3은 이빨요정이라 생각하기에 충분히 이국적으로 보이는 빨간머리의 보라색 신발을 신은 여자를 실제로 보았을 것이다. 그래서 유아3은(적어도 이 토론에서는 고의로) 요정이 있다고 가정했다. 이런 아동은 마술에 대한 그들의 믿음과, 매일의 경험의 구체적인 현실을 마술에 동화시키는 시도를 동시에 보이는 것이다.

## 유아의 현실 테스트에 있어서 정서적 자극의 영향

4세 아동은 상상적인 사물과 현실의 실체적 사물에 대해 구분할 수 있음을 보여주는 많은 연구들이 있다. 예를 들어 4세 아동은 다르게 상상하면서 흉내내기 놀이의 이야기를 바꿀 수 있다. 이들은 "정신적 이미지는 정신적 노력에 의해서 조작될 수 있다"는 것을 안다(Wooley, 1995, p.185). 4세 아이는 무거운 바위를 혼자서 들어올리는 것을 상상할 수 있다-아이는 자신의 상상에서 바위를 가볍게 한다. 하지만 그 아이는 진짜 바위를 자신이 들 수 없음을 안다. 왜 가짜 바위는 들 수 있어도 진짜 바위는 들 수 없냐고 물을 때, 4세 아이는 "왜냐면 그건 공상이니까"라고 쉽게 대답한다. 하지만, 이렇게 명백히 확고한 공상과 현실의 구별은 학령기 아동이 스트레스 상황에 놓이거나 자기조절능력이 감소되거나 강한 자극에 의한 무서운 요인에 영향을 받으면 약해진다. 또 다른 연구에서는 만약 개입된 괴물이나 강한 감정적인 내용의 심상 이미지로 무서워하게 되면, 유아의 공상과 현실을 다르게 인식하는 능력은 손상된다고 보여주고 있다(Samuels & Taylor,

1994).

상황은 나이 든 아동보다 유아의 현실시험에 영향을 더 미친다. 예를 들어, 유아는 어둡거나 잠드는 것을 포기한 잠자리에서-괴물이나 마녀를 믿는 경향이 더 강하다. 매일 밤 4세의 여아는 조금 멀리 떨어진 곳에서 침대로 펄쩍 뛰어오른다. 여아는 설명하기를, 만약 침대 밑에 있는 마녀를 뛰어넘으면 자신의 발을 잡히지 않을 것이기 때문이라 했다. "왜냐하면 마녀의 팔은 그리 길지 않거든요." 낮 동안 정말 마녀가 실재하는지 아닌지에 대해 여아가 질문을 받는다면 여아는 "글쎄, 아닐 걸요."하고 대답할 것이다.

실험연구는 유아가 학령기 아동보다 실제사건의 기억과 상상적 사건, 꿈을 구분을 하는데 어려움을 겪는다는 것을 보여주고 있다. 4세 유아는 8세 유아보다 상상했던 사건들이 정말 발생했다고 믿는 경향이 더욱 크다(Foley, Harris & Hermann, 1994). 유아에게 있어서 공상과 현실의 관계는 유동적이다. 그리고 정말 발생했던 일과 상상했던 일의 기억속 이미지는 서로 통합되는 경향이 있다. 저학년 아동은 스트레스를 일으키는 경험을 극복하기 위해 그 위에 상상적 요소를 덧붙이기도 한다(Fivush, 1998). 이것은 고통과 정신적 외상을 경험한 유아의 치료에서 중요한 의미를 갖는다. 정신적 외상을 입은 아이는 그 이야기-어떤 일이 발생했는가를 설명하는-를 만듦으로써 도움을 받을 수 있다. 또한 왜곡된 사고의 체계적인 수정과 정신적 외상 후에 갖는 내적 이미지, 환경적 요인들에 기초한 인식으로부터도 도움을 받을 수 있다. 저학년 아동에게 있어 오해와 왜곡에 대해 초점을 맞추는 것은 특히 중요하다. 왜냐하면 공상과 현실을 혼합시키려는 경향은 그들의 발달학적 측면에 기반을 두고 있기 때문이다(Terr, 1991). 아동의 행동은 자주 다음과 같은 왜곡에 기초하고 있다.

### [ 티샤(TISHA): 간단한 사례 ]

3살 반 된 티샤(Tisha's)의 어린이집은 내가 치료사로 있었던 곳으로, 그곳 교사들은 티샤가 갑자기 다른 아동에게 공격적으로 되어가며 다른 아동의 입에 빨간 물감으로 칠하려고 시도하는 것 때문에 상담을 해줄 것을 요청했다. 내가 티샤에게 혹시 어떤 걱정이나 두려운 감정을 갖고 있는지 물었을 때, 티샤는 멀어진 부모에게 신체적인 폭력이 있었다고 말했다: "우리 아빠가 다가왔어. 아빠는 엄마랑 싸웠어. 엄마가 넘어졌고 엄마 입에서는 피가 났어. 아빠가 쓰러졌어. 아빠 입에서 피가 났어. 나도 넘어졌고 입에서 피가 났어. 나는 차에서 피를 쏟았어. 온통 피투성이야." 이러한 다툼장면에 대한 티샤의 정신적인 표상은 인지적인 왜곡을 만들어냈다. 티샤의 어머니는 티샤의 아버지가 실제로 자신을 쳤고 입에 피를 흘렸고 넘어졌음을 확인해줬다. 무엇이 일어났는지에 대한 정확한 기술은 그만하면 되었으나 티샤의 나머지 진술은 그렇지가 않았다. 티샤의 아버지는 넘어지지 않았고 티샤도 그랬고 차에서 나오다가 넘어지지도 않았다. 입에 피를 흘렸던 사람은 어머니 뿐이었다. 무엇이 일어났는지에 대한 두려움과 혼동은 왜곡된 기억, 차안에서 혹은 학교에서 미래에 다치게 될 두려움, 학교에서의 불안에 기초한 공격성, 그리고 다른 아이의 입에 빨간 물감을 바르려는 "행동"-끔찍하고 무서웠던 사건을 통제하고 이해하기 위한 시도를 반영하는 반복적인 행동의 형태-로 티샤에게 일반화된 것이다. 아무도 그녀가 그 경험을 말로 표현하는데 필요한 거리감을 갖도록 도와주지 않았다. 자신을 표현하고 인지적으로 경험을 조직하기 위해 언어를 사용하는데 있어서 제한된 능력을 가진 티샤는 단지 자신의 불안과 혼동을 목격자들에게 왜곡되고 이해하기 어려운 행동으로 드러낸 것이다. 하지만, 티샤의 행동이 목격된 폭력의 내용으로 보여진다면, 이것은 곧 티샤의 경험적 증상이면서 동시에 경험의 상징적인 표상으로서 의미 있는 것이 된다.

티샤의 교사는 티샤의 어머니와 면담을 갖도록 했다. 어머니의 요청대로 나는 면담에 참석했다. 티샤의 어머니는, 자기 자신이 그 일을 잊기 위해 노력하지만 자신이 티샤와 이 사건에 대해 얘기한 적이 없다고 말했다. 그녀는 또 "나는 티샤가 이 일을 거의 이해하지 못할 것이라고 생각해서 말하지 않았어요."하고 말했다. 티샤의 행동에 대해 더욱 명확한 이해를 위해 우리는 다음과 같은 개입을 조직했다: 티샤의 어머니는 티샤가 본 폭력에 대해 말하는 것과 티샤가 가진 두려움에 대해 인식하고, 다시는 이런 일이 없을 것이라고 재확신 시키는 것에 대해 동의하였다. 어머니는 또한 티샤에게 자신이 티샤를 안전하게 해줄 것이고 차에서 떨어져서 다치지 않도록 할 것이라고 말하기로 동의했다. 교사들은 어머니의 허락을 받아 티샤에게 아버지 때문에 어머니가 다친 것을 보고 두려워했다는 것을 알고 있다고 말하기로 계획했다. 교사들은 또한 학교는 안전한 장소이고 티샤를 언제나 안전하게 하도록 항상 노력할 것이라고 분명하게 말했다. 티샤가 가장 애착을 보이는 두 교사는 만약 티샤가 걱정이 되면 와서 자신들의 곁에 있어도 좋다고 말해주었다.

또한, 교사들은 티샤의 행동을 모니터링하고, 불안의 조짐을 주의깊게 보고, 티샤가 공격적이기 전에 빨리 그녀와 연결되어 움직일 수 있도록 하여 불안을 예방하도록 계획하였다. 나는 티샤가 공격적일 때, 교사들은 이를 제제하고 아이에게 너는 지금 안전하니까 안정감을 위해 상처입힐 필요는 없다라고 말해줄 것을 제안했다. 나는 그녀에게 "나는 네가 상처받았던 그 기억의 무서운 시간을 기억한다. 하지만 무서운 일은 지금 일어나고 있는 것이 아니라 이전에 일어났던 일이야. 너는 학교에서 안전해."하고 말하라고 제안했다. 나는 티샤의 어머니를 그녀가 합법적 선택을 배울 수 있도록 가정폭력센티에 소개했다. 또한 나는 티샤의 어머니에게 티샤의 발생 가능한 정신적 외상을 극복하고 처리해나가는 것을 돕기 위해 정신상담을 생각해보라고 말했다. 특히 부모와 교사의 노력에도 불구하고 그녀의 학교에서의 증후적 행동이 3~4주내에 완전히 고쳐지지 않을 경우에 정신 상담은 더욱 필요할 것이다.

이러한 사례는 유아가 정신적 외상으로 인한 두려움을 극복하는 것을 돕도록 만든 중재 계획을 설명하는 것 이외에도, 어린이집 교사와 부모와의 협력의 중요성을 보여준다. 특히 이것은 집에서 발생했던 사건이 어린이집에서의 행동에 영향을 미칠 때 그렇다. 교사들은 아동의 두 가지 세상-집의 세상과 양육센터의 세상-의 연결이기 때문에 보호해야 할 필요가 있다. 만약 양육자가 이러한 넓은 맥락에서 아동의 행동을 본다면, 그 후에 교사는 아동의 경험을 가능한한 안전하고 지속적으로 하도록 부모와 협력할 수 있다 (Donahue, Falk & Provet, 2000). 티샤의 교사는 티샤를 지지해줄 수 있는 공동적이고 확고한 관계를 티샤의 어머니와 수립했다.

## 감정과 행동의 조절

### 증가된 자기통제와 충동억제

유아기동안 아동은 스트레스 상황에 있을 때 애착 행동으로 의존을 계속하지만, 자기 자신의 감정과 충동조절에 있어 놀라울 만한 발전을 한다. 유아는 대인관계의 대응 기술, 내면화된 방어기제, 심지어 불안과 고통을 다루는 인지적인 전략까지도 점점 더 많이 이용하게 된다. 인지 발달은 유아가 자기통제와 충동을 억제하도록 쓰이는 능력에 기여한다. 부분적으로 이 새로운 인지적인 능력은 감정의 통제를 촉진한다. 아동으로 하여금 현실을 더 잘 이해하여 새롭고 놀라운 경험을 겪었을 때 반발을 더 줄일 수 있기 때문이다. 충동을 연장하거나 억제하려는 능력에 기여하는 요인들은 다음의 내용을 포함한다.

#### *행동의 결과에 대해 상상하고 기대하는 능력*

향상된 기억은 아동이 이전의 결과를 기억하도록 하며, 사회적 학습은 이러한 기억을 기초로 한 미래의 행동에 대해 선택할 수 있게 한다. 의자에 덮어놓은 담요를 잡아당겨서 요새를 부숴버린 행동으로 인해 친구들로부터 거부당한 아동은, 다시 거부당하고 싶지 않기 때문에 다음 시간에 종종 자신의 충동을 억제할 수 있었다. 하지만 억제할 수 있다는 것이 항상 억제한다는 의미가 아니라는 것은 중요한 점이다. 유아의 강한 소망은 종종 충동적인 행동을 야기한다.

***증가하는 경험의 분류화***

증가하는 경험은 비슷한 경험들을 일반화하도록 한다. 예를 들어 여러 베이비시터를 가졌었던 아동은 새로운 베이비시터가 어떨까?라는 자신의 걱정을 통제할 수 있다.

***혼잣말***

유아는 어떤 일이 일어났는지, 무엇을 할지 계획한 것을 분류하기 위해 혼잣말을 할 수 있다. 이것은 아이에게 통제감을 준다. 또한 아동은 자신의 행동을 이끌어가기 위해 자신에게 규칙과 금지, 그리고 기대를, 침묵으로 주지시킨다.

***사회적 기대인식에 기초한 증가하는 자기통제***

아동은 수용될만한 행동에 대해서 생각하는 것을 내면화하고, 규칙을 깨고 싶은 충동을 가졌을 때 이를 인식하기 시작한다. 4세 이후의 아동은 주기적으로 사회적인 규준을 맞추기 위한 의식적인 노력을 통해 부정적인 충동을 억제한다. 자기를 때린 아동을 되치고 싶은 화난 아동은 "노력적인 통제"를 통해 자신을 멈출 수 있을 것이다(Kochanska et al., 2000). 자신이 할지도 모르는 행동의 억제는 물론 소리치기나 울기같은 강한 감정으로 표현된다. 이런 감정의 강도는 다른 아동의 규칙위반에 대한 불화와 강한 충동의 억제와 관련한 스트레스를 모두 반영한다.

***현실세계의 걱정과 불안을 공상놀이로 대체하는 능력***

아동은 불만족과 두려움의 정서에 대한 보상으로 놀이를 이용한다. 예를 들어 4세 아동은 자신이 어른보다 작고 덜 잘한다는 사실에 대해 걱정할 수 있어도, 어른역할놀이나 연극놀이 안에서 권력을 가진 이상적인 인물이 됨으로서 보상받을 수 있다. 권력을 가진 여왕이나 여주인공이 됨으로서, 아동은 일시적으로 불만족의 정서를 감소시키고 극복할 수 있다.

## 유아의 불안의 근원

걸음마기 유아 불안의 원인-분리에 대한 두려움, 자기표현 문제, 통제를 잃는 두려움-은 유아의 불안에서는 덜 나타난다. 걸음마기 유아는 발달하면서 이런 걱정으로 인한 스트레스는 줄어든다. 그러나, 유아는 또 다른 전형적인 고민과 불안의 원인을 경험하게 된다.

### *공격적인 감정에 대한 반응*

유아는 특히 과잉 공격하거나 의존하고자 하는 소망이 큰 경우 자기통제를 발달시키려 끊임없이 노력한다. 아동이 공격통제를 성공적으로 하지 못했을 때, 자신의 공격적인 결과에 대해 걱정하게 되고, 분노에 대해 압도당하게 되는 내면적인 경험에 대해 걱정하게 된다. 만약 공격적인 아동이 거칠게 대해져 왔고 폭력에 노출되었다면 그는 이미 두려운 아이가 되었을 것이다; 하지만, 공격적인 생각과 행동에 대한 아동의 자기중심적 생각은 그의 불안을 강화시킬 수도 있다. 왜냐하면 다른 아동도 자기와 비슷한 충동이 있을 것이라 추측하기 때문이다.

### *부모의 애정이 옮겨갈 것에 대한 두려움*

많은 가정이 자신의 자녀의 터울을 2~3년 간격으로 둔다는 것을 고려해 봤을 때, 유아에게 있어서 형제자매의 출생은 사건인 동시에 불안의 근원이기도 하다. 어머니의 임신기간 동안 저학년 아동은 아기에 대해 생각하고 자신의 위치가 바뀔것이라는 것에 대해 걱정한다. 볼테라(Volterra, 1984)는 2세 남아의 생각과 행동에 대해 기술하였다. 아기가 생긴다는 것을 알게된 후 아동은 자신의 인형과 저학년 아동들에게 공격적으로 되어갔다. 남아는 집 밖으로 "나쁜 아이"를 쫓아버리는 경찰관의 역할을 하는 연극 놀이를 하였다. 아기가 나타날 때 유아의 자주성 발달은 잠시 방해를 받게 될지도 모른다(Teti et al., 1996). 덜 사랑받을 것에 대한 불안 속에서 아동은 어머니가 자신을 사랑한다는 증거로 자신을 돌봐주게 하기 위해 퇴행적인 행동을 보일 것이다. 아동이 어린이집에 있는 동안, 아동은 자신의 어머니와 어린 형제자매가 집에서 함께 좋은 시간을 보내고 있다고 상상할 것이다. 자신의 형제자매가 나이 먹어가면서 부모가 움직이는 기술을 발달시키고 칭찬하는 것을 보면서 아동은 위협을 느낄 것이다. 결국, 자신을 불안하게 만드는 어머니와 아기에게 용납하기 어려운 분노를 다루어야만 한다. 물론, 부모는 연장자인 아동이 도울 수 있는 여러 가지 방법을 찾아야 한다. 아동의 자율적인 기능을 지지하는 것을 지속시키는 것이나, 일시적인 아동의 퇴행을 참아준다던가, 아기와의 관계를 촉진하는 것을 통해서 말이다.

### *생리적 기능 통제의 실패*

소변과 대변을 조절해야 하는 유아는 화장실 훈련의 사소한 실수에서 화를 낸다. 낮에 오줌을 싸거나 침대를 적시는 아동은 사소한 실수로 인해 괴로워 한다. 통제의 잦은 실패는 스트레스의 다른 유형–부모와의 분리, 형제자매의 출생, 혹은 부모사이의 언쟁 증가와 같은–을 향한 반응임을 알려준다. 하지만, 부모들은 언제나 물기 없는 상태로 있어야 한다고 아동에게 압력을 가함으로 아동의 불안을 증가시킬 수 있다. 브라젤톤(Brazelton, 1992)는 화장실 훈련의 사소한 실수에 집중하기보다 아동이 불안해 하는 일차적인 근원에 대해 초점을 맞추도록 제시하였다.

### *또래에게 거부되는 것에 대한 두려움과 걱정*

유아는 사회적 동기가 증가하면서 자신의 또래가 자신을 어떻게 바라보는지에 대해 민감해진다. 5세경의 아동은 자신의 평판과 또래 집단 앞에 서는 것을 걱정하게 될 것이다. 거절당하는 것, 괴롭혀지는 것, 혹은 제외되는 것은 큰 고통과 분노를 야기할 수 있을 것이다. 유아는 자기중심적으로 생각하고, 여전히 타인의 의도에 대한 평가능력이 부족하기 때문에 아동은 다른 아동의 모욕을 감수할 수 없다. "넌 멍청한 똥기저귀 찬 아기야."–마치 그것이 사실인 것처럼 그들은 수치와 격분으로 반응한다. 유아는 이런 모욕이 그들의 전체 인간됨을 공격하는 것으로 받아들인다.

### *불충분한 현실 테스트와 마술적 사고에 의해 야기된 두려움*

공상과 현실을 구분하는 유아의 능력은 스트레스 상황에서 특히 떨어진다. 결과적으로 저학년 아동은 공상의 내용을 현실인 것처럼 경험하기 때문에, 사실적인 폭력, 무서운 장면을 보여주는 나쁜 꿈이나 영화, 혹은 TV 프로그램으로 불안해질 수 있다. 또한, 삶을 위협하는 것들에 대한 지식의 증가는 불안의 근원이 될 수 있다. 죽음에 대한 학습, 유괴, 강도, 비행기 사고 등으로 인해 불안해하는데, 이것은 아동이 이러한 재난이 자신에게도 일어날 수 있는 것으로 개인화하기 때문이다. 예를 들어, 자신의 보모로부터 쇼핑센터에서 혼자 차에 있으면 유괴를 당할 수도 있다는 말을 들은 4세 아동은 자신이 유괴 당할까봐 무서워서 집의 어디서나 어머니를 그림자처럼 따라다니기 시작할 것이다. 유아의 갈등은 보이지 않는 위험의 심상을 형성하도록 인지적으로 충분히 발달했다는 것이다. 그러나 아동의 인지적인 발달은 자신의 두려움이 얼마나 현실적인지를 인식하기에는 부족하다.

## 애착경험과 자기조절

스루페(Sroufe' s)의 애착에 대한 장기적 연구(1989, 1990)에서 안정적인 애착경험을 가진 유아는 자신이 불편함을 느낄 때 지지받기 위해 양육자나 교사와 같은 성인에게 계속 의지한다. 그들의 작동 모델은 아동들이 도움을 필요로 할때 그들이 도움을 줄 수 있을 것이라고 기대하도록 만든다. 결과적으로 아동은 부정적인 방법보다는 긍정적인 방법으로 관심을 끈다. 또한 안정된 애착의 경험을 가진 유아는 충동을 다룰 수 있는 훌륭한 능력을 보인다. 이러한 아동들은 자기주장이 강하지만 공격적이지는 않다(Bradley, 2000). 이와는 대조적으로 회피애착 경험을 가진 유아는 걱정을 조절하는 과정에서 성인의 도움을 구하지 않는 경향을 보였다. 회피유형에서부터 발달해 나온 자기와 애착에 대한 작동 모델은 도움을 위해 타인에게 의존하는 것은 신뢰할 만한 일이 못된다는 것과 자기는 도움받지 못할 만하다고 생각한다. 회피적 애착을 가진 유아는 자신이 넘어지거나 다친다면 양육자로부터 멀어질 것이고, 만약 아프다면 구석에 쳐 박혀 있을 것이라고 생각한다. 또한 이러한 아동들은 안정적 애착을 가진 아동보다 훨씬 높은 비율의 공격성을 가지고 있다. 이런 공격성은 회피적 애착의 아동으로 하여금 더욱 적대감을 느끼게 하고 공격적인 충동을 조절하는 능력을 약화시킨다(Sroufe, 1983, 1989; Vondra et al., 2001).

이러한 어려움을 가진 유아는 만약 유아기 교사가 아동과 애착을 맺기 위해 특별한 노력을 기울인다면 적합한 사회관계를 갖도록 도움받을 수 있다. 치료자가 2차적인 애착 어려움의 행동문제를 가진 유아를 치료한다면, 부모와 함께 치료할 때뿐만 아니라, 시설 양육자와의 상담에도 중재는 반드시 포함되어야 한다.

## 자기조절과 대처 전략들

새로운 자기조절 능력은 유아기 동안 나타나는데, 이는 자율적인 자기 조절을 더욱 더 가능하게 한다. 유아를 볼 때 자기조절을 이미 성취했다고 보기보다는 자기조절을 해나가고 있는 중이라고 생각한다. 학령기 아동들과 비교했을 때, 유아는 꾸준한 자기통제를 유지하는데 있어 더 취약하고 능력이 떨어진다. 유아는 다음과 같은 자기 조절 전략들에 점점 더 의존하게 된다.

### *부정적인 정서와 충동의 치환으로서의 놀이와 공상*

놀이는 치환을 통해 불안을 나타내는 기능을 갖고 있다. 아동은 불안의 위험을 금지된 공격으로 직접적으로 표현하는 것보다 공격적이고 다른 부정적인 충동들을 놀이로 대체시킨다. 팔리(1988)는 4세 아동의 극적 놀이를 기술함으로써 이러한 생각을 간파해냈다: "놀이로 행동을 통해 감정을 나타내는 척하는 것이 얼마나 쉬운가. 내가 더 많이 들을수록, 그 연극은 말로 꺼내져서는 안되는 것에 의해 더욱 동기화되는 것처럼 보인다." (p. 45; 원본에 강조)

놀이치료의 예를 보면, 5세 아동 앤드류(Andrew)는 자기의 2살 난 남동생에게 매우 경쟁심을 느끼게 되었다. 앤드류의 남동생은 최근 배변 훈련을 통해서 칭찬을 받은 바 있다. 앤드류의 놀이는 자기보다 자신의 남동생에게 고마워하는 부모에 대한 분노의 지각을 표현하는 매개체가 되었다. 앤드류는 회기에서 으적으적 씹어먹는 녀석(Chompers)라고 부르는 공룡을 가지고 왔다. 그 녀석은 가족인형, 특히 어린 남자 인형을 공격했다. 그 남자 인형은 알지 못할 이유로 방에서 떨어져 있게되고 영원히 1살로 살아야 하는 벌을 받고 있다. 공룡의 어린 남자 인형을 향한 공격성은 앤드류의 부모와 남동생을 향한 분노의 감정의 대리적인 분출구를 제공한다. 앤드류의 분노는 직접적이고 의식적이기보다 놀이를 통해 표현되었다. 나는 앤드류의 놀이를 자신의 부모가 다른 형제자매에게 호감을 느낄 때 아이들이 갖는 어려운 감정의 표상이라고 일컬었다. 앤드류처럼, 나는 앤드류의 특별한 상황보다는 일반적인 아이들의 정서를 나타내는 용어로 치환이라 표현하였다.

### *상호적 조절 전략의 내면화*

태어나 처음 3년 동안, 아동과 부모는 애착관계에서 조절과 작용을 위한 교류를 확립한다. 유아는 감정을 다루기 위해 양육자로부터 도움을 지속적으로 받을지라도, 역동적인 전략의 내면화는 유아가 자기조절을 통해 불안을 다루게 된다(Bradley, 2000). 유아는 또래관계에서 애착관계로부터 학습한 사회적 능력과 친사회적인 태도를 사용하기 시작한다. 이렇게 또래와의 의견충돌과 논쟁을 완화하는 기술을 쓰는 아동은 성공적이고 좀 더 통제력이 있다고 느낀다. 또한 이러한 아동은 다른 아동들에게 인기가 있다(Dunn et al., 2002).

### *감정표현과 흥분의 억압을 위한 의식적인 전략들*

유아는 의식적으로 자신의 감정 반응을 통제하는 초보적 능력을 가지고 있다. 4~5세 아동들 중에 특히 울면 안된다고 사회화된 소년들에게서 다치고 난 후에 나오는 울음을 억누르는 모습을 볼 수 있다.

4세의 남아가 아버지와 함께 싸움 놀이를 하고 있었을때 균형을 잃고 뺨이 벽에 긁히게 되었다. 남아는 당황한 듯이 보였지만, "나중에 봐요."라고 말하고 그의 침실로 들어갔다. 확연하게 남아는 울려는 충동에 수치심을 느끼고 자신의 아버지로부터 숨어야겠다고 느낀 것이다. 대신에, 그는 이런 일에 대해 그의 아버지를 원망하게 될 것이다. 또한 자신이 화가 났다는 것을 아버지가 알게 하고 싶지 않았다. 이 양쪽의 모든 경우를 남아는 자기의 감정을 의식적으로 통제함으로써 다스렸다.

후기 유아는 점검을 통해 "적합한" 감정은 표현하고 "부적절한" 감정은 보류하는 능력을 발달시킨다. 또한 이들은 정말 짧은 시간에 불과하지만, 하기 싫어하는 장난감 줍기를 하는 것과 같이 과업을 유지하기 위한 충분한 보여주기 시작한다(Kochanska, Coy & Murray, 2001). 하지만, 의식적인 자기조절은 유아에게는 어려운 과업이다. 정서적 반응을 넘어 신뢰할만한 통제는 학령기 중순에 가서야 발달하기 시작한다. 유아는 자기통제와 강한 표현의 사이에서 왔다 갔다를 반복하고 있다. 그들이 느끼는 긴장의 정도는 모든 범위의 감정이 표현되는 상황에서 그들이 얼마나 흥분하는가에 따라 알 수 있다. 이것은 유아가 극적 놀이를 좋아하는 한 가지 이유이다. 놀이는 가장된 이야기 상황안에서 표현될 수 있는 환희, 어리석음, 공격성, 실망 등의 강한 감정을 드러낼 수 있는 현실적 요구 바깥의 활동무대이다. 또한 아동치료자들은 놀이치료가 다양한 범위의 감정표현을 허용한다는 것을 유아가 깨달을 때 유아의 흥분을 관찰할 수 있을 것이다.

하지만 5~6세의 유아는 더 감정을 잘 다루게 된다. 이런 일반적인 능력은 "정서적 유능감"으로 정의되고 있다. 감정들에 압도되는 것 없이 감정을 표현하고, 자신과 타인의 감정적 상태를 인식하고 의식적인 노력을 통하여 자신의 감정을 조절하는 것을 포함하는 개념이다(Saarni, 1999). 감정적으로 유능한 유아는 학교에서 원만하게 적응하고, 또 사회적으로 또래와 잘 지내는 유능한 유치원생이 된다(Denham et al., 2003). 다른 아동의 감정을 이해하는 능력이 덜 유능한 유아는 또래와 잘 지내는데 더 어려움을 보이고 초등학교 초반에 사회적인 거부와 퇴학을 당할 위험이 더 많다.

### *심리적 방어기제의 확립*

정신분석에서 정의한 방어는 경험적 불안과 심리적인 고통으로부터 아동을 보호하는 역할을 하는 무의식적인 정신 활동이다(Freud, 1966). 불안이나 위험의 내면화나 외면화에 대한 결집된 반응이 나타날 때, 방어는 정서적 반응을 조절하고 심리조직의 감각을 유지하도록 돕는다. 걸음마기 유아기에 방어 확립의 동기화는 걸음마기 유아의 소망과 부모의 소망 사이의 충돌을 인식하는 것에서 온다. 자신의 부모에게 화가 난 것과 관련된 불안을 피하기 위하여, 걸음마기 유아는 투사의 방어를 사용한다. 그것은 개인의 부정적인 감정과 충동을 타인의 것으로 돌리는 것을 포함한다. 그래서 자신의 아버지에게 화난 걸음마기 유아는 "아빠 내게 화 났군요!"하고 말할 수 있는 것이다. 발달이 진행됨에 따라 더 복잡하고 적응적인 방어들이 점진적으로 아동기의 "원시적인" 방어기제에 추가되게 된다. 방어들은 정서적 반응과 충동을 조절하는 정상적인 수단 가운데 하나이다. 방어는 아동 자신이 적응하지 못하는 상황을 과잉일반화하거나 인지기술과 대인관계 기술과 같은 타인모방 기제를 추가한 것과 같을 때만 문제화 된다. 다음의 사항과 같이 방어는 유아에게 눈에 띄게 사용된다.

*투사* : 아동은 자신의 감정, 특히 적대적이거나 공격적인 감정을 타인의 것으로 돌린다. 3세나 4세의 아이는 자신이 떠밀은 아이가 자신을 다치게 하려고 했었다고 비난할 수도 있다.

*전이* : 자신을 돌보는 사람을 향한 부정적 감정인 불안을 가진 아동은 이러한 감정을 다른 사람에게 향하도록 한다. 임신중인 어머니를 둔 3살된 앤지(Angie)는 역시 임신 중인 자신의 양육자에 대해 무례해지고 반항적으로 되었다. 앤지의 가정에서 앤지는 곧 생길 아기에 대해 상당히 행복해하고 관심을 보였다. 짧은 평가기간 동안 앤지는 아기인형을 불태우고 난 후에 어머니와 소녀 인형이 꼭 붙잡고 있는 이야기의 놀이를 반복하였다. 앤지는 다른 임산부의 아기를 향한(그리고 어머니를 향한) 적대감과 양가감정을 치환하고 있었던 것이다.

*부정* : 부정은 고통스럽고 불안을 일으키는 일이 일어나지 않았던 것처럼 말하기, 믿기, 혹은 행동을 포함한다. 어떤 아동은 자신이 부모님의 규칙을 위반하였음을 스스로 부정할 수 있다. 이러한 방어는 교사나 부모가 아동의 잘못을 보고난 직후에 사용되어, 아동은(어른의) 피하고 싶은 강한 욕구를 비현실적으로 보여준다. 치료 상황에서 치료자가 아동의 부정적인 행동에 대해 직접적으로 물었을 때 부정하는 것은 일반적이다. 예를 들어, 내가 5세 남아에게 "네 어머니께선 네가 공원에서 다른 소년이랑 싸웠다고 하시더라."하고 말했다. 남아는 "안 그랬는데요."하고 대답했다. 또 다른 아이는 질문을 완전히

무시하고 다른 주제를 얘기하면서 비슷한 질문에 대한 부정의 반응을 표현한다. 고학년 아동에게도 부정은 일반적인 방어이지만 특히 유아에게 많이 사용된다. 이러한 이유 때문에, 공상이나 놀이 안에서 불안을 가진 아동에게 전이를 통해 간접적으로 접근하는 것이 가장 좋은 방법이다.

***퇴행*** : 이 방어는 "발달의 초기 단계에 속했던 행동, 생각이나 감정으로 되돌아가기"를 포함한다(Berman, 1979, p.10). 퇴행의 정형화된 예는 막 아기를 가진 어머니를 둔 아동이 자기를 안아달라고, 옷 입혀달라고, 먹여달라고 조르면서 덜 자율적이 되는 것이다. 이러한 예에서 퇴행은 애착불안에 대해 나타낸다. 아동은 여전히 부모가 자신을 돌보고 있다고 재확인을 하고, 자신이 곁에 있다는 애착을 찾는 행동으로 돌아가면서 의사소통하고자 한다. 또한 퇴행은 공격적인 행동을 부정하기 위해 사용되곤 한다. 예를 들어, 내 사무실에서 방금 거칠게 인형과 가구를 인형집 밖으로 던진 4세된 남아는 "아기가 말해요."라고 말하기 시작했다. 확연히 자신의 공격적인 행동을 통해 일어난 불안을 억누르기 위함이다. 또, 퇴행은 발달의 과도기 단계마다 흔히 발생한다. 많은 아이들이 처음 유치원에 다닐 때의 스트레스를 다루기 위해 집에서 더욱 조르거나 의존적이 된다.

## 도덕성 발달

유아기에 아동은 외부의 승인에 기초한 도덕성에서 옳고 그름에 대한 관념을 더욱 내면화하고 행동한다. 3~4세 연령의 아동은 사랑과 허용에 대한 소망과 허용하지 않는 것에서 회피하고자 하는 마음으로부터 도덕성이 결정되고 때문에 아동은 승인받지 못하는 행동을 피한다. 콜버그(Kohlberg, 1984)는 이것을 "처벌과 복종의 대응"이라고 하였다. 걸음마기 유아가 부모의 기준을 인식하는데도 불구하고 그들의 내적 통제는 잘 발달되어 있지 못하고, 걸음마기 유아는 부가적인 의식으로서 기능하는 부모에게 의존한다(Emde & Buchsbaum, 1990). 이것은 가치나 의식의 감각을 내면화하는 것과는 상당히 다르다. 그럼에도 불구하고, 걸음마기 유아의 고분고분한 행동은 6세의 충분한 의식발달을 예고한다(Kochanska et al., 1995). 유아는 점진적으로 부모의 요구와 명령에 유순함을 보임으로써 부모의 예상과 부모가 원하는 것을 해야 한다는 아동의 의식적인 감각을 동일시하는 "행하는 유순함"으로 움직인다(Kochanska, 2002).

유아기동안 인지와 사회적 발달의 진보는 도덕성의 내면화를 가능하게 한다. 다음은

3세에서 6세 사이의 몇몇 도덕발달의 특성과 흐름을 제시한다.

## 의도와 결과 사이의 구별

초기 유아는 의도와 결과를 구분할 수 없다(만약 누군가 범죄를 의도하고 저질렀다면 이는 사고나 무지로 인한 범죄보다 더욱 나쁜 것이다. 이는 살인자와 과실치사자로 구분된다.). 초기 유아는 단지 행동의 표면만을 보고 동기를 이해할 수 없다. 피아제(Piaget, 1948)는 3세 아동에게 다음의 도덕문제를 주었다: 한 소년은 자신의 엄마로부터 어떤 멋진 컵에 손대지 말라고 들었다. 그런데 그 소년은 어머니에게 화가 나서 일부러 그것을 떨어뜨려 깼다. 다른 소년은 파티를 준비하는 어머니를 도와드리려고 12개의 컵을 쟁반에 운반하고 있었다. 소년은 발을 헛디뎌 컵을 모두 다 깼다. 피아제가 아이들에게 "이들 중에 누가 더 잘못했니?"하고 물었다. 유아는 일괄적으로 12개의 컵을 깬 아이가 더 많이 컵을 깼기 때문에 더 잘못했다고 대답했다. 이와는 대조적으로, 의도와 결과를 구분을 이해하는 학령기 아동은 첫 번째 아이가 일부러 그랬기 때문에 더 잘못했다고 대답했다.

## 증가된 자기 모니터링

걸음마기 유아는 부모의 기준과 기대를 인식하게 되어간다. 유아기동안 이런 인식은 더 치밀하게 증가한다. 유아는 부모의 기대를 분명히 안다. 2세된 남동생으로 하여금 접시를 부엌에 갔다 놓으라고 가르치는 4세 여아가 이것을 증명한다. 유아의 의식적인 기준의 내면화에 따라, 아동은 자신의 행동을 보고하게 된다. 결과적으로 유아는 자신이 규칙을 어길 때와 공격적으로 행동할 때를 알게 된다(Turiel, 1998).

## 죄책감의 발달

"내면 안에서" 나쁜 감정을 느끼는 능력은 유아기 동안 발달한다. 처벌이 두렵기 때문에 부모의 규칙을 어기면 불안을 느끼는 걸음마기 유아와는 다르게, 유아는 부모가 알든지 모르든지 그가 잘못했다는 것을 이해할 수 있다. 이런 내면적인 인식과 죄책감에 동반하는 고통적인 감정은 내면화된다. 아인스버그(Eisenberg, 2000)와 카간(Kagan, 1984)은 죄책감의 출현은 인지적인 성숙과 관련되고, 특히 유아가 여러 가지 가능한 행동 중에 선택할 수 있다는 인식을 가지고 있다는 것을 주장했다: "2살된 아이는 그가 선택한 것과는 다른 방식으로 행동할 수 있다는 것을 인식할 수 없다. 그러나 4세 유아는 이러한 능력을 갖고 있기 때문에 우리가 죄책감이라고 부르는 감정을 경험할 수 있다(p.175)." 유아는 자신들이 자기의 행동에 대해 책임을 져야 한다는 초기 인식과, 어떻게 행동할지에 대한 선택을 가지고 있다는 것을 이해한다. 결과적으로, 유아는 "옳게" 행동하는 것을 선택하지 않았을 때 자기 자신을 비난할 수 있게 된다.

## 도덕성 연습으로서의 놀이

유아가 "좋음"과 "나쁨"을 생각하기 시작함에 따라, 이들의 상호작용과 공상놀이는 어떤 것이 옳은 행동이고 어떤 것이 나쁜 행동인지에 대한 함축적인 질문을 설명하기 시작한다. 왜냐하면 유아는 이러한 의식적인 수준의 질문들을 이해하려 노력하기 때문에 만약 다른 아동이 자신을 나쁘다고 하면 쉽게 감정에 상처를 받을 수 있기 때문이다. 공상놀이는 이러한 질문들을 탐험하기 위한 중요한 매개체가 된다. 놀이에서, 어떤 아동은 나쁜 사람들을 저지하는 직업을 가진 원더우먼이나 배트맨이 될 수 있고, 어떤 아동은 현실에서는 나쁜 일을 하지 않고도 일시적으로 나쁜 인물인척 할 수 있다.

해리포터의 가장 끔찍한 모든 장면을 빼고 다 본 5세된 남아는 자신이 해리의 역할을 하는 영웅적 이야기로 놀이를 하는 것을 좋아한다. 그런데, 가끔 남아는 학교에서 해리의 우수성을 시기하는 얄미운 소년, 드라코 말포이의 역할을 선택한다. 드라코가 되어 남아는 좋은 캐릭터인 해리포터와 론 위슬리에게 마법을 걸어 움직이지 못하게 하거나 그들의 뼈를 젤리로 만들었다. 이 남아는 태평스러운 기질과 올바른 자기조절을 가졌으며 다른 친구들과의 대인관계에서 비열하지도 않다. 하지만 모든 유아처럼 이 남아는 자기 안의 얄궂은 생각과 충동을 인식하고 있는 것이다. 드라코를 연기하면서 남아는 가장(놀이)의 안전함 속에서 이러한 부정적인 감정을 경험할 수 있다. 놀이는 남아로 하여금 "거친 부분을 걷게"하는 기회를 주고 다시 착한 사람의 역할로 돌아오게 한다.

또한 놀이는 아동으로 하여금 공격적인 감정을 안전한 방법으로 분출하도록 돕는다. 예를 들어, 두 소년이 장난감 한 개를 두고 싸우다가 서로 밀쳤다. 한 쪽이 상대편을 강으로 떨어뜨리겠다고 위협했다. 다른 한 쪽은 "트롤 처럼?(북유럽 신화에 등장하는 도깨비)"하고 말했고, 이것은 "염소 세 마리와 트롤 이야기(Three Billy Goats Gruff)"에 기초한 놀이 속으로 초점을 전환한다. 실제의 공격으로 시작되었던 것이 공상적 공격으로 치환된것이다. 그런 공상적 공격 속에서 두 소년은 모두 "안전"하고 양쪽 모두 실제로 나쁘게 느낄 필요가 없게 되었다(Paley, 1986). 놀이를 통한 "반사회적"행동은 공유된 사회적 경험으로 전환된다.

## 규칙의 이해와 규칙 따르기

빈번한 암시와 한계설정을 통해 유아는 부모나 양육자로부터 설정된 행동의 규칙을 배울 수 있다. 하지만 유아는 게임의 규칙을 이해하는데 어려움을 갖는다. 유아가 규칙을 인지적으로 받아들일 때 아동은 공상의 매개물로서 게임을 보는 경향이 있다. 유아와 함께 단순한 보드게임을 하는 성인은 아동이 자기에게 맞추도록 종종 규칙을 바꾸는 것을 발견하게 된다. 유아는 게임을 공정하게 하기 위하여 규칙을 따라야 한다는 중요성에 대해 거의 인식하지 못한다.

> 예를 들어, 치료에서 본 5세 남아는 체스의 규칙에 대해 배웠고 가끔 내게 체스를 하자고 했다. 게임은 규칙을 따르는 몇 번의 움직임을 통해 매번 예의있게 시작하곤 했었다. 그런데, 어느 순간 남아가 체커(체스의 말)를 집어 들고는 판 위에 높이 들어올리며 "슈퍼체커(Superchecker)!"하고 소리쳤다. 그런 뒤 슈퍼체커(Superchecker)는 날아와서 판위에 있던 나의 모든 체커들을 쓰러뜨렸다.

이 이야기에 내포된 또 다른 시사점은 유아는 성인이 자신보다 크고 더 유능하다는 것을 알고 있다는 점이다. 그들의 잦은 "비열한" 경향과 이기기 위한 고집은 분명히 우위에 있는 경쟁자를 넘어서 자신에게 이점을 줌으로써 놀이에서 동등한 위치를 가지려는 아동의 시도를 반영하는 것이다. 종종 게임에서 이기는 부모에게 화가 난 저학년 아동은 씁쓸하게 "공정하지 않아요!"하고 불평한다. 좀더 약자인 그들의 관점에서 좀더 크고, 좀더 많은 성취를 갖는 사람에 대항하기 위해선 그들의 방식이 옳다고 생각한다. 비록 성인들이 "규칙"에 맞는 놀이를 했어도 말이다. 이것은 부모의 지침에 의미를 갖는다. 만약 부모가 4~6세 아동과 규칙에 따라 게임을 하기를 기대한다면 치료자는 그것은 아동에게 너무 많은 기대를 하는 것임을 지적하고, 몇 년 동안은 공정한 놀이 안에서 아동의 흥미를 발달시켜야 할 것이다.

## 사회적 관계

점점 비중이 커져가는 중요한 사회적 관계는 점진적으로 의식의 발달에 기여한다. 유아기의 초기 시기에, 아동의 자기중심성은 자신이 가진 특별한 공상 속으로 다른 아동을 끼워 맞추는 시도를 한다. 종종 아동의 공상은 독단적이어서 의견충돌이 있다; 이것 때문에 유아기의 협동놀이는 불안정하다. 그러나 점진적으로 아동은 자기중심성을 넘어 관계에 가치를 부여하게 된다. 그들은 점차 협상하는 능력이 증가한다. 왜냐하면 그들은 점차 다른 아이의 역할을 수용할 수 있게 되고 그들의 관점에 감정이입시킬 수 있기 때문이다. 아동은 타인에게 공정한 것이 중요하다는 생각을 내면화한다(Eisenberg & Fabes, 1998).

## 자신의 행동에 대한 책임을 수용하려는 아동의 능력의 변화

초기 유아는 자기가 나쁘게 느끼는 감정을 참는 것에 힘들어 한다; 결과적으로 아동은 투사와 부정의 기제에 상당히 많이 의존한다. 예를 들어, 아동은 다른 아동을 다치게 했음을 부정할 것이다. 사실 아동은 희생자를 비난하면서 말하기를 "그 애가 먼저 나를 쳤어요."하거나 "쟤가 나를 때리려고 했어요."라고 할 것이다. 5~6세 사이에 아동은 점차적으로 자신의 행동에 책임감을 갖게 된다. 부모와의 경험에서, 유아가 종종 자기 투사로 표현되는 소망과 시도를 말하는 "거짓말"에 대해 지적하는 것은 유용한 일이다. 우리는 부모들이 거짓말하는 아동을 벌하지 않고 "거짓말"에 반박하도록 제안할 수 있다.

# 유아기의 실제

## 평가

유아들은 걸음마기 유아들보다는 좀더 자립적이다. 이들은 놀이를 통해 자신과 예술적 활동, 언어들을 표현할 수 있다. 유아에 대한 평가는 부모-아동면접과 아동 놀이평가를 통합하여 이루어진다. 놀이평가동안 유아는 놀이에서 부모가 함께 있는 경우보다 좀더 자유롭게 자신의 마음이나 걱정을 표현할 수 있을 것이다. 평가는 발달의 모든 영역에서 항상 고려되어야 한다. 유아의 평가 시에 특히 관찰이 필요한 영역들은 인지과정, 놀이 능력, 그리고 자기조절 능력이다. 유아기 전 기간동안 충동성을 조절하기 어려운 아동들은 사회성 발달에서 문제를 일으킬 위험이 있다. 인지과정은 자아 중심적 사고를 기본으로 하여 경험에서 왜곡되기 쉬운 것을 눈으로 관찰해야 한다. 놀이가 유아 발달에 많은 시사점을 제공하기 때문에 아동놀이에서 창의적인 이야기, 원인과 결과에 대한 사고의 재현, 실현성 있는 견해들을 조합하는 것은 아동 연구에 중요하다. 놀이에서 자신을 억제하는 아동은 좀더 자유롭게 자신을 표현할 수 있도록 도움을 주어야 한다. 충동적이거나 주의집중이 어려운 아동은 놀이를 조직하는데 도움이 되도록 효과적인 중재가 필요할 것이다. 주의집중, 충동성의 문제를 가진 아동들은 놀이를 조직하는 것에서 어려움을 보이며, 그 결과 놀이에서 좀더 진보적인 사고형성이 어렵게 된다.

### 평가전략의 하나로써 아동보호센터에서의 관찰

놀이평가와 가족면담과 더불어 유아에 대한 평가는 어린이집이라는 환경에서 아동을 관찰하는 것과 아동 양육자와의 상담을 포함한다. 미국에서는 4세 또는 그 이하 아동의

60%가 정규 어린이집에 다닌다(Shonkoff & Phillips, 2000). 정신건강센터 아동의 일상생활에서 그들과 교류하는 어린이집 교사들의 관찰에 의해 의뢰된 경우가 종종 있다.

어린이집은 아동의 문제를 조기에 조정하고 방지할 수 있다는 점에서 중요하다(Collins, Mascia, Kendall, Schock & Parlakian, 2003). 아동을 보살피는 교사들은 많은 아동들을 접하면서 연령에 따른 정상적인 기대수준을 잘 알고 있으므로, 발달이 늦은 것에 대해 문제를 제기하곤 한다. 상담자는 아동과 부모들이 어떻게 스트레스를 관리하는지에 대해 조사하는데, 이것은 보통 아동 행동의 중심에 스트레스가 존재하기 때문이다. 부모의 이혼과 별거가 시작된 뒤, 혹은 아동과 부모가 일터와 학교에서 돌아온 뒤, 어떻게 아동과 부모가 환경을 관리하는 지에 대해 조사하게 된다. 그들은 부모와 아동사이에 부정적인 상호작용 학대 또는 방임의 증후를 발견할 수도 있다. 또한 고립된 부모를 정서적으로 지원하며, 아동발달과 훈육, 그리고 다른 양육문제들에 대한 정보를 제공하기도 한다. 그들은 주마다 20~40시간 가량 만나면서, 아동과의 긴밀한 애착을 형성하고, 아동에게 도움이 되는 방향으로 개입하게 된다(Donahue et al., 2000).

정신건강연구자들은 아동의 집과 양육환경의 조사에 있어서 어린이집을 기초로 한 연구를 광범위하게 포함해야 한다. 다음에서 아동양육에 대한 기초적인 사정과 개입의 사례를 논의할 것이다. 이 사례에서 임상의 중요한 역할을 아동보호센터 직원과 부모가 수행할 중재계획을 고안하도록 도울 것이다.

## 아동 상담을 받은 유아의 사례

칼로스(Carlos)를 평가하기 위해 정규적으로 필자와 만나면서, 칼로스가 세 살이 되기 전 두 달 간의 긴 여름방학에서 돌아온 상황에 대해 이야기했다. 칼로스 부모는 둘 다 일을 했고, 칼로스는 주 35시간 가량 어린이집에서 위탁되었다. 칼로스의 선생님은 그가 말이 없고, 친구가 없는 것에 대해 걱정했다. 칼로스는 태어난 뒤 스페인어와 영어를 함께 사용하는 환경에 노출되어 있었다. 칼로스는 두 세살이 되기 전부터 학교에서 이야기 할 수 있었고, 영어수준은 충분히 발달되었다. 그러나 그의 놀이는 상호적이기보다는 다소 일방적이었다. 아직 2세이기 때문에 그의 선생님은 걱정하지 않았고, 가정에서 역시 언어지체의 증후는 발견되지 않았다. 집에서 칼로스(Carlos)는 파나마 출신인 엄마 안나(Ana)와는 스페인어로 대화했다. 미국인인 아빠 존(John)은 스페인어가 유창했으므로 그는 칼로스와 이야기할 때 스페인어와 영어를 섞어 말했다. 부모들은 칼로스가 스페인어를 잘하듯이 영어도 잘한다고 느꼈고, 그가 어린이집에서 영어를 말하는 것에 대해 걱정하지 않았다. 또한 영어에 대한 지식이 부족하다고도 여기지 않았다. 파나마에서 있던 두 달 동안 그는 스페인어를 사용하는 환경에 있었으므로 우선적으로 스페인어를 말하게 되었다. 학교에 돌아온 뒤 첫 달 동안, 그의 선생님은 그가 조용해지고 위축되어 있다는 것을 발견했다.

나의 첫 번째 생각은, 칼로스의 독특한 주변 환경을 바꿀 수 없다면, 그가 센터에서 배우도록 시도하는 것이었다. 나는 칼로스가 집에서 어떻게 행동하는지를 알기 원했다. 칼로스는 집에서는 또한 말을 잘했지만, 학교에서는 침묵했다. 나는 칼로스가 집에서만 언어를 사용하는 것을 직접적으로 관찰할 수 있었다.

## 아동치료센터에서의 관찰

칼로스를 관찰할 때 나는 그가 아이들과 상호작용을 하지 않은 채 아이들을 조용히 바라보는 것을 발견했다. 그는 몇 분의 긴 시간이 흐르도록 오로지 바라보기만 하면서 놀라울 정도로 한자리에 서 있었다. 그의 목소리처럼 몸도 마치 굳어버린 것 같았다. 그러나 다른 아이들을 바라보는 그의 눈은 흥미롭게 움직이고 있었다. 아이들은 그가 서 있어도 그를 그냥 지나쳐가곤 했다. 그들은 이미 칼로스와 상호작용할 수 없다는 것을 알고 있는 것이다. 한 여자아이가 곰이 그려진 그림을 칼로스에게 보여주었다. 칼로스는 그 여자아이가 알아들을 수 없는 말을 했다고 이야기 했다. 칼로스는 그녀와 그림을 바라면서, 살짝 미소 짓다가 이내 침묵을 지켰다. 그가 어떠한 말도 하지 않자 아이는 다른 곳으로 가버렸다. 칼로스의 눈은 주의깊게 다른 아동의 움직임을 살피고 있었다. 그의 눈은 흥미롭고 호기심이 많아 보였지만, 말을 하지 않을 뿐 아니라 그의 몸은 얼음처럼 굳어 있었고 얼굴도 무표정했다.

## 가정방문

칼로스는 집에서 나를 친근하게 대했고 약간은 수줍어하면서 영어로 이야기했다. 그의 언어수준은 그 연령에 적합한 것처럼 보였다. 칼로스는 장난감을 나에게 보여주었고, 그가 좋아하는 공룡 같은 것을 그리면서 이야기했다. 그의 엄마와 아빠는 칼로스가 형과 잘 지낸다고 말했다. 집에 방문한 동안 칼로스의 엄마는 마음을 열고 나에게 이야기 했고 도움을 요청했다. 엄마는 여름동안 파나마에 있다가 돌아온 뒤, 향수병이 걸렸다고 이야기 했다. 칼로스의 부모는 일자리를 얻기 위해 미국에 왔으며, 엄마는 4년간 미국에 살았고 지금까지 집에서는 불만을 느끼지 못했다고 했다. 그녀는 칼로스가 파나마에 있는 가족들을 그리워한다고 말했다. 나는 칼로스에게 현재 영향을 주고 있는 다른 스트레스 요인에 대해 물었으며, 그녀는 다른 것을 생각해내지 못했다. 그녀는 파나마에 있는 친구에게 칼로스가 학교에서 겪는 문제에 대해 의논했지만, 그들은 미국의 생활을 모르기 때문에 큰 도움은 되지 않았다고 했다. 나는 칼로스의 방에서 칼로스와 편안하게 이야기 할 수 있는 사람이 누구인지 물었고, 그녀는 리사(Lisa)라고 하는 선생님이 칼로스에게 관심이 있고 호의적이라고 알려주었다.

## 인상

칼로스는 선택적 함구증의 특징이 보여진다. 이민자 중 부끄럼이 많거나 변덕스러운 아동에게서 이러한 문제가 많이 나타난다. 나는 어머니 본인 스스로도 미국 문화에 대해 불안감을 느끼면서, 칼로스가 불편해 하는 어린이집에 아이를 맡겨버렸던 것에 대해 놀랐다. 이러한 상황에서, 나는 칼로스를 어린이집에 데려다 주는 과정을 지켜보면서 어떻게 그녀가 칼로스를 돌봐주는 사람들과 상호작용하는지를 관찰했다. 나는 칼로스가 학교에 갈 때, 어머니와 떨어지는 것에 대해 불안감을 느낄 것이라고 생각했다. 그것은 아마 그가 파나마에 있는 가족들과 떨어진 고통과 미국문화에 대한 불편함을 느끼는 어머니의 감정을 내면화했기 때문일 것이다.

사회적 발달이 이루어지는 3~4세의 기간에 아동은 또래와 상호작용을 시작한다. 나는 칼로스가 부끄러움 많은 행동으로 인해 배움의 기회를 놓치는 것, 소외되어 있는 상황과 수줍음 때문에 또래집단에 참여하지 못하는 것에 대해 관심을 가졌다. 결론적으로 나는 부모와 교사를 만나서 아래의 행동계획을 제안했다. 이 과정에서 칼로스의 엄마가 친근하게 느끼는 리사 선생님이 "선호되는 양육자"가 되는데 동의했다.

## 학교와 집을 바탕으로 한 칼로스 치료 계획

논의를 마친 뒤에 나는 모든 사람에게 아래 내용의 계획서를 주었다.

1. 집과 어린이집의 연관성에 대한 칼로스의 느낌을 확장시키기
   - *부모의 긍정적인 기대.* 부모님은 칼로스가 학교에서 말을 잘 하지 않는 것을 알고 있지만 그가 집에서 말하면 재미를 느낄거라는 것을 알기 때문에 부모는 칼로스가 집에서 말을 하기를 원한다는 것을 말해줘라.

- *부모는 어린이집에 대한 수용적, 열정적 태도를 보여라.* 그렇게 하면 칼로스는 그가 그곳에서 좋은 시간을 보내도 된다는 '허락' 을 받았다고 느낄 것이다.
- 집에서 어린이집에 대하여 이야기해라. 이것은 칼로스가 어린이집에서 무엇을 하는지 묻는 것 뿐 아니라 선생님으로부터 얻은 정보가 무엇인지를 파악할 수 있다.
- 어린이집에 데려다 줄 때, 부모와 리사 선생님 또는 다른 교사들과 간단하지만 열성적으로 대화해라. 그 내용은 그 전날 집에서 한 일에 대한 것이다. 따뜻한 어조로 이야기하면 칼로스는 그의 부모와 교사 사이의 좋은 교감을 발견하게 될 것이다.
- 아이를 데려올 때도 비슷한 대화가 이루어질 수 있다. 교사는 그날 칼로스에게 일어난 일들에 대해 설명한다. 교사가 말하는 것은 그가 그날 한 일들을 평가할 수 있는 정보가 된다. 그러나 칼로스가 그날 말을 하지 않았다면 특별한 행동에 대해서 이야기해야 할 것이고, 친구들과 놀이를 했으면 여기에 집중하여 칭찬하고 격려해준다. 부모는 교사의 느낌을 거울처럼 받아들이게 된다.
- 그날 대화의 마지막에 교사는 다음 날 일어날 일들에 대하여 언급한다. 다음 날 아침 어린이집에 오는 길에 부모는 칼로스에게 그날 하루 일과에 대해 이야기해 줄 수 있다.
- 스케줄이 허용된다면: (1) 부모는 아침에 어린이집에서 얼마간의 시간을 보내면서 칼로스에게 다른 아이들에 대해 질문을 하고 어린이집에 관해 물으면서 그의 대화참여를 유도해라. (2) 부모는 칼로스를 데려가기 20분 전에 도착해서 칼로스와 놀아주거나 그가 다른 아이들과 노는 것을 바라본다.(이것은 처음에는 일주일에 2~3번 정도로 하고, 그리고나서는 몇 주에 한 번 정도로 횟수를 줄인다) (3) 부모는 그룹과 함께 다른 곳으로 여행에 가는데 참여한다. (4) 부모는 이따금씩 학교에 점심을 먹으러 온다.
- ***또래집단.*** 어린이집에서 아이들과 함께 집에 놀러올 수 있는 기회를 준다. 어린이집에서 교사는 칼로스에게 "너의 엄마가 쉘비(Shelby)를 너의 집에 데리고 와서 놀면 재미있게 함께 놀 수 있을 거라고 했어"라고 말한다.

2. 교사는 엄마와 떨어져 있는 것에 대해 중점적으로 다룬다.
   - 칼로스는 아마 그의 부모를 그리워하면서 부모에 대해 생각할 것이다. 교사는 이

렇게 이야기 해줄 수 있다. "때때로 아이들이 조용할 때, 엄마를 생각하고 그리워하는 거야. 우리 같이 그것을 해보자. 그러면 기분이 훨씬 좋아질거야."

- 그의 방에 있는 물건에 변화를 줘보자. 가족사진이 매우 좋은 예이다. 그가 잊고 있다면 가서 사진을 보도록 제안하자. 그와 함께 사진을 보면서 가족에 대한 특별한 이야기를 나누어보자.
- 교사와 함께 이별의 주제와 관련된 놀이를 제안해봐라. 집과 인형을 이용해 집을 떠나고 학교에 가고 엄마가 데리러 오는 등의 놀이를 직접해보면 놀이를 통해 통제하는 능력을 기를 수 있다.

3. 칼로스가 어린이집에서 다른 아동과 상호작용하고 말하는 것을 돕기
   - 교사는 칼로스가 다른 아동에게 이야기 하거나 교사에게 질문할 수 있도록 매 시간마다 도움을 준다. 그가 잘못을 하더라도 꾸짖지 말고, 격려하는 자세로 낙관적인 지지를 해준다. 시작한 후 2주 동안은 칼로스가 이야기를 할 때마다 매시간 인간적이고 언어적인 강화를 해주자. 예를 들면,
   - "매우 훌륭해 칼로스. 네가 나에게 이야기하면, 나는 네가 원하는 것이 무엇인지 알 수 있단다."
   - "쉘비와 함께 노래하는 것이 매우 재미있구나."
   - "네가 원하는 것을 쉘비에게 이야기해주니, 쉘비가 그것을 했어."
   - 교사는 다른 아동과 칼로스가 함께한 사회적 경험의 내용을 해석해주는 기회를 마련한다.
   - "로지(Rosie)가 너에게 곰 그림을 보여주었구나. 로지는 너에게 그림 보여주는 것을 좋아하는 것 같다. 친구들은 서로 그런 것을 보여주는 것이 좋아."
   - 교사는 칼로스의 손을 잡고 그를 아이들이 그림을 그리거나 퍼즐을 맞추고 있는 테이블로 데리고 간다. 그가 테이블에 앉도록 한 뒤 아이들이 하는 것을 볼 수 있도록 한다. 그리고나서 아이들이 그에게 채점해주기를 요구한다면, "칼마이(Kalmai)가 너와 함께 채점을 하고 싶어한다. 그는 네가 함께 색칠하기 원해."라고 이야기한다.
   - 야외학습에서 함께 걸어가거나 선생님이 시킨 심부름을 할 때, 교사는 가능하다면 다른 아이와 칼로스를 짝 지워준다. 이것은 자연스럽고 우연적으로 시도되어야 한다. 예를 들어 교사가 다른 아동과 칼로스에게 읽는 것을 시키고 나서, 그들

이 함께 놀 수 있도록 허락해준다.

- 부모는 칼로스가 학교에서 다른 아동과 대화하는 것을 볼 때 매우 행복하다는 것을 표현한다. 예를 들어, "칼로스, 나는 네가 앤드류(Andrew)와 이야기해서 매우 행복해. 나는 네가 학교에서 친구를 사귀고 이야기하기를 원해."라고 말이다.

### *행동계획에 내포된 가정들*

계획은 다음과 같은 내용의 정보를 제공해야 한다.

1. 교사와 부모사이의 긍정적인 상호작용을 통해 칼로스의 집과 어린이집에서 연속적인 감정이 확대되었다면, 집에서 낮 동안의 활동에 대하여 이야기 나누고, 집에서 친구들을 만나는 기회를 갖도록 한다. 칼로스는 어린이집에 있는 동안에 더욱 안정적인 느낌을 가지기 시작할 것이다.
2. 어린이집에 있는 동안의 활동이 흥미롭게 이행된다면, 엄마는 양육자와 친구들의 관계가 더욱 긴밀해지도록 한다.
3. 매일하는 상호작용과 말로 표현한 것에 대한 즉각적이고 긍정적인 강화는 칼로스의 사회적 능력과 발달을 가져올 것이다.
4. 어린이집에 있는 동안 또래집단과의 애착을 장려하는 것과 다른 아이들의 신호를 해석해주는 것 역시 칼로스의 사회적 능력을 발달시킬 수 있다.
5. 특별하고 섬세하게 양육자와 부모는 이 계획을 이해하고 실천하도록 한다.

### *사후지도*

이 계획은 잘 수행되었으며, 우선적으로 그의 부모와 교사가 참여했기 때문이다. 한 달 동안 칼로스는 규칙적으로 교사 및 다른 아이들과 이야기 나누고 놀았다. 첫 번째 평가의 시간에, 나는 칼로스의 문제를 어머니의 문화적 고립과 감정에 따라 아이의 정체성과 정서적 기초가 영향을 받은 것으로 설명하였다. 몇 달이 지나 칼로스의 아버지는 나를 만나서 그와 그의 부인이 파나마에서 돌아온 이후부터 이러한 문제를 가지게 된 것을 이야기 했다. 이로 인해 칼로스의 분리불안과 불안정감이 증가된 것으로 여겨졌다. 그러나 먼저 부모와 교사를 통해 칼로스가 또래집단과의 관계에서 안정감을 느낄 수 있도록 원조했다. 이 개입은 칼로스가 그의 목소리를 발견하는데 필요한 즉각적이고 지지적인 강화를 제공하여 목표에 이르게 하는 것이다. 이 문제에 대해서는 정신치료적인 접근보다 생태학적인 접근을 하는 것이 더욱 효과적이다.

## 유아의 중재 : 놀이 치료

발달적인 관점에서 봤을때 유아에 대한 치료의 목표는 문제를 일으키는 생각과 아동의 인지적 한계에 대한 감정을 중점적으로 다루고, 아동이 경험을 언어를 통해 중재하도록 장려하는데 있다. 다음은 유아의 치료에 있어서 중요한 목표들이다.

### 아동이 오해를 해소시키는 것을 도와라

상상을 통해 현실을 이해하려는 유아의 경향은 불안과 관련된 행동으로 보일 수 있다. 예를 들어 8장에서 이야기 한 아동 앤지(Angie)의 경우, 새 아기가 엄마를 그녀로부터 떨어뜨려 놓는다는 생각을 가지게 되었는데, 엄마의 임신에 대한 앤지의 분노는 그녀의 엄마가 임신한 아기를 보호하고자 하는 데 대한 행동과 전치된 것이다. 이런 두려움은 그녀의 놀이에서 분명하게 표현되는데, 아기가 뜨거운 스토브 뒤에 놓여 있는 동안에 앤지는 그녀의 엄마 곁에 꼭 붙어 있었다. 나는 앤지에게, 엄마가 몇몇 사람들과 이야기를 하는 것을 보았었는지에 대해 질문했다. 앤지는 그녀의 엄마를 봤을 때 기뻤는데, 다시 아기가 스토브에 가까이 갔을 때 그녀와 엄마는 동시에 아기에게 달려갔다. 나는 앤지 엄마에게 "내 생각에 앤지의 놀이는 그녀가 갖고 있는 어떤 걱정을 보여주는 것입니다."라고 얘기했고, "언제 아기가 태어나는지, 그때까지 조용히 앤지를 안고 그녀와 함께 놀아줄 수 있나요?"라고 질문했다. 엄마는 앤지에게 약속하고 함께 놀이를 했다. 앤지는 매우 행복해 보였고 그녀의 엄마는 아기 앤지가 태어났을 때 그들 부부가 가졌던 친밀함을 잃어버릴까봐 걱정했었다는 것을 알게 되었다.

### 과잉 일반화를 정화하기

유아들은 그들이 받은 스트레스를 표현할 때 기본적으로 과도하게 일반화하는 경향이 있다. 정상적인 인지발달의 견해에서 보면, 스트레스를 받는 사건을 일반화시키는 것은 아동 능력을 정확하게 평가하는데 방해가 될 수 있다(Crittenden, 1992c). 결과적으로 아동들은 스트레스의 통합적인 상황 또는 정신적 외상의 상황 또는 불안하고 짜증나는 상황에서 불안감을 갖게 된다. 예를 들어, 폭력을 경험한 어린 아동들의 공통점은 폭력 상황과는 거리가 먼 상황임에도 불구하고 항시 폭력이 발생할 수 있다고 생각하며 경계심을 갖는다. 가정 폭력을 목격한 이후, 아동 보호소에 위탁되어 다른 아동들에게 매우 공격적이었던 티샤(Tisha)의 경우, 그녀에 대해 엄마로부터 상황 설명을 듣고 나서, 교사는 아동센터에서는 그녀가 어떤 형태로든 폭력을 목격하지 않을 것이며 아동 보호센터에서는 안전할 것이라는 것을 이해시켜줄 필요가 있었다. 부모-아동 회기에 함께 참여한 그녀의 엄마는 티샤에게 무엇이 일어났었는지를 설명해주었다; "아빠는 엄마를 때리고 나의 입은 피범벅이 되었다." 나는 티샤가 넘어지지 않았고 입에서 피가 나지 않았는데도 매우 겁먹었고 모두 다칠 것에 대해 걱정하고 있는 티샤에게 관심을 두었다. 후에 교사들은 그녀가 한 행동을 그녀에게 말해줬고, 그들은 보호소에서 함께 지내면서 누구라도 상처 내는 것을 허락하지 않았다. 이러한 중재방법들은 티샤의 자신을 무가치한 존재로 과잉 일반화시키지 않는 감정과 인식을 갖도록 도와줬다.

## 아동이 경험을 언어적으로 중재할 수 있도록 도와줘라

한 아동이 그의 경험을 언어로 조직화해서 말하는 것은, 특히 원인과 결과의 관계와 과거와 현재를 구별하고 인지적 이해와 자기통제를 얻는 것을 받아들이는 것을 말한다. 감정으로 느끼는 것을 언어화하는 것은 충동과 감동의 감정으로부터 어떤 구별을 얻는 것을 의미하는 것인데, 그렇다고 곧바로 그들에게 행동으로 드러나는 것은 아니다. 하나의 감각을 습득하고 자기조절을 하는 것은 행동을 진전시키기 위한 사고가 가능할 수 있다. 아동이 내재적으로 느끼는 불안을 생성하고, 충동적 또는 정신적 외상후 스트레스 상황하에 언어를 통해 간접적인 중재를 함으로써, 아동은 덜 심각한 증상을 갖게 된다. 이와 같은 객관적인 사실들은 충동을 조절하는데 어려움을 보이는 아동의 치료에서 특별히 중요하다. 유아기 아동은 감정을 언어로 표현할 수 없는 시기이므로, 치료사들은 언어화 과정에서 용기가 필요하며 아동이 놀이 시에 상징화하는 단어를 표현함으로써 언어로 사고를 중재한다(이것은 아래의 목적을 갖는다).

- 아동이 그런 문제를 갖는 것은 자신만이 아니라는 것을 느끼도록 해라; 치료사가 사고를 자극하고, 어떤 사람을 이해하는 것을 초월해서 느끼며, 낱말로 느끼고 사고하게 한다.
- 경험은 형태와 의미를 제공하고, 아동에게 현실적인 감각을 분명히 해주고, 현재와 과거 사이를 구별하게 해준다.
- 아동은 경험에 대한 사고의 의미를 얻고, 점차적으로 스스로 그 경험에 대해 말하기 시작할 수 있다; 아동은 표상적 능력을 발달시킨다.
- 아동의 경험과 정서는 감각을 만드는 방법으로 함께 연결되어진다.

# 유아기 아동 치료에서 놀이 사용

아동은 경험을 표현하기 위해 놀이를 사용하기 때문에, 아동이 갖고 있는 어려움-행동과 언어적인 면-에 대한 대화를 위해 놀이에 치료사가 참여할 수 있다. 놀이는 현실경험의 전치로, 스트레스 또는 혼란을 습득하기 위한 안전한 놀이가 창조된다. 부분적으로, 놀이는 단순한 언어를 뛰어 넘어 극적인 의미까지도 제공한다; 다양한 방법으로 놀이는 보호하는 기능을 한다: 놀이는 자신에 대한 것이 아니며 가상인물이 있는 상상에 대한 것이다. 담당자들은 유아의 놀이를 주제별로 묘사하고 이야기에 대해 주의를 기울여야 한다. 아동의 놀이를 통해 관련된 내용을 추측할 수 있다.

유아는 현실과 가상세계를 구별하는 것을 이해한다. 그들은 또한 열정적인 놀이에서 멈출 수 있고, 영화감독처럼 "컷"이라고 고함치는 것을 매우 좋아하며, 드라마를 전개하기 위해 "액션(Action)"이라고 소리친다. 치료사들은 놀이장면과 현실장면에서 유아의 능력을 구별하기 위해, 아동들을 이용해서 놀이장면을 만들 수 있다. 치료사는 간단한 놀이를 멈추고 그 내용과 관련있는 장면 놀이를 할 수 있다. 비록 한 아동이 놀이를 하기 싫어하고 분위기를 깬다고 해도, 치료사가 아동에게 느끼는 감정은 평상시와 같다.

대부분의 유아들이 치료사에 대해 신뢰감을 느끼기 시작했을 때 치료사가 비로소 그들과 함께 놀이할 준비가 되어있다는 것인데, 그들은 유아들의 놀이를 수동적으로 관찰할 의도를 갖고 놀이에 참여해야 한다. 아동 중에 몇몇은 치료사를 보조자로 이용 놀이를 하는데 이들을 주시해야 한다. 유아기 동안에는 놀이를 하는 아동들이 역할을 맡고 그들의 배역을 수행하는데, 치료사가 그들의 놀이장면에서 배우가 되어주길 기대하는 아동도 의미가 있는 것이다. 치료사는 놀이자가 되어 수행할 의지가 있어야 한다. 놀이에서 참여하는 관찰자로서, 치료사는 아동이 경험을 구성하고 중재시에 독특한 위치에 있는지를 알아야 한다. 즉 놀이의 흐름 안에 있는 동시에 그에 대해 설명하기 위해 놀이 보조자로 나설 필요가 있다(Chethik, 1989).

다음과 같은 사례에서, 우리는 4세 6개월 된 소아암 환자 여아에 대한 의학적인 처치와 더불어 아동발달에 영향을 줄 수 있는 놀이치료를 사용했다. 우리는 유아의 능력을 알아보기 위해 의사소통 관련된 놀이를 사용했는데, 아동은 아직 언어로 표현할 수 없고, 치료와 마찬가지로 놀이에 잠재되어 있는 것을 해석하기로 했다. 사례를 제시하기 전에 나는 점차 성장해가는 유아의 발달 과제와 의학적인 접근사이에서-특별히 다음에서 이 두 가지의 상호작용을 위한 언급과 더불어-발달을 방해하는 문제에 대해 토론하고자 한다.

# 질병치료를 위한 의학적인 접근

소아암을 위한 의학적 치료가 개선되고 있으며, 일찍이 아동 중의 많은 수가 치명적인 것으로만 알고 있었던 악성종양으로부터 살아날 수 있게 되었다. 하지만 이와는 모순되게 성공적인 의학적 치료는 한 편으로는 부정적인 발달도 있을 수 있다. 암 치료기간이 늘어나는 것은, 어린 암 생존자들의 발달에 방해요인이 될 것이다(Mulhern, Wasserman, Friedman & Fairclough, 1989). 이런 사실은 아이가 어릴수록 스트레스에 대처하기 위한 내적자원이 부족함을 암시하는 발달연구 결과와 일치한다.

암 치료는 전통적으로 많은 스트레스인자의 맹공격을 수반하는데, 입원해야 하고 척추 마디가 손상받고, 척추에서 골수를 추출하며 여러 절차를 거치고, 화학요법과 같은 효과의 이면에는 메스껍거나 허약해지고, 익숙한 일상생활을 잃어버리고, 친구관계가 분열되며, 몇몇 사례에서는 부모와 이별하는 등의 스트레스 요인들을 수반한다(Armstrong, Blumberg & Tolendano, 1999).

러터(Rutter, 1981)는 오랫동안 입원한 유아들의 스트레스에 대처하는 능력을 기록했다. 입원하는 동안 경험한 스트레스에 따른 대처 방안이 발달했는데, 미래 발달과제의 관점에서 보면 아동들이 잘 적응하지 못함에도 불구하고 대처방안만 주장하는 경향이 있다고 할 수 있다. 많은 유아들이 조숙하게 발달하는데, 치료받을 때 예상치 못하게 고분고분하게 되며; 아무리 조숙함이 일반화된다 할지라도, 훗날 발달의 방해요인이 되며, 발달을 방해하는 행동의 지체를 보인다.

학령기 아동과 비교해봤을때, 유아의 스트레스에 대처하기 위한 내적 기제는 아직 잘 발달되지 않았다. 억압, 합리성, 공상을 거부하는 학령기 아동의 복잡한 방어기제의 특징들이 아직 나타나지 않는다. 유아기 아동의 적절한 대처방법의 부족은 스트레스 절차를 거치는 동안에 압도되어 짜증을 용해시키고, 자제력을 잃지 않거나 정서적으로 침울하지도 않는 것처럼 보일 수 있다(Chen, Zeltzer, Craske & Katz, 2000). 의료적 치료를 연장하는 것은 아동 스스로 발달하고 또래관계가 시작되며, 놀이와 환상이 합성되고, 신체기능을 일정한 간격으로 하나의 신체부분과 조절하고, 신체 운동과 변동성 등 유아의 발달과제를 방해하는 것처럼 보일 수 있다. 이러한 발달상의 문제가 우세하게 보이고, 그 결과 쉽게 장애로 판단되며, 암치료로 입원하게 된 유아의 자율성과 자기 조절력을 잃게 되고, 거부감이 증가하며, 또래로부터 고립되고, 놀이에서 자유를 제한 받고, 신체 활동과 이동을 제한 당하며, 화학치료 효과의 이면에 있는 신체적인 허약함이 발생되게 된다

(Chang, 1990).

유아기 동안 놀이에서 상상할 수 있는 능력은 스트레스를 이기기 위한 주된 적응 기제 뿐만 아니라 사회정서적 발달과 학습을 촉진하는 통로가 된다. 놀이는 자율적이고 창의적인 발달을 돕는다(Erikson & Steiner, 2001). 암 치료는 활동적이고 정열적인 놀이 시에 아동의 능력을 분열시키고, 상상력을 방해하는 효과를 가져온다(Phipps & Strivastava, 1997). 소아암을 극복한 아동들이 다시 학교로 돌아갈 때, 그들은 아마 감정을 표현하는데 어려움을 겪고 또래와의 상호작용에서 수동적인 역할을 하게 될 것이다(Sexson & Madan-Swain, 1993).

이런 부적응적 행동은 애착적인 면에서도 이해할 수 있다. 스트레스를 받는 상황이라도 지금까지 애착관계에서 신뢰가 형성된 유아는 자율적으로 자신의 감각, 자기 신뢰, 목적 있는 쪽을 향해 움직인다. 이러한 움직임은 애착의 긍정적인 작동모델을 근거로 하여 안전하게 내면화되어 제공되어진다(Main et al., 1985). 애착관계가 안전하게 내면화된 아동은 좀더 자신감에 찬 신뢰를 가지고 현실을 탐구할 수 있고, 더 나아가 자율적이고 개인적인 발달을 통하여 방법적으로 세계 안에서 상호작용한다. 오랜 기간의 스트레스를 경험한 유아는 허약하게 되어 의학적인 치료를 받는데 있어서, 부모나 보호자에게 상당히 의존적이 되는데, 아동의 발달을 고려해서 자율적으로 절충할 필요가 있다. 행동에 있어서나 정서적인 기분을 포함해서 불안전한 애착 등이 다른 요인이 될 수 있는데; 비록 안전한 애착관계, 적절한 발달을 보이는 유아들에서 조차 심한 스트레스 요인으로 폭로될 수 있고, 자율성을 억압의 형태로 채택될 것이다(Lieberman & Pawl, 1990). 유아의 행동 문제와 더불어 태도에 의한 중재도 중요한 것이다(Scheeringa & Zeanah, 2001); 지금까지 억압에 대한 문제는 덜 연구되어져 왔다. 억압된 아동은 극적이거나, 충동적이거나 통제가 어려운 행동의 아동과 같이 억지로 주의를 시키지 못한다. 그렇지만, 유아기 동안 조용한 억압은 세상과 상호 작용하는 아동의 능력에 부정적인 영향을 주고 그 결과 정상적인 발달의 기회를 갖지 못한다.

발달에 방해요인을 갖는 아동은 어떠한 인지적인 특징을 증가시키는데, 자기중심적이고 비논리적이고 개념과 결과 또는 원인과 결과를 명확하게 구분하지 못하고, 신비적 사고를 하며, 특별한 스트레스 요인을 작동시킨다. 결과적으로 유아는 병약함의 원인으로 왜곡된 사고를 발전시키고, 병약함의 출발점과 동시에 일어난 외적인 사건을 잘못 통합시키며, 아프고 힘든 의학적인 절차를 침울한 학대 또는 죄의 대가로서 여긴다. 게다가 유아기의 아동은 의학적 문제의 추상적 설명을 이해하는 데 한계가 있고, 너무 오랫동안 병원에 있으면 그들에게 특유한 의미가 부과되어지는 경향이 있다(Bergmann & Freud, 1965).

## 유아의 놀이치료 : 사례

캐이티(Katy)의 사례는 사랑이 있고 안정된 가정에서 정상적인 발달을 보였던 아동이 심한 질병에 의해 발달이 정지된 흥미 있는 사례이다. 비록 암 치료가 3~4세 여아에게는 여느 시기보다 아주 스트레스를 많이 받는 외상적인 것이지만, 이전에 보여줬던 탁월한 발달과정과 긍정적인 부모 지원이 결합되어 힘든 치료로부터 그녀를 보호해주었다. 캐이티는 다른 보호요인으로부터 완충되어졌는데, 그녀의 부모는 고등교육을 받은 중간 정도의 사회적 지위를 갖고 있으며, 가족과 친구들은 나이 어린 남동생을 보살피는 것을 비롯하여 여러 방법으로 지원해주었다. 그럼에도 불구하고 사회성과 감정적인 영역에서 4세 수준의 발달정도를 보여주었다.

### 의학적 이력

3세 때 의학적인 징후가 나타날 때까지, 캐이티는 명랑하고 사교적인 아이였고, 좋은 유머감각도 있었다. 세 번째 생일 무렵, 그녀의 부모는 캐이티가 놀이를 멈추고 우울하게 된 것에 관심을 가졌다. 그로부터 3개월이 지나면서, 그녀는 점점 더 어두워 보였고, 활동도 점점 줄어들었다. 그녀는 머리가 아프기 시작했고 힘이 없음을 호소했다. 그렇지만 소아과에서는 아무런 질병 증상도 발견하지 못했다. 그녀가 침대로 자러 가는 것을 거절하며 머리가 아프다고 했을 때 그녀의 부모는 캐이티를 응급실에 데리고 갔으며, 거기에서 그녀의 뇌에 악성 종양이 있다는 진단을 받게 됐다.

종양은 8시간의 외과수술로 제거되었다. 캐이티는 수술 이후에 10일 정도 상당한 통증을 겪었다. 7주 이상 중환자 외과실에서 있었으며, 외과적인 처치로 액체를 제거하는 관을 배치하는 것을 포함해서 두 군데 외과적인 처치가 있었으며, 그녀의 가슴 기관에 Broviac(Broviac는 도뇨관 튜브인데 가슴 부분의 커다란 혈관인 vena cava부분에 삽입한다. 케이티의 혈관은 심하게 손상되었을 것이다. 그것은 화학치료 시행과정 중에 사용한다. 악성 암 약물치료가 만일 vena cava 사용시에 혈액의 양이 많고 팔 혈관보다 높은 곳에 위치하며, 약물이 보다 빨리 희석되므로 혈관이 손상되지 않는다.)이 배치되었다. 그녀의 팔 부분에 약물이 투입되도록 한 후 이제까지 경험하지 못한 마취를 6시간 동안 경험했다. 또한 마취를 하지 않은 처치는 정신적인 외상으로 발전하였다: 캐이티는 신경이 날카로워졌고 축 늘어졌으며, 상처가 아프지 않을 때까지 의사에게 멈추라며 소리를 지르고 운다. 그녀는 또한 두개골에 방사선치료를 받아서 머리카락을 잃게 된다.

15개월이 지나서 캐이티는 화학치료를 받기 위해 그 기간 중에 입원하여 2일 동안 10시간의 치료를 받았다. 화학치료는 실제로 그녀에게 질병에 대한 끔찍한 기분이 들게 만들며, 그녀는 그것에 대해 저항하기 시작했고 부모는 그녀를 달랬다. 그녀는 부모에게 화학치료가 그녀를 죽게 만들 것 같은 생각이 든다고 부모에게 말했다. 많은 시간이 경과한 후, 그녀는 고집을 꺾고 수동적으로 된 것처럼 보였다. 거기에는 치료를 위한 다른 많은 절차가 있었는데, 극단적으로 불안정하게 보였고 척추 마디에 바늘을 꼽아 내부 정맥으로 관을 삽입하고, 피를 뽑아냈다. 그녀의 부모에 의하면, 캐이티는 병원에 있길 원하지 않았으나 억지로 머물게 되었고, 바늘을 교체하려면 그것을 미리 알아차려 밤에도 목욕탕에 가곤 했으나, 일반적인 병원생활에는 적응되었다고 한다. 캐이티의 질병에 대한 다른 결과는 그녀가 병원을 퇴원하였을 때도 다른 아동들로부터 멀리 떨어지게 되었다는 것이다. 화학치료는 면역체계와 타협을 하게 되는데 그것은 바로 보통의 경한 홍역과 같은 질병에도 캐이티의 생명이 위험해지게 된다는 것이었다.

그녀의 부모와 의료진은 그녀에게 무엇이 발생했는지 설명했다. 부모는 그녀의 무시무시한 질병 스트레스를 쉽게 받아들였으며 극복하도록 도와주었다. 부모 중 한 사람은 그녀가 병원에 머무는 시간 내내 그녀와 함께 있었다. 케이티는 부분적으로 고통의 절차 또는 대부분 놀라운 치료과정을 모두 인내심을 갖거나 협조적으로 반응했다. 걱정거리가 어느 정도 되는가의 기준은 바로 극복하는 것이 어느 정도 되는가를 측정하는 것과 같다고 본다(Blount, Davis, Powers & Roberts, 1991). 케이티는 의학적인 경험들에 의해 인내심을 갖고 잘 적응했다. 그녀는 부모와 의료진의 도움을 포함하여 대처 기제를 알맞게 사용하였고, 의료적인 과정에 잘 따랐으며, 부정하고 막고 싶은 감정들에 대한 방어기제를 잘 사용하였다.

## 평가에 대한 인상

나는 캐이티가 4세 8개월 되었을 때부터 보기 시작했다. 중요한 것은 그녀의 암 치료는 완벽했으며 의학적으로 그녀는 잘 수행했다. 그녀의 부모는 그녀의 암이 재발할 수도 있고 후에, 백혈병으로 발전할 위험이 있다는 것도 의식하고 있었다. 그들은 그들이 기억하였던 쾌활한 2세 때와는 아주 다른, 신중하고 조용하며 억압된 아동이 되었다고 생각하였다. 캐이티의 부모는 병원에서의 반응과 죽음에 대한 두려움을 걱정하였다. 그녀는 극도로 자신의 신체에 대해 신중했고, 놀이에 스스로 오랫동안 몰입하지 않았다. 그녀는 돌고 점프하며 올라가는 모험적인 놀이 하기를 거부했다. 캐이티는 3세 되었을 때 정글짐에서 떨어진 것 때문에 암이 생겼다고 생각하고 있다고 내게 말했다. 그녀는 시간제 아동센터에 등록되어 다녔으며, 이곳에서 다른 아동들에게 쌀쌀맞게 대하며 대부분 혼자서 놀이했는데 캐이티가 1년 반 이전에 다른 아동들과 함께 놀았던 놀이를 잊어버렸기 때문이며 또한 아직까지 다른 아동으로부터 질병을 옮게 될 것이라는 두려움을 갖고 있었기 때문이다. 그녀는 또한 놀이에서 자신의 능력을 제한하는 것처럼 보였다. 집에 있거나 치료적인 회기동안, 그녀의 놀이는 강요되었고, 시험적이었으며, 망상 증상을 보였고, 4세 나이에서 보이는 전형적인 놀이상황에서 상상력이 부족하고 질적으로 떨어졌다. 이것은 암 치료에 대한 경험이 그녀의 발달을 방해한다는 것을 보여주는 것이었다. 캐이티를 만난 나의 느낌은 어떻게 그녀로 하여금 감정들을 잘 정리하도록 하며, 그런 감정 속의 그녀를 스스로 상상할 수 있도록 하는 것이었다. 캐이티는 회기 중에도 거의 조용했다. 그럼에도 불구하고, 신뢰감이 억제되어 있고, 정서적인 압박감을 가지고 있다는 것을 느낄 수 있었다.

## 발달 치료적 접근

이 치료의 목표는 다음과 같다:

- 놀이하는 능력을 찾아내어 도와준다. 이것은 자신의 연령에 알맞은 놀이를 습득하고 발달적 진보의 가능성을 열어놓을 것이다.
- 수동적으로 복종했던 이전의 경험을 적극적인 놀이 방법을 통해, 암 치료의 견해에서 본 심리적인 외상을 극복하도록 도와준다. 이 목표의 본질적인 부분은 캐이티에게 현재의 감정들을 정리하는 기회 즉, 의료적 치료동안 억압되었던 것, 특별히 분노와 부정적인 사고를 정리하기 위한 것이다.
- 그녀의 현재 경험으로부터 암과의 경험에 대한 구별을 하도록 도와주는 것이다. 이것은 현재를 보여주는 것이 아니라, 과거 경험으로서의 암 치료를 보여주는 것을 통해 도움을 주는 것을 포함하는 것이다.

캐이티의 증상은 정신적 외상 이후의 스트레스적 요소 규준과는 일치하지 않았다. 그러나 나는 암치료로 인해 정신적 외상을 입고, 치료에 의해 생긴 감정을 말로 표현하지 않으려는 방어기제가 생기지 않았나 하고 의심해 봤다(Erikson & Steiner, 2000). 의학 치료동안의 정신적 외상은 소아암의 생존자로서는 견디기 힘든 긴 시간이다(Barakat, kazak, Gallager, Meeske & Stuber, 2000). 캐이티의 부모는 캐이티가 점점 더 조용해지고, 더 억제적이고 신체적으로 비활동적이며 사회성도 적어졌다고 설명했다. 나는 정신의학적으로 소란을 일으키고 있는 캐이티를 떠맡지 않았는데, 그녀의 암 치료에 대한 반응은 암 이전의 발달곡선을 상당히 방해했으며, 그녀가 아동기 중반 정도가 될 때에는 점점 더 어려운 발달과정을 보이게 되었다(Pynoos, Steinberg & Piacentini, 1999).

이 경우 치료적인 접근은 잠재적인 발달을 방해하는 요소를 극복하도록 도움을 주는 것에 초점을 둔 심리치료이다(Chethik, 1989). 이런 치료 양상은 개인적인 놀이치료와 부모교육이었다(부모직업은 기술되지 않았는데 그들의 역할은 매우 미세하기 때문이다. 이 경우는 일반적인 사례 가운데 비 전형적인 것이었으며, 아이의 일생을 치료해야 하는 정신적 부담을 가지고 있고 스스로 대처하고 그녀의 질병에 대해 도와주어야 하는 뚜렷히 할 일을 갖고 있었다.).

정신적 외상의 상황에서 유아의 놀이는 아동에게 의미 있는 경험이 무엇이었는지를 보충 설명함으로서 아동 자신의 경험에서 의미 있는 개념을 아동 스스로 재연하도록 하는 것이 가장 좋다고 본다. 치료사가 아이에게 그 놀이의 의미를 이해하도록 만들고, 그 다음에 발달을 방해하는 요인을 줄이는 것에 목표를 두어 그녀의 경험을 새롭게 조망하여 아동을 돕는다는 해석적인 설명을 하는 것이다. 본격적으로, 치료사가 아동이 갖고 있는 문제에 대해 서류를 작성하였다. 나는 캐이티에게 "너의 엄마와 아빠는 네가 어떤 걱정을 갖고 있는지, 암과 병원에 대한 끔찍한 두려움이 있다고 생각하고 있으며, 네가 나를 쳐다보길 원한다. 내 일은 아동들을 돕는 것이고, 너의 엄마와 아빠는 내가 너를 도울 수 있다고 생각한다"고 말했다. 만일, 이 문제에 대해 작성된 서류가 아동을 위한 것이었다면, 첫 번째 회기의 놀이 묘사는 아동이 문제경험에서 벗어나기 위한 출발인 것이다.

캐이티를 위하여 직사각형의 블록 20개를 형태 있게 쌓고, 그런 다음에 작은 인형들을 각각 내려놓았다. 나는 그녀를 쳐다보며 "한 가족이 너무 큰데; 거기에는 많은 침대가 있어, 병원이라면 놀랍겠다"라고 말했다. 캐이티는 눈을 쳐다보면서 "예"라고 말했다. 이 과정을 통해서 놀이의 초점이 맞춰지게 되었으며, 조직적이고 의미 있는 놀이가 되었다. 치료사는 경험을 재연하는 놀이를 통해 아동의 이전 의식을 이해하게 되었고, 그녀는 어려움이 무엇이었는지 표현하기 시작했다. 나는 치료에 중점을 두고 도와주기 위해서 인형의사 배낭에 의료적인 소품들–외과의사 마스크, 모자, 관, 테이프등–을 캐이티가 사용할 수 있도록 준비한다. 나는 결코 그녀가 이런 재료를 이용해 놀지 않을 거란 생각을 했는데, 이것은 빗나갔고, 그녀는 나에게 자신의 걱정을 보여주기 위해서 그 장난감 소품들을 사용했다. 마침내 그녀는 더 편안하게 치료인형들을 사용할 수 있었다.

## 치료 과정

캐이티의 초기 놀이는 억압적이었고 긴장되었다. 그녀는 그리기와 보드게임놀이를 선택했고, 놀이에서는 아무런 상상력도 발달하지 않았으며 말도 적게 했다. 나는 캐이티에게 치료적 상황을 제공하는 것에 만족했다. 강요당하고 억압당하는 기분은 그녀의 치료적 상황에서는 피할 수 없는 것이었다. 나는 이런 관계에서 캐이티가 무기력함을 느끼는 것이 특히 중요하다는 생각을 했다. 나는 초기 치료에서 캐이티와 상호관계를 유지하며 친밀한 기회를 가졌다. 그녀의 그림은 대부분 무지개와 심장그림이었다. 그녀는 자신이 사용했던 밝은 색깔들에 대해 우리에게 말했고, 나는 그녀가 보았던 움직이고 있는 무지개가 아주 좋고 흥미롭다는 평을 했다. 우리는 또한 유아에게 적당한 단순한 보드게임인 '사탕나라' 놀이를 했는데, 일반적으로는 유아의 인지단계의 범위를 지나는 수준에서 그녀의 차례가 오면 캐이티는 적당한 전략을 사용하지 못했다(Schaefer & Reid, 1986). 캐이티는 작업하기 위해서 그녀를 방해하는 감정을 견디는 것으로 보였으나, 게임에서 이기면 기뻐했다. 이것은 감정적인 억제와 일관된 것이었는데, 그녀가 병원에 입원했을 때, 자신이 극복할 수 있다는 것을 과시하기 위해 약간 과장된 방법으로 흥분과 기쁨을 거울을 보며 나타냈던 것과 일치한다.

캐이티가 점점 더 기쁨의 감정을 보여주어 점차로 나는 부정적인 감정의 톤으로 역할하기 시작했다. 예를 들어, 세 번째 회기에서 그녀에게 색찰흙(Doh)-놀이를 제공했다. 색찰흙-놀이는 화와 두려움의 감정을 유도하기 위한 좋은 재료이다. 아동은 그것을 격렬하게 치고 두드리며 좋아한다. 놀이에 몰두함으로써 작은 감정의 돌파구가 발생하였다. 예를 들어 그녀는 주먹으로 그것을 치기 시작했다. 마룻바닥 위에 한 방울을 흘리게 되자 캐이티는 그것을 불쾌하게 생각하며, "이 바보같은 찰흙아, 왜 마룻바닥에 떨어지니?"라고 말하며 그녀의 얼굴에 감정이 드러났다. 내가 계속해서 감정을 표현하는 동안 캐이티는 기뻐하면서 색찰흙 놀이를 반복해서 했다. 나의 목표는 캐이티에게 부정적인 감정을 전달하는 것이었는데, 치료적 상황에서 무사히 표현할 수 있었다.

캐이티는 우리가 찰흙 놀이를 한 이후에 세 번째 회기에서 병원에 있었던 경험을 나타내게 만들었다. 놀이를 할 목적으로, 캐이티는 공을 내 머리 위에 반복적으로 튕겼는데, 그녀의 이런 행동을 나는 닥치는 대로 발산하는 공격적인 행동이라고 생각하지 않았다. 나는 물론 공으로 치는 것이 다치지 않았다고 말했으나 다친 것처럼 행동했다. 나는 다치게 한 것에 대해 불평했고, 캐이티는 잔인한 표정을 지으며 계속해서 그 공을 나에게 쳤다. 나는 매우 화가 난 것처럼 행동했고, 그녀는 매우 재미있어 했다. 그녀가 그 다음 회기에서 이런 놀이를 했을 때, 나는 그녀의 의료적 치료에 중점을 두어서 놀이했다. 나는 의사 집무실에 있는 아동이라고 말했고, 그 의사가 무엇을 했는지에 대해서, 누가 어떤 상처를 받았는지 말했다. 그녀는 나를 공으로 때렸고, 난 "날 아프게 한 의사선생님, 나를 아프게 했기 때문에 당신을 좋아하지 않아요. 당신이 나를 아프게 해서 선생님에게 매우 화가 나요."라고 하였다. 때리는 놀이를 잠시 멈추게 한 후에, 그 의사가 그들을 다치게 했을 때 어떻게 화가 났는지 보여주었다. 이것은 중요한 것으로 캐이티가 여자 인형을 들고 와서 옷을 벗기고 가슴의 튜브에 테이프를 붙이기 시작했다. 나는 인형에게 의사가 무엇을 해서 다쳤는지 질문했다. 캐이티는 의사로써 약 같은 작은 것을 내게 주고 미묘한 웃음을 지었으며, 이해하지 못하게 중얼거렸다(의사의 재연을 하는 동안-어떤 사람을 다치게 한 것과 모든 회기 동안 웃고 중얼거리는-그녀의 느낌과 질문에 대한 반응은 하지 않았다.).

의학적인 절차를 직접적으로 재연한 후, 캐이티의 놀이는 더 상징적인 것으로 진행되었다. 그녀는 마루바닥에 선 긋는 놀이를 하면서 내게 "그것들을 들어올려!"라고 말했다. 이것을 반복해서 했다. 나는 그녀에게 내가 매번 표시한 부분을 들어올리는 것에 대한 느낌이 어떨지에 대해 물었는데 그녀는 "당신은 그것을 싫어해"라고 말했다. 나는 그녀가 그들을 마룻바닥으로 내동댕이쳤다고 느꼈다. 나는 그녀가 원하지 않은 것을 해야만 했을 때 어떤 감정을 느꼈는지 그녀가 나를 도와줄 수 있는 것은 무엇인지 설명했다. 나는 그녀의 엄마에게 캐이티가 병원에 있을 때 많은 것을 어쩔 수 없는 힘에 의해 해야만 했다고 내게 말했다는 것을 전했다. 다음 몇 번의 회기에서, 그녀는 정교한 게임을 했다. 우리는 내 의자에서 잠든척했다. 내가 잠든 동안에 그녀는 일어나서 펜과 크레용 모두 바닥에 던졌다. 그런 다음 그녀는 놀이의자 위로 다가가서 큰소리로 툭툭 치며 내게 일어나라는 신호를 했고 모두 찔렀다. 놀이를 하면서 나는 "나를 깨우는 것이 밉고, 힘으로 나를 찌르는 것이 싫어"라고 말하자, 캐이티는 "너는 해야만 해"라고 말했다. 나는 병원에서 간호원이 그녀를 깨워서 힘으로 또는 억지로 목욕탕에 데리고 갔던 것을 싫어했다고 설명했다. 이런 병원놀이 장면은 2개월의 치료 회기에서는 충분히 고무적인 것이었다. 일반적으로 캐이티는 의자 위에 올라가서 바닥에 펜들을 집어던졌다. 내가 잠들어 있는 동안 기구들로 찌르고, 한밤 중에 깨우는 것이 싫고, 집에 있는 침대에서 자고 싶다며 불평했다. 나는 이런 바보같은 병원에 있기 싫다고 말했다. 그녀는 "지금 너는 오줌 누기 위해서 일어났어"라고 말했다. 나는"나는 거기 가지 않고 약 받으러도 안 갈꺼야"라고 말했다. 캐이티는 매우 엄하게 바라보며 "너 그렇게 말하면 안 돼"라고 말했다. 나는 "상관없어, 나 이 병원 미워" 그녀는 내 어깨를 두드리며, 매우 굳어진 표정을 했다. 나는 "왜 내가 이 병원에 있어야 돼?"라고 말했다. 그녀는 "너는 암을 갖고 있어"라고 말했다. 나는 "전부 다 끔찍한 느낌이 들어서 암도 밉고 화학치료도 미워. 나는 더 이상 화학치료도 방사선 치료도 받지 않을꺼야"라고 말했다. 그녀는 "너는 수술해야 해." 라고 말했다. 나는 "안 돼!"라고 말했다. 그녀는 나를 다시 치며 "너는 이미 수술했잖아"라며 말했다. 나는 "내가 깨어난 후 나는 너무 아팠어"라고 말했다. 그녀는 "지금 너는 브러빅(Broviac)하러 갈거야"라고 말했다. 나는 "브러빅이 뭐야?"라고 말했다. 그녀는 "그것은 네 가슴으로 집어넣는 아주 작은 관이야"라고 말했다. 나는 "어떤 브러빅도 맞지 않겠어"라고 말했다. 그녀는 나를 다시 툭툭치며 "그래 알았어, 너는 보통 주사와 혈관주사를 맞을 꺼야"라고 말했다. 나는 이 치료시간이 끝날쯤 몇 가지 의견(comments)을 만들었는데-즉, 그녀는 병원에서 어떤 것을 느꼈는지 내가 알도록 도와줬으며, 그녀가 싫어했던 많은 것을 내게 보여줬고, 그것은 그녀가 나에게 어떻게 한 아동이 그런 두려움을 느낄 수 있었는지에 대해 느끼도록 도와줬는데, 때때로 아동이 상처받았던 것에 대해 의사가 도와주고자 했을 때 어떤 혼동을 느꼈으며, 강제적인 힘에 대해 미워했는지, 어떻게 한 아이를 미치게 끔 만들 수 있었는지, 그녀에게 했던 모든 종류의 상처와 두려움에 대해서 내가 알도록 도와주었다.

바로 이어지는 치료상황에서 캐이티는 환자의 역할을 하기 시작했다. 예를 들어 캐이티는 내 사무실 의자 쿠션을 가져가 그 위에 누웠다. 그녀는 나에게 그녀를 깨워야 한다며 어떤 인형을 주었다. 인형은 그녀에게 제 시간에 깨워달라고 말했고, 그녀는 원망스런 눈으로 쳐다보며 일어났으며, 내가 멈추게 할 때까지 녹초가 되도록 때리기 시작했고 방저편으로 내동댕이쳤다. 내가 인형으로 "일어나, 체온도 재야 하고 씻으러 가야 해"라며 말했을 때, 캐이티는 인형을 물고 벽을 향해 그 인형을 던졌다. 그녀는 인형과 블럭을 사용해서 병원에서 경험했던 상처들을 재연했다. 그녀는 블록으로 침대를 만들었고 침대 위에 소녀인형을 놓았다. 그런 다음 침대의 구석을 만들어 소녀 윗쪽에다 다른 모양의 인형들을 두었다. 내가 이러한 놀이가 병원에서 있었을 때의 일을 보여주는 것 같다고 얘기했더니 그녀는 그렇다고 했다. 그런 다음 소녀 윗쪽에 세워두었던 인형들을 집어서 그녀의 블록들을 밀었다. 나는 "내 생각에 너는 의사와 간호사들이 너를 내려다 본 것을 기억하는 것 같아. 그 소녀는 의사와 간호사들이 너를 보호해주려고 여러 가지로 도와주려고 했을 때, 그들이 너에게 어떤 상처를 주었다는 것을 나에게 보여 주었어"라고 말했다.

다음 몇 차례의 회기에서, 캐이티의 놀이는 보호와 안전이라는 병원의 특징들을 다루게 되었다. 그녀는 의자 아래를 기어 다녔고 내게 말하는 것을 거절했다. 그녀는 의자 아래에서 밖으로 그녀의 손을 내밀었고 나는 내 손으로 그녀의 손을 쫓는 흉내를 내었다. 내 손이 그녀의 손을 뒤쫓았으나 결코 잡지 못했다. 그리고 난 후 그녀는 뒤쫓았던 내 손을 움켜쥐고 의자 아래로부터 밖으로 뿌리치고 나를 물리친 것에 대해 즐거워하는 것처럼 보였다. 나는 그녀에게 의자 밑은 매우 안전한 장소처럼 보였고, 그녀가 그곳이 안전한 장소여야 한다는 감정을 느껴야 한다고 설명했다. 그녀는 아마 병원 어디에도 안전한 장소는 없다고 느낀 것 같다. 그녀에게 상처 주고 두려워하는 사물과 사람들로부터 벗어날 수 없었으므로 안전한 장소를 꿈꿔야만 했다. 나는 "우리게임에서 너는 조절력에서는 1등이야. 내 손이 가까이 갔을 때 너의 손은 너무 빠르고 항상 다른 곳으로 가거나 네 손의 힘이 너무 세어 내 손을 밖으로 밀쳤지. 너가 병원에 있는 네 침대로부터 의사와 간호사들을 멀리 던질 수 있다고 내기하자."

지금까지 치료를 석 달째하면서, 캐이티의 부모는 그녀가 학교에서 점점 더 사회성이 많아지고 있으며, 덜 억압적이고, 부정적인 표현과 화난 감정을 더 많이 드러내게 되었다고 전했다. 그녀는 그녀의 남동생에게 매우 으스대었고 엄마를 향해서 가끔 분노를 표출하게 되었다. 엄마는 캐이티가 너무 달라졌으므로 오히려 당황스러워 했다. 그의 부모는 또한, 캐이티가 감정표현하는 것을 매우 기뻐했다.

치료의 중간 정도되는 지난 달에 그녀의 질병에 맞는 목표도달 주제에 초점을 맞췄다. 나는 마지막 단계의 3시간 동안 캐이티가 더 많이 할 수 있도록 문제들을 요약하는 것 뿐만 아니라 낮은 능력이 좀 더 발달되는 힘을 갖도록 하는데 주력하였다.

첫 번째 시간에서, 캐이티는 창문을 보기 위해 의자를 밀어서 그 위에 올라섰는데, 근처의 공원을 바라보았다. 그녀는 운동장에 시선을 고정시켰다. 그런 다음 의자 아래로 점프해서 뛰어내리기 시작했다. 첫 번째는 내 손을 잡고, 스스로 점프하기 시작했다. 나는 "네가 정글짐에서 떨어졌던 것이 암을 생기게 했다는 생각 때문에 아래로 뛰거나 점프하는 것을 두려워하는 것처럼 생각된다. 지금 나는 네가 두려움없이 점프할 수 있다고 봐." 캐이티는 아무런 대꾸 없이 문을 밀어 닫은 후 벽장으로 들어가 버렸다. 그녀는 벽장에서 갇혀진 새끼고양이인 척했고 나는 그것을 잡으러 온 사람이었다. 나는 중요한 시점에서 문을 열었는데, 그녀는 매우 음침한 표정을 지었고 나는 새끼 고양이를 슬프게 바라보았다. 5시간째에 나는 그 문을 열었고 그녀는 매우 행복한 표정을 지었으며, 방둘레를 껑충거리며 뛰어다녔고, 팔을 비행기가 날아가는 모양처럼 움직였다. 이런 장면은 4시간동안 반복되었다. 그런 다음에 내가 문을 열었을 때 그녀는 나를 옷걸이로 찌르며 치료하는 표현을 했다. 다음에 그녀는 몸을 구석에 쳐 박고 머리를 숨겼다. 얼마 후 그녀는 다시 날아다녔다. 나는 이 놀이가 그녀가 암을 갖기 전에 가졌던 행복한 놀이라고 생각했다. 그러나 그녀는 병들었고 그녀에게 상처 주는 사람들로부터 몸을 숨기고 원하지도 않았던 두려움과 무서움, 겁을 내야만 했다. 한 번은 그녀가 매우 화나고 두려운 것처럼 보였다. 나는 "네가 다시 날아가는 흉내를 내고 행복할 수 있다는 것처럼 보이며, 많은 것을 다시 할 수 있어서 더 좋은 감정을 갖고 있어. 아마 너는 다시 아플 것이라는 걱정을 너무 하지 않아도 돼."라고 말했다.

최종단계에서 두 번째 시간 이삼일 전에 캐이티의 6개월 동안의 CT를 자세히 검사한 결과 정상이었다. 캐이티는 그 시간 중의 대부분을 눈속임(tricks)을 보여주는 것으로 보냈다. 그녀는 여러가지 다른 방법으로 의자 아래로 점프했는데: 첫 번째는 의자 아래로 팔보다 높은 높이에서, 그런 다음 의자 뒤쪽으로 뛰어내렸다. 그녀는 공중제비넘기를 했고 발레하는 사람인 것처럼 했다. 나는 그녀가 할 수 있었던 모든 것에 감탄하며 능력과 독창력에 경의를 표했다. 또한 Lincoln Logs(링컨통나무)로 집을 조심스럽게 짓는 좋은 시간을 보냈다. 나는 그것이 5세 된 아동의 정상적인 구성놀이 기술형태이므로 이런 종류의 놀이를 보는 것이 즐거웠다. 외상적인 원인의 놀이로부터 갈등이 없고 적당한 발달 상태를 보이는 놀이까지 이동되었다는 것은, 불안이 내재된 외상적인 선입견으로부터 자유롭게 되었다는 표시의 하나이다.

세 번째 시간이 되었을 때는 치료가 종결되기 전에 몇 회기가 진행되었는데, 나는 "너의 엄마가 네가 더 이상 아무런 암도 갖고 있지 않은 너의 CT자료를 보았다고 나에게 말했어"라는 말을 하였다. 캐이티는 "네"라고 말했으며 즉시 새끼고양이가 되었다. 그녀는 침대를 만들기 위해서 나와 사무실 의자 두 개를 밀었다. 그 새끼고양이는 침대 위에 올라가서 하품을 하며 우아하게 스트레칭을 한 후 잠자러 갔다. 그녀는 잠잘 때 웃었고 나는 새끼고양이가 좋은 꿈을 꿀 것 같다는 말을 덧붙였다. 그때 새끼고양이가 아래로 내려가서 바닥에서 장난을 치며 놀았다. 나는 "새끼 고양이가 그녀처럼 기분이 매우 좋은 것처럼 보이는데. 고양이 병원에 머물거나 매번 수의사에게 가지 않아도 된다는 것 때문에 그녀가 행복하다는 것에 내기를 걸겠다"고 말했다. 그 새끼 고양이는 바닥주위를 구르면서 대답했고, 스트레칭을 한 후 잠을 자러 갔다. 그때 새끼 고양이가 일어났고 매우 경계하는 것같은 모습을 보이며 내게 플라스틱 공룡, 작은 플라스틱 테이블, 끈 조각같은 물건들을 이빨로 가져오기 시작했다. 나는 "새끼고양이의 이빨은 물건을 찌르기에 매우 좋아"라고 말했다. 그런 다음 나는 놀이를 의료적인 주제로 하자며 다시 제안하면서 "나는 네 이빨로 의사의 진료가방을 옮길 수 있을지 모르겠다. 그건 너무 무거워"라고 말했다. 캐이티는 이런 도전에 히죽 웃으면서 이빨로 가방을 찍어 내게 옮겨왔다. 그런 후에 그녀는 가방을 열고 즉시 화나는 표정을 지었다. 그녀는 가방에 있는 모든 물건을 밖으로 버리고 바닥에 던져버렸다. 나는 "그 고양이는 의사가 갖고 있는 모든 물건을 싫어해, 아마 그녀에게 수의사와 새끼고양이 병원을 기억나게 해서 그랬을 거야"라고 말했다. 그녀는 수술용 모자와 마스크, 재료를 집어 들어 장롱과 옷장에 넣은 후 잠궜다. 나는 "그 새끼 고양이는 의사가 갖고 있는 모든 물건을 싫어해. 그녀는 더 이상 그것들을 보기 싫어해"라고 말했다. 그녀는 공을 붙잡는 게임을 시작했고 그 공을 다시 내게 가져왔다. 한 번은 그 공을 뒤쫓는 동안에 그녀는 의사의 옷이 있는 방을 가로질러 왔다. 나는 "그 새끼 고양이는 병원에 있었을 때의 기억을 떠올리게 하고, 사람들이 자기를 상처 준 물건을 사용하기 때문에 의사 물건들을 싫어해. 그러나 그 새끼 고양이는 병원에 있었기 때문에 건강해졌어. 그 고양이는 아직도 검사와 검진을 받기 위해 의사에게 오고 있어. 그러나 병원에 오는 것을 좋아하지 않아"라는 말을 했다. 그녀는 내게 장난감 주사기를 건네주었고 자기에게 주사 놓으라는 시늉을 했다. 나는 그렇게 한 후에 "그 주사는 네가 아팠을 때 놓았어. 그것은 너무 많은 상처를 준 것처럼 보이지는 않아"라고 말했다. 그녀는 내게 청진기를 건네주고 나는 심장소리를 듣고 "소리가 건강하게 들리는데."라고 말했다. 어린 고양이는 하품하며 만족스럽게 기지개를 폈고, 나는 "나는 네가 정말 새끼고양이 같았다는 것을 알고 있어-너는 다시 좋은 기분을 갖게 된 행복한 고양이야"라고 말하면서 이 놀이에 대해 간략하게 말했다.

종결하기 전 몇 시간 동안, 캐이티의 놀이로부터 의료적인 주제는 종결되었다. 그렇지만, 특별히 종결에 대한 반응으로 안정감과 상처에 대한 불안의 문제는 더 일반화되었다. 예를 들어, 캐이티는 유리창 밖을 볼 때 의자 팔걸이 위에 서서 많은 시간을 보냈고, 내게 그녀를 보지 말라고 했다. 그녀는 반복적으로 균형감을 잃어버린 척 했으며, 떨어질 때 나를 꼭 붙잡았다. 나는 "이것은 네가 암에 대한 원인을 생각했기 때문에 네가 떨어질 때 두려움을 느끼는 것이라고 내게 상기시켜 주었다. 그러나 아래로 떨어진 것이 암의 원인이라는 것은 사실이 아니야"라고 말했다. 나는 또한, "네가 나를 만난 이후로 너는 굉장히 많이 좋아졌고, 많이 행복하고, 재미있는 것들을 더 많이 할 수 있어. 다른 아이들과 게임 놀이하는 것을 좋아하며, 이젠 정글짐의 꼭대기에도 오를 수 있고 말이야"라고 말했다. "네가 나를 보지 않게 되면, 네가 다시 떨어질 수 있다는 걱정할 수도 있어, 그러나, 그런 일은 생기지 않을 것이야, 왜냐하면 실제로 너는 네 스스로 안전에 대한 생각을 하고, 점프도 잘하고 꼭대기에도 잘 오르기 때문이야. 그리고 너도 알듯이 그들이 너를 아프게 만들려고 상처를 준 것이 아니란 것을 알기 때문에 떨어지거나 충돌하는 소리에 대해 특별히 걱정하지 않아도 돼."라는 말을 했다.

## 논의

5개월 동안의 치료를 끝으로 캐이티는 지속적으로 감정을 표현하였으며, 신체적인 안전에 대해 덜 불안해하고, 신체적 사회적으로 더 적극적으로 되었다. 그녀를 도와주었던 중재는 의료적인 경험에 대한 불안과 더불어 선입견을 없애도록 했다. 이러한 것은 치료 이외에 외관상으로 정상적인 발달 궤도를 나타내도록 하기 위해 기여한 부분도 있다. 즉 캐이티가 신체적으로 더 나아진 것을 느끼는 것과, 일상에서 다른 아동들과 상호 작용하는 "보통 아이"가 되기 위해서 매일 어린이집에서 그녀에게 여러 기회를 주는 것, 부모가 그녀에게 자신감과 표현감을 심어주는 능력 발휘를 하는 것 등이 포함되어 있다.

놀이치료는 암치료 과정을 캐이티가 놀이 내에서 재연하도록 했다. 그녀의 놀이는 치료의 상처로 얼룩진 것, 격분함, 무력감, 두려움을 느꼈던 한 어린 아동의 이야기를 재연한 것이었는데, 나쁜 것을 당연히 벌하는 것처럼, 그녀 자신이 가학적인 희생자로서 관찰되고, 도움을 주기 위해 무엇을 해야 할지 제시해준다. 이것은 감정적으로 풍부한 놀이재연인데, 병원에서는 대부분 억제된 듯하고 유순하고 협조적이었던 모습에 비해서 캐이티가 재연했던 것은 매우 달랐다. 캐이티는 다행히 대부분의 상처와 두려움에 대한 절차를 모두 불안반응에 포함시키고 조정할 능력이 발달되었다. 캐이티의 성숙된 방어기제와 감정이입을 잘 수용할 수 있는 능력, 또한 캐이티가 어려운 의료적인 치료에 잘 극복하도록 부모가 도와준 결과이다. 그렇지만 그녀의 놀이에서 제시된 이야기에서는 직접적인 조치와 현실적인 극복 사이에는 중요한 차이점이 있다는 것을 나타내고 있다.

치료에서 캐이티의 극복하는 놀이 능력은 스스로를 보호하는 과정에서, 경험의 심리적 극복이 아니라 정신적 외상이 발달하는 과정에서 재연되었다. 의학적인 치료가 끝난 이후에도 아직까지 남아 있는 암에 대한 경험의 통합과 극복, 이해가 필요했다. 역설적으로, 그녀의 방어는 감정과 활동을 억압하기 위해서 조직되어졌다. 이러한 이유 놀이를 통한 능력의 회복은 치료의 초기단계에서 기본목표가 되었다.

위기 상황을 방어하기 위한 캐이티의 지속적인 의지는 점점 더 그녀의 발달에 전반적인 영향을 주었는데, 이것은 그녀가 위기가 아닌 상황에서 그들을 과잉일반화하는 경향이 있기 때문이다. 그녀가 병원에 있는 동안 감정을 과도하게 조절하며, 정서적으로 위축되는 등 억압적인 기제가 발달했는데, 즉, 유아 발달의 정상적인 과업에서 신체적인 활동과 상상을 통한 기본 능력의 발달과 또래관계의 시작 등에서 적응력이 없어지게 되었다.

치료의 주된 경향을 요약하자면, 캐이티가 어떻게 이러한 발달에 방해되는 요소들로부터 차츰 극복했는지 볼 수 있다. 첫째로 캐이티는 감정, 상상, 활동 단계를 억제했다. 내가 병원에서의 경험을 관심 있게 지적한 후에 정서적으로 표현하도록 용기를 주었고, 캐이티는 점차 암 치료에서의 부정적인 감정들을 통합시키는 방법을 발견하게 되었다. 병원에서의 놀이는 캐이티가 처음으로 역할 놀이-두려움, 상처받음, 화난 아동-를 통해 극복하도록 시도했다. 이런 역할 놀이는 유아들이 보상적인 방법으로서 외상에 대한 경험 또는 불안을 재연하는 전형적인 것이다. 유아들은 신비한 모양, 힘센 역할을 갖는 것에 대해 무력감을 갖고 실생활 경험을 극복하고 부인하기 위해서 노력한다. 아픈 아동의 역할수행의 경우, 나는 캐이티의 암묵적인 이야기에 접할 기회를 가졌으며, 그녀의 경험에 공감했다. 근본적으로 캐이티는 나에게 무력적인 화와 두려움, 무기력감을 "가르쳤고", 나는 그녀가 그것을 통해 경험한 것이 무엇인지 이해한 것을 전달하기 위해서 감정들이 묻어난 행동이나 언어에 대해 반응했다. 놀이대화를 하려고 했을 때, 캐이티는 힘센 역할을 하고 내 역할은 힘이 약한 것이었고, 나는 의료적 치료에 대한 그녀의 경험을 개념화하기 시작했고, 그것의 제한점과 현실성으로부터의 차이점을 정의하였다.

캐이티가 의자 아래 그녀의 안전지대를 만들고 의학적인 놀이를 그만두었을 때, 중요한 변화가 일어났다. 그녀의 안전지대 안으로 나의 놀이가 침입하는 것을 물리치고 통제하는 것으로부터 캐이티는 병원 생활동안 강요되었던 것들을 다시 극복하는 것이다. 나는 그녀의 능력이 조금만 조절되도록 강조했다. 또한 공중제비돌기와 의자 아래로 점프하는 신체적인 능력을 테스트하였다. 나는 그녀의 신체적인 활동과 신체적인 능력에 대해 알고 있었다. 캐이티의 신체적인 활동은 신체적 손상의 두려움을 극복하고자 발버둥치는 것으로 재연되었다(이 기간동안 그녀의 부모는 그녀가 다시 정글짐에 오르며, 다시 활발하게 되었다고 전했다). 놀이에서 두 번째 주제는 암에 대한 경험을 "요약"하며, 그녀 생활의 범위 내에서 그것을 배치시키는 것이다. 이러한 것은 긴장된 불안 순환과정을 보여준 새끼 고양이의 성격을 통해서 표현되어졌는데, 만족감과 화가 뒤따르고 있었다.

나는 그녀의 현재 삶과 분리시켜, 과거의 공포와 상처로서 그녀의 질병을 관찰하도록 구성된 놀이라고 해석했다.

그녀가 암 치료에 대한 이야기를 정확하게 재연함으로써, 캐이티가 점차적으로 적당한 발달 궤도를 회복하고 지속적인 극단적 스트레스 경험을 극복하는 중요한 지표를 얻을 수 있었다. 학령전기 아동은 자아중심적이고 내면화된 극복체계가 제한되어 있으며, 언어적으로 이해하고 의사소통하는데 제한된 능력을 갖고 있으므로-놀이를 통한 중재는 발달상의 저해요인들을 극복하고 촉진시키는데 도움을 주어 특별한 장점이 있다고 하겠다.

## 관찰

유아기 또는 아동 보호센터에서 1시간 또는 그 이상 하는 관찰시, 강조점은 다음과 같다:

1. *극적인 놀이.* 아동 집단을 선택해서 함께 놀이한다. 놀이의 줄거리와 주제가 무엇인가? 아동이 선택하거나 또는 할당된 배역은 무엇인가? 성역할을 분리시킨 놀이인가 아닌가? 아동들이 갈등을 표현하는 놀이장면을 어떻게 다루는지, 누가 상상력 있게 잘하는가? 놀이에서 보는 대중매체의 영향은 무엇인가?
2. *또래 관계.* 극 놀이, 구성놀이 또는 다른 활동에서 두 명 또는 세 명의 아동들을 선택하여 함께 놀이하는지의 여부. 또래 관계에서 우정의 요소들이 있는가? 갈등상황에서 그들이 어떻게 갈등을 해결하는가? 다른 아동들을 놀이 활동 시에 배제시키거나 참여하게 허락하는가?
3. *성인과의 관계.* 아동들이 다른 아동과 비교해서 교사와 상호 작용하는가? 애착을 구하는 행동을 관찰할 수 있는가? 그들의 부모와 아동센터에서 헤어지며 눈물을 흘릴 때 아동들이 분리에 대한 극복을 어떻게 하는가? 교사와의 관계에서 다른 양상-친절한 상호작용, 친밀함, 위축 등-을 보이는가?
4. *자기조절.* 잠재적으로 스트레스 상황을 관찰한다-즉, 부모와의 분리, 다른 아동과의 갈등, 교사에게 관심받고 싶은 마음 등. 자기조절을 위한 행동은 어떤 것이 있는가? 공격 행동들을 목격했는가? 분노행동을 촉진하는 것이 무엇인가? 친 사회적 행동을 목격했는가?

# 학령기 아동의 발달

학령기 아동들은 학령 전기 아동들보다 더 차분해 보이고 더 진지하며, 자연스럽게 보인다. 학령 전 아동들은 소망이나 요구, 공상을 현실로 만드는 "현실 세계"에 대해서 배우길 원한다. 6살부터 10~12살 정도의 사춘기 아동, 학령기 아동들은 그들이 사는 세계의 법과 문화를 점점 알게 된다. 자신이 세상의 중심이라는 시각으로부터 세상은 복잡하고 자신의 위치를 찾아야만 하는 곳이라는 시각으로 바뀐다.

학령 전 아동들은 상상으로 자기 자신을 만드는데 이런 상상이나 놀이는 학령기에 중요하며, 오랜 견습기간을 통해 얻어진 기술로 아동들의 감각은 점차 확립되어 간다. 학교에서 복잡한 기술을 배우면서 분명하게 드러나지만 배우는 것과 무엇을 잘하느냐 하는 주제는 운동이나 취미 같은 활동에 대한 아동들의 노력에 따를 것이다. 학령기 아동들은 그들 나름대로 얻은 기술을 지속하는데 전념하고, 기술을 반복하며 배운다.

> 예를 들면 10살짜리 남자 아동이 비가 오는데도 계속해서 길에 있는 골대에 농구공을 던지고 있다. 비가 좀더 거세게 오는데도 그는 10분 동안 여전히 슈팅만 하고 있다. 그것을 본 나의 아내가 아동에게 "이봐 리암(Liam)너 비 오는 거 모르니?"라고 묻자 그 아동은 "비 오기 전부터 하고 있었어요. 나는 저 바구니에 모두 골인해야 해요."라고 대답했다.

비가 오는데도 계속 농구를 하는 아동은 학령기의 많은 능력을 보이는데, 주의가 산만하기는 해도 그 자신의 목표를 세우고 지키도록 전력을 다하는 것을 보여줬다.

정신분석 이론에서는 학령기 아동들을 "잠복기"라고도 하는데 이 시기의 아동들은 학습능력과 유순함, 차분함과 자기조절을 유지하는 능력으로 특징지어진다(Sarnoff, 1976).

자기 조절을 잘하는 것은 학령기 아동들에게는 기본적인 발달 과제인데, 이것은 친구들과 자신을 비교하면서 자기 존중감과 능력을 발달시키며 반복을 통해 기술을 익히고 자신의 감각을 발전시킨다. 차분해지고 교육적 능력과 자기조절이 높아지는 학령기 아동들에게 어떤 일이 일어날까? 다음은 학령기 아이들 특징이다.

• *자기 조절력(self-regulation)증진.* 아동들은 과잉 충동 의식적인 조절을 위해 많은 인지적 전략을 사용할 수 있다. 충동성과 두려움을 조절하기 위해 무의식적으로 방어기제 수단을 매번 사용한다.

• ***도덕성의 발달과 의식의 내재화.*** 아동들은 옳고 그름에 대한 내적 감각을 가지고 있기 때문에 잘못한 일을 했을 때 죄책감을 느끼고, 나쁜 충동을 참으며 옳은 일을 하려고 한다. 이런 내재화된 양심은 반사회적 행동이나 부정적인 충동을 조절할 수 있도록 돕고 아이들은 점점 그들의 행동에 개인적인 책임감을 느끼게 된다(Zahn-Waxler & Kochanska, 1990; Kochanska, 1994).

아동들은 다른 관점으로 생각하는 능력이 증가하면서, 또 규칙을 따르는 사회적 가치를 인지하고 공정성이 증가하여 가족과 또래집단의 가치를 동일시하면서 도덕적인 조절을 한다.

• ***현실검증의 진보와 인지발달.*** 자신의 권리를 알고, 사건을 볼 때 좀더 객관적이고 점점 중심에서 벗어날 수(decentered) 있게 되면서 자기중심적 사고는 감소하게 된다. 기초적인 현실검증의 능력이 생기게 된다. 아동들은 감정과 다른 여러 가지 생각과 행동, 공상과 현실을 점점 명확하게 구분할 수 있게 된다. 주의 집중 지속 시간과 집중력과 과업에 집중하는 능력 등 모든 것이 향상된다. 논리적이고 원인과 결과의 관찰력을 바탕으로 학습할 수 있다.

• ***충동적인 행동에 대한 공상과 언어와 생각을 바꿀 수 있는 능력이 증가.*** 아동 중기에 해당하는 아동들은 공상이나 자신들의 사고와 행동에 대한 대체 능력이 점점 증가한다.

• ***또래 지향성의 증가.*** 아동들은 또래와 사회적 세계를 갖게 된다. 아동들의 자아 존중감과 자기중심적인 관점은 또래 집단의 조건과 친구들과 자신을 견주는 아이들의 내적 평가를 토대로 하게 된다. 또래 집단에 자신을 맞추고 싶은 욕구때문에 자기조절을 하고 규칙을 지키게 된다.

## 신체 발달

아동 중기 동안 아동들의 성장률은 안정되고 아동 초기보다는 더딘 성장률을 보인다. 6세 어린이는 평균적으로 21~22Kg이고 107cm정도이다. 11살 아이는 키가 147cm 몸무게는 36Kg에 이르게 된다. 이 수치는 어디까지나 평균치이다. 11살 나이에는 남아들이 여아들보다 평균적으로 더 호리호리하게 크고 더 빠르게 성장한다. 이런 빠른 성장은 사춘기까지 이어지게 되는데 사춘기는 대체적으로 여자아동들에게 더 빨리 오며 학령기 후기쯤에 2차 성징으로 발전되기 시작한다. 이와 반대로 남자 아동들은 12살에서 13살 정도까지 사춘기 전의 신체적 특징을 보인다(Elkind, 1994).

과거 20년 동안, 소아과 의사들은 다른 산업 국가들과 미국 내에 있는 학령기 아동들에게 비만의 문제가 급속히 대두되고 있다는 것을 밝혔다(Miller, Gold & Silverstein, 2003). 비만은 나이와 키에 대비되는 몸무게가 20% 초과될 때라고 정의한다. 1990년대 후반에 미국 내 비만 아동은 20%에 달했다(Wilson, Becker & Heffernan, 2003). 비록 비만이 유전적인 것과 관련있다 하더라도, 문화적인 변화는 아동으로 하여금 더 먹게 만들고 덜 움직이게 한다. 패스트 푸드(fast-food)음식점에서 많은 양의 음식을 먹고, 아동들이 직접 음식을 사먹으며, 텔레비전 보는 시간이 증가하고 신체적으로 운동을 덜하는 사회현상은 아동기 비만을 부추긴다. 비만 아동들은 일찍부터 고혈압이나 다이어트로 인한 건강상의 위험에 처해 있는데, 장기간 여러 가지 건강상의 문제를 낳고 장기화되는 경향이 있다. 그들은 또한 사회에서 거부당할 위험이 더 많고 그 결과 자아존중감이 낮다. 또래집단의 경우, 대부분의 아이들은 자기 또래와의 관계에서 자신을 바라보기 때문에 아동중기에는 특히 발달상의 위험이 있다(Morgan, Tanofsky-Kraff, Wifley & Yanovski, 2002).

달리고 산에 오르며, 발로 차고 던지는 대근육 운동기능은 아동 중기쯤에 잘 발달되며 이 기간 동안 지속적으로 향상된다. 운동기능의 조정에서 각각의 개인차는 중요하게 되는데 학령기 아이들에게는 체력적인 능력이 자신과 친구들의 능력을 측정하는 도구가 되어버리기 때문이다. 아이들은 자신들의 에너지를 스포츠에 쏟으며 능숙해지지만 운동기능이 별로 좋지 않은 아동은 또래아동들의 거절로 고통받고 놀림을 당하기도 한다(Smyth & Anderson, 2000).

이 기간동안 정교한 운동 기능은 거의 완벽해지는데, 쓰고 그리기에 중요한 눈과 손의 협응이 아동 중기동안 향상되며 3, 4학년 아동들은 종종 빨리 쓰기도 한다. 발달이 지연된 아동이나 소근육 운동 기능에 서투른 아동들은 저학년시기에 학습 장애를 겪거나 수학 문제의 연습과제나 쓰기에 어려움을 느낄 수도 있다. 소근육 운동 기능의 어려움은 신중한 평가가 이뤄져야 하는데 손으로 쓰는 데의 어려움, 보고 쓰는 능력의 어려움은 학습장애를 근거로 한 신경학적인 장애에 속할 수 있다(Hooper, Swartz, Wakely, deKruif & Montgomery, 2002).

학령기에는 합리적 사고 능력을 포함한 인지적 기능의 새로운 단계를 맞고, 학령기에는 지능 발달이 큰 변화를 보이는 아주 중요한 시기이다. 뇌의 어떤 부분은 신경 경로가 좀더 성장하는, 반면에 사용되지 않는 다른 부분은 시냅스(synapses) (세포의 감수 분열 초기에 있는 상동(相同) 염색체의 병렬 접착)가 없어지기도 하고 또 다른 많은 부분들은 좀더 분화된 기능의 발달을 위하여 증가하기도 한다(Nelson, 2000b).

대뇌피질의 전두엽은 5~8세 사이에 급격히 발달하는데 이것은 언어능력을 포함한 사고 과정과 의식과 관련된 뇌의 부분이다(Janowsky & Carper, 1996). 다른 뇌 영역보다 늦은 학령기 초기에 전두엽외피에 시냅스와 미엘린(myeline)이 형성되는데 아동들의 작업능력, 계획, 억제 조절 등이 전두엽 외피와 함께 더 높은 인지적 기능의 발전에 기여하며 대체적으로 발달은 동일한 시기에 이루어진다(Johnson, 1998).

## 학령 전기에서 아동 중기로의 변화

대부분의 발달이론에서는 이런 학령기를 독특한 별개의 시기로 간주하지만 5~7,8세 학령기는 아동들이 급격하게 발달 능력을 지니며 과도기 현상을 보내는 유용한 시간이다(White, 1996). 1학년이나 2학년 학생들은 '학령 전' 또는 '학령기'로 구분짓기 어려운데, 어떤 때는 인지적 능력과 현실세계에 대한 능력이 향상되어 보이다가도 어떤 때는 자기중심적 사고와 상상을 하기도 한다. 6~7세가 되는 아동들의 스트레스나 과업을 분명하게 인식하기 위해 이 과도기를 묘사하는 것은 매우 중요하다.

사실상 5~7세 시기는 정확하게 현실을 받아들이고 배우고 추론할 수 있는 능력을 갖게 되고 자기의 품성을 기르며 발달을 하는 시기라고 정의되어 왔다. 인지적 능력과 감정이 성숙하는 이 기간동안에는 아동들이 자율적이기도 하고 성인이 되기 위한 준비를 위해 새로운 기술들을 배우기도 한다. 또한 가족이나 사회적 기대 또한 변하고 많은 나라에서 5~6세 아동들이 공식적인 학교 교육을 받게 된다. 대부분 사회에서는 5세 또는 6세에 공적인 학업이 시작되는데 공교육이 없는 사회에서는 이 나이에 성인의 작업 기술과 사회적인 역할이 시작된다(Rogoff, 1998).

## 학교 입학

아동들이 학교에 들어가면 학령 전보다 더욱 구조화된 환경 때문에 부모로부터 분리되는 경험을 한다. 하지만 아동들은 초등학교의 교육을 받아야 하고 자신의 인지 능력을 요구하는 상황에 놓여지기도 하며 권위자 위치에 있는 새로운 사람들도 만나야 할 것이다. 이 전환은 또한 심리적인 전환일 수도 있는데 이 시기의 아동은 자신이 좀더 자발적으로 변해야 한다는 것을 안다. 또한 이 과정에 있는 동안 어쩌면 완전히 발달하지 않은 새로운 인지적 능력을 정리해야 하는 위치에서 아동은 학교에서 자기가 취해야 할 것들(학교에서 요구되는 사항)을 직관적으로 깨닫고 있을 것이다. 5, 6세 아동들의 사고방식이나 관점에서부터 초등학교 전 학년에 이르기까지 마치 어마어마한 과업을 하는 것처럼 보인다. 인지 기능적인 면에서 볼 때 학령기 동안 좀 더 지지를 해주는 교사부터(의미상으로 그들을 "걱정거리"라고 부름) 유치원 교사 등 성인과의 대인 관계에서 변화를 경험한다(Rimm-Kaufmam & Pianta, 2000). 학교활동에 필요한 주의력과 자기 조절능력은 학령초기부터 알 수 있으며, 이 시기에 아동의 자기조절력이 발달한다(Howse, Calkins, Anastopoulos, Keane & Shelton, 2003).

아동은 학교 생활을 통해 능력을 형성하고 친구관계를 유지하며, 학교 생활에 대해 긍정적인 태도를 길러 준다는 것을 발견하게 된다(Ladd, Kochenderfer & Coleman, 1996). 변화의 시기동안 안전하게 유치원에서 친구를 사귀고 동시에 아동 중기를 지나면서 또래관계가 형성된다. 일찍 형성된 좋은 우정관계는 남아들이 학교생활을 잘하도록 지원해주는데 특별히 중요하다. 우정은 여아들에게도 중요한데, 부가적으로 교사들과의 상호관계에 대한 긍정적인 경험이 남아들의 경우보다는 더 중요하다(Ramey, Lanzi, Phillips & Ramey, 1998). 여아들은 여교사를 동일시하는데 어떤 학문적인 과제에 대해 접근하고, 어떻게 행동해야 하는가의 모델로 여긴다. 일찍 졸업하고 교사로 온 남교사도 약간 있는데 남아들에게는 학습에 대해 긍정적인 태도를 지니게 하기에는 일반적으로 부족하다. 물론, 남자 교사의 부족은 위험과 보호요인의 균형에 의존하는 학교의 성공적인 변화 면에서 보면 위험 요인이 된다(Valeski and Stipek, 2001).

## 학교 입학, 유치원 경험과 학급의 위상

학령 전의 질적인 경험과 미래 학업성취를 위한 최초의 경험은 일정기간 동안의 연구에서 기록되었다(Ramey & Ramey, 1998). 학령전의 시기를 잘 보낸 아동은 초등학교에 들어가서 더욱 잘 적응한다. 이런 아동은 시작도 잘하고 오랜 기간 잘하는 경향이 있다. 아동들이 학교에서 보이는 결과는 개인적으로 차이가 있으며, 특히 학교생활을 시작하고 몇 년 이후에도 이러한 차이는 현저하게 지속적으로 유지된다(Rimm-Kaufman & Pianta, 2000, p.494; Eccles et al., 1998). 가난한 아동들은 여러 가지 가난과 연계된 위험 요인에 노출되어 있는데, 고등학교 졸업 비율과 상급학교 진학, 부가되는 학업능력 등으로 나타난다(Weikart & Schweinhart, 1992).

3,500개의 유치원 교사들이 제시한 증거자료에 의하면 많은 아동들이 입학 시에 실제로 변화에 대한 어려움을 겪고 있다고 한다. 유치원 입학 아동의 1/6은 학교환경의 기대치에서 볼 때 여러 가지 어려움을 겪을 것으로 판단된다고 유치원교사들은 보았다. 미국 사회 내에서는 사회적 제도를 반영하는데 문제가 있는 중간 계층 학교의 교사들이 참여한다. 가난한 지역에서의 많은 교사들은 여러 가지 발달상의 문제가 있는 아동들을 전체 50% 정도로 추정하고 있다(Rimm-Kaufman, Pianta & Cox, 2000).

### [ 유치원 아동들의 불리한 상황; 교사들의 증언 ]

저자가 빈민지역의 공립학교에서 8개월 정도 보조교사로 일할 때 행동을 조절하고 학습과제를 성취하며 지시를 따르는 25명 정도의 유치원생에게 관심을 가졌다. 한 번은 교사들에게 그 유아들에 대한 여러 가지 정보들을 줄 수 있냐고 질문했는데 "연말에 새로운 중산층 지역 아동들과 비교해보면 이 아동들과 일하는 시간은 내게 힘든 시간이예요."라고 대답하였다. 내 생각에 25명 중 7~8명은 1등급 받을 준비가 되어있다고 분명히 말할 수 있으며, 그들 중의 대부분은 기본적으로 학교에서 요구하는 일상적인 교실학습에 진전을 보일 것으로 여겨져 나는 그들이 당장 학교에 가길 원했지만, 결과적으로 그들 중의 대부분은 학교에 한 명도 가지 않았다. 결국 그들 중의 대부분이 편지를 읽지도 숫자를 인식할 수도 없었다. 헤드 스타트(Head Start) 프로그램에 그들 중에서 학습능력이 좋은 몇 명만 참여할 수 있었다.

저자가 가르치는 가난한 가정의 아이들 모두는 그들의 삶 속에서 많은 도전을 받는다. 그들 중의 세 명은 수양부모와 사는데; 둘은 부모가 감옥에 있으며 안젤리카(Angelita's)의 엄마는 지난 여름에 돌아가셨다; 대부분의 아이들은 스트레스를 많이 받는 편부모 가정에 속하고 몇 명은 그들 부모사이의 폭력에 대해 얘기해줬으며, 몇 명은 부모를 모른 체 조부모와 살고 있고, 세 명은 경한 정신지체로 추정되거나 언어적으로 지체된 아동인데, 모두 헤드 스타트 프로그램에 참여할 예정인 아동들을 골라서 진단을 의뢰했던 아동들이다. 전적으로 하나의 명단이 될 정도로 많다.

최근 국가 경찰은 헤드 스타트에서 지원 받을 대상아동의 60%만이 현재 지원을 받음에도 불구하고 불리한 상황에 처해 있는 학교에 관한 지원을 중단하려고 한다(아동 폭력 예방 기금, 2002, 2003). 부시 행정부에 의하면 2004년 6월에 아동 지원을 줄이고 헤드 스타트의 지원을 점차적으로 중단하기로 결정했으며 초등교육과 부가적인 단계의 학생을 위한 지원은 학교가 책임져야 한다고 강조한다(Mezey, 2004).

## 변화에 대한 부모의 반응

부모의 태도와 환경은 아동들이 학교에서 강하게 변하도록 한다. 용기 있고 긍정적인 부모밑에서 자란 아동은 자신 있게 학교생활을 할 것이다. 겁 많고 스트레스가 많은 부모를 가진 아동은 학교생활에서 겁 많고 부적응하게 될 것이다. 부모와 학교가 질적으로 연계를 맺는 것은 아동이 학교생활을 성공 또는 실패하는 것에 중요한 영향을 미친다. 부모와 학교의 긴밀한 관계는 기대감을 공유하며 아동을 위한 가장 좋은 환경을 제공한다. 반면에, 아동이 학교로부터 소외감과 불편함을 경험하면 아동은 지원의 결핍을 느끼게 된다. 집과 학교환경에서 아동이 비지속적이고 단조로움을 느끼면 낮은 성취동기를 느낄 위험이 크다(Pianta & Kraft-Sayre, 1999).

## 변화에 대한 아동의 반응

학교에 가게 되면 아동들은 상상력과 놀이가 아동기의 발달과업에 맞는 적당한 수단이 아니라는 것을 직감적으로 깨닫는다. 그들은 발달 기능이 평가된다는 것을 알아차리게 된다. 그들은 읽고 쓰는 것을 배워야 하며 게임과 스포츠를 능숙하게 잘하게 된다. 발달기대를 자각하지만 아직 그들은 부족하다는 것을 알게 된다. 아동들은 어른과 자신보다 많은 능력을 가진 영재아들을 관찰한다. 대부분의 아동들은 학습기능을 익히는데 어려워하지만 동기를 부여받고 열심히 한다. 1학년은 소리내어 읽거나 수학의 개념을 학습하는데 노력한다. 한편, 6세에 나타나는 공통성은 인지능력과 배우는 학습의 요구에 순응하지만, 가정에서 아이들의 정서적인 능력이 분출되며 운동장에서 열심히 뛰며 놀이하는 것이 앞으로의 학습을 도와준다고 할 수 있다.

**[ 학업을 시작하는 스트레스 : 짧은 사례 ]**

놀이치료 시간에 타니샤(Tanisha)라는 6세 아동을 만났는데 나와 함께 첫 번째 단계를 시작하는 것에 불안을 나타냈다.

학교 입학하기 전에 어려운 치료회기를 시작했는데, 놀이에서 나는 학생이 되고 타니샤는 교사가 되었으며 주의 깊게 내가 써놓은 알파벳에 관심을 가졌다. 그녀는 내가 잘못 쓴 것을 거만하고 엄격한 태도로 고쳐주었다. 그녀는 나를 교무실로 보내서 시험보게 했다. 이 놀이에서 그녀가 재현한 교사는 좋지 않고 만족스럽지 않았음을 알 수 있다. 그렇지만 학교가 시작하고 한 달이 지나서 타니샤는 친구와 놀기 시작했는데 내 종이에 많은 별을 준 것은 바로 나를 업무시간이 지난 늦은 시간까지 타니샤와 함께했던 1학년의 지지적인 교사에 대한 반응이었다. 새로운 내용을 제시해주는 것이 성공할 수 있었던 요인이고 이면에는 학교에서의 요구가 없었다는 사실이다. 치료과정에서 영리하고 양심있는 아동은 많은 실수를 하는 학생과 거만한 교사 역할놀이에서 학문적인 과제를 수행하기 위해 부단히 노력한다. 덧붙이면, 학교에 대한 적응은 타니샤의 근본적인 문제가 아니었다. 문제는 일생동안 타니샤와 오래 살지 못하고 AIDS로 죽은 엄마였는데, 그녀에게 오랫동안 엄마가 부재하였으므로 타니샤가 실망하고 화내며 문제를 일으키는 등 그녀의 반응에 초점을 두고 치료했다. 이런 사례는 임상가들이 아동이 최근의 발달과제를 수행하는데 도움을 주고, 치료를 준비하는데 필요하고 발달장애에 대한 경각심을 높이기 위해 필요하다.

일부 아동은 열심히 노력하고 수행하면 학령기 초기의 신뢰성 있는 기대와 더불어 문제행동들이 줄어들 것이다. 이것은 다양한 것을 의미하는데 예를 들어, 몇몇의 아동들은 성취수행에 대한 불안이 일시적으로 사라질 수도 있다. 또한 발달에서 지체된 아동들을 좀더 어릴 때 알아낼 수 있다.

**[ 발달저하의 표시 : 짧은 사례 ]**

6살 제이슨(Jason) 일학년 때 학교생활을 잘 받아들이지 못하고 수업중인데도 다른 친구들과 계속 놀려고 하는 아이이다. 제이슨의 행동은 마치 유아기 때처럼 퇴행했고, 친구들을 아무런 얘기없이 덮치고 껴안고 어떤 때는 깨물기까지 했다. 제이슨은 발달적으로 미숙했다. 운동기능 작용 또한 잘 발달되지 못해서 자신의 삐뚤삐뚤한(떨리는)글씨를 보며 열등감을 느끼면서 글을 쓰지 않으려 했다. 인지 발달도 약간 뒤쳐졌다. 놀이 상황에서 그는 다른 행성과 싸우는 공룡들의 집단에 대해 꽤 정교한 시나리오를 만들었다. 나는 놀이에서 아동과의 관계를 갖기 위해 "만약 이 공룡이 학교에 간다면?"이라고 물어봤더니 제이슨은 "이 행성에는 학교가 없어요!"라고 말했다. 제이슨의 퇴행과 자신의 공상에 얽매여 있는 것은 제이슨이 학교에서 다른 아이들보다 아직 준비가 덜 됐다는 것을 직관적으로 알게 해주었다. 치료가 점점 끝나갈 때쯤 그의 행동은 점점 안정되어 갔고 학교생활을 잘 할 것이라는 기대를 갖게 됐다. 1년의 과정을 마쳤을 때 그의 현실성과 인지적 기술은 성숙했고 1학년에게 주어지는 학습과정을 통달했다.

이 사례는 발달에서 개인차를 인식하는 것이 매우 중요하다는 것을 보여주고 있다. 학령 전에서 학령기로 넘어가는 과도기 동안에 아동들은 초자아를 얻게 되면서 겪는, 그런 것과 관련된 것들에 발버둥을 친다. 내면의 양심은 아동들이 자신의 행동을 평가하고 자기 스스로 제한을 두게 하며 또한 자신이 갖고 있는 내면화된 부분을 위반했을 때 느껴지는 죄책감이나 부끄러움, 걱정 같은 부정적인 감정들에 대해 스스로 벌을 주게 된다. 이런 내면화된 양심은 규칙을 받아들이게 하고 자신의 전능한 힘을 포기하도록 한다. 6~7세 아동들에게는 이 시기 동안 내면에 존재하는 법칙들이 곧 좌절과 근심이 된다. 아동들은 여전히 일시적인 충동성을 보이게 되는데 아직 내면의 소리로는 그것들을 경고하거나 바로 잡지는 못한다. 초자아가 막 내면화된 이 시기의 아동들의 경우 때로는 자신들에게 엄하고 자기 비난이나 죄책감을 느끼도록 한다. 어른들의 질책으로 자각된 내면의 양심 때문에 아동들은 꾸지람 듣는 것에 특별히 민감하고 이것은 두 배로 혼나는 느낌이 들게 한다. 학령기 아이들은 내적 규칙을 엄하게 하여 규칙을 어기는 것에 매우 민감하다. 다른 아이들, 특히 자기 동생의 잘못된 행동을 지적해낼 것이다. 또한 부모의 행동마저 평가한다. 내면에 존재하는 양심의 소리를 듣는 것을 거부하고 아이들이 충동적으로 행동할 수 있는데 이런 경우에는 나중에 죄책감을 느끼면서 고통스러워 할 것이다. 여섯 살 소녀는 엄마에게 "나는 양심을 증오해요!"라며 엄마에게 소리 지르며 내면에 존재한 "이질적인 부분"에 의해 조절당하는 느낌의 딜레마에 놓이게 될 것이다.

## 애착

학령기 동안 부모에 대한 애착은 점점 줄어든다. 또한 감정 조절도 예전보다 더 잘하고 결과적으로 어렸을 적 애착행동에 대해 다루게 되며 위협적이였던 것을 자연적으로 대처할 수 있는 능력이 좀더 높아진다. 또한 애착에 대한 욕구는 교우관계 안에서 정서적 만족을 느끼며 부모로부터 친구 관계로 점점 전환된다.

아동들은 여전히 많은 상황에서 부모를 향한 애착 행동을 보여주기도 한다. 예를 들어 9살 정도면 자기 스스로 잠자리에 들 수 있는데도 불구하고 대부분의 아동들은 부모와 함께 자길 원하는데 여기서 우리는 아동의 애착 행동을 확인할 수 있을 것이다. 심각한 병이나 상처를 입은 경우, 과거 사건이나 사랑하는 사람을 잃은 경우처럼 강한 스트레스 상태에서 학령기 아동들은 애착 행동을 보이면서 보호와 안전에 대한 욕구를 나타낸다. 게다가 애착행동은 학령기로 넘어오는 과도기 동안 증가하고 부분적으로는 학령기 모든 아동들에게 이런 반응이 보이기도 한다.

### [ 스트레스에 대응한 애착 행동의 짧은 사례 ]

6살 애비(Abby)는 유치원에 다니는 동안 한 부모인 엄마에게 많이 의지했다. 애비는 정상적인 발달 과정을 겪었지만 유치원에 다니기 시작하면서 분리 불안 현상을 보이기 시작했다. 애비 엄마는 통근하는 데에만 1시간이 걸리고 아동은 하루에 11시간을 학교와 놀이방에서 보낸다. 학교생활에서 느끼는 감정과 새로운 일과표, 그리고 늦은 밤 깜깜해졌을 때 데리러 오는 엄마 때문에 엄마를 보면 화를 낸다. 그리고 집에만 있으려 하고 매일 밤 엄마의 침대 속으로 기어들어가곤 하며, 집에 가면 매일 낡은 담요로 자신을 감싸고 있다. 엄마는 학교에 들어가기 전에는 전혀 볼 수 없었던 현상들을 이야기 했더니 학교 선생님께서는 애비는 학교생활을 참 잘하고 있다고 말씀하셨다.

놀이치료 상황에서 애비는 크고 작은 주머니 쥐 인형을 선택했다.(나는 아동이 애착과 분리에 관련하여 표현하도록 돕기 위해 그 인형을 가져왔다.) 애비는 계속 같은 시나리오를 반복했다. 엄마와 아기 주머니쥐의 꼬리를 엮어서 문고리에 걸고 나중엔 그 엄마 주머니쥐가 그 자리를 떠났다. 그랬더니 스컹크 인형이 와서 아기 주머니쥐를 먹으려 했고 그때 마침 엄마가 오셔서 구해주었다. 이와 유사하게 아기 거북이가 엄마를 떠나 수영하러 갔는데 상어에게 잡아먹히고 말았다. 엄마 거북은 그 상어의 배를 때려서 상어가 토해버렸고 엄마 거북과 아기 거북은 다시 만나게 됐다. 애비는 이런 놀이를 하면서 너무 재미있어 했고 새끼 인형들은 엄마와 함께 있기를 좋아했고 심지어 엄마가 곁에 없을 때 새끼들에게 나쁜 일이 벌어질까봐 걱정하기도 했다. 나는 "엄마가 오랫동안 옆에 안계시면 걱정해도 돼."라고 말했고 애비는 그 말에 동의했다.

발랄하고 쾌활한 애비는 학교생활로부터 요구되는 인지적 능력과 스케쥴에 대한 부담과 하루 동안 엄마와 떨어져 있는 시간이 길었던 것이 스트레스였다. 또한 여러 변화된 환경에서 긴 하루 동안 높은 기능(사회적 기능)을 했었다. 애비는 놀이방과 학교에서 모두 견디는 것처럼 보였고 엄마가 자신을 데리러 왔을 때는 강한 애착 행동과 퇴행 행동을 보이고 자기의 안전한 담요에 의지하고 엄마의 침대로 기어들어간다.

치료자가 개입하는 시간에 나는 애비의 분리 불안에 대한 어려운 점에 대해 계획을 세웠다. 그녀의 엄마와 나는 엄마를 향한 애비의 강한 애착에 대해 계획을 함께 세웠다. 애비의 엄마는 매주 세 번씩 애비와 함께 노는 시간을 가질 것과 애비가 아이를 돌보는 그런 애비 사진을 앨범으로 꾸며보라고 했다. 그래서 나중에 애비가 외롭다고 느껴질 때 그 사진을 볼 수 있도록 말이다. 게다가 엄마와 애비가 분리되는 감정에 대해서 직접적으로 서로 이야기 하는 세션을 갖기로 했다. 이 세션에서 엄마는 애비에게 "하루가 더 길어지고 우리가 떨어져 있는 시간이 많아졌기 때문에 요즘 네가 보이는 행동을 엄마가 다 이해해."라고 이야기 해줬더니 애비는 별 말을 하지 않고 옆에 앉아 있는 엄마를 꼭 껴안았다. 한 세션에서는 애비가 작년에 수영 배우는 것을 너무 좋아하더니 올해는 수영 수업이 있을 때마다 거의 불평을 한다고 했다. 작년에는 수영장이 따뜻하고 작았는데 지금은 크고 따뜻하지 않다고 했다. 나는 어쩌면 그것이 애비가 일년 동안 느꼈던 느낌일 것 같다는 이야기를 했다. 유치원에 들어가면서 엄마와 하루 종일 떨어져 있는 애비는 아마 크고 차가운 수영장에 점프하는 느낌이었고 그것이 애비를 기분이 나쁘고 걱정되게 했던 것 같다고 말했다. 지금은 엄마가 걱정이 되었던 애비를 이해했고 이제 엄마도 애비 기분이 나아지도록 도울 수 있다고 말해주었다.

## 애착의 역사와 학령기 발달

유아기 때와 걸음마 시기의 애착은 학령기 때를 예측할 수 있게 도와준다(Weinfield, Ogawa & Egeland, 2002). 아이들의 내면화된 작동모델과의 관계 외에도 자신감과 독립심이 친구들과의 관계에 영향을 미친다(Grossman et al., 1999). 스로우페(Sroufe)와 그의 동료들은 안정된 애착의 역사를 가진 학령기 아동들은 초기 불안정한 애착을 가진 아동들 보다 "덜 의존적이고, 덜 고립되어 있고, 덜 소극적인 용기"를 보인다고 했다(Sroufe & Jacobviz, 1989, p.197). 그들은 아동 중기에 독립적 행동능력이 요구되는 과업에 좀더 많은 자신감을 보인다. 생후 2년 동안의 애착의 질은 아동기를 지나면서 지속적으로 영향을 미치는데 복합 위험 요인으로는 드러내지 않는다. 스로우페(Sroufe)의 유아에 대한 최근의 연구에서 보면 아인스워드(Ainsworth) 애착 유형과 20세 성인의 애착 설문 사이에 중요한 지속성이 있다는 것을 밝혀냈다(Waters, Merrick, Treboux, Crowell & Albersheim, 2000).

## 사회성 발달

사회성 발달 과업은 어렸을 때보다 학령기 아동들에게 훨씬 복잡하다. 학령기 아동들은 더 큰 세계로 들어가고 초등학생이 되고 값이나 규칙, 일상적인 일 등을 배워야 한다. 또한 연령에 맞는 "적절한" 행동과 친구 못지않게 성인들과의 상호작용도 배워야 한다. 학령기 아동들에게 부모는 여전히 중심적인 인물이지만 다른 성인이나 또래는 중요성이 점점 높아진다.

### 사회적인 관점 획득

학령기 동안 아동들은 점점 타인의 생각을 이해하게 된다. 학령 전 아동들은 자기중심적인 행동을 하고 다른 사람의 관점을 자신의 관점으로 덮어버리는 행동을 하는데 6살이 되면서 점점 다른 사람들의 다른 관점을 알게 되고 볼 수 있게 된다. 몇 년 후에는 점차 상황을 여러 가지 관점으로 바라볼 수 있으며 다른 사람의 생각까지도 추측할 수 있게 된다. 그러나 사회성이 잘 발달된 10세 아동이 항상 그렇다는 것은 아니다. 특히 무엇을 필요로 한다거나 스트레스를 받고 있는 상황에서는 자기중심적인 사고를 보인다.

10~12세 아동들은 다른 관점을 가지거나 대항할 수 있다. 부모님이 이혼한 상태에 있는 11살 여자아동의 사례를 보면 이 아동은 엄마의 재혼에 대해 이렇게 말하고 있다. "가끔 나는 엄마가 다시 결혼하지 않았으면 해요. 새 아빠가 될 그 사람은 모든 것이 멋있지만 우리와 함께 산다는 것이 아직 어색하게 느껴져요. 아빠에게 물어봤더니 아빠는 엄마가 다시 재혼하는 것이 아무렇지 않다고 했지만 내 생각에는 좋아하는 것 같지는 않았어요. 하지만 어쩌면 잘된 일일지도 몰라요 왜냐하면 엄마가 지금 너무 행복해 하는 모습을 볼 수 있으니까요 나는 엄마가 행복해지길 원해요." 그 아이는 다른 사람의 입장을 자신의 생각에 반영해서 이해했다. 또한 다른 사람의 입장에 관련해서 설명했고 후기 학령기 동안 양면의 감정을 관대하게 이해할 수 있는 능력을 발전시켰다. 두 가지 감정을 동시에 느낄 수 있는 입장은 발달적으로 진행된다. 학령 전 아동들은 모든 견해를 갖기도 하고 아무런 견해를 갖지 않기도 한다. 그들은 사람들에 대해 행복함을 느낄 수 없고 동시에 슬프다고 말하기도 하듯이 그들은 다른 사람이 좋다 싫다 하는 것에 균형적인 견해를 갖지 못한다. 양면의 감정 즉, 이해할 수 있는 능력과 다른 특성들을 함께 볼 수 있는 능력은 학령기 동안 발전하고 10살 쯤 되면 명확하게 나타난다(Harter, 1998).

사회적 규칙들과 여러 가지 신호들을 계속 접하면서 학령기 아이들은 어린아이들보다 감정이나 소망 그리고 사회적으로 요구되는 태도나 기대 등을 더 민감하게 받아들인다. 예를 들어, 8세된 아동은 종교 시간이 불안하고 지루할지 모르지만 귓속말이외의 감정을 표현해서는 안 된다는 것을 알고 있다. 게다가, 그는 종교 예식이 끝날 때까지 기다려야 한다는 것도 알고 있다. 반대로 4세 아동은 종교예식 동안 보통 목소리로 "아빠, 언제 끝나?"라고 이야기한다. 사회적인 적응에 대한 능력이 부족한 4세 아동은 스스로 긴요한 무언가가 필요하다. 이렇게 개선된 견해들로 아이들은 사람들의 표면상의 행동과 동기나 심리적인 상황을 고려한다. 8살 이상 정도 되면 아동들은 다른 사람들의 행동이나 신체적 특징을 묘사하는 경향이 있고 이때가 되면 복잡한 정보를 분석할 수 있는 능력이 향상되고 다른 사람들 내면의 심리적 특징을 묘사하기 시작한다. 게다가, 예를 들어 7살 아동들은 "앤디(Andy)는 너무 많이 뛰어 돌아다니고 너무 큰소리로 얘기를 해."라고 얘기하겠지만 반면에 10살 정도 된 아동들은 같은 상황을 "앤디는 많이 활동적이고 약간 주책이야. 그리고 항상 자기 말에 사람들을 귀 기울이게 하려고 해."라고 설명할 것이다. 이러한 능력은 사회적 상황의 지각을 아날로그식으로 받아들인 것이다. 아동들은 다른 사람들의 의도나 대화에서 느껴지는 심리적 여운을 좀더 민감하게 받아들일 수 있게 된다. 예를 들면, 학령 전 아동은 심리적인 의도를 이해할 수 없으므로 성인의 비아냥거리는 말투에 대해 불명확할 것이고, 반면에 학령기 아동들은 대립하려는 표현의도를 이해하므로 감정적인 반응을 강하게 한다(Dews et al., 1996).

## 사회적 행동

사회적 능력과 이타적인 행동이 학령기 때까지 확고하게 나타나는 것은 아니다. 사회적 행동은 다른 사람의 관점에서 보는 연습이 필요하고 다른 사람의 감정을 생각해 볼 수 있어야 하지만 일시적으로는 다른 사람들의 필요나 욕구를 제쳐두기도 한다. 사회적 행동은 도덕적 기준에 근거한 내면화와 증가한 인지적 능력과 감소한 자기중심적 사고와 학령 전부터 발전된 사회적 기술을 배우며 요구되는 행동들을 접하게 되면서 사회적 행동들은 더욱 강화된다. 사회적인 행동과 이타적인 행동이 증가하는 나이는, 특히 아동이 성인의 이타적인 행동을 접했을 때이다. 학령기 아동들은 딴 아동이 도움을 필요로 하고 그것을 좀더 좋아할 때 주의를 기울인다. 부분적으로 아이들이 어른들에게 이타적인 모습을 드러내며 나이가 들면서 점점 사회적이고 이타적인 행동을 하게 된다(Eisenberg & Fabes, 1998).

## 성별과 사회적 행동

많은 연구에서는 여자들이 남자들보다 동정심과 사회적 행동이 더 발달돼 보인다고 말한다. 사회적 행동은 경쟁 사회에 용기를 주기도 하지만 스포츠 팀웍을 위한 참여와 대화를 조직에서는 개인적 기술 발달이나 사회적 반응을 더 기르려고 노력하게 한다 (Eisenberg & Fabes, 1998). 학령기 이후에 비교해보면 여학생들의 행동은 사회성이 점점 증가하고 도덕적 추론은, 취해야 할 입장과 감정 등에서 나타난다(McHale et. al., 2003).

그렇지만 여학생들이 남학생들 보다 좀더 사회성이 발견되어진다는 연구는 일치하지 않으며 많은 연구에서 매우 작거나 근소한 차이를 보인다. 종합해보면 여학생들이 남학생보다 잘 돌보고 도와준다며 극단적인 대립을 만드는 것은 중요하지 않다. 학령기 아동의 적극적인 사회적 행동에 대한 관찰 연구는 차이점이 있다. 문화적인 가치는 성에 대해 성적인 인지로 차이를 보이는데: "자신과 타인의 사회적 행동에 대한 보고에서는 성별에 따라 차이가 있는데 이것은 어떻게 그들이 적극적으로 행동하느냐 보다는 오히려 여학생과 남학생이라는 가정을 더 좋아하는 것으로서 사람들의 사고를 반영하는 것이다 (Eisenberg & Fabes, 1998, p.754).

## 우정

학령기 아동들의 친밀한 우정은 서로 좋아하고 재미있는 것도 공유하고 같은 성(性)인 것에 기초하는데 같은 성의 우정은 더 확고해지고 그 사회에서 기대되는 성역할을 취하게 된다. 사람들은 자신과 비슷한 생각을 하는 사람들과 친구 사이가 되는 경향이 있으며 같은 수준의 사람들과 친구가 되는 일이 많다(Hartup, 1992). 학령기를 지나면서 아동들은 깊은 우정과 친구의 의미에 대해 생각을 한다. 6~8살 아동들은 친구들에 대한 생각이 구체적인 활동으로 만들어지는데 "예나(Jenna)는 내 친구야. 왜냐면 우리는 같이 인형놀이 하는 것을 좋아하니까." 고학년으로 갈수록 공통의 가치 추구, 의무, 상호간의 지원, 책임감 등의 상호작용으로서 우정에 대한 생각을 하게 된다(Rubin, Bukowski &, Parker, 1998). 11살 아동은 "제임스(James)는 나의 최고 친구야. 걔는 나를 멋있게 대하고 나를 도와줘. 나에게 어려운 일이 생기면 제임스는 날 도와주러 올꺼야. 나 또한 걔가 도움을 필요로 할 때 도와 줄꺼야."

친구는 많은 역할을 한다. 학령기의 아이들은 자연스럽게 친구들과 자신을 비교하게 되는데 친구들이 항상 양심의 지시대로 성공적으로 살지 않는 것을 보면서 자신의 양심으로부터 안심을 얻기도 한다. 이렇게 친구들을 보면서 완전해야 되는 것으로부터도 안심을 하고 자기 자신을 더 받아들이게 된다. 같은 반 친구들은 학교에 더 잘 적응할 수 있도록 하고 저학년 동안의 안정된 우정은 학령기로의 과도기를 지지해 준다. 친구들과의 애착은 아동들이 안전과 안정을 느끼면서 부모를 향한 애착의 비슷한 기능을 제공한다(Gemelli, 1996).

친구들과 함께 하는 것은 갈등을 해결하는 기회가 된다. 좋은 친구와 자주 갈등을 겪는다고 해도 그들은 자신들의 우정을 지키기 위해 많은 노력을 한다(Ladd, 1990, 1999; Wentzel, 1999). 학령기 고학년에 해당하는 아동들은 친구와 신용 있는 관계를 맺고 이혼이나 별거와 같이 가정이 파괴된 시점에서 그들로부터 지지를 얻는다. 친구들로의 애착은 아동이 느끼는 편안함과 이해에 의한 것이어서 부모의 애착과 같은 기능을 한다(Dunn, Davies, O'Connor & Sturgess, 2001). 친구들과 함께하는 것은 또한 실제적으로 갈등을 해결하게 한다. 아동이 비록 잦은 갈등상황에 있어도 좋은 친구를 갖고 있으면 우정을 보호하기 위해서 갈등을 해결하기 위한 동기를 부여받는다. 결과적으로 친구들은 강제적으로 이기려고 하기보다는 갈등으로부터 해방되고 싶어한다(Laursen, Hartup & Koplas, 1996). 이와 대조적으로 아주 부끄러움이 많거나 공격적이거나 다른 사람에게 강제적인 아동들은 친구가 적고 불안한 우정을 갖게 되며 이런 우정은 친구와의 관계를 통한 사회적 기술을 놓치게 된다. 친구들로부터 거절당하는 아동들은 학교 적응에 더 힘들게 되며 친구가 주는 사회적 인지가 없는 아이들은 학교에서 좀더 부정적인 행동을 하며 잘하려고 하는 동기를 얻지 못한다(Hartup, 1992). 반사회적 행동을 하는 아동이 친구를 얻었을 때, 그들은 반사회적인 행동을 서로 서로 강화하며 사회적 기준에 어긋나는 그들의 행동을 한정지으며 지지해 준다. 이렇게 반사회적 친구를 얻는 것은 일찍부터 강압적인 부모-자녀 간의 관계가 지속되기 때문에 나타나는 것이다(Dishion, Patterson & Griesler, 1994).

## 친구, 사회적 제한 그리고 자기 존중

아동들은 집단에서 자신들의 모습을 반영하기 때문에 사회적인 평판은 학령기 아동들에게 매우 중요하다. 학령기 아동들은 점점 다른 사람들의 시선을 의식하게 되고 자신이 친구들 사이에서 인기가 있다는 것을 알게 되면 거기서 자기 존중감을 얻는다. 이것은 학령기 아동에게는 매우 공통적이며 다른 사람의 성취에 대해 비판적이다: "나는 수학이 16단계인데 너는 겨우 12단계니?"라고 하듯이 학령기 아동은 만일 그들이 확실하게 스스로의 평가에 대해 말하듯이 동료에 대한 평가의 타당도를 내적으로 인정한다

(Altermatt, Pomerantz, Ruble, Frey & Greulich, 2002).

자신이 인기가 없는 것을 아는 아이는 자기 존중감에 고통을 받게 된다. 하지만 아이들이 다른 친구로부터 거절당할 때 화가 나고 기분이 나쁘더라도 아직 그것을 그의 사회 부적응으로 반영할 수는 없다. 왜냐하면 사회성은 학령기동안 자기 감각의 한 부분으로 생각되기 때문이다. 낮은 사회성을 가진 아이들은 공통적으로 낮은 자존감과 그것을 걱정하는 경험을 한다. 아주 부끄러워 하는 아이나 공격적인 아이는 인기가 적고 자기 존중감이 낮다. 사회성이 낮은 학령기 아동의 행동을 보면, 사회적으로 위축되어 있고, 매너리즘에 빠져 있거나, 자폐아 또는 아스퍼거 장애처럼 비정상적으로 보이는 아동, 동료간에 왕따 당하며 싫어하는 아동들이 증가된다(Rubin et al., 1998; Dodge et al., 2003).

### [ 기질과 친구 관계 : 짧은 사례 ]

9살 에릭(Eric)은 부모에 의해 기질적으로 억제된, 카간(Kagan's, 1989)의 설명에 맞는 아이처럼 보인다. 행동적으로 억제된 아동기 초기에 해당되는 아동들은 학령기로 갈수록 사회적으로 위축될 위험이 있으며 더 나아가 불안장애로 이어질 수 있다(Rubin et al., 2003).

에릭에게 나타나는 문제는 학교 거부다. 그는 학교 가기 전 아침에는 자꾸 배가 아프고 머리가 아프다고 하며 부모님이 그것을 믿도록 노력한다. 에릭의 학교 선생님께서는 에릭이 친구가 있는 것도 없는 것도 아니지만 에릭이 다른 아이들에게 다가가는 방법을 모르는 것 같다고 했다. 에릭의 조용한 태도가 같은 반 남자 아이들에게 종종 무시되어 왔다고 했다. 생각이 있고 밝은 성격을 지닌 에릭이 하루는 나에게 직접적으로 이야기를 했다. "나는 학교에 가고 싶지 않아요. 왜냐하면 나는 친구가 없기 때문이에요. 작년에는 우리 반에 내 친구들이 있었는데 올해는 반에서 친구가 아무도 없어요." 또 에릭은 친구들이 많이 거칠다고 말했고 그는 그것을 좋아하지 않는다고 했다. 친구들의 공격적인 행동과 심지어 에릭에게 집적거리지도 않는 것이 에릭을 힘들게 하였다. 아이들이 운동을 하려고 팀을 짜기 위해 한명씩 선택을 하는데 자신을 맨 꼴찌로 뽑아줬다고 했다. 그 때 기분이 어땠냐고 물으니 에릭은 조금 나빴다고 했다. 또 그는 새로 생긴 친구 '마이크(Mike)'에 대해 얘기해 줬는데 마이크는 만화책과 스타워즈 미니어쳐를 모으는, 자기랑 취미가 비슷한 친구라고 했다. 하지만 마이크를 방과 후에도 만나서 같이 놀자고 할 만큼 그를 충분히 알지 못한다고 했다. 자기와 친해지고 싶어 하는 친구가 있었는데 "나는 그 애가 정말 좋지 않아요. 왜냐면 걔는 자랑도 많이 하고 거짓말도 하고 성(性)은 역겨운 거라고 말해요."

에릭은 자부심이 있고 자기 효능감이 있으며 민감한 아이로 우울증이 있는 것은 아니었다. 그는 많은, 수줍어하는 아이들의 괴롭힘과 곯림 당하는 것을 피하고 싶은 "존엄성"이 충분한 아이이다. 에릭은 친구들을 사귀는데 독단적이지 않지만 내가 싫어하는 것을 친구가 할 때, 성에 관해 얘기할 때 대처하는 유일한 방법이 수줍어하는 것이다. 에릭은 마음이 통하는 친구를 찾는 것을 많이 어려워하고 그것이 그의 기질적으로 심해지며 그것이 자기 존중감을 잃도록 만든다.

에릭과 같이 사회적으로 위축된 아동은 좀더 심하게 또래로부터 왕따를 당하므로 나이를 먹을수록 사회 부적응을 보이게 된다. 초등학교 고학년 아동의 경우" 사회적으로 위축된 아동들은 평범한 아이답지 않게 보이며 상호작용에서의 실패를 내적인 원인으로 돌리며(Rubin et al., 2003, p.385), 우울에 대한 위험이 증가한다(Asendorpf, 1993)."

만성질환의 문제를 안고 있는 아동들은 또래관계에서 고립된 느낌을 받을 것이고, 자아존중감에 대해 잠재적인 영향을 받게 될 것이다. 학령기 아동은 어린 아동보다는 그들의 또래와는 다른 질병을 좀더 자각한다. 예를 들어 단지 남자에게만 영향을 끼치는 유전적인 혈우병에 걸린 한 아동이 단지 피부조직에서 출혈하는 것이 통제가 안 되는 것을 원인으로 삼아 비행기 타는 것을 회피해야 한다. 이 아동은 놀이 상황에서 매우 조심해야 하며 스포츠를 하지 말아야 한다. 학령기 아동들의 자아 존중감은 매우 큰 부분을 차지하고 있는데 거의 운동능력에 의지한다. 혈우병 아동들의 경우 대부분 낮은 자아존중감을 보인다.

심한 천식아동의 경우도 스포츠에서 아동의 능력을 실제적으로 제한한다. 식이요법을 해야 하거나 빈혈로 고생하는 아동들도 자주 병원신세를 지고 자주 결석을 하게 된다. 동시에, 아동들은 확연히 능력이 떨어지거나 부정적인 자아존중감과 더불어 다른 아동에 의해 무능력한 아동으로 낙인찍히게 되며 규칙적인 활동에 참여하는 것이 어렵다(Marshak, Seligman & Prezant, 1999; Pterson, Reach & Grabe, 2003).

## 집단의 영향

학령기 아동들은 그들 자신을 개인적인 친구가 아닌 집단의 멤버로써 정의 내린다. 학령기 아동들은 성별에 따라, 민족이나 인종의 동질성, 비슷한 흥미, 사회적 상태에 따라 집단을 조직하는데 그 집단 내에는 지배 계층이 있다. 아동들은 사회 집단에 대해 아주 잘 알고 있다.

한 영리한 10살 소녀는 자기 반에 있는 그룹들을 이렇게 묘사한다. "우리 반에는 세 가지 그룹이 있어요. 첫 번째는 인기 있는 척하는 여자 애들인데요. 나는 그

> 애들이랑 친해지길 원치 않아요. 두 번째 모범생 그룹인데 걔들도 잘난 척하는 애들 중의 하나예요. 그리고 세 번째 그룹은 나같이 이 그룹도 저 그룹도 아닌 애들이에요. 나는 잘난 척하는 그룹에 들고 싶지 않아요. 걔네들이 얘기하는 것은 집에 돈이 많이 있다거나 옷 이야기를 하고 다른 아동들을 그 그룹에서 제외시켜 버리는 행동을 해요."

이 아동의 진술은 아동들이 그룹에 속해 있는 것을 나타내고 또한 학령기 아동들에게 나타난 지위, 계층을 정확히 묘사한 것이라고 하겠다. 이는 고학년 아동들과 매우 관련이 있다. 아동들이 일찍 사춘기가 오면 또래 집단과 좀더 정서적인 관계를 맺고 가끔씩 스스로 인기있는 집단에 연연해하지 않는다(Rubin et al., 1998). 고학년 여자아동들의 경우 특별한 지위에 대해서는 남자아동과는 다르게 표현한다. 신체적으로 다른 아동들을 공격하는 경우는 덜 하지만 최근의 연구에서 보면 여자 아동들 공통적으로 공격성과 관련된 경향을 보인다고 한다(Crick, Casas & Nelson, 2002). 분노를 사용해서 경쟁적으로 힘과 지위를 얻으려는 여아들은 그들 목표의 사회적인 위치에 도달하기 위해 악의적인 소문을 내고, 교묘하고 배척하며 거꾸로 상처를 주고, 언어적인 압박을 가한다.

또 바람직한 그룹의 아동들은 그룹의 기준이나 강한 힘을 가진 친구의 압력에 영향을 받는다. 그런 친구들의 압력은 어른들의 등급처럼 느껴지며 그것이 아동들에게 내면화 된다(Hartup, 1992). 그렇게 사회적 등급이 내면화된 아동들은 반사회적 행동을 하는 아동들의 생각에 저항하며 누구도 반사회적 친구들의 그룹에 있고 싶지 않아 한다. 이와 반대로 반사회적 기준은 반사회적이고 공격적인 아동들에게 가장 큰 압력이 된다(Hartup, 1992, p.275). 한 연구에서는 학령기 때 공격적이고 반사회적인 친구들과 일치하려는 경향을 보인다는 것을 부모들이 알아야 한다고 말하는데, 일찍 사춘기가 찾아오는 아동은 비행행동의 영향을 받고 불량스런 또래와 통합하려고 한다(Dishion, Andrews & Crosby, 1995).

## 공격, 협박, 괴롭힘

신체적인 공격은 유아기에 특히, 남아에게서 공통적으로 나타난다. 학령기 동안 직접적인 신체 공격은 현저하게 감소된다. 유아의 경우, 공격적인 행동은 종종 비개인적이고, 수단으로 나타나는데 즉, 다른 아동이 갖고 있는 장난감 또는 그가 원하는 퍼즐 조각을 얻기 위해 미는 경우이다. 학령기 아동의 사회적인 기술과 질적인 언어사용은 그들로 하여금 원하는 것을 얻기 위해 질문하고, 꾀거나, 공갈을 한다. 학령기 아동 중에서 비전형적으로 공격적이며 다른 아동을 신체적으로 공격하고, 적대적인 의도를 갖고 있으며, 악의적인 감정을 갖거나 다른 아동을 약 올리기도 한다(Coie & Dodge, 1998). 학령기 이후 관용을 통해 비적대적이고 적대적인 행동과 관련된 사건인지를 좀더 쉽게 구분할 수 있는데, 만일 그들이 다른 사람에 대해서 적대적인 감정을 갖고 있다면 똑같이 보복한다.

그러나, 아동기의 이러한 일반적인 경향과 더불어 몇몇의 아동은 공격적인 행동을 한다. 이런 아동들을 불량배라고 하는데 신체적인 공격을 가하는 것 대신에 유치한 방법으로 또래집단에서 군림하거나 위치를 획득하기 위해 강요하고, 위협하며, 난폭한 행동을 하는 것이다(Olweus, 1993). 학령기 아동은 협박과 신체적인 공격을 자주 일삼는다. 5~6세에 나타나기 시작하지만 대부분 아동기 후반 또는 사춘기 때 찾아온다(Smith & Brain, 2000). 남자 불량배의 경우 신체적 정신적인 협박을 사용하는 반면에 여자 불량배들은 공격성을 보인다. 불량아동들은 종종 처벌을 당하고, 가혹한 부모, 신체인 학대를 압은 경험이 있으며 피해자들에 대한 처치를 어떻게 하는지 모델을 제안했다(Snyder & Patterson, 1995). 이 연구에서는 학교에 다니는 아동 중 10%가 이와 같은 불량성이 있다고 보고했다. 불량아 몇몇의 아동들이 평범한 또래집단으로부터 자주 괴롭힘을 당하게 되며, 우울증을 겪거나 고립되는 아동이 증가하게 될 것이다. 몇몇의 아동은 그들 스스로 불량배로서 협박하는 가해자의 역할에서 벗어나려고 노력할 것이다(Hanish & Guerra, 2003).

대부분의 아동들이 협박당하거나 불량스럽지 않더라도, 정기적으로 불량배가 됨을 볼 수 있다. 많은 아동들은 그들이 무자비하게 본 것에 의해 심리적으로 타격받고 그것을 어떻게 싸워 이겨야 하는지에 대해서는 모른다.

> 10세의 지미(Jimmy)라는 아동은 매일 롸안(Ryan)을 괴롭히는데 롸안은 키가 작고 주의산만한 외국인이다. 지미는 현관에서 롸안 뒤에 가서 아무 이유없이 롸안을 아래로 밀었고 그 전날에는 롸안 도시락을 쓰레기통에 버렸으며 한 번은, 롸안의 바지를 아래로 내렸다. 나는 지미에게 그것은 정말 나쁜 행동이었으며 그러한 일이 발생하면 어떤 감정이더냐고 질문했다. "나는 걔가 싫어요. 괴롭히고 싶어요. 우리와 다르기 때문에 싫어요."

학령기 아동들은 성인들을 통해 자신의 불량스런 행동들을 정당화하는 경향이 있다. 모범적인 교육과정은 다소 도움을 주겠으나 또래들 간의 지원체제와 성인에 의해 적극적으로 감시하는 것이 현재 학교의 중재이다(Naylor, Cowie & del Rey, 2001).

# 언어와 의사소통

7살 정도의 아이들은 자기 나라 말의 문법이나 언어 구조를 기본적으로 이해할 수 있다. 학령 전 시기에 언어의 기본 개념과 규칙을 배웠다면 학령기 때는 다양한 규칙을 배우고 수동태 같은 좀더 어려운 구조를 배운다. 어휘력은 학령 전 때처럼 급격하지는 않지만 꾸준하게 늘어난다. 10세 정상아동의 경우 보통 40,000단어의 어휘를 갖고 있다(Anglin, 1993). 물론 언어 능력의 범위가 개인차에 따라 다르게 나타나겠지만 학령기 아동들은 언어로 자신들이 생각하는 것들을 표현할 수 있게 처음과 중간과 끝을 갖추며 조리 있게 설명할 수 있는 충분한 능력을 점차 갖게 된다. 하지만 이런 능력을 얻는다는 것이 반드시 자신의 역할(책임지는 화제나 이야기)을 감정적으로 말하기가 쉽다는 것을 의미하는 것은 아니다. 다만 이것은 고민되고 갈등하는 감정들을 내보이거나 오늘 하루 있었던 평범한 일을 설명할 수 있다는 것이다. 결과적으로, 놀이와 다른 여러 가지 상징화하는 표현은 학령기 아동들의 상호작용하는 의사소통의 형태에 굉장히 필요하다고 하겠다.

## 언어와 인지 발달

언어의 정교화는 인지 발달에 의존한다. 학령기 아동이 자신들의 생각을 다른 한편으로 말할 수 있을 때 그들은 구문법에 맞춰 말을 변형해서 이해할 수 있다. 예를 들어 "그녀는 그녀의 선생님으로부터 좋아함을 받고 있다."라는 수동태 문장을 이해하기 위해 아동은 그것을 "선생님은 그녀를 좋아한다."라고 능동태 문장으로 바꿀 수 있어야 한다(Elkind & Weiner, 1978). 이렇게 자연적으로 변환할 수 있는 능력은 6~8세 사이에 발전된다. 또 뉘앙스를 감지하고 비교를 사용하는 능력이 발달하는 이 시기에는 아이들이 비교급을 이해할 수 있게 한다. 이와 대조적으로 학령 전 아이들이 비교를 할 때 극단적인 용어를 사용한다면(크다/작다) 학령기 아동들은 단계적인 변화를 이해하고 "내 개는 네 개보다 크지만 귀는 네 개보다 약간 작아." 이런 비교급 용어를 사용하면서 설명할 줄 안다.

8~10살 아동은 두 가지 의미를 가진 단어로 장난하고 농담을 할 수 있는데 "무엇이 검고 하얗고 빨갛게...?" 등의 고전적 수수께끼나 약간 지저분한 농담을 사용하기도 한다. 나는 7살짜리 아동과 카드 게임을 하는데 그 아동이 "나는 내 소매에다 속임수를 쓸지도 몰라요."라고 해서 나는 "넌 짧은 소매 셔츠를 입었는데 어떻게 소매에 속임수를 쓸 수 있니?" 그랬더니 다시 그 아동이 "그게 아니라요, 카드는 내 소매에 진짜 없고요, 내 머리 속에 있다고요."라고 말했다. 학령기 아동들은 또한 하이쿠(haiku)의 시처럼의 간결

한 모습과 은유, 웃음을 적절히 사용하게 된다.

> *"물가의 파도소리*
> *집이 부서지는 소리가 난다.*
> *많은 집들이 무너지는구나."*

언어 능력은 또한 아동의 언어적 환경에 의해 영향을 받는다. 부모님께서 대화에 감정과 생각을 넣어 이야기 하면서 대화를 많이 하시고 격려하는 것은 좋은 언어 기술을 가질 수 있게 한다. 이런 아동들은 친구들과 생각을 공유하고 언어 기술을 더 발달하게 한다. 상호관계를 중요하게 생각하는 환경에서 자란 아동들은 읽고 쓰는 기술을 더 쉽게 얻는 경향이 있다.

자기중심적인 생각에서 벗어난 인지적 능력은 학령기 아동들이 새로운 방법으로 대화할 수 있다는 것을 의미한다. 학령 전 아동들이 다른 사람의 생각에 대해 생각하는 것은 어렵지만 학령기 아동들은 다른 사람들이 자신과 다른 관점을 가진 것을 알고 있다. 초기 학령기 아동들은 아직 자기중심적인 생각이 더 지배적이지만 현재 다른 사람의 말을 들을 수 있고 무엇을 말하며 반응할 것인지(철저한 자기중심적인 관점이 아닌)를 말로 표현할 수 있기 때문에 좀더 나은 대화상대가 될 것이다. 이런 연습은 학령기 동안 친구들과 대화하고 협상/조절해 가면서 얻어지고 인지적 능력의 향상과 친구들과의 적응을 잘 해나가는 것은 다른 친구들의 생각을 받아들이는 상호간의 대화를 준비하게 한다. 후기 학령기 아동들은 더 정교화 하여 자신들의 견해에 대해 말할 수 있고 다른 사람들의 관점과 자신의 지각을 맞추며 표현할 수 있게 된다. 예를 들어 10살짜리 영웅 이야기의 만화책을 수집하는 남자아이가 역시 만화책을 수집하는 친구에게 말할 때 좀더 세분화한/특별화한 말을 사용하며 대화를 한다. 하지만 만화에 대해 많이 알고 있지 않는 어른과 이야기 할 때에는 좀더 많은 설명을 해준다. 이것은 아동이, 몇 순간에 그 어른이 만화에 대한 지식이 충분하지 못한 것을 눈치챈 것이고 아동이 그것을 눈치챘을 때(이해했을 때) 교감을 할 수 있도록 유도할 수 있다(Sonnenschein, 1988).

## 언어와 자기 조절

학령기 동안 인지적 능력과 언어의 성숙은 자기 조절에 중요한 의미를 갖는다. 학령기 아이들은 걱정하고 좌절하고 화내고 또 다른 감정들을 이야기하면서 점점 더, 상호작용하게 되고 그가 느낀 감정에 대해 좀더 생각해보고 행동에 옮길 수 있게 된다. 신체적인 공격을 사용하는 것이 줄어드는 것은 아동의 자립적인 언어사용 기술과 관련이 있다. 동시에 언어적인 공격성이 증가하는데 성가시게 하고 모욕을 주거나, 험담을 하는 것이다(Rubin et al., 1998). 자신의 마음과 이야기하는 것을 배우게 되는데 이것은 자기 반영과 다른 사람들로부터의 피드백을 통해 개인적 사고의 견해를 얻는 방법에 영향을 받게 된다. 부모님들이 아이들이 말하는 언어적 표현에 대해 격려한다면 아이들은 갈등을 풀어나간다거나 세상을 이해하는 것을 '언어'로 전달할 수 있게 되며, 조절의 의미로써의 언어적 활용의 활성화에 영향을 준다. 하지만 언어적 상호작용과 대인관계에서의 공감이나 감정들을 낙담시키고 과묵을 강요하는 가족에서 학령기 아동들은 개인의 생각을 말로 표현하는 것이 허용되지 않을 것이란 느낌을 받는다. 이런 역기능적 가족에서의 아동들은 침묵/과묵을 강요받고 학대의 충격에 휩싸이는 개인적 공상 말고는 자신들의 표현수단을 잘 찾지 못한다(Fivush, 1998).

## 이민 아동의 언어 문제

이민자 아동들은 배우는 것에 혼란을 느끼는 것보다 언어 때문에 어려움을 겪는다. 모국어가 영어가 아닌 미국에 있는 학령기 아동들의 수는 2002년 약 450만 명 정도였다(국제이중언어협회, 2002). 이 아이들은 학교생활을 하기 위해 언어를 반드시 배워야 한다. 그들이 배우는 영어는 아직 교과 과정을 충분하고 빠르게 이해하기 어렵고 이런 현상은 단일 언어를 사용하는 학급에서 종종 나타난다. 그들은 두 번째 언어를 배우는 것이나 두 번째 문화를 배우는 것이 그리 쉽지 만은 않다. 그들은 부모나 선생님 등에 의해 첫 번째 문화로 사회화 되었다. 또한 그들의 부모와 함께 모국어를 계속 사용하는 것을 미묘하고 직접적으로 강요받을 수도 있다. 그들은 자주 반전된 역할에서 부모님의 통역사 역할을 해야만 하고 이것은 분노와 걱정을 만들고 아동들이 새로운 문화를 항해하는 데 부모님의 안내자가 될 것이다(Crawford-Brown & Rattray, 2001). 이민 아동의 학업성취에 대한 위험은 부모가 낮은 교육수준이고 영어사용능력이 빈약할 때 더 높은 경향을 보이는데 이는 그들이 학교체제에서 안내받을 수 없고 숙제와 같은 것을 도와줄 수 없기 때문이다(Zhou, 1997). 최근 언어 습득 연구에 따르면 이중 언어를 말하는 능력은 인지적 발달을 저해한다는 옛 견해를 부인했다. 아동들은 그들의 인지적인 능력을 저해하지 않고도 두 번째 언어를 배울 수 있다(Bialystok, 2001). 어떤 최근의 연구에서 이중 언어를 사용하는 아동들이 높은 인지 기술을 갖고 있다는 것을 발견했고 특히, 어린 영아기 때부터 다중언어를 사용한 경우가 더욱 그렇다고 한다(Bialystok, 2001). 하지만 이런 지지적인 견해와는 다르게 두 번째 언어를 배우는 것과 모국어를 유지하는 것은 앞으로 그 아동이 2개 국어를 유창하게 말하며 두 문화 속에서 잘 적응할지 아니면 새로운 말과 정체성에 갈등을 겪을지에 영향을 준다. 만약 영어만 사용하는 학교라면 자기 모국어나 문화에 대한 느낌이 감소할 것이고 만약 아동의 부모님께서 2개 국어를 하는 능력을 격려하시는 분이 아니라면 아이는 새로운 나라의 말인 영어를 배우고 새로운 문화를 받아들이는 것에 대해 갈등을 느낄 것이다(Fong, 2003). 이민자 아이와 영어가 아닌 모국어를 사용하는 부모님 슬하의 자녀는 종종 정신적 혼란에 놓이게 된다. 그러나 이렇게 두 번째 언어를 배워야 하는 학생들의 특징을 학교 선생님께서 현실적으로 이런 문제 상황들을 고려해 주신다(Canino & Spurlock, 2000, p.29).

## 놀이와 공상

학령기로 나아감에 따라, 취학 전 시기 동안 두드러지게 나타났던 공상 놀이는 줄어든다. 놀이는 취학 전 아동의 활동이라고 자주 이야기 되었다. 학령기 아동의 경우, 지적 숙달과 신체적 능력을 강조하는 활동 지침은 점차 강한 흥미를 돋우는 취미와 같은 놀이를 대신한다(Erickson, 1963). 놀이를 계속해서 고집하고 있는 아동은 더욱더 미성숙한 것처럼 보인다. 아동이 외부 현실 세계에 적응하는 초점을 갖게 된다: 점차 조직화되고 논리적이며 놀기를 좋아하지 않도록 요구하는 학업을 숙달하기 위해 작업을 배워야 한다. 하지만 새로운 인지 능력은 새로운 기술을 배우도록 아동의 내적 동기를 증가시킨다. 공상의 사고를 통해 이해하려고 하는 취학 전 아동의 성향을 대신하여, 빠른 인지적인 향상은 체계적이고 논리적인 사고를 통해 세계를 이해하는 가능성을 제공한다. 놀이는 여전히 학령기 아동에게 중요하지만, 공상 놀이는 점차 게임과 스포츠의 조직화되고 의식화된 놀이에 밀려난다(Rubin et al., 1998). 동시에, 아동은 스스로, 절친한 친구와 함께 공상 놀이를 계속할 것이다. 이런 연유로 놀이는 학령기 아동에게 매우 중요한데 이는 학교 안에서 대부분 인지적인 과제를 수행하는데 시간을 보내기 때문이다.

### 규칙 게임

4세 때, 취학 전 아동은 간단한 보드 게임을 하는 방법을 배울 수 있다. 그들은 계산하고, 교대로 하고, 이기는 것이 가장 먼저 정사각형의 마지막에 도착하는 것에 달려 있다는 것을 이해할 수 있다. 하지만, 학령기 아동은 공상 놀이만큼 구조화된 게임을 즐기지 않는다. 규칙을 가진 게임은 자기중심적인 상상을 구속하고, 그들은 구조적이고 논리적인 게임을 지적으로 흥미로워하기에 더 충분히 인지적으로 발달되지 않았다. 그들은 자주 상실을 받아들일 수 없고, 그들이 잃는다면 그만두거나 상실을 회피하기 위해 속이거나 심한 실망으로 반응할 것이다. 하지만 6, 7세 아동은 더 까다로운 게임을 어느 정도 배우고, 더 품위 있게 규칙에 따라 놀이하고, 게임의 교대와 엇갈림을 따라서 만족을 얻고, 기술을 연습하는 것을 즐길 수 있다. 그들은 여전히 경쟁적이고 이기는데 열중하며 상실에 실망할 것이다. 하지만, 게임이 경쟁적이라 할지라도 경기자는 게임을 계속하기 위해 일련의 규칙을 따라야만 하기 때문에 그들은 명백히 사회적이고 협조적이다. 어린 학령기 아동은 야구 같은 복잡한 게임에서 그들의 역할을 배우는데 어려움을 가지고, 흥분과 충동에 기초한 실수는 일반적이다. 몇 년 전 나는 7살 조카딸의 T-ball 게임에 갔다. 공이 내야의 중앙으로 날아갔을 때, 내야수 네 명 모두 그것을 향해 달렸다. 유격수는 공을 잡았고 그것을 1루에 던졌지만, 1루수는 공을 향해 달려갔기 때문에 공을 잡아야 할 1루에 없었다. 아동이 10~12세에 이르게 되면, 그들은 기회보다 오히려 전략을 수반하는 게임을 즐기기 시작한다(Bandmaster & Senders, 1988). 게임은 또한 아동의 발달하는 또래 지향성을 상징화하고, 또래 사이에서 자신의 위치를 평가하는데 중요한 수단의 하나가 된다. 숙련된 아동은 또래에게 존경을 받는다. 종종 규칙을 무시하고 “게임을 망쳐놓는” 아동은 또래에게 거절당하기 쉽다.

학령기의 게임 구조는 일반적인 발달 과업을 반영한다. 킥볼, 축구, 농구, 돌차기 놀이, 줄넘기 같은 조직화된 운동장 게임은 교대로 하고, 기술을 향상하고, 계획과 목표에 초점을 두고, 게임이 진행되도록 하기 위해 정서를 조절하고, 규칙을 따르는 것을 은연중에 사회화하도록 한다(Piaget & Inhelder, 1969). 까다로운 시나리오와 규칙을 가진 게임을 하도록 배우는 것은 자기-훈련과 집중을 필요로 한다.

학령기 아동의 자발적인 공상 놀이조차도 빈번히 의식화되고 규칙이 지배적이게 된다. 예를 들어, 소형의 군인이나 행동 인물의 놀이에서 10세 소년은 전투를 위해 정교한 규칙 체계를 고안한다. 학령기 아동은 난투를 규칙이 있는 게임으로 바꿈으로 신체적 활동에 대한 구조를 창조한다(Pellegrini & Smith, 1998).

예를 들어, 8~12세의 사촌과의 가족 소풍에서, 교대로 줄을 흔들고 가서 강으로 떨어졌다. 점차 그들은 이것을 하는 특별한 방법과 더욱 더 정교한 작업을 꾀함으로 발전된 경쟁을 제안하기 시작하였다. 그들은 줄에서 회전하고 물에 떨어지기 전에 퇴적을 향하고; 가기 전에 발로 물을 걷어차고; 혹은 무릎을 껴안고 물로 다이빙해서 가야만 했다. 암암리에, 그들은 체계, 경쟁, 자발적인 놀이로 시작하여 합의적으로 규명된 기술을 받아들이도록 재촉할 것이다.

## 놀이와 같은 취미

취미와 수집 같은 전형적인 학령기 활동은 놀이가 점진적으로 변화한다. 아동은 인형, 익살스런 책, 스포츠 카드, 활동 피겨(figure), 암석, 유리구슬들을 수집한다. 인기 있는 아동용 영화피겨, 모을 수 있는 새로운 물건을 계속적으로 창조함으로써 학령기 아동의 수집에 대한 열정에 호소하고 이용한다. 때때로 아동은 개인적 의미를 가지는 갖가지 요소를 내포하는 물건의 수집품을 모으고 특별한 박스에 그것을 보관한다(McGreevy, 1990). 다른 취미는 항공기 설계, 플라스틱 모델, 남은 재료로 만든 것을 포함한다. 여아들은 평범한 취미로 시간을 소비하는 경향이 있다(McHale, Crouter & Tucker, 2001). Anna Freud(1965, p.84)는 취미는 조직화하고 범주화한 물건에 대한 정신적인 기술 혹은 사물들을 조립하거나 모으려는 능력을 포함하고, 또한 아직도 환상의 표현을 위한 매개물이기 때문에 "일과 놀이의 중간"이라고 제안하였다. 일과 놀이 사이의 관계는 환상놀이에서 모으고 사용한 인형, 활동 피겨들 같은 물건 안에서 거의 명확해진다. 학령기 아동이 그들의 자유 시간을 어떻게 보내고 있으며 청소년기에 어떻게 성공적으로 잘 발달하는지에 관한 연구를 보면 취미생활과 운동이 그들의 시간을 가장 잘 보내는 것이라고 한다(McHale et al., 2001, p.1774).

[Werner' s(1993)는 아동이 역경 안에서 받는 위로와 자부심을 느끼는 이유로서 받는 과외 교과로서의 취미와 전문적인 유연성이 있는 구조 내에서의 참여에 대한 논쟁이 양립되었다(p.49).]

## 공상

사회적 역할극 놀이에서 조직화된 게임으로의 이동은 놀이의 점진적 변화에 대한 이야기의 한 부분을 말한다. 중기 아동에서, 또래와 함께 놀이함으로써 증가하는 정신적 놀이의 한 종류인, 내적 공상은 더 의식화되게 된다. 취학 전 아동을 위한 역할극 놀이가 제공했던 '즐거움, 상상된 소망의 성취, 현실의 탐색, 더 진보적인 역할로 스스로를 상상함, 활동과 계획의 연습' 의 기능을 공상은 여전히 충족하도록 한다. 정신분석적 이론에서는, 활동 대신 내재적 공상을 갖고, 그런 까닭에 내재적 공상은 행동을 통제하는 능력과 연관되어 있다. 공상은 학령기 아동에게 행동으로 표현하여 형벌이나 비판을 초래할 부정적이거나 용납하기 어려운 사고와 감정뿐만 아니라, 현실에서 성취가 불가능한 소망을 표현하는 배출구를 제공한다.

학령기 아동은 종종 성인에게 공개하지 않는 그들의 공상을 유지한다. 공상에 포함된 것은 대부분 영화와 TV 프로에서의 흥미, 혼자 혹은 친한 친구와 함께하는 놀이의 일종으로 나타난다. 10살 된 두 남자아이는 심한 폭력을 특징으로 하는 복수에 관한 이야기인, 'Desperado(무법자)' 영화를 보았다. 둘이 함께 놀이할 때, 그들은 때때로 영화속 장면을 표현하였고, 20명의 적을 소탕하는 주인공에 대한 정교한 심상을 나타내었다. 그러한 놀이의 매력은 심한 우열의 차에도 불구하고 유능하고 강해지려는 학령기 아동의 소망을 지지한다는 것이다. 이들 두 남자 아동은 그들의 행동에서 서로 혹은 다른 아동을 향하여 공격적이지 않았다. 강해지고 우세해지려는 그들의 소망은 공상 안에서 조절되었다. 하지만, 일반적으로 아동기 공상의 내용은 중기 아동기로 이동함으로써 더 현실적이고 사회적이 된다(Sarnoff, 1976). 슈퍼 영웅이 되려는 6세의 백일몽 대신, 9세 아동은 또래 집단에서 영웅이 되거나 성공하는 자신을 상상한다.

## 인지 발달

7세 아동은 자아중심적인 사고에서 벗어나 논리를 사용한다. 표면적 현상의 지각에 기초한 직관이 항상 옳지는 않음을 인식하기 시작한다. 피아제(Piaget' s)의 유명한 실험은 사고의 변화를 설명한다. 피아제와 인헬러(Inhelder, 1969)는 7~12세의 학령기 아동을 '구체적 조작기' 로 기술하였다. 신체적으로 사물을 조작함으로써 문제를 해결하는 걸음마기와 취학 전 아동과는 달리, 학령기 아동은 정신적으로 지각 대상을 조작함으로써 현실에 관해 배운다. 피아제의 감각운동기에서 구체적 조작기로 이동하는 것의 핵심은 '행동에서 사고로의 변화' 이다. 취학 전 아동기 동안, 정신적으로 경험을 기술하는 능력이 느리게 발달하며, 이는 언어 발달과 함께 협력하여 가는 과정이다. 취학 전 아동기를 거쳐 빠르게 진행되는 언어의 숙달은, 학령기 아동에게 정신적으로 경험을 조직화하는 매개체를 제공한다.

구체적 조작기는 기본적인 추론 과정을 포함하지만, 아동이 순수하게 정신적 현상보다 단지 그녀 앞에 보이는 사물에 관해 생각하기 위해 그들을 사용할 수 있다는 사실에 의해 청년기에 발달하는 형식적 조작기-추상적, 가설적 사고-와 구별된다. 예를 들어, 다른 용기에 담긴 물의 보존 실험-어떠한 물도 추가되지 않았기에 물의 양은 같다-에서, 학령기 아동은 구체적 현실을 보고 관찰한 것에 대해 생각한다(Kagan, 1984). 아동은 그릇의 모양이 물의 양을 다르게 보이게 한다는 것을 깨닫고, 만약 절차에서 단계를 반대로 한다면, 물의 양은 같게 될 것을 깨닫게 된다. 아동의 사고는 구체적 조작기의 특징인 가역성을 수반한다. 즉각적인 느낌에 엮이게 되는 대신, 아동은 자신이 지각하는 것 이상으로 체계적으로 생각한다. 예를 들어, 8세 아동이 '10-6=4' 라는 수학 문제를 체크하기 위한 반대 절차를 배울 수 있다. 그래서 '4+6=10' 이라는 덧셈으로 답을 체크할 수 있다. 보존 실험에서, 8살 아동은 양이 같다는 것을 증명하기 위해 가역적 사고를 사용함으로써, 정확하게 처음에 했던 것처럼 물을 첫 번째 그릇 안으로 다시 따를 수 있다는 것을 설명할 것이다(Piaget & Inhelder, 1969).

학령기 아동들에게 점차 사고의 유연성이 나타나며 복합적인 지각에서 진리를 보는 능력이 증가하고 문제해결을 위해 복합적인 전략을 사용한다(Siegler, 1996).

하지만, 논리와 추론에 기초한 정신적 조작을 수행하는 능력은 다른 발달적 진보-"탈중심성"을 요구한다. 논리적으로 사고하기 위해, 아동은 주관적인 것과 객관적인 것을 구별할 수 있어야 한다. 피아제는 자아중심성에서 탈 중심적 사고로의 변화가 6~7세 사이에 나타나고, 이는 고도의 인지 기능의 발달을 가능하게 만든다고 주장하였다. 아동이 자아 중심적 조망에 반대하여 탈 중심적으로 현실을 보기 시작할 때, 그는 구체적인 정신 조작기에서 의미하는 더 분석적이고 논리적인 시각으로 세상을 바라보게 된다(Piaget, 1952b). 탈 중심 능력은 또한 인과관계의 이해를 명확히 하게 된다. 더 자아중심적인 취학 전 아동과는 달리, 학령기 아동은 그의 환상을 사건의 실제 원인으로부터 구별할 수 있다. 예를 들어, 9세 아동은 그의 부모와의 분리에 대해 슬프고 화날지도 모른다. 하지만, 그는 전 조작기 아동보다는 자신이 분리를 야기했다고 덜 믿는 것 같다. 학령기 아동에서 인상적이고 직관적인 사고는 여전히 중요하지만 지금 추론과 분석에 의해 특징지어지는 사고 또한 유효하다.

인지발달의 중요한 요인이 성숙에 대한 피아제의 견해에 최근의 이론들이 이의를 제기한다. 아동이 매일의 경험에 대해 생각한 것을 질문할 때 피아제의 연구보다 한층 진보된 절대적으로 익숙하지 않은 내용들을 시험해보는 것에 반대한다. 아동에 대한 최근의 다양한 연구결과에서 아동들은 인지적인 기술에 있어서 여러 단계와 다양한 영역에서 지식수준의 기능으로서의 능력이 보여진다(DeLoache et al., 1998, p.801).

예를 들면, 저학년 아동들 중 어떤 아동들은 체스 초심자인 성인들보다 체스 경기에서 전략적인 기술을 사용하며 문제 해결을 위한 더 나은 지식을 사용하므로 체스를 전문가처럼 잘한다. 그렇지만, 체스 놀이의 기술은 문제해결을 위한 다른 형태로 일반화되는 것보다 공간영역과 관련되어 있다(Schneider, Gruber, Gold & Opwis, 1993).

## 학령기 변화에서 인지의 발달

뇌발달은 아동기 내내 꾸준히 진행된다 할지라도, 약 7세에 나타나는 지각과 인지능력에서 몇몇의 변화와 관련하여 6~7세 사이에 분출되는 것으로 보인다(Luciana & Nelson, 1998). 학령기의 일반적인 변화는 구체적 조작기의 토대를 제공한다.

### *공간 이해와 인식*

6세 아동은 왼쪽으로부터 자신의 오른쪽을 알지만, 마주보고 앉아 있는 사람의 오른쪽이나 왼쪽을 말하는 것은 어려워한다. 7~8세에 이것을 할 수 있다. 6세가 된 아동은 그림에서 공간에 대한 인식을 하고 대상의 크기를 고려하고 거리를 생각하기 시작하게 된다(Dennis, 1992). 예를 들어, 4~5세의 아동이 엄마와 자신을 그린 그림을 보면 두 사람의 크기가 같고, 종이 한가운데에 그리므로 공중에 붕 떠있는 것처럼 그린다. 다음으로는 사람보다 집을 작게 그리는데 이는 거리와 공간의 깊이에 대한 아무런 고려없이 그리기 때문이다.

6, 7세의 그림은 공간에 대한 실제적인 이해를 보여준다. 그림 밑 부분의 경계를 그리며 보통 녹색은 잔디 혹은 흙은 갈색으로 그리고 운동장에 서있는 사람 모습이거나 엄마와 아동의 실제적인 크기가 좀더 차이를 보이며, 전경에 있는 사물로부터의 거리와 위에서 날아다니는 새의 크기를 표현하기 위해 중간에 새 날개를 두 개의 작은 곡선으로 표현한다. 6~10세에는 공간에 대한 이해가 증가하는데, 10세의 경우 1차원 선상에서의 그림을 그리며 그들의 그림에서 공간인식은 실제 눈으로 본 것과 같다(Case, 1998).

### *시간 인식*

4~5세 이상의 취학 전 아동은 한 주의 요일을 알지만, 약 7세까지는 달력이 어떻게 조직화되는지 이해할 수 없고 시간을 말하는 것을 배울 수 없다. 7세 때에는 숫자를 통해 시간의 연속성을 이해하며, 시간과 분을 나눌 수 있다(Case, 1998). 시간이 조직화되는

방법에 대한 분명한 이해는 학령기 아동으로 하여금 앞을 생각하고 취학 전 아동이 할 수 있는 것보다 더 능률적으로 그들의 행동을 계획하도록 한다.

### 연속

피아제의 실험 중 하나로, 아동은 균일치 않은 길이의 막대기 10개를 가장 짧은 것에서 가장 긴 순서로 배열해야 했다. 취학 전 아동은 일반적으로 이것을 성취하지 못하였다. 그들은 몇몇 막대기를 올바른 순서로 놓았지만, 그 다음에 뒤섞고는 일정치 않은 순서로 받침(막대기)을 배열하는 것 같았다. 대조적으로, 7세 아동은 연속의 개념을 이해하고 올바르게 막대기를 배열할 수 있었다. 사물의 집단에 대한 크기, 무게, 길이, 혹은 양을 재는 다른 지표의 개념을 적용하는 능력은 수리적인 이해의 받침을 세우는 일 중 하나이다(Bisanz & LeFevre, 1990).

### *시 지각 능력*

아동은 "그가 본 시각적 요소는 점점 조직화 된다. 더 흥미롭거나 만족스러운 형식으로 재료를 재 조직화할 수 있다(Elkind, 1994, p.123)." 학령기 아동은 새로운 패턴의 상을 그리기 위해 피상적인 지각 대상을 볼 수 있는 반면, 취학 전 아동은 어렵다. 엘킨트와 봐이스(Elkind & Weiss, 1967)는 "난잡한 배열"에서 한 쪽을 지나쳐버린 사물의 상을 명명하도록 아동에게 요구하여 시각적 재료를 조직화하는 능력에 변화를 증명하였다. 사물은 멀리 떨어진 면에 놓여있고 각각에 관하여 비 조직화된 배열 형식을 제시하였다. 취학 전 아동에게 15개의 사물을 명명하도록 요구하였을 때, 취학전 아동은 사물에 대한 조직화의 결핍으로 인해 혼동하는 것 같았다. 그들은 어떤 사물은 두 번씩 명명하였고 다른 것들은 명명하지 않았다. 6~8세의 학령기 아동은 무질서한 사물을 오른쪽에서 왼쪽으로 혹은 위에서 아래로 사물을 자세히 살피는 체계적인 전략을 사용하여 정신적으로 조직화하기 때문에 모든 사물을 명명하는데 문제가 없었다.

아동의 시각 조직화 능력에 대한 더 흔한 실례는 그녀의 방을 청소하는 일에서 증명되었다. 많은 아동이 자신의 방을 정돈하는 것을 좋아하지 않는 반면, 8세 아동은 일반적으로 도움 없이 할 수 있는데, 이는 물체가 어디로 가는지에 대해 생각함으로써 정신적으로 무질서에서 질서를 야기할 수 있기 때문이다. 대조적으로, 5세 아동은 장난감이 바닥에 어지럽혀 있을 때 당황하는데, 이는 아직도 그것의 원 위치로 방의 이미지를 구성할 수 없기 때문이다. 따라서 어린 아동은 작업을 조직화하는 것을 도울 수 있는 어른을 필요로 할 것이다.

### *부분과 전체의 변별, 부분과 전체 지각, 복합적인 지각 사이의 운동능력*

취학 전 아동은 한 상(象)의 특별한 면이나 전체 상(象)에 초점을 둘지 모르지만, 지각의 두 단계 사이를 이리저리 이동하는 데 문제를 가진다: "어린 아동에게 창문의 수를 제외하고 서로 같은 두개의 집 등 복잡한 도형을 비교하도록 하였을 때, 탐색 없이 단 한 개의 유사점이라도 찾는다면 두 개는 같으며, 7~8세 아동은 두 개가 같은지 다른지를 결정하기 전에 체계적으로 두 집을 탐색한다((Elkind, 1994, p.123)." 아동은 두 개 혹은 더 많은 것을 인식할 수 있다. 아동의 부분과 전체 사이, 세부와 더 크게 조직화된 개념 사이를 이리저리 이동하는 능력은 범주화와 분류화의 기초이다. 그들이 중기 아동기로 이동함으로써, 복합 변수를 가진 범주에서 현실감을 볼 수 있는 능력은 증가한다.

### *청지각 과정*

취학 전 아동과 비교하여 학령기 아동은, 언어로 주어진 정보를 더 잘 처리할 수 있다. 그들은 문제를 이해하기 위해 언어를 사용하는데 더 숙련되었다. 이 능력은 언어에 대한 더 정교한 통제와 개선된 정신적 표상 능력에 기초한다. 교사가 종종 방향을 제시하고 단어를 사용하여 문제를 규정짓는다면 학업에 분명히 영향을 준다.

중기 아동기의 초기 동안 발생하는 인지와 지각에서 이러한 변화들은 결정적으로 중요성을 가지는데, 이는 아동이 초등학교에 다니며 배우는 작업을 위해 필요하기 때문이다. 초등학교 커리큘럼은 아동이 이들 능력을 소유하는 2, 3학년에 취하게 된다. 이유가 무엇이든 간에, 그렇지 않은 아동은 엄청난 불이익에, 그리고 사회적으로 정서적으로 위험에 놓이게 된다(Eccles et al., 1998). 평균 지능이지만, 동료보다 훨씬 뒤쳐지게 하는 심각한 학습 장애를 가진 3학년 남아는 "나는 학급에서 가장 말을 못하는 아이에요."라고 말하였다. 저학년 아동의 표본으로써, 이 소년은 그의 약점과 강점에 대한 균형적인 관점을 가질 수 없었다. 발달 단계의 특징으로, 가장 절대적인 시기에 자신에 대한 평가는 낮은 자존감으로 형성된다.

## 주의력

주의력은 여러 자극 중에서 무엇을 지각하고 초점을 두는가를 선택하는 능력이다. "주의집중하는 것"은 주목한 것을 기억하고 함축시키는 것에 반해 주목하지 않은 것은 의미가 없다. 동시에 주의력은 발달과 절대성 둘 다를 제한한다. 저학년 아동들은 짧은 시간에만 집중하고 산만하며 내적인 흥미를 못 느끼거나 자극이 약하면 초점을 잃어버리기 쉽다(Flavell & Miller, 1998). 프뢰벨(Flavell, 1995)은 학령기 아동과 학령 전 아동의 주의력을 비교하기 위한 실험을 했는데; 4세 아동의 경우 모든 방향의 등불이 켜져 있을 때 주의력에 어려움이 있고, 8세 아동은 불빛의 초점에 주의를 모을 수 있었다. 학령기 동안에 주의력이 증가하고 관심있는 것에 체계적으로 계획하고 긴장하여 집중하며 초점을 선택한다. 이러한 결과는 뇌의 성숙에 의한 새로운 인지기술의 습득이며 학교 경험과 일상에서의 경험을 통한 강화에 의한 결과이다. 8세 아동은 스스로 의식적으로 주의를 기울일 수 있다. 예를 들면 특히, 좋아하지 않는 수학 숙제 한 쪽을 하기 위해 다 끝마치는 것이다(Flavell et al., 1995). ADHD아동의 과잉행동은 대부분 주의력과 관계있는데 학업적인 결손은 대부분 주의 집중을 유지하는 것과 관련된다(Barkley, 2003).

## 기억

기억은 인지 발달과 함께 향상된다. 취학 전 아동의 기억은 언어 발달과 함께 성장한다. 언어로 암호화된 기억들은 더 견고하게 등록된다. 학령기 연령동안, 향상된 기억은 정보를 처리하기 위해서는 아동의 정교한 전략과 관련이 있다. 이와 반대로 초등학교 저학년 때에는 정보화가 느리며 단기기억에서 부호화되기 전에 많은 정보를 잃어버리는 경향이 있다(Scheider & Bjorklund, 1998, p.470).

학령기 후반은 기억을 범주화하고 신중히 정보를 회상하는 아동의 능력은 거의 성인만큼 유능하다(Scheider & Bjorklund, 1998). 학령기 아동은 정보를 회상하기 위해 직관적으로 규칙을 적용하기 때문에 취학 전 아동보다 더 많이 기억한다. 그들은 시간, 장소, 범주, 다른 단서, 기억을 조직화하도록 돕는 모든 것에 의해 정보를 분류하고, 그리하여 회상을 촉진하도록 배웠다. 범주에서 생각하는 능력이 향상될 때, 범주는 정보의 더 효과적인 저장을 허락하기 때문에 기억을 하게 된다. 향상된 기억 능력은 마음에 단계의 순서를 발달시키고 이것은 아동이 고등교육 작업에서 서서히 훈련을 따를 수 있도록 한다(Case, 1985).

발달하는 인지 능력은 초등학교 교실에서 기억하고 있는 가치 뿐만 아니라 형식적인 훈련에 의해 강화된다. 학교 작업은 아동이 계획적으로 정보를 기억하도록 격려한다. 기억에 저장된 정보의 회복 능력은 중기 아동기에 향상되지만, 이 능력은 또한 학급에서 질문에 대답하기 위해 정보를 상기할 수 있도록 스트레스에 의해 강화되었다. 학교 작업에 의해 더 나이든 학령기 아동은 기억하도록 돕는 정신적 단서, 범주, 이미지를 창조하기 위해 기억하기-반복하기(되풀이하기) 정보를 위한 전략을 창조한다(Schneider, 2002).

예를 들어, 구구단을 배운 8세 소녀는 "나는 9단에서 어려움을 가졌지만, 아주머니는 나에게 방법을 말해주었다. 너는 6×9=54처럼, 다음 수에는 10을 더하고 1을 빼면 될 것이라고 항상 말할 수 있다. 그래서 7×9=63이 될 것을 안다."라고 말하였다.

## 실행 기능

기억에 대한 특별한 예로 학령기 아동이 "실행 과정"을 더 많이 사용한다는 것을 지적함으로써, 문제에 대해 생각하고 접근하는데 있어 기술에 관하여 말하려고 함으로써 취학전 아동과 학령기 아동의 인지 능력에서 차이점을 비교하였다. 이러한 인지적인 기술은 문제를 해결하기 위한 능력을 높인다(Flavall, 2000). 카간(Kagan, 1984)은 "문제에 대한 사고와 접근에 대한 기술"에서 학령기 아동이 학령 전 아동보다 "실행과정"을 더 많이 사용한다고 했다.

표 11-1은 카간의 문제해결에 대한 결과와 실행과정에 관한 요약이다. 후기스(Hughes)는 "실행 기능은 상황에서 결정적인데 애매모호함과 강제성, 문제를 야기하며 여러 가지 중요하며 새로운 것을 포함한다(Hughes, 2002, p.69). 실행기능은 학령전기 동안에도 나타나지만 아동기 때 가장 분명하게 드러난다(Luciana & Nelson, 1998).

다음의 예는 조숙한 아동에게 다소 나타날 가능성이 있다.

**[표 11-1] 중기 아동기에서 실행 과정들과 문제해결**

- *문제를 명확히 표현하고 그것을 해결하기 위해 취할 수 있는 행동이 무엇인지에 대한 아이디어를 내는 능력.*
- *문제를 해결하는 데 도움이 될 인지적 전략을 알기.* 예를 들어, 한 세트의 그림을 기억하여 말하는 학령기 아동은 그것을 공부하는데 시간을 보낼 것이다. 왜냐하면 아동은 여분의 주의력이 그것을 기억하도록 돕는다는 것을 알기 때문이다; 대조적으로, 4세 아동은 학령기 아동이 하는 것만큼 오랫동안 그림을 보지 않을 것이다. 왜냐하면 아동은 아직 공부를 오래할수록 더 오래 기억할 수 있다는 것을 이해하지 못하기 때문인 것 같다.
- *문제를 해결하기 위해 인지적인 규칙과 전략을 활성화하는 시기를 알기.* 본질적으로,

학령기 아동은 "나는 이 문제를 풀기 위해 무엇을 생각해야만 할까?"라고 스스로에게 질문한다.

- *문제를 해결하기 위한 더 융통성 있는 접근.* 취학 전 아동은 문제를 해결하는데 있어 동일한 방법을 더 고집하는 것 같다. 반면에 9, 10세 아동은 "효과 없는 해결책을 버리고 체계적으로 더 나은 대안을 찾으려고 하는" 것 같다(Kagan, 1984, p.231).
- *더 긴 주의집중력, 주의산만을 격퇴하는 능력, 불안을 조절하는 능력의 향상.* 더 견고한 자기조절은 학령기 아동으로 하여금 문제를 해결하기에 어려울 때조차도 문제해결에 초점을 두도록 한다.
- *지속적으로 수행을 모니터하는 능력.* 아동은 작업에 영향 미치는 것이 무엇인지와 평가하는 방법에 주의를 기울일 수 있다.
- *문제에 관해 생각하는 능력에 대한 신뢰.* 어린 아동은 문제를 풀 수 없다고 판단할 때 노력을 멈추는 반면, 학령기 아동은 사고를 함으로써 문제를 해결할 수 있음을 경험으로부터 안다.
- *사고에서 결점에 대한 자각.* 나이든 학령기 아동은 해결책이 부적당할 때를 깨닫는다. 수행에 대한 이상이나 실수에 관해 덜 염려하는 취학 전 아동과는 달리, 학령기 아동은 문제에 대한 최상의 해결책을 탐색하도록 야기하는, 수행에 대한 내재화된 규준을 가진다.

주. Kagan(1984)으로부터 얻은 자료.

힐라리와 핸리(Hilary and Henry)는 6세 쌍둥이며 부엌 바닥에 앉아 할머니가 만들어 주신 땅콩크래커 중에서도 좋아하는 아몬드 크래커를 먹고 있다. 핸리는 한 조각 대신 두 조각에서 땅콩과 아몬드를 발견하고는 흥분해서 "난 두개 가졌어!"라고 소리친다. 힐라리는 자신도 두개 발견하길 원했다. 그녀는 여러 개의 크래커에서 한 개의 아몬드만을 발견한 것에 대해 화가 났다. 그녀는 두 개를 발견하고자 했던 방법에 불만스러웠다. 할머니는 옷걸이 끝에 두개의 컵을 묶어 매달아 저울을 만들었다. 힐라리는 한 개가 무겁다는 것을 발견할 때까지 아몬드 한 쌍을 달았다. 그녀는 "쌍둥이를 발견했다!"라고 소리친 다음 "만일 내가 그 아몬드를 흔들면 좀더 달그락거릴 것이라는 생각을 했다." 그녀는 이런 방법을 시도했고 노력한다.

아동의 창의성과 유연성 있는 사고는 실행과정에 영향을 미친다. 힐라리 할머니의 지원 즉, 성인의 받침대와 같은 사고는 아동의 실행과정의 발달을 도왔다(Neitzel & Stright, 2003).

실행과정의 손상은 자폐나 ADHD와 같은 신경심리학적인 장애와 관련이 있다(Ozonoff & Jensen, 1999; Perner, Kain & Bachfield, 2002). 정상 지능을 가진 아동의 인지과정은 실행과정에서 결함을 보이는 자폐나 ADHD 아동과 크게 다르다. 고기능 범주에 있는 자폐아동이라도 생각하는 능력, 자기 감각, 유연성 있는 사고 등이 현저히 떨어진다(Russel & Hill, 2001). ADHD 아동은 실행과정에서 다른 어려움을 보인다. 그들은 문제를 억압하며 학업과 타협하여 예측할 수 없는 행동들을 쉽게 한다(Adams & Snowling, 2001). 정상적인 아동과 비교하면, 그들은 "유연성 있는 생각들이 결핍되고 스스로의 행동에 대해 감독이 적고 빈약하게 나마 계획하고 작업 기억이 있다(Hughes & Graham, 2002, p.135)."

## 자기 조절

인지 과정은 아동이 학령기에 이르렀을 때 자기조절력을 증가시킨다. 경험에 대해 생각하는 능력은 논리적이고 통일성 있게 아동의 불안을 감소시킨다. 학령기 아동은 취학 전 아동보다 세상과 그들 자신을 더 잘 이해한다. 아동은 스트레스 상황을 더 정확히 인식하고 적절한 대체 행동을 할 수 있다(Saarni, 1999). 학령기 아동의 현실 검증력은 더 정확하기 때문에, 알 수 없는 공포에 대해 취학 전 아동보다 덜 취약하다. 학령기 아동의 지속된 주의집중력과 목표 지향성에 대한 향상된 능력은 암암리에 자기 조절을 유지하도록 한다. 동시에, 심리적 방어 기제는 불안으로부터 아동을 보호하는 수단으로써 더 정교하게 된다. 방어의 래퍼토리가 확장되면서, 방어는 그들 자신을 더 유능하게 한다.

### 학령기 아동의 불안

학령기 아동은 어린 시절에 다루기 힘들었던 동일한 상황의 무엇에 대해 불안으로 반응한다: 분리, 상실한 통제에 대한 걱정, 신체적 손상에 대한 두려움, 현실에 대한 혼란. 하지만, 안정된 애착의 발달사를 가지고 안전한 환경에서 살며 외상을 입은 적이 없는 아동에서 이들 초기 불안의 근원은 더 어린 아동에서처럼 절실하지 않다. 그들은 또한 이들 불안의 근원을 다루는 능력을 더 많이 가진다. 그들의 인지 능력은 상향이 정말 위험한지 어떤지를 안다. 그들은 안정된 경험을 가졌다. 예를 들어, 10세 아동은 위협과 위협으로 묘사된 행동이 때때로 다른 것임을 배웠다. 그래서 또래가 불쑥 "너의 엉덩이를 걷어찰 거야."라고 말할 때, 그것이 발생하는 문맥을 평가함으로써 위협을 인식할 수 있다. 그는 의식적 사고 없이 "내 친구야. 너는 말로 사람을 괴롭히길 좋아해. 하지만 너는 싸움을 걸지는 않아. 너가 정말 의미하는 것은 내가 너로부터 멀리 되돌아가는 것을 좋아하지 않는다는 거야. 나는 이것에 대해 걱정할 필요가 없어."라고 결론을 내릴 것이다. 다른 한편으로, 다른 아동이 화난 어조로 말을 하거나 신체적 공격을 행하는 것을 알았다면, 아동은 위협을 다르게 인식하고 스스로를 보호하기 위해 준비할 것이다.

학령기 아동의 불안은 중기 아동기의 발달적 과업과 결부된다. 그녀는 특히 또래로부터 거절당하거나 배척당하거나 부적절하게 보이는 것에 대해 염려한다. 따라서 아동은 자신의 수행-고등교육, 사회적 관계, 체육에서-을 또래의 것과 비교하여 잘 알아차린다. 학령기 아동은 견고한 자기-표현을 가지고 외부 조망으로부터 자신을 볼 수 있다. 아동의 수행이 자기-표현에 미치지 못할 때, 아동은 불안하게 된다. 이러한 불안은 초자아의 도덕적 판단과 비판에 의해 증가할지도 모른다. 그러나 건강이 확립되고 감가능력이 안정되는 고학년 아동은 또래로부터의 비판에 대해 덜 불안해하는 것으로 보인다 (Pomerantz & Saxon, 2001).

## 자기 조절 전략과 모방

자기조절의 구성 요소는 중기 아동기에 나타난다. 최근 생겨난 자기 조절 능력은 정상적인 학령기 아동에서 보는 평온, 자기-통제, 지속된 주의집중 능력과 결부된다. 학령기 아동이 외적, 내적 스트레스 요인과 직면할 때, 그들은 자신의 자기-조절 전략에 의존하거나 타인으로부터 도움을 구하는 적극적인 대처 자세를 취하는 것 같다. 그들은 스트레스 요인을 통제하는데 노력하고 수동적인 수긍을 회피하도록 자극되었다(Rudolph, Lambert, Clark & Kurlakowsky, 2001).

### *재현 능력*

중기 아동기 동안에 인지와 언어 발달은 경험을 이해하고 지적으로 조직화하는 능력을 촉진시킨다. 스트레스 경험에 대해 생각하는 능력은 불안을 감소시킨다. 표현 능력은 또한 중기에 개인 간에 전달하는 범위를 가진다. 아동은 명료하게 자신의 경험에 대한 이야기를 할 수 있다(Frijda & Mesquita, 1994). 그의 욕구에 대한 모든 단어를 찾을 수 없거나 스트레스 경험 동안에 정서가 그것에 대한 인지적인 납득을 압도할 지도 모르는 취학 전 아동과는 달리, 학령기 아동은 무엇이 일어났는지 설명할 수 있기 때문에 불안으로부터 위안을 얻을 수 있다.

예를 들어, 그의 집 근처 숲에서 없어진 8세 소년이 집으로 와서 아빠에게 다음과 같이 말하였다. "저는 길이 나 있지 않은 낯선 숲에 갔고 길을 잃었어요. 주변을 둘러보았지만 어떤 집도 볼 수 없었어요. 작은 언덕이 있었고 저는 꼭대기로 올라갔지만, 여전히 내가 어디에 있는지 알 수 없었어요. 저는 정말 겁이 났어요. 그러다 저는 오래된 가시 철망을 보았어요. 그것은 땅 위에만 있었어요. 저는 그것을 따라 갔고 얼마 후에 다른 주차장 근처에서 연립주택을 볼 수 있었어요. 저는 제가 어디에 있는지 알았고, 집으로 달려왔어요." 이 소년은 집에 왔을 때 심하게 동요되었지만, 그가 이야기를 하고 아빠가 그것을 들은 후에 눈에 보이게 진정되었다. 그는 그에게 무슨 일이 일어났는지를 전달함으로써 두려움을 감소시킬 수 있었다.

### *정서적 각성의 인지적인 조절*

학령기 아동은 그의 감정을 통제하기 위한 지적 전략을 사용할 수 있기 때문에 취학 전 아동보다 합리적이다(Saarni, 1997). 예를 들어, 그는 "이것은 그렇게 나쁘지 않아. 나는 이겨낼 거야."라고 말함으로써 걱정을 합리화 할 수 있다. 그는 또한 합리화를 부인함과 연합할 수 있다: "내가 놀이를 하는 동안 팀의 대장이 되는 것은 중요하지 않아." 사회학습 이론가들은 자기 통제를 스트레스 또는 방해요소로부터 목표를 유지하는 능력을 포함한 자기 조절의 특별한 양상으로 정의한다(Petterson, 1982b). 점차적으로, 학령기 아동들은 관심을 유지하는 인지적인 전략을 사용하고 의식이 처리된다. 이런 행동은 단순하게 기회를 얻는 것보다는 오히려 아동의 신념형성에 근거가 된다(Eccles et al., 1998).

학령기 아동은 의식적인 과정으로 만들고 초점을 유지하기 위한 인지적인 전략을 사용한다. 예를 들어, 칠 차례가 된 8세 아동은 "어이 타자, 넌 칠 수 없어. 넌 크게 빗나갈 거야."라고 외치는 선수와 맞서서 비난받음에도 불구하고 투수에게 집중을 유지한다. 아동은 조롱을 듣고 그것의 의도가 자신의 집중을 파괴하기 위한 것임을 이해한다. 그는 감정적인 반응들을 통제하고 또한 공을 칠 준비를 하기 위해 내적 대화("투수만 쳐다봐. 좋은 공이면 날릴 수 있어.")를 사용할 것이다.

### *"내적인 감독과 조언체제"로서의 정서 사용*

정서는 사람이 어떻게 느끼는 지에 대한 표시이고 자기 조절에 기여한다. 애착과 같이, "정서적 안정감"은 인류의 한 목표이다-우리는 안정감이나 심적 평형상태를 유지하려고 노력한다(Cummings & Davies, 1996, p.125). 단순히 불안이 아닌 정서적 반응의 범위는 안정감을 되찾기 위해 노력하려는 욕구를 신호로 알릴 수 있다. 학령기 아동은 정서를 구별하여 그들이 무엇을 의미하는지 취학 전 아동보다 더 명료하게 안다(Bradley, 2000). 그런 까닭에 아동은 스트레스 상황에서 강한 정서에 의해 덜 압도된다.

*외적인 지원 없이도 목표지향적인 행동을 유지하는 능력*

취학 전 아동은 외적 자극과 자신의 사고에 의해 산만해지는 반면, 학령기 아동은 주의 산만에 저항하여 그들의 주의력을 유지할 수 있다. 이 능력은 시작한 것을 마쳐야 한다는 도덕적 학습의 결과다. 하지만 그것은 자율성 같은 자신감과 목표를 성취하기 위해 필요한 단계의 연속을 추측할 수 있는 인지적인 기술에 기초된다. 대조적으로, 취학 전 아동은 목표 지향적인 행동을 유지하기 위해 종종 타인의 지지가 필요하다(Case, 1998).

*인지평가에 의한 만족을 기다리는 능력*

기다릴 수 있다면 더 큰 보상을, 그렇지 않다면 더 작은 것을 제시한 연구에서 하터(Harter, 1983b)는 다음과 같이 진술하였다. "유치원에서 초등학교 6학년 사이의 아동은 덜 호감이 가는 보상에 대한 선택에서 꾸준한 감소를 보였다. 이는 더 호감이 가는 보상에 대한 기대로 점점 만족을 지연시킬 수 있는 아동을 가리킨다(p.348)." 아동이 중기 아동기로 계속 나아갈 때, 그들은 결정하는 과정에서 덜 충동적이고, 더 신중하게 된다.

*의식적인 계획을 만들고 계획의 개념을 이해하는 능력*

8세 아동은 행동에 대한 계획을 몇몇 단계로 생각할 수 있다. 의식적인 계획은 학령기 아동이 목표에 초점을 두도록 돕고, 일이 계획대로 되지 않을 때 주의산만과 좌절을 견디도록 한다(Harter, 1999).

*많은 과제를 해결하는 능력의 성장*

학령전기와 비교하면 학령기 아동은 반복과 경험을 통해서 기술적으로 이해력이 증가한다. 결론적으로 말하면, 본능적으로 어려운 과제를 성취하고자 반복하고 시도하는데 경험을 통해서 좀더 많은 과제를 수행할 수 있다(Borkowski & Muthukrishna, 1995).

*사회적인 비교의 사용*

학령기 아동은 스스로를 또래와 비교함으로써 수행을 평가한다. 이것은 취학 전 아동이 하는 비교와는 다르다. 취학 전 아동의 비교는 공평하게 대우받거나 또래에게 줬던 것처럼 동일한 특권을 가지는 것과 관련이 있다. 학령기 아동은 어떻게 평가할지 스스로를 또래와 비교한다. 유리하게 또래와 비교하려는 욕구는 학령기 아동이 또래 집단에 의해 "상식에서 벗어난 사람(이상 성격 소유자)"로 규명되는 방식으로 행동하는 것을 금하는데 도움이 된다. 이렇게 자기-조절 행동은 격려되어진다.

### *자부심과 수치심에 대한 내면화된 감정의 영향*

학령기 아동은 내면화된 가치에서 벗어난 어떤 것을 한다면 불편함을 실감한다. 또한 승인하는 목표를 성취한다면 스스로에 대해 좋게 느낄 것임을 안다(Bandura, 1994).

### *갈등감정을 인내하는 능력*

이 능력은 문제에 대한 선택적인 해석을 인정하는 인지적인 능력과 일치한다. 9, 10세에 아동은 동시에 한 가지 정서보다 더 많은 것을 느낄 수 있다. 아동은 상황에 대해 부정적이고 긍정적인 양상이 있을 수 있다는 사실을 받아들일 수 있다. 양가감정을 다루는 능력은 아동이 행동보다 오히려 감정을 억제하도록 한다.

### *효과적인 방어기제*

심리학적 방어는 유효하게 된다. "원시적인" 방어와 비교하여, "보다 높은 단계" 방어는 불안으로 대처하는 아동을 돕는데 더욱 효과적이고 아동의 종합적인 기능에 덜 간섭한다. 아동이 좀더 의식적이고 적응적인 대처 기제를 제외하고, 스트레스에 대처하기 위해 무의식적인 방어에 의존하는 것으로 보인다면 주목해야 할 것이다.

그럼에도 불구하고, 중기 아동기 동안에 발달하는 방어는 자기-조절 전략의 래퍼토리의 유용한 부분이 된다.

표 11-2는 중기 아동기 동안에 발달하는 방어를 정의하고 있다.

**[표 11-2]** 중기 아동기의 방어

(Based on A. Freud, 1966; Berman, 1979)

- ***억압.*** 받아들이기 어려운 감정, 충동, 의식적 자각으로부터 오는 사고에 대한 배제, 혹은 "잊음".
- ***승화.*** 게임, 수집, 프로젝트, 창조성, 자기 외부의 일에서(일반적인) 흥미 같은 "승화된" 활동을 통해 공격적인 충동과 성적 호기심에 대한 직접적인 자각을 피하는 것.

- *반동형성.* 충동이나 욕망에 정반대되는 의식적 태도나 행동을 취하는 것. 예를 들어, 학령전기 아동의 성차이에 대한 강한 호기심과 흥미는 학령기 아동이 되면서 성 분리의 형태로 변화한다-"남자애들은 다 멍청해. 우리 클럽에 못 들어오게 할꺼야!"
- *환상으로 전이.* 행동으로 표출되었을 때 부정적, 공격적, 위협적, 반사회적일 수 있는 행동들을 환상을 통해 경험하는 방어기제임. 아동의 공상, 충동적이고 공격적 행동이 묘사된 TV쇼나 영화를 통해 얻는 즐거움 등이 환상으로의 전이에 속한다.
- *고립.* 사고에 영향을 끼칠 수 있는 것들을 의식하지 못하도록 억압하는 방어수단. 중립적인 사고를 하도록 하는 방어 기제. 종종 학령기 아동들은 스트레스 사건에 대해 얘기해보라고 하면, 사실을 묘사(matter-of-fact tone)하듯 말할 수 있다. 그러나 그 스트레스 사건에 대해 어떻게 느끼냐고 물어보면 자제심을 잃고 흥분해서 말하는 경향을 보인다.
- *행함과 파멸.* 부정적인 감정이나 충동을 상반되는 행동이나 말로 표현하는 것. 부모에게 화가 난 아동은 오히려 미안해하고, 마음을 쓰며 "엄마 사랑해요."라고 반대로 말함으로써 부정적인 감정의 표현을 억제한다.
- *자신에 대한 반감.* 금지된 충동을 가지는데 대해 자신을 벌하는 것. 예를 들어, 부모에 대해 반감을 가진 아동은 죄책감을 느껴 자신을 비난하고 자책한다.

의식적인 억압과 자기-혼란, 방어의 반사적인 사용은 괴로움을 피하기 위한 학령기 아동의 능력을 설명하도록 돕는다. 부모는 때때로 학령기 아동이 느껴야 할 감정을 보이지 않는다고 걱정한다. 예를 들어, 최근에 부모를 잃은 한 학령기 아동은 슬픔에 잠기지 않는 것으로 보이는데, 이는 아동이 고립의 방어를 사용하고 있기 때문이다. 고통스러운 감정을 피하기 위해 부모의 죽음에 대해 말하는 것을 회피하고, 상실이나 회피하는 활동에 몰두할 것이다. 학령기 아동은 단지 짧은 시기동안 고통을 견딜 수 있고, 방어는 고통스러운 감정의 강도를 줄이고 처리하도록 돕는다(Webb, 2002). (학령기 아동이 슬퍼하지 않는다는 것을 말하는 것이 아니다. 오히려, 증가된 애착 행동이나 수면 장애를 통해 그들의 슬픔을 행동적으로 표현하거나 시간이 지나 폭발적으로 슬퍼할 지도 모른다.) 그러한 방어는 과거에 대해 많이 생각하는 것보다 오히려 현재를 지향하려는, 그리고 곧 구체적인 경험에 주의를 집중시키려는 학령기 아동의 일반적인 경향성에 병행한다. 부모의 죽음에 이어 현재에 초점을 두는 아동의 능력은 다음의 사례에서 보는 것처럼 적응적이고 방어적인 기능 모두를 가진다.

## 자기조절과 문화

다양한 문화와 그 하위문화는 감정 표현과 관련한 다양한 가치 수준을 제공한다. 아동은 걸음마기와 학령전기의 시기에 감정을 표현하는 규칙들을 배우고, 학령기가 되면서 상황과 관계에 맞는 적절한 정서표현방법을 자연스럽게 터득하게 된다(Saarni, 1999). 아동은 상황에 따른 감정표현법, 감정을 감추는 법, 감정을 다른 형태로 표현하는 법 등 감정표현과 관련하여 내재된 규칙을 가지게 된다. 자기조절도 다음과 같은 맥락에서 이해되어야 한다. 예를 들어, 중국에서 자란 아동은 어른 앞에서 정서표현을 적게 하고 조용하게 행동하도록 배운다. 중국 문화에서 충동적이거나 자기조절을 잘 못하는 아동은 거칠고 난폭하게 비춰진다. 반대로 미국 문화에서는 중국에서만큼 복종이나 감정의 억압을 아동으로부터 요구하지 않는다. 미국에서 자란 아동은 어른 앞에서 기쁨의 표현을 마음껏 하도록 배운다.

인종차별주의와는 무관하게, 미국 내에서도 정서표현 방식은 집단에 따라 다르다. 예를 들어, 학령기의 흑인 아동들은 백인아동보다 더 큰 소리로 활발하게 떠드는 경향이 있다. 이는 흑인 아동들이 자라면서 배운 감정 표현방법 때문이다. 그러나 이런 흑인 아동의 행동이 감정표현을 덜 하도록 교육받은 백인 교사나 임상가에 의해 통제력 부족 또는 충동성 등으로 잘못 판단 내려지기도 한다. 이렇듯 문화적 차이에 따른 잘못된 이해와 편견은 정신 건강에 대한 판단에도 영향을 줄 수 있다(Canino & Spurlock, 2000).

## 자기조절과 위험한 환경에서의 모방

학령기 아동은 어린 아동보다 공동체와 직접적인 접촉을 한다. 아동은 학교에 걸어가거나 버스를 탈 것이다. 가난한 도시 근처 거리에서 위협과 위험에 노출될 수 있고, 그 결과 더 안전한 지역에서 경험하지 않은 대처 전략을 발달시킬 것이다. 자기-조절 전략이 적응적인지를 이해하기 위해 아동의 두려움과 불안이 현실적인지를 평가하는 것은 중요하다. 아동이 위협당하거나 폭력에 노출되고 가까운 사람이 범죄로 고통당하는 위험한 지역에 산다면 두려움으로 가득할 것이다. 이러한 상황에 있는 아동은 부모와 가까이 있으려고 고집할 때 애착 관점에서 분리 불안 장애를 가진 것보다는 적절한 행동으로 발전시킬 것이다. 즉 살고있는 거주지역에서 폭력에 노출된 학령기 아동은 자기-보호의 수단으로써 공격적인 자세인 경계 체제를 취할 것이다.

## 도덕성 발달

아동기 동안 도덕적 능력은 확장되고 세련되어진다. 자기중심적 사고의 감소는 도덕성 발달을 지지한다. 7, 8세에 비 중심적인 시각을 가지는 능력은 자기-흥미와 규칙을 따르는 사회적 규범 간의 균형을 잡도록 한다. 학령기 아동은 원칙에 따라 자신에 대해서만 생각하기보다는 다른 사람의 욕구를 인식해야만 한다는 것을 인정한다. 논리적으로 사고하는 능력이 발달함으로써, 아동은 스스로와 타인 모두에서 신념과 행동 사이의 일치성을 기대하게 된다(Kagan, 1984). 9세 아동은 훔치는 것이 나쁜 행동이며 이는 신념과 일치하지 않는다는 것을 알기 때문에 사탕을 슬쩍하자는 친구의 제안에 저항할 것이다. 이 아동은 처벌에 대한 두려움이나 내적 불안, 죄책감뿐만 아니라 아동이 믿는 것과 불일치하기 때문에 친구의 제안을 거절하였다.

학령기 아동은 논리적인 조건으로 사고할 수 있기 때문에, 어른이 제시하는 옳은 행동에 대한 원리를 더 쉽게 이해한다. 예를 들면, 부모가 8세 아동에게 "너는 묻지 않고 자전거를 빌려가는 친구를 원하지 않을 거야. 너는 절대로 누군가에게 그렇게 하지 않아야 해."라고 말한다. 8세 아동은 부분적으로 논리적인 진술에 관하여 생각할 수 있기 때문에, 그리고 타인의 감정을 일부분 헤아릴 수 있기 때문에, 이 말의 논리를 이해할 수 있다(Turiel, 1998). 하지만 부모의 모델링은 여전히 아동의 내면화하는 도덕성의 가장 강력한 결정요소이다. 묻지 않고 물건을 빌리는 부모를 관찰한 아동은 부모의 도덕적 지시에 감동하기보다 더 혼란스러워하는 것 같다.

청년과 비교하여, 학령기 아동은 규칙과 권위를 받아들이려는 경향이 있다. 규칙이 존재한다면 거기에 이유가 있을 것이라고 가정한다. 이는 불일치의 증거를 위해 규칙과 명령을 분석하는 젊은 청년과는 매우 다른 자세이다. 권위에 대한 학령기 아동의 일반적인 수용은 가르침을 잘 듣고 지시를 받도록 한다. 동시에, 그들은 권위자가 타당하다고 믿으려는 경향이 있기 때문에, 공공연히 권위자에게 반항하는 또래를 매우 언짢아 한다(Walker, Hennig & Krettenauer, 2000).

학령기 아동은 사회적 규범을 잘 안다. 그들은 또래 집단과 어울리려 하고 성인기준에 잘 동조된다. 그들은 최소한 규칙을 상세히 알고 교사와 학교의 규칙을 따르려고 노력한다. 더 나이든 학령기 아동은 "권위와 사회적 지시 지향적"이라고 불리는 콜버그(Kohlberg's, 1984)의 도덕성 발달 단계에 알맞다. 또래가 하기 때문에 규칙을 따르는 체제 순응적이 되는 경향이 있다. 비록 아동이 규칙에 유지되는 원리를 알지라도, "네가 가정하려는 것이기"때문에 종종 생각하지 않고 규칙을 따른다.

이러한 체제 순응적인 도덕성 지침을 주면, 학령기 아동은 "상식에서 벗어난 사람"으로 보이는 것을 좋아하지 않는다. 학령기 아동이 일관되게 학교 규칙을 무시하거나 어길 때, 또래들은 자주 그를 비난하거나 회피하려고 하는데, 이는 그들이 잘못된 일을 하는 것과 관련되기를 원하지 않기 때문이다. ADHD 아동과 행동 장애 아동은 자주 또래들에게 비난받는다. 예를 들어, 초등학교의 정상 아동은 충동적인 행동 문제를 가진 아동이 다르다고-정신이 돈, 성가신, 공격적인-인지한다. 결과적으로 그들은 종종 거부당한다. 거부에 대한 원인은 훼방 놓음, 충동성, 개인과 사회적 경계에 대한 잦은 침해, 규칙 따르는 것의 실패, 상황과 사회적 단서에 대해 알아차리지 못하는 것이 포함된다(Killen, Lee-Kim, McGlothlin & Stangor, 2002). 도덕성을 중요시 여기는 학령기 아동에게는 정상이 아닌 사람으로서 보여질 수 밖에 없다. 한 아동이 학교의 규칙을 어기고 무시한다면 또래들은 잘못된 행동의 아동을 피하거나 비난한다. ADHD 아동과 행동장애 아동들은 자주 그들의 또래에 의해서 비난을 당한다. ADHD 아동과 어울리는 것이 그들로 하여금 문제를 일으킬 것이라고 걱정한다(Barkley, 2003).

## 자아감

학령기 아동의 자아인식정도는 또래 아이들과의 비교를 통해 알 수 있다. 취학 전 아동은 어른 역할놀이나 슈퍼 영웅놀이를 통해 공상을 펼치며 자아를 강화시키는 반면, 학령기 아동은 특히 자신을 또래와 비교함으로써 더 현실적인 방법으로 자신을 평가하기 시작한다. 7세 아동은 또래 집단 안에서 자신의 능력 등급을 매긴다. 중기 아동기 동안, "아동은 또래들 사이에서 자신의 능력을 평가하는데 있어 점차 더 정확하게 된다(Harter, 1983b, p.336)." 그들 사이에서 등급뿐만 아니라 누가 "최고"이고 "최하"인지를 안다.

아동이 각자에 대해 평가하는 것은 문화에 따라 다르다. 미국에서, 다른 아동에 대한 아동의 등급지음은 경쟁 사회에 대한 풍조를 반영한다. 집단에 조화되는 것을 중시하는, 대조되는 문화에서 또래는 그들이 협조적이고 권위자를 존중하는지에 기초하여 각자를 판단할 것이다.

학령기 아동은 또래로부터 얻는 피드백에 대해 취학 전 아동보다 더 민감하다. 아동은 타인 반응에 대해서 자신의 행동에 대해 생각하고 또래가 어떻게 반응할 것인지를 염두에 두고 머릿속으로 계속 연습한다. 자신에 대한 감정은 사회적으로 영향을 미친다. 줄넘기에서 친구가 아동의 능력에 감탄한다면, 아동은 자랑스러울 것이다; 또래가 아동의 실수에 대해 웃는다면 부정적인 감정–불안, 당황, 자기–불신으로 상처를 입게 된다. 취학 전 아동과 비교하여, 그 아동의 자존감은 타인에 의해 어떻게 지각되는가에 대한 자각에 더 의존한다. 하지만, 학령기 아동의 자존감은 비교적 사회적 상태에 의존하게 된다. 중기 아동기에서 자존감의 발달은 부모에 의해 받아들여지고 지지된 양육사와 강하게 관련된다(Harter, 1999). 초기 발달 시기에서 높은 자존감을 가진 아동은 불안정 애착이나 학대에 의해 손상된 자존감을 가진 아동보다 또래에 의한 놀림이나 거절에도 불구하고 더 탄력 있게(발랄하게) 되는 것 같다.

## 동일시

취학 전 아동과 대조적으로 학령기 아동은 영웅과 역할 모델로써 현실 인물을 받아들인다. 아동에게 부모, 특히 그들이 동일시하는 동성 부모를 사모하는 것은 일반적이다. 대부분 초등학교 교사는 여자이기 때문에, 소녀는 종종 그들이 사모하는 교사를 동일시한다. 아동은 또한 스포츠 스타 같은 대중적인 인물을 모방하려고 시도한다. 예를 들어, 혼자 농구 골대에 슈팅하는 소년은 스포츠 해설자의 음성으로 마이클 조단(Michael Jordan)처럼 묘사하면서 말하기 시작한다: "조단이 통과했습니다. 그는 위로 가서 슈팅했습니다. 득점했습니다!" 10세 아동의 위대한 스포츠 영웅과의 동일시는 취학 전 아동의 슈퍼히어로 캐릭터와의 동일시와 매우 유사하다. 차이점은 학령기 아동이 실제 생활 모델을 선택하고 현실 세계 기술의 발달을 지지하기 위해 동일시를 사용한다는 것이다.

학령기 아동의 증가하는 또래 지향성은 또한 아동이 역할 모델과 동일시의 대상으로 더 나이든 동성 또래를 받아들인다는 것을 의미한다. 게다가 더 나이든 형제는 종종 이러한 역할을 맡는다. 더 어린 학령기 아동은 더 나이든 또래의 성취와 능력에 감탄한다. 동시에, 농구에서 더 나이든 아동의 기술은 더 어린 아동이 마이클 조단(Michael Jordan) 같이 되는 것보다 도달하게 하는 것 같다. 더 어린 아동은 기술을 향상시키고 새로운 상황에서 어떻게 행동하는지를 배우기 위해 더 나이든 아동을 주시한다. 더 나이든 아동은 때때로 더 어린 아동을 위한 스승으로서 활동하는 것에 즐거움을 가진다. 그들은 칭찬받는 것을 즐기고 기술을 시범 교수하는 것을 좋아한다. 더 어린 아동은 그를 불안하게 만드는 일을 더 자신이 우러러 보는 나이든 또래가 했다는 것을 안다면, 위험을 무릅쓰고 할 것이다. 최근에, 나에게 의뢰되어진 10세 소녀의 부모는 "크리스(Chris)[그가 우러러 보는 14세 아동]가 당신을 안다는 것을 우리가 말해주기까지 당신을 보기 원하지 않았어요. 그는 크리스에게 물었고 크리스는 당신이 침착한 사람이었다고 말했어요. 그 다음에는 오는 것에 전혀 문제가 없었어요."라고 말했다.

## 성취동기, 성취감, 자아 존중감

학령기 아동은 부모의 성취와 부모와 동일시하는 것을 근거로 하여 성취에 대한 기대를 내면화시킨다. 부모가 어떻게 아동의 성취동기에 긍정적인 영향을 미치는가에 대한 연구를 보면:

- 발달적으로 성취 기대감을 만들어 나가므로 아동이 잘할 수 있다는 느낌을 갖게 된다.
- 아동은 부모를 역할모델로서 동일시하며 긍정적이고 따뜻한 상호관계를 창조한다.
- 성취를 위한 의사소통의 기대는 높으나 실제적으로 아동은 잠재성을 갖게 된다.
- 가정에서 아동에게 학습경험을 직접적으로 하도록 하며 기초과정을 형성하도록 한다(Sénéchal & LeFevre, 2002; Eccles et al., 1998; Weinfield et al., 2002).

학령기 아동에 대한 평가는 복합적인 문제에서부터 어려운 단계의 비디오게임을 마스터하는 것까지 "좋아하는 것"으로부터 성공의 정도에 의해 아동을 평가한다. 성공에 대한 평가는 부분적으로 자아와 자아존중감에 대한 평가로 중요하다. 학령기 아동이 목표를 결정하는데는 이전에 성공과 실패의 경험과 기억이 강하게 작용하며, 능력과 효능감의 내면화에도 영향을 미친다(Bandura, 1994). 아동이 성공에 대한 능력에 대해 어떻게 느끼는가는 특히 학령기 발달에서 중요한 영향을 끼치는데 이는, 성공에 대한 미래의 동기가 아동기 동안에 성공에 대한 내적인 평가와 성취에 크게 의존하기 때문이다. 유아들과 비교했을 때 학령기 아동들은 좀 더 자신에 대해 부정적인 판단에 의존하는 경향이 있다. 이러한 경향은 부분적으로 그들의 성공과 실패에 대한 좀더 많은 이해를 통해 얻는 것인데 이는 다른 아동과 자신을 끊임없이 비교하여 강화시키는 것이다(Eccles et al., 1998). 그렇지만 정상적인 발달을 하는 학령기 아동은 일반적으로 자신을 성공이냐 실패냐로 구분짓는 것이 아니라 스스로를 각 영역별로 평가하게 된다. 공부를 아주 잘하지만 친구를 사귀는데 덜 유능하다고 느낄 수 있다는 것이다. 모든 분야에서 능력이 부족한 아동이라도 자아 존중감을 지원하는 능력을 갖고 있다. 반대로, 학대받은 경험과 정신적으로 문제가 있는 우울, 불안, ADHD 아동들은 자신의 능력이 부족하다는 것을 강하게 내면적으로 갖고 있어서 성공하려는 노력을 하지 않는다. 부정적인 생각은 아동이 학습과제를 수행하는 동기를 감소시키고 회피하려고 하는데 이는 무력감이 증가하여 회피하고자 하기 때문으로 보인다(Harter, 1998).

## 자기 개념과 자아 조절과의 관계

학령기 아동은 감정에 강한 강조를 두고 통제 안에서 행동한다. 8, 9세 아동은 단순히 타인을 만족시키기 위해서가 아닌, 자신의 내적 기준에 따라 생활하기 위해 행동을 통제하려고 한다. 자신의 정서와 행동에 대한 통제에서 감정은 자존감을 불러일으킨다(Harter, 1998). 게임에 졌다는 이유로 울며 게임기를 부숴버린 9세 아동은 후에 통제의 상실로 혼란스러워하고 당황하게 된다. 자기-통제와 자기-효능 사이의 연결은 ADHD나 다른 충동적인 행동 때문에 빈번히 "통제를 상실한" 아동에서 뚜렷하다. 일을 누설하고 충동적으로 움직이며 다른 아동의 사적인 공간을 침범하고 타인이 말하는 것을 끊임없이 가로 막는 아동은 종종 또래에 의해 "과도한 아이"로 낙인찍힌다. 충동 통제에 대해 아동 자신의 인식과 부정적인 반응이 자기-개념의 일부가 되기 때문에 자기-효능감은 상처입게 된다.

마찬가지로, 학습 장애를 가진 학령기 아동은 다른 아동들처럼 중요한 또래를 사귀거나 사회적으로 비교하는 자아존중감을 갖고 있지 못하다. 하터(Harter, 1998)는 "자신을 다른 사람과 비교해서 능력 있고 호감이 있게 만들고 자기에 대한 개념을 형성하는데 어려움을 초래한다(p.572)."

### [ 학습장애아의 자아존중감 문제 : 짧은 사례 ]

질(Jill)은 8세 소녀였고, 나는 심리치료에서 그녀가 읽기, 쓰기, 청 지각 처리에서 심한 장애를 극복하도록 도왔다. 질은 학교 같은 과제에 열심히 작업하였다. 그녀는 애써서 이야기를 적었고 책을 나에게 읽어주었다. 그녀의 수행은 느리고, 지루하고, 실수로 가득하였지만, 여전히 고등교육 과제에 대한 그녀의 선택은 성공을 위한 강한 동기, 문제에 대한 주의력을 불러 일으키려는 욕구, 완전히 성공적으로 되지 않는다는 좌절을 설명한다. 질은 자신의 학습 문제를 알았고 좌절과 더 잘하고 싶은 욕구에 관해 말했다. 질은 학습 장애로 자신의 노력에 대한 선명한 이미지를 나타냈다. 교사가 물어보는 것을 이해할 수 없을 때 어떻게 느끼는지에 대해 이야기할 때, 나는 학습 문제를 가진 아이는 종종 자신을 나무라고 우둔하게 여긴다고 말했다. 질은 "저는 스스로를 나무라지 않아요. 저는 상상의 친구를 나무래요. 제가 무엇을 하는지 대답하지 못할 때 저는 총을 들고 상상의 친구를 쏘아요."라고 말하였다. 나는 "그래서 너는 답을 모르는 것에 대해 그녀를 비난하니?", "예, 만약 그녀가 답을 말할 수 없다면, (총으로) 해치울 거예요." 질은 가상의 동료를 비난함으로써 문제를 외적 원인으로 돌리려고 시도하였다. 그녀는 그녀가 답을 알지 못한다는 것을 매우 잘 알았지만, 환상으로 자신에 대한 부정적인 감정을 돌리려는 전형적인 학령기 방어를 사용하고 있었다.

질은 또한 소년과 동일시함으로써 학습 장애에 의해 야기된 부적당한 감정을 보상하려고 하였다. 그녀는 학급에서 가장 약한 소녀를 "윔피(wimpy)"(말랑말랑한 롤빵을 빗대는 호칭)라고 놀려댔고 자신이 가장 강한 소녀라고 주장하였다. 소년은 "거칠고 강하게" 놀기 때문에 함께 노는 것이 더 재미있다고 말하였다. 아동은 소녀가 할 것이라고 기대된 고등 교육의 기술에 미치지 못하기 때문에 중기 아동기의 성 고정관념–소녀는 학교에서 친절하다–로부터 스스로를 관련짓지 않으려고 하였다. 보상으로, 그녀는 남성의 성적 고정관념의 하나인–소년은 더 신체적이고 강하다–에 자신을 조화시키려고 하였다.

## 자기 관찰력

학령기 아동은 취학 전 아동보다 더 많은 자기–관찰 능력을 가진다. 그들은 자신에 대한 외적 시각을 받아들일 수 있기 때문에 "무엇을 잘하니?"라는 질문에 보통 쉽게 대답한다. 그들은 자신이 좋아하는 것에 대한 이미지를 가지고 자신의 강점과 약점을 안다. 대조적으로, 취학 전 아동은 자신에 대한 외적 시각을 받아들일 수 없기 때문에 같은 질문에 대답하는 것을 어려워한다. 학령기 아동은 또한 구체적인 자기–묘사를 할 수 있다: "나는 매우 우호적이야. 나는 농구를 하는데 점차 나아지고 있어. 나는 휘갈겨 적곤 하지만, 지금 내 필적은 괜찮아." 그들은 동일한 인물로써 그리고 기술에서 발달하는 인물로써 시간에 따라 자신을 볼 수 있다(Hart, 1988). 예를 들면, 9세 소녀는 움직이는 몇몇 체조를 나에게 보여주었다. 나는 어떻게 옆 재주넘기와 물구나무서기를 잘하는지 물었다. 그녀는 "저는 많이 연습했어요. 6살 때, 저는 물구나무서기를 할 수 없었고 옆 재주넘기를 하면 제 다리는 모두 한 쪽으로 기울었어요. 하지만, 지금 저는 그것을 어떻게 하는지 배웠고 제 다리는 균형을 잡아요."라고 말하였다.

학령기 아동은 문제에 대한 심리학적 원인을 아직 회고할 수 없다. 그들은 표면적이고 구체적인 쪽으로 향한다(Harter, 1999). 자아에 대한 인식은 학령기 중기를 거치면서 증가한다(Flavell, Green & Flavell, 2000). 행동 저변에 있는 동기에 관한 질문에 퉁명스런 "몰라요"와 만나게 될 것이다. 하지만 학령기 아동은 최소한 문제나 고민거리를 확인할 수 있다. 이것은 중재에 대한 결과이다. 학령기 아동은 목표 설정에 참여할 수 있다.

예를 들면, 그는 "저는 더 많은 친구를 가지고 싶어요. 때때로 다른 아동들은 절 괴롭혀요."라고 말할 수 있다. 이것은 직접적이든 전이로든, 또래와 사이좋게 지내기 위해 필요한 기술로서 대화로 길을 열 수 있다(Burton & Mitchell, 2003).

중기 아동기에, 자기-이미지는 자기에 대한 즉각적인 심상뿐만 아니라 자신에 대한 현재와 과거 표현의 비교에 기초한다. 새로운 인지 능력은 새로운 방법으로 초기 경험을 이해하도록 한다. 중기 아동기에서 탈 중심적인 능력은 자기에 대한 새로운 관점을 제공하는, 과거와 현재의 자기-이미지 사이를 구별하도록 한다. 아동은 "4살 때, 나는 강도와 괴물에 대해 생각하곤 하였고 지하실로 내려가도록 위협받았다. 지금[10살], 나는 거기에 내려갔을 때의 느낌을 여전히 갖고 있지만, 실제가 아니라는 것을 안다. 나는 4살이었을 때처럼 유난스러운 겁쟁이가 아니다."라고 말할 것이다. 과거와 현재를 구별하는 능력은 학령기 아동의 특징이다. 중재의 결과 3장에서, 나는 8살 알렉스(Alex)의 계속적인 두려움이 3살과 4살 때 아버지에 의해 학대 받은 경험에 원인이 있음을 기술하였다. 알렉스 치료의 인지적인 측면은 그가 3세의 시각으로 어떤 불안 발생 상황에 반응하고 있었다는 것을 이해하도록 돕고, 지금 8세로써 그가 어떻게 상황을 인식하고 도움을 얻어야 하는지가 포함된다. 학령기의 후반부분에서 아동들은 그 들의 강점 혹은 문제들로 인해 심리적인 갈등이 시작된다. 대부분의 학령기 아동들은 외적인 것과 현실적인 것에 관심을 돌린다. 그들의 행동 동기에 관한 질문을 하면 "나는 몰라"라는 식의 대답을 한다. 그러나 학령기 아동들은 문제와 관계에 대한 동일시를 할 수 있다. 이것은 치료를 위한 함축된 의미를 갖고 있다. 학령기 아동은 목표설정에 참여할 수 있는데, 예를 들어 "나는 더 많은 친구와 사귀고 싶어요. 간혹 다른 아이들이 나에게 집적거려요." 이것은 대화를 위한 직접적인 방법이거나 전치이지만, 또래와의 관계에서는 기술이 필요하다.

## 성(性)과 자아감

학령기 아동의 초기-6, 7세 아동은 점차 성 특유의 행동을 채택하고(받아들이고) 반대 성과 관련된 행동은 회피한다. 성 불변성에 대한 지각과 일치하는 이러한 발달은 성이 변할 수 없다는 것을 이해하는 것이다. "난 여자애고 항상 여자애가 될 거야."라는 아동의 무조적인 자각은 문화적으로 규명된 특성으로, "여자애는 좋지만, 남자애는 좋지 않아"라고 행동하는 것을 강요하도록 이끈다. 성 정체감은 소녀나 소년이 된다는 사실보다 더 중요한 정보를 포함한다. 아동기 초기에 가정은 성의 사회화에서 기본적인 역할을 한다(McHale et al., 2003). 특히 더 나이든 또래를 관찰함으로, 소녀가 무엇을 좋아하고,

무엇을 하고 싶어하며 어떤 상황에서 무엇을 하는지를 배운다. 동성 또래, 친척, 유명인을 포함한 다른 어른과의 동일시는 성 사회화를 조장(촉진)한다.

학령기가 진행됨에 따라, 아동은 성 역할을 동화하기 시작한다. 일반적으로, 소년은 개인의 자율성과 경쟁을 강조하는 반면, 소녀는 관계와 양육에 가치를 둔다. 오 브리엥(O'Brien, 1992)은 이들 성 대조를 설명하는, 중기 아동기에서 소년과 소년의 상호작용 스타일을 기술하였다: "소녀의 대화는 승인과 동의의 표현과 담화의 규칙적인 교체로 특징 지어진다; 소년은 타인의 요구에 동의하기를 거절하면서 서로를 가로막고, 농담이나 이야기를 하며 보통의 관심을 위해 서로 맞선다(p.339)." 길리건(Gilligan, 1982)은 자기를 규명하고 관련짓는 이들 대조되는 스타일은 소녀와 소년에서 도덕적 질문에 대해 어느 정도 다른 관점을 이끌어낸다고 주장하였다: 소녀는 도덕적 판단을 함에 있어-예를 들어, 감정을 상할 것인지 관계가 손상될 것인지에 대해 걱정하는 것-관계를 고려해보는 편이다; 소년은 도덕적 질문을 해결하기 위한 기초로 규칙을 인용하려는 경향이 있다고 주장한다. 아동들은 반대의 성 친구들과 노는 것보다 같은 성의 또래와 노는 것을 더 좋아한다(Marten & Fabes, 2001).

남성의 자율성 강조와 여성의 관계 강조에 대한 광범위한 추정이 성차를 이해하기 위한 유용한 은유라고는 하나, 경험적인 연구들은 소녀와 소년의 발달에서의 차이점보다는 유사점을 더 많이 제시한다(Hyde & Plant, 1995; Killen et al., 2002). 오 브리엥(O'Brien, 1992)은 고학년 아동은 놀이에서 성적 분리가 나타나는 동안에도, 그들의 유사점과 남성과 여성의 행동이 겹쳐지는 점을 인식하도록 한다. 자기의 발달에서 소년과 소녀에 대해 엄격하게 양극화하여 생각하기보다는, "관계적인 자기"와 "자율적인 자기"에 대해 각 개인 안에 공존하는 것으로 생각하도록 돕는다. 성 사회화는 소년과 소녀가 두 경쟁적인 자기-지향성을 어떻게 균형 잡아가는가에 영향을 미친다(Atwood & Safyer, 1993; Killen et al., 2002).

## 아동기에 성적으로 집착하는가?

성적인 집착은 청소년 초기까지 명확하게 나타나지 않는다(Savin-Williams, 2001). 이것은 놀라운 것이 못되며, 초기의 성은 사춘기의 신체적인 호르몬 변화로부터 생겨난다. 게이 또는 레즈비언에 대한 생각은 동성에 대한 흥미를 갖는 것에 방해를 받고 갈등을 초래하여, 동성애에 대한 편견을 강하게 갖기 때문에 많은 청소년들이 혼란스러워 한다. 몇몇의 연구에서 보면 여성과 비교하여 남성이 동성에 대한 매력에 눈뜨게 되는 것이 사춘기 때라고 한다. 동성과 양성애를 동시에 하는 여성들의 동성에 대한 매력은 성인기에 시작하지 않는다고 보고했다(Diamond, 2000). 그러나 그들의 회고담을 들어보면 사춘기 되기 전 10세와 12세 사이에서 벌써 동성에 대한 매력을 느끼기 시작했다고 한다. 이 시기에는 대부분의 아동이 이성에 대해 매력을 갖게 되는 시기이다. 초기의 연구에는 게이, 레즈비언, 양성애자가 사춘기 이전 아동기 때에 벌써 동성에 대한 매력을 갖거나 성에 대한 질문을 하며 하나의 성과 반대 성에 대해 막연하게 불만을 보인다고 한다(Bailey & Zucker, 1995). 그러나 미발표된 장기적인 연구에서 보면 이런 생각들을 입증했다. 최근의 연구에서는 고학년 아동들이 뒤늦게 성적인 열등감과 관련지어 이성에 대해 의구심을 갖는다고 한다(Carver, Egan & Perry, 2004). 그러나 이러한 연구는, 아동에게 직접적으로 동성의 매력에 대해 질문한 것이 아니다. 대신에, 연구자들은 "몇몇 소녀들이 미래에 아내가 될 거라는 생각을 한 반면에 몇몇은 아내가 될 생각이 없다."라고 입장을 밝혔다(Carver et al., 2004, p.45). 아동들은 또한 양성애에 대한 의견에 대해 1/4정도가 이와 같은 답을 하였다. 이러한 것이 성적 열등감이라는 직접적인 질문에 대한 답이냐는 질문에 대해서는 결정을 내리기 어렵다. 아동기 후반 또는 청소년기 전반에 대해서는 장기적인 연구가 없어서 성적인 질문들이 아동의 특별한 특징인지에 대해서는 불투명하고 성의식에 대한 연구도 적다. 사빈 윌리암스(Savin-Williams, 2001)는 발달적인 차원과 성의식의 결과와는 다르다고 했다. 아동기에 양성애, 이성애, 게이, 레즈비언에 대한 정체성을 갖기에는 어려움이 있다는 것이다.

## 아동 중기에서의 인종과 윤리에 대한 자각

학령기 초기 동안 민족성에 대한 정보를 받아들인다 할지라도, 그들은 초등학년 동안 종족과 민족적 정체성에 대해 더 알게 된다. 아동은 성 불변성을 획득함과 동시에 민족성 또한 변할 수 없다는 것을 깨닫는다(Aboud, 1984). 학교에서 다른 집단에 대한 암시적이고 분명한 사회화 경험과 노출은 아울러 민족적 자각을 증가시킨다. 인종, 민족성, 성(性)은 또래 관계에 강하게 영향을 미친다. 소년과 소녀가 분리된 집단을 형성할 때, 더 어린 학령기 아동은 그들이 동일시하려는 또래를 친구로서 선택하려는 경향이 있다. 이러한 경향은 중기동안 계속 지속된다. 다문화 인구를 가진 학교에서, 자신의 민족적 정체감에 대한 아동의 자각은 더 커지는데, 이는 그들과 달라 보이는 동료와 상호작용하고 다른 지방 사투리나 언어로 말하기 때문이다. 대조적으로, 동족 사회에 사는 아동은 민족적 차이에 대해 덜 자각한다. 어린 아동들을 좋아하지 않는 자아 중심적인 8~9세의 아동들은 좀

더 복잡하고 윤리적인 차이가 있는데, 같은 경쟁을 하는 사람끼리는 차이가 없고 다른 삶을 사는 사람들에게서는 차이점을 발견할 수 있다(Doyle & Aboud, 1995).

학교에서의 교육과정은 아동들이 성공할 수 있도록 좀더 복잡한 사고를 하게 한다. 예를 들어, 10세 소년들에게 인간에 대한 품위와 내적인 질이 큰 비중을 두는 것과 마찬가지로 인종과 윤리에 대해 공개적인 토론 프로그램이 있어야 한다(Aboud & Fenwick, 1999). 여러 민족이 재학하는 학교에서는 그들 스스로 또래관계에서 차이점을 발견하고 언어 또는 사투리로 말하는 등 아동들의 윤리의식에 좀더 비중을 두어야 한다. 이런 상황은 단지 인종과 윤리에만 동일시되어 집단으로 움직여서 인종중심적인 상황에 저항하는 아동들에 의해 혼란스러워지는 파벌형태의 경향을 초래하게 된다. 다문화 학교에 다니는 학령기 아동들은 우정 형태로서, 기본적으로 사람들을 좋아하며 다른 문화의 가치 체계와 상호작용하는 것을 좋아하는 것으로 보여진다(Moore, 2002). 반대로, 단일 문화에서 자란 아동들은 좀더 인종적인 것에 집착하며 다른 문화에 대한 경험과 의식이 부족하다.

일반적으로, 소수 민족 아동은 절대 다수 백인 집단에 동일시한 아동보다 인종과 민족성에 대해 더 큰 자각을 보인다(Verkuyten & Thijs, 2001). 소수 민족 아동은 개인적 경험, 일반대중 매체, 다수 민족 규범들이 지배하고 있는 학교 같은 기관에 대한 노출을 통해 그들의 소수 민족 상태(지위)와 다수 민족 가치에 대해 배운다. 크로스(Cross, 1987)는 결코 좋은 자기-효능감을 가져본 적이 없는 아프리카계 미국인 아동이 그들과 관련된 상태(지위)와 힘을 정확하게 지각하기 때문에 백인 문화의 상징과 태도에 강한 흥미를 보일 것이라고 제시하였다. 다수 민족에 대한 이러한 흥미는 또한 자녀가 "두 문화의 적성"이 발달하도록 사회화하려는 소수 민족의 가족 경향을 나타낸다(McAdoo, 2001).

스펜서(M. B. Spencer, 1987)는 "카스트 같은(특권 계급같은) 소수 민족" 아동은 다수 민족 사회의 인종 차별적인 견해에 기초하여 차별대우와 신분저하에 직면하고, 다수 민족의 부정적인 면에 대해 알게 됨으로써 자신의 민족성을 평가절하할 것이라고 주장하였다. 이러한 인식은 아동 중기 동안 빈번히 발생하는데, 새로운 인지 능력과 더 넓은 세계에 대한 노출로 인해 타인이 자신을 특별한 집단 구성원으로 간주하는 절대적인 속성 때문에 부정적으로 지각할 수 있다는 것을 깨닫는 시기이다. 아프리카계 미국아동들은 대부분 가장 최근의 연구에 의하면; 67% 아동이 자신에게 천하다고 하거나 모욕을 당한 적이 있다고 했다(Simons, Murry, McLoyd, Lin, Cutrona & Conger, 2002). 많은 소수 민족 집단원은 다음의 사례 예시에서처럼 초등학교에서 발생하는 편견에 대한 첫 번째 사건을 회상한다.

백인의 편모와 흑인인 부의 두 인종으로 태어난 아동은 생애 초기 동안 민족적으로 혼합된 지역에 살았다. 그때에 아동이 어머니의 민족성과 동일시하였다 할지라도, 아프리카계 미국인인 조부모를 자주 만났고, 그녀가 흑인과 백인의 혼합이라는 것을 어렴풋이 깨달았다. 그녀가 9살이었을 때 가족은 학교에 "비백인" 아동만 있는 작은 도시로 이주하였다. 그녀는 다른 아동이 인종상 별명으로 부르며 거절했을 때 매우 놀랐다. 스스로를 방어하기 위해, 그녀는 정체성의 검은 부분을 부정하고 다른 아동에게 "난 스페인이야!"라고 말하는 새로운 것을 만들어냈다.

비록 두 인종으로 된 아동에 대한 예시라 할지라도, 대부분 소수 민족 아동에게 이르는 현실-개인적 원칙보다 오히려 사회적 거절에 절대적으로 종속된다는 것-을 반영한다.

인종과 가치체계를 수용하는 의식이 증가되어 일반적인 사회적 지식과 견해를 갖는데 진취적이다. 이것의 의미는 공공연하게 좀더 모호한 메시지를 선택할 수 있는 소수의 아동들이 증가했다는 것을 의미한다. 6~10세 사이의 아동은 발달에서 일상적으로 폭넓은 의식을 선택하고 선입견적인 신념은 직관력이 있다(McKown & Weinstein, 2003). 예를 들어, 3학년 아동이 "자신과 같은 인종의 아동들을 자신의 선생님이 덜 좋아한다고 추정한다면; 교사의 교수 전략에 대한 반응이 어떻게 영향을 미치는가에 대한 관찰이다(McKown & Weinstein, 2003, p.498)." 한 아동이 권력 안에 있는 성인에 의해서 전형적으로 바라보는 견해로 확장된다는 것은 아마 부정적인 판단에 의한 것이므로 학술적이지 않을 뿐만 아니라 이뤄지지도 않는다. 이것은 누군가 그 아동에게 성공을 기대하고 또래와 부모로부터 지지 받는 경우에 상쇄되는 힘에 의해서 최대한 가능한 것이다(McKown & Weinstein, 2003).

학령기 동안, '또래에게 수용되고 있구나' 하는 아동의 감각에 의해 자기-효능감이 강하게 영향을 받을 때, 소수 민족 정체성을 평가절하 하는 위험은 더 커질지도 모른다(Steele, 1997). 이러한 위험에 대한 사항에서, 소수 민족 부모와 다른 의미 있는 성인에 의해 그들 민족성의 가치와 강점을 강조하는 것이 중요하다고 주장하였다. 그러므로 "그것은 그들이 우리에 대해 느끼는 방식이다. 하지만 그것은 그들의 문제이다. 나는 내가 누군지에 대해 호감을 갖는다(Miller & MacIntosh, 1999)."라고 깨닫는 긍정적인 민족 정체성의 시각으로 민족 차별주의와 차별 대우에 반응할 수 있다. 멘토링 프로그램은 위험한 것을 도와주기 위해 나온 것이며, 모델에 대한 성공적인 역할관계를 유지해야 한다(Barron McKeagney, Woody & D'Souza,2001). 이러한 시각은 중재에 대한 결과이다.

현재 낮은 자기-효능감을 가지고 있는 소수 민족 학령기 아동은 그들의 인종 정체성에 관해 투쟁하도록 할 것이고, 부모와 사회복지사에 의해 그들의 민족성에 관해 긍정적인 메시지를 제공받았다. 긍정적이고 윤리적인 사회성은 임상가가 아동의 동질 집단을 기술할 때 가장 강력해지는 것 같다(Greene, 1992).

## 학령기 아동 발달과정의 개요

학령기 아동은 장기간(6세에서 11, 12세까지)을 포함하고 있기 때문에, 발달 영역에 대한 기술을 멈추고 이 시기동안 아동의 경과에 대해 간단한 요약을 제시하는 것이 유용할 지도 모른다. 이 시기의 끝에, 발달적 과업의 성공적인 숙달에 대한 발달사를 가지고 아직 사춘기에 접어들지 않은 10, 11세 아동은 자신만만하고, 유능하고, 분별있고, 침착하게 보이는 것 같다. 그는 논리적인 사고에 능력이 있고, 다각적인 시각으로 상황을 볼 수 있으며, 자기-조절을 위한 많은 적응적인 전략을 가진다. 그는 학습과 연습에 집중함으로써 기술을 발달시킨다. 몇 년전 자녀를 키워본 동료에게 내 아들이 10살이라고 말했을 때, 그녀는 "10살 아이들은 아기 신발처럼 볕에 그을려야 해."라고 외쳤다. 그녀는 10세 아동이 성숙하고 자기-통제되고, 비교적 독립적이며 침착하기 때문에 "완벽한 나이"라고 계속해서 말했다. 만약 그들이 10세에 "보호받는"다면 그들과 부모는 청년기의 투쟁으로 갈 수 없다고 말하였다.

중기 아동기가 보통 11, 12세에서 연장되는 것처럼 보일지라도, 맨 마지막 연령 정도의 시기 동안 초기 청년기를 특징짓는 불안정의 표시가 있다. 사춘기와 청년기 성장 분출의 시작은 대체로, 소년보다 1년 앞서 있는 소녀에서 10세와 12세 사이에 많이 시작된다. 11과 12세 아동이 중기 아동기의 과정 이상에서 발달되는 인지 능력을 보유하는 동안 빠른 신체 성장, 호르몬 변화, 성적 성숙, 성적 흥미에 대한 내적 스트레스는 학령기 아동의 능력으로 하여금 침착함과 자기-통제를 유지하도록 요구한다. 따라서 1년 더 어린 아동과 비교하여 많은 11세 아동은 더 활동적이고, 권위자에 대해 도전적이며 자기중심적이고 정서적으로 불안정하다. 아동의 자기-조절 능력은 대부분의 시간을 잘 기능하였지만, 청년기를 향한 새로운 성장 압력을 항상 잘 견딜 수는 없다. 11, 12세 아동은 중기 아동기의 발달적 성취를 통합하였지만, 청년기에 자기의 변화로 이동하고 있다.

# [부록 11-1] 6-11세 또는 6-12세 아동 중기발달과정 개요

## 종합 과제

- 침착함, 교육 가능성, 자기-통제에 대한 감각을 발달시키고 활용하는 것.
- 현실-세계 기술과 능력에 대한 감각을 발달시키는 것.
- 또래 세계에서 자신을 확립하는 것.

## 애착

- 아동은 가벼운 스트레스 상황에서 애착을 구하기보다는 자율적인 대처를 한다(6세 +).
- 애착을 상징화한 의식은 지속된다. 취침 시간 일상의 과정, 감정에 대한 몸짓(6세 +).
- 스킨십은 입학과 같은 과도기 동안이나 심한 스트레스 상황에서 촉진될지도 모른다(6세 +).
- 애착 욕구는 점점 또래와의 우정으로 표현된다(6세 +).

## 사회성 발달

- 또래 지향성의 증가, 우정의 발달(6세 +).
- 사회적 기술(감정공유, 교섭)은 또래 상호작용을 통해 발달한다(6세 +).
- 또래 집단 규범과 위치 체계의 발달(6세 +).
- 성 역할과 행동의 정교함(6세 +).
- 가치의 내면화와 개선된 시각에 기초한 전사회적 행동(6세 +).
- 사회적 시각: 타인의 관점, 사회적 기대, 사회적 단서에 대한 더욱더 명확한 이해(6세 +).
- 타인의 심리적 의도에 대한 인식(8-10세).
- 마음에 동시에 반대되는 두 관점을 갖고 있는 것(10-12세).

## 언어와 의사소통

- 구문과 문법에서 기본적인 재능을 확립한다(6-7세).

- 순종적인 목소리처럼 더 어려운 문법상의 특색과 의미의 미묘한 차이에 대한 이해가 점차 증가한다(6–7세 +).
- 말로 사고와 감정을 표현하는 능력이 점차 증가한다(7세 +).
- 화술 능력–아동은 조직화된 이야기를 말할 수 있다(7세 +).
- 익살, 농담, 비유적 표현, 은유에 대한 이해(8–10세).

## 놀이와 공상

- 놀이는 점점 신체적 기술과 지적 능력을 강조하는 작업 지향성으로 승화된다(6–7세 +).
- 놀이는 계속해서 만족과 해방의 중요한 근원이 되지만, 점점 게임으로 의식화된다(6세 +).
- 공상 놀이는 더욱더 의식화되고 규칙이 지배적이 된다(6세 +).
- 공상의 사용은 더 유능하거나 성장한 역할로 자신을 상상하기와 상상의 시나리오로 소망과 감정에 대한 전이를 포함한다(6세 +).
- 수집과 취미에 흥미로워 한다(7~8세 +).
- 계획과 전략을 수반하는 게임에 흥미로워 한다(10~12세).

## 인지 발달

- 더욱더 현실에 대해 정확한 지각(6세 +).
- 가역성–그 너머 뒤를 생각함으로써 지각을 분석하는 체계적인 능력(6~7세).
- 원인과 결과에 대해 향상된 이해; 마술적인 사고의 저하(6~7세).
- 탈 중심화 : 자기중심성의 저하와 탈 중심적 사고의 증가는 주관적이고 객관적인 현실 사이를 구별하도록 한다(6~7세 +).
- 구체적 조작기: 논리와 추론의 과정은 즉각적인 현실을 이해하도록 할 수 있다(6~7세 +).
- 약 7세에 인지 기능에서 발달적인 분출: 공간 지각; 시각 조직화 능력; 시간 지각; 부분과 전체의 구별; 연속성; 청 지각 과정(6~8세).
- 기억: 기억의 향상된 등록과 범주화는 고등 교육 과제의 숙달과 결합한다(6세 +).
- 실행 과정 : 문제 해결에 대해 사고하기와 지적인 과제를 위해 주의집중 유지하기에서 새로운 기술(7~8세 +).

## 자기 조절

- 자기-조절에서 인지적 전략의 적용: 논리적 사고; 표현적인 능력; 각성과 불안에 대한 의식적인 통제; 충동으로 행동하는 것을 지연하기 위해 사고 사용하기; 목표 달성에 초점을 두려는 의식적인 의도(6세 +).
- 가치, 기대, 규칙, 사회적 규범의 내면화는 자기-통제를 불러 일으킨다(6세 +).
- 심리적 방어 기제는 제한적인 불안에서 더 효과적이다(6세 +).
- 또래의 승인을 받으려는 욕구는 충동적인 행동에 제한을 둔다(6~7세 +).
- 대립되는 견해를 알고 양가감정을 관대하게 다루는 능력은 자기-통제를 향상시킨다(10세).

## 도덕성 발달

- 탈 중심적 사고와 시각은 타인의 욕구를 더 잘 이해하고 감정이입하는 것을 가능하게 한다(6세 +).
- 내적인 힘과 같은 의식(초자아)의 발달은 행동을 조절한다(5~7세 +).
- 옳은 행동에 대한 원리, 규칙, 규범에 대한 인지적 이해(6~7세 +).
- 사회적 일치와 권위자의 승인은 규칙과 기대를 고수하도록 지지한다(6세 +).

## 자아감

- 자기-효능감은 능력에 대한 자각, 또래 집단에서의 위치에 기초한다(6~7세 +).
- 역할 모델로서 부모, 다른 성인, 또래와의 동일시(6~7세 +).
- 자기-통제 능력은 자기-효능감과 자기-개념에 영향을 미친다(6~7세 +).
- 정체감에 대한 자각-개인적 특성, 성 기대, 인종과 민족 정체성이 증가된다(7세 +).
- 인종 차별주의, 부정적인 고정관념에 대한 인식은 자기에게 적용된다(7~8세 +).
- 자기-관찰에 대한 능력이 증가된다(8세 +).
- 자기에 대한 과거와 현재의 특성 사이를 비교하는 능력(7~8세 +).
- 내면화된 가치는 타인에 의해서가 아닌, 스스로 만족함으로써 자기-효능감을 얻으려는 욕구를 일으킨다(8세).

12장 임상을 위한 아동발달

# 학령기 아동의 실제

학령기 아동들은 일반적으로 학교에서 나타나는 문제점들이 있다. 전형적으로 나타나는 증상의 예들은 다음과 같다:

- 행동적이고 학습적인 문제들
- 주의/집중 문제들
- 산만함/과잉활동
- 충동적이고 공격적이고 반항적인, 또는 무례한 행동
- 서투른 동료관계
- 사회적 위축/사회적 미숙/동료들로부터의 거절
- 일반화된 불안과 분리불안

발달상의 문제점들은 아동기 중반부의 과업을 달성하는 데 어려움이 될 수 있다. 종종 증상들은 자기 통제에 문제로 나타나고, 특히 더욱 성숙하고 적절한 관리보다 초기 아동기의 방어를 더 신뢰한다. 아동은 아동기 중반부와 관련된 자기조절, 침착, 유연성, 교육가능성이 계속적으로 유지되는데 어려움이 수반될 수 있다. 같은 증상들이 다른 문제점들로 나타날 수 있기 때문에 이에 대한 조심스런 평가가 필요하다. 발달과정에서 아동에게 강화되는 영역과 중재가 필요하게 될 것이다.

## 평가

학령기 아동을 위한 평가 과정을 위해서는 아동이 경험하는 복합적이고 복잡한 환경과 아동의 발달과정을 알아야 한다. 평가는 다양한 관찰뿐만 아니라 부모, 다른 양육자, 선생님을 포함한 정보의 복합적인 원인에 의하여 얻어진다. 평가는 단지 확실하고 완전하게 생각되어지는 어떤 상황을 기초로 하여 찾을 수 있는 것이 아니다. 아동은 전형적으로 개인 상황과 가족 상황, 그리고 집과 학교에서의, 복합적인 상황에서 관찰되어져야 한다. 발달상의 단계의 척도와 징후는 아동의 행동과 특수한 문제점들을 평가한다. 이러한 것들은 아동행동 체크리스트(Achenbach, 1991)와 같은 범위가 넓은 도구들을 포함하고, ADHD(주의력 결핍/과잉행동장애), 우울, 불안장애와 같은 문제점들을 위한 질문지를 통해 좀더 전문화한다. 스스로를 평가할 것을 아동에게 요구하는 자기보고식 도구들도 주의 깊게 관찰해야 한다. 학령기 아동은 이러한 문제점들을 부정하는 경향이 있고 종종 대답이 아동을 "정상적으로" 보이도록 만들 것이라고 계산할 수 있기 때문에 때때로 정확한 정보를 제시하지 않는다(Folman, 1995). 9세 이후의 아동들은 자기보고를 좀더 정확하게 하는 경향이 있다(Kazdin & Weiz, 2003). 증상에 대한 설문지를 수집하고 면접기록에 대해 구성하는 것은 아동에 대한 임상적인 면접과 관찰을 위한 보조도구로서 틀림없다(평가 척도에 대한 견해와 면접지의 구성은 니서톤, 홈스, 워커(Netherton, Holmes, Walker, 1999년도 판 참조). 학령기 아동의 평가는 다음과 같은 평가 영역에 따라 구성되어야 한다.

### 발달상의 단계

사노프(Sarnoff, 1976)는 "적응단계에서 나오는 아동의 무력함, 아동의 잠재성에 예상되는 평온함과 교육가능성"에서 나온 결과로서 중간 연령의 정신병리학을 정의한다(p.186). 만약 아동의 무력함을 관찰한다면, 발달상의 영역에서 아동의 기능에 대한 질문을 생각해봐야만 한다. 아동이 환상에 의존하는가? 아동의 대응 전략과 방어가 더 어린 아동들의 방어와 같은가? 아동이 예상되어지는 것보다 더 이기적인가? 또래로부터 위축되거나 또래들과 잘 지내는 데 있어서 무력함을 보이는가? 충동을 조절하는 데 어려움이 있는가? 학습 또는 언어장애로 암시되는 인지 또는 언어부족 또는 학습적인 어려움이 있는가?

## 발달의 방해가 되는 것

발달의 방해가 있다면, 폭행에 노출되는 것, 상습적인 부모의 싸움, 이혼, 상실, 학대, 그리고 정신적 외상과 같은 아동의 고민과 상호작용의 내력을 주목하여야 한다. 종종, 아동기 중반의 정상적인 발달 절차를 밟아나가는 데 있어서 아동의 무력함은 아동기 초반 동안 불안을 야기하는 경험에 대한 방어와 대처기제에 의존한다. 예를 들면, 신체적 또는 성적 학대의 경험은 우선하는 방어로서 공상과 분열 안으로 아동이 움츠러드는 것으로 끝날 수 있다. 그런 아동들은 말수가 없어지고 수줍어하지만 그들이 행동상의 문제점들을 가지고 있지 않다는 점에 있어서 "정상"으로 보인다. 그러나, 그들이 학교에 가기 시작하면 그들의 공상과 분열에 대한 의지는 그들이 학습에 집중하는 것을 어렵게 만든다. 위급상황에 있어서 열등한 대응 전략으로 분열은 아동이 학대로부터 살아남을 수 있도록 도와주지만, 그것으로 방어하는 것이 지속된다면 아동기 중반의 발달과업을 방해하게 될 것이다.

## 현실 적응

현실에 적응하는 것에 대한 평가는 아동의 발달단계를 결정짓는 데 도움을 준다. 아동기 중반은 규칙을 따르는 것, 학교에서 잘 지내는 것, 또래들과 비슷하게 이해하는 것과 같은 요구에 대한 이해가 증가함으로서 성격이 나타난다. 학령기 아동은 발달 기술을 이행하는 의지와 성공에 대한 자극을 받는다. 아동에게 외부 현실(부모, 학교, 또래 관계)의 요구에 우선권을 주는지 아니면 현실세계의 취약성이나 부적당한 감정에 대항하여 방어하는 것으로서 이상한 생각에 빠지는지 분석하는 것이 유용하다.

## 아동기에 발달과제를 방해하는 문제들 : 언어장애, 학습장애, 주의력 결핍 및 과잉행동장애

미국을 포함한 많은 문화에서는 아동기동안의 적당한 발달을 복잡한 인지적인 과제를 수행하는 능력이 있느냐로 판단한다. 과제수행의 성공은 아동의 학업 수행능력에 의해 측정된다. 학령기 아동을 위한 평가는 문제해결에 대한 민첩함을 필요로 한다. 언어장애, 학습장애 그리고 ADHD는 학업에 어려움을 준다.

### *언어장애*

언어장애는 유아기에 자주 진단되어지곤 한다. 언어장애로 진단받은 유아들은 행동의 문제, 특히 저항하는 행동 특성을 갖고 있기 때문에 아동을 결과적으로 이해하지 못하고 두려워하게 되고 만다. 언어장애는 언어의 수용과 표현상의 문제와 조음언어에 어려움도 포함된다. 언어문제를 관찰할 때 말로 소개하고 언어를 평가하는 것이 필요하다. 듣는 것이 손상 받은 것은 공통적으로 언어장애의 원인인데 듣기 검사가 필요하다. 영어가 아동에게 제1언어가 아닌 경우는 아동의 제2언어 사용과 통합된 문제와 실제 언어장애와 구별하려는 목적으로 아동의 제1언어 사용능력을 평가 받아야 한다(Canino & Spurlock, 2000). 초등학교 입학 때까지 언어장애 아동들은 관심을 덜 받는다. 오히려 조음 문제를 관찰하는 것보다는 그들이 말하고자 하는 것에 어려움이 있으며 그들 스스로 표현하는데 어려움을 갖고 있다. 유치원 기간 동안 아동들은 읽고 쓰는데 문제를 갖고 있다. 특히 언어 수용력에 문제가 있는 아동은 읽기에서 학습장애를 좀 더 갖고 있다. 조음의 문제는 그들은 음성의 상징으로 편지를 쓰고 음성 언어의 분절에 문제 있다는 것이다(Lyon, Fletcher & Barnes, 2003, p.544). 읽기/쓰기 장애는 수용언어와 읽기 언어에 신경생물학적인 문제가 있다고 가정한다(Eden & Zeffiro, 1998).

### *학습장애*

학습장애(LD)는 학령기 때 나타나고 저학년 시기 학업 수행 시 특정한 부분에서 어려움을 갖기 시작하면서 나타난다. 학업수행의 손상을 비롯하여 기억, 논리적인 사고, 정보수용 또는 시-공간 지각에 어려움이 있는 신경생리학적인 손상 문제를 포함하고 있다(Lyon et al., 2003). 정신 장애 이외에 정보와 기억에 대한 어려움은 정보를 조직하며 표현 하고, 연합시키는데 어려움이 있다. 학습장애는 일반적인 발달 장애보다는 오히려 특정한 문제인데, 학습장애 아동은 정상적인 지능을 갖고 대부분의 발달 영역에서 잘 기능하지만 읽기, 쓰기, 산수능력, 기억의 정보화, 수업 또는 정보 통합과 같은 특정한 인지적인 결함을 갖고 있다. 이 단원에서는 학습장애아들의 잠재적인 발달 가능성과 난독증 연구에 대한 평가의 중요성을 표현하는 것보다는 학습장애에 대한 전체적인 입장에 대해 기술하였다.

난독증, 또는 "단어 인식장애"는 대부분 공통된 학습장애이다. 난독증 아동은 단어의 조직적인 연결과 음절을 처리할 수 있는 능력에 어려움이 있다. 읽는 것이 느리고 어렵다. 그러므로 난독증 아동은 인지적인 과제의 처리에서 많은 에너지를 투입해야 하며 이해력이 필요하다. 치료 받지 않는 난독증 아동은 학교과제 중 읽기를 굉장히 능숙하게 해도 점점 더 어려움이 증가한다. 임상가의 일반적인 평가는 아동의 읽기와 전반적인 내용에 대해서 부모에게 질문을 할 수 있다. 난독증 아동이 그의 나이에 맞게 적당하게 읽는지에 대한 질문과 유창하고 크게 읽는지, 단계에 어려움이 있고 실수를 하는 지에 대한 질문이다. 최초 판별에서 읽기에 어려움이 있다면, 임상가는 특별한 평가를 하도록 교육심리학자에게 의뢰할 수 있다. 몇 개의 평가는 정보처리에 대한 기술적 평가로서 조기 진단에 따른 첫 번째 단계로서 난독증이라고 판별되어진다(Elbert의[1999] 도판 학습장애와 난독증을 위한 평가 논의를 참조). 임상가가 학습장애에 전문가가 아니더라도 읽기문제를 조기에 참작하면 어린 아동의 학업 발달에 중요한 차이를 가져올 수 있다. 난독증이라고 진단되면, 가능한 빨리 효율적으로 치료하여 장기간에 나타나는 부정적인 영향을 예방하도록 한다(Foorman & Torgesen, 2001).

*문화적 맥락 안에서 학습장애 평가.* 미국과 같은 다 문화적 사회에서 아동문화의 폭넓은 평가 결과에서 문화의 차이점이 언어장애 또는 학습장애에 악영향을 미치는 것은 없다. 제2외국어로서 영어를 사용하는 학생들은 영어로 된 품행장애 검사를 잘 이행할 수 없을 것이다. 흔히 영어로 말하는 흑인계 미국 아동들에게 그들의 언어가 "표준 영어" 검사도구와 맞지 않으므로 오진을 내릴 수 있다. 문화적인 평가와는 별개로 백인 아동들의 검사 결과를 세심하게 볼 필요가 있다. 검사문항이 인지검사에 영향을 주고 문항의 단어들이 아동에게 친숙하지 않다면, 아동의 실제 인지 능력을 끌어내리는 것이며 점수도 매우 낮을 것이다(Garcia Coll & Magnuson, 1999). Canino와 Spurlock(2000)의 기록에서 보면: "정상이지만 낮은 성취문화의 다양한 학생들은 학습장애 프로그램에서 자주 과도하게 드러나고 일상에서 사용하는 언어와 다른 언어를 가정에서 사용한다(p.29)."

이 문제에 대한 가장 좋은 대책은 검사 시에 피검사자의 문화와 비슷한 검사를 하고 아동의 능력에 대한 이해를 고려한 검사 문항의 문맥이어야 한다.

*학습장애의 부차적인 영향.* 학습장애 아동은 학업과제를 수행하는데 두려움을 갖게 되어 종종 심성이 파괴적으로 변한다. 그러나 심리 검사자들은 행동의 문제를 가진 아동들에게 꼬리표를 붙이고 정신 건강 진단을 위한 곳으로 의뢰한다. 검사에서 분명하게 학습 또는 언어장애, 특수교육의 중재가 필요한 아동들은 특정 기간에 교사의 조언, 개인지도, 언어치료 등을 필요로 한다. 심리치료가 반드시 학업기능장애를 개선하는데 전부가 아니지만, 종종 그들 학습문제의 결과에 대해 정서적인 도움이 필요하다.

***주의력 결핍 및 과잉행동장애***

과잉행동을 보이고 주의집중이 어렵고, 쉽게 과도한 자극에 빠지고 흥분하며, 주의가 산만한 아동이라면 ADHD 평가를 필요로 한다. ADHD는 남아가 여아보다 3~6시간 더 주의를 집중하는데 어려움이 많으므로(Barkley, 2003), 남아들을 ADHD의 대명사처럼 사용한다. ADHD는 학습을 유지시키고 주의를 모으고 사고를 연속적으로 조직하는 학령기 과제를 절충한다. ADHD 아동은 학습과제 또는 행동을 시작하기 전에 질적인 열정이 필요한데 이 아동은 주의를 집중하는 능력이 부족하며 다양한 단계를 포함한 과제 수행을 할 수 없다. 과제 수행이 어려운 경우, 문제행동이 갑자기 나타나기 시작하며 자주 공격적인 행동을 한다. 게다가, 정상 아동보다 학습과제를 위한 외부로부터의 자극을 억제하는 반응이 더 어려우므로 좀더 자주 과제로부터 벗어나 산만하다(Barkley, 2003). 학습은 학교 수업을 후다닥하거나 집중할 수 없으므로 질적으로 떨어지고 자주 틀린다.

ADHD 아동은 충동을 억제하는 것이 좀더 어려워서 순서대로 기다려서 행동하는 것이 어려우며, 수업이 끝났다는 말을 듣기 전에 과제를 시작하고 생각을 일관성 있게 말하지 못하고 다른 사람이 말할 때 방해한다. 이런 특징들은 학교현장에서 잘할 수 있는 기능들을 어렵게 만든다.

저학년 시기에 또래사이에서 ADHD 아동을 거부하거나 피하기 시작한다. ADHD 아동을 거부하는 이유는 자주 사회적으로 상호간에 침해당하기 때문이며, 그들의 충동성과 학령기에 중요한 규칙을 받아들이는데 어려움이 있고, 사회적인 단서와 상황을 지각하는데 알아차리지 못하기 때문이다. 다른 사람들로부터 과도하게 부정적인 반응을 당하는 것은 부정적인 자기감을 형성하게 한다.

ADHD 진단을 위한 증상은 가정과 학교에서 현실적으로 집요하게 상황을 나타내야 한다. 부모가 가정에서 7세된 ADHD 아동에 대한 증상을 상담한다면, 교사는 아동이 집중할 수 있고 적합하게 문항을 완성하며 보통 까다롭지 않게 행동하도록 임상적으로 가정에서 아동의 행동을 보고하기 위한 다른 설명을 해야 한다고 말한다. 아래의 평가 영역은 ADHD 아동의 명확한 진단을 위한 것이다.

***양육사.*** 부모들은 종종 ADHD를 갖고 있는 아동들을 항상 과잉행동하며 충동적이고 주의력이 결핍된 아동으로 기억하려 한다. 반대로 불안이나 스트레스 또는 쇼크에 대한 반응에 기인한 ADHD와 같은 증상을 갖고 있는 아동을 보통 ADHD 증상이 나타나기 시작하는 발전 단계의 시기로 기억한다. 만일 아동과 그의 가정이 주기적인 스트레스에 노

출되어 있다면 즉, 지속적인 가난과 거처가 없는 상태, 또는 위험한 이웃들 사이에서 사는 것과 같이 지속적인 가정 또는 공동체의 폭력 가운데 산다면, 명백히 이 두 스트레스를 분간해 내는 것은 쉽지 않다. 주기적으로 쇼크를 받아온 학령기 아동들은 아마도 그들이 ADHD를 가지고 있는 것으로 나타날 가능성이 있다. 그러나 이러한 어린이들을 위해서 PTSD(외상후 스트레스 장애)는 더욱 정확하고 유용한 진단으로 여겨진다(Glod & Teicher, 1996).

초기 양육사에 대한 또 다른 관점은 아동의 형제자매, 부모, 그리고 다른 친척들 사이에서 ADHD에 관해서 문의가 이루어져야 한다. ADHD를 성격 짓는 신경생물학적인 결핍은 유전되고 아동의 부모 가운데 한 사람이나 다른 가까운 친척이 어렸을 때 ADHD 증세를 가졌다고 듣는 것은 이상한 일이 아니라는 증거가 있다(Barkley, 2003).

*관찰.* ADHD 아동은 더 활동적이고, 가만히 있지 못하고, 안절부절 못하며 한 행동으로부터 다른 행동으로 아주 빠르게 움직이며 심지어 치료사의 사무실 안에서나 일대일 상황에서도 그렇다. 어떤 사람의 주관적인 인상은 아동이 "아주 산만하게 되어"(in overdrive) 진정될 것 같지 않다고 할 것이다. 하지만 가벼운 ADHD를 갖고 있는 아동들은 첫 번째 사무실 방문에서 나타나지 않을 것이다. 아마도 환경이 신기해서 그들의 주의를 억제하기 어렵기 때문이거나 한 사람이 있는 사무실에서 있는 것이 혼잡한 교실에 있는 것보다 아동들에게 지나친 자극이 별로 일어나지 않기 때문일 것이다. 치료사가 교실에 있는 아동을 눈으로 보고 관찰하는 것은 종종 매우 도움이 된다.

*교사의 보고.* 아동의 학급활동의 세부적인 것을 듣기 위해서 교사와 이야기 하는 것은 매우 유용하다. 교사의 설명은 생활에 충동과 과잉행동의 범주를 적용하고 있다: "5분 동안 그는 책상에 연필을 다섯 번 부딪히고 바닥에 세 번 떨어뜨렸고, 어디에 간다고 말하지 않은 체 자리를 세 번이나 비우고 심지어 조용히 앉아 있을 때에도 악의적으로가 아니라 단지 신경과민의 에너지 분출로 그의 앞에 있는 학생의 의자를 발로 차고 있다."

*등급측정.* ADHD 증세에 접근하기 위해서 고안된 등급측정의 경우, 기록할 아동과 규칙적으로 상호 관계를 맺고 있는 부모, 교사, 그리고 다른 어른이 있는 것은 등급 설정에 유익하다.

The Revised Conners Parent and Teachers Rating Scale(Goyette, Conners & Ulrich,

1978), ADHD 등급 척도(the ADHD Rating Scale; DuPaul, 1991), 그리고 ADD-H Comprehensive Teacher Rating Scale(ACTeRS) (Ullman, Sleator & Sprague, 1984) 는 평가측면에서 매우 유용한 도구이다. 초기 측정은 기초 자료로 쓰일 수 있고 부모와 교사는 효과적인 치료의 접근을 돕기 위해 같은 등급 란을 기록할 수 있다.

*학습장애(Learning Disability)를 위한 접근.* LD나 ADHD는 비슷한 증세를 가져올 수 있다. 학교환경에서 학습장애아동은 좌절하는 행동을 보이거나 그가 할 수 없는 과제를 피하려고 함으로써 ADHD아동으로 간주될 수도 있다. 그러나 학습부진이 나타나지 않는 상황에서는 ADHD증세를 보이지 않을 것이다. 하지만 ADHD와 학습장애 사이에는 20~30% 정도의 공존병리 현상이 있는데(Barkley, 2003) 이는 아동들이 상황들 사이에서 투쟁하고 그들의 발달이 위험에 배가되어 놓여져 있다는 것을 의미한다. 따라서 만일 한 상황이 있다면 임상가들은 다른 상황에 대한 평가도 고려해야 할 것이다.

*ADHD를 위한 치료.* ADHD 진단에 집중되어 있다면 부모훈련, 인지-행동치료 그리고 약물치료의 종합적인 치료를 해야 할 것이다. 대개 ADHD를 치료하기 위해서 사용되는 자극적인 약물치료는 효력이 짧고 복용량을 결정짓는 것이 치료 단계에 있어서 며칠 안에 많은 아동들의 증세에 변화를 가져올 수 있다. 많은 아동에게 있어서 약물치료는 아동들이 기능하는데 드라마틱한 충격을 가져올 수 있다. 특별히 학습장애를 개선하고 아동들이 부모와의 관계를 변화시키는 데에 있어서 그렇다(Rapport, Denney, DuPaul & Gardner, 1994). 하지만 최상의 결과는 가정과 학교에 있는 행동 수정 프로그램, 아동이 자기 행동을 스스로 모니터링 할 수 있도록 돕는 인지치료와 약물치료를 병행한다(Anastopoulos, 1999).

*주의사항.* ADHD는 문화마다 다소 차이가 있는데 벨기에의 3.8%로부터 우크라이나 19.8%에 이르기까지 폭넓게 다양하다(Barkley, 2003). 이것은 문화적인 전제와 가치가 이러한 증세를 이해하는데 영향을 미친다는 것을 암시한다. 미국에서는 대략 3~5% 유행하는 것으로 추산된다(American Psychiatric Association, 2000), ADHD는 최근 "대중성"(popular)이라는 진단을 받았다. 이 대중성은 혼란에 대한 대중적 인식의 증가와 약리학 치료에서 간단한 치료를 강조하는 정신건강 치료의 경향과 관련이 있다. 이러한 경향은 문제를 빠르고 쉽게 해결하는 미국문화의 편견에 대한 반향일 것이다. 치료사는 환자가

스스로 진단해서 가지고 있는 평가를 가르치려 한다는 것을 알아야 한다. 예로, 특별히 교실에서 분열성 아동들과 대처해야 하는 교사들은 아이들을 ADHD 진단과 약물치료로 몰아붙일 것이다. 임상가들은 부모와 교사들의 의견을 존중하는 것을 중시하면서 진단을 하기 전에 직접적인 표현을 억제하고 자신만의 조심스러운 평가를 수행해야 할 것이다.

## 치료

학령기 아동에 대한 치료의 전형적인 목표의 일부는 다음과 같다:

- 학업 안에서와 또래관계에서의 아동을 가로막는 정서적인 장애물을 제거한다.
- 언어, 생각, 공상을 포함하여 표현이 열등한 행동 방식으로부터 나올 수 있도록 아동을 돕는다.
- 아동이 이상한 생각의 대상작용으로부터 현실에 적응하는 자세를 가지도록 돕는다.
- 아동이 학습 능력을 유지하는 것을 가능하게 하는 대응 전략을 발달시키도록 돕는다.

아동기 중반의 발달상의 진전은 다음 내용을 포함하여 중재 방법과 기술이 있다:

### 인지-행동 치료

학령기 아동의 새로운 인지기술들은–탈 중심화, 관점유지, 논리적 사고, 원인과 결과에 대한 이해력 향상–아동이 스트레스에 대한 경험을 이해하는 것을 돕도록 한다. 예를 들면, 성적학대 치료에서 9살 여자아이는 자신에 대한 가해자의 동기와 행동을 구별하는 진술의 정확성을 인지적으로 납득할 수 있다: “그가 너에게 했던 일에 대해 그는 책임을 져야 한단다. 너는 일어난 일에 대한 원인이 아니고, 너의 잘못이 아니란다.” 더군다나, 학령기 아동의 탈 중심화 된 사고는 학대상황 속의 자기 자신과 일반적인 자신 사이를 구별짓는 것을 돕도록 끌어들일 수 있다. 이것은 아동의 자아상을 강화하고 자기 자신에 대한 감각으로부터 학대를 분리하는 것을 목표로 한 인지적인 중재로의 길을 열어준다 (Friedberg & McClure, 2002).

고학년 아동이 원인과 결과의 이어짐을 분석하고, 생각을 뒤집을 수 있는 능력은 다음 예시에서처럼 아동이 종종 생각과 충동과 행동 사이의 관계를 깨달을 수 있다는 것을

함축한다:

> 많은 두려움과 부적합한 방어와 대응기술을 가진 10살 마크(Mark)는 학교에서 싸움을 일으킨다. 그의 양 엄마는 그의 세션이 있기 전에 나를 불러서 전 날에 싸운 것 때문에 치료실로 보낸 것이라고 말했다. 나는 일어났던 일에 대해 마크에게 물었고, 그는 "두 녀석이 나한테 덤볐어요. 그들은 나를 넘어뜨리고 때렸어요."라고 말했다. 나는 그에게 싸움이 어떻게 시작되었는지 회상하는 작업을 시작했다. 그는 "그들이 나에게 싸움을 걸 것이라고 2주 전에 말했어요. 그래서 나는 버스정류장에 그들을 만나러 나갔고, 그들이 나를 기다리고 있을 줄 알았어요."라고 했다. 나는 그들이 그에게 뭐라고 말했는지 물었고, 그는 "아뇨, 아마 그들은 나를 못 봤을 거예요."라고 말했다. 내가 싸움이 어떻게 시작됐는지 아직 확실하지 않다고 말하자, 그는 "제가 그들 중 한 명의 배를 걷어찼어요."라고 했다.
>
> 나의 접근은 그의 화나게 하는 공격성은 맞는 것에 대한 두려움이 기초가 된다는 것을 명백히 하도록 이러한 상황을 상세하게 조사한 것이다. 이것은 비록 그가 공격을 받지 않았었다고 하더라도 공격하도록 만든 것이다. 그는 두려웠기 때문에, 두려워하는 상황에 그 자신을 맞춰두었다. 나는 그가 필요로 하지 않을 때 위험한 상황에 그 자신을 놓이게 하는 것을 나의 걱정으로 표현했다. 나는 "나는 네가 다치게 되는 것이 싫고, 다른 사람들이 널 다치게 하고 싶도록 네가 어떤 행동을 하면 그것이 너에게 나쁘다고 느껴진단다."라고 말했다. 또한 우리는 대신할 수 있는 반응 방법을 논의했다. 나는 "네가 그 녀석들에 대해 걱정한다면 네가 할 수 있는 다른 것이 뭐가 있을까?"라고 물었다. 우리는 몇 가지 가능성을 탐구했다: 그 아이들로부터 멀어진다; 교사에게 말한다; 더 안전함을 느끼게 하는 친구들과 붙어 다닌다; 버스가 올 때까지 뒤에 물러서 있고, 그들이 버스를 탄 후에 타고, 그들 옆에 앉지 않는다. 또한 나는 회상 속에 협박의 고통이 있었는지 그가 평가할 수 있도록 도우려는 시도를 했다: "그들이 정말로 널 따라온다면, 조심하고 어떤 것을 할 준비를 하는 것이 좋단다. 하지만 그들이 2주 전에 널 협박하고 어제까지 여전히 아무 일도 하지 않았다면, 아마도 그들은 단지 부풀려 말한 것일 거야."

이 접근은 두려움에 대해 생각하고, 이유 있게 그들을 제어하는 것을 얻도록 만든다. 또한 행동하기 전에 아동으로 하여금 먼저 생각하게 하며, 반응 방법을 선택하도록 고려하고 무엇이 발생했는지 평가하도록 질문한다(Kazdin, 2003). 그것은 자율적인 자아반영, 아동의 통찰력, 학령기 아동의 능력이상을 요구하지 않는다. "보조하는 자아"로서의 치료자의 기능은 아동이 불안을 다루는 좀더 적응성이 있는 방법을 제안하고 이유 있는 능력을 쓸모 있게 하도록 돕는 것이다(Chethik, 2000). 인지적인 접근은 주의를 기울이도록 하고 생각하는 학령기 아동의 새로운 능력을 연습함으로서 발달을 촉진하는 목표를 가진다. 치료자는 발달이 평가에 의존함으로서 중재되고, 외상 또는 초기 거절 경험으로 형성된 대처기제가 나이에 적합한 인지기술을 이행하도록 돕는다(Holmbeck, Greenley & Franks, 2003).

학령기 아동은 더 어린 아동들보다 더 쉽게 행동치료에 임할 수 있다. 원인과 결과에 대한 이해력은 적합한 행동을 조건으로 할 수 있는 방법으로 아동이 개념화하도록 보상을 통해 가능하게 한다. 이해력은 아동이 반항적이거나 공격적인 행동을 조절하는 데 유익하다는 것을 알게 한다(Barkley, 1997). 토큰 경제(보상으로 표를 주어 바람직한 행동으로 바꾸는 방법)를 포함한 행동관리 프로그램 안에서, 아동의 참여는 아동의 행동을 바꾸는 데 대한 보상을 받을 것을 알기 때문에 적극적으로 협력할 수 있다. 프로그램은 논리적인 사고, 행동을 조절하는 인지전략 사용, 자기관찰을 포함하여 아동의 발달인지 기술에 달려 있다. 즉 아동의 행동과 아동기 중반의 구체적 적응은 아동이 감정의 이해보다는 오히려 행동 제어를 강조하는 치료 프로그램에 흥미를 가지게 할 것 같다.

## 집단치료

집단치료는 또래 관계에 강한 흥미를 가지게 되기 때문에 특히 학령기 아동에게 적합하다. 학령기 아동들은 그들이 학교에서 집단에서의 시간을 많이 보내는 점에 있어서, 집단이 "정상"이라고 생각한다. 집단치료는 내적 어려움이 있는 아동들을 도와주며 동시에 또래관계에서의 기술을 갖는데 도움을 준다(Webb, 2003). 대부분의 아동집단은 아동의 시각이 익숙한 교실활동과 비슷하게 보이도록 만들어진 대본과 짜여진 과업 주위에 집중한다. 집단 안에서 주제를 다루는 것은 아동기 중반의 발달상의 특성으로부터 얻어진 각각의 장점이다(Kalter, 1988; Kalter & Schreier, 1994):

- 아이들은 다른 아이들로부터 지지를 얻는다. 특별히 같은 발달 단계에 따라 아동들이 구성될 때 그들은 서로 일체감을 갖는다.
- 집단은 "수가 많으면 안전하다."라고 규정된다. 아이들은 종종 초기에 개인 또는 가족치료를 할 때 혼자가 되거나 비난받는 것을 느끼지 못한다.
- 비슷한 상황이나 증상을 가진 친구와 있는 것은 자기표출을 하는 것에 대해 불안함으로 자각하는 것을 줄인다.
- 다른 아동들의 경험을 이해하여 아동 개인의 경험이 정상화된다.

• 다른 그룹 구성원들이 문제에 대처하거나 해결하는 방법을 얻음으로써, 아동들은 그들 자신의 대응계획의 범위를 확장할 수 있다.

## 개별 놀이치료

구조화된 행동들로 된 놀이를 겸한 개별치료와 상담은 아동기 중반에 효과적인 접근이다. 그러나, 학령기 아동과 일을 막 시작한 치료사들은 종종 "저항" 또는 "통찰력 부족", 또는 "아동이 가진 문제들을 볼 수 없는 것"을 볼 수 있다. 관찰은 발달상의 시작에서 충분히 정확하고 표준적이다. 학령기 아동들은 항상 양육된 방법에 문제점들에 대해 말하지 않는다. 개별치료 상황에서, 많은 아동들은 고민들, 고통스런 경험들, 문제점들에 대해서 말하는 것을 적극적으로 피한다. 발달 단계에서 아동들은 다음과 같은 특성을 보인다:

• *외부적인 적응.* 아동기 중반에, 아동들은 내부적인 자각보다 외부세계에 대해 더 많이 자각하고, 감정으로 향하는 것보다 행동으로 더 많이 향하는 경향이 있다.
• *방어.* 방어기제는 고통을 회피하거나 금지되거나 자각을 하는 것을 불안하게 생각을 한다; 그들은 의식을 억압하는 것에 더욱 숙련되어 있다.
• *자각.* 학령기 아동은 아동의 생각에 나쁜 상태와 관련된 증상과 문제점들에−싸움을 하거나 학급을 분열시키거나 부모에게 반항하는 것과 같은−대해서 말하는 것에 저항하는 경향이 있다. 초자아가 즉시 내면화되기 때문에, 나쁜 것은 마음 속으로 느낀다. 결과적으로, 아동은 잘못에 대해 느끼는 것을 피하기 위하여 문제를 말하는 것에 저항한다.
• *사회 의식.* 학령기 아동들은 사회적으로 적당한 것을 깨닫고 다른 모든 사람들처럼−"정상" 상태에 있는−현재의 상태에 많이 투자한다. 그들은 종종 그들이 치료 중인 것을 친구들이 알게 될까봐 걱정한다. 문제를 가진 것은 정상이 아니거나 결점이 있는 것으로 생각한다.

어느 날, 나는 첫 번째 약속 시간을 정하고 올해 8살의 남자 아동을 기다리고 있었다. 나는 내 치료실 창문을 내다보고 있었고 아동의 엄마가 아동을 차 밖으로 통째로 끌어내리는 것을 보았다. 아동은 울면서 저항하고 있었다. 아동은 내 치료실 안에 들어올 때까지 자제하였고, 나는 그가 우는 것으로 인해 스스로를 난처하게 만드는 것을 원하지 않기 때문이라고 생각한다. 한 시간에 걸친 회기동안, 우리는 인형놀이를 하였다. 아동은 의자 뒤에 숨어서 자신의 인형을 세우고 말했다. "나는 미치지 않았어." 이것은 아동의 두려움에 말을 걸 수 있는 기회였다. 나는 말했다. "가끔 아이들은 미쳤다고 내가 증명한다고 생각하지만, 그것은 오해란다—그것은 아동들이 나를 만나기 위해 오는 이유가 아니야. 그들은 그들이 가지고 있는 몇 가지 고민들 때문에 오고, 나는 고민을 도울 수 있는 방법을 안단다."

## 전치

학령기 아동은 자신의 힘든 감정과 걱정을 자각억제, 무의식적 방어, 또는 놀이와 공상으로의 전이를 통해 피하려고 애쓴다. 아동은 놀이, 그림 등의 가상세계를 통해 자신의 어려움과 감정을 표현한다. 놀이는 아동이 자신의 금지된 충동, 힘든 감정 등을 죄책감 없이 자연스럽게 표현할 수 있도록 해준다. 아동은 자신의 감정적 딜레마들을 상징놀이를 통해 무의식적으로 표현한다. 우리는 아동의 그림그리기, 스토리텔링, 치료적 게임과 같은 전치 활동이나 놀이를 통해 아동에게 직접 물어보지 않고도 아동이 내면에 어떤 어려움이나 경험들을 가지고 있는지 알 수 있다. 치료사는 아동의 공상 또는 놀이에 적절하게 전치된 반응을 하도록 하여 아동이 방어를 하지 않도록 해야 한다. 전치된 반응의 예는 다음과 같다. "너는 어떻게 느끼니?" 대신 "아이들은 어떻게 느끼니"라고 말하거나; 아동의 문제를 다음과 같은 식으로 표현하기도 한다–"내가 아는 아이 중에 걱정이 많은 어떤 소년이 있는데."결과적으로 최종 목표는 아동의 문제를 직접 이야기하지 않고, 아동의 문제와 놀이를 연결하여 아동이 자신의 문제를 해결할 수 있도록 도와주는 것이다.

이번 장에서 나는 학령기 아동과의 작업에 있어서 전이의 사용과 다른 발달적으로 적절한 접근을 설명하는 두 가지 사례를 제시할 것이다. 첫 번째 사례는 변화에 충돌할 우려가 있음을 보이는 상습적인 외상의 초기내력을 가진 7살 아동을 소개하고자 한다. 두 번째 사례는 8살과 11살에 두 번의 치료기간 동안 가족의 스트레스 요인에 대처하는 데에 인지적인 능력이 충분하지 못한 발달을 가진 아동을 소개하고자 한다.

## 반복되는 학대로 인한 외상을 다루는 작업 : 사례

미카엘(Michael)은 현재적인 슬픔, 아동 스스로 죽었으면 좋겠다는 진술과 양부모의 집에 사는 친 여동생에게 성적 행동과 공격성을 보이는 7살의 남자아동이었다. 아동은 학교에서 행동상의 문제를 보이지 않았다. 아동은 훌륭한 양부모와 있었고, 양 엄마에게 강한 애착을 가졌다.

미카엘의 4살까지 초기경험은 혼란스러웠다. 아빠는 신체적, 성적으로 아동과 두 자매를 학대했다. 가끔 아동이 보는 앞에서 누나를 성폭행하였다. 아동은 또한 자주 엄마와 아빠 사이의 폭행을 목격했다. 두 부모는 알코올과 코카인 중독이었다. 아동들은 종종 부모 없이 홀로 남겨졌다. 세 아동들은 모두 미카엘이 4살 때 방치와 학대로부터 벗어났다. 그들은 엄마에게 보내졌지만, 계속해서 아동들을 학대하는 것이 발견돼 4개월 후에 다시 엄마와 떨어졌다. 미카엘의 누나는 외상으로 인해 심하게 혼란되어 있는 것으로 평가되었고, 다른 시설에 배치되었다. 미카엘과 여동생은 같은 양부모의 집으로 보내졌고 양자로 삼아졌다.

성적학대 치료기관은 그가 우울한 증상을 보이고 자해할 위험이 있기 때문에 치료실에 미카엘을 위탁하였다. 미카엘은 1년 동안 성적학대 치료를 받았다. 이 치료기간 동안, 미카엘은 최초로 아버지가 생식기를 만지게 한 것을 포함한 수많은 성적학대 사건을 설명하였다. 그는 엄마가 자신을 보호해줄 무엇도 하지 않았다고 하였다. 치료는 성적 학대를 지도하는 것에 초점을 두었다. 미카엘은 아빠의 행동이 잘못되었고, 아동에게 성적 학대를 할 수는 없다고 이야기하였다. 덧붙여, 치료자는 미카엘과 여동생이 서로에게 성적으로 행동하지 않을 수 있도록 가정환경을 구조화하기 위해 양부모들과 작업하였다. 치료자와 양부모들은 미카엘과 여동생에게 적당한 경계선과 행동을 반복적으로 알려주었다.

이러한 중재는 미카엘에게 매우 도움이 되었다. 그러나 성적, 공격적으로 행동하는 충동에 대한 조절문제가 생겼을 때, 그는 더 불안하고 우울해졌다. 정서적인 증상에 대한 행동으로부터의 전환은 발달뿐만 아니라 중재의 도움을 받았다. 그는 성적학대에 대한 외상의 경험을 기억하고 말로 설명하기 위한 도움을 받았다. 동시에 인지능력이 발달했을 때 보다 나은 기억의 언어적인 암호화를 하였다. 그는 학대의 부당함과 학대 가해자의 책임을 강조하였다. 동시에, 도덕적 가치의 내면화가 계속되었다. 그는 그의 성적인 행동을 제한하기 위해 도움을 받았고, 자기조절에 영향을 미치며 의식형성에 중요한 구성요소가 되었다.

## 현재 나타나는 증상의 형식화

정신역동의 관점에서 보면, 미카엘은 불안에 저항한 방어로서 "acting out"에 덜 의지하기 시작했다. 행동화는 행동을 통해서 무의식적인 긴장을 덜어주는 방어적인 기능을 한다. 행동화는 외상에 대해 환경적으로 기억나게 하는 것과 외상을 바탕으로 나타나는 불안은 일반적인 반응이다. 미카엘의 성적학대 치료는 아동이 행동화하는 성향을 어느 정도 조절하도록 돕는 것이다. 나에게 의뢰된 동시에, 양 엄마는 성적인 행동에 대한 의미 있는 감소를 언급하였다. 그러나, 그의 경험 안에 있는 상습적인 외상은 충분히 이야기 되지 않았다. 결과적으로, 미카엘이 외상이 바탕이 된 불안에서 해방되는 수단으로서의 행동화는 덜 하더라도, 불안은 우울한 증상으로서 내면화되어 남아 있을 것이다. 최근 아동의 PTSD(외상후 스트레스 장애) 연구는 외상이 우울을 발달시키는 위험요소라고 지적하였다(Pynoos et al., 1996). 외상의 정서와 인지적인 증상이 지속될 때, 아동은 증상 조절에 대한 무능력 때문에 고통과 우울이 증가하게 될 것이다(McFarlane, 1995). 나는 미카엘이 결과적으로 표현되지 못한 불안과 우울의 정서는 내면화되고 있지만 행동화는 제한되는 것으로 보았다.

## 학령기 아동의 외상에 대한 치료적 접근

미카엘의 치료에 대한 나의 접근은 그가 외상에 대한 기억을 줄이고 억제하는 외상 이야기를 창조함으로써 우울감소, 자기조절의 증가, 그리고 그의 인생 초기의 외상을 정복하기 위해 아동기 중반의 새로 생겨난 발달상의 능력들을 사용할 수 있는지를 보는 것이었다. 외상을 가진 아동들과의 작업함에 있어서 우리는 그들이 충분히 회상하여 표현을 발달시킬 수 있도록 도와야 한다. 외상의 경험은 미숙하고 저항할 수 없는 감정으로 생각과 말을 밀어내어 방어능력을 무력하게 한다. 개인적인 연속성과 이야기되는 기억의 또한 심하게 분열되어서 아이의 외상 사건의 표현은 조직적인 이야기보다는 오히려 상상적이고 왜곡된다. 이것은 미카엘처럼 외상이 만성이 되었을 때 특히 그러했다(Terr, 1991). 이미 잘 알려져 있듯이 내담자가 자기 호소를 말로 할 수 있게 돕는 것은 외상이 있는 성인들에게도 좋은 치료가 된다.

이미 잘 알려져 있듯이, 내담자로 하여금 주호소를 말로 표현하도록 하는 것은 치료에 많은 도움이 된다. 이 원리는 외상이 있는 성인들 뿐 아니라 아동들에게도 적용된다. 우리는 다음과 같이 외상이 있는 아동들을 돕길 원한다. 1) 일어난 일에 대한 이해력을 증진시켜 주고, 2) 외상을 준 사건에 대한 이야기가 보다 일관되고 정확할 수 있도록 돕고, 3) 외상을 동반한 감정을 알려주고, 4) 외상 사건들을 현재의 사건이 아닌 과거의 것으로 분류하여 아동이 외상 사건들로 인해 두려운 눈으로 세상을 보지 않고 다만 과거의 사건 혹은 사건들로 인식할 수 있게 돕는다. 5) 또한, 인지발달이 이루어지면서 적당한 표현력도 발달한다는 사실에 입각하여 현재, 보다 발달한 인지상태가 외상을 처리해 나가도록 돕고 싶다(특히 어린 시기에 외상을 겪은 아동일수록 중요하다)(Salmon & Bryant, 2001).

그러나, 아동을 다룰 때에는 놀이, 재연, 혹은 상징표현과 같은 아동의 표현양식에 맞추어 줄 필요가 있다. 외상이 있는 아동의 놀이는 체계적이지 않고, 말이 잘 맞지 않으며, 외상 사건 장면을 계속해서 반복하는 경우가 많다. 아동의 혼잡한 놀이가 올바른 이야기 구성을 갖출 수 있도록 돕고, 증상의 원인과 영향을 확립하며 아동의 정서 상태를 이해하는 것이 치료자의 역할이다(Gil, 1991). 미카엘의 사례는 어린 학령기 아동이 놀이를 통해 외상을 표현하다가 점차 언어의 형태로 외상 사건을 표현하게 되기까지 변화를 잘 보여주고 있는 사례이다. 사례 이야기 전체를 보여주기 보다는, 초기 몇 달 간의 치료 세션을 통해 외상 이야기 내 감정전이 기술을 거론해 보고자 한다.

## 미카엘의 초기 세션에서의 외상 후 놀이

마카엘이 삶의 초기 4년 동안 겪었던 외상 경험을 어떻게 기억하고 구조화하고 있는지를 알기 위해, 나는 성학대 치료기관에서 배운 대로 보다 덜 지도적인 접근을 시도하였다. 나는 미카엘이 놀도록 격려하였고, 내가 미카엘의 놀이를 보면서 그의 외상 사건이 어떻게 그에게 영향을 미쳤는지, 세상을 보는 눈과 그의 감정에 어떤 영향을 미쳤는지 알 수 있기를 바랐다. 초기 세션 동안, 미카엘은 내가 보는 동안만 놀았다. 그의 놀이 내용은 감정이 극에 달하고, 반복적이며 제한되었다. 공룡을 가지고 놀 때, 끊임없이 물고 고함을 지르고 죽이며 놀았으며, 그 세상에서는 모두가 다른 모두와 싸우고 어느 누구도 보호받지 못했다.

외상으로 인한 미카엘의 놀이는 외상을 어떻게 조정할 것인지 놀이의 상징성을 보여주었다. 아동기 중반의 초기에, 아동들은 행동의 기준과 적당한 행동에 대해 보상을 주는 "사회적 계약"이 되는 사회적 규칙이 있다는 것을 학습한다. 아동이 사회적 계약의 큰 위반을 경험하게 될 때-미카엘의 부모들이 그를 학대할 때의 미카엘처럼-아동은 "사회적으로 조절하는 세상에 대한 믿음의 붕괴"를 경험한다(Pynoos et al., 1996, p.340). 미카엘의 문제는 치료에서 놀이 초기에 반영되었다. 그가 창조한 놀이 세상에는 명백한 규칙은 없고 단지 반복적인 위반만 있었다. 이러한 놀이 또한 통일성 있는 이야기, 학령 전기 아동들이 경험하는 성취, 그리고 학령기 아동이 목적달성을 창조해 내는 데 있어서의 어려움을 반영한다. 외상 후 놀이의 유형 그대로, 미카엘의 놀이에는 진전되는 이야기가 없었지만, 오히려 결코 죽지 않는, 위반하는 "나쁜 남자"를 포함하여 단 하나의 반복적인 시나리오였다.

## 안전한 치료환경의 고안

고학년 내담아동들과 다른 미카엘은 놀이에 참여하기 위해 나에게 기꺼이 오지 않았다. 이것은 자기의존과 그의 부모로부터 받은 학대와 배반에 대한 반응으로 타인을 신뢰하지 않는 것과 같았다. 얼마 후 첫 번째 세션 동안 나는 미카엘에게 공룡에 대해 이야기해 줄 수 있느냐고 물었다-무엇이 공룡들을 매우 화나게 하고 있는지, 그들은 서로 왜 싸우는지. 이러한 가벼운 질문에 대한 반응으로, 미카엘은 깜짝 놀란 것처럼 보였다. 이것은 그가 나의 질문을 침입으로서 경험한 것이라고 나에게 말해주었고 아마도 그가 하고 있던 것에 대한 나의 간단한 주목이 그를 불안하게 만든 것 같았다. 학대 아동은 종종 경계하고 남의 눈에 띄지 않고 조용하게 남아 있고 스스로 자제하였다. 미카엘은 이러한 스타일을 일반화하고 있는 것으로 나타났다. 미카엘은 과도하게 경계하고 감정을 과잉조절 함으로써 학대 상황을 받아들여왔다. 자신의 조절 안에서 느끼는 요구는-그의 환경과 감정 둘 다-중시되어졌다. 나는 친근하지만 요구하지 않으려고 노력했다. 나는 나의 중재가 조심스럽게 천천히 이뤄져야 하고 그의 불안함에 말을 거는 것을 시작하기 전에 미카엘의 강점에 가장 먼저 반응할 필요가 있다는 것을 깨달았다(Pearce & Pezzot-Pearce, 1997).

세션 동안 미카엘은 그림 그리기로 시간을 보냈다. 그림은 예술적인 재능을 보여주었다. 그의 놀이에 대한 나의 질문에 이전에 그가 반응했던 것과는 반대로, 미카엘은 자신의 그림의 내용에 대해 쉽게 이야기하였다. 미술작업에 대한 토의는 우리 상호관계를 형성하는데 안전한 매체인 것 같았다. 초기 그림은 놀이보다 더 애매한 주제에 대한 것이었다. 그는 초록색 땅 덩어리와 파란색 바다가 있는 지구 행성을 그렸다. 그리고나서 다른 행성들을 그렸다. 치료의 첫 달이 지나고, 미카엘은 몇 가지 그림을 가지고 세션을 시작하는 판에 박힌 작업을 하고 나서, 공룡 또는 놀이 피겨(figure)를 가지고 혼란스럽게 놀이를 하였다. 나는 이렇게 판에 박힌 일-세션의 끝에 그림 그리기로 되돌아오는-에 대한 또 다른 활동영역을 제안하였다. 나는 미카엘이 강점에 대한 감각을 경험하고 세션을 조절하기를 원했기 때문에 이렇게 하였다. 나는 그가 자신의 불안을 강화시키는 놀이로 치료에 참여하기를 원하지 않았고, 그가 불안으로 가득한 세션에 남겨지기를 원하지 않는다는 것을 알았다. 놀이세션에 외상요소를 떨치지 못한 외상이 있는 아동들은 그 다음 세션에서 보다 활발하게 놀 가능성이 많다. 그들은 치료실에서 정서적 흥분상태를 넘치도록 경험하고, 저항하며 세션을 보내게 될 것이다.

## 미카엘의 그림 : 발달과 강점의 동일시

아동의 평가에 있어서, 강점과 발달의 영역을 동일시하는 것은 중요하다. 미카엘이 그림을 그리고 그의 그림에 대해 이야기했을 때, 어린 학령기 아동의 많은 정상적인 특징을 증명하였다. 그는 조용하고 신중했다. 그는 그가 그린 것을 잠깐 바라보고 그림에 대한 설명을 하였다. 예를 들면, 새의 머리를 그린 후에, 까만 원 테두리를 그린 눈을 가리키며 말했다. "새의 눈으로 보이게 하는 방법이에요." 그리고나서 그는 말했다. "부리는 잘 못그리겠어요." 외상으로 인한 문제보다 자신의 내면으로 몰두된 상징화로 충동적인 놀이와는 반대로, 그림 그리기는 미카엘의 점진적인 발달의 효과를 상징화하는 것으로 보인다. 그림 그리기는 철저하게 그의 조절 하에서 더욱 중립적인 활동이 되었다. 결과적으로, 그는 그림을 그리는 동안 불안과 외상에 맞서 방어하기 위한 더 많은 능력을 가지게 되었다. 그의 그림은 그가 관심을 가지는 많은 다양한 주제들을 포함하였고 학령기 아동의 관심과 인지능력의 일부를 반영하였다. 그는 새의 부리를 잘 그리지 못하겠다고 설명함으로써 자신의 작업에 있어서 정확하게 표현하였다. 그는 조리 있게 자신의 그림에 대한 내용을 설명하였고, 그의 세계에 대한 감각을 만들어내고 함축적으로 사용하였다. 예를 들면, 그는 침대, 정리장의 배치, 방문과 창문의 위치, 그리고 많은 세부사항들을 안내하면서 집에 있는 자신의 방을 신중하게 그렸다. 그림에 대한 논의는 미카엘이 혼자 방에서 자는 것을 좋아하지 않는다는 것과 의붓 형제와 방을 함께 쓰는 것을 좋아한다는 것을 나에게 말하게 하였다. 나는 그에게 두려워하고 회피하는 것에 대해 물어보았다. 그의 그림은 놀이에서 비언어적으로 나타났던 불안이 처음으로 언어화하기 시작되었다.

## 외상 후 불안에 대한 전치로서의 그림 그리기

또 다른 그림에서는 미카엘의 두려움을 확장시키는 기회를 주었다. 그는 바다 풍경을 그렸다. 마지막에는 큰 파도와 바로 가까이에 물 밖으로 나온 상어 지느러미를 그렸다. 그림이 완성되기 전에 미카엘은 그림을 수정하였다. 그는 거대한 갑옷을 입은 공룡 안에 있는 소년으로 바꾸었다. 이 그림은 위험에 대한 반응으로 보였다: 그는 아마도 그에게 상처를 입힐 수 없는 약간의 보호를 파도타기를 하고 있는 소년으로 설명하였다. 나의 질문에 대한 반응으로, 미카엘은 공룡은 파도 위로 잘 뛸 수 있기 때문에 파도로부터 위험하지 않다고 설명했다. 그는 상어가 공룡을 다치게 할 수 없을 것이라고 설명했다. 내가 그에게 중간에 그림을 바꾼 것처럼 보였다고 말했을 때, 그는 웃었고 동의하였다. 나는 왜 그림을 바꾸기로 결정했는지 물어보았다. 그는 큰 파도를 가리키고 말했다. "처음에 이것이 단지 순수한 물이 되었다가 사람이 되려고 했어요. 그리고나서 물고기들이 그를 물려고 했어요." 나는 말했다. "그래서 아마도 이 사람이 상어나 파도에 의해 다칠 수 있을 것처럼 보였구나. 하지만 네가 공룡 속으로 그를 돌려보낸다면 공룡이 매우 강하고 공룡의 갑옷에 의해 보호받을 수 있어 그가 안전할 수 있었구나." 이 그림 안에서, 그는 상처받기 쉬운 그의 감정을 들여다 볼 수 있었고, 그리고나서 그들에 대해 보상하였다. 이 그림은 그가 그리는 것에 대한 완벽한 조절 때문에 더욱 더 미카엘의 두려움을 표현하는데 강한 동기를 유발시켰다. 이 그림에서는 미카엘이 두려움을 표현하고자 한 것이 명확히 드러났는데, 미카엘의 뛰어난 그림 실력 덕분에 두려움에 대한 표현을 손쉽게 이해할 수 있었다.

## 외상 후 놀이에 대한 대체된 해석

미카엘이 두려운 주제에 대해 대화를 편안하게 느끼기 시작한 후에, 그의 놀이에 대해 설명하는 것이 가능해졌다. 치료 2개월 동안, 그는 닌자 거북이와 같은 만화를 본 것에서 초 영웅과 악당을 포함한 플라스틱 모형들을 가져왔다. 나는 미카엘이 집에서 이러한 장난감들을 가지고 오기로 결정하는 것이 우리 관계가 안정되는 것을 반영하는 것으로 느꼈기 때문에 기뻤다. 첫째로 우리는 함께 모형(figure)들을 훑어보았다. 그리고 미카엘이 모형들끼리 서로를 죽이는 놀이를 하기 시작했다. 몇 분 동안 지켜본 후에, 나는 하나의 초 영웅 모형이 모든 도전자들을 이기는 것에 주목하였다. 나는 그가 누구인지 물었고, 미카엘이 말하였다. "그는 나쁜 사람이에요." 이 모형은 상어에게 먹혔고 폭탄으로 폭발되었지만, 여전히 다른 모형들을 계속해서 이겼다. 나는 말했다. "이 나쁜 사람은 멈추거나 죽을 수 없는 것처럼 보이는구나. 그는 다시 되돌아오고 있어." 놀이는 이 주제를 가지고 계속되었다. 몇 분 후에 나는 그의 놀이가 나로 하여금 생각하게 만든 이야기를 그에게 얘기해주고 싶다고 미카엘에게 말했다: "때로는 아동이 자라면서 자신에게 나쁜 일이 일어나고, 그것이 계속해서 반복적으로 일어난다면, 그 아동은 나쁜 사람이 다시 되돌아올 것처럼 느낀단다. 심지어 그 아동은 그에게 상처를 준 사람과 떨어져서 그를 잘 돌봐주는 가족과 살기 시작할 때도, 가끔씩 상처 받았던 일에 대해 여전히 걱정할 수 있어, 지금 안전하더라도" 미카엘의 반응은 "나쁜 사람을 돌아오게 하는 것"이 누구인지 알았다고 아동에 대한 이야기를 나에게 말하는 것이었다. “지금 나쁜 사람은 그가 어디에 사는지 몰라요. 나는 그의 이름이 미카엘이라고 생각해요.”

위 이야기를 들으면서 나는 아동에게 다음과 같은 이야기를 하였다. 나는 그에게 아동의 아빠가 그를 때리고 그의 사적인 것을 건드린다는 것을 알고 있다고 말했다. 그는 그의 아빠와 함께 살아온 이래로, 그를 내쫓을 수 없고 항상 되돌아오는 나쁜 사람처럼 그의 아빠를 느꼈다. 심지어 그가 새 가족과 안전하게 있을 때도, 그는 그의 아빠가 했던 나쁜 일을 기억하고 두려움을 느꼈다. 이 이야기 후에, 미카엘의 놀이는 변화되었다. 그 나쁜 사람 모형은 그의 나쁜 행동에 대한 벌을 받았다. 그는 그의 옆에서 폭발된 폭탄을 삼키도록 강요당했다. 그리고 나서 닌자거북이는 그를 죽였다. 그 놀이가 여전히 폭력적임에도 불구하고, 그것은 나쁜 사람이 이기고 지배하는 외상 후 놀이의 희망 없음으로부터 변화되고 있었다. 좋은 사람-자기라고 생각되는 닌자거북이-의 승리는 미카엘이 학대받은 경험으로부터 극복을 생각할 수 있다는 것을 제시하였다. 이 주제는 첫 시간에 그가 좋은 사람 팀과 나쁜 사람 팀에 공룡들을 나눠놓고 나서 좋은 사람들이 나쁜 사람들을 반복적으로 이기는 것으로, 다음 세션에서 계속되었다. 이 놀이는 더욱 건강한 상태였다. 좋은 팀과 나쁜 팀의 공룡들은 서로 개별적으로 위험에 직면했다. 각자 싸운 후에, 둘 이상의 공룡들을 앞으로 가져다 놓았다.

치료 초기 몇 개월 동안의 혼란스러운 놀이에 비해, 이 놀이는 의식과 규칙을 가진 게임과 닮아 있었고, 더군다나 더욱 어린 학령기 아동의 놀이 형태였다. 나는 미카엘이 놀이로부터 쉬고 싶은지 물어보았고, 그에게 비슷한 방법으로 놀이하는 아동에 대한 이야기를 하였다. 나는 말했다. “이 아동은 항상 나쁜 사람들을 때려주었고, 우리는 그가 자신에게 상처 입힌 누군가에게 몹시 화가 나 있기 때문에 그러한 방식으로 놀이를 한다고 이해하였단다. 그 아동은 그 사람을 벌주기를 원했고, 그의 놀이는 그것을 상상하는 방법이 되었어.” 나는 미카엘의 이전 기관에 있는 치료자가 나에게 미카엘의 아빠가 미카엘을 다치게 했다고 말했다고 미카엘에게 이야기했다. 미카엘은 동의했다. 나에게 그것에 대해 말할 수 있는지 물었고, 그는 그의 아버지의 성적학대에 대한 약간의 사실을 자세히 이야기하였다. 그는 그에게 일어났던 일을 증오했던 것과 아빠가 나빴다고 생각했던 것을 명백하게 했다. 미카엘이 성적 학대를 받은 것에 대해 말할 수 있었기 때문에, 나는 미카엘이 엄마 아빠와 함께 살 때 일어났던 다른 일들을 나에게 말해달라고 했다. 나의 목표는 성적 학대보다 더 한 것을 포함한 외상 이야기를 발달시키도록 돕도록 논의의 범위를 확장시켰다.

## 외상이야기의 확장

때때로 성적 학대에 대한 지도적이고 교육적인 치료는 그 범위를 너무 좁게 할 수 있다. 성적학대 아동들은 다른 방식으로 외상을 입는다. 분명히 나타난 문제가 성적학대라고 하더라도 다른 외상성의 사건이 있는지 관찰하는 것은 중요하다. 효과적인 치료는 아동에게 다른 경험을 충분히 표현할 수 있는 기회를 주는 것이다. 미카엘은 아빠의 폭력적인 행동에 대한 많은 실례를 묘사하였다. 그는 그의 아빠가 엄마와 여자형제들을 때리는 것을 수없이 목격했다. 그는 말했다. "아빠는 칼을 들고 엄마를 뒤쫓았어요. 한 번은 그가 엄마에게 유리컵을 던져서 벽에 부딪혀 깨졌어요." 나는 그럴 때마다 미카엘이 어떻게 느꼈는지 물었다. 그는 말했다. "슬펐어요. 두렵기도 했어요. 엄마가 죽을 것 같아서 무서웠어요. 가끔 아빠는 문을 부쉈어요."

나는 미카엘이 양 가족과 살고 있음에도 불구하고, 그의 아빠로부터 상처받을 것에 대해 지금도 여전히 걱정하는지 물어보았다. 아빠는 자신이 어디에 사는지 모르기 때문에 걱정하지 않는다고 말하였다. 그러나, 어떤 남자가 집을 부수고 들어와서 뒤쫓고 어디에 숨든지 찾아내서 마침내 총으로 쏘는 꿈에 대해 이야기하면서 즉시 두려움을 나타냈다. 나는 말했다. "매우 무서운 꿈이구나. 어른들이 아동들에게 나쁜 짓을 했을 때 아동들이 어떻게 느끼는지 생각나게 하는구나. 어른들은 아이가 그들을 정말로 멈추지 못하게 매우 강하니까, 아이가 할 수 있는 모든 것은 숨으려고 애쓰는 것 뿐이란다. 하지만 네가 너의 아빠와 더 이상 함께 살지 않는 이유는 모든 것을 의도적으로 했기 때문이야." 미카엘은 동의하고 나서 아빠가 그의 뺨을 때리고 벨트로 때렸을 때에 대해 이야기하였다. 나는 그의 두려움을 공감하였고 아빠가 그와 여형제들과 엄마에게 상처를 준 것은 잘못된 것이라고 말했다.

세션이 끝날 때, 나는 말했다. "이 모든 것에 대해 나에게 얘기해줘서 정말 기쁘구나. 지금 나는 그 이야기를 하는 것이 너에게 좋았다는 것을 안단다. 지금 너는 아마도 더 안전하게 느낄 거야. 나는 네가 기억하는 것에 대해 계속 얘기하고 싶구나." 나의 느낌은 미카엘이 아빠의 폭력과 그의 두려움에 대한 이러한 기억들에 대해 이야기함으로써 약간의 안심을 얻은 것이었다. 미카엘의 외상 이야기에 대한 중요성은 변화되었다. 그의 성적학대 경험이 아마도 외상성의 것이었다고 하더라도, 그의 외상 후 스트레스의 더 뿌리 깊은 근원은 신체적으로 학대받고 아빠의 폭력을 목격한 기억이었다. 그는 첫 번째 세션 이후로 그의 놀이에서 폭력과 위험에 대한 불안함을 나타냈다. 우리는 많은 회기 동안 이야기를 함께 연결하는 것을 계속함으로써, 나는 끊임없이 그가 경험했던 감정으로 그가 기억을 통합하는 것을 도우려고 했다. 나는 자주 그의 과거와 현재 경험들 사이를 비교하게 했고, 돌봐주고 보호해주는 가족 안에서 사는 것과 현실의 두려움을 구별하도록 돕는 것을 목표로 하였다. 이러한 작업에서 나는, 원인과 결과를 이해하고 과거 사건의 관점을 너그럽게 하고 그의 경험에 대해 더 논리적이고 조직적인 방식으로 생각하기 위한 미카엘의 새로 생겨난 발달상의 능력을 끊임없이 도왔다.

## 발달의 강점 사용 : 사례

8세 6개월의 스태시(Stacey)는 계부로부터 분리가 결정된 후 몇 주 안에 그녀의 어머니인 클라인 부인(Ms. Kline)에 의해서 나에게 보내졌다. 클라인 부인과 남편은 2년 동안 부부였다. 스태시의 생부는 그녀가 3개월 되었을 때 자동차 사고로 죽었다. 클라인 부인은 스태시가 6살이었을 때 결혼했는데 이때까지는 한 부모로써 스태시와 언니를 양육하였다. 스테시는 클라인 부인이 계부인 빌(Bill)과 결혼하면서 우울한 것처럼 보였다고 말했다. 스태시와 언니는 클라인 부인에게 계부가 화가 나서 가족을 떠나는 것이 좋겠다고 한 말을 엿들었을 때 배신을 느꼈다고 말했다. 다음 달이 지나서, 스태시는 빈번히 그에게 전화를 했지만, 그는 그녀의 메세지들에 자주 응답하지 않았다. 4개월 안에 그는 다른 주로 이사했고 그녀에게 더욱 드물게 연락했다.

스태시는 발달하고 있는 취학 연령의 아동에게서 예상할 수 있는 특성을 보여주었다. 그녀는 생각이 깊고, 조용하고, 명확히 표현하고 냉정했다. 그녀는 곧 분리에 대한 노여움과 자포자기한 감정을 보였고 전이 방어기제를 사용하였다. 그녀는 두 개의 그림을 그렸는데; 하나는 머리가 폭발하고 있는 것처럼 보이는 화난 사람이었고, 다른 하나는 유원지에서 롤러코스터(roller-coaster)를 타며 좋은 시간을 보내는 것으로서 계부가 포함되어 있는 가족의 이상화된 이미지였다. 이 그림들은 거부에 의해서 일어난 그녀가 가족이 재결합하고 다시 행복해지기를 원하는 것을 표현한 것으로 이혼에 대해서 화가 난 것을 전하는 것으로 보인다. 롤러코스터의 선택은 또한 부모의 관계에 대한 불확실성에 의해 스테시의 불안한 느낌의 표현일지도 모른다. 이 그림들에서 그녀의 작업은 발달한 8세의 대표적인 즐거운 일을 하기 위한 욕구를 나타낸 것으로 볼 수 있다. 그녀는 그림을 그렸던 것처럼 냉정했고, 그녀가 자신을 위해 그들을 직접 의식적으로 관련시키지 않고 갈등의 문제를 암시하는 그림들을 설명했다. 이것은 자기 조절을 하는 적절한 발달의 신호였다(Sarnoff, 1987). 비록 화난 사람의 그림은 확실히 계부와 이혼에 대한 분노를 묘사했을지라도, 그녀는 간단히 "이것은 머리 위에서 분출하고 있는 사람 이예요"라고 설명했다. 무엇이 그를 화나게 만들었는지 물었을 때, 그녀는 "누가 알아요?"라고 말했다.

내가 그녀의 어머니와 계부가 가졌던 언쟁에 대해 스테시에게 물었을 때, 그녀는 매우 우울하게 보였고 침착하게 "그들은 이혼하게 되었어요."라고 설명했다. 많은 아이들은 부모가 싸우고 이혼하기로 결정한 것에 대해 화가 난다고 말했을 때, 그녀는 화가 난 것을 부정했지만 그녀의 언니는 인정했다. 그녀의 두 번째 그림이 가족이 더욱 행복했던 시간을 보여준다는 것과 지금 그녀와 언니가 슬플지도 모른다는 것을 암시했을 때, 그녀는 이 의견을 무시했고 나에게 그녀가 책에서 읽었던 것을 이야기로 말했다; "왕자는 그의 아내와 함께 사이좋게 지내지 않았으므로 그는 도망갔어요. 마법사는 그를 개구리로 만들었고 연못에 놓았어요. 그리고 그의 아내는 연못에 있었고 그녀도 역시 개구리였으므로 그들은 함께 돌아왔어요." 나는 아마도 그녀가 어머니와 계부가 함께 돌아오기를 바라고 있다는 것을 말했고, 그녀는 본질적으로 그 사실을 진술하는데 그녀의 이야기 속에 있는 재결합 환상의 고백을 회피하면서 "엄마는 나에게 그들은 그렇지 않다고 말했어요."라고 이성적인 어조로 응답했다.

스테시(Stacey)는 아픈 감정들을 억누르고 학령기 아동의 능력을 보여주었다. 그녀는 계부의 상실과 본래 가족에게 많이 불안해 하였다. 그녀의 방어와 수용능력은 의식하고 있는 억압과 자기혼란에 대한 슬픔과 화난 감정들을 먼 거리에 두었다. 그녀의 어머니는 그녀에게 이혼에 대한 이유를 설명했고 스태시는 부모가 1년 이상 부부간의 갈등이 있었다는 것을 이해하였다. 자기중심적인 취학 전 아동은 인식력의 부족으로 이혼에 대한 책임을 자신에게 있는 것으로 생각할 수 있지만 8세 반인 그녀는 이혼에 대해서 자신의 책임으로 보지는 않았다. 비교적 알맞은 시각으로 충돌을 관찰하는 그녀의 능력은 자기비난의 환상을 줄였다. 어머니에게 강한 동일시를 하는 연령이였지만 동일시를 하지 않았고 적어도 분리이후 즉각적으로 어린 학령기 아동에게서 나타나는 부모에게 충실하고자 하는 문제에 대해서 애쓰지 않았다(Kelly, 2000). 이혼에 대한 스태시의 주요한 반응들은 박탈과 분열의 종합적인 감각에 초점을 맞추었고 그녀의 분노와 혼란은 계부에 의해 배신당한 느낌은 6개월에 걸쳐 계속되고 있는 치료의 주된 테마들이 되었다.

## 중재 안에서의 전치 행동

치료의 첫 번째 달 동안에, 재산 분할에 대한 어머니와 계부 사이의 몇몇 일어난 사건과 스태시가 매주 더해진 그림을 '책'으로 제작한 것이 동시에 일어났다. 이 그림들은 부모의 이혼에 대한 스태시의 주요한 관심들을 상징했다. 처음 몇몇의 페이지는 바다에서 먹이를 찾아다니며 헤엄치는 상어들을 나타내었다. 나는 상어들이 혼란하고 아마도 화난 것처럼 보인다는 의견을 말했다. 스태시는 그들은 매우 화가 났는데 거기에 먹이가 충분하지 않기 때문이라고 말했다. 나는 부모가 이혼할 때와 집과 가구와 돈을 획득하는 것에 대해 싸우는 것을 암시하여, 아이들은 때때로 그들이 살기 위한 장소나 음식을 사기 위한 돈을 가지지 못한 것에 걱정한다는 해석으로 바꾸어 말했다. 다음 세션에서의 그림은 바다에 인접한 집에서 살고 있는 사람들을 나타내었다. 어떤 사람들은 바다에서 우습게 수영하고 어떤 사람들은 배고픈 상어들에 의해 공격당했다. 나중의 그림에서는, 집들이 지진 탓으로 사라졌고 파괴되었다. 이 이미지들은 스태시의 분노, 박탈 그리고 두려움의 감정들을 응축하였다. 비록 그녀는 자신이 그렸던 것과 같이 냉정함과 일치할지라도, 그림들의 내용은 불행이 그녀와 가족에게 닥쳤던 것의 내부의 감정을 나타내었다. 클라인 부인과 부모 세션에서, 나는 그녀가 어떤 식으로 재산정리가 끝나더라도 그녀가 아이들을 뒷바라지 할 수 있는지 확인하고자 물었다. 가족 세션에서 클라인 부인은 그녀와 남편의 갈등은 이혼이 마무리되면서 점차 감소될 것이고 그녀가 아이들을 돌볼 수 있을 것이라 말하면서 아이들의 절망감을 공감했다. 나 역시 스태시의 계부와 이 문제들을 의논하기 위해 시도했지만, 그는 나에게 말하기를 내키지 않아 했다.

나중에 그녀의 어머니와 나는 그녀의 분노와 감정들을 이야기하였는데, 스태시는 그림을 멈추었고 우리는 정사각형에서 선들이 만나는 것을 필요로 하는 종이와 연필 게임인 사목게임이라는 놀이를 시작했다. 우리는 또한 카드놀이를 했다. 이 게임들에서 그녀는 모든 것을 통제했다. 그녀는 카드를 뒤섞었고, 그것들을 나누었고, 규칙에 의해 권력자같이 행동했다. 그녀는 때때로 그녀의 능숙함 때문에 나를 이기는 훌륭한 선수였다; 그렇지만, 만약 그녀가 지기 시작했다면, 그녀는 반항적인 미소와 공공연히 속이는 눈으로 나를 바라보았다. 나는 그녀가 속여서 한다고 말해도 좋을 정도로 스테시와 함께 원한다는 의견을 말했다. 그녀는 웃었고 동감했다. 나는 그녀가 친구와 함께 놀이할 때 속일 수 있을 것이라고 말했다. 그녀는 놀랍게 바라보았고 '절대로 아냐'라고 말했다. 나는 이러한 대답을 기대했었다. 왜냐하면 그것은 치료 상에서 스태시의 게임 놀이는 어떤 특별한 수행능력을 가졌고 그것은 또래와의 놀이에서 사용될 공정함 같은 똑같은 규칙들에 영향을 받지 않았을 것으로 보이기 때문이다. 이러한 유형의 놀이는 그녀의 득점표를 계속 이기게 하면서 스태시와 여러 번의 세션에 걸쳐 계속되었다. 나는 스태시의 게임을 통제하면서 만족을 그녀의 최근의 실제 경험들의 반전으로 이해했다. 나는 그녀에게 말했다. "내가 이기기 위해서 아무 것도 할 수 없을 때 그것은 아이들이 어떤 일이 일어났을 때 그 일로부터 아무 것도 할 수 없는 것을 어떻게 느끼는지 깨닫게 했다. 만약 그들의 부모가 이혼을 하기로 결정한다면 아마도 아이들은 이혼을 원하지 않지만, 그들은 어른들이 하는 일에 아무 것도 할 수 없다. 또한 계부와 너 사이에 무슨 일이 일어날까-나는 네가 그를 더 많이 보고 싶어할 것이라고 생각한다. 그러나 그는 자기 고민에 빠져 너에게 연락하지 않는다. 나는 이런 일 때문에 정말로 분노하고 슬퍼하는 다른 아이들을 알고 지내왔다." 스태시는 신중하게 들었고 "나는 많은 걱정을 하지 않아요."라고 말했다. 이 시점에서 그녀는 슬픈 감정을 견딜 수 없었다. 그렇지만, 계부의 비일관적인 행동에 대한 나의 의견은 화난 감정들을 더 많이 직접적으로 표현하도록 스태시를 위해 허용해주었다.

## 전치 놀이와 전이

레이드(Reid, 1993)연구에서 학령기 아동들은 치료 상황에서 강한 감정과 전이를 표현하기 위해 게임 놀이를 하며 실제상황의 갈등으로부터 옮겨진 것이라고 했다. "분노, 원한, 좌절과 질투의 강한 감정들은 게임의 안전한 범위 안에서 쏟아낼 수 있다. 특히 아이가 부모나 다른 어른들 모습에서 가질 수 있는 부정적인 감정들은 게임상황에서 더 쉽게 표현될 것이다. 게임은 부정적 감정을 표현하기 위한 하나의 안전한 매개물로 사용된다. 마찬가지로 게임에서 대립하는 어른, 치료자는 상징적인 어른의 대역이 된다. 놀이라는 맥락 때문에 아동은 치료사와 부모에게 직접적으로 표현하기 위해 아주 분노하고 싶은 충동이 전이될 수 있다. 스태시는 계부에게 매우 화가 나 있었다. 아동은 부모를 만날 때 많은 통제로 인해 아동은 좌절된 느낌을 받는다. 이러한 감정은 내가 우스꽝스럽게 이기지 못하는 것과 게임을 잘 조절하는 그녀의 집요함으로 게임을 이기기도 하였다. 동시에 그녀는 나에 대하여 우호적이었고 우리의 만남을 기대했다.

치료는 분노와 실망을 표현하기 위한 안전한 장소, 즉 놀이공간을 스태시를 위해 만들었다. 다음의 글은 그녀가 게임 후에 썼던 메모에서 확실히 나타났다.

> 스태시는 더글라스 데이비스(Douglas Davies)에게 불리하게 사목게임을 운영했다! 그는 너무 못했다. 그러나 내가 그렇게 말했다고 그에게 말하지 말 것. 나는 그를 볼 때 짜증이 났을 거라고 생각한다. 사랑을 보내며. 스태시.

스태시의 메모는 나를 침묵시키고 나를 향한 호의를 읽을 수 있었다. 몇 주 후에 그녀가 크리스마스카드를 만들었을 때 나에게 애정과 계부를 향한 분노를 표현하는 것을 볼 수 있었다. 그녀는 정성들여 그것을 채색하는데 10분을 소비했다. 정면 위에 그녀는 "메리 크리스마스! 사랑을 보내며. 스태시. 뒷면에도 써 있어요."라고 썼다. 반대쪽에 그녀는 "당신은 바보 같아"라고 썼다. 그녀는 내가 그것을 뒤집었을 때 소란스럽게 웃었다. 나는 그녀와 같이 웃고 그녀는 즐겁게 장난쳤다. 나는 얼마나 아동들이 어른들에게 기만당하는 것을 싫어하며 때로는 그들로부터 보상받기를 원하는지 깨닫게 되었다고 말했다. 나는 말했다. "네가 빌(Bill)에게서 기만당한 느낌을 가졌다고 생각한다. 그와 엄마가 함께 했을 때 그는 너에게 잘했고 너와 재미있는 것들을 하며 보냈다. 지금은 그가 너를 거의 만날 수 없다. 나는 그것이 끔찍한 기만같이 느꼈다고 생각한다."

## 부모의 이혼에 대한 반응 작업

다음 세션에서 스태시는 자신의 그림그리기 책으로 돌아왔다. 이번에는 그녀가 안전한 곳에 있는 집에서 살고 있는 가족을 그렸다. 가족은-어머니와 두 딸들-아버지가 없는 새로운 형태에 자신의 가족을 묘사한 것으로 보였다. 그녀는 "그들은 예전에 그들의 집을 지진이 흔들어 떨어뜨린 지점에 있지만, 이번에는 그들이 내셔널지오그래픽에서 지진에 대해 읽었고 조금도 흔들리지 않는 곳을 발견했어요. 또한 그들은 보다 좋은 집을 건축했어요."라고 말했다. 나는 그들이 상어들이 있는 바다에 아직도 가까이 있다면 이라고 물어보았다. 그녀는 "네, 그러나 그들은 지금 바다에서 헤엄치지 않아요. 지금 그들은 상심해있거든요. 그들은 거기서 아빠가 수영을 했고 상어들에게 잡아먹혔기 때문에 수영을 배우지 않아요."라고 말했다. "아빠?"라고 내가 한 말에 반응하여 그녀는 "정말로, 그것은 물 속에서 가슴을 공격받은 매우 나이든 남자였고 그들은 그를 죽인 후에 그를 잡아먹었어요."라는 말로 계부를 향한 암시적인 공격성을 빠르게 원상태로 되돌렸다. 그녀의 처음 그림들과 비교하면, 이 가족의 묘사는 그녀 가족의 새로운 구성에 대해서 조금 받아들인 것을 나타냈다. 클라인 부인은 나에게 말하기를 그녀와 남편은 이혼 문제에 대해서 바로 의논하지 않았었다고 했다. 안전한 암시와 같은 가족의 모습에서 스태시는 갈등이 감소했다는 것을 깨달았다. 계부를 향한 그녀의 분노는 상어들에 의해 잡아먹힌 아버지를 묘사한 것 같이 아직 강하게 있었다; 그러나, 그녀의 분노는 의식하고 있는 수준에서 그녀에게 여전히 견딜 수 있는 것이 아니므로 그녀는 상어들에 의해 잡아먹힌 사람의 이야기를 수정하는 것을 거절했다. 그럼에도 불구하고 그녀의 화난 감정들은 그녀가 그렸던 다음 그림인 피라니아들로 가득 찬 강에서 보인 것처럼 아주 격렬했다. 전이로 표현한 그녀는 피라니아들이 있는 물 속에 나를 그려서 위협했다. 내가 장난으로 비상 신호를 표현했을 때, 그녀는 웃으며 말했다. "좋아요, 나는 당신을 거기에 놓지 않겠어요. 사목게임 놀이해요."

처음 3개월 동안의 치료에서 스태시는 계부를 잃은 것에 대한 그녀의 감정들을 상징적으로 접근하기 위해서 그림과 게임을 통한 전이를 사용하였다. 나는 놀이상황에서 그녀의 감정들을 인정하는 것을 도왔다. 점차, 그녀는 실망과 분노에 대해서 직접 말할 수 있었다. 그녀는 계부와 주기적으로 만나는 것의 결핍에 대한 불평을 시작했다. 그녀는 약속을 만들고 그것들을 잘 지키지 못하는 그에 대해서 비판적이었다. 그가 그녀에게 알렸을 때 그는 먼 대학에 출석하기 위해 약속을 지키지 못한 상황을 그녀는 세션 안에서 뒤섞인 감정들로 표현하였다. 그녀가 말하기를 그녀가 그에게 바라는 것은 머무르는 것이지만 자신의 교육에 철저할 필요가 있다는 그의 설명을 받아들였다. 그녀는 그에게 계속 화를 내며 그 분노는 슬픈 감정들에 반대하는 방어의 일부분이라고 느꼈다. 그렇지만, 스태시는 내가 그것을 암시할 때 부정했다. 사실은, 이혼에 대한 그녀의 감정들과 계부의 행동에 대해서 몇몇의 세션에 걸쳐 직접적으로 말하면서 삶의 과정에서 약간의 부분이 정리된 것으로 보였다. 이것은 그녀가 행복해졌다는 어머니의 보고에서 분명했다. 그녀에게 영향을 준 세션은 기운차게 행동하고 통제하는 놀이가 감소한 것으로 보였다. 종결과정 동안, 나는 스태시에게 부모가 이혼한 아이에게 어떤 조언을 해줄 수 있는지 물었다. 그녀의 대답은 감정을 조절하기 위한 인식력 있는 전략을 사용해서 학령기 아동의 성향을 함축되게 표현했다; "그들에게 그것은 좋은 이유로 일어났다고 생각한다고 말할래요."

## 고학년 학령기 아동과의 치료 작업 : 스태시의 두 번째 치료

2년 반 후에, 클라인 부인은 현재 11살인 스태시를 보이기 위해 나에게 문의하여 방문했다. 클라인 부인은 나에게 그녀는 몇 달 이내에 다시 결혼할 계획인데 스태시가 화나고 불안한 것처럼 보인다고 말했다. 그녀는 어머니를 향해서나 때때로 어머니의 약혼자를 향해서 자주 버릇없고 빈정거렸다. 그녀는 언니와 끊임없이 논쟁했다. 그것은 스태시가 어머니의 다가오는 결혼식에 대해 걱정했고, 이혼과 상실에 의한 그녀의 이전 경험이 그녀의 불안을 형성한 것으로 보였다. 어머니가 다시 결혼할 계획을 만들었을 때, 스태시는 아버지와 애착을 만들고 그를 상실하는 것이 반복해서 일어날 수 있기 때문에 위험을 느꼈다.

나이든 학령기 아동은 진보된 인지능력으로 인해, 현실적인 걱정이나 그것들에 대해 화내는 가족 내부의 문제들을 분석할 능력이 있다. 이런 관심사들을 자각하고 있기 때문에, 눈에 띄지는 않을지라도, 문제를 다른 형태로 바꾸는 것과 문제에 대한 직접적인 토론까지 상당히 빨리 실행되는 것이 가능했다. 특히, 치료사와 스태시가 이전의 관계가 진실이였으므로 그것이 가능했다. 비록 많은 학령기 아동이 문제에 대해서 토론을 시작하는 것을 내키지 않아 할지라도, 그들은 치료자가 문제를 정확하게 이해하고 있다고 생각할 때 마음을 연다고 생각한다.

치료의 두 번째 만남에서, 2년 후에 처음 일어난, 그녀의 관계들에서 나타냈던 스태시의 행동은 유사점과 차이점이 나타났다. 그녀는 여전히 나에게 장난삼아 무례하게 행동하고 거절하는 것과, 나의 흥미와 동의를 구하는 사이를 교차하며, 전이관계의 전치를 이용했다. 이 전이는 어머니의 재혼에 대한 양가감정의 양면을 나타냈다-그녀는 아버지를 원했지만 상실에 대한 그녀의 불안 때문에 또 다른 행동으로 저항했다. 그녀는 여전히 나와 놀이할 때 사목게임과 카드 게임을 선택했다. 이것은 우리의 관계를 회복하고 그것의 연속성을 확인하기 위한 스태시의 방법처럼 보였다.

2년 동안 발달 속에서 행동의 변화를 보이는 중요한 차이점도 또한 있었다. 스태시는 2년 전에 경험했던 것보다 그녀를 괴롭히는 것을 더 많이 의식적으로 깨닫고 있었다. 약간의 도움을 얻어서, 그녀의 걱정들을 의논할 수 있었다. 우리가 게임들을 가지고 놀 때, 그녀는 항상 정정당당하게 놀이했다. 그녀는 내가 졌을 때, 나에게 장난치는 장난꾸러기일지 모르지만, 그녀는 속이거나 규칙을 바꾸지 않았다. 그녀는 그녀를 괴롭히는 것과 양가감정을 다루는 것에 대해서 생각할 수 있었기 때문에, 전치를 통하여 그녀 자신으로부터 그녀의 관심사를 숨길 필요가 적어졌다. 이것은 그녀가 걱정들에 대해 쉽게 말할 수 있다는 것을 의미하지는 않는다. 그러나 그녀는 내가 전이 행동에 대하여 의견을 말하거나 어머니의 재혼에 대한 걱정들을 직접적으로 직면시켰을 때 더 많이 즉시 반응했다.

학령기 아동은 문제에 대하여 직접적으로 말하기를 자주 저항하기는 하지만, 그들은 때때로 구체적인 말들로 진술하고 아동의 감정들을 표현하며 직접 설명을 한다. 일단 치료자는 학령기 아동과 믿을 수 있는 관계를 확립하고, 문제점을 직시하도록 하여 아동을 체계화시키고 정서적으로 아픈 경험과 기억들을 이해하도록 도와주어야 할 것이다. 예를 들어, 두 번째 만남부터 나는 이혼에 대한 기억과 어머니의 새로운 관계에 대한 불안을 연결해서 스태시를 돕기 위해 노력했다. 나는 말했다. "나는 다른 아이들이 엄마가 다시 결혼하기로 결정했을 때 노여움과 걱정스러움을 가지고 있다는 것을 알고 있다. 그것은 그들이 이혼에 대해서 생각하기 시작하고 그들이 원하지 않더라도 다시 그렇게 되기 때문이다. 나는 빌과 너의 엄마가 이혼했을 때 너는 슬프고 당황했었다고 생각한다. 너는 결코 너의 생부를 알지 못하고 빌은 이제까지 너에게 아빠로서 마지막이었다. 그러나 그는 이사를 한 후에 너를 많이 만나지 않았고 게다가 그는 떠났다. 그것은 정말로 너의 감정들에 상처를 주었다." 스태시는 신중하게 들었고 말했다. "당신이 맞아요."라고 스태시는 말하였다. 그리고 나는 스태시와 언니가 그 새로운 결혼(엄마의 재혼)이 이혼으로 끝날까봐 걱정하고 있으며, 그들이 다시 끝없는(그 전과 같은) 고통스런 감정 속으로 가야만 한다고 생각한다고 직접적으로 말했을 때, 스태시는 말했다. "나는 그가 3개월 안에 가버릴 것이라고 단언해요." 이 생각은 스태시가 또 다른 상실의 가능성에 대해 의식적으로 생각하고 있다는 나의 생각이 옳음을 증명했다.

스태시는 그 밖에 관련 있는 관계들을 내놓았다. 그녀는 어머니의 약혼자인 앤디(Andy)를 "좋아요"라고 묘사했지만 그녀는 실제로는 그를 매우 잘 알지는 못한다고 말했다. 그녀는 그에게 친밀해지기 위해 어머니로부터 받았던 압력을 묘사했다. 나는 말했다. "누군가 충분히 알기 위해서는 긴 시간을 필요로 한다. 너의 엄마가 앤디와 결혼하는 것에 대해서 들떠 있으니까 즉시 너에게 같은 것의 느낌을 가지라고 의미하는 것은 아니다. 너는 그를 좋아하는 것처럼 보인다. 그러나 너는 그를 보다 많이 알기를 원한다." 스태시는 신중하고 동감하는 것으로 바라보았다. 나는 또한 그녀가 관계를 지속하지 못할 것이라고 걱정되었기 때문에 엔디와 친밀해지는 것에 대해 신중한 것이 그녀를 위해 무리가 없을 것으로 설명했다. 스태시는 또한 어머니의 변화에 대해 경계했다. 예를 들면, 그녀는 어머니가 앤디가 집을 방문했을 때 스태시와 언니에게 그들의 가장 좋은 태도를 보이기를 원한다고 하소연했다. 나는 지금까지 앤디와 엄마의 관계는 아직 새롭고 어쩌면 그녀는 문제의 원인이 될 수 있는 무엇에도 대단히 민감할 것이라는 의견을 말했다. 그렇지만, 그들이 가족이 된다면 그녀와 언니는 앤디와 그들 자신에 대해 자유롭게 느껴야 한다고 말했다.

## 발달상의 지도

부모교육 세션에서, 클라인 부인은 자매가 자신과 앤디 둘 다에게 빈정대고 버릇없게 이야기하는 것이 걱정이라고 했다. 나는 스태시가 재혼에 대한 불안을 보이는 것이라고 말해주었다. 또한 나는 그녀의 불안이 11살에서 일반적으로 보여지는 발달상으로 보편적인 행동과 교차한다고 설명하였다: 학령기 아동이 사춘기로 전환되기 시작할 때, 부모에게 더욱 논쟁적이고 비판적이 된다. 이것은 부모로부터 그들 자신을 분화시키는 것을 포함한 과업으로 좀더 자율적으로 기능하는 것을 배우는 것에 대한 아동의 무의식적인 자각을 반영한다(Blos, 1979). 나는 클라인 부인에게 이러한 과정을 설명하면서, 엄마의 새 결혼이 실패할 수 있다는 스테시의 두려움에 대한 스트레스로 인해 사춘기 전 발달의 일반적인 양상이 강화되었음을 지적했다.

## 고학년 아동의 인지 능력 활용

스테시가 앤디에게 특히 버릇없이 말한다고 엄마가 이야기했다는 것을 내가 스테시에게 말했을 때, 스테시는 즉시 동의하고 말했다. "네, 언니와 나는 그를 몰아내도록 노력할거에요." 나는 어떻게 그렇게 할 수 있다고 생각하는지 물었다. 그녀는 말했다. "아마 그는 나쁜 아이들인 우리로 인해 정 떨어질거고, 포기할거에요." 이것은 나에게 처음으로 치료에서의 쟁점으로 되돌아가는 기회를 주었다. 나는 이혼의 원인이 자매들이 원인이 아니었음에도 불구하고 그녀와 언니가 첫 계부인 빌을 몰아냈다고 느끼는 것을 그녀에게 말했다. 나는 말했다. 아이가 그렇게 느낀다면, 아이는 결혼 전으로 돌아갈 수 있도록 나쁜 방법을 보여주는 것이 더 낫다고 생각할 수 있다. 스테시는 앤디를 좋아하지만, 또 이혼으로 가기를 정말로 원치 않는다고 말했다.

이 두 번째 치료는 특별히 스테시의 인지능력을 사용하였다. 11살의 나이에, 그녀는 같아 보이는 상황에 대한 비슷한 양상과 다른 양상을 평가할 수 있었다. 이혼의 반복을 두려워했기 때문에 엄마가 재혼을 결정했을 때 불안해졌다. 그러나 이전 계부와 새로운 계부의 다른 인격을 비교할 수 있었다. 그녀가 점차로 실감하는 새로운 계부는, 정서적으로 더 조화롭고 그녀의 학교와 체육활동에 더 관심이 있었다. 스테시가 앤디와 빌을 구별함으로서, 그녀는 그들의 관계에 대해 덜 불안함을 느꼈다. 엄마와 앤디가 결혼했을 때, 나는 주기적으로 스테시를 만나는 것을 계속했고, 매 시간마다 엄마의 새 결혼에 대한 그녀의 반응을 재검토했다.

스테시가 11살이었던 두 번의 짧은 치료에서, 첫 번째 세션보다는 문제의 직접적인 논의에 대한 전이된 감정을 조절하는 것이 더 쉬웠다. 부분적으로 이것은 보여진 문제 안에서의 차이점 때문이었다. 엄마의 재혼에 대한 스테시의 불안은 이혼에 대한 압박만큼 민감하고 고통스럽지는 않았다. 그러나 문제에 인지적으로 접근하고 그녀의 감정에 대한 격렬함을 조절하고 양가감정을 견디는 스테시의 능력은 8살에서 11살로 성장하면서 많은 발달을 하였다. 결과적으로, 그녀는 전이를 통한 생각과 감정을 많이 정리하고 표현하였다.

## 중재에 대한 발달상의 관점

스태시의 경우 "때때로 중단되는 치료", 어려움이 일어날 때 치료자가 중재를 하고 문제가 해결됐을 때 치료를 종결하고 앞으로도 스스로 치료가 가능한 본보기의 좋은 실례이다. 때때로 치료가 중단되는 모델은 아이들이 빠르게 발달하고 발달상의 다른 점에서 도움을 필요로 하기 때문에 아이들에게 적당하다. 아이와 부모가 특별한 발달상의 장애를 극복하기 위해 도움을 받은 후에, 새로운 장애가 나타났을 때 그것을 회복할 수 있는 이해를 할 수 있는 능력이 있다면 치료를 중단할 수 있다.

나는 약 6개월 동안의 첫 번째 세션에서 스태시가 계부에 대한 이혼과 상실을 방어하기 시작할 때 스태시를 보았다. 상실에 대한 그녀의 불안이 엄마의 재혼 계획에 대한 반응에서 2년 후에 다시 나타났을 때, 나는 6개월 정도 다시 그녀를 보았다. 이런 모델에서, 치료자는 부모와 아이의 관계와 아이의 발달을 지지하기 위하여 부모와 아이와 함께 긍정적인 애착관계를 확립하기 위한 작업을 해야 한다. 그러면 치료를 위해서 아동의 애착관계를 확립할 수 있도록 해야 할 것이다. 스트레스를 받거나 혼란하거나 불안할 때, 부모와 아이를 위해서 "충전"을 위한 치료자와 함께 애착관계를 그려갈 수 있다. 때때로 중재되는 치료는 아이가 외상이나 상실을 경험했을 때 특히 필요할 것 같다. 각각의 새로운 단계에서 아이는 발달의 새로운 단계에 대한 관점으로부터 재생할 필요가 있기 때문이다. 발달을 생각하는 치료사는 아이가 나타내는 발달상의 과업과 기술들에 대해 반응하는 치료계획과 중재를 만들어 낼 수 있다.

## 관찰 연습

1. 초등학생 집단을 관찰하는 데에 2~3시간을 소비해라. 되도록 세 가지 상황을 관찰해라: 규칙적인 교실, 쉬는 시간의 운동장, 그리고 체육 또는 음악과 같은 특별한 수업시간.
   a. 아동의 수업시간의 행동과 쉬는 시간에 또래와의 상호작용을 관찰해라. 수업시간에, 주의능력과 작업에 대한 흥미를 살펴라. 운동장에서는, 사회적 능력, 계급 조직 상태에서의 위치, 그리고 또래와의 갈등의 단계를 살펴라.
   b. 성별을 기초로 한 행동을 관찰해라. 아동기 중반의 발달상의 문헌이 제안하는

것과 같이 분리된 집단에서 여자아이와 남자아이들이 노는가? 남자아이와 여자아이 사이에 격려하는 상호작용의 경우가 보이는가? 남자아이 대 여자아이들의 놀이와 상호작용에 대한 주제에서 차이점이 관찰되는가?

c. 학령기 아동의 사회적이고 도덕적인 가치를 반영하는 행동을 관찰해라. 예를 들어, 사회적 거절 또는 비난의 징후가 보이는가? 친사회적 행동의 경우는? 충동조절의 어려움을 보이는 아이들에 대한 반응은? 규칙을 넘어선 언쟁 또는 "잘못된" 행동은 어떠한가를 살펴야 할 것이다.

2. 학령기 아동을 관찰하는 1시간을 보냄으로서 아동기 중반을 넘어선 발달상의 진행을 관찰해라. 사회적 기술, 또래적응능력, 신체능력과 자기조절의 영역에서 어떤 차이점이 보이는가?

13장

# 결론 : 발달의 이론과 실제

발달에 대한 관찰을 종결하기 위하여(7, 8장에서 보았던), 아버지가 어머니를 학대하는 것을 목격하고 계속되는 두려움 반응을 보인 걸음마기의 제레드(Jared) 사례로 돌아가고자 한다. 종종 과도한 자극을 경험한 많은 외상을 가진 어린이들과 마찬가지로, 제레드는 근심, 걱정을 느낄 때 위험을 피하는 수단으로써 공격적인 행동으로 방어하기 시작했다. 그는 집과 아동보호센터에서 공격적이었다. 불안에 대처하는 수단인 공격적인 행동에 의존하였고 다른 사람들은 이미 그의 공격성에 대해 부정적으로 반응했기 때문에 위험상태에 있었다. 그의 공격성에 대한 아동보호소 종사자들과 친구들의 분노와 압박하는 반응은 그의 불안과 위험스런 감정을 부추겼고, 공격적이 되었다. 이러한 불안과 부정적인 피드백의 영향은 순응적인 발달을 할 수 있는 가능성에 심각한 제한이 되었고 더욱더 자극적이고 공격적으로 되었다.

제레드의 엄마가 그에게 매우 많은 투자를 했음에도 불구하고, 무의식적으로 그녀 또한 제레드의 공격적인 행동을 강화하고 있었다. 제레드가 집에서 엄마를 때렸을 때, 그녀는 슬퍼했지만 그를 멈추게 하지 않았다. 그녀는 그를 제지할 수 없다고 느꼈다. 그녀 자신의 외상적인 학대에 기초한 무력감은 안전감을 필요로 했던 제레드를 보호하는 것을 방해하였다. 그들의 개별적인(각각의) 외상 경험은 그들의 관계를 멀어지게 했다. 가정폭력의 패턴은 반복되었다. 학대받은 제레드에게 공격성을 제한하지 않는다면, 그는 불안과 분노감을 대처하기 위해 공격적인 모습을 보일 것이고 심지어 자신 스스로를 학대하게 되는 위험이 있었을 것이라고 염려했었다.

## 실제 이론과 기술의 적용

외상과 싸우는 제레드와 같은 아동을 돕기 위해 부모 또는 아동에게서 우리는 어떤 자원과 강점을 발견할 수 있을까? 성숙, 절충 그리고 중재계획을 알리는 생태학적 지각을 통합하는 발달이론은 어떨까? 이런 이론을 중재전략으로 바꾸기 위해 변호사들은 어떤 기술이 필요할까? 제레드와 함께 하는 나의 작업은 제레드의 과거 외상의 방어와 증상이 자기조절감 발달을 어떻게 방해하는지에 대한 분석에 의해, 지지적인 발달과정에서 애착의 결정적인 중요성의 이해에 의해, 그의 가족 외부체계에서 제레드의 상호작용은 발달에 영향을 주고, 놀이치료와 부모교육을 통해 도움을 줄 수 있다.

### 강점의 평가

제레드의 사례에서, 두 가지 강점이 있다. 첫째는, 공감 능력과 그의 고통을 경감하기 위해 사용할 수 있는 약간의 애착전략을 포함하는 아동에 대한 투자이다. 테일러 부인은 설명, 명확화, 안심을 통하여 아동이 세상을 이해하고 건설하는 것을 돕는 걸음마 시기 동안에 나타나는 애착의 새로운 기능 중의 하나를 수행할 수 있었다. 두 번째 자원은 상징적인 놀이와 언어 영역에서의 제레드의 발달능력이다. 세션에서 최초로, 테일러 부인은 남편이 문을 부수고 유리 파편이 자신과 제레드에게 뿌려졌던 이야기를 말하였다. 이 이야기에 대한 반응(공룡이 문을 부수고 아기를 무는 반응)에서 제레드의 놀이는 그가 그의 경험에 대해 이해하고 의사소통 할 나이에 맞게 기대되는 자원이 있다는 것을 증명하였다. 그의 이해가 빠른(=잘 받아들이는) 언어능력은 그가 엄마의 말을 받아들이는 것을 가능하게 했다. 그리고 상징놀이에 대한 그의 능력은 그가 그 경험이 그에게 의미했던 것이 무엇이었는지를 알도록 했다.

### 발달이론과 중재계획

발달에 대한 이해는 다음과 같은 치료목적이 있다.

• *애착의 지각:* 걸음마기의 계속되는 애착의 특징은 부모자녀 치료의 선택을 이끈다. 특히 어린 아동이 외상을 입었을 때, 애착관계에 의해 제공된 '안전'은 가장 결정적인 자원이다. 그러나 걸음마 시기는 안전감을 유지하는 것보다 애착관계에 심하게 의지하기 때문에, 외상은 애착관계를 도전을 가져온다. 외상을 입은 걸음마 시기는 절대적으로 이런 감정을 갖는다. '나의 부모님이 나를 안전하게 지켜줄 수 없다고 느낌과 놀람으로 압

도되는 사건이 나에게 발생할 수 있다는 사실과 이런 고통의 지각'은 종종 아동이 애착 관계를 의심하는 것 같은 생존력을 보여주는 행동으로 이끈다. 이런 이슈를 염두해 두고, 나는 중재의 근원적인 목적으로서, 아동–부모 애착을 강하게 하는 것을 실시했다.

• *성숙의 지각:* 놀이에서 두려움과 기억을 표현하는 제레드의 능력은 그가 아버지의 폭력을 목격한 경험을 어떻게 생각해왔는지 나와 그의 엄마가 명확하게 아는 것을 가능하게 하였다. 그의 언어능력은 언어이해를 통한 그의 외상적인 경험 과정을 기억하는 것을 가능하게 하였다. 중재의 두 번째 목표는, 위협적인 기억을 나타내는 것과 같은 놀이를 통해, 그것들을 언어화하는 것을 통해, 현재보다 오히려 과거에서 그것들을 찾아내는 것을 통해, 외상을 돕는 발달적인 능력을 사용하는 것이다. 이런 목적은 절대적으로 외상에 의해 절충된 감정과 충동을 조절하기 위하여 놀이와 언어의 영역을 이용하는 것이다. 나는 제레드가 더 높은 인지 단계에서 그의 경험과 두려움에 대해 생각하는 것을 도울 수 있었다면, 그리고 애착에서의 안전감이 증가했다면, 그는 다음 단계의 발달을 방해하는 대단한 잠재력을 가진 그의 공격적인 방어에서 신뢰를 바탕으로 더 행동할 수 있을 것으로 생각된다.

• *환경의 지각:* 집, 아동보호소, 학교와 같은 아동의 모든 환경과 집 밖의 환경이 아동의 발달을 방해할 가능성이 있을 때 중재를 준비하는 것이 필요하다. 제레드의 공격성은 아동보호소의 부양자에 의해 통제할 수 없거나, 의도를 유발하는 위험한 것이었다. 의뢰되었을 때, 그들은 이미 아동보호소로부터 제레드를 방출하는 것을 고려하고 있었다. 세 번째 중재목적은 폭력에 노출된 그의 공격적인 행동을 보호자들이 이해하도록 돕는 것이다. 그리고 아동보호소로부터 그가 추방되기 전에 그들에게 치료 시간을 제공해달라고 요청하는 것이다. 테일러(Mrs.Taylor)씨의 허락으로, 나는 제레드의 선생님을 만나서 외상에 기초한 그의 공격성을 설명하고, 엄마와 내가 그 외상을 극복시키기 위한 작업을 하고 있다고 설명했다. 이 중재는 새로운 맥락에서 그 이전의 설명할 수 없는 행동을 그들이 볼 수 있었기 때문에 그의 선생님이 도왔다. 나는 또한 제레드를 데이케어 상황에서 더 안전감을 느낄 수 있도록 도울 수 있는 몇 가지 방법을 제시했다. 예를들어, 나는 그들에게 센터에서 제레드에게 특별히 애착 대상이 될 수 있는 상비 교사 한 명을 배정해 달라고 요청했다. 그리고 또한 그들이 그의 공격성이 점점 크게 나타나기 전에 중재하기 위해서, 그들이 제레드가 화나 보이거나, 분노를 터트릴 것 같은 상황일 때 싸인을 주면 빨

리 움직일 준비를 하라고 제안했다.

## 아동에게 실제로 필요한 기술

아동과 가족이 함께 모두 작업하는 이 사례는 의사 소통 기술의 영역을 요구하곤 한다. 이런 특별한 기술은 다음과 같은 많은 방법을 통해 얻을 수 있다.

• 발달수준을 평가하기 위해, 아동을 자연스런 환경에서 관찰하기: 경험이 부족한 의사들은 때때로 그들이 심각한 문제, 증상에 직면했을 때, 적절한 발달적 사고에 대해 애매하다(불확실하다)고 느낀다. 그것은 발달적 평가에서 벗어나, 중재로 몰아넣는 것처럼 느껴질지도 모른다. 그러나 한 사람이 발달의 실제적인 이론에 기초하여 능숙하고 빠른 평가를 할 수 있기 전에는 그러한 중재는 종종 잘못된 것이다. 우리가 어떤 것을 해야만 할 뿐 아니라, 보고 생각하는 환경을 관찰하는 중재 아래에 있는 동안 발달의 관찰에 균형을 맞추는 것은 중요하다. 관찰은 자연적인 환경-우리가 실제적으로 발달평가를 하는데 확신을 가질 수 있는 아동보호센터, 운동장, 학교, 집, 상점가 등-에서 이루어진다.

• 아동과 함께 작업하기: 적절한 특별훈련 프로그램의 적용, 놀이치료, 예술의 사용은 성학대, 행동 문제, 부모와 자녀 작업과 같은 이슈를 위한 특별한 중재이다. 놀이치료의 훈련은 아동과 함께 일하는 치료사들에게는 꼭 필요하다. 숙련된 치료사가 되기 위해서는 아동의 놀이를 이해하는 법, 치료적 접근방식으로 아동과 놀이하는 법, 언제 어떻게 전이를 사용하는지, 어떻게 아동이 발달수준에 적합한 놀이로 변화하는지를 배워야만 한다.

• 진행되는 사례 상담을 포함하여 실제적인 문제에 접근하는 적절한 슈퍼비젼을 받는 것: 사례 위주의 슈퍼비젼은 개인적인 사례 맥락에서 다양한 이론과 기술을 통합하려고 할 때 치료사 경력이 초기단계인 동안에는 특히 중요하다. 숙련된 슈퍼바이져는 전문가적인 발전을 계속할 수 있도록 돕는 '적절한 통로'를 발견하는 것을 돕도록 치료사의 경험을 잘 다루도록 도와 줄 수 있다.

제레드와 엄마와 함께 한 작업에서, 나는 특히 발달평가, 놀이치료, 부모에 대한 안내 및 지지에서 특별한 기술을 사용했다. 나는 제레드의 엄마가 제레드 문제(장애)의 원인을 이해하는 것을 돕기 위해, 제레드의 안정된 애착을 위해, 그러한 기술을 사용했다. 그래서 엄마는 보조치료사로서 기능할 수 있었다. 이 역할 안에서 그녀 스스로가 실시하도록 돕는 것은 중재 목적을 실현하는데 절대적으로 필요했다. 왜냐하면 엄마와의 애착관계에 의존해있는 걸음마기 제레드는, 나보다도 엄마의 중재에 더 많은 영향을 받았기 때문이다. 엄마는 제레드의 상징놀이를 이해하고, 그의 두려움에 대해 적절하게 언어적으로 공감을 했다. 그녀와 나는 전에 무슨 일이 있었고, 아빠가 언제 그 문을 부쉈는지 기억하는 것에 대해 말하고, 이제 그 일이 생기지 않을 것이며, 엄마가 그를 보호할 것이라고 말해줌으로써 그의 외상적인 놀이에 반응했다.

이론적으로 실제적인 지침서를 명료화하는 동시에 또한 아동과 가족이 그들의 고통, 문제를 해결하는 것을 방해하는 장애물, 그들이 더욱 적절하게 발달하도록 도울 수 있는 독특한 자원, 독특한 방법을 고려하여 접근해야만 한다는 것을 깨닫는 것이 중요하다. 나는 이 책 전반에 걸쳐 발달의 실제원리의 개인적인 적용을 증명하는 많은 사례를 보여줌으로서 아이디어를 전하려고 노력했다.

종종 장애물과 자원들은 중재가 정체기이거나 당혹스러운 지점에 이르렀을 때 명백해진다. 그때 치료사들은 중재를 위한 새로운 방법을 찾아야만 한다. 제레드의 사례에서 엄마는 제레드 놀이의 의미를 언어화하고, 그를 안심시키는 데에 매우 성공적이었다. 그러나 엄마를 향한 제레드의 공격을 제한하지 못했기 때문에 어려움이 발생했다. 그녀는 제레드가 자신을 때리는 것을 막지 못한 무능력이 말로 확실하게 중지시키지 못하기 때문이라는 것이라는 걸 이해하는데 어려움이 있었다. 나는 제레드가 엄마가 스스로를 지킬 수 있다는 것을 제레드에게 보여줄 수 있을 때까지 애착관계에서 신뢰를 느끼지 못했다고 믿는다.

운 좋게도 세션에서 제레드의 놀이는 제한에 대한 그의 필요를 이해하는 것을 도울 수 있는 수단이 되었다. 제레드는 파티를 연 것처럼 하면서 엄마와 나에게 커피와 케익을 주었다. 그러나 엄마가 다른 컵을 달라고 요구하자 엄마의 다리 위에 '끓고 있는 뜨거운' 커피를 쏟는 시늉을 했다. 엄마가 우는 척을 했을 때, 제레드는 시늉이 아니라 실제로 Lincoln log(링컨통나무)으로 그녀의 다리를 힘껏 치기 시작했다. 그는 엄마를 때렸으나 엄마는 그를 중단시키지 않았다. 나는 제레드로부터 그 통나무를 빼앗고, 때리는 것은 허용되지 않는다고 말함으로써 중재를 했다. 나는 그가 엄마를 때리게 두지 않았다. 그리고 나는 그를 다치게 내버려두지 않았다. 제레드는 잠시 동안 나에게 대들었고, 겁이 난 것처럼 보였다. 엄마는 그를 무릎에 앉히고 안심시켰다.

이 사건은 엄마가 제레드의 공격성에 대한 반응을 검토하는 기회가 되었다. 그녀는 제레드의 공격성을 받아주고 우는 척하는 것이 상황을 더욱 악화시킨다는 것을 깨달았다. 나는 내가 그를 제지했을 때 공격적이고 거친 소년의 마음에는 안전감을 필요로 하고, 엄마의 무릎에서 보호받기를 원하는 두 살 아기가 겁을 먹고 있다는 것을 그가 우리에게 보여주었다는 걸 지적했다.

제레드의 공격성에 직면하여 무력감과 관계된 그녀의 반영은 지난 여러 달 동안 그녀 자신의 외상을 이해하는 기회가 되었다. 서서히 그녀는 남편과 그녀와의 관계 상황을 제레드와의 관계에 투사해 왔다는 걸 깨달았다. 제레드 엄마가 의식적으로 두 관계를 분리시킴에 따라, 그녀는 제레드의 공격성이 확실한 제한이 필요하다는 것을 더 분명하게 깨달았다. 엄마의 새로운 단호함은(그녀의 진전되는 감정적 반응과 결합한) 제레드가 과다한 조심성과 공격적인 방어를 느슨하게 풀도록 했다. 엄마의 단호함은 제레드에게 끊임없이 엄마의 방어 능력을 테스트하지 않아도 된다는 신호를 주었다. 그의 공격적인 행동은 점진적으로 줄어들었다.

## 중재 그리고 발달의 결과

적절하고 효과적인 중재는 아동의 이후 발달에 중요하고 긍정적인 영향을 미칠 수 있다. 아동의 부모와의 관계에도 불구하고, '위험과 보호의 균형' 과 '학교에서의 경험과 동료들과의 경험' 은 중재보다 아동발달에 더 누적적인 영향을 줄 것이다. 적절한 중재는 중요한 전환점이 될 수 있다.

나는 사회사업 경력초기에 제레드와 엄마와 함께 작업했다. 나는 다음 해에도 여러 번 제레드의 엄마와 우연히 만났다. 그리고 제레드의 발달이 어떻게 진행되어왔는지 들을 수 있었다. 물론 문제가 없진 않았다. 그는 학교에 들어간 초기에 읽기를 배우느라 고생을 했고, 학업수행에 대해 낮은 자존감을 갖기 시작했다. 그의 학업능력과 자아존중감은 학습장애진단을 받고 적절한 특수교육을 받은 후에 둘 다 증가했다. 그러나 치료동안에 가장 관심을 끌었던 부분은 감정과 충동의 조절, 관계의 적절한 조절이었고 제레드는 잘 해냈다. 몇 년전에 제레드의 엄마는 나에게 짧은 편지를 보냈다. 제레드가 막 21살을 넘었다는 것을 안 것은 충격적이었다. 그녀는 제레드를 여자친구와 잘 지내는, 배려 잘하고, 차분하고, 유머 있는 사람이라고 묘사했다. 그녀는 제레드의 저돌적인 공격성이 치료기간 중이었던 3세에 멈췄으며 이후에 다시 나타나지 않았다고 하였다.

# 참고문헌

Aber, J. L., & Allen, J. P. (1987). Effects of maltreatment on young children's socioemotional development: An attachment theory perspective. *Developmental Psychology, 23,* 406–414.

Aboud, F. E. (1984). Social and cognitive bases of ethnic identity constancy. *Journal of Genetic Psychology, 145,* 227–229.

Aboud, F. E., & Fenwick, V. (1999). Exploring and evaluating school-based Interventions to reduce prejudice. *Journal of Social Issues, 55,* 767–786.

Achenbach, T. M. (1991). *Manual for the child behavior checklist/4–18 and 1991 profile.* Burlington, VT: University of Vermont, Department of Psychiatry.

Ackerman, B. P., Izard, C. E., Schoff, K., Youngstrom, E. A., & Kogos, J. (1999). Contextual risk, caregiver emotionality, and the problem behaviors of six- and seven-year-old children from economically disadvantaged families. *Child Development, 70,* 1415–1427.

Adams, J. W., & Snowling, M. J. (2001). Executive function and reading impairments in children reported by their teachers as "hyperactive." *British Journal of Developmental Psychology, 19,* 293–306.

Adolph, K. E. (1997). Learning in the development of infant locomotion. *Monographs of the Society for Research in Child Development, 62,* 1–140.

Adolph, K. E., Vereijken, B., & Shrout, P. E. (2003). What changes in walking and why. *Child Development, 74,* 475–497.

Ainsworth, M. D. S. (1967). *Infancy in Uganda: Infant care and the growth of love.* Baltimore: Johns Hopkins University Press.

Ainsworth, M. D. S. (1982). Attachment: Retrospect and prospect. In C. M. Parkes & J. Stevenson-Hinde (Eds.), *The place of attachment in human behavior* (pp. 3–30). New York: Basic Books.

Ainsworth, M. D. S., Blehar, M. C., Waters, E., & Wall, S. (1978). *Patterns of attachment: A psychological study of the Strange Situation.* Hillsdale, NJ: Erlbaum.

Aisenberg, E., & Mennen, F. E. (2000). Children exposed to community violence: Issues for assessment and treatment. *Child and Adolescent Social Work Journal, 17,* 341–360.

Akhtar, N., Jipson, J., & Callanan, N. A. (2001). Learning words through overhearing. *Child Development, 72,* 416–430.

Al-Mateen, C. S. (2002). Effects of witnessing violence on children and adolescents. In D. H. Schetky & E. P. Benedek (Eds.), *Principles and practice of child and adolescent forensic psychiatry* (pp. 213–224). Washington, DC: American Psychiatric Publishing.

Albano, A. M., Chorpita, B. F., & Barlow, D. H. (2003). Childhood anxiety disorders. In E. J. Mash & R. J. Barkley (Eds.), *Child psychopathology* (2nd ed., pp. 279–329). New York: Guilford Press.

Albright, K. J. (2002). Scaffolding parental functioning in the context of serious mental illness: Roles and strategies for the infant mental health specialist. In J. J. Shirilla & D. J. Weatherson (Eds.), *Case studies in infant mental health: Risk, resiliency, and relationships* (pp. 153–176). Washington DC: Zero to Three.

Altermatt, E. R., Pomerantz, E. M., Ruble, D. N., Frey, K. S., & Greulich, F. K. (2002). Predicting changes in children's self-perceptions of academic competence: A naturalistic examination of evaluative discourse among classmates. *Developmental Psychology, 38,* 903–917.

Amato, P. R. (2001). Children of divorce in the 1990s: An update of the Amato and Keith (1991) meta-analysis. *Journal of Family Psychology, 15,* 355–370.

American Academy of Pediatrics, Committee on Communications. (1995). Media violence. *Pediatrics, 95,* 949–951.

American Psychiatric Association (2000). *Diagnostic and statistical manual of mental disorders* (4th ed., text rev.). Washington, DC: Author.

Anastopoulos, A. D. (1999). Attention deficit/hyperactivity disorder. In S. D. Netherton, D. Holmes, & C. E. Walker (Eds.), *Child and adolescent psychological disorders: A comprehensive textbook* (pp. 98–117). New York: Oxford University Press.

Anda, R. F., Whitfield, C. L., Felitti, V. J., Chapman, D., Edwards, V. J., Dube, S. R., Williamson, D. F. (2002). Adverse childhood experiences, alcoholic parents, and later risk of alcoholism and depression. *Psychiatric Services, 53,* 1001–1009.

Anglin, J. M. (1993). Vocabulary development: A morphological analysis. *Monographs of the Society for Research in Child Development, 58* (10, Serial No. 238).

Anthony, E. J. (1986). Terrorizing attacks on children by psychotic parents. *Journal of the American Academy of Child Psychiatry. 25,* 326–335.

Armstrong, F. D., Blumberg, M. J., & Toledano, S. R. (1999). Neurobehavioral issues in childhood cancer. *School Psychology Review, 28,* 194–203.

Arndorfer, R. E., & Miltenberger, R. G. (1993). Functional assessment and treatment of challenging behavior: A review with implications for early childhood. *Topics in Early Childhood Special Education, 13,* 82–105.

Ashman, S. B., Dawson, G., Panagiotides, H., Yamada, E., & Wilkinson, C. W. (2002). Stress hormone levels of children of depressed mothers. *Development and Psychopathology, 14,* 333–349.

Aspendorpf, J. B. (1993). Beyond temperament: A two-factorial coping model of the development of inhibition during childhood. In K. H. Rubin & J. B. Aspendorpf (Eds.), *Social withdrawal, inhibition, and shyness in childhood* (pp. 265–289). Hillsdale NJ: Erlbaum.

Atwood, R., & Safyer, A. W. (1993). The autonomous self vs. the relational self: Implications of clinical assessment and treatment in child psychotherapy. *Journal of Analytic Social Work, 1,* 39–54.

Bailey, J. M., & Zucker, K. J. (1995). Childhood sex-typed behavior and sexual orientation: A conceptual analysis and quantitative review. *Developmental Psychology, 31,* 43–55.

Baldwin, A. L., Baldwin, C. P., Kasser, R., Zax, M., Sameroff, A., & Seifer, R. (1993). Contextual risk and resiliency during late adolescence. *Development and Psychopathology*, 5, 741–761.

Baldwin, D. (1995). Understanding the link between joint attention and language. In C. Moore & P. J. Dunham (Eds.), *Joint attention: Its origins and role in development* (pp. 131–158). Hillsdale, NJ: Erlbaum.

Bandura, A. (1994). *Self-efficacy: The exercise of control.* New York: Freeman.

Barakat, L. P., Kazak, A. E., Gallager, P. R., Meeske, K., & Stuber, M. (2000). Posttraumatic stress symptoms and stressful life events predict the long-term adjustment of survivors of childhood cancer and their mothers. *Journal of Clinical Psychology in Medical Settings, 7,* 189–196.

Barkley, R. A. (1997). *Defiant children: A clinician's manual for parent training* (2nd ed.). New York: Guilford Press.

Barkley, R. A. (2003). Attention deficit/hyperactivity disorder. In E. J. Mash & R. A. Barkley (Eds.), *Child psychopathology* (2nd ed., pp. 75–143). New York: Guilford Press.

Barnett, D., Ganiban, J., & Cicchetti, D. (1999). Maltreatment, negative expressivity, and the development of Type D attachments from 12 to 24 months of age. In J. I. Vondra & D. Barnett (Eds.), Atypical attachment in infancy and early childhood among children at developmental risk. *Monographs of the Society for Research in Child Development, 64* (Serial No. 258), 97–118.

Baron-Cohen, S. (2001). Theory of mind and autism: A review. *International Review of Research in Mental Retardation, 23,* 169–184.

Barron-McKeagney, T., Woody, J. D., D'Souza, H. J. (2001). Mentoring at-risk Latino children and their parents: Impact on social skills and problem behaviors. *Child and Adolescent Social Work Journal, 18,* 119–136.

Bartholomew, K., & Horowitz, L. M. (1991). Attachment styles among young adults: A test of a four category model. *Journal of Personality and Social Psychology, 61,* 226–244.

Barton, M. L., & Robins, D. (2000). Regulatory disorders. In C. H. Zeanah, Jr. (Ed.), *Handbook of infant mental health* (2nd ed., pp. 311–325). New York: Guilford Press.

Bartsch, K., & Wellman, H. M. (1995). *Children talk about the mind.* New York: Oxford University Press.

Bates, E., Camaioni, L., & Volterra, V. (1975). The acquisition of performatives prior to speech. *Merrill–Palmer Quarterly, 21,* 205–226.

Bates, E., Reilly, J., Wulfeck, B., Dronkers, N., Opie, M., Fenson, J., Kriz, S., Jeffries, R., Miller, L., & Herbst, K. (2001). Differential effects of unilateral lesions on language production in children and adults. *Brain and Language, 79,* 223–265.

Bates, J., & Bayles, K. (1988). Attachment and the development of behavior problems. In J. Belsky & T. Nezworski (Eds.), *Clinical applications of attachment* (pp. 253–299). Hillsdale, NJ: Erlbaum.

Bates, J. E., Wachs, T. D., & Emde, R. N. (1994). Toward practical uses for biological concepts of temperament. In J. E. Bates & T. D. Wachs (Eds.), *Temperament: Individual differences at the interface of biology and behavior* (pp. 275– 306). Washington, DC: American Psychological Association.

Bauer, P. (1996). Recalling past events: From infancy to early childhood, *Annals of Child Development, 11,* 25–71.

Bandmaster, R. F., & Senders, P. S. (1988). Identity development and the role structure of children's games. *Journal of Genetic Psychology, 52,* 163–176.

Baumrind, D. (1993). The average expectable environment is not good enough: A response to Scarr. *Child Development, 64,* 1299–1317.

Bauserman, R. (2002). Child adjustment in joint-custody versus sole-custody arrangement: A meta-analytic review. *Journal of Family Psychology, 16,* 91–102.

Bayley, N. (1993). *Bayley scales of infant development* (2nd ed.). San Antonio, TX: Psychological Corporation.

Bell, C. C., & Jenkins, E. J. (1993). Community violence and children on Chicago's southside. *Psychiatry, 56,* 46–54.

Bell, S. M., & Ainsworth, M. D. S. (1972). Infant crying and maternal responsiveness. *Child Development, 43,* 1171–1190.

Bennett, D. S., Bendersky, M., & Lewis, M. (2002). Children's intellectual and emotional-behavioral adjustment at 4 years as a function of cocaine exposure, maternal characteristics, and environmental risk. *Developmental Psychology, 38,* 648–658.

Bennett, J. W., Jr., & Davies, D. (1981). Intervention and adaptation in the third year: The mother–child dialogue. *Journal of Child Psychotherapy, 7,* 19–32.

Benoit, D., & Parker, K. (1994). Stability and transmission of attachment across three generations. *Child Development, 65,* 1444–1456.

Berg-Nielsen, T. S., Vikan, A., & Dahl, A. A. (2002). Parenting related to child and parental psychopathology: A descriptive review of the literature. *Clinical Child Psychology and Psychiatry, 7,* 529–552.

Bergmann, T., & Freud, A. (1965). *Children in the hospital.* New York: International Universities Press.

Berk, L. E. (1992). Children's private speech: An overview of theory and the status of research. In R. M. Diaz & L. E. Berk (Eds.), *Private Speech: From social interaction to self-regulation* (pp. 17–53). Hillsdale, NJ: Erlbaum.

Berkowitz, L. (1993). *Aggression: Its causes, consequences, and control.* New York: McGraw-Hill.

Berman, S. (1979). The psychodynamic aspects of behavior. In J. Noshpitz (Ed.), *Handbook of child psychiatry: Vol. 2. Disturbances in development* (pp. 3–28). New York: Basic Books.

Bernstein, V. J., Hans, S. L., & Percansky, C. (1991). Advocating for the young child in need through strengthening the parent–child relationship. *Journal of Clinical Child Psychology, 20,* 28–41.

Bertenthal, B. I., & Clifton, R. K. (1998). Perception and action. In W. Damon, D. Kuhn, & R. S. Siegler (Eds.), *Handbook of child psychology* (5th ed.): *Vol. 2. Cognition, perception, and language* (pp. 51–102). New York: Wiley.

Bertenthal, B. I., & Von Hofsten, C. (1998). Eye, head, and trunk control: The foundation for manual development. *Neuroscience and Biobehavioral Reviews, 22,* 515–520.

Bialystok, E. (2001). *Bilingualism in development: Language, literacy, and cognition.* New York: Cambridge University Press.

Bisanz, J., & LeFevre, J. (1990). Strategic and nonstrategic processing in the development of mathematical cognition. In D. F. Bjorklund (Ed.), *Children's strategies: Contemporary views of cognitive development* (pp. 213–244). Hillsdale, NJ: Erlbaum.

Black, M., Nair, P., Schuler, M., Keane, V., Snow, L., & Rigney, B. (1997). Risk factors for disruption in primary caregiving among infants of substance abusing women. *Child Abuse and Neglect, 21,* 1039–1051.

Bloom, L. (1991). *Language development from two to three.* New York: Cambridge University Press.
Bloom, L. (1998). Language acquisition in its developmental context. In W. Damon, D. Kuhn, & R. S. Siegler (Eds.), *Handbook of child psychology* (5th ed.): *Vol. 2. Cognition, perception, and language* (pp. 309–370). New York: Wiley.
Bloom, L., Margulis, C., Tinker, E., & Fujita, N. (1996). Early conversations and word learning: Contributions from child and adult. *Child Development, 67,* 3154–3175.
Blos, P. (1979). *The adolescent passage.* New York: International Universities Press.
Blos, P., Jr., & Davies, D. (1993). Extending the intervention process: Report of a distressed family with a damaged newborn and a vulnerable preschooler. In E. Fenichel & S. Provence (Eds.), *Development in jeopardy: Clinical responses to infants and families* (pp. 51–92). Madison, CT: International Universities Press.
Blount, R. L., Davis, N., Powers, S.W., & Roberts, M. C. (1991). The influence of environmental factors and coping style on children's coping and distress. *Clinical Psychology Review, 2,* 193–116.
Bolger, K. E., & Patterson, C. J. (2001). Developmental pathways from child maltreatment to peer rejection . *Child Development, 72,* 549–568.
Bolger, K. E., Patterson, C. J., Thompson, W. W., & Kupersmidt, J. B. (1995). Psychosocial adjustment among children experiencing persistent and intermittent family economic hardship. *Child Development, 66,* 1107–1129.
Bond, M. H. (1993). Emotions and their expression in Chinese culture. *Journal of Nonverbal Behavior, 17,* 245–262.
Borkowski, J. G., & Muthukrishna, N. (1995). Self-regulation of learning and performance: Issues and educational applications. In F. Weinert & W. Schneider (Eds.), *Memory performance and competencies: Issues in growth and development* (pp. 283–300). Hillsdale, NJ: Erlbaum.
Bowlby, J. (1969). *Attachment and loss: Vol 1. Attachment.* New York: Basic Books.
Bowlby, J. (1973). *Attachment and loss: Vol 2. Separation.* New York: Basic Books.
Bowlby, J. (1978). Attachment theory and its therapeutic implications. *Adolescent Psychiatry, 6,* 5–33.
Bowlby, J. (1980). *Attachment and loss: Vol 3. Loss.* New York: Basic Books.
Bowlby, J. (1988). *A secure base: Parent–child attachment and healthy human development.* New York: Basic Books.
Bradley, R. H., & Corwyn, R. F. (2002). Socioeconomic status and child development. *Annual Review of Psychology, 53,* 371–399.
Bradley, S. J. (2000). *Affect regulation and the development of psychopathology.* New York: Guilford Press.
Brazelton, T. B. (1990). Saving the bathwater. *Child Development, 61,* 1661–1671.
Brazelton, T. B. (1992). *Touchpoints: Your child's emotional and behavioral development.* Reading, MA: Addison-Wesley.
Brazelton, T. B. (1996). A window on the newborn's world: More than two decades of experience with the Neonatal Behavioral Assessment Scale. In S. J. Meisels & E. Fenichel (Eds.), *New visions for the developmental assessment of infants and young children* (pp. 127–146). Washington, DC: Zero to Three.
Brazelton, T. B., Nugent, J. K., & Lester, B. M. (1987). Neonatal behavioral assessment scale. In J. D. Osofsky (Ed.), *Handbook of infant development* (2nd ed., pp. 780–817). New York: Wiley.
Brazelton, T. B., & Yogman, M. Y. (1986). Introduction: Reciprocity, attachment

and effectance: Anlage in early infancy. In T. B. Brazelton & M. Y. Yogman (Eds.), *Affective development in infancy* (pp. 1–9). Norwood, NJ: Ablex.

Bretherton, I. (1987). New perspectives on attachment relations: Security, communication and internal working models. In J. D. Osofsky (Ed.), *Handbook of infant development* (2nd ed., pp. 1061–1100). New York: Wiley.

Bretherton, I., & Munholland, K. A. (1999). Internal working models in attachment relationships: A construct revisited. In J. Cassidy & P. R. Shaver (Eds.), *Handbook of attachment: Theory, research, and clinical applications* (pp. 89–114). New York: Guilford Press.

Bricker, D., Squires, J., Mounts, L., Potter, L., Nickel, R., & Farrell, J. (1995). *Ages and stages questionnaires: A parent-completed, child-monitoring system.* Baltimore: Brookes.

Briere, J. (1992). *Child abuse trauma: Theory and treatment of the lasting effects.* Newbury Park, CA: Sage.

Brody, G. H., Dorsey, S., Forehand, R., & Armistead, L. (2002). Unique and protective contributions of parenting and classroom processes to the adjustment of African American children living in single-parent families. *Child Development, 73,* 274–286.

Broidy, L. M., Nagin, D. S., Tremblay, R. E., Bates, J. E., Brame, B., Dodge, K. A., Fergusson, D., Horwood, J. L., Loeber, R., Laird, L., Lynam, D. R., Moffitt, T. E., Pettit, G. S., & Vitaro, F. (2003). Developmental trajectories of childhood disruptive behaviors and adolescent delinquency. *Developmental Psychology, 39,* 222–245.

Bronfenbrenner, U. (1979). *The ecology of human development: Experiments by nature and design.* Cambridge, MA: Harvard University Press.

Brooks-Gunn, J., Han, W.-J., & Waldfogel, J. (2002). Maternal employment and child cognitive outcomes in the first three years of life: The NICHD study of early child care. *Child Development, 73,* 1052–1072.

Brownell, C., & Carringer, M. (1990). Changes in cooperation and self-other differentiation during the second year. *Child Development, 61,* 838–848.

Bruner, J. S. (1985). Vygotsky: A historical and conceptual perspective. In J. V. Wertsch (Ed.), *Culture, cognition and communication: Vygotskian perspectives* (pp. 21–34). New York: Cambridge University Press.

Bruner, J. S., & Lucariello, J. (1989). Monologue as narrative recreation of the world. In K. Nelson (Ed.), *Narratives from the crib* (pp. 73–97). Cambridge, MA: Harvard University Press.

Budwig, N., & Wiley, A. (1995). What language reveals about children's categories of personhood. In L. L. Sperry & P. A. Smiley (Eds.), *Exploring young children's concepts of self and other through conversation* (pp. 21–32). *New Directions in Child Development, No. 69.* San Francisco: Jossey-Bass.

Buka, S. L., Stichick, T. L., Birdthistle, I., & Earls, F. (2001). Youth exposure to violence: Prevalence, consequences. *American Journal of Orthopsychiatry, 71,* 298–310. Burton, S., & Mitchell, P. (2003). Judging who knows best about yourself: Developmental change in citing the self across middle childhood. *Child Development, 74,* 426–443.

Bushman, B. J., & Heusmann, L. R. (2001). Effects of televised violence on aggression. In D. Singer & J. Singer (Eds.), *Handbook of children and the media* (pp. 223– 254). Thousand Oaks, CA: Sage.

Buss, K. A., & Goldsmith, H. H. (1998). Fear and anger regulation in infancy:

Effects on the temporal dynamics of affective expression. *Child Development, 69*, 359–374.

Byng-Hall, J. (1995). Creating a more secure family base: Some implications of attachment theory for family therapy. *Family Process, 34*, 45–58.

Byng-Hall, J. (1999). Family and couple therapy: Toward greater security. In J. Cassidy & P. R. Shaver (Eds.), *Handbook of attachment: Theory, research, and clinical applications* (pp. 625–645). New York: Guilford Press.

Campbell, S. B. (1990). *Behavioral problems in preschool children.* New York: Guilford Press.

Campbell, S. B. (2002). *Behavioral Problems in Preschool Children* (2nd ed.). New York: Guilford Press.

Campo, A. T., & Rohner, R. P. (1992). Relationships between perceived parental acceptance–rejection, psychological adjustment, and substance abuse among young adults. *Child Abuse and Neglect, 16*, 429–440.

Campos, J. J., Anderson, D. I., Barbu-Roth, M. A., Hubbard, E. M., Hertenstein, M. J., & Witherington, D. (2000). Travel broadens the mind. *Infancy, 1*, 149–219.

Campos, J. J., Kermoian, R., Witherington, D., & Chen, H. (1997). Activity, attention, and developmental transitions in infancy. In P. J. Lang (Ed.), *Attention and orienting: Sensory and motivational processes* (pp. 393–415). Mahwah, NJ: Erlbaum.

Canino, I. A., & Spurlock, J. (2000). *Culturally diverse children and adolescents: Assessment, diagnosis and treatment* (2nd ed.). New York: Guilford Press.

Carver, P. R., Egan, S. K., & Perry, D. G. (2004). Children who question their heterosexuality. *Developmental Psychology, 40*, 43–53.

Case, R. (1985). *Intellectual development: From birth to adulthood.* Orlando, FL: Academic Press.

Case, R. (1998). The development of conceptual structures. In W. Damon, D. Kuhn, & R. S. Siegler (Eds.), *Handbook of child psychology* (5th ed.): Vol. 2. Cognition, perception, and language (pp. 745–800). New York: Wiley.

Cassidy, J. (1994). Emotion regulation: Influences of attachment relationships. In N. A. Fox (Ed.), The development of emotion regulation: Biological and behavioral considerations. *Monographs of the Society for Research in Child Development, 59* (Serial No. 240), 228–249.

Cassidy, J., & Berlin, L. (1994). The insecure/ambivalent pattern of attachment: Theory and research. *Child Development, 65*, 971–991.

Castle, J., Groothues, C., Bredenkamp, D., Beckett, C., O'Connor, T., Rutter, M., & the E.R.A. Study Team (1999). Effects of qualities of early institutional care on cognitive attainments. *American Journal of Orthopsychiatry, 69*, 424–437.

Caughy, M. O., O'Campo, P. J., Randolph, S. M., & Nickerson, K. (2002). The influence of racial socialization practices on the cognitive and behavioral competence of African American preschoolers. *Child Development, 73*, 1611–1625.

Ceballo, R., & McLoyd, V. C. (2002). Social support and parenting in poor, dangerous neighborhoods. *Child Development, 73*, 1310–1321.

Center for the Child Care Workforce. (2001). *Current data on child care salaries and benefits in the United States.* Washington, DC: Author.

Cerel, J., Fristad, M. A., Weller, E. B., & Weller, R. A. (1999). Suicide-bereaved children and adolescents: A controlled longitudinal examination. *Journal of the American Academy of Child and Adolescent Psychiatry,38*, 672–679.

Cerel, J., Fristad, M. A., Weller, E. B., & Weller, R. A. (2000). Suicide bereaved children and adolescents II: Parental and family functioning. *Journal of the American Academy of Child and Adolescent Psychiatry, 39,* 437–444.

Chang, P. (1990). Psychosocial needs of long-term cancer survivors: A review of the literature. *Pediatrician, 18,* 20–24.

Charman, T., Baron-Cohen, S., Swettenham, J., Baird, G., Cox, A., & Drew, A. (2001). Testing joint attention, imitation, and play as infancy precursors to language and theory of mind. *Cognitive Development, 15,* 481–498.

Chen, E., Zeltzer, L. K., Craske, M. G., & Katz, E. R. (2000). Children's memories for painful cancer treatment procedures: Implications for distress. *Child Development, 71,* 933–947.

Cheour, M., Ceponiene, R., Lehtokoski, A., Luuk, A., Allik, J., Alho, K., & Naatanen, R. (1998). Development of language-specific phoneme representations in the infant brain. *Nature Neuroscience, 1,* 351–353.

Chess, S., & Thomas, A. (1986). *Temperament in clinical practice.* New York: Guilford Press.

Chethik, M. (2000). *Techniques of child therapy: Psychodynamic approaches* (2nd ed.). New York: Guilford Press.

Children's Defense Fund. (1998). *The state of America's children yearbook 1998.* Washington, DC: Author.

Children's Defense Fund. (2002). *The state of children in America's union: A 2002 action guide to leave no child behind.* Washington, DC: Author.

Children's Defense Fund. (2003). *State budget cuts create a growing child care crisis for low-income working families.* Washington, DC: Author.

Child Welfare League of America. (1998). *Alcohol and other drugs survey of state child welfare agencies.* Washington, DC: Author.

Chisholm, K., Carter, M. C., Ames, E. W., & Morison, S. J. (1995). Attachment security and indiscriminately friendly behavior in children adopted from Romanian orphanages. *Development and Psychopathology, 7,* 283–284.

Cicchetti, D., & Beeghly, M. (1987). Symbolic development in maltreated toddlers. *New Directions for Child Development, 36,* 5–29.

Cicchetti, D., & Toth, S. (1995). A developmental psychopathology perspective on child abuse and neglect. *Journal of the American Academy of Child and Adolescent Psychiatry, 34,* 541–565.

Clarke-Stewart, K. A., & Hayward, C. (1996). Advantages of father custody and contact for the psychological well-being of school age children. *Journal of Applied Developmental Psychology, 17,* 239–270.

Cobb, C. L. H. (1996). Adolescent–parent attachments and family problem-solving. *Family Process, 35,* 57–82.

Coie, J. D., & Dodge, K. A. (1998). Aggression and antisocial behavior. In W. Damon & N. Eisenberg (Eds.), *Handbook of child psychology* (5th ed.). *Vol. 3: Social, emotional and personality development* (pp. 779–862). New York: Wiley.

Cole, M., & Cole, S. R. (1989). *The Development of Children.* New York: Scientific American Books.

Coley, R. L., & Chase-Lansdale, P. L. (1998). Adolescent pregnancy and parenthood: Recent evidence and future directions. *American Psychologist, 53,* 152–166.

Collins, R., Mascia, J., Kendall, R., Golden, O., Schock, L., & Parlakian, R. (2003). Promoting mental health in child care settings: Caring for the whole child. *Zero to Three, 23,* 39–45.

Collins, W. A., Maccoby, E. E., Steinberg, L. Hetherington, E. M., & Bornstein, M. H. (2000). Contemporary research on parenting: The case for nature *and* nurture. *American Psychologist, 55,* 218.

Conger, R. D., McLoyd, V. C., Wallace, L. E., Sun, Y., Simons, R. L., & Brody, G. H. (2002). Economic pressure in African-American families: A replication and extension of the family stress model. *Developmental Psychology, 38,* 179–195.

Crain, R. M. (1996). The influences of age, race, and gender on child and adolescent multidimensional self-concept. In B. A. Bracken (Ed.), *Handbook of self-concept* (pp. 395–420). New York: Wiley.

Crawford-Brown, C . J., & Rattray, J. M. (2001). Parent–child relationships in Caribbean families. In N. B. Webb (Ed.), *Culturally diverse parent–child and family relationships: A guide for social workers and other practitioners* (pp. 89–106). New York: Columbia University Press.

Crick, N. R., Casas, J. F., & Nelson, D. A. (2002). Toward a more comprehensive understanding of peer maltreatment: Studies of relational victimization. *Current Directions in Psychological Science, 11,* 98–101.

Crittenden, P. M. (1992a). Children's strategies for coping with adverse environments: An interpretation using attachment theory. *Child Abuse and Neglect, 16,* 329–343.

Crittenden, P. M. (1992b). Quality of attachment in the preschool years. *Development and Psychopathology, 4,* 209–241.

Crockenberg, S. (1988). Social support and parenting. In H. Fitzgerald, B. Lester & M. Yogman (Eds.), *Theory and research in behavioral pediatrics* (pp. 141– 174). New York: Plenum Press.

Crockenberg, S., & Leerkes, E. (2000). Infant social and emotional development in family context. In C. H. Zeanah, Jr. (Ed.), *Handbook of infant mental health* (2nd ed., pp. 60–90). New York: Guilford Press.

Cross, W. E., Jr. (1985). Black identity: Rediscovering the distinction between personal identity and reference group orientation. In M. B. Spencer, G. K. Brookins, & W. R. Allen (Eds.), *Beginnings: The social and affective development of black children* (pp. 152–172). Hillsdale, NJ: Erlbaum.

Cross, W. E., Jr. (1987). A two-factor theory of black identity: Implications for the study of identity development in minority children. In J. S. Phinney & M. J. Rotherham (Eds.), *Children's ethnic socialization: Pluralism and Development* (pp. 117–133). Newbury Park, CA: Sage.

Cummings, E. M., & Davies, P. (1996). Emotional security as a regulatory process in normal development and the development of psychopathology. *Development and Psychopathology, 8,* 123–139.

Cummings, E. M., & Davies, P. (1994). *Children and marital conflict.* New York: Guilford Press.

Cummings, E. M., & Davies, P. T. (1999). Depressed parents and family functioning: Interpersonal effects and children's functioning and development. In T. Joiner & J. C. Coyne (Eds.), *The interactional nature of depression* (pp. 299– 327). Washington, DC: American Psychological Association.

Darwish, D., Esquivel, G. B., Houtz, J. C., & Alfonso, V. C. (2001). Play and social skills in maltreated and non-maltreated children in peer interactions. *Child Abuse and Neglect, 25,* 13–31.

Davies, D. (1991). Intervention with male toddlers who have witnessed parental violence. *Families in Society, 72,* 515–524.

Davies, D. (1992). Psychotherapy of a preschool cancer survivor: Promoting mastery and understanding. *Child and Adolescent Social Work, 9,* 289–305.

Davies, P. T., Harold, G. T., Goeke-Morey, M. C., & Cummings, E. M. (2002). Child emotional security and interparental conflict. *Monographs of the Society for Research in Child Development, 67* (3, Serial No. 270).

DeBellis, M. D., Baum, A. S., Birmaher, B., Keshavan, M. S., Eccard, C. H., Boring, A. M., Jenkins, F. J., & Ryan, N. D.,(1999a). A. E. Bennett Research Award. Developmental traumatology. Part I: Biological stress systems. *Biological Psychiatry, 45,* 1259–1270.

DeBellis, M. D., Keshavan, M. S., Clark, D. B., Casey, B. J., Giedd, J. N., Boring, A. M., Frustaci, K., & Ryan, N. D. (1999b). A. E. Bennett Research Award. Developmental traumatology. Part II: Brain development. *Biological Psychiatry, 45,* 1271–1284.

DeCasper, A. J., & Fifer, W. P. (1980). Of human bonding: Newborns prefer their mother's voices. *Science, 208,* 1172–1176.

DeGangi, G. (2000). *Pediatric disorders of regulation in affect and behavior: A therapist's guide to assessment and treatment.* San Diego: Academic Press.

DeLoache, J. S., Miller, K. F., & Pierroutsakos, S. L. (1998). Reasoning and problem solving. Damon, D. Kuhn, & R. S. Siegler (Eds.), *Handbook of child psychology* (5th ed.): *Vol. 2. Cognition, perception, and language* (pp. 801–850). New York: Wiley.

DeMulder, E. K., & Radke-Yarrow, M. (1991). Attachment with affectively ill and well mothers: Concurrent behavioral correlates. *Development and Psychopathology, 3,* 227–242.

Demos, V. (1986). Crying in early infancy: An illustration of the motivational function of affect. In T. B. Brazelton & M. Y. Yogman (Eds.), *Affective development in infancy* (pp. 39–73). Norwood, NJ: Ablex.

Denby, R., Rindfleisch, N., & Bean, G. (1999). Predictors of foster parents' satisfaction and intent to continue to foster. *Child Abuse and Neglect, 23,* 287–303.

Denham, S. A., Blair, K. A., DeMulder, E., Levitas, J., Sawyer, K., Auerbach-Major, S., & Queenan, P. (2003). Preschool emotional competence: Pathway to social competence? *Child Development, 74,* 238–256.

Dennis, S. (1992). Stage and structure in the development of children's spatial representations. In R. Case (Ed.), *The mind's staircase: Exploring the conceptual underpinnings of children's thought and knowledge* (pp. 229–245). Hillsdale, NJ: Erlbaum.

Dews, S., Winner, E., Kaplan, J., Rosenblatt, E., Hunt, M., Lim, K., McGovern, A., Qualter, A., & Smarsh, B. (1996). Children's understanding of the meaning and function of verbal irony. *Child Development, 67,* 3071–3085.

Diamond, L. M. (2000). Sexual identity, attractions, and behavior among sexual minority women over a 2–year period. *Developmental Psychology, 36,* 241–250.

Dionnne, G., Tremblay, R., Boivin, M., Laplante, D., & Perusse, D. (2003). Physical aggression and expressive vocabulary in 19–month-old twins. *Developmental Psychology, 39,* 261–273.

Dishion, T. J., Andrews, D. W., & Crosby, L. (1995). Antisocial boys and their friends in early adolescence: Relationship characteristics, quality, and interactional process. *Child Development, 66,* 139–151.

Dishion, T. J., Patterson, G. R., & Griesler, P. C. (1994). Peer adaptations in the development of antisocial behavior: A confluence model. In L. R. Huesmann (Ed.), *Current perspectives on aggressive behavior* (pp. 61–95). New York: Plenum Press.

Dishion, T. J., Patterson, G. R., & Kavanagh, K. A. (1992). An experimental test of the coercion model: Linking theory, measurement and intervention. In J. McCord & R. E. Tremblay (Eds.), *Preventing antisoical behavior: Interventions from birth through adolescence* (pp. 253–282). New York: Guilford Press.

Dodge, K. A., Lansford, J. E., Burks, V. S., Bates, J. E., Pettit, G. S., Fontaine, R., & Price, J. M. (2003). Peer rejection and social information-processing factors in the development of aggressive behavior problems in children. *Child Development, 74,* 374–393.

Dodge, K. A., Pettit, G. S., & Bates, J. E. (1994). Effects of physical maltreatment on the development of peer relations. *Development and Psychopathology, 6,* 43–55.

Donahue, P. J., Falk, B., & Provet, A. G. (2000). *Mental health consultation in early childhood.* Baltimore: Brookes.

Dowdney, L. (2000). Annotation: Childhood bereavement following parental death. *Journal of Child Psychology and Psychiatry, 41,* 819–830.

Doyle, A. B., & Aboud, F. E. (1995). A longitudinal study of white children's prejudice as a social-cognitive development. *Merrill–Palmer Quarterly, 41,* 209–228.

Dozier, M., Albus, K., Fisher, P. A., & Sepulveda, S. (2002). Interventions for foster parents: Implications for developmental theory. *Development and Psychopathology, 14,* 843–860.

Duncan, G., Brooks-Gunn, J., & Klebanov, P. (1994). Economic deprivation and early development. *Child Development, 65,* 296–318.

Dunn, B. (1993). Growing up with a psychotic mother: A retrospective study. *American Journal of Orthopsychiatry, 63*(2), 177–189.

Dunn, J. (1987). The beginnings of moral understanding: Development in the second year. In J. Kagan & S. Lamb (Eds.), *The emergence of morality in young children* (pp. 91–111). Chicago: University of Chicago Press.

Dunn, J., Brown, J., & Beardsall, L. (1991). Family talk about feeling states and children's later understanding of others' emotions. *Developmental Psychology, 27,* 448–455.

Dunn, J., & Cutting, A. L. (1999). Understanding others, and individual differences in friendship interactions in young children. *Social Development, 8,* 201–219.

Dunn, J., Cutting, A. L., & Fisher, N. (2002). Old friends, new friends: Predictors of children's perspective on their friends at school. *Child Development, 73,* 621–635.

Dunn, J., Davies, L. C., O'Connor, T. G., & Sturgess, W. (2001). Family lives and friendships: The perspectives of children in step-, single-parent, and nonstep families. *Journal of Family Psychology, 15,* 272–287.

Dunn, J., & Hughes, C. (2001). "I got some swords and you're dead": Violent fantasy, antisocial behavior, friendship, and moral sensibility in young children. *Child Development, 72,* 491–505.

DuPaul, G. J. (1991). Parent and teacher ratings of ADHD symptoms: Psychometric properties in a community-based sample. *Journal of Clinical Child Psychology, 20,* 245–253.

Easterbrooks, M. A., & Goldberg, W. A. (1990). Security of toddler-parent attachment: Relation to children's sociopersonality functioning during kindergarten. In M. T. Greenberg, D. Cicchetti, & E. M. Cummings (Eds.), *Attachment in the preschool years: Theory, research and intervention* (pp. 221–224). Chicago: University of Chicago Press.

Eccles, J. S., Wigfield, A., & Schiefele, U. (1998). Motivation to succeed. In W. Damon & N. Eisenberg (Eds.), *Handbook of child psychology: Vol. 3. Social, emotional and personality development* (pp. 1017–1095). New York: Wiley.

Eckenrode, J., Laird, M., & Doris, J. (1993). School performance and disciplinary problems among abused and neglected children.*Developmental Psychology, 29,* 53–62.

Edelman, P. (1997). The worst thing Bill Clinton has done. *The Atlantic Monthly, 253,* 43–58.

Eden, G. F., & Zeffiro, T. A. (1998). Neural systems affected in developmental dyslexia revealed by functional neuroimaging. *Neuron, 21,* 279–282.

Edleson, J. L. (1999a). Children's witnessing of adult domestic violence. *Journal of Interpersonal Violence, 14,* 839–870.

Edleson, J. L. (1999b). The overlap between child maltreatment and woman battering. *Violence Against Women, 5,* 134–154.

Egeland, B., Carlson, E., & Sroufe, L. A. (1993). Resilience as process. *Development and Psychopathology.* 5, 517–528. Eisenberg, N. (2000). Emotion, regulation, and moral development. *Annual Review of Psychology, 51,* 665–697.

Eisenberg, N., & Fabes, R. A. (1998). Prosocial development. In W. Damon & N. Eisenberg (Eds.), *Handbook of child psychology* (5th ed.). *Vol. 3. Social, emotional and personality development* (pp. 701–778). New York: Wiley.

Eisenberg, N., Fabes, R. A., Guthrie, I. K., Murphy, B. C., Maszk, P., Holmgren, R., & Suh, K. (1996). The relations of regulation and emotionality to problem behavior in elementary school children. *Development and Psychopathology, 8,* 141–162.

Eisenberg, N., Fabes, R. A., Shepard, S. A., Guthrie, I. K., Murphy, B. C., Reiser, M. (1999). Parental reactions to children's negative emotions: Longitudinal relations to quality of children's social functioning. *Child Development, 70,* 513–534.

Eisler, R., & Levine, D. S. (2002). Nurture, nature, and caring: We are not prisoners of our genes. *Brain and Mind, 3,* 9–52.

Elbert, J. C. (1999). Learning and motor skills disorders. In S. D. Netherton, D. Holmes, & C. E. Walker (Eds.), *Child and adolescent psychological disorders: A comprehensive textbook* (pp. 24–50). New York: Oxford University Press.

Elicker, J., Egeland, M., & Sroufe, L. A. (1992). Predicting peer competence and peer relationships in childhood from early parent–child relationships. In R. D. Parke & G. W. Ladd (Eds.), *Family–peer relationships: Modes of linkage* (pp. 77– 106). Hillsdale, NJ: Erlbaum.

Elkind, D. (1994). *A sympathetic understanding of the child* (3rd ed.). Boston: Allyn & Bacon.

Elkind, D., & Weiner, I. B. (1978). *Development of the child.* New York: John Wiley & Sons.

Elkind, D., & Weiss, J. (1967). Studies in perceptual development III: Perceptual exploration. *Child Development, 38,* 1153–1161.

Emde, R. N. (1989). The infant's relationship experience: Developmental and affective aspects. In A. J. Sameroff & R. N. Emde (Eds.), *Relationship disturbances in early childhood: A developmental approach* (pp. 33–51). New York: Basic Books.

Emde, R. N. (1992). Social referencing research: Uncertainty, self and the search for meaning. In S. Feinman (Ed.), *Social referencing and the social construction of reality* (pp. 79–94). New York: Plenum Press.

Emde, R. N., Biringen, A., Clyman, R. B., & Oppenheim, D. (1991). The moral self in infancy: Affective core and procedural knowledge. *Developmental Review, 11,* 251–270.

Emde, R. N., & Buchsbaum, H. K. (1990). "Didn't you hear my mommy?": Autonomy *with* connectedness in moral self emergence. In D. Cicchetti & M. Beeghly (Eds.), *The self in transition: Infancy to childhood* (pp. 35–60). Chicago: University of Chicago Press.

Emery, R. E. (1999). *Marriage, divorce, and children's adjustment* (2nd ed.). Thousand Oaks, CA: Sage.

Engel, S. (1995). *The stories children tell: Making sense of the narratives of childhood.* New York: Freeman.

Engel, S. (1996). The guy who went up the steep nicken: The emergence of storytelling during the first three years. *Zero to Three, 17,* 1–9.

Erickson, J. (1996). The Infant–Toddler Developmental Assessment (IDA): A family-centered transdisciplinary assessment process. In S. J. Meisels & E. Fenichel (Eds.), *New visions for the developmental assessment of infants and young children* (pp. 27–52). Washington, DC: Zero to Three.

Erickson, M. T. (1993). Rethinking Oedipus: An evolutionary perspective of incest avoidance. *American Journal of Psychiatry, 150,* 411–415.

Erickson, S. J., & Steiner, H. (2000). Trauma spectrum adaptation: Somatic symptoms in long-term pediatric cancer survivors. *Psychosomatics, 41,* 339–346.

Erickson, S. J., & Steiner, H. (2001). Trauma and personality correlates in long term pediatric cancer survivors. *Child Psychiatry & Human Development, 31,* 195–213.

Erikson, E. H. (1963). *Childhood and society* (2nd ed.). New York: Norton.

Estes, D., Wellman, H. M., & Wooley, J. D. (1989). Children's understanding of mental phenomena. In H. Reese (Ed.), *Advances in child development and behavior* (pp. 41–86). New York: Academic Press.

Evans, G. W., & English, K. (2002). The environment of poverty: Multiple stressor exposure, psychophysiological stress, and socioemotional adjustment. *Child Development, 73,* 1238–1248.

Ewen, D., Blank, H., Hart, K., & Schulman, K. (2002). *State developments in child care, early education, and school-age care 2001.* Washington, DC: Children's Defense Fund.

Fanshel, D., Finch, S. J., & Grundy, J. F. (1990). *Foster children in life course perspective.* New York: Columbia University Press.

Federman, J. (Ed.). (1997). Executive summary. *National television violence study, Vol. 2.* Santa Barbara, CA: The Center for Communication and Social Policy, University of California, Santa Barbara.

Fein, D. J., & Lee, W. S. (2003). The impacts of welfare reform on maltreatment in Delaware. *Children and Youth Services Review, 25,* 85–113.

Fein, E. (1991). Issues in foster family care: Where do we stand? *American Journal of Orthopsychiatry, 61*(4), 578–583.

Feinstein, C., & Berger, K. (1987). The chronically ill or disabled child. In J. Noshpitz (Ed.), *Basic Handbook of Child Psychiatry* (Vol. 5, pp. 122–131). New York: Basic Books.

Feldman, R., Weller, A., Sirota, L., & Eidelman, A. I. (2002). Skin-to-skin contact (Kangaroo Care) promotes self-regulation in premature infants: Sleep–wake cyclicity, arousal modulation, and sustained exploration. *Developmental Psychology, 38,* 194–207.

Fick, A. C., Osofsky, J. D., & Lewis, M. L. (1997). Perceptions of violence: Children, parents, and police officers. In J. D. Osofsky (Ed.), *Children in a violent society.* New York: Guilford Press.

Field, T. (1992). Infants of depressed mothers. *Development and Psychopathology, 4,* 49–66.

Field, T. (1998). Maternal depression effects on infants and early interventions. *Preventive Medicine, 27,* 200–203.

Field, T. (2000). Infant massage therapy. In C. H. Zeanah, Jr. (Ed.), *Handbook of infant mental health* (2nd ed., pp. 494–500). New York: Guilford Press.

Findlater, J. E., & Kelly, S. (1999). Child protective services and domestic violence. *The Future of Children, 9,* 84–96.

Finkelhor, D. (1995). The victimization of children: A developmental perspective. *American Journal of Orthopsychiatry, 65,* 177–193.

Fisher, A. G., Murray, E. A., & Bundy, A. C. (1991). *Sensory integration theory and practice.* Philadelphia: Davis.

Fivush, R. (1997). Event memory in childhood. In N. Cowan (Ed.), *The development of memory in childhood* (pp. 139–162). Sussex: Psychology Press.

Fivush, R. (1998). Children's recollections of traumatic and nontraumatic events. *Development and Psychopathology, 10,* 699–716.

Flavell, J. H. (2000). Development of children's knowledge about the mental world. *International Journal of Behavioral Development, 24,* 15–23.

Flavell, J. H., Green, F. L., & Flavell, E. R. (1995). The development of children's knowledge about attentional focus. *Developmental Psychology, 31,* 706–712.

Flavell, J. H., Green, F. L., & Flavell, E. R. (2000). Development of children's awareness of their own thoughts. *Journal of Cognition and Development, 1,* 97–112.

Flavell, J. H., & Miller, P. H. (1998). Social cognition. In W. Damon, D. Kuhn, & R. S. Siegler (Eds.), *Handbook of child psychology*: (5th ed.). *Vol. 2: Cognition, perception, and language* (pp. 851–898). New York: Wiley.

Fleck-Henderson, A. (2000). Domestic violence in the child protection system: Seeing double. *Children and Youth Services Review, 22,* 333–354.

Foley, M. A., Harris, J. F., & Hermann, S. (1994). Developmental comparisons of the ability to discriminate between memories for symbolic play enactments. *Developmental Psychology, 30,* 206–217.

Folman, R. D. (1995). *Resiliency and vulnerability among abused and neglected children in foster care.* Unpublished dissertation, University of Michigan, Ann Arbor, Michigan.

Folman, R. D. (1998). "I was tooken": How children experience removal from their parents preliminary to placement into foster care. *Adoption Quarterly, 2,* 7–35.

Fonagy, P., Redfern, S., & Charman, T. (1997). The relationship betweeen belief-desire reasoning and a projective measure of attachment security (SAT). *British Journal of Developmental Psychology, 15,* 51–61.

Fong, R. (2003). *Culturally competent practice with immigrant and refugee children and families.* New York: Guilford Press.

Foorman, B. R., & Torgesen, J. (2001). Critical elements of classroom and small-group instruction promote reading success in all children. *Learning Disabilities Research and Practice, 16,* 203–212.

Ford, J., & Kidd, P. (1998). Early childhood trauma and disorders of extreme stress as predictors of treatment outcome with chronic posttraumatic stress disorder. *Journal of Traumatic Stress, 11,* 743–761.

Foster, E. M. (2002). Trends in multiple and overlapping disadvantages among Head Start enrollees. *Children and Youth Services Review, 24,* 933–954.

Fraiberg, S. (1974). The clinical dimension of baby games. *Journal of the American Academy of Child Psychiatry, 13,* 202–220.

Fraiberg, S. (1980). Clinical assessment of the infant and his family. In S. Fraiberg (Ed.), *Clinical studies in infant mental health: The first year of life* (pp. 23–48). New York: Basic Books.

Fraiberg, S., Adelson, E., & Shapiro, V. (1975). Ghosts in the nursery: A psychoanalytic approach to the problems of impaired mother–infant relationships. *Journal of the American Academy of Child Psychiatry*. 14, 387–421.

Fraser, M. W., Richman, J. M., & Galinsky, M. J. (1999). Risk, protection, and resilience: Toward a conceptual framework for social work practice. *Social Work Research, 23,* 131–143.

Freud, A. (1963). The concept of developmental lines. *Psychoanalytic Study of the Child, 18,* 245–266.

Freud, A. (1965). *Normality and pathology in childhood: Assessments of development.* New York: International Universities Press.

Freud, A. (1966). *The ego and the mechanisms of defense* (rev. ed.). New York: International Universities Press.

Freyd, J. J. (1996). *Betrayal trauma: The logic of forgetting childhood abuse.* Cambridge, MA: Harvard University Press.

Friedberg, R. D., & McClure, J. M. (2002). *Clinical practice of cognitive therapy with children and adolescents: The nuts and bolts.* New York: Guilford Press.

Friedman, J. M., & Polifka, J. E. (1996). *The effects of drugs on the fetus and nursing infant.* Baltimore: Johns Hopkins University Press.

Frijda, N., & Mesquita, B. (1994). The social roles and functions of emotion. In S. Kitayama & H. Marcus (Eds.), *Emotion and culture* (pp. 51–87). Washington, DC: American Psychological Association.

Fuligni, A. J., Yip, T., & Tseng, V. (2002). The impact of family obligation on the daily activities and psychological well-being of Chinese American adolescents. *Child Development, 73,* 302–314.

Fuller, T. L., & Wells, S. J. (2003). Predicting maltreatment recurrence among CPS cases with alcohol and other drug involvement. *Children and Youth Services Review, 25,* 553–569.

Furstenberg, F. F., Jr., Cook, T., Eccles, J., Elder, G. H., & Sameroff, A. J. (1999). *Managing to make it: Urban families and adolescent success.* Chicago: University of Chicago Press.

Galdston, R. (1979). Disorders of early parenthood: Neglect, deprivation, exploitation and abuse of little children. In J. D. Noshpitz (Ed.), *Basic handbook of child psychiatry* (Vol. 2, pp. 581–593). New York: Basic Books.

Garbarino, J. (1995). The American war zone: What children can tell us about living with violence. *Journal of Developmental and Behavioral Pediatrics, 16,* 431–435.

Garbarino, J., Dubrow, N., Kostelny, K., & Pardo, C. (1992). *Children in danger: Coping with the consequences of community violence.* San Francisco: Jossey-Bass.

Garcia, E. C. (2001). Parenting in Mexican American families. In N. B. Webb (Ed.), *Culturally diverse parent–child and family relationships: A guide for social workers and other practitioners* (pp. 157–180). New York: Columbia University Press.

Garcia Coll, C., & Magnuson, K. (1999). Cultural influences on child development: Are we ready for a paradigm shift? In A. S. Masten (Ed.), *Cultural processes in child development: The Minnesota Symposia on Child Psychology* (Vol. 29, pp. 1–24). Mahwah, NJ: Erlbaum.

Garfinkel, I., McLanahan, S. S., Tienda, M., & Brooks-Gunn, J. (2001). Fragile families and welfare reform: An introduction. *Children and Youth Services Review, 23,* 277–301.

Gemelli, R. (1996). *Normal child and adolescent development.* Washington, D.C.: American Psychiatric Press. Gershoff, E. T. (2002). Corporal punishment by parents and associated child behaviors and experiences: A meta-analytic review. *Psychological Bulletin, 128,* 539–579.

Gil, E. (1991). *The healing power of play.* New York: Guilford Press.

Gilkerson, L., & Stott, F. (2000). Parent–child relationships in early intervention with infants and toddlers with disabilities and their families. In C. H. Zeanah, Jr. (Ed.), *Handbook of infant mental health (2nd ed., pp. 457–471). New York: Guilford Press.*

Gilliam, W. S., & Mayes, L. C. (2000). Developmental assessment of infants and toddlers. In C. H. Zeanah, Jr. (Ed.), *Handbook of infant mental health* (2nd ed., pp. 236–248). New York: Guilford Press.

Glaser, D. (2002). Emotional abuse and neglect (psychological maltreatment): A conceptual framework. *Child Abuse and Neglect, 26,* 697–714.

Gleason, W. J. (1995). Children of battered women: Developmental delays and behavioral dysfunction. *Violence and Victims, 10,* 153–159.

Glod, C. A., & Teicher, M. H. (1996). Relationship between early abuse, posttraumatic stress disorder, and activity levels in prepubertal children. *Journal of the American Academy of Child and Adolescent Psychiatry, 35,* 1384–1393.

Goodlin-Jones, B. L., Burnham, M. M., Gaylor, E. E., & Anders, T. F. (2001). Night waking, sleep–wake organization, and self-soothing in the first year of life. *Journal of Developmental and Behavioral Pediatrics, 22,* 226–233.

Goodman, S. H., & Gotlib, I. H. (1999). Risk for psychopathology in the children of depressed mothers: A developmental model for understanding mechanisms of transmission. *Psychological Review, 106,* 458–490.

Goyette, C. H., Conners, C. K., & Ulrich, R. F. (1978). Normative data on Revised Conners Parent and Teacher Rating Scales. *Journal of Abnormal Child Psychology, 6,* 221–236.

Greig, A., & Howe, D. (2001). Social understanding, attachment security of preschool children and maternal mental health. *British Journal of Developmental Psychology, 19,* 381–393.

Greenberg, M., & Speltz, M. (1988). Attachment and the ontogeny of conduct problems. In J. Belsky & T. Nezworski (Eds.), *Clinical applications of attachment* (pp. 177–218). Hillsdale, NJ: Erlbaum.

Greene, B. A. (1992). Racial socialization as a tool in psychotherapy with African-American children. In L. A. Vargas & J. D. Koss-Chioino (Eds.), *Working with culture* (pp. 63–84). San Francisco: Jossey-Bass.

Greenspan, S. I., & Greenspan, N. T. (1985). *First Feelings: Milestones in the development of your baby and child.* New York: Viking.

Greenspan, S. I., & Meisels, S. J. (1996). Toward a new vision for the developmental assessment of infants and young children. In S. J. Meisels & E. Fenichel (Eds.), *New visions for the developmental assessment of infants and young children* (pp. 11–26). Washington, DC: Zero to Three.

Grossman, K. E., Grossman, K., & Zimmerman, P. (1999). A wider view of attachment and exploration: Stability and change during the years of immaturity. In J. Cassidy & P. R. Shaver (Eds.), *Handbook of attachment: Theory, research, and clinical applications* (pp. 760–786). New York: Guilford Press.

Grusec, J. E., Goodnow, J. J., & Kuczynski (2000). New directions in analyses of parenting contributions to children's acquisition of values. *Child Development, 71,* 205–211.

Gunnar, M. R., Bruce, J., & Grotevant, H. D. (2000). International adoption of institutionally reared children: Research and policy. *Development and Psychopathology, 12,* 677–693.

Gunnar, M. R., Morison, S. J., Chisholm, K., & Schuder, M. (2001). Salivary cortisol levels in children adopted from Romanian orphanages. *Development and Psychopathology, 13,* 611–628.

Haden, C. A., Haine, R. A., & Fivush, R. (1997). Developing narrative structure in parent–child reminiscing across the preschool years. *Developmental Psychology, 33,* 295–307.

Haight, W. L. (1999). The pragmatics of caregiver–child pretending at home: Understanding culturally specific socialization practices. In A. Goncu (Ed.), *Children's engagement in the world: Sociocultural perspectives* (pp. 128–147). New York: Cambridge University Press.

Haith, M. M., & Benson, J. B. (1998). Infant cognition. In W. Damon, D. Kuhn, & R. S. Siegler (Eds.), *Handbook of child psychology* (5th ed.): *Vol. 2. Cognition, perception, and language* (pp. 199–254). New York: Wiley.

Halpern, R. (1993). Poverty and infant development. In C. H. Zeanah, Jr. (Ed.), *Handbook of infant mental health* (pp. 73–86). New York: Guilford Press.

Hamilton, C. E. (2000). Continuity and discontinuity of attachment from infancy through adolescence. *Child Development, 71,* 690–694. Hanish, L. D., & Guerra, N. G. (2002). A longitudinal analysis of patterns of adjustment following peer victimization. *Development and Psychopathology, 14,* 69–89.

Hart, S., Binggeli, N., & Brassard, M. (1998). Evidence of the effects of psychological maltreatment. *Journal of Emotional Abuse, 1,* 27–58.

Harter, S. (1983). Developmental perspectives on the self-system. In E. M. Hetherington (Ed.), *Handbook of child psychology* (4th ed.). Vol. 4: Socialization, personality and social development (pp. 275–385). New York: Wiley.

Harter, S. (1998). The development of self-representations. In W. Damon & N. Eisenberg (Eds.), *Handbook of child psychology: Vol. 3. Social, emotional and personality development* (pp. 553–618). New York: Wiley.

Harter, S. (1999). *The construction of the self: A developmental perspective.* New York: Guilford Press.

Hartup, W. W. (1992). Peer relations in early and middle childhood. In V. B. Van Hasselt & M. Hersèn (Eds.), *Handbook of social development: A lifespan perspective* (pp. 257–281). New York: Plenum Press.

Hartup, W. W. (1996). The company they keep: Friendships and their developmental significance. *Child Development, 67,* 1–13.

Hawley, T. L., Halle, T. G., Drasin, R. E., & Thomas, N. G. (1995). Children of addicted mothers: Effects of the 'crack epidemic' on the caregiving environment and the development of preschoolers. *American Journal of Orthopsychiatry, 65,* 364–379.

Hay, D. F. (1994). Prosocial development. *Journal of Child Psychology and Psychiatry, 35,* 29–71.

Hay, D. F., Castle, J., & Davies, L. (2000). Toddlers' use of force against familiar peers: A precursor of serious aggression? *Child Development, 71,* 457– 467.

Hay, D. F., Castle, J., Davies, L., Demetriou, H,, & Stimson, C. A. (1999). Prosocial action in very early childhood. *Journal of Child Psychology and Psychiatry and Allied Disciplines, 40,* 905–916.

Hellige, J. B. (1994). *Hemispheric asymmetry: What's right and what's left.* Cambridge, MA: Harvard University Press.

Henning, K., Leitenberg, H., Coffey, P., Turner, T., & Bennett, R. (1996). Long-term psychological and social impact of witnessing violent physical conflict between parents. *Journal of Interpersonal Violence, 11,* 35–51.

Hesse, E. (1999). The adult attachment interview: Historical and current perspectives. In J. Cassidy & P. R. Shaver (Eds.), *Handbook of attachment: Theory, research, and clinical applications* (pp. 395–433). New York: Guilford Press.

Hesse, E., & Main, M. (1999). Second-generation effects of unresolved trauma in nonmaltreating parents: Dissociated, frightened, and threatening parental behavior. *Psychoanalytic Inquiry, 19,* 481–540.

Hetherington, E. M., & Kelly, J. (2002). *For better or for worse: Divorce reconsidered.* New York: Norton.

Hewitt, S. K. (1999). *Assessing allegations of sexual abuse in pre-school children: Understanding small voices.* Newbury Park, CA: Sage.

Hildyard, K. L., & Wolfe, D. A. (2002). Child neglect: Developmental issues and outcomes. *Child Abuse and Neglect, 26,* 679–695.

Hirshberg, L. M. (1998). Infant mental health consultation to early intervention programs. *Zero to Three, 18,* 19–23.

Hirschfeld, L. A. (1996). Seeing race. *Michigan Today, 28,* 2–3.

Hofer, M. A. (1995). Hidden regulators: Implication for a new understanding of attachment, separation, and loss. In S. Golberg, R. Muir, & J. Kerr (Eds.), *Attachment theory: Social, developmental, and clinical perspectives* (pp. 203–230). Hillsdale, NJ: Analytic Press.

Holmbeck, G. N., Greenley, R. N., & Franks, E. A. (2003). Developmental issues and considerations in research and practice. In A. E. Kazdin & J. R. Weisz (Eds.), *Evidence-based psychotherapies for children and adolescents* (pp. 21–41). New York: Guilford Press.

Hooper, S. R., Swartz, C., Wakely, M., deKruif, R., & Montgomery, J. (2002). Executive functions in elementary school children with and without problems in written expression. *Journal of Learning Disabilities, 35,* 59–68.

Horowitz, M. J. (1986). *Stress response syndromes* (2nd ed.). Northvale, NJ: Jason Aronson.

Howes, C. (1992). Sequences in the development of competent play with peers: Social and social pretend play. *Developmental Psychology, 28,* 961–974.

Howes, C. (1999). Attachment relationships in the context of multiple caregivers. In J. Cassidy & P. R. Shaver (Eds.), *Handbook of attachment: Theory, research, and clinical applications* (pp. 671–687). New York: Guilford Press.

Howes, C., & Ritchie, S. (1998). Changes in child–teacher relationships in a therapeutic preschool program. *Early Education and Development, 10,* 411–422.

Howse, R. B., Calkins, S. D., Anastopoulos, A. D., Keane, S. P., & Shelton, T. (2003). Regulatory contributors to children's kindergarten achievement. *Early Education and Development, 14,* 101–119.

Hudson, J. A. (1993). Understanding events: The development of script knowledge. In M. Bennett (Ed.), *The child as psychologist: An introduction to the development of social cognition* (pp. 142–167). New York: Harvester Wheatsheaf.

Huesmann, L. R., Moise-Titus, J., Podolski, C.-L., & Eron, L. D. (2003). Longitudinal relations between children's exposure to TV violence and their aggressive and violent behavior in young adulthood. *Developmental Psychology, 39,* 201–221.

Hughes, C. (2002). Executive functions and development: Why the interest? *Infant and Child Development, 11,* 69–71.

Hughes, C., & Graham, A. (2002). Measuring executive functions in childhood: Problems and solutions. *Child and Adolescent Mental Health, 7,* 131–142.

Hughes, C., White, A., Sharpen, J., & Dunn, J. (2000). "Hard to manage" preschoolers' peer problems, and possible social and cognitive influences. *Journal of Child Psychology and Psychiatry, 41,* 169–179.

Hughes, D. (2003). Correlates of african american and latino parents' messages to children about ethnicity and race: A comparative study of racial socialization. *American Journal of Community Psychology, 31,* 15–33.

Huppi, P. S., Schuknecht, B., Boesch, C., Bossi, E., Felbinger, J., Fusch, C., & Herschkowitz, N. (1996). Structural and neurobehavioral delay in postnatal brain development of preterm infants. *Pediatric Research, 39,* 895–901.

Huttenlocher, J. (1999). Language input and language growth. In N. Fox, L. Leavitt, & J. Warhol (Eds.), *The role of early experience in development* (pp. 69–82). Skillman, NJ: Johnson & Johnson.

Huttenlocher, J., Haight, W., Bryk, A., Seltzer, M., & Lyons, T. (1991). Early vocabulary growth: Relation to language input and gender. *Developmental Psychology, 27,* 236–248.

Huttenlocher, P. R., & Dabholkar, A. S. (1997). Regional differences in synaptogenesis in the human cerebral cortex. *Journal of Comparative Neurology, 387,* 167–178.

Hyde, J. S., & Plant, E. A. (1995). Magnitude of psychological gender differences: Another side to the story. *American Psychologist, 50,* 159–161.

Institute of Medicine. (1996). *Fetal alcohol syndrome.* Washington, DC: National Academy Press.

Isabella, R. A., & Belsky, J. (1991). Interactional synchrony and the origins of mother–infant attachment: A replication study. *Child Development, 62,* 373–384.

Jackson, J. F. (1993). Multiple caregiving among African Americans and infant attachment: The need for an emic approach. *Human Development, 35,* 87–102.

Janowsky, J. S., & Carper, R. (1996). Is there a neural basis for cognitive transitions in school age children? In A. J. Sameroff & M. M. Haith (Eds.), *The five to seven year shift: The age of reason and responsibility* (pp. 33–62). Chicago: University of Chicago Press.

Jenkins, J. M., & Astington, J. W. (2000). Theory of mind and social behavior: Causal models tested in a longitudinal study. *Merrill–Palmer Quarterly, 46,* 203–220.

Johnson, J. G., Smailes, M., Cohen, M., Brown, J., & Bernstein, D. P. (2000). Associations between four types of childhood neglect and personality disorder symptoms during adolescence and early adulthood: Findings of a community-based longitudinal study. *Journal of Personality Disorders, 14,* 171–187.

Johnson, M. H. (1998). The neural basis of cognitive development. In W. Damon, D. Kuhn, & R. S. Siegler (Eds.), *Handbook of child psychology* (5th ed.): *Vol. 2. Cognition, perception, and language* (pp. 1–50). New York: Wiley.

Johnson, M. H. (1997). *Developmental cognitive neuroscience.* Cambridge, MA: Blackwell.

Johnson, R. M., Kotch, J. B., Catellier, D. J., Winsor, J. R., Dufort, V., Hunter, W., & Amaya-Jackson, L. (2002). Adverse behavioral and emotional outcomes from child abuse and witnessed violence. *Child Maltreatment, 7,* 179–186.

Johnston, J. R. (1995). Research update: Children's adjustment in sole custody families compared to joint custody families and principles for custody decision making. *Family Conciliation Courts Review, 33,* 415–425.

Kagan, J. (1981). *The second year: The emergence of self-awareness.* Cambridge, MA: Harvard University Press.

Kagan, J. (1984). *The nature of the child.* New York: Basic Books.

Kagan, J. (1989). Temperamental contributions to social behavior. *American Psychologist, 44,* 668–674.

Kagan, J., Kearsley, R. B., & Solano, P. R. (1978). *Infancy: Its place in human development.* Cambridge, MA: Harvard University Press.

Kagan, J., Resnick, J. S., Clark, C., Snidman, N., & Garcia Coll, C. (1984). Behavioral inhibition to the unfamiliar. *Child Development, 55,* 2212–2225.

Kail, R. V., & Salthouse, T. A. (1994). Processing speed as a mental capacity. *Acta Psychologica, 86,* 199–225.

Kaiser, B., & Rasminsky, J. S. (1999). *Meeting the Challenge: Effective Strategies for Challenging Behaviours in Early Childhood Environments.* Ottawa: Canadian Child Care Federation.

Kalter, N. (1988). *Time-limited developmental facilitation groups for children of divorce: Early elementary school manual.* Ann Arbor, MI: Author.

Kalter, N., & Schreier, S. (1994). Developmental facilitation groups for children of divorce: The elementary school model. In C. W. LeCroy (Ed.), *Handbook of child and adolescent treatment manuals* (pp. 307–342). New York: Lexington Books.

Kamerman, S. B. (2000). Parental leave policies: An essential ingredient in early childhood education and care policies. *Social Policy Report, 14,* 3–15.

Kates, W. G., Johnson, R. L., Rader, M. W., & Strieder, F. H. (1991). Whose child is this? Assessment and treatment of children in foster care. *American Journal of Orthopsychiatry, 61,* 584–591.

Katz, L. F., & Woodin, E. M. (2002). Hostility, hostile detachment, and conflict engagement in marriages: Effects on child and family functioning. *Child Development, 73,* 636–652.

Kaufman, J., & Charney, D. (2001). Effects of early stress on brain structure and function: Implications for understanding the relationship between child maltreatment and depression. *Development and Psychopathology, 13,* 451–471.

Kaufman, J., & Zigler, E. (1996). Child abuse and social policy. In E. Zigler, S. Kagan, & N. Hall (Eds.), *Children, families, and government: Preparing for the twenty-first century* (pp. 233–255). Cambridge, UK: Cambridge University Press.

Kaufman Kantor, G., & Little, L. (2003). Defining the boundaries of child neglect: When does domestic violence equate with parental failure to protect? *Journal of Interpersonal Violence, 18,* 338–355.

Kaye, K. (1982). *The mental and social life of babies: How parents create persons.* Chicago: University of Chicago Press.

Kaye, K., & Fogel, A. (1980). The temporal structure of face-to-face communication between mothers and infants. *Developmental Psychology, 16,* 454–464.

Kazdin, A. E. (2003). Problem solving skills and parent management training for conduct disorder. In A. E. Kazdin & J. R. Weisz (Eds.), *Evidence-based psychotherapies for children and adolescents* (pp. 241–262). New York: Guilford Press.

Kazdin, A. E., & Weisz, J. R. (2003). Introduction: Context and background of evidence-based psychotherapies for children and adolescents. In A. E. Kazdin &

J. R. Weisz (Eds.), *Evidence-based psychotherapies for children and adolescents* (pp. 241–262). New York: Guilford Press.

Keller, H., Lohaus, A., Volker, S., Cappenberg, M., & Chasiotis, A. (1999). Temporal contingency as an independent component of parenting behavior. *Child Development, 70,* 474–485.

Kellman, P. J., & Banks, M. S. (1998). Infant visual perception. In W. Damon, D. Kuhn, & R. S. Siegler (Eds.), *Handbook of child psychology* (5th ed.): *Vol. 2. Cognition, perception, and language* (pp. 103–146). New York: Wiley.

Kelly, J. B. (2000). Children's adjustment in conflicted marriage and divorce: A decade review of research. *Journal of the American Academy of Child and Adolescent Psychiatry, 39,* 963–973.

Kelly, J. B., & Lamb, M. E. (2000). Using child development research to make appropriate custody and access decisions for young children. *Family and Conciliation Courts Review, 38,* 297–312.

Kelly, J. B., & Lamb, M. E. (2003). Developmental issues in relocation cases involving young children: When, whether, and how? *Journal of Family Psychology, 17,* 193–205.

Killen, M., Lee-Kim, J., McGlothlin, H., & Stangor, C. (2002). How children and adolescents evaluate gender and racial exclusion. *Monographs of the Society for Research in Child Development, 67*(Serial No. 271), 1–119.

Killen, M., Pisacane, K., Lee-Kim, J., & Ardila-Rey, A. (2001). Fairness or stereotypes? Young children's priorities when evaluating group exclusion and inclusion. *Developmental Psychology, 37,* 587–596.

Killen, M., & Stangor, C. (2001). Children's social reasoning about inclusion and exclusion in gender and race peer group contexts. *Child Development, 72,* 174–186.

Kinnard, E. M. (2001). Perceived and actual academic competence in maltreated children. *Child Abuse and Neglect, 25,* 33–45.

Klinger, L. G., Dawson, G., & Renner, P. (2003). Autistic disorder. In E. J. Mash & R. A. Barkley (Eds.), *Child psychopathology* (2nd ed., pp. 409–454). New York: Guilford Press.

Kochanska, G. (1994). Beyond cognition: Expanding the search for the early roots of internalization and conscience. *Developmental Psychology, 30,* 20–22.

Kochanska, G. (2001). Emotional development in children with different attachment histories: The first three years. *Child Development, 72,* 474–490.

Kochanska, G. (2002). Committed compliance, moral self, and internalization: A mediational model. *Developmental Psychology, 38,* 339–351.

Kochanska, G., Aksan, N., & Koenig, A. (1995). A longitudinal study of the roots of preschoolers' conscience: Committed compliance and emerging internalization. *Child Development, 66,* 1752–1769.

Kochanska, G., Casey, R., & Fukumoto, A. (1995). Toddler's sensitivity to standard violations. *Child Development, 66,* 643–656.

Kochanska, G., Coy, K. C., & Murray, K. T. (2001). The development of self-regulation in the first 4 years of life. *Child Development, 72,* 1091–1111.

Kochanska, G., & Murray, K. T. (2000). Mother–child mutually responsive orientation and conscience development: From toddler to early school age. *Child Development, 71,* 417–431.

Kochanska, G., Murray, K. T., & Harlan, E. T. (2000). Effortful control in early childhood: Continuity and change, antecedents, and implications for social development. *Developmental Psychology, 36,* 220–232.

Kohlberg, L. (1984). *Essays on moral development: Vol. 2. The psychology of moral development.* New York: Harper & Row.

Kopp, C. B. (1982). Antecedents of self-regulation: A developmental perspective. *Developmental Psychology, 18,* 199–214.

Kopp, C. B., & Kaler, S. R. (1989). Risk in infancy: Origins and implications. *American Psychologist, 44*(2), 224–230.

Korenman, S., Miller, J., & Sjaastad, J. (1995). Long-term poverty and child development in the United States: Results from the NLSY. *Children and Youth Services Review, 17,* 127–155.

Koverola, C., & Heger, A. (2003). Responding to children exposed to domestic violence: Research informing practice and policy. *Journal of Interpersonal Violence, 18,* 331–337.

Kozol, J. (1991). *Savage inequalities: Children in America's schools.* New York: Crown.

Kreppner, J. M., O'Connor, T. G., Rutter, M., & the English and Romanian Adoptees Study Team. (2001). Can inattention/overactivity be an institutional deprivation syndrome? *Journal of Abnormal Child Psychology, 29,* 513–528.

Kuhl, P. K. (1999). The role of experience in early language development: Linguistic experience alters the perception and production of speech. In N. Fox, L. Leavitt, & J. Warhol (Eds.), *The role of early experience in development* (pp. 101–126). Skillman, NJ: Johnson & Johnson.

Kurtz, P. D., Gaudin, J. M., Wodarski, J. S., & Howing, P. T. (1993). Maltreatment and the school aged child: School performance consequences. *Child Abuse and Neglect, 17,* 581–589.

Ladd, G. W. (1990). Having friends, keeping friends, making friends, and being liked by peers in the classroom: Predictors of children's early school adjustment? *Child Development, 61,* 1081–1100.

Ladd, G. W. (1999). Peer relationships and social competence during early and middle childhood. *Annual Review of Psychology, 50,* 333–359.

Ladd, G. W., Kochenderfer, B. J., & Coleman, C. C. (1996). Friendship quality as a predictor of young children's early school adjustment. *Child Development, 67,* 1103–1118.

Larsson, I., & Svedin, C. G. (2002). Teachers' and parents' reports on 3– to 6–year-old children's sexual behavior—a comparison. *Child Abuse and Neglect, 25,* 247–266.

Laursen, B., Hartup, W. W., & Koplas, A. L. (1996). Towards understanding peer conflict. *Merrill–Palmer Quarterly, 42,* 76–102.

Leach, P. (1978). *Your baby and child.* New York: Knopf.

Leathers, S. J. (2002). Foster children's behavioral disturbance and detachment from caregivers and community institutions. *Children and Youth Services Review, 24,* 239–268.

Lee, M.-Y. (2001). Marital violence: Impact on children's emotional experiences, emotional regulation and behaviors in a post-divorce separation situation. *Child and Adolescent Social Work Journal, 18,* 137–163.

Lehmann, P. (2000). Posttraumatic stress disorder (PTSD) and child witnesses to mother-assault: A summary and review. *Children and Youth Services Review, 22,* 275–306.

Leonard, K. E., Eiden, R. D., Wong, M. M., Zucker, R. A., Puttler, L. I., Fitzgerald, H. E., Hussong, A., Chassin, L., & Mudar, P. (2000). Developmental perspectives on risk and vulnerability in alcoholic families. *Alcoholism: Clinical and Experimental Research, 24,* 238–240.

Leslie, L. K., Landsverk, J., Ezzet-Lofstrom, R., Tschann, J. M., Slymen, D. J., & Garland, A. F. (2000). Children in foster care: Factors influencing outpatient mental health service use. *Child Abuse and Neglect, 24,* 465–476.

Lester, B. M., Boukydis, C. F. Z., & Twomey, J. E. (2000). Maternal substance abuse and child outcome. In C. H. Zeanah, Jr. (Ed.), *Handbook of infant mental health* (2nd ed., pp. 161–175). New York: Guilford Press.

Lester, B. M., LaGasse, L., & Brunner, S. (1997). Data base of studies on prenatal cocaine exposure and child outcome. *Journal of Drug Issues, 27,* 487–499.

Lester, B. M., LaGasse, L., & Seifer, R. (1998). Cocaine exposure and children: The meaning of subtle effects. *Science, 282,* 633–634.

Levendosky, A. A., & Graham-Bermann, S. A. (2000). Behavioral observations of parenting in battered women. *Journal of Family Psychology, 14,* 80–94.

Levine, D. S. (2002). Introduction to the special issue on brain development and caring behavior. *Brain and Mind, 3,* 1–7.

LeVine, R. A., & Miller, P. M. (1990). Commentary. *Human Development, 33,* 73–80.

Lewis, M. L. (2000). The cultural context of infant mental health: The developmental niche of infant–caregiver relationships. In C. H. Zeanah, Jr. (Ed.), *Handbook of infant mental health* (2nd ed., pp. 91–108). New York: Guilford Press.

Lewis, M. L., & Brooks-Gunn, J. (1979). *Social cognition and the acquisition of self.* New York: Plenum.

Lewis, R. (1966). *Miracles: Poems by children of the English-speaking world.* New York: Simon & Schuster. Liben, L. S., & Bigler, R. S. (2002). The developmental course of gender differentiation: Conceptualizing, measuring, and evaluating constructs and pathways. *Monographs of the Society for Research in Child Development, 67*(Serial No. 269), 1–146.

Lieberman, A. F. (1992). Infant–parent psychotherapy with toddlers. *Development and Psychopathology, 4,* 559–574.

Lieberman, A. F. (1993). *The emotional life of the toddler.* New York: Free Press.

Lieberman, A. F., & Pawl, J. H. (1990). Disorders of attachment and secure base behavior in the second year of life: Conceptual issues and clinical interventions. In M. T. Greenberg, D. Cicchetti, & E. M. Cummings (Eds.), *Attachment in the preschool years: Theory, research and intervention* (pp. 375–397). Chicago: University of Chicago Press.

Lieberman, A. F., & Pawl, J. H. (1993). Infant–parent psychotherapy. In C. H. Zeanah, Jr. (Ed.), *Handbook of infant mental health* (pp. 427–442). New York: Guilford Press.

Lieberman, A. F., Silverman, R., & Pawl, J. H. (2000). Infant–parent psychotherapy: Core concepts and current approaches. In C. H. Zeanah, Jr. (Ed.), *Handbook of infant mental health* (2nd ed., pp. 472–484). New York: Guilford Press.

Lieberman, A. F., & Zeanah, C. H. (1999). Contributions of attachment theory to infant–parent psychotherapy and other interventions with infants and young children. In J. Cassidy & P. R. Shaver (Eds.), *Handbook of attachment: Theory, research, and clinical applications* (pp. 555–574). New York: Guilford Press.

Lillo-Martin, D. (1996). Modality effects and modularity in language acquisition: The acquisition of American sign language. In T. Bhatia & W. Ritchie (Eds.), *Handbook of language acquisition.* New York: Academic Press.

Lindsey, D., & Martin, S. K. (2003). Deepening child poverty: The not so good news about welfare reform. *Children and Youth Services Review, 25,* 165–173.

Locke, J. L. (1993). *The child's path to spoken language.* Cambridge, MA: Harvard University Press.

Lozoff, B., Jimenez, E., Hagen, J., Mollen, E., & Wolf, A. W. (2000). Poorer behavioral and developmental outcome more than 10 years after treatment for iron deficiency in infancy. *Pediatrics, 105,* E51.

Luciana, M., & Nelson, C. A. (1998). The functional emergence of prefrontally-guided working memory systems in four- to eight-year-old children. *Neuropsychologia, 36,* 273–293.

Lupien, S. J., King, S., Meaney, M. J., & McEwen, B. S. (2001). Can poverty get under your skin? Basal cortisol levels and cognitive function in children from low and high socioeconomic status. *Development and Psychopathology, 13,* 653–676.

Luthar, S. S., Cicchetti, D., & Becker, B. (2000). The construct of resilience: A critical evaluation and guidelines for future work. *Child Development, 71,* 543–562.

Luthar, S. S., & Zigler, E. (1991). Vulnerability and competence: A review of research on resilience in childhood. *American Journal of Orthopsychiatry, 61,* 6–22.

Lynch, M., & Cicchetti, D. (1998). An ecological–transactional analysis of children and contexts: The longitudinal interplay among child maltreatment, community violence, and children's symptomatology. *Development and Psychopathology, 10,* 235–257.

Lyon, G. R., Fletcher, J. M., Barnes, M. C. (2003). Learning disabilities. In E. J. Mash & R. A. Barkley (Eds.), *Child psychopathology* (2nd ed., pp. 520–588). New York: Guilford Press.

Lyons-Ruth, K. (1996). Attachment relationships among children with aggressive behavior problems: The role of disorganized early attachment patterns. *Journal of Clinical and Consulting Psychology, 64,* 64–73.

Lyons-Ruth, K., & Jacobvitz, D. (1999). Attachment disorganization: Unresolved loss, relational violence, and lapses in behavioral and attentional strategies. In J. Cassidy & P. R. Shaver (Eds.), *Handbook of attachment: Theory, research, and clinical applications* (pp. 520–554). New York: Guilford Press.

Lyons-Ruth, K., & Zeanah, Jr., C. H. (1993). The family context of infant mental health: I. Affective development in the primary caregiving relationship. In C. H. Zeanah, Jr. (Ed.), *Handbook of infant mental health* (pp. 14–37). New York: Guilford Press.

Lyons-Ruth, K., Zeanah, C. H., & Benoit, D. (2003). Disorder and risk for disorder during infancy and toddlerhood. In E. J. Mash & R. A. Barkley (Eds.), *Child psychopathology* (2nd ed., pp. 589–631). New York: Guilford Press.

MacFarlane, J. (1975). Olfaction in the development of social preferences in the human neonate. In M. Hoffer (Ed.), *Parent–infant interaction.* Amsterdam: Elsevier.

Macfie, J., Cicchetti, D., & Toth, S. L. (2001). The development of dissociation in preschool-aged children. *Development and Psychopathology, 13,* 233–254.

Magai, C. (1999). Affect, imagery, and attachment: Working models of interpersonal affect and socialization of emotion. In J. Cassidy & P. R. Shaver (Eds.), *Handbook of attachment: Theory, research, and clinical applications* (pp. 787–802). New York: Guilford Press.

Mahler, M. S., Pine, F., & Bergman, A. (1975). *The psychological birth of the human infant*. New York: Basic Books.

Main, M., & Cassidy, J. (1988). Categories of response to reunion with the parent at age six: Predictable from infant attachment classifications and stable over a one-month period. *Developmental Psychology, 24*, 415–426.

Main, M., & Hesse, E. (1990). Parents' unresolved traumatic experiences are related to infant disorganized attachment status: Is frightened and or/frightening parental behavior the linking mechanism? In M. T. Greenberg, D. Cicchetti & E. M. Cummings (Eds.), *Attachment in the preschool years: Theory, research and intervention* (pp. 161–184). Chicago: University of Chicago Press.

Main, M., Kaplan, N., & Cassidy, J. (1985). Security in infancy, childhood and adulthood: A move to the level of representation. In I. Bretherton and E. Waters (Eds.), Growing points of attachment theory and research. *Monographs of the Society for Research in Child Development. 50*(1–2, Serial No. 209), 66–106.

Main, M., & Morgan, H. (1996). Disorganization and disorientation in infant strange situation behavior: Phenotypic resemblance to dissociative states? In L. K. Michelson & W. J. Ray (Eds.), *Handbook of Dissociation: Theoretical, empirical, and clinical perspectives* (pp. 107–138). New York: Plenum Press.

Main, M., & Solomon, J. (1990). Procedures for identifying infants as disorganized/disoriented during the Ainsworth Strange Situation. In M. T. Greenberg, D. Cicchetti, & E. M. Cummings (Eds.), *Attachment in the preschool years: Theory, research and intervention* (pp. 121–160). Chicago: University of Chicago Press.

Malchiodi, C. A. (1998). *Understanding children's drawings*. New York: Guilford Press.

Maldonado-Duran, M., & Sauceda-Garcia, J. (1996). Excessive crying in infants with regulatory disorders. *Bulletin of the Menninger Clinic, 60*, 62–78.

Maluccio, A. N., & Ainsworth, F. (2003). Drug use by parents: A challenge for family reunification practice. *Children and Youth Services Review, 25*, 511–533.

Marshak, L. E., Seligman, M., & Prezant, F. (1999). *Disability and the family life cycle*. New York: Basic Books.

Martin, C. L., & Fabes. R. A. (2001). The stability and consequences of young children's same-sex peer interactions. *Developmental Psychology, 37*, 431–446.

Marvin, R. S., & Britner, P. A. (1999). Normative development: The ontogeny of attachment. In J. Cassidy & P. R. Shaver (Eds.), *Handbook of attachment: Theory, research, and clinical applications* (pp. 44–67). New York: Guilford Press.

Marx, M. H., & Henderson, B. B. (1996). A fuzzy trace analysis of categorical inferences and instantial associations as a function of retention interval. *Cognitive Development, 11*, 551–569.

Maslin-Cole, C., & Spieker, S. J. (1990). Attachment as a basis for independent motivation: A view from risk and nonrisk samples. In M. T. Greenberg, D. Cicchetti, & E. M. Cummings (Eds.), *Attachment in the preschool years: Theory, research and intervention* (pp. 245–272). Chicago: University of Chicago Press.

Masten, A. S., Best, K. M., & Garmezy, N. (1990). Resilience and development: Contributions from the study of children who overcome adversity. *Development and Psychopathology, 2*, 425–444.

Masten, A. S., & Coatsworth, J. D. (1998). The development of competence in favorable and unfavorable environments: Lessons from research on successful children. *American Psychologist, 53*, 205–220.

McAdoo, H. P. (2001). Parent and child relationships in African American families. In N. B. Webb (Ed.), *Culturally diverse parent–child and family relationships: A guide for social workers and other practitioners* (pp. 89–106). New York: Columbia University Press.

McClosky, L., Figueredo, A., & Koss, M. (1995). The effects of systemic family violence on children's mental health. *Child Development, 66,* 1239–1261.

McCubbin, M., Balling, K., Possin, P., Frierdich, S., & Byrne, B. (2002). Family resiliency in childhood cancer. *Family Relations, 51,* 103–111.

McDonough, S. C. (2000). Interaction guidance: An approach for difficult-to-engage families. In C. H. Zeanah, Jr. (Ed.), *Handbook of infant mental health* (2nd ed., pp. 485–493). New York: Guilford Press.

McFadyen, A. (1994). *Special care babies and their developing relationships.* New York: Routledge.

McGreevy, A. (1990). Treasures of children: Collections then and now: or treasures of children revisited. *Early Child Development & Care, 63,* 33–36.

McHale, S. M., Crouter, A. C., & Tucker, C. J. (2001). Free-time activities in middle childhood: Links with adjustment in early adolescence. *Child Development, 72,* 1764–1778.

McHale, S. M., Crouter, A. C., & Whiteman, S. D. (2003). The family contexts of gender development in childhood and adolescence. *Social Development, 12,* 125–148.

McKown, C., & Weinstein, R. S. (2003). The development and consequences of stereotype consciousness in middle childhood. *Child Development, 74,* 498–515.

McLoyd, V. C. (1998). Socioeconomic disadvantage and child development. *American Psychologist, 53,* 185–204.

Meins, E. (1997). *Security of attachment and social development of cognition.* Hove, UK: Psychology Press.

Meins, E., Fernyhough, C., Russell, J., & Clark-Carter, D. (1998). Security of attachment as a predictor of symbolic and mentalising abilities: A longitudinal study. *Social Development, 7,* 1–24.

Meisels, S. J. (1996). Charting the continuum of assessment and intervention. In S. J. Meisels & E. Fenichel (Eds.), *New visions for the developmental assessment of infants and young children* (pp. 27–52). Washington, DC: Zero to Three.

Meltzoff, A. (1995). Understanding the intentions of others: Re-enactment of intended acts by 18–month-old children. *Developmental Psychology, 31,* 838–850.

Meltzoff, A. N. (1988). Infant imitation after a 1–week delay: Long term memory for novel acts and multiple stimuli. *Developmental Psychology, 24,* 470–476.

Meltzoff, A. N., & Borton, R. W. (1979). Intermodal matching by human neonates. *Nature, 282,* 403–404.

Messer, S. C., & Beidel, D. C. (1994). Psychosocial correlates of childhood anxiety disorders. *Journal of the American Academy of Child and Adolescent Psychiatry, 33,* 975–983.

Mezey, J. (2003). Threatened progress: U.S. in danger of losing ground on child care for low-income working families. *CLASP Policy Brief. Child Care and Early Education Series* (Brief No. 2, 1-7). Washington, DC: Center for Law and Social Policy.

Mezey, J. (2004). Five reasons why the Senate should adopt the Snowe–Dodd Amendment to increase child care funding. *CLASP Policy Brief. Child Care and Early Education Series* (Brief No. 4-22). Washington, DC: Center for Law and Social Policy.

Mezey, J., Schumacher, R., Greenberg, M. H., Lombardi, J., & Hutchins, J. (2002). *Unfinished agenda: Child care for low-income families since 1996. Implications for federal and state policy*. Washington, DC: Center for Law and Social Policy.

Miller, D. B., & MacIntosh, R. (1999). Promoting resilience in urban African American adolescents: Racial socialization and identity as protective factors. *Social Work Research, 23,* 159–169.

Miller, J., Gold, M. S., & Silverstein, J. (2003). Pediatric overeating and obesity: An epidemic. *Psychiatric Annals, 33,* 94–99.

Miller, L. S., Wasserman, G. A., Neugebauer, R., Gorman-Smith, D., & Kamboukos, D. (1999). Witnessed community violence and antisocial behavior in high-risk urban boys. *Journal of Clinical Child Psychology, 28,* 2–11.

Minde, K. (2000). Prematurity and serious medical conditions in infancy: Implications for development, behavior, and intervention. In C. H. Zeanah, Jr. (Ed.), *Handbook of infant mental health* (2nd ed., pp. 176–194). New York: Guilford Press.

Minuchin, S. (1974). *Families and family therapy*. Cambridge, MA: Harvard University Press. Moore, V. A. (2002). The collaborative emergence of race in children's play: A case study of two summer camps. *Social Problems, 49,* 58–78.

Moffitt, T. E., & Caspi, A. (1998). Annotation: Implications of violence between Intimate partners for child psychologists and psychiatrists. *Journal of Child Psychology and Psychiatry and Allied Disciplines, 39,* 137–144.

Morelli, G. A., & Tronick, E. Z. (1991). Efé multiple caretaking and attachment. In J. L. Gewirtz & W. M. Kurtines (Eds.), *Intersections with attachment* (pp. 41–52). Hillsdale, NJ: Erlbaum.

Morgan, C. M., Tanofsky-Kraff, M., Wilfley, D. E., & Yanovski, J. A. (2002). Childhood obesity. *Psychiatric Clinics of North America, 11,* 257–278.

Morison, S. J., Ames, E. W., & Chisholm, K. (1995). The development of children adopted from Romanian orphanages. *Merrill–Palmer Quarterly, 41,* 411–430.

Morison, S. J., & Ellwood, A.-L. (2000). Resiliency in the aftermath of deprivation: A second look at the development of Romanian orphanage children. *Merrill–Palmer Quarterly, 46,* 717–737.

Moses, A. (1999). Exposure to violence, depression, and hostility in a sample of inner city high school youth. *Journal of Adolescence, 22,* 21–32.

Moss, E., Rousseau, D., Parent, S., St. Laurent, D., & Saintong, J. (1998). Correlates of attachment at school age: Maternal reported stress, mother–child interaction, and behavior problems. *Child Development, 69,* 1390–1405.

Mulhern, R. K., Wasserman, A. L., Friedman, A. G., & Fairclough, D. (1989). Social competence and behavioral adjustment of children who are long-term survivors of cancer. *Pediatrics, 83,* 18–25.

Mullen, E. M. (1995). *Mullen scales of early learning: AGS edition*. Circle Pines, MN: American Guidance Service.

Nadel, J., Carchon, I., Kervalla, C., Marcelli, D., & Reserbat-Planty, D. (1999). Expectancies for social contingency in 2–month-olds. *Developmental Science, 2,* 164–173.

Nathanson, A. I. (1999). Identifying and explaining the relationship between parental mediation and children's aggression. *Communication Research, 26,* 124–143.

National Association for Bilingual Education. (2002, February). NABE's legislative priorities for the 108th Congress. Retrieved from *http://www.nabe.org/policy.asp.*

National Center for Addiction and Substance Abuse. (1998). *No safe haven: Children of substance-abusing parents.* New York: Columbia University.

National Research Council. (1993). *Understanding child abuse and neglect.* Washington, DC: National Academy Press.

Naylor, P., Cowie, H., & del Rey, R. (2001). Coping strategies of secondary school children in response to being bullied. *Child Psychology & Psychiatry Review, 6,* 114–120.

Neitzel, C., & Stright, A. D. (2003). Mothers' scaffolding of children's problem solving: Establishing a foundation of academic self-regulatory competence. *Journal of Family Psychology, 17,* 147–159.

Nelson, C. A. (1999). Neural plasticity and human development. *Current Directions in Psychological Science, 8,* 42–45.

Nelson, C. A. (2000a). Neural plasticity and human development: The role of early experience in sculpting memory systems. *Developmental Science, 3,* 115–136.

Nelson, C. A. (2000b). The neurobiological bases of early intervention. In J. P. Shonkoff & S. J. Meisels (Eds.), *Handbook of early childhood intervention* (2nd ed., pp. 204–227). Cambridge, UK: Cambridge University Press.

Nelson, C. A., & Carver, L. J. (1998). The effects of stress and trauma on brain and memory: A view from developmental cognitive neuroscience. *Development and Psychopathology, 10,* 793–809.

Nelson, K. (1989). Monologue as representation of real-life experience. In K. Nelson (Ed.), *Narratives from the crib* (pp. 27–72). Cambridge, MA: Harvard University Press.

Netherton, S. D., Holmes, D., & Walker, C. E. (Eds.). (1999). *Child and adolescent psychological disorders: A comprehensive textbook* New York: Oxford University Press.

Newton, R. R., Litrownik, A. J., Landsverk, J. A. (2000). Children in foster care: Disentangling the relationship between problem behaviors and number of placements. *Child Abuse and Neglect, 24,* 1363–1374.

NICHD Early Childhood Research Network. (1997). Child care in the first year of life. *Merrill–Palmer Quarterly, 43,* 340–360.

NICHD Early Childhood Research Network. (2003). Does quality of child care affect child outcomes at age 4½? *Developmental Psychology, 39,* 451–469.

Nickman, S. L., Silverman, P. J., & Normand, C. (1998). Children's construction of a deceased parent: The surviving parent's contribution. *American Journal of Orthopsychiatry, 68,* 126–134.

Ninio, A. (1995). Expression of communicative intents in the single-word period and the vocabulary spurt. In K. Nelson & Z. Reger (Eds.), *Children's language* (Vol. 8, pp. 103–124). Hillsdale, NJ: Erlbaum.

Nix, R. L., Pinderhughes, E. E., Dodge, K. A., Bates, J. E., Pettit, G. S., & McFadyen-Ketchum, S. A. (1999). The relation between mothers' hostile attribution tendencies and children's externalizing behavior problems: The mediating role of mothers' harsh discipline practices. *Child Development, 70,* 896–909.

Nowakowski, R. S., & Hayes, N. L. (1999). CNS development: An overview. *Development and Psychopathology, 11,* 395–417.

O'Brien, M. (1992). Gender identity and sex roles. In V. B. Van Hasselt & M.

Hersen. (Eds.), *Handbook of social development: A lifespan perspective* (pp. 325–345). New York: Plenum Press.

O'Connor, T. G., & Rutter, M. (2000). Attachment disorder behavior following early severe deprivation: Extension and longitudinal follow-up. *Journal of the American Academy of Child and Adolescent Psychiatry, 39,* 703–712.

O'Connor, T. G., Rutter, M., Beckett, C., Keaveney, L., Kreppner, J. M., & the English and Romanian Adoptees Study Team. (2000). The effects of global severe privation on cognitive competence: Extension and longitudinal follow-up. *Child Development, 71,* 376–390.

O'Donnell, D. A., Schwab-Stone, M. E., & Muyeed, A. Z. (2002). Multidimensional resilience in urban children exposed to community violence. *Child Development, 73,* 1265–1282.

Olweus, D. (1993). *Bullying in schools: What we know and what we can do.* Oxford, UK: Basil Blackwell.

O'Neill, R. E., Horner, R. H., Albin, R. W., Storey, K., & Sprague, J. R. (1996). *Functional assessment and program development for problem behavior: A practical handbook.* Belmont, CA: Wadsworth.

Oppenheim, D., Nir, A., Warren, S., & Emde, R. N. (1997). Emotion regulation in mother–child narrative co-construction: Associations with children's narratives and adaptation. *Developmental Psychology, 33,* 284–294.

Osofsky, J. D. (1996). Introduction. In J. D. Osofsky & E. Fenichel (Eds.), *Islands of safety: Assessing and treating young victims of violence* (pp. 5–8). Washington, DC: Zero to Three.

Osofsky, J. D., & Thompson, M. D. (2000). Adaptive and maladaptive parenting: Perspectives on risk and protective factors. In J. P. Shonkoff & S. J. Meisels (Eds.), *Handbook of early intervention* (2nd ed., pp. 54–75). New York: Cambridge University Press.

Ou, Y. S., & McAdoo, H. P. (1993). Socialization of Chinese American children. In H. P. McAdoo (Ed.), *Ethnicity: Strength in diversity* (pp. 245–270). Newbury Park, CA: Sage.

Ozonoff, S., & Jensen, J. (1999). Specific executive function profiles in three neurodevelopmental disorders. *Journal of Autism and Developmental Disorders, 29,* 171–177.

Paarlberg, K. M., Vingerhoets, A. J. J. M., Passchier, J., Dekker, G. A., & van Giegn, H. P. (1995). Psychosocial factors and pregnancy outcome: A review with emphasis on methodological issues. *Journal of Psychosomatic Research, 39,* 563–595.

Paik, H., & Comstock, G. A. (1994). The effects of television violence on antisocial behavior: A meta-analysis. *Communication Research, 21,* 516–546.

Paley, V. G. (1981). *Wally's stories: Conversations in the kindergarten.* Cambridge, MA: Harvard University Press.

Paley, V. G. (1986). *Mollie is three: Growing up in school.* Chicago: University of Chicago Press.

Paley, V. G. (1988). *Bad guys don't have birthdays: Fantasy play at four.* Chicago: University of Chicago Press.

Parker, S. J., & Zuckerman, B. S. (1990). Therapeutic aspects of the assessment process. In S. J. Meisels & J. P. Shonkoff (Eds.), *Handbook of early intervention* (pp. 370–369). New York: Cambridge University Press.

Parrott, S., & Mezey, J. (2003). *Bush administration projects that the number of children receiving child care subsidies will fall by 200,000 during the next five years: Actual loss in subsidies likely would be far greater*. Washington, DC: Center for Law and Social Policy/Center on Budget and Policy Priorities.

Patterson, G. R. (1982a). *A social learning approach: 3. Coercive family process*. Eugene, OR: Castalia.

Patterson, G. R. (1982b). Self-control and self-regulation in childhood. In T. Field & A. Huston-Stein (Eds.). *Review of human development* (pp. 222–241). New York: Wiley.

Patterson, G. R., DeBaryshe, B. D., & Ramsey, E. (1989). A developental perspective on antisocial behavior. *American Psychologist, 44*, 329–335.

Pauli-Pott, U., Becker, K., Mertesacker, T., & Beckmann, D. (2000). Infants with "colic"—Mothers' perspectives on the crying problem. *Journal of Psychosomatic Research, 48*, 125–132.

Paulsell, D., Nogales, R., & Cohen, J. (2003). Quality child care for infants and toddlers from families with low incomes: Lessons learned from three communities. *Zero to Three, 23*, 4–10.

Pearce, J. W., & Pezzot-Pearce, T. D. (1997). *Psychotherapy of abused and neglected children*. New York: Guilford Press.

Peisner-Feinberg, E. S., Burchinal, M. R., Clifford, R. M., Culkin, M. L., Howes, C., Kagan, S. L., & Yazejian, N. (2001). The relation of preschool child-care quality to children's cognitive and social developmental trajectories through second grade. *Child Development, 72*, 1534–1553.

Pelligrini, A. D., & Jones, I. (1993). Play, toys and language. In J. H. Goldstein (Ed.), *Toys, play and child development* (pp. 27–44). Cambridge, UK: Cambridge University Press.

Pelligrini, A. D., & Smith, P. K. (1998). Physical activity play: The nature and function of a neglected aspect of play. *Child Development, 69*, 577–598.

Penzerro, R. M., & Lein, L. (1995). Burning their bridges: Disordered attachment and foster care discharge. *Child Welfare, 74*, 351–366.

Perner, J., Kain, W., & Barchfield, P. (2002). Executive control and higher-order theory of mind in children at risk of ADHD. *Infant and Child Development, 11*, 141–158.

Perry, B. D. (1994). Neurobiological sequelae of childhood trauma: Post-traumatic stress disorders in children. In M. Murberg (Ed.), *Catecholamine function in post-traumatic stress disorder: Emerging concepts* (pp. 233–255). Washington, DC: American Psychiatric Press.

Perry, B. D. (1997). Incubated in terror: Neurodevelopmental factors in the "cycle of violence." In J. D. Osofsky (Ed.), *Children in a violent society* (pp. 124–149). New York: Guilford Press.

Perry, B. D. (2002a). Childhood experience and the expression of genetic potential: What childhood neglect tells us about nature and nurture. *Brain and Mind, 3*, 79–100.

Perry, B. D. (2002b). Neurodevelopmental impact of violence in childhood. In D. H. Schetky & E. P. Benedek (Eds.), *Principles and practice of child and adolescent forensic psychiatry* (pp. 191–203). Washington, DC: American Psychiatric Publishing.

Peterson, L., Reach, K., & Grabe, S. (2003). Health-related disorders. In E. J. Mash & R. A. Barkley (Eds.), *Child psychopathology* (2nd ed., pp. 716–749). New York: Guilford Press.

Phipps, S., & Srivastava, D. K. (1997). Repressive adaptation in children with cancer. *Health Psychology, 16*, 521–528.

Pianta, R. C., & Kraft-Sayre, M. (1999). Parents' observations about their children's transitions to kindergarten. *Young Children, 54,* 47–52.

Piaget, J. (1948). *The moral judgment of the child.* Glencoe, IL: Free Press.

Piaget, J. (1951). *Judgment and reasoning in the child.* London: Routledge & Kegan Paul.

Piaget, J. (1952a). *The language and thought of the child.* London: Routledge & Kegan Paul.

Piaget, J. (1952b). *The origins of intelligence in children.* New York: International Universities Press.

Piaget, J. (1962). *Play, dreams and imitation in childhood.* New York: Norton.

Piaget, J., & Inhelder, B. (1969). *The psychology of the child.* New York: Basic Books.

Porter, C. L., & Hsu, H.-C., (2003). First-time mothers' perceptions of efficacy during the transition to motherhood: Links to infant temperament. *Journal of Family Psychology, 17,* 54–64.

Pomerantz, E. M., & Saxon, J. L. (2001). Children's conceptions of ability as stable and self-evaluative processes: A longitudinal investigation. *Child Development, 72,* 152–173.

Posada, G., Jacobs, A., Richmond, M. K., Carbonell, O. A., Alzate, G., Bustamante, M. R., & Quiceno, J. (2002). Maternal caregiving and infant security in two cultures. *Developmental Psychology, 38,* 67–78.

Posner, M. I., & Rothbart, M. K. (1994). Constructing neuronal theories of mind. In C. Koch & J. Davis (Eds.), *High level neuronal theories of the brain* (pp. 183–199). Cambridge, MA: MIT Press.

Posner, M. I., & Rothbart, M. K. (2000). Developing mechanisms of self-regulation. *Development and Psychopathology, 12,* 427–441.

Powell, J. (1998). First person account: Paranoid schizophrenia—a daughter's story. *Schizophrenia Bulletin, 24,* 175–177.

Provence, S., Erickson, J., Vater, S., & Palmeri, S. (1995). *Infant–Toddler Developmental Assessment: IDA.* Chicago: Riverside.

Pruett, M. K., Williams, T. Y., Insabella, G., & Little, T. D. (2003). Family and legal indicators of child adjustment to divorce among families with young children. *Journal of Family Psychology, 17,* 169–180.

Putnam, F, W. (2003). Ten year research update review: Child sexual abuse. *Journal of the American Academy of Child and Adolescent Psychiatry, 42,* 269–278.

Putnam, F. W., & Trickett, P. (1997). The psychobiological effects of sexual abuse: A longitudinal study. *Annals of the New York Academy of Sciences, 821,* 150–159.

Pynoos, R. S., Steinberg, A. M., & Goenjian, A. (1996). Traumatic stress in childhood and adolescence: Recent developments and current controversies. In B. van der Kolk, A. C. McFarlane, & L. Weisaeth (Eds.), *Traumatic stress* (pp. 331–358). New York: Guilford Press.

Pynoos, R. S., Steinberg, A. M., & Piacentini, J. C. (1999). A developmental psychopathology model of childhood traumatic stress and intersection with anxiety disorders. *Biological Psychiatry, 46,* 1542–1554.

Quintana, S. M., & Vera, E. M. (1999). Mexican American children's ethnic identity, understanding of ethnic prejudice, and parental ethnic socialization. *Hispanic Journal of Behavioral Sciences, 21,* 387–404.

Radke-Yarrow, M., McCann, K., DeMulder, E., Belmont, B., Martinez, P., & Richardson, D. T. (1995). Attachment in the context of high-risk conditions. *Development and Psychopathology, 7,* 247–265.

Radke-Yarrow, M., & Sherman, T. (1990). Hard growing: Children who survive. In J. Rolf, A. S. Masten, D. Cicchetti, K. H. Neuchterlin, & S. Weintraub (Eds.), *Risk and protective factors in the development of psychopathology* (pp. 87–119). New York: Cambridge University Press.

Ramey, C. T., & Ramey, S. L. (1998). Early intervention and early experience. *American Psychologist, 53,* 109–120.

Ramey, S., Lanzi, R., Phillips, M., & Ramey, C. (1998). Perspectives of former Head Start children and their parents on the transition to school. *Elementary School Journal, 98,* 311–327.

Rao, R., & Georgieff, M. K. (2000). Early nutrition and braindevelopment. In C. A. Nelson (Ed.), *The Minnesota symposia on child psychology: The effects of early adversity on neurobehavioral development* (Vol. 24, pp. 1–30). Mahwah, NJ: Erlbaum.

Rapport, M. D., Denney, C., DuPaul, G. J., & Gardner, M. J. (1994). Attention deficit disorder and methylphenidate normalization rates, clinical effectiveness, and response prediction in 76 children. *Journal of the American Academy of Child and Adolescent Psychiatry, 33,* 882–893.

Reed, E. S. (1995). Becoming a self. In P. Rochat (Ed.), *The self in infancy: Theory and research* (pp. 431–448). Amsterdam: Elsevier Science.

Reese, E., & Cox, A. (1999). Quality of adult book reading affects children's emergent literacy. *Developmental Psychology, 35,* 20–28.

Reiss, D. (1989). The represented and practicing family: Contrasting visions of family continuity. In A. J. Sameroff & R. N. Emde (Eds.), *Relationship disturbances in early childhood* (pp. 191–220). New York: Basic Books.

Reiss, D., & Neiderhiser, J. M. (2000). The interplay of genetic influences and social processes in developmental theory: Specific mechanisms coming into view. *Development and Psychopathology, 12,* 357–374.

Rende, R., & Plomin, R. (1993). Families at risk for psychopathology: Who becomes affected and why? *Developmental Psychopathology, 5,* 529–540.

Renken, B., Egeland, B., Marvinney, D., Mangelsdorf, S., & Sroufe, L. A. (1989). Early childhood antecedrents of aggression and passive-withdrawal in early elementary school. *Journal of Personality, 57,* 257–281.

Repacholi, B. (1998). Infants' use of attentional cues to identify the referent of another person's emotional expression. *Developmental Psychology, 34,* 1017–1025.

Reschovsky, J. D., & Cunningham, P. J. (1998). CHIPing away at the problem of uninsured childen. *HSC Issue Briefs* (No. 14). Washington, DC: Center for Studying Health System Change.

Reyna, V. F., & Brainerd, C. J. (1995). Fuzzy-trace theory: An interim synthesis. *Learning and Individual Differences, 7,* 1–75.

Ribaudo, J., & Glovak, S. (2002). Becoming whole: Combining infant mental health and occupational therapy on behalf of a toddler with sensory integration difficulties and his family. In J. J. Shirilla & D. J. Weatherston (Eds.), *Case studies in infant mental health: Risk, resiliency, and relationships* (pp. 85–104). Washington, DC: Zero to Three.

Rice, M. L. (1989). Children's language acquistion. *American Psychologist, 42,* 149–156.

Richards, J. E. (1997). Effects of attention on infant's preference for briefly exposed visual stimuli in the paired-comparison recognition-memory paradigm. *Developmental Psychology, 32,* 22–31.

Richters, J. E., & Martinez, P. E. (1993). The NIMH community violence project: I. Children as victims of and witnesses to violence. *Psychiatry, 56,* 7–21.

Ridgeway, D., Waters, E., & Kuczaj, S. A. (1985). Acquisition of emotion-descriptive language: Receptive and productive vocabulary norms for ages 18 months to 6 years. *Developmental Psychology, 21,* 901–908.

Riggs, S. A., & Jacobvitz, D. (2002). Expectant parents representations of early attachment relationships: Associations with mental health and family history. *Journal of Consulting and Clinical Psychology, 70,* 195–204.

Rimm-Kaufman, S. E., & Pianta, R. C. (2000). An ecological perspective on the transition to kindergarten: A theoretical framework to guide empirical research. *Journal of Applied Developmental Psychology, 21,* 491–511.

Rimm-Kaufman, S. E., Pianta, R. C., & Cox, M. J. (2000). Teachers' judgments of problems in the transition to kindergarten. *Early Childhood Research Quarterly, 15,* 147–166.

Rogoff, B. (1998). Cognition as a collaborative process. In W. Damon, D. Kuhn, & R. S. Siegler (Eds.), *Handbook of child psychology* (5th ed.): *Vol. 2. Cognition, perception, and language* (pp. 745–800). New York: Wiley.

Rosser, R. (1994). *Cognitive development: Psychological and biological perspectives.* Needham Heights, MA: Allyn & Bacon.

Rothbart, M. K., & Bates, J. E. (1998). Temperament. In W. Damon & N. Eisenberg (Eds.), *Handbook of child psychology* (5th ed.). *Vol. 3: Social, emotional, and personality development* (pp. 105–176). New York: Wiley.

Rothbart, M. K., Posner, M. I., & Hershey, K. L. (1995). Temperament, attention, and developmental psychopathology. In D. Cicchetti & D. J. Cohen (Eds.), *Manual of developmental psychopathology* (Vol. 1, pp. 315–340). New York: Wiley.

Rovee-Collier, C., Hartshorn, K., & DiRubbo, M. (1999). Long-term maintenance of infant memory. *Developmental Psychobiology, 35,* 91–102.

Rovee-Collier, C., & Hayne, H. (2000). Memory in infancy and early childhood. In E. Tulving (Ed.), *The Oxford handbook of memory* (pp. 267–282). New York: Oxford University Press.

Rowland, J. H. (1989). Developmental stage and adaptation: Child and adolescent model. In J. C. Holland & J. H. Rowland (Eds.), *Handbook of psychooncology* (pp. 519–543). New York: Oxford University Press.

Rubin, K. H., Bukowski, W., & Parker, J. G. (1998). Peer interactions, relationships, and groups. In W. Damon & N. Eisenberg (Eds.), *Handbook of child psychology* (5th ed.). *Vol. 3: Social, emotional and personality development* (pp. 619–700). New York: Wiley.

Rubin, K. H., Burgess, K, B., Kennedy, A. E., & Stewart, S. L. (2003). Social withdrawal. In E. J. Mash & R. J. Barkley (Eds.), *Child psychopathology* (2nd ed., pp. 330–371). New York: Guilford Press.

Rubin, K. H., Coplan, R. J., Fox, N. A., & Calkins, S. D. (1995). Emotionality, emotion regulation, and preschoolers' social adaptation. *Development and Psychopathology, 7,* 49–62.

Ruble, D. N., & Martin, C. L. (1998). Gender development. In W. Damon & N. Eisenberg (Eds.), *Handbook of child psychology* (5th ed.). *Vol. 3: Social, emotional and personality development* (pp. 553–618). New York: Wiley.

Rudolph, K. D., Lambert, S. F., Clark, A. G., & Kurlakowsky, K. D. (2001). Negotiating the transition to middle school: The role of self-regulatory processes. *Child Development, 72,* 929–946.

Rumm, P. D., Cummings, P., Krauss, M. R., Bell, M. A., & Rivara, F. P. (2000). Indentified spouse abuse as a risk factor for child abuse. *Child Abuse and Neglect, 24,* 1375–1381.

Russ, S. W., Robins, A. L., & Christiano, B. A. (1999). Pretend play: Longitudinal Prediction of creativity and affect in fantasy in children. *Creativity Research Journal, 12,* 129–139.

Russell, J., & Hill, E. (2001). Action monitoring and intention reporting in children with autism. *Journal of Child Psychiatry and Psychology, 42,* 317–328.

Rutter, M. (1981). Stress, coping and development: Some issues and some questions. *Journal of Child Psychology and Psychiatry, 22,* 326–356.

Rutter, M. (1985). Resilience in the face of adversity: Protective factors and resistance to psychiatric disorder. *British Journal of Psychiatry, 147,* 598–611.

Rutter, M. (1989). Psychological sequelae of brain damage in children. *American Journal of Psychiatry, 138,* 1533–1544.

Rutter, M., Kreppner, J. M., & O'Connor, T. G. (2001). Specificity and heterogeneity in children's responses to profound institutional privation. *British Journal of Psychiatry, 179,* 97–103.

Ryan, G. (2000). Childhood sexuality: A decade of study. Part II. Dissemination and future directions. *Child Abuse and Neglect, 24,* 49–61.

Saarni, C. (1997). Coping with aversive feelings. *Motivation and Emotion, 21,* 45–63.

Saarni, C. (1999). *The development of emotional competence.* New York: Guilford Press.

Saarni, C., Mumme, D. L., & Campos, J. J. (1998). Emotional development: Action, communication, and understanding. In W. Damon & N. Eisenberg (Eds.), *Handbook of child psychology* (5th ed.). *Vol. 3. Social, emotional and personality development* (pp. 237–310). New York: Wiley.

Sadeh, A., Dark, I., & Vohr, B. (1996). Newborns' sleep–wake patterns: The role of maternal, delivery, and infant factors. *Early Human Development, 44,* 311–322.

Sagi, A., Lamb, M. E., Lewkowicz, K. S., Shoham, R., Dvir, R., & Estes, D. (1985). Security of infant–mother, –father, and *–metaplet* attachments among kibbutz-reared Israeli children. In I. Bretherton and E. Waters (Eds.), Growing points of attachment theory and research. *Monographs of the Society for Research in Child Development. 50*(1–2, Serial No. 209), 257–255.

Sagi, A., van IJzendoorn, M. H., Aviezer, O., Donnell, F., & Mayseless, O. (1994). Sleeping out of home in a kibbutz communal arrangement: It makes a difference for infant–mother attachment. *Child Development, 65,* 992–1004.

Saldinger, A., Cain, A., Kalter, N., Lohnes, K. (1999). Anticipating parental death in families with young children. *American Journal of Orthopsychiatry, 69,* 39–48.

Salmon, K., & Bryant, R. (2001). Posttraumatic stress disorder in children: The influence of developmental factors. *Clinical Psychology Review, 22,* 163–188.

Sameroff, A. J. (1993). Models of development and developmental risk. In C. H. Zeanah, Jr. (Ed.), *Handbook of infant mental health* (pp. 3–13). New York: Guilford Press.

Sameroff, A. J., Bartko, W. T., Baldwin, A., Baldwin, C., & Seifer, R. (1998). Family and social influences on the development of child competence. In M. Lewis & C. Feiring (Eds.), *Families, risk, and competence* (pp. 161–186). Hillsdale, NJ: Erlbaum.

Sameroff, A. J., & Chandler, M. J. (1975). Reproductive risk and the continuum of caretaking casualty. In F. D. Horowitz, E. M. Hetherington, S. Scarr-

Salapatek & G. Siegel (Eds.), *Review of child development research* (Vol. 4, pp. 187–244). Chicago: University of Chicago Press.

Sameroff, A. J., & Fiese, B. H. (2000). Transactional regulation: The developmental ecology of early intervention. In J. P. Shonkoff & S. J. Meisels (Eds.), *Handbook of early childhood intervention* (2nd ed., pp. 135–159). Cambridge, UK: Cambridge University Press.

Sameroff, A. J., Seifer, R., Barocas, R., Zax, M., & Greenspan, S. (1987). Intelligence quotient scores of 4–year-old children: Social environmental risk factors. *Pediatrics, 79,* 343–350.

Samuels, A., & Taylor, M. (1994). Children's ability to distinguish fantasy events from real life events. *British Journal of DevelopmentalPsychology, 12,* 417–427.

Sander, L. (1975). Infant and caretaking environment: Investigation and conceptualization of adaptive behavior in a system of increasing complexity. In E. J. Anthony (Ed.), *Explorations in child psychiatry* (pp. 129–166). New York: Plenum Press.

Sanson, A. V., & Rothbart, M. K. (1995). Child temperament and parenting. In M. Bornstein (Ed.), *Parenting* (Vol. 4, pp. 299–321). Hillsdale, NJ: Erlbaum.

Sarnoff, C. A. (1976). *Latency.* Northvale, NJ: Jason Aronson.

Sarnoff, C. A. (1987). *Psychotherapeutic strategies in the latency years.* Northvale, NJ: Jason Aronson.

Savin-Williams, R. C. (2001). *Mom, Dad. I"m gay: How families negotiate coming out.* Washington, DC: American Psychological Association.

Sawyer, R. K. (1997). *Pretend play as improvisation: Conversation in the preschool classroom.* Mahwah, NJ: Erlbaum.

Schaefer, C. E., & Reid, S. E. (Eds.). (1986). *Game play.* New York: Wiley.

Scaife, M., & Bruner, J. (1975). The capacity for joint visual attention in the infant. *Nature, 253,* 265–266.

Scarr, S. (1998). American child care today. *American Psychologist, 53,* 95–108.

Scheeringa, M. S. (1999). Treatment for posttraumatic stress disorder in infants and toddlers. *Journal of Systemic Therapies, 18,* 20–31.

Scheeringa, M. S., & Gaensbauer, T. J. (2000). Posttraumatic stress disorder. In C. H. Zeanah (Ed.), *Handbook of infant mental health* (2nd ed., pp. 369–381). New York: Guilford Press.

Scheeringa, M. S., & Zeanah, C. H. (2001). A relational perspective on PTSD in early childhood. *Journal of Traumatic Stress, 14,* 799–815.

Schneider, W. (2002). Memory development in childhood. In U. Goswami (Ed.), *Blackwell handbook of childhood cognitive development* (pp. 236–256). Malden, MA: Blackwell.

Schneider, W., & Bjorklund, D. F. (1998). Memory. In W. Damon, D. Kuhn, & R. S. Siegler (Eds.), *Handbook of child psychology* (5th ed.): *Vol. 2. Cognition, perception, and language* (pp. 467–521). New York: Wiley.

Schneider, W., Gruber, H., Gold, A., & Opwis, K. (1993). Chess expertise and memory for chess positions in children and adults. *Journal of Experimental Child Psychology, 56,* 328–349.

Schneider-Rosen, K. (1990). The developmental reorganization of attachment relationships: Guidelines for classification beyond infancy. In M. T. Greenberg, D. Cicchetti, & E. M. Cummings (Eds.), *Attachment in the preschool years: Theory, research and intervention* (pp. 185–220). Chicago: University of Chicago Press.

Schore, A. N. (2001). Effects of a secure attachment relationship on right brain development, affect regulation, and infant mental health. *Infant Mental Health Journal, 22,* 7–66.

Sears, W., & Sears, M. (1995). *The discipline book: How to have a better-behaved child from birth to age 10.* Boston: Little, Brown.

Sebanc, A. M., Pierce, S. L., Cheatham, C. L., & Gunnar, M. R. (2003). Gendered social worlds in preschool: Dominance, peer acceptance and assertive social skills in boys' and girls' peer groups. *Social Development, 12,* 91–106.

Seja, A. L., & Russ, S. W. (1999). Children's fantasy play and emotional Understanding. *Journal of Clinical Child Psychology, 28,* 269–277.

Seligman, M. E. (1975). *Helplessness: On depression, development and death.* San Francisco: Freeman.

Seligman, S. (2000). Clinical interviews wiht families of infants. In C. H. Zeanah, Jr. (Ed.), *Handbook of infant mental health* (2nd ed., pp. 211–221). New York: Guilford Press.

Selner-O'Hagan, M. B., Kindlon, D. J., Buka, S. L., Raudenbush, S. W., & Earls, F. J. (1998). Assessing exposure to violence in urban youth. *Journal of Child Psychology and Psychiatry, 39,* 215–224.

Semidei, J., Radel, L. F., & Nolan, C. (2001). Substance abuse and child welfare: Clear linkages and promising responses. *Child Welfare, 80,* 109–128.

Sénéchal, M., & LeFevre, J. (2002). Parental involvement in the development of children's reading skill: A five-year longitudinal study. *Child Development, 73,* 445–460.

Sexson, S. B., & Madan-Swain, A. (1993). School reentry for the child with chronic illness. *Journal of Learning Disabilities, 26,* 115–125.

Shapiro, E. R. (1994). *Grief as a family process.* New York: Guilford Press.

Shapiro, J., & Applegate, J. S. (2002). Child care as a relational context for early development: Research in neurobiology and emerging roles for social work. *Child and Adolescent Social Work Journal, 19,* 97–114.

Share, D., Givens, C., Davies, D., Eley, E., & Chesler, J. (1992). "A Star is Born" in Ypsilanti. *American Journal of Public Health, 82,* 611–612.

Shaw, D. S., Gilliom, M., Ingoldsby, E. M., & Nagin, D. S. (2003). Trajectories leading to school-age conduct problems. *Developmental Psychology, 39,* 189–200.

Sher, K. J., Walitzer, K. S., Wood, P. K., & Brent, E. E. (1991). Characteristics of children of alcoholics: Putative risk factors, substance use and abuse, and psychopathology. *Journal of Abnormal Psychology, 100,* 427–448.

Shibusawa, T. (2001). Parenting in Japanese American families. In N. B. Webb (Ed.), *Culturally diverse parent–child and family relationships: A guide for social workers and other practitioners* (pp. 235–260). New York: Columbia University Press.

Shonkoff, J. P., & Marshall, P. C. (2000). The biology of developmental vulnerability. In J. P. Shonkoff & S. J. Meisels (Eds.), *Handbook of early childhood intervention* (2nd ed., pp. 35–53). Cambridge, UK: Cambridge University Press.

Shonkoff, J., & Phillips, D. (Eds.). (2000). *From neurons to neighborhoods: The science of early childhood development.* Washington, DC: National Academy Press.

Siegel, D. J. (1999). *The developing mind: Toward a neurobiologyof interpersonal experience.* New York: Guilford Press.

Siegel, D. J. (2001). Toward an interpersonal neurobiology of the developing mind: Attachment relationships, "mindsight," and neural integration. *Infant Mental Health Journal, 22,* 67–94.

Siegler, R. S. (1996). *Emerging minds: The process of change in children's thinking.* New York: Oxford University Press.

Silverman, P. R., Nickman, S., & Worden, J. W. (1992). Detachment revisited: The child's reconstruction of a dead parent. *American Journal of Orthopsychiatry, 62,* 494–503.

Simcock, G., & Hayne, H. (2003). Age-related changes in verbal and nonverbal memory during early childhood. *Developmental Psychology, 39,* 805–814.

Simons, R. L., Murry, V., McLoyd, V., Lin, K., Cutrona, C., & Conger, R. D. (2002). Discrimination, crime, ethnic identity, and parenting as correlates of depressive symptoms among African American children. *Development and Psychopathology, 14,* 371–393.

Simpson, J. A. (1999). Attachment theory in modern evolutionary perspective. In J. Cassidy & P. R. Shaver (Eds.), *Handbook of attachment: Theory, research, and clinical applications* (pp. 115–140). New York: Guilford Press.

Singer, D. G., & Singer, J. L. (1990). *The house of make-believe: Play and the developing imagination.* Cambridge, MA: Harvard University Press.

Singer, J. L. (1993). Imaginative play and adaptive development. In J. H. Goldstein (Ed.), *Toys, play and child development* (pp. 6–26). Cambridge, UK: Cambridge University Press.

Slade, A. (1994). Making meaning and making believe: Their role in the clinical process. In A. Slade & D. P. Wolf (Eds.), *Children at play* (pp. 81–107). New York: Oxford University Press.

Small, M. (1998). *Our babies, ourselves: How biology and culture shape the way we parent.* New York: Anchor Books.

Smetana, J. G. (1995). Morality in context: Abstractions, ambiguities, and applications. *Annals of Child Development, 10,* 83–130.

Smith, J., Brooks-Gunn, J., & Klebanov, P. (1997). Consequences of living in poverty for young children's cognitive and verbal ability and early school achievement. In G. Duncan & J. Brooks-Gunn (Eds.), *Consequences of growing up poor* (pp. 132–189). New York: Russell Sage Foundation.

Smith, P. K., & Brain, P. (2000). Bullying in schools: Lessons from two decades of research. *Aggressive Behavior, 26,* 1–9.

Smith, P. K., & Cowie, H. (1991). *Understanding children's development.* (2nd ed.). Cambridge, MA: Blackwell.

Smyth, M. M., & Anderson, H. I. (2000). Coping with clumsiness in the school playground: Social and physical play in children with coordination impairments. *British Journal of Developmental Psychology, 18,* 389–413.

Snow, C. W., & McGaha, C. G. (2003). *Infant development* (3rd ed.). Upper Saddle River, NJ: Prentice Hall.

Snyder, J. J., & Patterson, G. R. (1995). Individual differences in social aggression: A test of a reinforcement model of socialization in the natural environment. *Behavior Therapy, 26,* 371–391.

Solomon, J., George, C., & de Jong, A. (1995). Children classified as controlling at age six: Evidence of disorganized representational strategies and aggression at home and at school. *Development and Psychopathology, 7,* 447–463.

Sonnenschein, S. (1988). The development of referential communication: Speaking to different listeners. *Child Development, 59,* 694–702.

Sorce, J. F., Emde, R. N., Campos, J. J., & Klinnert, M. D. (1985). Maternal emotional signaling: Its effect on visual cliff behavior of one-year-olds. *Developmental Psychology, 21,* 195–200.

Spangler, G., & Grossman, K. E. (1993). Biobehavioral organization in securely and insecurely attached infants. *Child Development, 64,* 1439–1450.

Spencer, M. B. (1985). Cultural cognition and social cognition as identity factors in black children's personal-social growth. In M. B. Spencer, G. K. Brookins, & W. R. Allen (Eds.), *Beginnings: The social and affective development of black children* (pp. 215–230). Hillsdale, NJ: Erlbaum.

Spencer, M. B. (1987). Black children's identity formation: Risk and resilience of castelike minorities. In J. S. Phinney & M. J. Rotherham (Eds.), *Children's ethnic socialization: Pluralism and Development* (pp. 103– 116). Newbury Park, CA: Sage.

Spencer, M. B. (1990). Development of minority children: An Introduction. *Child Development, 61,* 267–269.

Spencer, M. B., & Horowitz, F. D. (1973). Racial attitudes and color concept–attitude modification in black and caucasian preschool children. *Developmental Psychology, 9,* 246–254.

Spencer, M. B., & Markstrom-Adams, C. (1990). Identity processes among racial and ethnic minority children in America. *Child Development, 61,* 290–310.

Spitz, R. (1945). Hospitalism: An inquiry into the genesis of psychiatric conditions in early childhood. *Psychoanalytic Study of the Child, 1,* 53–74.

Squires, J., Bricker, D., Yockelson, S., Davis, M. S., & Kim, Y. (2002). *Ages and stages questionnaires: Social-emotional. A parent-completed, child-monitoring system for social-emotional behaviors.* Baltimore: Brookes.

Sroufe, L. A. (1983). Infant–caregiver attachment and patterns of adaptation in preschool: The roots of adaptation and competence. In M. Pelmutter (Ed.), *Minnesota Symposium on Child Psychology* (Vol.16, pp. 41–83). Hillsdale, NJ: Erlbaum.

Sroufe, L. A. (1989). Relationships, self and individual adaptation. In A. J. Sameroff & R. N. Emde (Eds.), *Relationship disturbances in early childhood* (pp. 70–94). New York: Basic Books.

Sroufe, L. A. (1990). Considering normal and abnormal together: The essence of developmental psychopathology. *Development and Psychopathology, 2,* 335–347.

Sroufe, L. A. (1997). Psychopathology as an outcome of development. *Development and Psychopathology, 9,* 251–268.

Sroufe, L. A., Carlson, E. A., Levy, A. K., & Egeland, B. (1999). Implications of attachment theory for developmental psychopathology. *Development and Psychopathology, 11,* 1–13.

Sroufe, L. A., Egeland, B., & Kreutzer, T. (1990). The fate of early experience following developmental change: Longitudinal approaches to individual adaptation. *Child Development, 61,* 1363–1373.

Sroufe, L. A., & Jacovitz, D. (1989). Diverging pathways, developmental transformations, multiple etiologies and the problem of continuity in development. *Human Development, 32,* 196–203.

St. James-Roberts, I., & Plewis, I. (1996). Individual differences, daily fluctuations, and developmental changes in amounts of infant waking, fussing, crying, feeding and sleeping. *Child Development, 67,* 2527–2540.

Steele, C. M. (1997). A threat in the air: How stereotypes shape intellectual identity and performance. *American Psychologist, 52,* 613–629.

Steinglass, P. (1987). *The alcoholic family.* New York: Basic Books.

Steir, A. J., & Lehman, E. B. (2000). Attachment to transitional objects: Role of maternal personality and mother–toddler interaction. *American Journal of Orthopsychiatry, 70,* 340–350.

Stern, D. N. (1974). The goal and structure of mother–infant play. *Journal of the American Academy of Child Psychiatry, 13,* 402–421.

Stern, D. N. (1977). *The first relationship: Mother and infant.* Cambridge, MA: Harvard University Press.

Stern, D. N. (1983). The early development of schemas of self, other and "self with other." In J. D. Lichtenberg & S. Kaplan (Eds.), *Reflections on self psychology.* Hillsdale, NJ: Erlbaum.

Stern, D. N. (1985). *The interpersonal world of the infant.* New York: Basic Books.

Stern, D. N. (1995a). Self/other differentiation in the domain of intimate socio-affective interactions: Some considerations. In P. Rochat (Ed.), *The self in infancy: Theory and research* (pp. 419–430). Amsterdam: Elsevier.

Stern, D. N. (1995b). *The motherhood constellation: A unified view of parent–infant psychotherapy.* New York: Basic Books.

Strunk, B. J., & Reschovsky, J. D. (2002). Working families' health insurance coverage, 1997–2001. *Health System Change Tracking Report, 4,* 1–4.

Sullivan, P. M., & Knutson, J. F. (2000). Maltreatment and disabilities: A population-based epidemiological study. *Child Abuse and Neglect, 24,* 1257–1273.

Szkrybalo, J., & Ruble, D. N. (1999). "God made me a girl": Sex category constancy judgments and explanations revisited. *Developmental Psychology, 35,* 393–402.

Takahashi, K. (1990). Are the key assumptions of the "Strange Situation" procedure universal? *Human Development, 33,* 23–30.

Tallal, P., & Benasich, A. A. (2002). Developmental language learning impairments. *Development and Psychopathology, 14,* 559–579.

Tamis-LeMonda, C. S., Bornstein, M. H., & Baumwell, L. (2001). Maternal responsiveness and children's achievement of language milestones. *Child Development, 72,* 748–767.

Tanner, E. M., & Finn-Stevenson, M. (2002). Nutrition and brain development: Social policy implications. *American Journal of Orthopsychiatry, 72,* 182–193.

Taylor, R. D., & Roberts, D. (1995). Kinship support and maternal and adolescent well-being in economically disadvantaged African-American families. *Child Development, 66,* 1585–1597.

Telingator, C. J. (2000). Children, adolescents, and families infected and affected by HIV and AIDS. *Child and Adolescent Psychiatric Clinics of North America, 9,* 295–312.

Terr, L. (1991). Childhood traumas: An outline and an overview. *American Journal of Psychiatry, 148,* 10–20.

Teti, D. M., Gelfand, D. M., Messinger, D. S., & Isabella, R. (1995). Maternal depression and the quality of early attachment: An examination of infants, preschoolers and their mothers. *Developmental Psychology, 31,* 364–376.

Teti, D. M., Sakin, J., Kucera, E., Corns, K. M., & Das Eisen, R. (1996). And baby makes four: Predictors of attachment security among preschool-aged firstborns during the transition to siblinghood. *Child Development, 67,* 579–596.

Thelen, E. (1995). Motor development: A new synthesis. *American Psychologist, 50,* 79–95.

Thoman, E. B. (1990). Sleeping and waking states in infants: A functional perspective. *Neuroscience and Behavioral Review, 14,* 93–107.

Thomas, A., & Chess, S. (1977). *Temperament and development*. New York: Brunner-Mazel.

Thomas, A., Chess, S., & Birch, H. G. (1968). *Temperament and behavior diosrders in children*. New York: New York University Press.

Thomas, D. G., Whitaker, E., Crow, C. D., Little, V., Love, L., Lykins, M. S., & Letterman, M. (1997). Event-related potential variability as a measure of information storage in infant development. *Developmental Neuropsychology, 13,* 205–232.

Thomas, J. M., & Guskin, K. A. (2001). Disruptive behavior in young children: What does it mean? *Journal of the American Academy of Child and Adolescent Psychiatry, 40,* 44–51.

Thomasgard, M., & Metz, W. P. (1996). The 2–year stability of parental perceptions of child vulnerability and parental overprotection. *Journal of Developmental and Behavioral Pediatrics, 17,* 222–228.

Thompson, L. A., & Kelly-Vance, L. (2001). The impact of mentoring on academic achievement of at-risk youth. *Children and Youth Services Review, 23,* 227–242.

Thompson, R. A. (1998). Early sociopersonality development. In W. Damon & N. Eisenberg (Eds.), *Handbook of child psychology* (5th ed.). *Vol. 3: Social, emotional and personality development* (pp. 25–104). New York: Wiley.

Thompson, R. A. (2000). The legacy of early attachments. *Child Development, 71,* 145–152.

Tomasello, M. (1995). Understanding the self as social agent. In P. Rochat (Ed.), *The self in infancy: Theory and research* (pp. 449–460). Amsterdam: Elsevier Science.

Toth, S. L., Maughan, A., Manly, J. T., Spagnola, M., & Cicchetti, D. (2002). The relative efficacy of two interventions in altering maltreated preschool children's representational models: Implications for attachment theory. *Development and Psychopathology, 14,* 877–908.

Trevarthen, C., Murray, L., & Hubley, P. (1981). Psychology of infants. In J. A. Davis & J. Dobbing (Eds.), *Scientific foundations of pediatrics* (2nd ed., pp. 211–274). London: Heinemann.

Tronick, E. Z., Als, H., Adamson, L., Wise, S., & Brazelton, T. B. (1978). The infant's response to intrapment between contradictory messages in face-to-face interaction. *Journal of Child Psychiatry, 17,* 1–13.

Tronick, E. Z., & Gianino, Jr., A. F. (1986a). The transmission of maternal disturbance to the infant. In E. Z. Tronick and T. Field (Eds.), *Maternal depression and infant disturbance* (pp. 5–13). San Franciso: Jossey-Bass.

Tronick, E. Z., & Gianino, Jr., A. F. (1986b). Interactive mismatch and repair: Challenges to the coping infant. *Zero to Three,* 6, 1–6.

Troy, M., & Sroufe, L. A. (1987). Victimization among preschoolers: The role of attachment relationship history. *Journal of the American Academy of Child and Adolescent Psychiatry, 26,* 166–172.

True, M. M., Pisani, L., & Oumar, F. (2001). Infant–mother attachment among the Dogon of Mali. *Child Development, 72,* 1451–1466.

Turiel, E. (1998). The development of morality. In W. Damon & N. Eisenberg (Eds.), *Handbook of child psychology* (5th ed.). *Vol. 3: Social, emotional and personality development* (pp. 863–932). New York: Wiley.

Tyson, P., & Tyson, R. (1991). *Psychoanalytic theories of development.* New Haven: Yale University Press.

Ullman, R., Sleator, E., & Sprague, R. (1984). A new rating scale for diagnosis and monitoring of ADD children. *Psychopharmacology Bulletin, 20,* 160–164.

UNICEF Innocenti Research Centre (2000). A league table of child poverty in rich nations. *Innocenti Report Cards* (No. 1, pp. 1–32). Florence, Italy: Author.

U.S. Department of Health and Human Services. (1999). *Blending perspectives and building common ground.* Washington, DC: Author.

Uzgiris, I., & Raeff, C. (1995). Play in parent–child interactions. In M. Bornstein, (Ed.), *Handbook of parenting* (Vol. 4, pp. 353–376). Mahwah, NJ: Erlbaum.

Valeski, T. N., & Stipek, D. J. (2001). Young children's feelings about school. *Child Development, 72,* 1198–1213.

van den Boom, D. C. (1994). The influence of temperament and mothering on attachment and exploration: An experimental manipulation of sensitive responsiveness among lower-class mothers with irritable infants. *Child Development, 65,* 1457–1477.

van den Boom, D. C., & Hoeksma, J. B. (1994). The effect of infant irritability on mother–infant interaction: A growth-curve analysis. *Developmental Psychology, 30,* 581–590.

van der Kolk, B. (1987). *Psychological trauma.* Washington, DC: American Psychiatric Press.

van der Kolk, B., & Fisher, R. (1994). Childhood abuse and neglect and loss of self-regulation. *Bulletin of the Menninger Clinic, 58*(2), 145–168.

van IJzendoorn, M. H., & Sagi, A. (1999). Cross-cultural patterns of attachment: Universal and contextual dimensions. In J. Cassidy & P. R. Shaver (Eds.), *Handbook of attachment: Theory, research, and clinical applications* (pp. 198–225). New York: Guilford Press.

van IJzendoorn, M. H., Schuengel, C., & Bakermans-Kranenberg, M. J. (1999). Disorganized attachment in early childhood: Meta-analysis of precursors, concomitants, and sequelae. *Development and Psychopathology, 11,* 225–249.

Vaughn, B. E., & Bost, K. K. (1999). Attachment and temperament: Redundant, independent, or interacting influences on interpersonal adaptation and personality development? In J. Cassidy & P. R. Shaver (Eds.), *Handbook of attachment: Theory, research, and clinical applications* (pp. 198–225). New York: Guilford Press.

Verkuyten, M., & Thijs, J. (2001). Ethnic and gender bias among Dutch and Turkish children in late childhood: The role of social context. *Infant and Child Development, 10,* 203–217.

Volterra, V. (1984). Waiting for the birth of a sibling: The verbal fantasies of a 2–year-old boy. In I. Bretherton (Ed.), *Symbolic Play: The development of social understanding* (pp. 219–248). Orlando, FL: Academic Press. Vondra, J. I., Hommerding, K. D., & Shaw, D. S. (1999). Stability and change in infant attachment for a low-income sample. *Monographs of the Society for Research in Child Development, 64,* 119–144.

Vondra, J. I., Shaw, D. S., Swearingen, L., Cohen, M., & Owens, E. B. (2001). Attachment stability and emotional and behavioral regulation from infancy to preschool age. *Development and Psychopathology, 13,* 13–33.

Von Hofsten, C. (1992). Studying the development of goal-directed behavior. In A. Kalverboer, B. Hopkins, & R. Gueze (Eds.), *Motor development in early and later childhood: Longitudinal approaches* (pp. 89–108). Cambridge, UK: Cambridge University Press.

Vygotsky, L. S. (1978). *Mind in society*. Cambridge, MA: Harvard University Press.
Wachs, T. D., & Kohnstamm, G. A. (2001). *Temperament in context*. Mahway, NJ: Erlbaum.
Wakschlag, L. S., & Hans, S. L. (2000). Early parenthood in context: Implications for development and intervention. In C. H. Zeanah, Jr. (Ed.), *Handbook of infant mental health* (2nd ed., pp. 129–144). New York: Guilford Press.
Waldfogel, J. (2001). What other nations do: International policies toward parental leave and child care. *The Future of Children, 11*, 99–111.
Waldinger, R. J., Toth, S. L., & Gerber, A. (2001). Maltreatment and internal representations of relationships: Core relationship themes in the narratives of abused and neglected preschoolers. *Social Development, 10*, 41–58.
Walker, L. J., Hennig, K. H., & Krettenauer, T. (2000). Parent and peer contexts for children's moral reasoning development. *Child Development, 71*, 1033–1048.
Walker-Andrews, A. S., & Kahana-Kalman, R. (1999). The understanding of pretence across the second year of life. *British Journal of Developmental Psychology, 17*, 523–536. Wang, Q., & Leichtman, M. D. (2000). Same beginnings, different stories: A comparison of American and Chinese children's narratives. *Child Development, 71*, 1329–1346.
Ward, M. J., & Carlson, E. A. (1995). Associations among adult attachment representations, maternal sensitivity and infant–mother attachment in a sample of adolescent mothers.*Child Development, 66*, 69–79.
Waters, E., & Cummings, E. M. (2000). A secure base from which to explore close relationships. *Child Development, 71*, 164–172.
Waters, E., Merrick, S., Treboux, D., Crowell, J., & Albersheim, L. (2000). Attachment security in infancy and early adulthood: A twenty-year longitudinal study. *Child Development,71*, 684–689.
Weatherston, D. J. (2002). Introduction to the infant mental health program. In J. J. Shirilla & D. J. Weatherston (Eds.), *Case studies in infant mental health: Risk, resiliency, and relationships* (pp. 1–14). Washington, DC: Zero to Three.
Webb, N. B. (2001). Working with culturally diverse children. In N. B. Webb (Ed.), *Culturally diverse parent–child and family relationships: A guide for social workers and other practitioners* (pp. 3–28). New York: Columbia University Press.
Webb, N. B. (2002). Assessment of the bereaved child. In N. B. Webb (Ed.), *Helping bereaved children* (2nd ed., pp. 19–42). New York: Guilford Press.
Webb, N. B. (2003). *Social work practice with children* (2nd ed.). New York: Guilford Press.
Weikart, D. P., & Schweinhart, L. J. (1992). High/Scope preschool program outcomes. In J. McCord & R. E. Tremblay (Eds.), *Preventing antisocial behavior: Interventions from birth to adolescence* (pp. 67–86). New York: Guilford Press.
Weinfield, N. S., Ogawa, J. R., & Egeland, B. (2002). Predictability of observed mother–child interaction from preschool to middle childhood in a high-risk sample. *Child Development, 73*, 528–543.
Weinfield, N. S., Sroufe, L. A., & Egeland, B. (2000). Attachment from infancy to early adulthood in a high-risk sample: Continuity, discontinuity, and their correlates. *Child Development, 71*, 695–702.
Weiss, B., Dodge, K. A., Bates, J. E., & Pettit, G. S. (1992). Some consequences of early harsh discipline: Child aggression and a maladaptive social information processing style. *Child Development, 63*, 1321–1335.
Wellman, H. M. (1990). *The child's theory of mind*. Cambridge, MA: MIT Press.

Wellman, H. M., & Gelman, S. A. (1998). Knowledge acquisition in foundational domains. In W. Damon, D. Kuhn, & R. S. Siegler (Eds.), *Handbook of child psychology* (5th ed.). *Vol. 2: Cognition, perception, and language* (pp. 523–573). New York: Wiley.

Wentzel, K. R. (1999). Social-motivational processes and interpersonal relationships: Implications for understanding motivation at school. *Journal of Educational Psychology, 91,* 76–97.

Werner, E. E. (1993). Risk, reslience and recovery: Perspectives from the Kauai longitudinal study. *Development and Psychopathology, 5,* 503–515.

Werner, E. E. (2000). Protective factors and individual resilience. In J. P. Shonkoff & S. J. Meisels (Eds.), *Handbook of early childhood intervention* (2nd ed., pp. 115–132). Cambridge, UK: Cambridge University Press.

Werner, L., & VandenBos, G. (1993). Developmental psychoacoustics: What infants and children hear. *Hospital and Community Psychiatry, 44,* 624–626.

White, B. P., Gunnar, M. R., Larson, M. C., Donzella, B., & Barr, R. G. (2000). Behavioral and physiological responsivity, sleep, and patterns of daily cortisol production in infants with and without colic. *Child Development, 71,* 862–877.

White, S. H. (1996). The child's entry into the "age of reason." In A. J. Sameroff & M. M. Haith (Eds.), *The five to seven year shift: The age of reason and responsibility* (pp. 17–32). Chicago: University of Chicago Press.

Whiteside, M. F., & Becker, B. J. (2000). Parental factors and the young child's postdivorce adjustment: A meta-analysis with implications for parenting arrangements. *Journal of Family Psychology, 14,* 5–26.

Williams, J. S., Singh, B. K., & Singh, B. B. (1994). Urban youth, fear of crime, and resulting defensive actions. *Adolescence, 29,* 323–330.

Williams-Gray, B. (2001). A framework for culturally responsive practice. In N. B. Webb (Ed.), *Culturally diverse parent–child and family relationships: A guide for social workers and other practitioners* (pp. 157–180). New York: Columbia University Press.

Williamson, G. G. (1996). Assessment of adaptive competence. In S. J. Meisels & E. Fenichel (Eds.), *New visions for the developmental assessment of infants and young children* (pp. 193–206). Washington, DC: Zero to Three.

Wilson, G. T., Becker, C. B., & Heffernan, K. (2003). Eating disorders. In E. J. Mash & R. J. Barkley (Eds.), *Child psychopathology* (2nd ed., pp. 687–715). New York: Guilford Press.

Winicki, J. (2003). Children in homes below poverty: Changes in program participation since welfare reform. *Children and Youth Services Review, 25,* 651–668.

Winnicott, D. W. (1958). *Collected papers: Through paediatrics to psychoanalysis.* London: Tavistock Publications.

Winnicott, D. W. (1965). *The maturational processes and the facilitating environment.* London: Hogarth Press & The Institute for Psychoanalysis.

Winnicott, D. W. (1971). *Playing and reality.* London: Routledge.

Wooley, J. D. (1995). The fictional mind: Young children's understanding of imagination, pretense and dreams. *Developmental Review, 15,* 172–211. Woolley, J. (1997). Thinking about fantasy: Are children fundamentally different thinkers and believers from adults? *Child Development, 68,* 991–1001.

Wooley, J. D., Phelps, K. E., Davis, D. L., & Mandell, D. J. (1999). Where theories of mind meet magic: The development of children's beliefs about wishing. *Child Development, 70,* 571–587.

Worden, J. W. (1996). *Children and grief: When a parent dies.* New York: Guilford Press.

Zahn-Waxler, C., & Kochanska, G. (1990). The development of guilt. In R. Thompson (Ed.), *Nebraska Symposium on Motivation, 1988: Socioemotional development* (pp. 109–137). Lincoln: University of Nebraska Press.

Zahn-Waxler, C., & Smith, K. D. (1992). The development of prosocial behavior. In V. B. Van Hasselt & M. Hersen (Eds.), *Handbook of social development: A lifespan perspective* (pp. 229–256). New York: Plenum Press.

Zeanah, C. H., Danis, B., Hirshberg, L., Benoit, D., Miller, D., & Miller, S. S. (1999). Disorganized attachment associated with partner violence: A research note. *Infant Mental Health Journal, 20,* 77–86.

Zeanah, C. H., Jr., Larrieu, J. A., Heller, S. S., & Valliere, J. (2000). Infant–parent relationship assessment. In C. H. Zeanah, Jr. (Ed.), *Handbook of infant mental health* (2nd ed., pp. 485–493). New York: Guilford Press.

Zero to Three. (1994). *Diagnostic classification 0–3: Diagnostic classification of mental health and developmental disorders of infancy and early childhood.* Washington, DC: Author.

Zhou, M. (1997). Growing up American: The challenge confronting immigrant children and children of immigrants. *Annual Review of Sociology, 23,* 63–96.

Zigler, E., & Hall, N. W. (2000). *Child development and social policy: Theory and applications.* New York: McGraw-Hill.

Zito, J. M., Safer, D. J., dosReis, S., Gardner, J. F., Boles, M., & Lynch, F. (2000). Trends in the prescribing of psychotropic medications to preschoolers. *Journal of the American Medical Association, 283,* 1025–1030.

Zuckerman, B., & Bresnahan, K. (1991). Developmental and behavioral consequences of prenatal drug and alcohol exposure. *Pediatric Clinics of North America,* 83, 1387–1407.

Zuckerman, B., & Brown, E. R. (1993). Maternal substance abuse and infant development. In C. H. Zeanah, Jr. (Ed.), *Handbook of infant mental health* (pp. 143–158). New York: Guilford Press.

# 찾아보기

## 한글

### <ㄱ>

<ㅈ>

<ㅋ>



<ㅌ>



<ㅍ>

<ㅎ>

## 영문

## 역자약력

### ▲ 이 정 숙

- 한양대학교 대학원 가정관리학과 아동가족 전공 가정학 박사
- 한양대학교 대학원 아동심리치료학과 교수
- 한양대학교 부설 한양 아동가족센터 소장
- 한국아동심리치료학회 회장
- 한국가정생활개선진흥회 회장
- 1998년 The Play Therapy Training Ins. N.Y 연수
- 분석심리연구소 개인분석 150시간

**[저 서]**

「문제아 이상심리학」, 「심리요법의 기술」
「임상 교육 심리학」, 「가족문제」, 「현대가족과 복지」외 다수

**[역 서]**

「야곱 레비 모레노」, 「콩 심고 팥 기다리는 부모」
「임상에서의 그림검사 해석법」, 「모래놀이치료」
「놀이치료와 아동의 심리세계」, 「아동미술치료」외 다수

### ▲ 김 현 주

- 한양대학교 아동심리치료학 전공 박사과정 수료
- 현 라파심리상담센터(서울남부 사당센터, 서울북부 노원센터 소재)소장

### ▲ 안 순 영

- 한양대학교 아동심리치료학 전공 박사과정 수료
- 현 서울정애학교 교사

### ▲ 유 민 화

- 한양대학교 아동심리치료학 전공 박사과정 수료
- 현 마음공간 심리치료 연구센터 부소장

### ▲ 최 희 아

- 한양대학교 아동심리치료학 전공 박사과정 중
- 현 마음공간 심리치료센터 소장

**임상을 위한 아동발달 제 2 판**

| | |
|---|---|
| 초판인쇄일 | 2010년 11월 1일 |
| 초판발행일 | 2010년 11월 10일 |
| 저　　자 | Douglas Davies |
| 역　　자 | 이정숙, 김현주, 안순영, 유민화, 최희아 |
| 펴 낸 이 | 오 무 근 |
| 펴 낸 곳 | 도서출판 **하나의학사** |
| | |
| 출판등록 | 1988년 4월 1일 제 2-541호 |
| 주　　소 | 서울시 종로구 홍파동 13-4 |
| 전　　화 | 02) 730-2555, 2556 |
| 팩　　스 | 02) 730-2557 |
| 이 메 일 | hanampc@yahoo.co.kr |

정가 29,000원





ISBN 978-89-92141-65-9-93510